中国矿业大学国家一流会计学专业系列核心教材
中国矿业大学国家一流财务管理课程配套教材
“十三五”江苏省高等学校重点教材(2018-1-137)

# 财务管理学

主　编　黄国良
副主编　李　强　张亮亮



中国矿业大学出版社
·徐州·

## 内 容 提 要

本书共分十二章，内容主要包括财务管理总论、财务管理原理、价值评估、财务报表分析与计划、长期投资决策、营运投资决策、长期筹资方式、长期筹资决策、利润分配决策、公司并购、国际财务管理、大数据与财务决策。

本书是中国矿业大学国家一流会计学专业系列核心教材之一，是中国矿业大学国家一流财务管理课程配套教材，可作为高等院校会计学专业和其他经济管理类专业财务管理课程教学用书，也可作为各类经济管理人员与自学者学习财务知识的参考用书。

**图书在版编目(CIP)数据**

财务管理学 / 黄国良主编. 一徐州 ：中国矿业大学出版社，2021.3

ISBN 978 - 7 - 5646 - 4886 - 2

Ⅰ. ①财… Ⅱ. ①黄… Ⅲ. ①财务管理一高等学校一教材 Ⅳ. ①F275

中国版本图书馆 CIP 数据核字(2020)第 256753 号

**书　　名** 财务管理学
**主　　编** 黄国良
**责任编辑** 史凤萍
**出版发行** 中国矿业大学出版社有限责任公司
(江苏省徐州市解放南路　邮编 221008)
**营销热线** (0516)83884103　83885105
**出版服务** (0516)83995789　83884920
**网　　址** http://www.cumtp.com　**E-mail**:cumtpvip@cumtp.com
**印　　刷** 江苏苏中印刷有限公司
**开　　本** 787 mm×1092 mm　1/16　**印张** 32.25　**字数** 805 千字
**版次印次** 2021 年 3 月第 1 版　2021 年 3 月第 1 次印刷
**定　　价** 56.00 元
(图书出现印装质量问题，本社负责调换)

## 中国矿业大学国家一流会计学专业系列核心教材

# 总　序

中国矿业大学会计学专业自1983年开始招收本科生，2003年被确定为江苏省首批“高等学校品牌专业建设点”，2006年被正式授予省级“品牌专业”称号，2010年被教育部、财政部遴选为“高等学校特色专业建设点”，2012年列入江苏省高等学校本科“工商管理类重点专业”的核心专业，2019年被教育部遴选为中央赛道首批“国家级一流本科专业建设点”。中国矿业大学会计学学科1993年获会计学硕士学位授予权，2011年获会计硕士专业学位授予权，2013年在管理科学与工程一级学科下自主增设“财务管理系统工程”二级学科博士点，已经形成了本科、专业型硕士、学术型硕士和博士研究生多层次人才培养格局。为进一步提升中国矿业大学会计学专业本科人才培养质量，彰显中国矿业大学会计学专业“立信创行”人才培养特色，扩大中国矿业大学会计学专业办学示范效应和社会声誉，建设国家一流会计学本科专业，我们组织编著和修订了中国矿业大学国家一流会计学专业系列核心教材。

本系列教材包括《基础会计学》、《中级财务会计》、《成本会计学》、《高级会计学》、《财务管理学》、《管理会计》和《审计学》等7本教材及其配套学习指导，编著和修订指导思想是紧密结合中国会计改革与发展实践，适应经济全球化与人工智能时代对会计教育提出的挑战，遵循会计学专业本科教育规律，满足中国特色社会主义市场经济对会计人才的需求。各教材编著和修订力求做到“全、准、新、中、顺”，服务中国矿业大学会计学国家一流本科专业培养目标。编著和修订的具体思路是：

1.基础性与前瞻性并重

本系列教材的编著和修订既注重对各学科基础知识、基本理论和基本技能的全面介绍与准确表述，又科学预测与概括经济全球化、知识经济与人工智能时代各学科最新的发展动态，确保系列教材的知识含量与理论高度，以教材内容的全面性、准确性和前瞻性保证教材的稳定性。

2.本土性与时代性并重

本系列教材的编著和修订既立足中国会计改革实践，遵循会计实际工作经验与规律，又兼顾国际会计趋同需要，实现会计国家特色与国际化的协调。同时，依据中国特色社会主义市场经济建设对高质量会计专业人才的培养需求，结合各教材特点，尽可能增加各教材的思政元素，确保系列教材的本土性与时代性特色。

3. 系统性、综合性和研究性并重

本系列教材的编著和修订既突出各学科理论体系的完整性和系统性，又考虑会计学专业各主干学科之间的内在逻辑联系，强调各教材内容的衔接性、互补性和综合性。各教材章节编排力求按问题提出、理论介绍、模型推演、案例分析的研究型教学范式进行编著与修订，实现系统性、综合性和研究性"三性"统一，提升系列教材的高阶性、创新性和挑战度。

由于作者水平和经验有限，在系列教材的编写过程中对一些问题的认识还不够深刻，各教材中均可能存在不成熟或疏漏之处，恳请读者批评指正。

中国矿业大学国家一流会计学专业系列核心教材编审委员会

# 前　言

财务管理课程是会计学专业核心课程之一，也是注册会计师考试和会计中高级职称考试的主要课程之一。作为江苏省首批品牌专业（2006 年）、国家特色专业建设点（2010 年）和首批国家一流专业建设点（2019 年），中国矿业大学会计学专业一直高度重视财务管理课程教材建设问题，期望能编写一部特色鲜明并具有较强示范效应的财务管理教材。

1998 年我们组织编写了第一版《财务管理学》教材，历经 2002 年、2005 年和 2013 年三次大的修订，已形成以财务管理目标为逻辑起点的财务管理理论体系、以公司财务活动为对象的财务管理内容体系、以财务决策为核心的财务管理方法体系、以时间价值原理和风险报酬原理为重点的财务管理原理体系。二十余年的教学实践证明教材突出了财务管理基本理论、基本原理和基本方法，强调内容体系的逻辑性、完整性和应用性，符合理工科院校应用型人才培养要求，也取得了明显的教学成效。然而，面对日趋复杂的全球经济环境、不断深化改革的中国特色社会主义市场经济体制及大数据、云计算、智能化和物联网时代的新技术革命，会计学、经济学、金融学等相关领域的理论和实务不断更新与拓展，特别是我国资本市场迅猛崛起和不断完善，新融资工具不断涌现，新风险管理技术日新月异，财务管理教学与实践从未像今天这样富有挑战并令人振奋。快速发展的财务管理理论与实务，导致现有教材内容在反映我国经济体制改革和资本市场发展对企业财务管理理论与实践的最新影响方面需要补充、在学生财务综合决策能力和创新思维培养方面需要提升、在课程思政元素方面需要加强、在激发学生学习兴趣和提高教材可读性方面需要改善。

针对原教材存在的问题，在“十三五”江苏省高等学校重点教材立项支持下，我们以“全、准、新、顺、中”为目标，组织修订了第五版《财务管理学》教材。本次修订主要有以下几个特点：

1. 财务管理理论与方法梳理力求“全、准、新”，教材内容具有前沿性与时代性

本次修订在财务管理目标、风险价值原理、资本资产定价模型、期权定价理论与模型、资本结构理论与决策方法、投资理论与决策方法、股利分配理论与决策方法、兼并收购理论与决策方法等内容编排上注重理论与方法的演变历程梳理，尽量吸收编者相关国家级与省部级课题研究成果和国内外学者最新科研成果进教材，力求全面准确，突出教材内容体系的前沿性和时代性，以有利于学生把握财务管理理论发展的全貌，培养学生系统的财务管理理论素养。

2. 将风险价值原理和价值创造理念贯穿全书，增强教材内容的逻辑性，并注重跨学科知识拓展，力求具有一定的高阶性、创新性和挑战度

本次修订在传统财务管理教材以资金运动为主线编写模式的基础上，强调价值创造理念，以价值创造脉络串联财务活动关键环节，将价值最大化目标和风险价值原理贯穿财务管理各项决策，注重财务管理理论、原理与方法之间的逻辑关系，以有利于培养学生科学创新的思维方式。本次修订从公司战略、公司治理、人力资源、市场营销、供应链、技术创新等学科交叉角度关注财务管理新知识与新思想的拓展，力求做到继承性与开拓性相结合，坚持求新与继承并重，以有利于学生财务综合决策能力的提升和个性发展。

3.强调“问题”导向与“本土”特色，激发学生学习兴趣，增强教材思政元素

本次修订对每一个关键知识点用现实故事、名言或小案例等方式引出关键的理论问题，强调问题意识，激发学习兴趣。教材案例和例子力求使用中国本土特色素材，并尽可能增加思政元素。关注西方财务管理理论和我国企业财务管理实践的差异，将西方财务管理理论与我国企业实践结合阐述，力争通俗易懂，力争用简明扼要的数据和事实说话，突出应用性和可操作性，以有利于培养与中国特色社会主义市场经济体制相适应的高层次会计人才。

本教材是中国矿业大学国家一流会计学专业系列核心教材之一，是中国矿业大学国家一流财务管理课程配套教材，可作为高等院校会计学专业和其他经济管理类专业财务管理课程的教学用书，也可作为各类经济管理人员与自学者学习财务知识的参考用书。本书由黄国良教授任主编，李强教授和张亮亮副教授任副主编。各章执笔人如下：第一、二、三章由黄国良教授和盛天松老师（中国注册资产评估师）编写；第四、五、十二章由张亮亮副教授编写；第六、九章由张亚杰副教授编写；第七、八章由李强教授编写；第十、十一章由高燕燕副教授编写。最后由黄国良教授对全书进行统稿。

由于我们水平和时间所限，书中难免有错误和不足之处，恳请广大读者批评指正。

编　者

2021年2月

# 目　录

**第一章　财务管理总论** …… 1
第一节　财务管理概念和内容 …… 1
第二节　财务管理目标 …… 11
第三节　财务管理职能与组织 …… 22
第四节　财务管理原则 …… 31
第五节　财务管理环境 …… 37
第六节　财务管理发展与变革 …… 45

**第二章　财务管理原理** …… 51
第一节　资金时间价值原理 …… 51
第二节　风险报酬原理 …… 58
第三节　利息率原理 …… 82

**第三章　价值评估** …… 91
第一节　债券价值评估 …… 91
第二节　股票价值评估 …… 102
第三节　公司价值评估 …… 115

**第四章　财务报表分析与计划** …… 128
第一节　财务分析概述 …… 128
第二节　财务比率分析 …… 142
第三节　财务综合分析 …… 163
第四节　财务模型与计划 …… 171

**第五章　长期投资决策** …… 187
第一节　长期投资概述 …… 187
第二节　长期投资决策现金流量分析 …… 190
第三节　长期投资决策方法 …… 194
第四节　长期投资决策方法应用 …… 202
第五节　风险投资决策 …… 212

第六章 营运投资决策…… 219
第一节 营运投资决策概述…… 219
第二节 现金决策…… 224
第三节 应收账款决策…… 233
第四节 存货决策…… 246
第五节 短期融资决策…… 264

第七章 长期筹资方式…… 281
第一节 资金筹集渠道与方式概述…… 281
第二节 资金筹集规模…… 285
第三节 权益筹资…… 288
第四节 长期借款筹资…… 302
第五节 其他长期筹资…… 329

第八章 长期筹资决策…… 337
第一节 资本成本…… 337
第二节 杠杆收益与风险…… 346
第三节 资本结构决策…… 349

第九章 利润分配决策…… 363
第一节 利润分配概述…… 364
第二节 股利分配理论…… 366
第三节 股利政策与决策…… 372
第四节 股利支付形式与程序…… 379
第五节 股票分割与股票回购…… 382
第六节 股利政策国际比较与启示…… 387

第十章 公司并购…… 399
第一节 兼并与收购概述…… 399
第二节 并购的财务分析方法…… 417
第三节 剥离与分立…… 431
第四节 反收购手段…… 440

第十一章 国际财务管理…… 447
第一节 国际财务管理概述…… 447
第二节 外汇风险管理…… 453
第三节 国际投融资管理…… 462
第四节 国际税收管理…… 476

**第十二章　大数据与财务决策** …… 483
第一节　大数据概述 …… 483
第二节　大数据对企业财务决策的影响与挑战 …… 487

**附录** …… 495
附录一　复利终值系数表 …… 495
附录二　复利现值系数表 …… 497
附录三　年金终值系数表 …… 499
附录四　年金现值系数表 …… 501
附录五　正态分布曲线的面积 …… 503

**参考文献** …… 504

# 第一章　财务管理总论

## 引言

任何一个对公司财务状况产生影响的决策都是财务决策。从这个角度来说，一个公司所做的每一个决策都有其财务上的含义，因此，从广义上讲，一个公司所做的任何事情都属于公司财务范畴。

——达摩达兰(纽约大学财务学教授)

## 第一节　财务管理概念和内容

西方财务管理由公司财务、投资学和宏观财务三大领域构成。我国财务管理按照管理主体分为宏观财务管理、部门财务管理、公司财务管理、非营利组织财务管理和家庭财务管理。本教材主要讨论公司财务管理问题。

**一、公司财务管理的概念**

公司财务管理是公司管理的核心。它是依据公司内外部环境、财经法规制度和财务管理理论及方法，组织公司财务活动和处理财务关系的一项经济管理工作。

(一) 公司财务活动

公司财务活动是指公司资金收支活动的总称。资金是公司再生产过程中资产(包括有形资产与无形资产)价值的货币表现。

在市场经济条件下，拥有一定数额的资金，是公司进行生产经营活动的必要条件。公司生产经营活动一方面表现为资产的不断购进和售出，另一方面则表现为资金的支出和收回。公司的经营活动不断进行，就会不断产生资金的收支。公司资金的收支是公司经济活动的一个独立方面，这就是公司的财务活动。公司财务活动可分为以下四个方面。

1. 筹资财务活动

在市场经济条件下，公司要想从事经营，首先必须筹集一定数量的资金。公司通过发行股票、发行债券、借债和吸收直接投资等方式筹集资金，表现为公司资金的收入。公司偿还借款，支付利息、股利以及付出各种筹资费用等，则表现为公司资金的支出。这种因为资金筹集而产生的资金收支就是筹资财务活动。

2. 投资财务活动

公司筹集资金是为了把资金用于生产经营活动以获取利润，提升公司价值。公司投资有对内投资和对外投资。对内投资主要指购置固定资产和无形资产等，对外投资主要指购买其他公司股票、债券和与其他公司联营等。无论是公司购买内部所需各种资产，还是购买各种证券，都需要支出资金。当公司变卖其对内投资的各种资产或收回其对外投资时，会产生资金的收入。这种因公司投资而产生的资金收支就是投资财务活动。

3. 营运财务活动

公司在正常的经营过程中，会发生一系列的资金收支。首先，公司要采购材料或商品，以便从事生产和销售活动，同时，还要支付工资和其他营业费用；其次，当公司把产品或商品售出后，便可取得收入，收回资金；最后，如果公司现有资金不能满足公司经营的需要，还要采取短期借款方式来筹集所需资金。上述各方面产生公司资金的收支属于公司营运而引起的财务活动。

4. 分配财务活动

公司在经营过程中会产生利润，也可能会因对外投资而分得利润，这表明公司有了资金的增值或取得了投资报酬。公司的利润要按规定的程序进行分配。首先，要依法纳税；其次，要用来弥补亏损，提取公积金、公益金；最后，要向投资者分配利润。这种因利润分配而产生的资金收支是分配财务活动。

上述财务活动中的四个方面，不是相互割裂、互不相关的，而是相互联系、相互依存的。正是上述互相联系又有一定区别的四个方面，构成了完整的公司财务活动(图 1-1)。

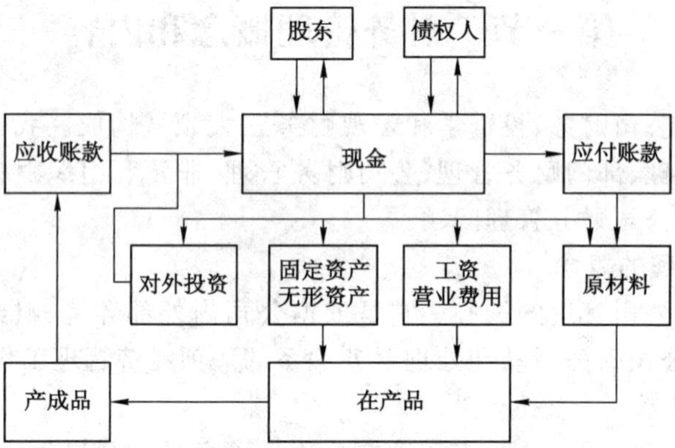


图 1-1　公司财务活动

(二) 公司财务关系

公司财务关系指公司在组织财务活动过程中与各相关利益主体发生的经济利益关系。根据公司的财务活动与公司相关利益主体的关系，公司的财务关系可概括为以下几个方面：

1. 公司与其股东(所有者)之间的财务关系

这主要指公司的股东(所有者)向公司投入资金和公司向其股东(所有者)支付投资报酬所形成的经济利益关系。公司的股东(所有者)要按照投资合同、协议和章程的约定履行出资义务，以便及时形成公司的资本金。公司利用资本金进行经营，实现利润后，应按出资比例或合同与章程的规定，向其股东(所有者)分配利润。公司同其股东(所有者)之间的财务关系，体现着所有权的性质。

2. 公司与其债权人之间的财务关系

这主要指公司向债权人借入资金，并按借款合同的规定，按时支付利息和归还本金所形成的经济利益关系。公司除利用资本金进行经营活动外，还要借入一定数量的资金，以便降低公司资金成本，扩大公司经营规模。公司的债权人主要有：① 债券持有人；② 贷款机构；③ 商业信用提供者；④ 其他出借资金给公司的单位或个人。公司利用债权人的资金要按约定的利息率及时向债权人支付利息；债务到期时，要合理调度资金，按时向债权人归还本金。公司同其债权人的关系体现的是债务与债权关系。

3. 公司与其被投资单位的财务关系

这主要指公司将其闲置资金以购买股票或直接投资的形式向其他公司投资所形成的经济利益关系。随着市场经济的不断开展，这种关系将会越来越广泛。公司向其他单位投资，应按约定履行出资义务，参与被投资单位的利润分配。公司与被投资单位的关系体现的是所有权性质的投资与被投资的关系。

4. 公司与其债务人的财务关系

这主要指公司将其资金以购买债券、提供借款或商业信用等形式出借给其他单位所形成的经济利益关系。公司将资金借出后，有权要求其债务人按约定的条件支付利息和归还本金。公司同其债务人的关系体现的是债权与债务关系。

5. 公司内部各单位的财务关系

这主要指公司内部各单位之间在生产经营各环节中相互提供产品或劳务所形成的经济利益关系。在实行内部经济核算制的条件下，公司供、产、销各部门以及各生产单位之间，相互提供产品和劳务要进行计价结算。这种在公司内部形成的资金结算关系，体现了公司内部各单位之间的利益关系。

6. 公司与职工之间的财务关系

这主要指公司向职工支付劳动报酬过程中所形成的经济利益关系。公司要用自身的产品销售收入，向职工支付工资、津贴、奖金等，按照职工提供的劳动数量和质量向职工支付劳动报酬。这种公司与职工之间的财务关系，体现了职工和公司在劳动成果上的分配关系。

7. 公司与税务机关之间的财务关系

这主要指公司要按税法的规定依法纳税而与国家税务机关所形成的经济利益关系。任何公司，都要按照国家税法的规定缴纳各种税款，以保证国家财政收入的实现，满足社会各方面的需要。及时足额纳税是公司对国家的贡献，也是对社会应尽的义务。因此，公司与税务机关的关系反映的是依法纳税和依法征税的权利义务关系。

**二、公司财务管理的对象**

财务管理主要是资金管理，其对象是资金及其流转。资金流转的起点和终点是现金，其他资产都是现金在流转中的转化形式。因此，财务管理的对象也可说是现金及其流转。财务管理也会涉及成本、收入和利润问题。从财务的观点来看，成本和费用是现金的耗费，收入和利润是现金的来源。

(一) 现金流转的概念

在成立一个新公司时，必须先要解决两个问题：一是制定规划，明确经营的项目和规模；二是筹集必需的现金，作为最初的资本。没有现金，公司的规划无法实施，不能开始运营。公司成立后，现金变为经营用的各种资产，在运营中这些资产又陆续变回现金。

在生产经营中，现金变为非现金资产，非现金资产又变为现金，这种流转过程称为现金流转。这种流转无始无终，不断循环，称为现金循环或资金循环。

现金循环有多种途径。例如，有的现金用于购买原材料，原材料经过加工成为产成品，产成品出售后又变为现金；有的现金用于购买固定资产，如机器等，在使用中逐渐磨损，价值计入产品成本，通过产品销售变为现金。各种流转途径完成一次循环即从现金开始又回到现金所需的时间不同。购买商品的现金可能几天就可流回，购买机器的现金可能要许多年才能返回现金状态。

现金转变为非现金资产，然后又恢复到现金，所需时间不超过一年的流转，称为现金的短期循环。短期循环中的资产是短期资产，包括现金本身和公司正常经营周期内可以完全转变为现金的存货、应收账款和短期有价证券投资等。

现金转变为非现金资产，然后又恢复到现金，所需时间在一年以上的流转，称为现金的长期循环。长期循环中的非现金资产是长期资产，包括长期投资、固定资产、无形资产和长期待摊费用等。

（二）现金的短期循环

图 1-2 是现金短期循环最基本的形式。

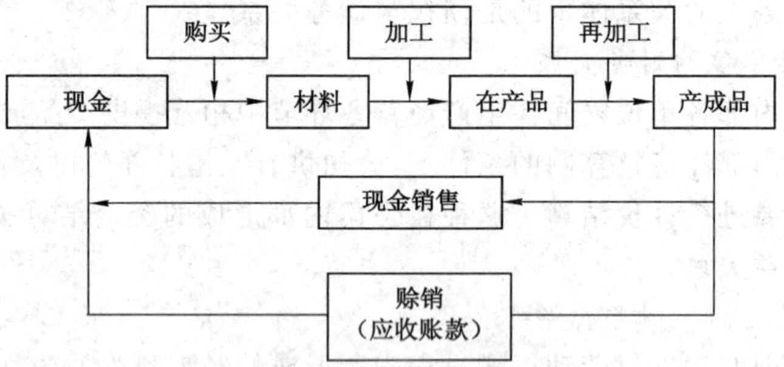


图 1-2 现金的短期循环

这个简化的图示省略了两个重要情况：

一是只描述了现金的运用，没有反映现金的来源。股东最初投入的现金，在后续的经营中经常不够使用，需要补充。补充的来源包括增发股票、向银行借款、发行债券或利用商业信用等。

二是只描述了流动资产的相互转换，没有反映现金的耗费。例如，用现金支付人工成本和其他营业费用等。公司不可能把全部现金都投资于非现金资产，必须拿出一定数额用于发放工资、支付管理费用等。这些现金被耗费了，而不是投入非现金资产。它们要与原料成本加在一起，成为制定产品价格的基础，并通过出售产品收回最初支付的现金。

如果把这两种情况补充进来，现金短期循环的基本形式如图 1-3 所示。

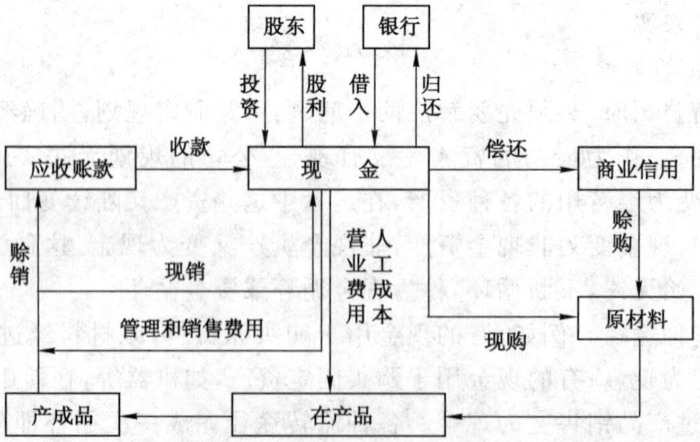


图 1-3 考虑了来源和耗费的现金短期循环

（三）现金的长期循环

图 1-4 是现金长期循环的基本形式。

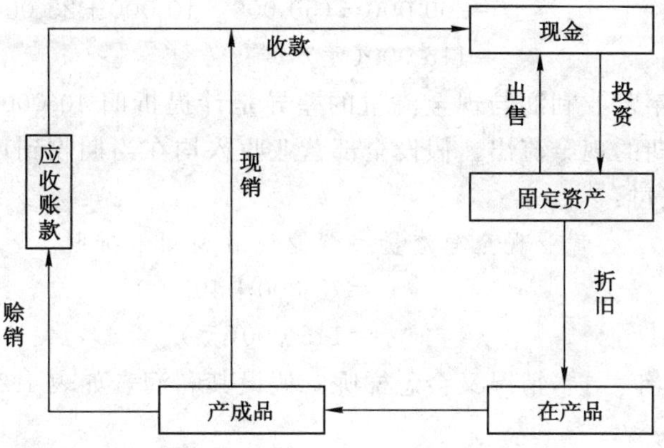


图 1-4　现金的长期循环

公司用现金购买固定资产，固定资产的价值在使用中逐步减少，减少的价值称为折旧费。折旧费和人工费、材料费构成产品成本。出售产品时收回现金。有时，出售固定资产也可使之变为现金。

现金的长期循环是一个缓慢的过程，房屋建筑物的成本往往要几十年才能得到补偿。现金的长期循环有两个值得注意的特点：

1. 固定资产的现金流动

固定资产的现金流出发生在购置的会计期，而不是在计提折旧的使用期。例如，2019 年华洋公司购置了一台价格为 200 000 元的设备，使用期限为 5 年，残值为零，2020 年投入使用。

按照权责发生制，机器的购置支出 200 000 元不构成 2019 年抵减收入的成本，而需要在 2020—2024 年的期间内折旧。这样可以合理地衡量各期的经营业绩，避免不合理地缩小 2019 年的利润而夸大 2020—2024 年的利润。

例如：2020 年华洋公司简化的利润表如表 1-1 所示。

**表 1-1　2020 年华洋公司简化的利润表**　　单位：元

| 序号 | 项目 | 金额 | |
|---|---|---|---|
| 1 | 营业收入 | | 200 000 |
| 2 | 减：制造成本（不含折旧） | 50 000 | |
| 3 | 　销售和管理费用（付现） | 10 000 | |
| 4 | 　折旧 | 40 000 | |
| 5 | 税前营业利润 | | 100 000 |
| 6 | 减：所得税费用（25％） | 25 000 | |
| 7 | 税后营业利润 | | 75 000 |

从现金流转来看，2019 年有 200 000 元的真实现金流出，在 2020—2024 年陆续通过销

售收回。该公司2020年获利75 000元，现金却增加了115 000元：

$$
\begin{aligned}
\text{营业现金净流量} &= \text{营业现金流入} - \text{营业现金流出} \\
&= 200\ 000 - (50\ 000 + 10\ 000 + 25\ 000) \\
&= 115\ 000(\text{元})
\end{aligned}
$$

华洋公司2020年营业利润与现金流量的差异是计提折旧40 000元引起的，折旧是本期的费用，但不是本期的现金流出。假设全部营业收入均在当期收到现金，除折旧外的其他成本费用均以现金支付：

$$
\begin{aligned}
\text{营业现金净流量} &= \text{营业税后利润} + \text{折旧} \\
&= 75\ 000 + 40\ 000 \\
&= 115\ 000(\text{元})
\end{aligned}
$$

如果华洋公司本年亏损，情况又会怎样呢？假设其利润表如表1-2所示。

**表1-2　2020年华洋公司简化的利润表**　　单位：元

| 序号 | 项目 | 金额 | |
|---|---|---|---|
| 1 | 营业收入 | | 200 000 |
| 2 | 减：制造成本(不含折旧) | 150 000 | |
| 3 | 　销售和管理费用(付现) | 30 000 | |
| 4 | 　折旧 | 40 000 | |
| 5 | 税前营业利润(营业亏损) | | −20 000 |
| 6 | 减：所得税费用(25%) | | |
| 7 | 税后营业利润 | | |

该公司虽然亏损20 000元，但营业现金净流量增加了20 000元(200 000−150 000−30 000=20 000元)。在公司不添置固定资产并且没有其他非现金项目的情况下，只要亏损额不超过折旧额，公司的现金余额并不减少。

2. 长期循环和短期循环的联系

现金是长期循环和短期循环的共同起点，在换取非现金资产时分开，分别转化为各种长期资产和短期资产。它们被使用时，分别记入“在产品”和各种费用账户，又汇集在一起，同步形成“产成品”，产品经出售又同步转化为现金。

转化为现金以后，不管它们原来是短期循环还是长期循环，公司可以视需要重新分配。折旧形成的现金可以买材料，原来用于短期循环的现金收回后也可以投资于固定资产。

(四) 现金流转不平衡

如果公司的现金流出量与流入量相等，财务管理工作将大大简化。实际上这种情况极少出现，不是收大于支，就是支大于收，公司在一年中会多次遇到现金流出与现金流入不平衡的情况。

现金流转不平衡既有公司内部的原因，如盈利、亏损或扩充等；也有公司外部的原因，如市场变化、经济兴衰、公司间竞争等。

1. 影响公司现金流转的内部原因

(1) 盈利公司的现金流转

盈利公司，如不打算扩充规模，其现金流转一般比较顺畅。它的短期循环中的现金收支大体平衡，税后净利使公司现金多余出来，长期循环中的折旧、摊销等也会积存现金。

盈利公司也可能由于抽出过多现金而发生临时流转困难。例如，付出股利、偿还借款、更新设备等。此外，存货变质、财产失窃、坏账损失、出售固定资产损失等，会使公司失去现金，并引起流转的不平衡。

(2) 亏损公司的现金流转

从长期的观点看，亏损公司的现金流转是不可能维持的。从短期来看，又分为两类：一类是亏损额小于折旧额的公司，在固定资产重置以前可以维持下去；另一类是亏损额大于折旧额的公司，不从外部补充现金将很快破产。

亏损额小于折旧额的公司，虽然收入小于全部成本费用，但大于付现的成本费用，因为折旧和摊销费用不需要支付现金。因此，它们支付日常的开支通常并不困难，甚至还可能把部分补偿折旧费用的现金抽出来移作他用。然而，当计提折旧的固定资产需要重置的时候，灾难就来临了。积蓄起来的现金，不足以重置固定资产，因为亏损时公司的收入是不能足额补偿全部资产价值的。此时，财务主管的唯一出路是设法筹款，以购买设备使生产继续下去。这种办法只能解决一时的问题，它增加了以后年度的现金支出，会进一步增加公司的亏损。除非公司扭亏为盈，否则就会变为"亏损额大于折旧额"的公司，并很快破产。这类公司如不能在短期内扭亏为盈，还有一条出路，就是找一家对减低税负有兴趣的盈利公司，被其兼并，因为合并一个账面有亏损的公司，可以减少盈利公司的税负。

亏损额大于折旧额的公司，是濒临破产的公司。这类公司不能以高于付现成本的价格出售产品，更谈不上补偿非现金费用。这类公司的财务主管，必须不断向短期周转中补充现金，其数额等于现金亏空数。如果要重置固定资产，所需现金只能从外部筹措。一般说来，他们从外部寻找资金来源是很困难的。贷款人看不到偿还贷款的保障，是不会提供贷款的；所有者也不愿冒险投入更多的资金。因此，这类公司如不能在短期内扭亏为盈，不如尽早宣告倒闭。这类公司往往连被其他公司兼并，以减低兼并公司税负的价值也没有。兼并公司的目的是节税，以减少现金流出，如果被兼并的公司每年都需要注入现金，则有悖于兼并公司的初衷。

(3) 扩充公司的现金流转

任何要迅速扩大经营规模的公司，都会遇到相当严重的现金短缺情况。固定资产扩充、存货增加、应收账款增加、营业费用增加等，都会使现金流出扩大。

财务主管的任务不仅是维持当前经营的现金收支平衡，而且要设法满足公司扩大的现金需要，并且力求使公司扩充的现金需求不超过扩充后新的现金流入。

首先，应从公司内部寻找扩充项目所需现金，如出售短期证券、减少股利分配、加速收回应收账款等。其次，内部筹集的现金不能满足扩充需要时，可以从外部筹集。从外部筹集的现金，要承担资本成本，将来要还本付息、支付股利等，引起未来的现金流出。公司在借款时就要注意到，将来的还本付息的现金流出不要超过将来的现金流入。如果不是这样，就要借新债还旧债，利息负担会耗费掉扩建形成的现金流入，使项目在经济上失败。

除了公司本身盈亏和扩充等，外部环境的变化也会影响公司的现金流转。

2. 影响公司现金流转的外部原因

(1) 市场的季节性变化

通常来讲，公司的生产部门力求全年均衡生产，以充分利用设备和人工，但销售总会有季节性变化。因此,公司往往在销售淡季现金不足,销售旺季过后积存过剩现金。

公司的采购所需现金流出也有季节性变化,尤其是以农产品为原料的公司更是如此。集中采购而均匀耗用,使存货数量周期性变化;采购旺季有大量现金流出,而现金流入不能同步增加。

公司人工等费用的开支也会有季节性变化。有的公司集中在年终发放奖金,要用大量现金;有的公司利用节假日加班加点,要加倍付薪;有的公司使用季节性临时工,在此期间人工费大增。财务主管要对这些变化事先有所准备,并留有适当余地。

(2) 经济的波动

任何国家的经济发展都会有波动,时快时慢。在经济收缩时,销售下降,进而生产和采购减少,整个短期循环中的现金流出减少了,公司有了过剩的现金。如果预知不景气的时间很长,推迟固定资产的重置,折旧积累的现金也会增加。这种财务状况给人以假象。随着销售额的进一步减少,大量的经营亏损很快会接踵而来,现金将被逐步销蚀掉。

当经济"热"起来时,现金需求迅速扩大,积存的过剩现金很快被用尽,不仅扩充存货需要大量投入现金,而且受繁荣时期乐观情绪的鼓舞,公司会对固定资产进行扩充性投资,并且往往要超过提取的折旧。此时,银行和其他贷款人大多也很乐观,愿意为盈利公司提供贷款,筹资不会太困难。但是,经济过热必然造成利率上升,过度扩充的公司背负巨大的利息负担,会首先受到经济收缩的打击。

(3) 通货膨胀

通货膨胀会使公司遭遇现金短缺的困难。由于原料价格上升,保持存货所需的现金增加;人工和其他费用的现金支付增加;售价提高使应收账款占用的现金也增加。公司唯一的希望是利润也会增加;否则,现金会越来越紧张。

提高利润,不外乎是增收节支。增加收入,受到市场竞争的限制。公司若不降低成本,就难以应对通货膨胀造成的财务困难。通货膨胀造成的现金流转不平衡,不能靠短期借款解决,因其不是季节性临时现金短缺而是现金购买力被永久地"蚕食"了。

(4) 竞争

竞争会对公司的现金流转产生不利影响。但是,竞争往往是被迫的,公司经营者不得不采取他们本来不想采取的方针。

价格竞争会使公司立即减少现金流入。在竞争中获胜的一方会通过多卖产品挽回其损失,实际是靠牺牲别的公司的利益加快自己的现金流转。失败的一方,不但蒙受价格下降的损失,还受到销量减少的打击,现金流转可能严重失衡。

广告竞争会立即增加公司的现金流出。最好的结果是通过广告促进销售,加速现金流回。但若竞争对手也作推销努力,公司广告也只能制止其销售额的下降。有时广告并不能完全阻止销售额下降,只是下降得少一些。

增加新产品或售后服务项目,用软办法竞争,也会使公司的现金流出增加。

**三、公司财务管理的内容**

依据公司财务管理概念和财务管理对象,公司财务管理的主要内容应包括投资决策、筹资决策和盈利分配决策。

(一) 投资决策

投资是指以收回现金并取得收益为目的而发生的现金流出。例如,购买政府公债、购买公司股票和债券、购置设备、建造厂房、增加新产品等，公司都要发生现金流出，并期望取得更多的现金流入。依据不同的标准，公司的投资决策可以分为以下类型：

1. 项目投资和证券投资

项目投资是指把资金直接投放于生产经营性资产，以便获取营业利润的投资。例如，购置设备、建造厂房等。

证券投资是指把资金投放于金融性资产，以便获取股利或者利息收入的投资。例如，购买政府公债、购买公司债券和公司股票等。

这两种投资决策所使用的一般性概念虽然相同，但决策的具体方法却很不一样。证券投资只能通过证券分析与评价，从证券市场中选择公司需要的股票和债券，并组成投资组合。作为行动方案的投资组合，不是事先创造的，而是通过证券分析得出的。项目投资要事先准备一个或几个备选方案，通过对这些方案的分析和评价，从中选择一个足够满意的行动方案。

2. 长期投资和短期投资

长期投资是指用于固定资产和长期有价证券等资产上的投资，其中主要是指固定资产投资。一般来说，长期投资的回收期长，耗资多，变现能力差，而且对公司的影响深远。因此，公司财务管理人员在进行长期投资决策时，必须认真分析公司的风险因素，充分考虑投资项目对公司价值的影响。

短期投资主要是指用于现金、短期有价证券、应收账款和存货等流动资产上的投资。短期投资一般具有回收期短、周转快和变现能力强等特点。因而，公司进行短期投资有助于增强公司短期变现能力和偿债能力，降低公司风险。但短期投资的盈利能力通常较低，如若过多地将资金投放于流动资产，则势必减少公司的盈利。所以，公司财务管理人员在进行短期投资决策时，必须要考虑风险与报酬的平衡问题，以求做出最佳决策。

公司投资决策应做好以下几项工作：

① 分析投资政策，把握投资机会，认真做好投资项目的可行性研究；

② 科学编制投资预算或计划；

③ 选择最佳的投资方式和投资组合；

④ 科学评价投资的经济效益。

（二）筹资决策

公司发行股票、发行债券、取得借款、赊购和租赁等都是公司筹资行为。公司筹资决策要解决的问题是如何取得公司所需要的资金，包括向谁、在什么时候、筹集多少资金。筹资决策和投资、股利分配有密切关系，筹资的数量多少要考虑投资需要，在利润分配时加大保留盈余可减少从外部筹资。筹资决策的关键是决定各种资金来源在总资金中所占的比重，即确定资本结构，以使筹资风险和筹资成本相匹配。

可供公司选择的资金来源有许多，我国习惯上称“资金渠道”。按不同的标志，它们分为：

1. 权益资金和借入资金

权益资金是指公司股东提供的资金。它不需要归还，筹资的风险小，但其期望的报酬率高。

借入资金是指债权人提供的资金。它要按期归还，有一定的风险，但其要求的报酬率比权益资金低。

所谓资本结构,主要是指权益资金和借入资金的比例关系。一般来说,完全通过权益资金筹资是不明智的,不能得到负债经营的好处;但负债的比例大则风险也大,公司随时可能陷入财务危机。筹资决策的一个重要内容就是确定最佳资本结构。

2. 长期资金和短期资金

长期资金是指公司可长期使用的资金,包括权益资金和长期负债。权益资金不需要归还,公司可以长期使用,属于长期资金。此外,长期借款也属于长期资金。有时,习惯上把一年以上五年以内的借款称为中期资金,而把五年以上的借款称为长期资金。

短期资金一般是指一年内要归还的短期借款。一般来说,短期资金的筹集应主要解决临时的资金需要。例如,在生产经营旺季需要的资金比较多,可借入短期借款,渡过生产经营旺季则归还。

长期资金和短期资金的筹资速度、筹资成本、筹资风险以及借款时公司所受的限制均有所不同。如何安排长期筹资和短期筹资的相对比重,是筹资决策要解决的另一个重要问题。

(三) 盈利分配决策

公司的盈利分配决策主要是研究公司的税后利润如何进行分配,其中重点是股利的分配。

股利决策受多种因素的影响,包括未来公司的投资机会、各种资金来源及其成本、股东对当期收入和未来收入的相对偏好等。过高的股利支付率,影响公司再投资的能力,会使未来收益减少,造成股价下跌;过低的股利支付率,可能引起股东不满,股价也会下跌。

在进行盈利分配时,既要考虑公司的长远发展,留下一定的利润作为留存收益,以利于公司股东的长远利益;又要考虑股东对近期利益的要求,定期发放一定数额的股利。因此,根据公司的具体情况确定最佳的盈利分配政策,是公司财务管理的一项重要内容。

具体来说,公司的盈利分配应研究以下内容:

① 公司的盈利分配与内部融资的关系;

② 分析盈利分配政策及影响因素;

③ 确定股利的支付程序;

④ 确定股利支付的形式及相关问题。

上述三项内容是财务管理的基本内容。另外,就所处理的专门问题来看,财务管理的内容还包括公司并购与重组以及国际财务管理等问题。

**四、公司财务管理的特点**

公司财务管理与公司生产管理、技术管理、劳动人事管理、设备管理和销售管理等管理活动有明显区别,其主要特点有以下几个方面:

(一) 财务管理是一项专业管理与综合管理相结合的管理活动

现代公司的管理活动,通过有效的分工和分权的方式,形成了一种系统的专业化管理模式。在此模式中,有的侧重于实物或人员的管理,而有的则主要着重于价值形式的管理。公司财务管理是以价值形式为主的专业化管理,具体地讲,财务管理是用货币形式来表现的。正因为如此,财务管理具有高度的系统性、联系性和完整性,这是其他管理形式所无法替代的。

现代公司的财务管理又是一种综合性的管理活动,它并不排斥非价值形式的管理活动,而是以公司经营活动中的各项物质条件、人力资源、经营特点和过程、管理要求和目的等作为其管理的基础,并通过价值形式的管理,运用财务预测、预算、控制、决策和分析及考核等方法，将其有效地协调起来，形成一种专业性很强的综合管理方式。所以，公司各项管理效果的好坏，最终都会在公司财务指标和财务状况中得以充分的反映。

（二）财务管理与公司经营管理有密切的联系

虽然公司财务管理是相对独立的管理活动，但它并不是孤立的，而是以公司各项经营管理活动为基础的，并与其有非常紧密的联系。公司中所有的资金运作和各项收支活动，都是公司的经营管理活动所引起的，即便是纯粹的财务运作，也是为公司一定时期的管理战略和具体管理目标服务的。

高水平的财务管理，应当涉及和覆盖公司经营管理的各个角落和各个方面。而公司管理的每个部门都会在资金的运用过程中，与财务管理部门发生联系，因此公司财务管理部门应该建立有效的财务规划和考核制度，促使各个部门在公司财务规划和财务制度的制约下，高效合理地使用资金，提高资金的利用水平。

（三）财务管理必须及时对公司的经营状况和财务状况进行监控

在公司整个管理过程中，经营方针是否合理、各项决策是否正确、资金周转是否良好、盈利能力是否加强等，财务管理部门都必须进行有效的跟踪管理，并及时向公司管理当局通报有关财务指标的变化情况和预期发展，同时提出有关的建设性意见。只有这样，才能有效地实现财务管理的职能，真正将整个公司的经营管理工作纳入提高经济效益的轨道上来。

（四）财务管理与其他管理学科的关联性较强

从财务管理学科本身的特点来看，它与其他许多管理学科有着天然的联系，如会计学、统计学、管理学、金融学、投资学、财政学、税务学、证券学和市场学，等等。财务管理中的许多资料来源和管理方法等都直接与这些学科相交叉。在英语中，finance 这个词作为学科本身就有多种解释，可以理解为财务学，也可以理解为金融学或财政学，等等。另外，从财务学本身来看，也可以划分为微观财务和宏观财务、公司财务和社会财务、经营财务和金融财务等。所以，财务管理是一门涉及面很广，而且理论研究与实际应用紧密结合的管理学科。正因为如此，财务管理的思路非常发散、理论非常广泛、方法非常灵活，它不仅仅局限于一时或一事，而更多地要求从整体和未来发展来考虑问题。

## 第二节　财务管理目标

财务管理目标是指公司组织财务活动、处理财务关系所要达到的目的，它决定着公司财务管理的基本方向。因此，正确的财务管理目标是做好财务管理工作的前提条件。

### 一、财务管理目标的主要观点

西方财务管理目标主要有利润最大化、公司价值最大化（股东财富最大化）、相关利益主体利益最大化和公司可持续发展能力最大化等观点。

（一）古典经济理论与利润最大化目标

利润最大化目标起源于亚当・斯密、大卫・李嘉图及阿尔弗来德・马歇尔古典经济理论，至今在理论界与实务界仍有较大影响。

古典经济理论认为社会资源的稀缺性是经济活动的源头。因为社会资源被分散地掌握在不同的消费者手中，为了生产出能满足人类多样化需求的产品，就必须将处于分散状态下的社会资源集中起来，这就形成了以通过集中资源生产社会所需产品为己任的公司。古典公司理论将公司作为一个生产单位，其功能是将生产要素投入转化为一定的产出，研究的重点是如何以一定的投入获得最大的产出，或者以最小的投入获得一定的产出。该理论假设生产者是理性的经济人，他们的行为是利润最大化的行为，追逐利润最大化是公司的本质。

古典经济理论把利润最大化作为公司目标的主要理由有：一是人类进行生产经营活动的目的是创造更多的剩余产品，在商品经济条件下，剩余产品价值的多少可以用利润这个指标来衡量。二是资本必然追逐利润，公司经营的最终目的是获取财富。以利润最大化作为目标，公司就必然会关注市场，加强管理，提高劳动生产率，降低产品成本，讲求经济效益，以最大限度地获得利润。三是每个公司都最大限度地获得利润，整个社会的财富才可能实现最大化，从而带来社会的进步和发展，利润最大化目标与社会利益最大化是一致的。四是在充分的资本市场条件下，资金总会流向利润高的公司，从而有利于社会资源的最佳配置。

公司财务管理是公司管理的核心，所以财务管理目标也应是利润最大化。以利润最大化作为财务管理的目标，有其合理的一面：① 利润是公司的新创价值，而且是已实现销售并被社会承认的价值；② 利润是公司最综合的财务指标，能说明公司的整体经营和财务管理水平的高低；③ 真实的利润是社会财富的积累；④ 利润概念是一个最容易被社会各界广泛接受的财务概念。

然而实践证明，如果片面地以财务报表上表现的利润最大化为财务管理目标是不恰当的。这是因为：① 利润作为一个绝对数指标，不能反映公司一定时期的投资收益率水平，因而无法表现资本的投入与产出的关系，更不便在不同公司之间进行财务状况比较；② 没有考虑公司利润实现的时间因素，即没有运用资金时间价值这一重要的财务概念；③ 没有充分考虑利润实现的风险因素，不切实际地盲目追求利润最大化，往往会使公司承受很大甚至是不必要的风险；④ 没有考虑公司一定时期的现金流量状况，因为利润大并不意味着公司的现金状况好；⑤ 追求利润最大化会造成公司经营者和财务决策者的短期行为，只顾实现当前的或局部的利润最大化，而不顾公司长远和整体的发展，甚至伤害了公司长久发展的财务实力。比如为追求利润最大化而忽视在科技开发、产品开发、人才开发、生产安全、技术装备、履行社会责任等方面的投入，会对公司长期健康发展造成不良影响。

为解决利润最大化目标中不能反映利润与投入资本额之间的关系问题，理论界与实务界提出了每股盈余最大化和权益资本净利率最大化目标。每股盈余也称每股收益，是指公司一定时期的净利额与发行在外的普通股股数的比值，说明了投资者每股股本的赢利能力，该指标主要适用于上市公司。对于非上市公司来讲，一般可采用权益资本净利率指标。该指标是指公司一定时期的净利额与其权益资本总额的比值，说明了公司权益资本的盈利能力。其实这两个指标的本质是相同的，如将公司的普通股股数乘上每股净资产，便能得到公司的权益资本总额。这两个财务指标都是以净利作为基础的，所以其优点与上述利润最大化基本相同，其更大的好处是该指标采用相对数来反映公司的盈利能力，能更清晰地揭示出投资与收益的报酬率水平，而且更便于公司的财务分析、预测和不同资本规模的公司或公司发展不同阶段之间的比较。但由于每股收益或权益资本净利率仍是以利润为基础计算的，所以同样存在与利润指标相似的缺陷：① 没有考虑风险因素。因为要提高公司的每股收益或权益资本净利率，最简单的方法是扩大公司的负债比例，减少权益资本，同时最大限度地表现利润，承担最大的税收成本，这样就会使公司的财务风险大大加剧，偿债能力被进一步削弱。因此，许多人认为，每股盈余最大的时候也可能就是公司财务风险最大的时候。如公司不惜冒更大风险去追求每股盈余的最大，必然会对公司的长远发展能力造成伤害。② 每股盈余和权益资本净利率同样没有考虑资金的时间价值，即没有考虑股本或公司权益资本获取利润的时间性差异和持续性特征。③ 每股盈余和权益资本净利率同样没有考虑现金流量因素，并且同样会由于经营者追求最大收益而造成短期行为。因此，每股盈余和权益资本净利率有很多不完善之处，同样不能作为公司的财务管理目标。其实，公司内部的任何财务指标，都不可能成为财务管理的最终目标，因为我们不能简单或孤立地讲某一个财务指标是越大越好或者是越小越好。因此，虽然从理论上讲，我们可以用公司资金利用水平最高，或公司综合财务实力最强等概念作为公司财务管理的目标，但实际上，其实务评价的可行性很差。因为任何公司都不可能通过一个甚至几个财务指标的高低变化便能得出一个最终的结论，并用来评价这个公司资金利用水平是最高还是最低，或者讲其综合财务实力是最强还是最弱。更何况不同公司的经营和财务状况千变万化，从财务理论研究角度来讲，我们不可能以一个或几个财务指标的变动为标准作为财务管理的目标。

当然，也会有人提出，能否用现金流量最大代替利润最大化来作为公司的财务管理目标呢？实际上，虽然说在财务管理中特别强调现金流量概念，但现金流量与利润概念是不能相互替代的，它们各自具有本身的特殊性质。其一，某一时期的现金流量最大，并不意味着公司获取的利润最大。公司一定时期的现金流量状况好，主要说明其财务风险较小，公司在近期内不会因现金失控而造成财务状况恶化。其二，公司的现金可能来源于多方面，如各类借款、投资款、未付款及预收款等，所以公司现金状况的好坏并不等同于经营状况的好坏。其三，只有利润是真正的新创价值，一个仅满足于现金不失控而无较好盈利能力的公司，绝对不能讲是一个经营和财务管理水平高的好公司。显而易见，用现金流量来表示公司的财务目标也是不尽完善的。

（二）新古典产权学派与股东财富最大化和公司价值最大化目标

新古典产权学派关于公司所有权的认识，在阿尔钦和德姆塞茨（Alchian and Remsetz，1972）、曼内（Manne，1965）、詹森与麦克林（Jensen and Meckling，1976）、哈特（Hart，1995）等人的论著中得到了较充分的体现。虽然他们研究问题的侧重点不同，但都认为出资者是公司唯一的剩余索取者。

新古典产权学派产生了代理理论和“股权至上”公司治理模式。代理理论（agency theory）最初是由詹森（Jensen）和麦克林（Meckling）于 1976 年提出的。这一理论后来发展成为契约成本理论（contracting cost theory）。代理理论主要涉及公司资源的提供者与资源的使用者之间的契约关系。按照代理理论，经济资源的所有者是委托人，负责使用以及控制这些资源的经理人员是代理人。“股权至上”公司治理模式强调公司要为实现股东利益最大化服务，认为股东作为物质资本所有者，承担了公司的全部剩余风险，也应享受因经营发展带来的全部税后收益，即股东持有剩余要求权。与债权人、经营者和职工相比，股东承担的义务和风险最大，其享受的权利与报酬也应最大。但该模式并非不考虑债权人、经营者和职工的利益，而是把股东的利益放在首位，获得授权的经营者只有按照股东的利益行使控制权才是公司有效率的保证。这种治理结构的出发点是：作为委托人的股东，如何设置一个对经营者行为进行激励和约束的最优机制，使其为实现自己财富增值而努力工作。该种公司治理结构被称为“股权至上”公司治理模式。

新古典产权学派、代理理论和“股权至上”公司治理模式产生了股东财富最大化目标。

股东财富最大化是指通过财务上的合理经营，为股东带来最多的财富。在股份经济条件下，股东财富由其所拥有的股票数量和股票市场价格两方面来决定。在股票数量一定时，当股票价格达到最高时，则股东财富也达到最大。所以，股东财富最大化，又演变为股票价格最大化。正如阿兰·C.夏皮罗所说：在运行良好的资本市场里，投资者可以自由地以最低的交易成本购买和销售金融证券，股东财富最大化目标可以理解为最大限度地提高股票价格。本顿·E.盖普也指出，股东财富最大化是用公司股票的市场价格来计量的。诺斯等也曾明确指出：财务管理的目标就是要使每股股票价值极大化。

与利润最大化目标相比，股东财富最大化目标有其积极的方面，这是因为：① 股东财富最大化目标考虑了风险因素，因为风险的高低对股票价格产生重要影响；② 股东财富最大化在一定程度上能够克服公司在追求利润上的短期行为，因为不仅当前的利润会影响股票价格，预期未来的利润对公司股票价格也会产生重要影响；③ 对上市公司来说，股东财富（股票价格）最大化目标比较容易量化。

但应该看到，股东财富最大化也存在一些缺点：① 它只适合上市公司，对非上市公司则很难适用；② 它只强调股东的利益，而对公司其他关系人的利益重视不够；③ 股票价格受多种因素影响，并非都是公司所能控制的，把不可控因素引入财务管理目标是不合理的。

为解决股东财富最大化目标只适合上市公司和股票价格的非可控的缺陷，理论界提出了公司价值最大化的目标。如同从利润最大化向股东财富最大化转变一样，从股东财富最大化向公司价值最大化的转变是财务管理目标理论的又一次飞跃。

公司价值最大化是指通过公司财务上的合理经营，采用最优的财务政策，充分考虑资金的时间价值和风险与报酬的关系，在保证公司长期稳定发展的基础上使公司总价值达到最大。理论上，公司价值可以通过下列公式进行计量：

$$V=\sum_{t=1}^{\infty}\frac{FCF_t}{(1+i)^t}$$

式中　$V$——公司价值；

$t$——取得现金净流量的时间；

$FCF_t$——第 $t$ 年的公司现金净流量；

$i$——与公司风险相适应的贴现率；

如果各年的现金净流量相等，则上式可简化为：

$$V=\frac{FCF}{i}$$

从上式中可以看出，公司的总价值 $V$ 与 $FCF$ 成正比，与 $i$ 成反比。在 $i$ 不变时，$FCF$ 越大，则公司价值越大；在 $FCF$ 不变时，$i$ 越大，则公司价值越小。$i$ 的高低，主要由公司风险的大小来决定，当风险大时 $i$ 就高，当风险小时 $i$ 就低。也就是说，公司的价值与预期的报酬成正比，与预期的风险成反比。在市场经济条件下，报酬和风险是同增的，即报酬越大，风险越大，报酬的增加是以风险的增加为代价的，而风险的增加将会直接威胁公司的生存。公司的价值只有在风险和报酬均衡时才能达到最大。

公司价值最大化作为财务管理的目标，具有以下优点：

① 公司价值最大化目标考虑了取得报酬的时间，并用时间价值的原理进行了计量。

② 公司价值最大化目标科学地考虑了风险与报酬的联系。

③ 公司价值最大化能克服公司在追求利润上的短期行为,因为不仅当前的利润会影响公司的价值,预期未来的利润对公司价值的影响所起的作用更大。公司财务管理就是要正确权衡报酬增加与风险增加的得与失,努力实现二者之间的最佳平衡,使公司价值达到最大化。

当然,用公司价值最大化作为财务管理的目标,也存在一些不足之处,主要有:

① 概念比较抽象,不易被外行人士所接受,也不像利润和每股盈余指标那样在公司日常会计核算中经常被揭示。因此,运用一些基本的财务指标作为辅助是必要的。

② 对于上市公司来讲,股票价格是公司价值的直接表现。但股票价格会受到特定经济环境等多种市场因素的综合影响,所以在某一时点上,股价可能并不真正反映这个公司的价值。股票价格是公司价值的外在表现,那是从较长一段时期来讲的。

③ 公司价值最大化的观点所追求的是单纯的"经济效率",以公司资源配置是否有利于公司价值增长来作为评判优劣的标准,难免会导致外部不经济,导致资源环境的破坏。

④ 随着知识经济的发展,人本管理已成为客观要求,公司价值最大化也必然与"人本财务观念"相矛盾。

(三) 利益相关者学派和利益相关者财富最大化目标

利益相关者学派反对出资者是公司的最终所有者,强调公司的所有权应由出资者、债权人、管理者、职工、供应商和消费者等利益相关者共同分享。

美国学者布莱尔(Blair,1999)、我国学者杨瑞龙和周业安(2000)等比较全面地阐述了利益相关者学派的主要观点。第一,反对从剩余权利分配的角度研究公司治理,认为将公司的剩余控制权和剩余索取权赋予股东是一种错误的做法,他们认为股东缺乏足够的力量去控制经理人员和防止公司资源的滥用,来自接管市场的压力也会导致经理人员的短视行为。第二,与新古典产权学派强调以股东收益最大化(公司价值最大化)为公司目标不同,主张利益相关者理论的学者强调公司的目标是为社会创造财富。布莱尔说,"这种认为公司在最大化股东回报之外还应该拥有部分社会目标的观点毕竟在竞争中生存下来了,而且还使那些率先思考公司治理问题的人对于公司的目标问题形成了一种新的认识,这一新的观点即是:公司的存在是为社会创造财富"。第三,利益相关者学派认为股东以外的利益相关者,特别是公司的职工可能是比股东更有效的公司监管者。他们之所以得出这样的结论,一是因为股东分散可能导致"搭便车"行为盛行,从而使单个股东失去了监管公司经营者的能力;二是因为很多外部股东并不了解公司的内部信息,因而在监管时也常常抓不住问题的关键。相反,那些具有公司专用化技能的职工,由于他们的利益与公司经营息息相关,而且他们掌握了较多的公司内部信息,因而让他们监管公司的运行可能是一种更好的选择。

公司契约理论(由科斯 1937 年开创)和利益相关者学派的观点是一致的。该理论认为公司是多边契约的集合体,公司不再是一个生产函数,而是一系列契约的联结,其缔约人是公司投入各种资本的直接利益相关者,包括股东、管理层、债权人、职工、供应商、政府有关部门等。交易费用、有限理性、机会主义和信息不对称情形的存在,使得公司契约不完备。不完备契约使得剩余索取权与剩余控制权在公司所有权安排中显得至关重要。剩余索取权是指在契约中事前不能明确规定的那部分索取收益的权力;剩余控制权是指在契约中事前不能明确规定的那部分控制权的权力。公司的经营管理活动要综合平衡各个利益相关者的要求,公司追求的应是利益相关者的整体利益而不仅仅是某个主体的利益。

利益相关者学派和公司契约理论的思想产生了“共同治理”的公司治理模式。在现实经济活动中,公司并不是所有者的公司,而是所有者和其他利益相关者共同的公司。许多物质资本所有者作为公司的股东常常在资本市场上扮演着投机者角色,他们只关心市场上资本价差所蕴含的套利机会,对公司的成长和发展并不在意。随着现代市场经济竞争日趋激烈,公司要获得更多的利润就必须有来自人力资本的创新能力。鉴于物质资本和人力资本的地位变化,利益相关者的合作在促进公司可持续发展中的作用越来越重要。因此,必然要求转变“股权至上”的公司治理逻辑。有效的公司治理模式是利益相关者共同拥有剩余索取权和剩余控制权,股东、管理层、债权人、职工、供应商和政府等利益主体共同参与公司治理。这种多边合作治理模式称为“共同治理”模式。

利益相关者学派、公司契约理论和“共同治理”模式衍生的财务管理目标称为利益相关者财富最大化。利益相关者财富最大化的观点认为:公司的所有权主体并不仅仅是股东,而应拓展为出资者、债权人、员工(包括管理者)、供应商与客户等利益相关者。公司的财务行为与财务关系应围绕着相关利益集团的不同要求而均衡展开,并最终达到利益相关者财富增加的目的。

利益相关者财富最大化目标考虑的不仅仅是经济效率,还有社会效益目标的实现;既考虑了出资人的利益,又兼顾了其他利益相关者的要求与公司的社会责任;既适应知识经济的要求,又体现可持续发展财务的特征。

利益相关者财富最大化的观点在指导实践的过程中也受到了挑战,主要是利益相关者财富最大化目标的可操作性无法得到保证。第一,利益相关者财富最大化的观点虽然从表面上看有利于协调出资者与其他利益相关者之间的关系,从而有利于调动公司各方面的积极性,但是从社会分工的角度看,公司的根本价值在于为社会创造财富,而盈利是公司得以创造财富和不断扩张的前提。赚取利润是公司最重要的目标,其他相关者的利益只有在公司盈利的情况下才能得以保证。第二,利益相关者财富最大化目标反对出资者单方享有公司剩余索取权与剩余控制权的制度安排,强调公司所有权应由利益相关者共同分享。但在利益相关者身份确定与利益相关度的测量方面,将遇到难以克服的困难。究竟谁是利益相关者?每个利益相关者的利益相关度有多大?这些问题在现阶段是难以回答的。

#### (四)公司能力理论和公司可持续发展能力最大化目标

公司能力理论由彭罗斯(Penrose,1959)提出,之后又由纳尔逊和温特(Nelson and Winter,1982)、沃纳菲特(Wernerfelt,1984)、潘汉尔德和哈默(Prahalad and Hamel,1990)、兰格路斯(Langlois,1992)、福斯(Foss,1993)、哈默和贺尼(Hamel and Heene,1994)等学者进行了拓展。

公司能力理论对公司理论及产业组织理论有着重要的影响。该理论秉承亚当·斯密的生产分工理论,突出研究公司的能力分工。该理论把知识视为公司能力的深层次因素,并出现了从公司的“资源基础论”到“知识基础论”的转变。从知识基础论的观点出发,公司被视为异质的、作为知识载体的经济主体。

按照福斯(Foss,1993)的归纳,公司能力理论的主要观点包括:① 公司能力理论是一种战略观;② 能力是公司拥有的主要资源或资产;③ 公司是进行能力分析的细胞;④ 公司的效率差异产生收益;⑤ 公司的范围可以用能力界定;⑥ 公司能力理论归根到底是一种动力机制理论。

公司能力理论把获取正利润或盈利可能性作为公司在不确定性的环境中产生或生存下来的前提条件。与新古典经济学不同的是，该理论认为公司在本质上是一个能力体系。换言之，公司实质是由各种能力所构成的能力集合，这个能力集至少包括公司的生产和制造能力、战略决策与组织协调能力、研究开发与产品创新能力、人力资源与资产整合能力、市场营销能力、外部关系处理能力、组织学习能力等。这些能力构成了公司的异质核心能力，正是这种异质核心能力在公司间的非对称性分布决定了公司的存在和效率。

公司能力理论认为公司目标是获取竞争优势及永续发展能力。交易成本经济学只看到公司从交易过程中产生盈利的可能性，忽视了公司从生产过程中产生盈利的可能性及相关性。哈默和贺尼（Hamel and Heene，1994）明确指出，公司管理过程是通过一系列的战略行为来形成核心竞争力的。也就是，公司能否存在不能仅从交易成本相对大小来判断，而要根据公司核心能力所产生的收益与形成核心能力的成本比较来判断。因此，公司的目标也就从节约交易成本变成了改善公司内部的能力配置，形成异质性核心能力，在市场竞争中取得竞争优势及永续发展能力。

公司能力理论衍生公司可持续发展能力最大化的财务管理目标。结合财务管理的主要内容，可持续发展能力最大化的财务管理目标应包括获利能力与增值能力、融资与偿债能力、资金营运能力和抵御风险能力等。从某种意义上讲，公司可持续发展能力最大化是财富最大化的前提。

**二、财务管理目标的理论定位**

从上述分析可以看出，各大理论支持的财务管理目标都有一定的合理性，于是有不少学者提出了公司应当有多个财务目标，以分别满足不同利益相关者的要求。从理论上看，任何学科都需要一个统一的目标，围绕这个目标发展其理论和模型。任何决策只要符合目标就被认为是好的决策，不符合目标的就是差的决策。唯一的目标可以为公司财务管理提供一个统一的决策依据，并且保持各项决策的内在一致性。如果使用多个目标，就很难指导决策的选择，并很难保证各项决策不发生冲突。所以，财务管理目标理论上只能是一个目标。考虑利润最大化目标缺陷、股东财务最大化目标存在的问题、利益相关者财富最大化和可持续发展能力最大化面临的挑战，结合现代公司特征和相关法律法规，我们认为现阶段把财务管理目标理论上定位为公司价值最大化是必然的选择。

（一）公司价值最大化能在一定程度包含其他目标

公司价值最大化的具体内容包括以下几个方面：① 强调风险与报酬的均衡，将风险限制在公司可以承担的范围之内；② 创造与股东之间的利益协调关系，努力培养安定性股东；③ 关心公司职工利益，创造优美、和谐的工作环境；④ 不断加强与债权人的联系，重大财务决策请债权人参加讨论，培养可靠的资金供应者；⑤ 关心客户的利益，在新产品的研制和开发上有较高投入，不断推出新产品来满足顾客的要求，以便保持销售收入的长期、稳定增长；⑥ 讲求信誉，注意公司形象的宣传；⑦ 关心政府政策的变化，努力争取参与政府制定政策的有关活动，以便争取出现对自己有利的法规，但一旦立法颁布实施，不管是否对自己有利，都会严格执行。从公司价值最大化包含的内容来看，公司价值最大化目标能在一定程度包含利润最大化、股东等相关利益集团财富最大化要求和可持续发展的要求。

（二）公司价值是评价公司财务活动最综合的指标

公司价值最大化作为财务管理的目标，不但是财务理论研究的必然结论，也是内外部对公司经营和财务状况做出综合评价的必然选择。因为公司价值既是一个最抽象的概念，又是一个能用于公司综合评价的最实际可行的概念。诚如前述，研究结果告诉我们，没有一个或几个财务指标，可直接用来作为公司最终评价的依据，而只有公司价值概念涵盖了公司所有内部、外部、经营和财务等各方面的综合因素。公司价值、账面价值、股票价格、股东财富和利润的关系之间既有联系又有区别。

1. 公司价值与账面价值

公司价值是指其能在市场实现的价值，而并非公司的账面价值总额。因为公司资产的账面置存价值与公司实际市场价值是不一致的。经营良好的公司，它的市场价值必然会高于其账面价值。相反，一个经营失败甚至严重亏损的公司，它的市场价值必然会大大低于其账面价值。公司所有的经营成败与财务状况，都会综合地表现在公司的市场价值上，市场会对公司有一个最终的评价。

2. 公司价值与股票价格

从财务理论上来看，价值应该是实现现金流入的现值总额。对于一般公司来讲，公司价值的确认，必须通过公司转让、变卖或正确的资产评估才能完成。但对于股份制公司来讲，特别是上市公司，从长久来看，公司股票的市场价格越高，说明这个公司的价值越大。我们不可能想象一个经营完全失败的公司，会有持续很高的股票价格。因此，股票的价格是真正的市场价值，是投资人对公司的评价，公司内部各种经营和财务状况的变化因素和未来发展前景，都会在公司的股票价格上得以表现。但股票价格还要受到资本市场效率等多种不可控因素的影响。

3. 公司价值与股东财富

广义地讲，股东就是公司的投资人，追求股东财富最大，与追求公司价值最大和追求股票价格最高是一致的。因为公司是一种商品，在其品质最高并能被市场确认时，就能卖出最高的价格。譬如一个上市公司持续经营和财务状况良好，达到其历史的最佳状态，公司的股票价格也达到历史最高点，说明这时公司的价值是最高的。假设此时公司股东将其股票出售，那么股东就能获得实际的最大财富。因此当众多投资者对某公司看好时，就会争相购买该公司的股票，其股票价格就必然上升，从而引起股东财富的实际增长。所以，对于上市公司来讲，以股票价格最高作为公司财务管理的目标，相比于公司价值最大化或股东财富最大化等抽象的概念来讲，更加直接和更易被人接受。

4. 公司价值与利润

公司价值显然不同于利润，因为利润只是公司新创价值的一部分，而公司价值不但包括新创价值，还包含了公司未来创造价值的能力。另外，利润仅仅是账面实现的价值，它没有考虑现金流量、时间价值和风险等因素，而公司价值却综合考虑了所有的因素。在评价公司价值时，必须仔细分析其现金流量状况、财务结构与风险等，并将其体现在市场对公司评价的折现因素之中。或者讲，公司价值评价的标准，是以投资者在充分和综合考虑了现金流量、时间价值和风险因素后所确定的实际和未来的必要报酬率为依据的。所以，以公司价值最大化作为财务管理目标，可以克服利润最大化和每股收益最大化的各种缺陷，任何试图用短期行为来扩大公司当前利润的做法，必然会伤害公司未来长久的发展潜力，使公司承担更大的风险，并使公司的市场价值无法达到最大化。

因此，在理论上以公司价值最大化作为财务管理的整体目标，并在此基础上确立财务管理理论体系和方法体系，是现代财务管理目标的现实选择。

**三、财务管理目标与社会责任的矛盾与协调**

正如上文提到的公司价值最大化目标单纯追求“内部的经济效率”，以公司资源配置是否有利于公司价值增长来作为评判优劣的标准，难免会导致外部不经济，导致资源环境的破坏。因此，公司的财务管理目标还涉及与社会责任的协调和统一。

一般来说，公司价值最大化目标的实现与社会责任的履行基本一致。这是因为，为了实现公司价值最大化，公司必须生产出符合社会需要的产品，满足消费者的需求；公司为了发展，就要拓展经营规模和经营领域，自然会引起新的就业机会；为了使公司价值最大化，公司必须尽可能实现利润最大化，从而可以为社会提供更多的税收；公司为了获利，必须提高劳动生产率，改进产品质量，改善服务，从而提高社会生产效率和公众生活的质量。所以，在实现公司价值最大化的过程中，内在地履行了公司的社会责任。然而，公司的财务管理目标与履行社会责任也有不一致的地方。如公司为了获利，可能生产伪劣产品；可能不顾工人的健康和利益；可能造成环境的污染；可能损害其他公司的利益等。

为了使公司财务管理目标与社会责任一致，国家应通过制定一定的法律和规定来强制公司履行社会责任，如反垄断法、反暴利法、防止不正当竞争法、环境保护法、合同法、消费者权益保护法和有关产品质量法规等。一般来说，公司只要遵守这些法规，公司在谋求自身价值的同时，就会使公众受益。但是，法律不可能解决所有的问题，公司有可能在合法的前提下从事不利于社会的事情。因此，公司还要受到商业道德的约束，接受政府有关部门的行政监督以及社会公众舆论的监督，进一步协调公司与社会的关系。

**四、股东、经营者和债权人利益的冲突与协调**

现代公司的股东和经营者分离，股东和经营者形成了第一层委托代理关系。由于信息不对称，在实现公司价值最大化过程中，股东、经营者和债权人的利益冲突最为明显。股东和债权人都为公司提供了财务资源，但是股东和债权人都处在公司之外，只有经营者在公司里直接从事管理工作。股东、经营者和债权人之间构成了公司最重要的财务关系。公司是所有者即股东的公司，财务管理的目标也就是股东的目标。股东委托经营者代表他们管理公司，为实现他们的目标而努力，但经营者与股东的目标并不完全一致。债权人把资金借给公司，并不是为了“股东财富最大化”，与股东的目标也不一致。公司必须协调这三方面的利益冲突，才能实现公司价值最大化的目标。

（一）股东与经营者

1. 经营者的目标

在股东和经营者分离以后，股东的目标是使公司财富最大化，千方百计要求经营者以最大的努力去完成这个目标。经营者也是最大合理效用的追求者，其具体行为目标与委托人不一致。他们的目标是：

① 增加报酬，包括物质和非物质的报酬，如工资、奖金，提高荣誉和社会地位等。

② 增加闲暇时间，包括较少的工作时间、工作时间里较多的空闲和有效工作时间中较小的劳动强度等。

上述两个目标之间有矛盾，增加闲暇时间可能减少当前或将来的报酬，努力增加报酬会牺牲闲暇时间。

③ 避免风险。经营者努力工作可能得不到应有的报酬，他们的行为和结果之间有不确

定性，经营者总是力图避免这种风险，希望付出一份劳动便得到一份报酬。

2. 经营者对股东目标的背离

经营者的目标和股东不完全一致，经营者有可能为了自身的目标而背离股东的利益。这种背离表现在两个方面：

① 道德风险。经营者为了自己的目标，不尽最大努力去实现公司财务管理的目标。他们没有必要为提高股价而冒险，股价上涨的好处将归于股东，如若失败，他们的"身价"将下跌。他们不做什么错事，只是不十分卖力，以增加自己的闲暇时间。这样做，不构成法律和行政责任问题，只是道德问题，股东很难追究他们的责任。

② 逆向选择。经营者为了自己的目标而背离股东的目标。例如，装修豪华的办公室，购置高档汽车等；借口工作需要乱花股东的钱；或者蓄意压低股票价格，以自己的名义借款买回，导致股东财富受损。

3. 防止经营者背离股东目标的方法

为了防止经营者背离股东的目标，一般有两种方式：

① 监督。经营者背离股东的目标，其条件是双方的信息不对称，主要是经营者了解的信息比股东多。避免"道德风险"和"逆向选择"的出路是股东获取更多的信息，对经营者进行监督，在经营者背离股东目标时，减少其各种形式的报酬，甚至解雇他们。

但是，全面监督在实际上是行不通的。股东是分散的或者远离经营者，得不到充分的信息；经营者比股东有更大的信息优势，比股东更清楚什么是对公司更有利的方案；全面监督管理行为的代价是高昂的，很可能超过它所带来的收益。因此，股东支付审计费聘请注册会计师，往往限于审计财务报表，而不是全面审查所有管理行为人。股东对于情况的了解和对经营者的监督总是必要的，但受到监督成本的限制，不可能事事都监督。监督可以减少经营者违背股东意愿的行为，但不能解决全部问题。

② 激励。防止经营者背离股东利益的另一种方式是采用激励计划，使经营者分享公司增加的财富，鼓励他们采取符合股东最大利益的行动。例如，公司盈利率或股票价格提高后，给经营者以现金、股票期权奖励。支付报酬的方式和数量，有多种选择。报酬过低，不足以激励经营者，股东不能获得最大利益；报酬过高，股东付出的激励成本过大，也不能实现自己的最大利益。因此，激励可以减少经营者违背股东意愿的行为，但也不能解决全部问题。

通常，股东同时采取监督和激励两种方式来协调自己和经营者的目标。尽管如此，仍不可能使经营者完全按股东的意愿行动，经营者仍然可能采取一些对自己有利而不符合股东最大利益的决策，并由此给股东带来一定的损失。监督成本、激励成本和偏离股东目标的损失之间此消彼长，相互制约。股东要权衡轻重，力求找出能使三项之和最小的解决办法，它就是最佳的解决办法。

（二）股东与债权人

当公司向债权人借入资金后，两者也形成一种委托代理关系。债权人把资金借给公司，其目标是到期时收回本金，并获得约定的利息收入；公司借款的目的是扩大经营，投入有风险的生产经营项目，两者的目标并不一致。

债权人事先知道借出资金是有风险的，并把这种风险的相应报酬纳入利率。通常要考虑的因素包括：公司现有资产的风险、预计公司新增资产的风险、公司现有的负债比率、公司未来的资本结构等。

但是，借款合同一旦成为事实，资金划到公司，债权人就失去了控制权，股东可以通过经营者为了自身利益而伤害债权人的利益，其常用方式是：

第一，股东不经债权人的同意，投资于比债权人预期风险更高的新项目。如果高风险的计划侥幸成功，超额的利润归股东独享；如果计划不幸失败，公司无力偿债，债权人与股东将共同承担由此造成的损失。《中华人民共和国公司破产法》(以下简称《破产法》)尽管规定，债权人先于股东分配破产财产，但多数情况下，破产财产不足以偿债。所以，对债权人来说，超额利润肯定拿不到，发生损失却有可能要分担。

第二，股东为了提高公司的利润，不征得债权人的同意而指使管理当局发行新债，致使旧债权的价值下降，使旧债权人蒙受损失。旧债权价值下降的原因是发新债后公司负债比率加大，公司破产的可能性增加，如果公司破产，旧债权人和新债权人要共同分配破产后的财产，使旧债权的风险增加、价值下降。尤其是不能转让的债券或其他借款，债权人没有出售债权来摆脱困境的出路，处境更加不利。

债权人为了防止其利益被伤害，除了寻求立法保护，如破产时优先接管、优先于股东分配剩余财产等外，通常采取以下措施：

第一，在借款合同中加入限制性条款，如规定资金的用途、规定不得发行新债或限制发行新债的数额等。

第二，发现公司有损害其债权意图时，拒绝进一步合作，不再提供新的借款或提前收回借款。

## 五、选择财务管理目标应考虑的因素

### (一) 财务管理目标理论与现实的背离

2006 年，上海国家会计学院对 60 位央企总会计师展开关于公司财务管理目标的调查，问卷调查统计结果如表 1-3 所示。

**表 1-3　财务管理目标调查表(上海国家会计学院)**

| 财务管理目标 | 你认为应该是 | | 你所在单位的实际是 | |
|---|---|---|---|---|
| | 人数/个 | 所占比例 | 人数/个 | 所占比例 |
| 公司价值最大化 | 50 | 83.33% | 19 | 31.67% |
| 股票价格最高 | 0 | 0 | 0 | 0 |
| 利润最大化 | 8 | 13.33% | 33 | 55% |
| 财务风险最小 | 2 | 3.33% | 4 | 6.67% |
| 筹资数量最多 | 0 | 0 | 4 | 6.67% |

注：单选。因四舍五入原因，比例加总不是 100%。

从表 1-3 可以看出，在财务管理目标理论定位上，83.33%的总会计师认为财务管理目标应该是公司价值最大化，13%的总会计师认为财务管理目标应该是利润最大化。在财务管理目标实务定位上，55%的总会计师所在单位财务管理目标实际是利润最大化，31.67%的总会计师所在单位财务管理目标实际是公司价值最大化。这说明理论与实务有一定差异。

2010 年，东北财经大学面向 101 位在职会计专业硕士学生也展开了财务管理目标的调查，问卷调查统计结果如表 1-4 所示。

表 1-4　财务管理目标调查表(东北财经大学)　　单位:个

| 财务管理目标 | 你认为应该是 | 你所在单位的实际是 | 公司考核指标 |
|---|---|---|---|
| 公司价值最大化 | 101 | 34 | 0 |
| 利润最大化 | 69 | 101 | 101 |
| 股票价格最大 | 10 | 21 | 0 |
| 现金流转顺畅 | 101 | 101 | 0 |
| 每股收益最大 | 2 | 0 | 88 |

备注:可以多选。

从表 1-4 可以看出,在财务管理目标理论定位上,101 位学员中认为财务管理目标应该是公司价值最大化和现金流转顺畅的比例为 100%,认为财务管理目标应该是利润最大化的比例为 68.32%。在财务管理目标实务定位上,101 位的学员中认为财务管理目标实际是利润最大化和现金流转顺畅的比例为 100%,认为财务管理目标实际是公司价值最大化的是 33.66%。这说明理论与实务有一定差异,而且理论与实务高度统一的目标是现金流转顺畅。我们认为现金流转顺畅是财务管理的基本要求,不能成为财务管理目标。

(二) 财务管理目标选择应考虑的因素

从上述两项调查情况看,财务管理目标理论与实务有一定背离,理论上承认财务管理目标是公司价值最大化,但在实务上大部分都是利润最大化。这说明在实际中选择财务管理目标时可能要考虑更多的因素。从国际上的管理实践和经验看,公司财务管理目标选择主要应考虑的因素有股权结构、股东重要要求、公司生命周期特征、公司治理原则、可持续发展要求、绩效考核要求和市场经济特征等。中国公司财务管理目标选择还要考虑中国社会主义初级阶段市场经济特征,包括国有经济占主体(要关注全民所有问题)、国有产权虚置问题、垄断和半垄断经营问题、任命管制问题、薪酬管制问题、短期考核与公司长期发展关系问题、社会保障程度问题和国有公司领导人管理防御问题等。

## 第三节　财务管理职能与组织

### 一、财务管理的职能

一般认为,财务管理的职能包括财务决策、财务计划和财务控制三个方面。

(一) 财务决策

财务决策是指有关资金筹集和使用的决策。

1. 财务决策的过程

财务决策的过程,一般可分为四个阶段。

① 情报活动。情报活动即探查环境,寻找作决策的条件。在这个阶段里,要根据初步设想的目标收集情报、找出作决策的依据。

② 设计活动。设计活动即创造、制定和分析可能采取的方案。在这个阶段里,要根据收集到的情报,以公司想要解决的问题为目标,设计出各种可能采取的方案及备选计划,并分析评价每一方案的得失和利弊。

③ 抉择活动。抉择活动即从备选计划中选择一个行动方案,或者说在备选计划中进行

抉择。在这个阶段里，要根据当时的情况和对未来的预测，以及一定的价值标准评价诸方案，并按照一定的准则选出一个行动方案。

④ 审查活动。审查活动即对过去的决策进行评价。在这个阶段里，要根据实际发展进程和行动方案的比较，评价决策的质量即主观符合客观的程度，以便改进后续决策。

事实上，这四个阶段并不是按顺序一次完成的，经常需要返回到以前的阶段。例如，设计或抉择时会发现情报不充分，还要再收集情报；抉择时会发现原来设计的方案不够好，需要修改设计。这四个阶段中的每一个，还可以细分为同样的四个小阶段，是大圈套小圈的结构。例如，收集情报阶段，包括了解收集情报的"情报"、"设计"收集情报的方案、"决定"如何收集情报、"评价"收集到的情报是否合乎需要这样四个小阶段。

2. 财务决策系统的要素

一个决策系统由五个要素构成。

① 决策者。决策者是决策的主体。它可以是一个人，也可以是一个集团——决策机构。关系团体利益的决策，逐步从个人决策转为集团决策，逐步从高度集中的决策转变为多层次的分散决策。

② 决策对象。决策对象是决策的客体，即决策想要解决的问题。构成决策对象的只能是决策者的行为可以施加影响的系统，决策者的意志不能改变的东西不能成为决策对象。

③ 信息。信息包括公司内部功能的信息，以及公司外部环境的状态和发展变化的信息。决策时，保持信息的真实性和正确性是至关重要的。大部分决策错误都与信息失真有关。

④ 决策的理论和方法。决策的理论和方法包括决策的一般模式、预测方法、定量分析和定性分析技术、决策方法论、数学和计算机应用等。有了正确的信息，只是具备了科学决策的前提，并不等于就有了科学的结论。决策者还需要科学的理论指导，并运用恰当的方法来分析、推理和判断，才能找出好的方案。

⑤ 决策结果。决策结果是指通过决策过程形成的、指导人的行为的行动方案。公司决策的结果通常要采用语言、文字、图表等明显的形式来表达。

决策的五个要素相互联系、相互作用，组成了一个决策系统。

3. 决策的价值标准

决策的价值标准，是指评价方案优劣的尺度，或者说是衡量目标实现程度的尺度，它用于评价方案价值的大小。

历史上，首先使用的是单一价值标准，如最大利润、最高产量、最低成本、最大市场份额、最优质量、最短时间等。单一的决策价值标准给人们带来许多教训。例如，不顾安全生产，单纯追求产量和利润，结果发生严重事故，产量和利润反而会掉下来；单纯追求短期利润会使公司发展失去后劲，甚至破产。单一价值标准决策，往往会使第一步决策取得辉煌的胜利，但继续前进就会遭到客观世界的报复，走向自己的反面。历史上多次失败的教训，使人们认识到要进行多目标综合决策。

人们在解决这个问题时，最先使用综合经济目标的办法，即以长期稳定的经济增长为目标，以经济效益为尺度的综合经济目标作为价值标准。经济效益可以理解为投入和产出的关系。将各种投入和产出都货币化，然后将两者进行比较。用这种办法取代急功近利的单一短期利润目标，使人们扩大了眼界，看问题比较全面、比较长远。

这种把物质目标货币化并综合在一起的做法也遇到了困难。社会的、心理的、道德的、美学的等非经济目标日益受到重视，它们的实现程度越来越影响人类的生活质量。尽管物质文明的建设和发展有助于精神文明的进步，但是物质文明不可能取代精神文明。人们企图把非经济目标转化为经济目标，但这只能在短期内有效，从长期来看是不行的。人们还不能把经济目标和非经济目标统一于一个价值标准，至少在财务领域还没有解决非经济目标的货币化问题。因此，在评价方案的最后阶段，总要加进各种非经济的或不可计量的因素，进行综合判断，选取行动方案。经济方面的决策离不开计算，但没有一项决策是仅仅通过计算完成的，总要考虑各种不可计量的因素，这些因素有时甚至成为方案弃取的决定性因素。

4. 决策的准则

选择方案的一般原则，也就是指导人们选择行动方案的一般原则，被称为决策准则。

传统的决策理论认为，决策者是“理性人”或“经济人”，在决策时他们受“最优化”的行为准则支配，应当选择“最优”方案。

现代决策理论认为，由于决策者在认识能力和时间、成本、情报来源等方面的限制，不能坚持要求最理想的解答，常常只能满足于“令人满意的”或“足够好的”决策。因此，实际上人们在决策时并不考虑一切可能的情况，而只考虑与问题有关的特定情况，使多重目标都能达到令人满意和足够好的水平，以此作为行动方案。

5. 决策的分类

公司决策有多种分类方法，每一种分类方法分别用来研究和解决不同的问题。

① 程序化决策和非程序化决策。决策按能否程序化，可分为程序化决策和非程序化决策。

公司里有些经济活动是重复出现的例行公事，如订货、材料收发等，称为例行活动。这类活动经常重复出现，有一定的规律，可以根据经验和习惯建立一定的程序，在问题出现时按既定程序执行，就可以解决问题。这种关于例行活动的决策，称为程序化决策。

公司里有些活动具有独特性，不会重复出现，它们具有创新的性质，每个问题都与以前的问题不同，称为非例行活动。例如，新产品的开发、多种经营的决定、工厂的扩建等，每次都与以前不同，不能程序化，只能针对具体问题，按照收集情报、设计方案、抉择和审查的过程来个别解决。这种关于非例行活动的决策，称为非程序化决策。

② 长期决策和短期决策。按决策影响所及的时间长短，可以将其分为长期决策和短期决策。影响所及时间超过一年的决策，称为长期决策。大多数改变生产能力的投资决策、长期资金的筹集决策等属于长期决策。影响所及时间不超过一年的决策，称为短期决策。如何利用生产能力的决策、短期资金的筹集决策等属于短期决策。

③ 销售决策、生产决策和财务决策。按决策涉及的管理领域，可以将其分为销售决策、生产决策和财务决策。公司的活动分为销售、生产和财务三大领域，公司管理也据此分为销售管理、生产管理和财务管理，有关的决策分别称为销售决策、生产决策和财务决策。本书要讨论的是财务决策。

（二）财务计划

计划是指预先决定做什么、何时做、怎样做和谁去做。广义的财务计划工作包括很多方面，通常有确定财务目标、制定财务战略和财务政策、规定财务工作程序，以及制定财务规划和编制财务预算。狭义的财务计划工作，是指针对特定期间的财务规划和财务预算。

财务规划是一个过程，它通过调整经营活动的规模和水平，使公司的资金、可能取得的收益、未来发生的成本费用相互协调，以保证实现财务目标。财务规划受财务目标、战略、政策、程序和规划等决策的指导和限制，为编制财务预算提供基础。财务规划的主要工具是财务预测和本量利分析。规划工作主要强调各部分活动的协调，因为规划的好坏是由其最薄弱的环节决定的。

预算是以货币表示的预期结果，它是计划工作的终点，也是控制工作的起点，它把计划和控制联系起来。各公司预算的精密程度、实施范围和编制方式有很大差异。预算工作的主要好处是促使各级主管人员对自己的工作进行详细、确切的计划。

（三）财务控制

财务控制和财务计划有密切联系，计划是控制的重要依据，控制是执行计划的手段，它们组成了公司财务管理循环。财务管理循环的程序如图 1-5 所示。

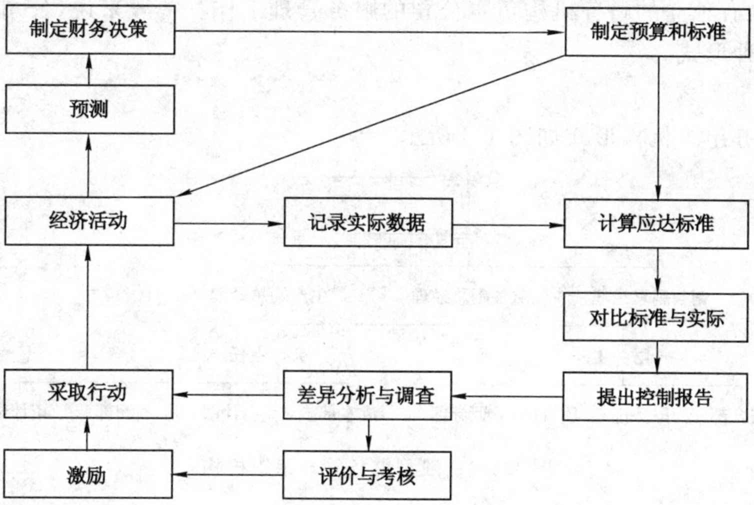


图 1-5　财务管理循环程序

财务管理循环的主要环节包括：

① 制定财务决策，即针对公司的各种财务问题决定行动方案，也就是制订项目计划。

② 制定预算和标准，即针对计划期的各项生产经营活动拟定用具体数字表示的计划和标准，也就是制订期间计划。

③ 记录实际数据，即对公司实际的资金循环和周转进行记录，它通常是会计的职能。

④ 计算应达标准，即根据变化了的实际情况计算出应该达到的工作水平。例如"实际业务量的标准成本""实际业务量的预算限额"等。

⑤ 对比标准与实际，即对上两项数额进行比较，确定其差额，发现例外情况。

⑥ 差异分析与调查，即对足够大的差异进行具体的调查研究，以发现产生差异的具体原因。

⑦ 采取行动，即根据产生问题的原因采取行动，纠正偏差，使活动按既定目标发展。

⑧ 评价与考核，即根据差异及其产生原因，对执行人的业绩进行评价与考核。

⑨ 激励，即根据评价与考核的结果对执行人进行奖惩，以激励其工作热情。

⑩ 预测，即在激励和采取行动之后，经济活动发生变化，要根据新的经济活动状况重新预测，为下一步决策提供依据。

## 二、公司财务管理组织机构

为了实现财务管理的目标，公司必须合理有效地组织财务管理工作，主要包括：建立财务管理的组织机构，配备必要的财务管理人员，并建立财务管理的制度规范。

### （一）财务管理组织机构

财务管理的组织机构会因公司规模的大小而不同。在小型公司，财务管理工作是作为会计工作的一部分来进行的，其工作重点是利用商业信用筹集资金和回收公司的应收账款，很少关心投资决策和筹资方式的选择。因此，在小型公司，一般没有单独的财务管理组织，若有，也只是会计部门的一个部分而已。但是，随着公司规模的增大，财务工作越来越重要，财务管理的内容包括财务分析与规划、资金筹集、投资管理、盈利分配等。所以，在大中型公司中，一般都设有独立的财务机构负责公司的财务管理工作。一般来说，公司财务管理组织机构有以下几种形式。

1. 一般型

一般型财务组织机构形式如图 1-6 所示。

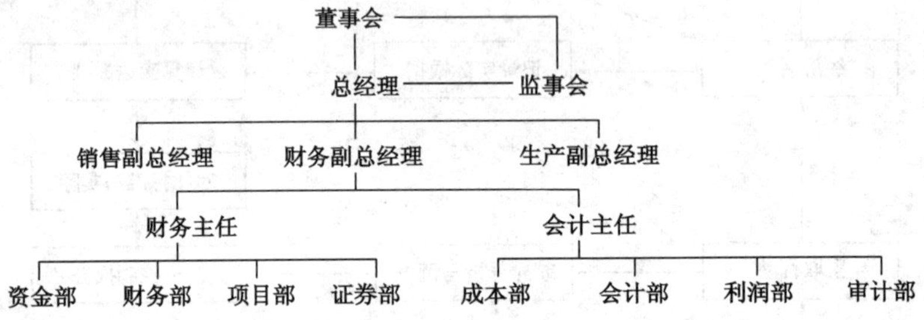


图 1-6　一般型财务管理组织机构

这是以财务管理职能为目标的财务组织机构的形式，其财务管理的工作和职责分工一般按照职能进行划分。资金部负责资金的筹集和调配；财务部负责日常的财务决策和管理；项目部主要负责投资项目资金的安排和使用；证券部主要负责债券、股票的投资和经营活动。这种形式的财务组织机构在分设财务机构与会计机构的基础上，由会计机构代替财务机构行使了部分财务管理的职能，主要表现在由会计机构中的利润部负责公司利润的分配和税金的缴纳。会计机构其他部门的职责分工如下：成本部负责生产经营成本的核算；会计部负责财务报表的编制和日常会计核算的管理；审计部负责公司内部的审计工作。

目前，这种类型的财务管理组织机构在我国的大中型公司中采用得比较多。在实务中，这种形式有一定的可取之处，但应注意加强财务机构与会计机构各部门之间的横向联系与及时沟通，以利于财务信息的及时传递。

2. 责任中心型

责任中心型财务组织机构形式如图 1-7 所示。

责任中心通常是在公司原有组织的基础上建立的，这种形式是以某一财务职责的履行为目标来进行财务经营活动的。建立一个财务管理责任中心，要求这个责任中心所承担的经济责任能够比较容易地区别和划分，并且有条件进行单独的经济核算，实现责权利相结

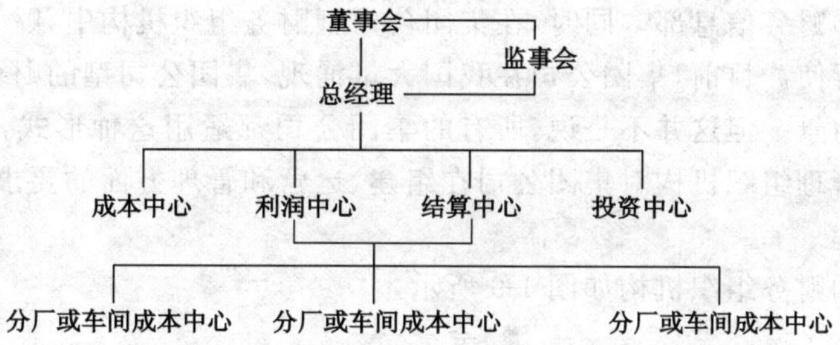


图 1-7　责任中心型财务管理组织机构

合。一般来说，一个公司下面层次较高的组织单位，如分厂、车间等可作为一个财务管理责任中心，一些相对独立的工段也可作为一个责任中心。没有独立的经济责任并难以独立开展经济核算的就不能建立责任中心。目前，一些比较常见的做法是建立成本中心、利润中心、结算中心和投资中心。成本中心是指那些生产成本费用可以准确计量并且可以自行调节和控制的分厂、车间和工段，将其作为一个经济单位来管理，以降低成本为主要目标。利润中心通常是能够取得产品销售收入或者不能直接取得产品销售收入但能够以内部结算价格计算出成本利润的经济单位。结算中心是以资金的周转和占用情况为主要考核目标，以资金的内部调动和分配为主要手段的资金管理中心。投资中心是以项目建设、投产、收益为目标的项目管理中心。

责任中心型财务管理组织机构是目前国外比较流行和热门的一种形式，但实践中也暴露出一些缺点，如不易达成各方满意的内部结算价格、各部门的信息沟通不便等。现在国内有一些公司也开始采用这种形式。

3. 集团公司型

集团公司型的财务组织机构如图 1-8 所示。

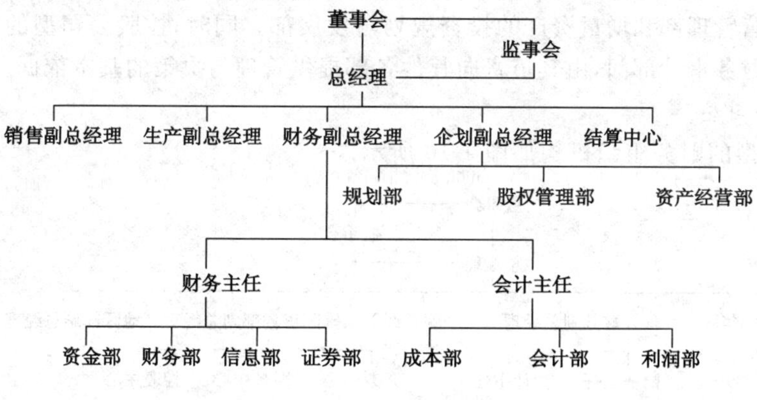


图 1-8　集团公司型财务组织机构

公司集团是指以实力雄厚的核心公司为基础，以产权、资本为纽带，把多个相关公司、事业单位联结在一起的联合体。集团公司的财务组织主要采用集团公司型的财务组织机构形式，也有集团公司采用的是责任中心型或其他形式。集团公司型是在传统财务管理型组织机构的基础上，结合集团公司的特有职能及其投资方式，增加了一些其他的职能部门，即集团公司财务部门除了设有资金部、成本部、会计部、项目部、财务部、利润部、证券部以外，还设有股权管理部和财务信息部。同时，在集团公司型财务组织机构中，财务管理的部分职能由企划部门代为行使。目前，集团公司在我国大量涌现，集团公司型的财务管理组织机构有了更广阔的应用前景。但这并不是说，所有的集团公司都适用这种形式，因为相对而言，集团公司型的财务管理组织机构对集团公司在组建、运营和管理方面的要求是很高的。

4. 控股公司型

控股公司型的财务组织机构如图 1-9 所示。

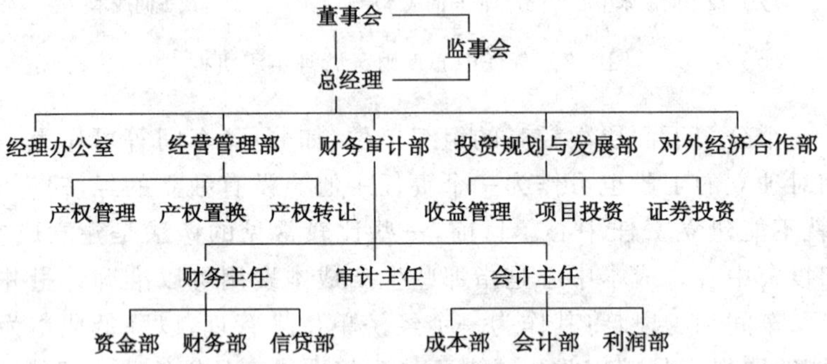


图 1-9　控股公司型财务组织机构

目前，我国新成立的一些国有控股公司采用了控股公司型的财务组织机构形式。国有控股公司是在持有其他公司一定比例股份基础上主要从事产权经营与管理活动的国有公司，承担国有资产保值增值的责任。从经营方式看，国有控股公司主要是通过投资、控股和参股等形式对国有资产进行运作，具有经营资产量大、组织结构多层化、资本多元化、产业结构多元化、经营多角化等特征，具有管理和运作国有资产、实施国家宏观经济政策以及联动资产的职能。按照控股公司调控的对象来分，控股公司的主要工作可以分为存量资产的保值增值与增量资产的分配和使用两部分。与国有控股公司的经营方式和特征相对应，控股公司一般单独设立存量资产的经营管理部和增量资产的投资规划与发展部。同时，控股公司型的财务组织机构保留了传统的财务审计部门，由其负责向其他各部提供管理与决策的基本依据。

5. 跨国公司型

跨国公司型的财务组织机构如图 1-10 所示。

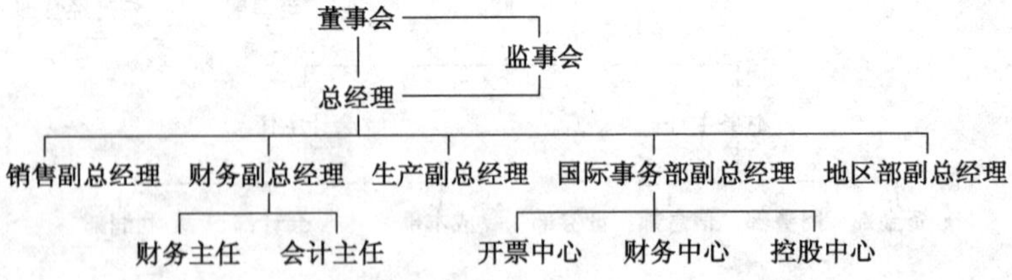


图 1-10　跨国公司型财务组织机构

一般而言，跨国公司是指设置在母国的公司在一个以上的外国设有分支公司。跨国公司的经营有多种形式，有的是不直接控制国外子公司，而是通过控股、参股等方式来经营，有的是从跨国公司整体，即从全球的角度来协调整个跨国公司的经营管理，统一安排资金和分配利润。这里所分析的跨国公司型财务组织机构的形式只适应后一种情况，即集中经营管理型跨国公司。前一种类型的跨国公司可采用前面的控股公司型财务组织机构。

跨国公司型财务组织机构，是在与国内母公司的财务管理活动相结合的基础上，增加一些处理国际事务的组织机构，如开票中心、财务中心和控股中心等。开票中心一般设在低税率国家或地区，负责跨国公司各子公司之间贸易的财务结算。财务中心一般设在国际金融中心或避税港，主要利用国际资金市场，进行国际间的投融资活动，以执行跨国公司的经营理财战略。控股中心通常设立在税收条件比较优惠的国家，以集中管理跨国公司各子公司的利润分配和收取，执行跨国公司的再投资政策。

（二）财务管理的制度规范

公司的财务管理制度规范是对公司财务管理工作原则和要求所做出的统一规定，是财务管理的工作准则。在市场经济条件下，逐步建立并完善一套与市场经济相适应的公司财务管理制度规范是财务管理工作的客观要求。我国目前的财务管理制度规范是以《企业财务通则》为指南，以公司内部财务管理制度为补充的财务法规制度体系。

1. 企业财务通则

《企业财务通则》是处理各类公司财务活动及其财务关系的依据，是公司财务制度中最基本和最高层次的法规，其主要内容包括对公司资金的筹集、资产的管理、对外投资、成本费用、收益及分配、公司清算以及公司的财务报告与财务评价等财务管理工作的规定，为各类公司提供了公平竞争和发展的财务环境。

2. 公司内部财务管理制度

为强化财务管理，公司必须按照《企业财务通则》的规定，结合本公司生产经营的特点及其内部管理的需要，制定公司内部的财务管理制度，以便建立起科学、合理、有序的财务管理制度规范。公司内部财务管理制度的内容主要包括：公司内部财务管理机构的设置、财务管理人员的职责与分工、内部控制制度、资产管理、财务管理工作的组织及实施要求等。

**三、财务管理体制**

财务管理体制是指划分公司财务管理方面的权责利关系的一种制度，是财务关系的具体表现形式，一般来说包括公司投资者与经营者之间的财务管理体制和公司内部的财务管理体制两个层次。公司集团财务管理体制是明确集团各财务层级财务权限、责任和利益的制度，其核心问题是如何配置财务管理权限，其中又以分配母公司与子公司之间的财权为主要内容。它属于公司财务管理工作的“上层建筑”，对其“经济基础”公司集团的财务活动起着推动、促进和导向作用。

（一）财务管理体制的类型

财务管理体制按其集权化的程度可分为集权式财务管理体制（集权制）、分权式财务管理体制（分权制）和混合制式财务管理体制（混合制）。

1. 集权式财务管理体制

所谓集权制就是指重大财务决策权都集中在母公司，母公司对子公司采取严格控制和统一管理方式的财务管理体制。集权制的优点在于：① 由集团最高管理层统一决策，有利于规范各成员公司的行动，促使集团整体政策目标的贯彻与实现；② 最大限度地发挥公司集团各项资源的复合优势，集中力量，达到公司集团的整体目标；③ 有利于发挥母公司财务专家的作用，降低子公司财务风险和经营风险；④ 有利于统一调度集团资金，保证资金头寸，降低资金成本。但集权制的缺点也很明显：① 集权制首先要求最高决策管理层必须具有极高的素质与能力，同时必须能够高效率地汇集起各方面详尽的信息资料，否则可能导致主观臆断，以致出现重大的决策错误；② 财务管理权限高度集中于母公司容易挫伤子公司的积极性，抑制子公司的灵活性和创造性；③ 由于信息传递时间长，延误决策时机，缺乏对市场的应变力与灵活性。

2. 分权式财务管理体制

分权制是指大部分的重大决策权集中在子公司，母公司对子公司以间接管理方式为主的财务管理体制。其优点是：① 可以调动子公司各层次管理者的积极性；② 市场信息反应灵敏，决策快捷，易于捕捉商业机会，增加创利机会；③ 使最高层管理人员将有限的时间和精力集中于公司最重要的战略决策问题上。分权制的缺点主要有：① 难以统一指挥和协调，有的子公司因追求自身利益而忽视甚至损害公司整体利益；② 弱化母公司财务调控功能，不能及时发现子公司面临的风险和重大问题；③难以有效约束经营者，从而造成子公司“内部控制人”问题。

3. 混合式财务管理体制

混合制即适度的集权与适度的分权相结合的财务管理体制。恰当的集权与分权相结合既能发挥母公司财务调控职能，激发子公司的积极性和创造性，又能有效控制经营者及子公司风险。所以适度的集权与分权相结合的混合制是很多公司集团财务管理体制所追求的目标。但是如何把握其中的“度”，则是一大难题。

（二）公司内部财务管理体制模式的选择

由于公司内部财务管理体制是构建公司财务运行机制的基础和前提，因而如何合理选择公司内部财务管理体制就显得很重要。《企业财务通则》第八条要求：“企业实行资本权属清晰、财务关系明确、符合法人治理结构要求的财务管理体制。企业应当按照国家有关规定建立有效的内部财务管理级次。企业集团公司自行决定集团内部财务管理体制。”公司财务管理体制选择是否恰当主要根据以下标准来判断。

1. 是否有利于公司建立稳健高效的财务管理运行机制

反映现代公司制度的公司内部财务管理体制的构建，目的在于引导公司建立“自主经营、自负盈亏、自我发展、自我约束”的财务运行机制，从而形成一套完整的自我控制、自我适应的系统。由于财务机制是财务管理体制最直接、最灵敏的反映，其有效运行是财务体制构建的重要目标，因此，在构建财务管理体制时，关键是看其是否有利于财务管理机制的有效运行。

2. 是否有利于调动公司经营者、管理者的积极性、主动性、创造性

财务管理是公司管理的一部分，因此公司能否成功地构建其内部财务管理体制，很大程度上取决于是否把各级经营者、管理者的积极性调动起来，使公司内部各级管理者、经营者出于对自身利益的追求，自觉地把个人利益与公司利益、个人目标与公司目标有效地结合起来，从而形成一股强大的凝聚力。

3. 是否有利于加强公司的内部管理

财务管理是公司管理各项工作的综合反映，它与公司管理的各项工作密切相关，它们之间相互制约相互促进。同时，财务管理本质上是处理公司内外各种经济利益的关系，因而，成功地构建公司内部财务管理体制能够强化公司内部管理。

4. 是否有利于促进公司价值的提升

公司内部财务管理体制构建的目的是为公司管理服务并有利于公司价值的提高。因

此，公司内部财务管理体制构建的成功与否，也只能用公司价值来衡量。

（三）公司内部财务管理体制的主要内容

公司内部财务管理体制的主要责任是在特定经济环境下正确处理公司内外各方面经济利益关系，因而它主要包括以下五个方面的内容。

1. 确定与公司内部经营组织形式相关的财务管理体制类型

公司的生产技术特点和经营规模的大小不尽相同，因而，各公司内部的经营组织形式也就有所不同，不同的公司内部经营组织形式决定不同的内部财务管理体制。

2. 确定与公司内部各财务管理单位的经济责任相适应的财务责任

公司内部各财务单位所承担的经济责任不同，其财务责任也应有所区别。因而，对于完全独立生产经营的成员公司，在财务上应该承担自负盈亏的责任；而相对独立生产经营的内部单位，应根据其是否具有相对独立的生产经营能力分别确定财务责任，并以指标分解的形式落实。例如，在资金管理方面，要为公司内部各部门、各层级核定流动资金占用额、利用效果和费用定额指标。车间、仓库对占用的流动资金要承担一定的经济责任并定期进行考核，对超计划占用的流动资金应支付相应的利息。同时，应为各部门核定收入和支出的指标，用收入对比支出，确定经营成果，并将成本或费用指标分解落实到各车间和部门，作为支出的计划指标。各车间生产的产品和半成品以及各部门提供的劳务均应按照内部结算价格结算支付，作为车间和各部门的收入指标。在利润管理方面，应将公司利润分解以确定内部利润，使车间利润、部门利润与公司利润相挂钩。

3. 确定与公司内部财务管理单位财务责任大小相一致的财务权限

由于部分内部成员公司能够承担自负盈亏的责任，因而，应该给予独立进行筹资、投资、成本费用开支与收益分配的财权；对于相对独立的公司内部各部门则分别给予投资决策权、内部利润取得与分配权以及成本费用的开支与控制权。

4. 根据内部结算价格计价结算，确认各单位履行职责的好坏

公司内部的材料和半成品的领用、使用劳务、半成品和成品的转移等都要按照实际数量和内部转移价格进行结算，并且采用一定的结算凭证办理相关手续，以划清各自的收支，分清经济责任，便于奖惩。因而，公司应制定完善的内部价格以及内部结算办法并建立内部结算中心。

5. 根据承担的财务责任的大小以及履行情况来确定物质利益的多少

对承担自负盈亏的内部成员公司，其工资总额应由该成员公司控制使用，税后利润除向公司集团缴纳一定管理费用外，应由成员公司按国家规定自主分配；而相对独立的内部单位，其工资总额由公司总部控制，与各单位完成责任指标挂钩的工资，可分别交由这些单位掌握使用，公司税后利润分配应统一由公司总部进行。

## 第四节　财务管理原则

财务管理原则是指人们对财务活动的共同和理性的认识，是公司财务管理工作必须遵循的基本准则。它是从公司财务管理实践中抽象出来的并在实践中得以证明是正确的行为规范，它反映了公司财务管理活动的内在本质要求。它是联系理论与实务的纽带。财务管理理论是从科学角度对财务管理进行研究的成果，通常包括假设、概念、原理和原则等。财

务管理实务是指人们在财务管理工作中使用的原则、程序和方法。财务管理原则是财务管理理论和实务的结合部分,如图 1-11 所示。

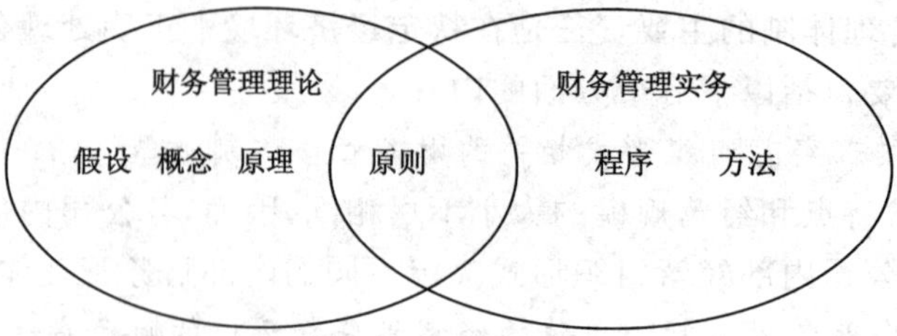


图 1-11 财务管理的原则

财务管理原则具有以下特征:

① 财务管理原则是财务假设、概念和原理的推论。它们是经过论证的、合乎逻辑的结论,具有理性认识的特征。

② 财务管理原则必须符合大量观察和事实,被多数人所接受。财务理论有不同的流派和争论,甚至存在完全相反的理论,而原则不同,它们被现实反复证明并被多数人接受,具有共同认识的特征。

③ 财务管理原则是财务交易和财务决策的基础。财务管理实务是应用性的,"应用"是指理财原则的应用。各种财务管理程序和方法,是根据理财原则建立的。

④ 财务管理原则为解决新的问题提供指引。已经开发出来的、被广泛应用的程序和方法,只能解决常规问题,当问题不符合任何既定程序和方法时,原则为解决新问题提供预先的感性认识,指导人们寻找解决问题的方法。

⑤ 原则不一定在任何情况下都绝对正确。原则的正确性与应用环境有关,在一般情况下它是正确的,而在特殊情况下不一定正确。

现代公司财务管理的基本原则主要包括以下几项原则:

### 一、价值增值原则

公司财务管理的一切管理活动都要按照价值增值原则进行。在公司产权关系明确的前提下,公司财务管理的目的就是合理运作资金,以求资金利用效益最好。现代财务管理是对公司资金运作的专业化管理,它遵循资金运动的基本要求和规律,运用价值管理的一系列方法,综合地对公司的整体资金运动进行科学的统筹安排,在从事购置、生产和销售及投资等各项资金活动时,都要努力提高交易效率,最大限度地降低交易费用,从而达到"事半功倍"的目的。在整个经营过程中,要严格控制公司的各项投入与产出、耗费与收入、盈利与亏损,努力使公司的资金在系统价值观念的指导下得以高效运行。

财务管理还应将价值增值原则,贯穿于公司财务的预测与决策、编制财务计划、进行财务控制和开展财务考核与分析等各项财务管理方法之中,自觉运用价值管理的有效手段,促使公司在整个经营与投资等资金运作过程中保持稳定和高效,确保公司价值最大化目标的实现。

### 二、资金时间价值原则

资金时间价值原则是指在进行财务计量时要考虑资金时间价值因素。"资金的时间价值"是指资金在经过一定时间的投资和再投资后所增加的价值。

资金具有时间价值的依据是资金投入市场后其数额会随着时间的延续而不断增加。这是一种普遍的客观经济现象。要想让投资人把钱拿出来，市场必须给他们一定的报酬。

资金时间价值原则的首要应用是现值概念。由于现在的1元资金比将来的1元资金经济价值大，不同时间的资金价值不能直接加减运算，需要进行折算。通常，要把不同时间的资金价值折算到“现在”时点，然后进行运算或比较。把不同时点的资金折算为“现在”时点的过程，称为“折现”，折现使用的百分率称为“折现率”，折现后的价值称为“现值”。财务估价中，广泛使用现值计量资产的价值。

资金时间价值的另一个重要应用是“早收晚付”观念。对于不附带利息的资金收支，与其晚收不如早收，与其早付不如晚付。资金在自己手上，可以立即用于消费而不必等待将来消费，可以投资获利而无损于原来的价值，可以用于预料不到的支付，因此“早收晚付”在经济上是有利的。

**三、风险-报酬均衡原则**

风险-报酬均衡原则是指风险和报酬之间存在一个对等关系，投资人必须对报酬和风险做出权衡，为追求较高报酬而承担较大风险，或者为减少风险而接受较低的报酬。所谓“对等关系”，是指高收益的投资机会必然伴随巨大风险，风险小的投资机会必然只有较低的收益。

在财务交易中，当其他一切条件相同时人们倾向于高报酬和低风险。如果两个投资机会除了报酬不同以外，其他条件（包括风险）都相同，人们会选择报酬较高的投资机会。如果两个投资机会除了风险不同以外，其他条件（包括报酬）都相同，人们会选择风险小的投资机会，这是风险反感决定的。所谓风险反感，是指人们普遍对风险有反感，认为风险是不利的事情。肯定的1元钱，其经济价值要大于不肯定的1元钱。

如果人们都倾向于高报酬和低风险，而且都在按照他们自己的经济利益行事，那么竞争结果就产生了风险和报酬之间的权衡。不可能在低风险的同时获取高报酬，因为这是每个人都想得到的。即使有人最先发现了这样的机会并率先行动，别人也会迅速跟进，竞争会使报酬率降至与风险相当的水平。因此，现实的市场中只有高风险同时高报酬和低风险同时低报酬的投资机会。

如果想有一个获得巨大收益的机会，就必须冒可能遭受巨大损失的风险，每一个市场参与者都在他的风险和报酬之间作权衡。有的人偏好高风险高报酬，有的人偏好低风险低报酬，但是每个人都要求风险与报酬对等，不会去冒没有价值的风险。

公司在市场经济环境下，无处不隐含着风险，也无处不是创造盈利的机会，关键是如何把握和处理好风险与报酬的均衡关系。高风险高报酬是市场经济的基本规律，如何在报酬与风险之间取得均衡，做到既不盲目冒险也不过于保守，这就取决于公司经营管理当局的风险意识和正确决策。

从财务管理角度来讲，风险是指公司某一经济事项未来现金流量的不确定性。在现代市场经济条件下，公司财务面临着许多的不确定因素，有宏观的也有微观的，有内部的也有外部的，有经营的也有投资的，因此在公司的各项财务管理活动中，都要十分慎重地对各种可能对公司造成伤害的风险因素作深入的研究和仔细的分析，“好大喜功”的决策方法，会给公司带来不可预料的严重后果。譬如，在财务筹资方面，既要尽可能地满足公司经营和投资发展的要求，筹集到最大的资金量，又要充分考虑由于资金成本、资金结构和债权人限制性条款的变化等因素，对公司财务和经营风险所造成的影响及未来的后果，应在充分考虑其利害关系后，再做出最合理的抉择。又如在公司的投资决策中，要对公司投资项目的可行性作深入的研究，一方面要追求最大的投资报酬，另一方面又必须充分考虑到未来投资项目可能给公司造成的风险，以及公司对各类风险所具有的承受能力。只有这样才能做出正确的决策方案。

**四、成本-效益原则**

财务管理要追求公司价值最大化，就必须处处讲求效益和节约成本，即以最少的成本支出来获取最大的收益，作为实现财务管理目标的基本手段。在公司的整个财务管理活动中，都始终要坚持“成本-效益”原则，任何不顾成本，盲目追求产值或利润最大的做法都是错误的，其结果只能是给公司造成更大的损失。一般情况下，公司在进行成本效益分析时应遵循以下基本要求：

① 在财务活动中，无论采用哪种决策方案，首先应考察其可实现收益的大小，然后根据其收益来决定投资额，并且要确保实现的收益大于成本，否则说明该投资项目是得不偿失的，没有投资价值。

② 对某些特殊的决策方案，可能要求在其执行过程中，不断通过追加成本支出来维持其投资效益的不断增长，最终达到效益最大化。在这种情况下，除了对项目要进行整体的成本效益分析外，还应对不同时期的成本支出与投资效益进行具体分析，采取跟踪控制和及时反馈的方法来保证公司投资项目成本效益的合理性。

③ 对于某些特殊投资项目，由于有太多不确定因素的存在，使得该项目的投资收益难以估计时，应考虑在达到既定投资目标的前提下，如何使投入的成本最小化。进行决策方案的成本效益分析，以最少的资金投入追求最大的产出效益，这既是财务管理的基本原则，也是一个成功公司自始至终所追求的方向。但应注意的是，财务管理的成本效益分析不可能绝对定量化，要从定量上明确效益最大化，在实践上是很困难的，即便要确认次优效益也不是显而易见的。所以在进行成本效益分析时，应尽可能地将重点放在成本的节约和控制上，尤其在日常的公司内部财务管理上，既要注意资金的投资成本，又要注重资金的日常运作成本。

**五、资源合理配置原则**

公司作为现代市场经济的微观组织，在财务管理方面应十分重视如何使其财力资源得到最优化的合理组合，最大限度地发挥其整体的效用功能，既要防止资源供应不足而影响公司的整体规模效益，又要避免各个环节上的资源过剩和浪费。财务管理应通过帮助公司合理配置财力资源，来促进公司生产规模的合理发展、产品结构的有效调整、产品质量的不断提高、资金管理和利用效益的增长及公司员工福利待遇的改善，等等。

财务管理讲求合理资源配置，一般应注意以下几方面的问题：

① 公司的资金或资产资源是有限的，可能与公司现时和长久发展需要产生矛盾。所以公司应根据其短期经营目标与长久发展战略的要求，在资源配置和资金供求的关系上，寻找到一个合理的平衡点，既不能盲目冒进，也不能畏缩保守，确保公司良性发展。

② 因为公司资源的可动用性是有时限的，所以财务管理在资源配置上应注意其时效性。注意资金在用于长期和短期目标方面的合理调配和妥善安排，不轻易改变资源配置的时序，确保长短期资金和经营资金与投资资金之间合理有效组合。

③ 在公司资源配置方面，财务管理必须充分发挥其有效的控制职能。公司的生产发展和投资规模必须适度，真正做到“量体裁衣”和“量力而行”，不能一味追求规模效应，而不考虑公司实际资源能力，到时捉襟见肘、半途而废，会给公司造成极大伤害。

④ 充分发挥公司财务管理的考核、评价和分析功能。经常结合各项财务指标，及时评价公司资源的配置情况，随时把握公司各类资金的分配和比例关系。通过各项资金利用指标，定期考核和分析资金的周转能力和盈利水平，为公司不断调整资源配置提供依据。

**六、利益关系协调原则**

从某种意义上讲，公司财务管理的重要性直接表现在它涉及公司各方面的利益关系，这种关系在财务中也称为财务关系。所以讲，理财不但要理清公司的财产资源，也必须理顺公司不同利益者之间的利益关系。因此，合理分配收益，协调各项利益关系，是搞好公司财务管理工作的一项重要原则。它直接关系到公司的投资人、债权人、经营者和内部员工及外部合作者的积极性和期望收益的满足程度，也直接关系到能否最大限度地实现公司价值最大化这一财务管理目标。

公司财务管理在处理经济利益关系时，首先要最大限度地满足公司投资人（权益者）的经济利益，但保障投资人的利益不能以伤害其他方面人员的利益为代价。其实，想要从根本上保障和提高投资人的利益，就必须处理好公司与其他各方面的利益关系。只有当各个方面的经济利益得到充分协调和相对最大满足时，公司投资人的利益才能从根本上得以保证。譬如，在处理公司与经营者的财务关系时，要建立一定的激励机制，确保经营者的利益与公司的利益相一致；在处理公司与国家利益关系时，公司首先应做到依法纳税，同时也应在不违反税法的前提下尽可能地维护公司利益；在处理公司与员工的利益关系时，应充分关心职工的利益，确保员工的工薪收入和各项福利，但也不能任意提薪和滥发奖金，直接造成对投资者利益的伤害；在处理公司权益者利益关系时，要恰当地处理好新老投资者之间的利益关系，处理好投资者目前利益与长远利益之间的关系。财务管理只有正确地处理好各个方面的财务关系，确保公司具有长久的综合发展能力，才能使公司财务管理的目标得以实现。

**七、投资分散化原则**

投资分散化原则，是指不要把全部财富都投资于一个公司，而要分散投资。

投资分散化原则的理论依据是投资组合理论。马科维茨的投资组合理论认为，若干种股票组成的投资组合，其收益是这些股票收益的加权平均数，但其风险要小于这些股票的加权平均风险，所以投资组合能降低风险。

如果一个人把他的全部财富投资于一个公司，一旦这个公司破产，他就失去了全部财富。如果他投资于 10 个公司，只有 10 个公司全部破产，他才会失去全部财富。10 个公司全部破产的概率，比一个公司破产的概率要小得多，所以投资分散化可以降低风险。

分散化原则具有普遍意义，不仅仅适用于证券投资，公司各项决策都应注意分散化原则。不应当把公司的全部投资集中于个别项目、个别产品和个别行业；不应当把销售集中于少数客户；不应当使资源供应集中于个别供应商；重要的事情不要依赖一个人完成；重要的决策不要由一个人做出。凡是有风险的事项，都要贯彻分散化原则，以降低风险。

**八、收益性与流动性相统一原则**

收益性与流动性是一对相互依赖、相互矛盾的概念，也是财务管理实践中必须树立的核心观念。从长期来看，两者是相统一的，要想取得长远的经济效益，就必须保持理想的流动性，以保证公司在动态的发展中不断清偿到期债务，只有如此，才能保持公司的长期收益性。但从目前来看，两者又是相互矛盾的，要想取得较强的收益性，必须大量使用流动负债，大量形成流动性较低的长期资产，这样公司必然表现为资产流动性较低，偿债力较弱；反之，想要维持较高的流动性，公司必须保持较多的流动资产，或者维持较高的自有资本比率或较多的长期负债，超过合理的速动资产的闲置和资金成本较高的资金来源，必然降低公司的收益性。如何保持理想的收益性和流动性，是市场经济条件下公司必须要认真权衡的理财问题。树立正确的收益性与流动性观念，就是要求公司首先要具备有关收益性与流动性及其两者关系的正确观念，在此观念的指导下，正确处理公司的资产结构、资本结构及其两者的对称结构问题，以保持公司理想的收益性与流动性，实现收益性与流动性的统一，满足公司追求所有者权益最大化这一公司目标的要求。

**九、资本市场有效性原则**

财务管理的目标是使企业价值最大化，这只能在有效的市场中实现。市场是否有效与信息反映到证券价格中的速度有关。按信息反映到证券价格中的速度，有效资本市场分为弱式有效、半强式有效和强式有效三类。

① 弱式有效是指市场价格已充分反映出所有过去历史的证券价格信息，包括股票的成交价、成交量、卖空金额和融资金融等。如果弱式有效市场假说成立，则股票价格的技术分析失去作用，基本分析还可能帮助投资者获得超额利润。

② 半强式有效是指市场价格已充分反映已公开的有关公司营运前景的信息，这些信息包括成交价、成交量、盈利资料、盈利预测值、公司管理状况及其他公开披露的财务信息等。假如投资者能迅速获得这些信息，股价应迅速做出反应。如果半强式有效假说成立，则在市场中利用技术分析和基本分析都失去作用，内幕消息可能获得超额利润。

③ 强式有效认为市场价格已充分地反映了所有关于公司营运的信息，这些信息包括已公开的或内部未公开的信息。在强式有效市场中，没有任何方法能帮助投资者获得超额利润，即使有内幕消息者也一样。

资本市场有效性原则要求理财时重视市场对公司的估价。资本市场是公司的一面镜子，又是公司行为的校正器。股价可以综合反映公司的业绩，弄虚作假、人为地改变会计方法对于公司价值的提高毫无用处。一些公司把巨大的精力和智慧放在报告信息的操纵上，通过“创造性会计处理”来提高报告利润，公司用财务报表给使用人制造幻觉，这在有效市场中是无济于事的。用资产置换、关联交易操纵利润，只能得逞于一时，最终会付出代价，甚至导致公司破产。市场对公司的评价降低时，应分析公司的行为是否出了问题并设法改进，而不应设法欺骗市场。妄图欺骗市场的人，最终会被市场所抛弃。

资本市场有效性原则要求理财时慎重使用金融工具。如果资本市场是有效的，购买或出售金融工具的交易的净现值就为零。公司作为从资本市场上取得资金的一方，不要企图通过筹资获取正的净现值（增加股东财富），而应当靠生产经营性投资增加股东财富。公司的生产经营性投资带来的竞争，是在少数公司之间展开的，竞争不充分。一个公司，因为它有专利权、专有技术、良好的商誉、较大的市场份额等相对优势，可以在某些直接投资中取得正的净现值。资本市场与商品市场不同，其竞争程度高、交易规模大、交易费用低、资产具有同质性，使得其有效性比商品市场要高得多。所有需要资本的公司都在寻找资本成本低的资金来源，大家都平起平坐。机会均等的竞争，使财务交易基本上是公平交易。在资本市场上，只获得与投资风险相称的报酬，也就是与资本成本相同的报酬，不会增加股东财富。在资本市场上获取超额收益，靠的是能力而不是运气，这就如同公司不能靠买彩票增加股东财富一样。有些经理人员过高地估计自己，以为可以发现被市场低估的金融资产，结果付出了惨重代价。

## 第五节　财务管理环境

财务管理环境是指对公司财务活动和财务管理产生影响的各种内外条件的统称。环境构成了公司财务活动的客观条件。公司财务活动是在一定的环境下进行的，必然受到环境的影响。公司资金的取得、运用和收益的分配会受到环境的影响，资金的配置和利用效率会受到环境的影响，公司成本的高低、利润的多少、资本需求量的大小也会受到环境的影响，公司兼并、破产、重整与环境的变化仍然有着千丝万缕的联系。所以，公司财务管理要获得成功，必须深刻认识和认真研究所面临的各种环境。

### 一、财务管理环境的范围

公司财务管理环境涉及范围很广，主要包括法律环境、金融环境、经济环境和竞争环境。

#### （一）法律环境

市场经济是以法律规范或市场秩序来维系市场运转的经济，是法治经济。在市场经济下，公司总是在一定的法律前提下从事其各项业务活动的。一方面，法律提出了公司从事各项业务活动所必须遵守的规范或前提条件，从而对公司行为进行约束；另一方面，法律也为公司守法从事各项业务活动提供了保护。法律对于公司来说是一把双刃剑。在市场经济中，通常要建立一个完整的法律体系来维护市场秩序，从公司的角度看，这个法律体系包括公司组织方面的法律规定、公司生产经营活动方面的法律规定和公司财务活动方面的法律规定。

1. 公司组织法律规范

公司组织方面的法律规定包括公司的设立、合并、分立和公司的破产清理。一般来说，公司设立、合并和分立是通过公司法、外资公司法、中外合资经营公司法、中外合作经营公司法、私营公司条例、合伙公司法等进行约束的；公司破产清理是通过破产法进行约束的。

例如，公司法对公司的设立条件、设立程序、组织机构、组织变更和终止的条件及程序等都做了规定，包括股东人数、法定资本的最低限额、资本的筹集方式等。只有按其规定的条件和程序建立的企业，才能称为“公司”。公司法还对公司生产经营的主要方面做出了规定，包括股票的发行和交易、债券的发行和转让、利润的分配等。公司一旦成立，其主要的活动，包括财务管理活动，都要按照公司法的规定来进行。因此，公司法是公司财务管理最重要的强制性规范，公司的财务活动不能违反该法律，公司的自主权不能超出该法律的限制。其他企业也要按照相应的企业法来进行其财务管理活动。

从财务管理来看，非公司企业与公司企业有很大不同。非公司企业的所有者，包括独资企业的业主和合伙企业的普通合伙人，要承担无限责任。他们享有企业的盈利（或承担损失），一旦经营失败必须抵押其个人的财产，以满足债权人的要求。公司企业的股东承担有限责任，经营失败时其经济责任以出资额为限，无论股份有限公司还是有限责任公司都是如此。

2. 公司经营法律规范

公司生产经营活动方面的法律规定主要包括经济合同法、产品质量监督条例、技术监督条例、消费者权益保护法、环境保护法、反暴利法和反垄断法等。这些法律不仅对公司生产经营活动过程中应该履行的手续和应达到的标准进行了规定，并且为了保护与公司生产经营活动相关联的利害关系人的利益，以及社会整体利益和整个市场体系的稳定性，也制定了相应的法律规定。

3. 公司财务活动法律规范

公司财务活动方面的法规包括税法、证券法、票据法、结算法、银行法、会计法及企业会计准则和企业财务通则等。这些法规不仅对公司财务活动过程中的手续和应达到的目标进行了规定，而且，为了保护与公司财务活动相关的利益关系人，以及社会总资金的平衡运转，也制定了相应的法规。

值得说明的是，在公司设立、合并、分立以及破产的有关法律规定中，其主要的内容都直接与财务活动相联系。将这些内容与对财务活动运行过程进行规定的法律联结起来，就可以形成一个完整的有关财务活动的法律体系。它对财务管理会产生直接的影响和制约作用，而有关公司生产经营活动的法律规定也会对财务管理产生间接的影响和制约作用。

总体上说，法律环境对财务管理的影响和制约体现在以下方面：① 在筹资活动中，国家通过法律规定了筹资的最低规模和结构，规定了筹资的前提条件和基本程序。② 在投资活动中，国家通过法律规定了投资的基本前提、投资的基本程序和应履行的手续。③ 在分配活动中，国家通过法律规定了公司分配的类型或结构、分配的方式和程序、分配过程中应履行的手续以及分配的数量。

（二）金融环境

金融环境也称为金融市场环境。金融市场是指资金供应者和资金需求者双方通过某种形式融通资金达成交易的场所。广义的金融市场指一切资本流动的场所，包括实物资本和货币资本的流动。广义金融市场的交易对象包括货币借贷、票据承兑和贴现、有价证券的买卖、黄金和外汇买卖、办理国内外保险、生产资料的产权交换等。狭义的金融市场一般是指有价证券市场，即股票和债券的发行和买卖市场。

1. 金融市场的分类

① 按交易的期限划分为短期资金市场和长期资金市场。短期资金市场是指期限不超过一年的资金交易市场，因为短期有价证券易于变成货币或作为货币使用，所以也叫货币市场。长期资金市场是指期限在一年以上的股票和债券交易市场，因为发行股票和债券主要用于固定资产等资本货物的购置，所以也叫资本市场。

② 按交割的时间划分为现货市场和期货市场。现货市场是指买卖双方成交后，当场或几天之内买方付款、卖方交出证券的交易市场。期货市场是指买卖双方成交后，在双方约定的未来某一特定的时日才交割的交易市场。

③ 按交易的性质分为发行市场和流通市场。发行市场是指从事新证券和票据等金融工具买卖的转让市场，也叫初级市场或一级市场。流通市场是指从事已上市的旧证券或票据等金融工具买卖的转让市场，也叫次级市场或二级市场。

④ 按交易的直接对象分为同业拆借市场、国债市场、企业债券市场、股票市场、金融期

货币市场等。

2. 金融市场的组成

金融市场由主体、客体和参加人组成。主体是指银行和非银行金融机构，它们是金融市场的中介机构，是连接筹资人和投资人的桥梁。客体是指金融市场上的买卖对象，如商业票据、政府债券、公司股票等各种信用工具。金融市场的参加人是指客体的供给者和需求者，如企业、事业单位、政府部门、城乡居民等。

3. 我国主要的金融机构

我国主要的金融机构有中国人民银行、政策性银行、商业银行和非银行金融机构等。

(1) 中国人民银行

中国人民银行是我国的中央银行，是国务院领导和管理全国金融事业的国家机关，负责领导和管理、监督、稽核、协调全国的所有金融机构。其主要职责是制定和实施货币政策，保持货币币值稳定；维护支付和清算系统的正常运行；持有、管理、经营国家外汇储备和黄金储备；代理国库和其他与政府有关的金融业务；代表政府从事有关的国际金融活动。

(2) 政策性银行

政策性银行，是指由政府设立，以贯彻国家产业政策、区域发展政策为目的，不以营利为目的的金融机构。目前我国有三家政策性银行：国家开发银行、中国进出口银行、中国农业发展银行。

政策性银行与商业银行相比，其特点在于不面向公众吸收存款，而以财政拨款和发行政策性金融债券为主要资金来源；其资本主要由政府拨付；不以营利为目的，经营时主要考虑国家的整体利益和社会效益；其服务领域主要是对国民经济发展和社会稳定有重要意义而商业银行出于营利目的不愿涉及的领域；一般不普遍设立分支机构，其业务由商业银行代理。但是，政策性银行的资金并非财政资金，也必须有偿使用，对贷款也要进行严格审查并要求还本付息、周转使用。

(3) 商业银行

商业银行是以经营存款、放款、办理转账结算为主要业务，以营利为主要经营目标的金融企业。商业银行的建立和运行，受《中华人民共和国商业银行法》规范。我国的商业银行可以分成两类：① 国有独资商业银行。国有独资商业银行是由国家专业银行演变而来的。它们过去分别在工商业、农业、外汇业务和固定资产贷款领域中提供服务，近些年来其业务交叉进行，传统分工已经淡化。国有独资银行包括中国工商银行、中国银行、中国农业银行和中国建设银行。② 股份制商业银行。股份制商业银行是 1987 年以后发展起来的。这些银行的股权结构各异，以企业法人股和财政入股为主，个别银行有个人股权。股份制商业银行完全按商业银行的模式运作，服务比较灵活，业务发展很快。股份制度商业银行主要有交通银行、中信实业银行、广东发展银行、深圳发展银行、兴业银行、招商银行、光大银行、华夏银行、浦东发展银行和外国分支机构等。

(4) 非银行金融机构

目前我国主要的非银行金融机构包括保险公司、信托投资公司、证券机构、财务公司和金融租赁公司等。

保险公司主要经营保险业务，包括财产保险、责任保险、保证保险和人身保险。目前，我国保险公司的资金运用被严格限制在银行存款、政府债券、金融债券和投资基金范围内。

信托投资公司主要是以受托人的身份代人理财。其主要业务有经营资金和财产委托、代理资产保管、金融租赁、经济咨询以及投资等。

证券机构是指从事证券业务的机构，包括：① 证券公司。其主要业务是推销政府债券、企业债券和股票，代理买卖和自营买卖已上市流通的各类有价证券，参与企业收购、兼并，充当企业财务顾问等。② 证券交易所，主要提供证券交易的场所和设施，制定证券交易的业务规则，接受上市申请并安排上市，组织、监督证券交易，对会员和上市公司进行监管等。③ 登记结算公司，主要是办理股票交易中所有权转移时的过户和资金的结算。

财务公司通常类似于投资银行。我国的财务公司是由企业集团内部各成员单位入股，向社会募集中长期资金，为企业技术进步服务的金融股份有限公司。它的业务被限定在本集团内，不得从企业集团之外吸收存款，也不得对非集团单位和个人贷款。

金融租赁公司是指办理融资租赁业务的公司组织。其主要业务有动产和不动产的租赁、转租赁与回租租赁等。

4. 金融市场上利率的决定因素

在金融市场上，利率是资金使用权的价格。一般说来，金融市场上资金的购买价格，可用下式表示：

利率＝纯粹利率＋通货膨胀附加率＋风险附加率

(1) 纯粹利率

纯粹利率是指无通货膨胀与无风险情况下的平均利率。例如，在没有通货膨胀时，国库券的利率可以视为纯粹利率。纯粹利率的高低，受平均利润率、资金供求关系和国家调节的影响。

首先，利息是利润的一部分，所以利息率依存利润率，并受平均利润率的制约。一般说来，利息率随平均利润率的提高而提高。利息率的最高限不能超过平均利润率。否则，企业无利可图，不会借入款项；利息率的最低界限大于零，不能等于或小于零，否则提供资金的人不会拿出资金。至于利息率占平均利润率的比重，则决定于金融业和工商业之间的博弈结果。

其次，在平均利润率不变的情况下，金融市场上的供求关系决定市场利率水平。在经济高涨时，资金需求量上升，若供应量不变则利率上升；在经济衰退时正好相反。

最后，政府为防止经济过热，通过中央银行减少货币供应量，则资金供应减少，利率上升；政府为刺激经济发展，增加货币发行，则情况相反。

(2) 通货膨胀附加率

通货膨胀使货币贬值，投资者的真实报酬下降。因此投资者在把资金交给借款人时，会在纯粹利息率的水平上再加上通货膨胀附加率，以弥补通货膨胀造成的购买力损失。因此，每次发行国库券的利息率随预期的通货膨胀率变化，它近似等于纯粹利息率加预期通货膨胀率。

(3) 风险附加率

投资者除了关心通货膨胀率以外，还关心资金使用者能否保证他们收回本金并取得一定的收益。这种风险越大，投资人要求的收益率越高。实证研究表明，公司长期债券的风险大于国库券，要求的收益率也高于国库券；普通股票的风险大于公司债券，要求的收益率也高于公司债券；小公司普通股票的风险大于大公司普通股票，要求的收益率也大于大公司普通股票。风险越大，要求的收益率也越高，风险和收益之间存在对应关系。风险附加率是投资者要求的除纯粹利率和通货膨胀之外的风险补偿。

5. 金融市场与公司财务管理的关系

(1) 金融市场是企业投资和筹资的场所

金融市场上有许多筹集资金的方式，并且比较灵活。企业需要资金时，可以到金融市场选择适合自己需要的方式筹资。企业有了剩余的资金，也可以灵活选择投资方式，为其资金寻找出路。

(2) 企业通过金融市场使长短期资金互相转化

企业持有的股票和债券是长期投资，在金融市场上随时可以转手变现，成为短期资金；远期票据通过贴现，变为现金；大额可转让定期存单，可以在金融市场卖出，成为短期资金。与此相反，短期资金也可以在金融市场上转变为股票、债券等长期资产。

(3) 金融市场为公司财务管理提供有意义的信息

金融市场的利率变动，反映资金的供求状况；有价证券市场的行市反映投资人对公司的经营状况和盈利水平的评价。它们是公司经营和投资的重要依据。

(三) 经济环境

财务管理的经济环境是指对公司财务管理有重要影响的一系列经济因素。这里所说的经济环境是指公司进行财务活动的宏观经济环境。

1. 经济发展

经济发展的速度，对公司财务管理有重大影响。近些年，我国经济增长比较快。公司为了跟上这种发展并在其行业中维持它的地位，至少要有同样的增长速度。公司要相应增加厂房、机器、存货、工人、专业人员等。这种增长，需要大规模地筹集资金，需要借入巨额款项或增发股票。

经济发展的波动，即有时繁荣有时衰退，对公司财务管理有极大影响。一般来说，在经济繁荣时期，市场需求旺盛，销售大幅度上升，公司为了扩大市场，就要增加投资，以增添机器设备、存货和劳动力，这就要求财务人员迅速筹集所需资金。在经济衰退时，由于整个经济环境的不景气，公司极有可能处于紧缩状态之中，产量和销量下降，投资锐减，有时资金紧缺，有时又出现资金闲置。总之，面对经济的波动，财务管理人员必须预测经济的变化情况，适当调整财务政策。

2. 通货膨胀

通货膨胀是财务管理中最为棘手的问题。通货膨胀时期价格不断上涨，会给公司的财务活动带来严重的影响。这主要表现在较高的通货膨胀会引起资金占用的迅速增加；引起利息率的上升，增加公司的筹资成本；同时，还会引起利润的虚增，造成公司资金流失。公司财务人员必须对通货膨胀有所预测，从而采取相应的措施，减少损失。

3. 利息率波动

银行贷款利率的波动，以及与此相关的股票和债券价格的波动，既给了公司机会，也是对公司的挑战。

在为过剩资金选择投资方案时，利用这种机会可以获得营业以外的额外收益。例如，在购入长期债券后，由于市场利率下降，按固定利率计息的债券价格上涨，公司可以出售债券获得较预期更多的现金流入。当然，如果出现相反的情况，公司会蒙受损失。

在选择筹资来源时，情况与此类似。在预期利率将持续上升时，以当前较低的利率发行长期债券，可以节省资本成本。当然，如果后来事实上利率下降了，公司要承担比市场利率更高的资本成本。

4. 政府的经济政策

我国政府具有较强的调控宏观经济的职能，国民经济的发展规划、国家的产业政策、经济体制改革的措施、政府的行政法规等对公司的财务活动都有重大影响。

国家对某些地区、行业、经济行为的优惠、鼓励和倾斜构成政府政策的主要内容。从反面来看，政府政策也是对另外一些地区、行业和经济行为的限制。公司在进行财务决策时，要认真研究政府政策，按照政策导向行事，才能扬长避短。

问题的复杂性在于政府政策会因经济状况的变化而调整。公司在进行财务决策时要为这种变化留有余地，甚至预见其变化的趋势，对公司财务管理大有好处。

（四）竞争环境

市场经济是一种竞争经济，每一个公司都面临着不同的竞争环境。构成竞争的要素主要有两个：一是参加市场交易的生产者和消费者的数量；二是参加市场交易的商品和劳务的差异程度。一般来说，参加交易的生产者和消费者的数量越多，竞争越大；反之，竞争越小。参加交易的商品和劳务的差异程度越小，竞争越小；反之，竞争越大。不过现代市场经济的竞争不仅最终体现为产品和劳务的竞争，而且扩展为人才的竞争、技术的竞争、资金的竞争和信息的竞争。尽管如此，这些竞争最终都会集中体现为产品和劳务的竞争或者价格的竞争。就各个公司而言，竞争环境是直接通过联结其他公司或消费者的购进和销售环节予以体现的，竞争对公司的影响或压力，或者说对财务管理的影响是通过购进和销售予以传导的，它以购进和销售为起点，最终必然在财务活动中得以反映。

具体来说：① 在购进活动中，如果供不应求，公司必须增加存货使资金占用增加，公司为了得到存货也必须付出较高的价格和支付较多的费用，从而需要准备更多的货币资金。同时，为防备价格的进一步上升，公司往往尽量提前进货，以防止涨价损失，为此必须占用更多资金、支付更多的财务费用。如果供过于求，对公司财务活动的影响正好相反。② 在销售活动中，如果供不应求，公司的存货会尽快出手，可以减少存货资金占用，甚至可以采取预收货款或一手交钱一手交货的形式，使为满足销售所需的存货降至最低，资金占用最少，相应的财务费用最省。同时，资金周转可以加快，还可以减少结算资金占用，迅速偿还借款，节省财务费用，并为筹集资金提供良好的信用基础。如果供过于求，对公司财务活动的影响正好相反。所以，不同公司可以处于不同类型的竞争环境中，同一类型的公司也会由于购销环节的供求关系不同而处于不同的竞争环境中，它们都会影响公司的财务管理。

## 二、财务管理环境对财务管理影响的媒介

财务管理环境对财务管理的影响要通过债权人、供应商与顾客、政府和职工等媒介才能发挥作用。

（一）债权人

债权人是公司资金的重要提供者，他们的利益要求决定了公司筹集和使用资金成本的高低。除此而外，债权人还对公司的筹资决策、投资决策和利润分配决策有直接影响。他们通过与公司签订具有保护性条款的契约的方式对公司所有者和经营者的财务决策施加影响，以促使公司保持较强的偿债能力和变现能力。在公司无力偿还债务时，债权人还可取得

对公司的财务控制权。金融市场环境的作用主要通过该要素得以体现。

（二）供应商与顾客

供应商包括原材料、机器设备等生产资料的提供者，顾客则是吸收本公司产出的主体。与供应商和顾客的良好关系是公司增加价值的重要源泉，其对公司降低成本、赢得竞争优势起着举足轻重的作用，是公司最重要的经济资源。与供应商和顾客的不同类型的关系所导致的成本、利润、存货、应收账款、现金流量等有显著的差异。因此，供应商和顾客是公司营运资金管理、成本管理、利润管理及战略财务管理等需要考虑的最重要环境因素。20 世纪 90 年代以来，风靡全球的业务流程再造、供应链管理和客户关系管理等管理理论和方法的出现，对公司主动营造良好财务管理环境有重要的意义。一般来说，产品市场、通货膨胀及经济周期等财务管理环境的作用主要通过该要素得以体现。

（三）政府

政府对公司财务管理的直接影响主要体现在两个方面：一是作为社会管理者所制定的政策法规、管理制度，直接限定了公司财务活动的范围；二是作为征税者的政府运用税收手段直接参与公司的利益分配，取得税收收入。我们认为，作为征税者的政府与投资者、供应商、顾客等一样，其对公司管理的目的是为了足额征收公司应交的税金，满足作为征税者的政府自身的利益。从这一意义上说，作为征税者的政府也是公司的利益相关者之一，是公司治理的重要参与主体。政治环境、法律环境、税收环境等财务管理环境的作用主要通过该要素得以体现。

（四）职工

职工是公司经营的主体，他们是公司治理契约或公司治理结构的重要组成部分。对于所有者、经营者来说，他们相互之间及各自与职工在财权和利益分配等方面进行博弈，始终是其财务管理的重要内容，对职工的财务激励和约束也始终是财务管理的难题之一。除此之外，公司职工的素质和精神风貌也直接影响着公司财务管理的目标，而且对财务目标的实现程度有着直接的影响，因此在财务决策时必须认真考虑公司职工这一利益相关者。教育、科技、文化及经理和劳动力市场等财务管理环境的作用主要通过该要素体现出来。

**三、21 世纪财务管理环境的变化**

21 世纪财务管理环境的变化主要体现在经济全球化和知识经济发展等方面。

（一）经济全球化与财务管理环境的变化

进入新世纪以来，在技术进步与各国开放政策的推动下，经济全球化进程逐步加快，成为世界经济发展的主流。随着国际贸易和国际投资规模扩大，以国际互联网为代表的信息技术在生产、流通、消费等领域广泛应用。在 21 世纪可预见的时期内，经济全球化将呈现出新特征：一是网络经济将带动电信、银行、保险和运输等全球服务业市场继续扩张，已经形成的时间上相互连续、价格上联动的国际金融交易网络，随着交易手段和方式的不断创新，交易量迅猛增长。二是跨国公司已突破反垄断法约束，全球购并将涉及更多领域，规模不断扩大，跨国公司规模和市场份额的不断扩大又将使生产、营销、消费日益具有全球性。三是 WTO 等多边组织、国际政策协调集团、非政府组织的国际网络和区域性经济组织，通过全球范围或区域内贸易和投资自由化安排，将在推动经济全球化进程中发挥越来越重要的作用。

在经济全球化浪潮中，对财务管理环境有着直接影响的是金融全球化。在金融全球化的趋势下，越来越多的外资金融机构进入我国，必将使我国金融市场发生全面而深远的变化，呈现出一些新的特征，从而对筹资投资产生极大的影响。

第一，金融市场规模的扩大、资金供给的增加和金融工具的不断创新，为我国公司筹资、投资和规避风险提供了多种可供选择的组合方式。

第二，金融创新丰富了金融工具品种，拓展了金融服务范围，但同时也派生出利率风险、汇率风险、表外风险等新的风险，使金融风险进一步加大，规避风险将成为公司财务管理面临的最重要课题之一。

第三，国内外金融市场竞争的加剧，促使我国金融机构建立现代企业制度的步伐进一步加快，金融机构自律性管理将进一步加强，国家对金融市场的监管也将进一步规范，这必将使金融市场配置资源的功能得以更加有效地发挥。这样，无论什么性质的公司在金融市场都将处于公平竞争的地位，只能凭借其良好的经济效益、看好的市场前景与持续高速的增长而获得资金。

第四，金融市场的变化，使我国公司无论在“真实资产”方面还是“金融资产”方面都将面临许多新的投资机会。同时也应该看到，为了增强产品在国际国内市场上的竞争能力，我国公司尤其是一些资本和技术密集型公司将其投资建立在高新技术产业基础之上，但与之相伴的投资风险将会较大；另外，市场竞争日益激烈又将使报酬率趋于平均化，公司要获得较高的投资报酬就必须努力降低投资成本和风险损失。公司投资的新变化，要求我们进一步提高企业投资决策的及时性、合理性和科学性。

（二）知识经济与财务管理环境变化

1996 年，经济合作与发展组织在《以知识为基础的经济》的报告中首次正式使用了“知识经济”这一概念，并对“知识经济”下了明确的定义，即“知识经济是建立在知识和经验的生产、分配和使用上的经济”。这标志着一个崭新时代的到来。知识经济的发展方向主要体现在两个方面：一是知识对传统产业的高度渗透，全面提高传统产业的技术含量，促进产业不断升级；二是高新技术产业的迅速发展。知识经济的发展将导致公司财务管理环境的变化。

1. 知识经济将导致公司资产形态的变化

传统工业经济需要投入大量的资金和设备，有形资产在企业总资产中占绝对优势。而知识经济以知识与智力等无形资产投入为主，无形资产在公司经营中起决定作用。现代公司中无形资产占总资产比重的不断上升已表现为一个明显的趋势。

2. 知识经济将导致公司核心竞争力形成的变化

在工业经济形态中，市场占有率和较大的市场份额是公司补偿投入成本、形成和增加公司利润、维持满意市场结构的决定要素。同时，由于固定资本的经营杠杆效应和公司以有形物质资产投入为主的特征，公司总是力求通过扩大产出规模来增加财务成果，从而获取相对于竞争对手的竞争优势。但在知识经济时代，市场份额和产出绝对规模只是公司竞争力的外在表现。在内涵上，公司竞争力更主要源于公司对各类知识的占有和知识资本的运用程度。公司在一定时期积累的知识量越大，其知识资产的结构及其动态组合与社会对知识的要求结构越一致，公司知识资产的转化效率就越高，公司竞争力特别是长期竞争力就越强。

3. 知识经济将导致公司经营行为的变化

随着知识投入的增加，特别是网络与信息技术的普及和公司资产的无形化，公司投资将转向以知识资源开发利用为重点的新领域，公司经营行为将发生变化。其主要表现有：

① 经验决策向以知识为基础的科学决策转变。

② 公司投资决策和投资管理日益知识化。

③ 由于知识成为公司的主体资产形式，公司的生产方式和组织结构日益柔性化。生产方式的柔性化表现为小型灵活的生产日益成为主流。组织结构的柔性化发展出灵活的工作时间、场所和报酬制度，公司更强调知识与信息的收集、传播和利用，并通过网络在公司内部分享、重组和创新，整个公司发展成为一个网络化的信息结构。

④ 由于知识的共享性和可转移性，克服了物质资源的稀缺性和使用上的排他性，公司对知识的积累和运用与社会对知识的要求形成经常性的正向互动关系，使公司经营目标与社会整体目标日趋一致。

4. 知识经济将导致公司产品的变化

随着知识经济与信息技术的发展，公司产品将发生一系列的变化。一是产品的知识含量提高，更新换代的速度加快；二是产品和服务的价值主要由其所含的知识量决定，知识的重复使用使产品生产中物质消耗成本在产品价格中的比重越来越小；三是经济信息的广泛流通和网络购物的兴起，使市场信息接近于完全竞争的市场结构，顾客要求公司以最低的价格快速进行市场订货并提供多种类和个性的产品与服务，公司存货管理模式也将产生变革。

5. 知识经济将导致公司分配方式的变化

既然知识资源是产品的主要生产要素和产品价格的决定因素，知识和利用知识的能力参与公司利润分配并取得比其他要素更丰厚的报酬将成为必然趋势。

6. 知识经济将导致公司范围边界的变化

与知识经济以前的经济形态相比，知识的形成与传播无地域性，使公司生产经营管理的范围迅速扩大，公司范围边界的概念模糊难定。一是公司活动与环境的联系更为密切，它们共处于一体化的网络之中。二是公司与公司在市场活动和产品链关系中形成物质资本与知识资本的相向流动，固定结构关系被打破。三是公司与供应商以及公司与客户的关系不再固定。在全球网络中，公司与客户形成“在选择中结盟，在结盟中选择”的新格局。

## 第六节　财务管理发展与变革

财务管理是一门发展历史不长但发展势头迅猛的应用学科。作为一门独立的学科，它出现于19世纪末，发展于20世纪。财务管理的产生与发展，同股份有限公司这种公司组织形式及市场体系特别是金融体系的发展和完善有着直接的联系。自财务管理产生以来，由于经济金融化趋势的不断扩大，也由于财务管理研究方法的逐步改进和丰富，财务管理理论获得了迅速发展。

### 一、财务管理的产生

15—16世纪，地中海沿岸的城市商业得到了迅速发展。意大利的不少城市都发展成为欧洲与近东之间的贸易中心。这些贸易中心大部分以邀请公众入股的形式建立，而且多数由官方设立并监督其业务，其股份不能转让，但投资可以收回。这虽然还不是现代意义上的股份公司，但已开始存在资金的筹集，而且也已经存在红利的分配和股本的收回。因此，可以把这段时期看成是财务管理的萌芽阶段。但是，财务管理作为一项独立的职能还没有从公司的管理职能中分离出来。

随着资本的原始积累和金融业的兴起，股份公司在许多国家发展起来，特别是在19世纪50年代以后，欧美产业革命进入完成时期，新机器、新技术不断涌现，公司规模不断扩大，生产经营所需资金明显增加，财务关系日益复杂。到19世纪末20世纪初，股份公司已成为公司组织的一种普遍形式，客观上要求公司研究资金的筹集、运用以及盈利的分配问题。这时，财务管理作为一项独立的职能才从公司管理的职能中分离出来，专业化的财务管理也就产生了。

**二、财务管理的发展**

财务管理自产生以来，其发展经历了筹资财务管理、内部控制财务管理和投资财务管理三个阶段。

（一）筹资财务管理阶段

19世纪末期，股份公司纷纷建立，在其发展过程中，为了购买扩大生产所需的设备，总是以发行新股的方式向投资者筹集资金，并且在20世纪初，西方较发达国家的金融市场已初具规模，投资银行、储蓄银行、保险公司和信托与贷款公司已成为公司外部经营环境的重要因素，为公司运用金融工具通过金融市场进行筹资和投资活动提供了有利条件。到20世纪20年代，随着经济和科学技术的发展，新的行业不断涌现，公司需要筹集更多的资金，以适应市场不断发展的需要。因此这一时期公司财务管理的重点是资金的筹集和有关证券（股票、债券等）的发行，它构成了财务管理的核心内容。系统反映筹资财务管理的代表作是阿塞·达明于1920年出版的《公司财务策略》一书，它较全面地综合了当时流行的各种观点，成为在这一领域具有较大影响的财务管理理论专著。这一阶段的财务管理存在两方面的不足：一是内容上的不全面性，只侧重于资金的筹集，未能对资金的筹集及其运用进行统一研究；二是当时各国政府对公司的融资、投资、证券交易和财务信息的揭示等尚缺乏健全的立法，致使各公司的财务管理活动具有较大的随意性和不规范性。

（二）内部控制财务管理阶段

从第一次世界大战至20世纪60年代，资本主义社会的经济危机使得财务管理的内容发生了较大的变化。特别是20世纪30年代经济大萧条的发生，史无前例的公司倒闭浪潮，使公司财务人员认识到不仅需要研究公司的资金筹集问题，而且必须研究资金的运用即资金的控制问题。与此同时，许多国家的政府从经济危机中吸取了教训，进一步强化了有关财务信息揭示和证券交易等方面的立法，借以消除金融市场运行的无序状态，并使广大投资者和债权人的合法利益得到应有的保护。公司内外环境的变化，为公司财务管理的规范化和有效化创造了条件。

在这一阶段，财务管理的理论也着重研究提高资金的综合利用效果、加强资产分析和资金的控制方法。如美国洛夫（W. H. Lough）所著的《公司财务》一书，首先提出了公司财务除筹措资本之外，还要对资本周转进行公正有效的管理。英国的罗斯（T. G. Rose）所著的《公司内部财务论》强调了公司内部财务管理的重要性。正因如此，财务管理才开始成为公司管理的一项重要内容。

（三）投资财务管理阶段

20世纪60年代至70年代，随着经济的进一步发展，公司已不再局限于内部经营的管理，而是在兼顾公司本身的经营之外，力求获得对外投资收益，因此这时公司财务管理的内容不再囿于早期的资金筹集、资金运用一般方法的范围，而扩充为重视资本结构的平衡、长期投资决策、短期资金的控制、利润的预测规划、风险分析与动态调配等方面。

这一时期，以时间价值和风险价值为基础，以财务决策为内容的一整套财务管理方法体系已初露端倪。如美国迪安(Joel Dean)所著的《资本预算》一书，主要研究如何应用贴现现金流量法来确定最优的投资决策；马科维兹(H. Markowitz)对证券的投资组合进行了研究，首次提出了风险与报酬之间的关系理论，并结束了长期以来人们对风险不甚了解的状况；夏普(William F. Sharpe)又对风险与报酬率进行了进一步的研究，提出了"资本资产定价模型"，他撰写的《资本资产定价：风险条件下的市场均衡理论》一文1964年发表后，引起理论界强烈反响，被认为对形成投资财务管理理论有重要贡献。因此，这一阶段传统上称为投资财务管理阶段。

**三、财务管理的发展趋势**

从财务管理的产生可以看出，财务管理随着经济和科学技术的发展还在不断地发展与完善中。从其发展趋势来看，财务管理将在以下几个方面得到迅速发展。

(一) 财务决策数量化将会日益加强

一门学科的定量化，意味着一门学科的精密化、成熟化和完善化，正如马克思所说，一门科学只有成功地应用数学时，才算达到了真正完善的地步。

随着科学技术的不断进步，生产经营日趋复杂，公司规模不断扩大。为了提高管理水平，争取实现最大的经济效果，公司再不能根据大概的估计来做出决策，而要凭数据说话，以数据为依据。财务管理也只有成功地用数学武装自己，才能走向科学和完善。

(二) 财务预测工作将会广泛开展

财务预测是财务人员根据历史资料，依据现实条件，利用一定的方法，对公司未来财务活动的发展趋势或变化程度做出的科学测算和估计。公司在市场变化多端、竞争对手如林的经济环境中，只有依靠财务预测，才能维持资金正常周转，保持和增强公司获利能力，使公司得以生存和发展。这是因为：① 预测是决策和计划的基础，只有进行精确的预测，才能做出正确的决策和编制合理的计划；② 预测可以为财务的日常管理提供信息，可以为财务经理指明公司在什么时候需要多少资金，使财务经理能正确安排筹资时间和筹资数量，寻求最适合本公司的资金来源；③ 准确的财务预测可以减少财务风险。

(三) 通货膨胀财务管理将会迅速发展

从20世纪70年代到80年代早期，持续的通货膨胀给财务管理提出了许多新问题，如资金需要量增加、资金周转困难、成本上升、利润虚增等，同时使筹资决策、投资决策和股利政策也遇到了许多新问题。为此，西方各国开展了如何在通货膨胀情况下进行有效的财务管理的研究工作，这些研究目前尚处于探索阶段。因此，在通货膨胀情况下如何进行财务管理的研究将会得到迅速发展。

(四) 国际财务管理将会越来越受到重视

20世纪50年代以来，跨国公司迅速发展，许多大公司通过对外直接投资，在外国设立分支机构和子公司，从国际金融市场筹措资金。这些公司的财务活动跨越了国界，公司财务管理不仅涉及本国货币资金的管理，还涉及大量的外汇收支管理。随着世界各国之间的经济贸易迅速发展，将会有更多的公司走向国际化经营，国际之间的财务活动会日益频繁。

**四、新经济时代财务管理的变革**

随着经济全球化、知识经济与信息技术的发展，新经济时代已经来临，并带来了许多全新的机遇和挑战。面对新经济时代的到来，财务管理将出现十大变革趋势。

（一）财务管理对象由公司内部向金融市场延伸

新经济带来的经济全球化，将使市场规模和容量达到一个空前未有的水平，使公司与市场的联系更加密切。传统财务管理的研究对象——公司再生产过程的资金运动，应拓展到整个社会经济活动中的资金运动特别是金融市场的资金运动。因此，财务研究向金融方向延伸是财务管理发展的一大趋势。

（二）财务管理内容从有形资产管理为主转向以无形资产管理为主

工业经济社会发展依靠有形资产，新经济社会随着社会财富生产过程和结果的科技含量的增大，科技知识等无形资产要素在公司生产发展过程中将起到决定性作用。与此相联系，无形资产管理将成为财务管理的重点。

（三）财务管理目标由"利己"型转向"利他"与"利己"的统一

新经济时代，全球经济形成一种网络，每个公司的行为只有有利于相关主体的利益，有利于社会利益的实现，才能使自身利益得到保障，只有互惠互利，才能共享知识。正因为此，追求公司效益与社会效益的统一，是知识经济时代公司财务目标的选择。

（四）管理组织结构由纵向层次结构转向横向网络结构

新经济时代，知识共享的信息技术网络遍布全球，标准化的财务、劳资信息可以通过计算机实时处理和提供共享，非标准化信息则可以通过信息网络由人脑决策，公司之间所获的各种信息与竞争都可在网上进行。这样，以集权为特征的金字塔型分工细密、管理环节复杂、成本高、效率低的纵向层次组织结构，必将被以分权为特征的管理层次少、结构紧凑、高效率的横向网络型组织结构所取代。

（五）筹资战略模式由筹集"资金"转向筹集"知识"

公司经营离不开资本，资金是资本，知识也是资本，知识经济拓宽了资本的内涵，知识成为发展经济的重要资本。如何筹集知识资本，并对知识资本进行评估，预测分析其未来收益，将成为财务管理的重要起点。

（六）投资战略模式由规模效益型转向知识效益型

传统工业经济社会，公司以扩大规模的粗放式经营作为追求效益的主要手段。新经济时代，以知识进行投资的效益远大于以扩大规模为模式的投资效益。公司投资于何种知识，投资的经济效益如何评价，将成为财务决策的核心问题。

（七）分配战略模式从按资分配转向按"资＋知"分配

新经济时代，知识资本在公司整个资本投入中的比重越来越大，要求制度导向发生根本性的转变，即从以资本为中心、资本雇佣劳动、投资者完全占有公司，转向以知识为中心，知识统帅资本，投资者和知识拥有者共同占有公司。以知识为核心的管理将是"一场新的管理革命"。用"计时工资""计件工资""按岗付酬"已无法度量员工对公司的贡献，衡量贡献的唯一尺度只有业绩，而业绩的大小是按投入资本包括知识资本的大小衡量的。因此，按业绩即按"资＋知"进行分配，是既促进效益又兼顾公平的分配方式。

（八）财务管理观念由封闭型转向开放型

经济全球化的发展，使各国经济相互渗透、相互交流日益频繁，各国经济运行方式和发展的差异日趋缩小，财务管理学国际一体化已是大势所趋。因此，财务管理人员应树立开放意识，在准确把握国情的基础上，借鉴引进西方财务管理理论，来研究如何提高我国资本市场效率，优化资本结构，提高投资决策水平，促进市场均衡，减少投资风险，避免投机过度及如何有效确定证券价格，促进证券市场健康发展。此外，开放意识还体现在，财务理论的研究不是孤立的，必须至少掌握金融学、投资学、公司财务三部分关系最为密切的理论课程，善于应用数学模型进行量化分析，了解当代经济学研究的新成果，拓宽财务管理研究视野。

（九）风险管理将成为财务管理的重要内容

随着新经济时代的到来，公司会面临更多的风险。

① 由于经济活动的网络化、虚拟化，信息的传播、处理和反馈速度将会大大加快，倘若公司内部和外部对信息的披露不充分、不及时，或者公司当局不能及时有效地选择利用内部和外部信息，会加大公司的决策风险。

② 由于知识积累和革新的速度加快，倘若公司及其员工不能及时做出反应那就不能适应环境的发展变化，会进一步加大公司的风险。

③ 高新技术的发展，使产品寿命周期不断缩短，这不仅加大了存货风险，而且加大了产品设计、开发风险。

④ 由于“媒体空间”的无限扩展以及“网上银行”和“电子货币”的运用，使得国际资本流动加快，由此使货币风险进一步加剧。

⑤ 在追求高收益驱动下，公司将大量资金投放在高新技术产业和无形资产上，使投资风险进一步加大。因此，如何有效防范、抵御各种风险及危机，使公司更好地追求创新与发展已是财务管理需要研究和解决的一个重要问题。

（十）财务管理研究方法由规范研究转向实证研究

规范研究以一定价值判断为出发点，对经济现象做出“应当”与“不应当”的评价，实证研究从客观事实本身出发，回答经济现象“是什么”与“为什么”。传统财务管理研究侧重规范研究，在一定程度上造成理论与实践相脱节。在新经济条件下，由于信息传播速度和技术更新速度加快，产品寿命周期缩短，会加大财务活动的不确定性，导致财务管理风险的加剧，因此，加大实证分析的力度是新经济时代的客观要求。

## 案例

### 辉煌科技公司的辉煌发展之路

辉煌科技公司是一家人机交互领域的高科技公司，2002 年由 5 位股东平均出资成立，主要研发手机、平板电脑和可穿戴产品的智能移动终端人机交互技术及相关产品。2002—2012 年公司创业期间，5 位股东以致力将公司发展成为国内一流的创新科技公司为目标，关注企业的可持续发展能力，不断加大研发投入，在人机交互领域技术及产品方面不断取得突破。2004 年研制出高效取电的多功能电话芯片，2006 年电容触控技术实现突破，2008 年电容触控按键芯片大批量生产，2010 年成为国内首家 10 点电容触摸屏芯片生产商，2012 年成功研发出单层多点触摸屏芯片。2002—2012 年期间公司平均每年营业收入的增长率在 50%左右，利润增长率在 80%左右，取得了辉煌业绩。

在创业取得初步成功之后，5 位股东在公司战略、研发投入和利润分配出现了分歧。张敏、丁力、李华和赵银等 4 位股东倾向减少研发投入，加大分红，而公司董事长刘柄则认为高科技企业只有持续研发实现技术不断领先突破，才能实现公司可持续发展，主张少分红加大研发投入,以实现公司长期利益和企业价值最大化。由此产生的矛盾不断升级,最终导致公司董事长刘柄在2013年3月被迫出让股份离开了公司。

2013年3月,辉煌科技股权变更及公司董事长刘柄的离职事件引起公司广大供应商和分销商(客户)的广泛关注与不满。因为很多供应商与分销商的业务发展和辉煌科技密切相关,辉煌科技的技术水平关系到供应商与分销商的长期利益。于是,许多供应商与分销商发函纷纷要求与辉煌科技解除长期合同关系,除非董事长刘柄恢复原职。迫于供应商与分销商的压力,2013年12月张敏、丁力、李华和赵银等4位股东同意出让公司52%的股权,由原董事长刘柄购买30%,关键供应商与分销商购买22%。这样辉煌科技公司的股权结构变成了原董事长刘柄占30%,关键供应商与分销商占22%,张敏、丁力、李华和赵银4位股东占48%。原董事长刘柄和关键供应商与分销商形成一致行动人,刘柄重新成为公司的掌门人,实际控制辉煌科技公司。

2014年辉煌科技公司战略调整成为国际一流的创新科技公司,2014年6月获得国际著名投资入股。许多供应商与分销商也伸出援助之手,主动延长应收账款期限或预付货款,帮助辉煌科技公司度过现金流短缺难关。经过两年左右研发攻关,2013年辉煌科技公司开创了基于触摸屏的近场通信技术,2014年推出具有蓝宝石面板的指纹识别技术和IFS™指纹识别与触控一体化技术,2015年发布支持玻璃盖板的指纹识别芯片并商用量产,2016年发布应用于移动终端的活体指纹检测技术 Live Finger Detection,成为华为、小米、联想、中兴、OPPO、vivo、魅族、乐视、三星显示、JDI、诺基亚、东芝、松下、宏碁、华硕等国际国内知名终端品牌的供应商,并于2016年10月成功上市。

到2020年8月,辉煌科技公司股价从上市时的23.30元/股涨到388元/股,4年股价翻了16倍,成为A股上市公司的明星公司之一。

**问题:**

**1. 你认为在公司财务管理目标(公司目标)问题上,张敏、丁力、李华和赵银等4位股东和董事长刘柄的主要分歧有哪些?**

**2. 股东财务最大化目标有哪些缺陷?企业价值最大化目标能否兼顾企业相关利益主体的利益?**

**3. 你认为实现企业价值最大化目标应考虑哪些因素?**

# 第二章　财务管理原理

财务管理原理是指财务管理领域中具有普遍意义的基本规律，是基于价值最大化投资决策、筹资决策、营运投资决策和利润分配决策的基础，主要包括资金时间价值原理、风险价值原理和利息率等三项基本原理。

## 第一节　资金时间价值原理

### 引言

资金时间价值并不是一个新理论，但在商业活动中，资金的时间价值至关重要。《利率历史》一书中描述：假如将 1 000 美元按 8% 的利率投资，400 年后这笔钱将变成 $2.34\times10^{16}$ 美元。这个简单的计算直观地显示了资金的时间价值的威力。

200 年前富兰克林就对资金时间价值有着深刻的认识。他曾给费城和波士顿各捐献了 1 000 英镑，两个城市将这笔钱年复一年地进行放贷收息增值活动。100 年后这笔投资增值的一部分用在城市建设和福利事业上，另一部分继续进行再投资。200 年后人们用富兰克林在波士顿的那笔增值的资金组建了富兰克林基金，以极优惠的贷款方式帮助了无数医学生，还盈余 300 多万美元。富兰克林给费城的 1 000 英镑同样获得了丰厚的投资增值。

资金时间价值的威力还可以在 *Money Angles* 一书中得到证明。书中讲述了这样一个故事。一个农民在国王举办的象棋比赛中获胜，国王问他想要什么奖品，农民回答说想要一些谷子。国王问他要多少？农民回答说，在象棋棋盘的第 1 个格中放入 1 粒谷子，第 2 格中放 2 粒，第 3 格中放 4 粒，第 4 格中放 8 粒，以此类推，装满整个棋盘即可。国王认为这很容易办到，一口答应下来。但不幸的是，若要将总共 64 个方格都装满的话，需要 $1.85\times10^{19}$ 粒谷子，谷粒在 64 个方格中以 100% 的复利增长。如果一粒谷粒有 1/4 英寸（1 英寸＝0.025 4 米）长的话，那么所有这些谷粒一粒接一粒排列起来后，可以从地球到太阳（地球到太阳的距离是 1.496 亿千米）来回 391 500 次。

**一、资金时间价值的概念**

资金时间价值是指资金随着时间的推移而形成的增值，也称货币时间价值。例如，今天的 100 元钱，1 年后值 106 元，也就是用一年以后的 106 元钱才能交换今天的 100 元钱，产生了 6 元钱的附加，这 6 元附加就是资金随着时间的推移而形成的增值。因此，资金时间价值使等量的资金在不同的时点上具有不同的价值。资金时间价值产生的原因从表面上看似乎是时间这一因素，实际上，资金只有在作为资本或者再生产手段的前提下，通过劳动者的劳动创造的价值才是资金增值的真正原因。

**二、资金时间价值的存在条件**

资金时间价值产生的前提是市场经济的发展和借贷关系的普遍存在。随着借贷关系的产生和发展，资金所有权与经营权发生了分离，资金分化为借贷资本和经营资本。这时，资金才以人们看得见的形式——利息，在经济生活中广泛地发生作用。在市场经济社会中，一定量的资金投入生产过程，可以使自己增值，因此，资金是能增值的使用价值。资金所有者把资金的这种使用价值让渡给经营者，经营者用以进行生产经营活动而获得利润，就需要从利润中分出一部分给资金所有者作为报酬。借用的时间越长，付出的报酬就越多，这种报酬就是利息。一定时间内，利息量同借贷资本量的比率，就是利息率。当利息这种关系普遍化以后，不仅使用借入资金的经营者要计算利息，就是使用自有资金的经营者，也要把利润的一部分扣除下来作为对自有资金的报酬，只把利润的剩余部分看作是经营收益。于是，资金时间价值作为普遍适用的规律广泛应用在经济生活中。

由此可见，资金时间价值是资金在价值运动中形成的一种客观属性。只要市场经济存在，只要借贷关系存在，资金时间价值就必然要发生作用。

## 三、资金时间价值的表现形式

资金时间价值可以用绝对数表示，也可以用相对数表示，即以利息额或利息率表示。在实际工作中对这两种表示方法并不作严格的区分，通常以利息率进行计量。利息率的实际内容是社会平均资金利润率。但是，一般的利息率除了包括资金时间价值因素以外，还要包括风险价值和通货膨胀因素等。因此，作为资金时间价值表现形态的利息率，应以社会平均资金利润率为基础，而又不应高于这种资金利润率。

## 四、资金时间价值的计算

资金时间价值揭示了不同时点上资金之间的数量关系，因而它是进行财务管理决策必不可少的计量手段。计算资金时间价值要涉及现值和终值两个概念。所谓现值，是指一定量资金的现在价值，也就是指本金；终值是指一定量资金在若干期限以后的总价值，也就是指本利和。资金时间价值的计算有单利和复利两种方式。

### （一）单利计算

单利是指在规定期限内仅就本金计算利息的一种计息方法。设：$P$ 为现值；$i$ 为利率，通常指年利率；$I$ 为利息；$n$ 为年数；$F$ 为终值。

1. 单利利息计算

计算公式为：

$$I=P\times i\times n$$

2. 单利终值计算

计算公式为：

$$F=P+I=P+P\times i\times n=P\times(1+i\times n)$$

3. 单利现值计算

单利现值是单利终值的逆运算。其计算公式为：

$$P=\frac{F}{(1+i\times n)}$$

**例 2-1** 某人有 1 000 元存入银行，年利率为 6%，两年期满后银行应付其利息为：

$$I=1\ 000\times 6\%\times 2=120(\text{元})$$

两年后此人得到的本利和为：

$$F=1\ 000\times(1+6\%\times 2)=1\ 120(\text{元})$$

若此人两年后想得到 1 120 元，现在应存入的金额为：

$$P=\frac{1\ 120}{(1+6\%\times 2)}=1\ 000(\text{元})$$

(二) 复利计算

复利是指在规定期限内,每经过一个计息期,都要将所生利息计入本金再计利息,逐期滚算,俗称"利滚利"。

1. 复利终值

**例 2-2** 某人将 1 000 元存入银行,年利率为 6%,经过 1 年以后,银行应付其金额为:

$$F=P+P\times i=P\times(1+i)=1\ 000\times(1+6\%)=1\ 060(元)$$

2 年后应付其金额为:

$$F=[P\times(1+i)]\times(1+i)=P\times(1+i)^2$$
$$=1\ 000\times(1+6\%)^2=1\ 123.6(元)$$

3 年后应付其金额为:

$$F=P\times(1+i)^3=1\ 000\times(1+6\%)^3=1\ 191(元)$$

第 $n$ 年后应付其金额为:

$$F=P\times(1+i)^n$$

上式是计算复利终值的一般公式,式中的$(1+i)^n$被称为复利终值系数或 1 元的复利终值,用符号 $F/P(i,n)$表示。在实际计算时,其数值可查复利终值系数表。

**例 2-3** 某人存入银行 1 000 元,年利率为 6%,4 年期满后此人应得的本利和为:

$$F=P\times(1+i)^n=1\ 000\times(1+6\%)^4=1\ 000\times F/P(6\%,4)$$
$$=1\ 000\times1.262\ 5=1\ 262.5(元)$$

2. 复利现值

复利现值是复利终值的逆运算。它是指未来一定量的货币,按一定利率折算的现在价值。计算公式如下:

$$P=\frac{F}{(1+i)^n}=F\times(1+i)^{-n}$$

式中$(1+i)^{-n}$被称为复利现值系数,或 1 元的复利现值,用符号 $P/F(i,n)$表示。在实际计算时,其数值可查复利现值系数表。

**例 2-4** 某人拟在 4 年后获得本利和 6 310 元,年利率为 6%,则现在应存本金为:

$$P=F\times P/F(i,n)=6\ 310\times P/F(6\%,4)$$
$$=6\ 310\times0.792\ 1=5\ 000(元)$$

3. 名义利率与实际利率

复利的计息期不一定总是一年,有可能是季度、月或日。当利息一年内要复利几次时,给出的年利率叫名义利率。

**例 2-5** 现有本金 1 000 元,年利率 8%,每年复利一次,4 年后的本利和与利息分别是:

$$F=P\times(1+i)^n=1\ 000\times(1+8\%)^4$$
$$=1\ 000\times F/P(8\%,4)=1\ 000\times1.360\ 5$$
$$=1\ 360.5(元)$$
$$I=F-P=1\ 360.5-1\ 000=360.5(元)$$

上例若每季复利一次,则:

$$每季利率=\frac{8\%}{4}=2\%$$

$$复利次数=4\times4=16$$

$$F=1\ 000\times(1+2\%)^{16}=1\ 000\times1.372\ 8=1\ 372.8(元)$$

$$I=1\ 372.8-1\ 000=372.8(元)$$

当一年内复利几次时，实际得到的利息要比按名义利率计算的利息高。

实际年利率和名义利率之间的关系是：

$$1+i=\left(1+\frac{r}{M}\right)^{M}$$

式中 $r$——名义利率；

$M$——每年复利次数；

$i$——实际利率。

$$i=\left(1+\frac{r}{M}\right)^{M}-1=\left(1+\frac{8\%}{4}\right)^{4}-1=1.082\ 4-1=8.24\%$$

将上例中数据代入：

$$F=1\ 000\times(1+8.24\%)^{4}=1\ 372.8(元)$$

（三）年金计算

年金是指一定时期内每期相等金额的收付款项。如折旧、租金、利息、保险金、养老金等，通常都采取年金的形式。按照收付的次数和支付的时间划分，年金有以下几类。

1. 普通年金

普通年金又称后付年金，是指每期期末收付的年金。由于在经济活动中后付年金最为常见，故又称普通年金。

(1) 普通年金的终值

年金终值犹如零存整取的本利和，是一定时期内每期期末收付款项的复利终值之和。假若每年存款100元，年利率10%，经过5年，年金终值如图2-1所示。

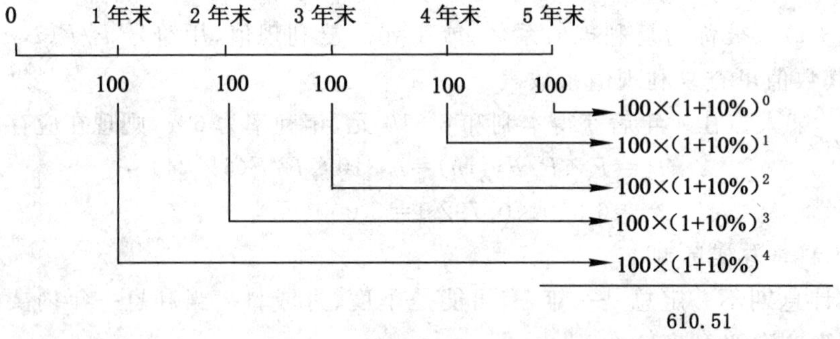


图2-1 年金终值图

由此设每年支付金额为 $A$，利率为 $i$，期数为 $n$，则按复利计算的年金终值 $F_A$ 为：

$$F_A=A+A(1+i)+A(1+i)^2+\cdots+A(1+i)^{n-1}$$

等式两边同乘 $(1+i)$：

$$(1+i)F_A=A(1+i)+A(1+i)^2+A(1+i)^3+\cdots+A(1+i)^n$$

上述两式相减：

$$(1+i)F_A-F_A=A(1+i)^n-A$$

$$F_A=\frac{A(1+i)^n-A}{(1+i)-1}$$

$$F_A=A\times\frac{(1+i)^n-1}{i}$$

式中的$\frac{(1+i)^n-1}{i}$称为年金复利终值系数,用符号 $F/A(i,n)$表示。实际计算时,其数值可查年金终值系数表。

(2) 普通年金的现值

普通年金现值,是指一定时期内每期期末收付款项的复利现值之和。假若每年取得收益 100 元,年利率为 10%,为期 5 年,年金现值如图 2-2 所示。

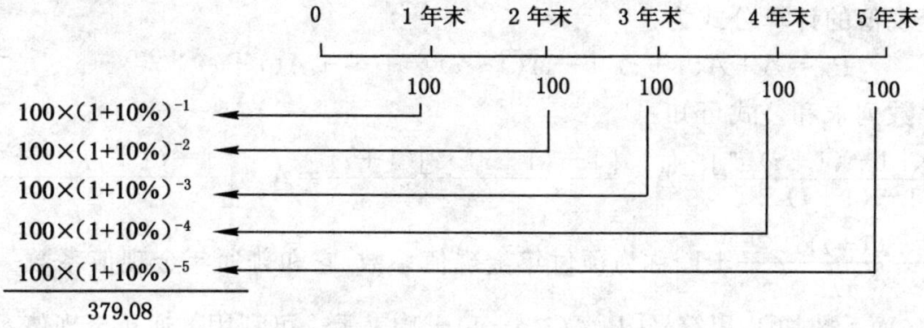


图 2-2 年金现值图

普通年金现值的一般计算公式如下:

$$P_A=A(1+i)^{-1}+A(1+i)^{-2}+A(1+i)^{-3}+\cdots+A(1+i)^{-n}$$

等式两边同乘$(1+i)$,则:

$$P_A(1+i)=A+A(1+i)^{-1}+A(1+i)^{-2}+\cdots+A(1+i)^{-(n-1)}$$

两式相减:

$$P_A(1+i)-P_A=A-A(1+i)^{-n}$$

$$P_A=A\times\frac{1-(1+i)^{-n}}{i}$$

式中的$\frac{1-(1+i)^{-n}}{i}$称为普通年金现值系数,用符号 $P/A(i,n)$表示。在实际计算时,其数值可查年金现值系数表。

2. 预付年金

预付年金是指在每期期初支付的年金,又称即付年金或先付年金。

(1) 预付年金的终值

预付年金的支付形式如图 2-3 所示。

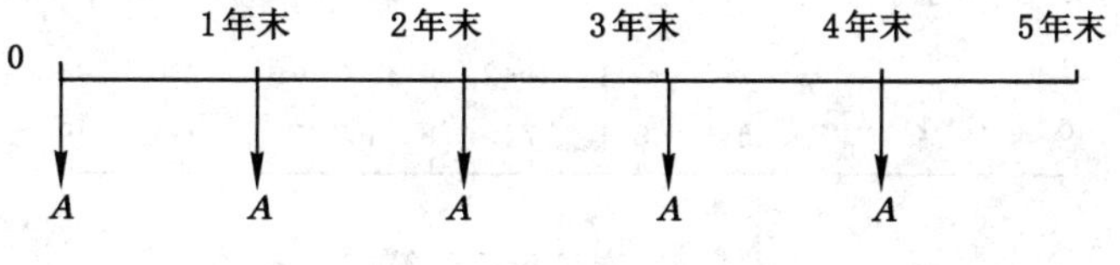


图 2-3 预付年金图

预付年金终值的计算公式为：

$$F_A=A(1+i)+A(1+i)^2+\cdots+A(1+i)^n$$

根据等比数列的求和公式可知：

$$F_A=\frac{A(1+i)\times[1-(1+i)]^n}{1-(1+i)}=A\times\frac{1+i-(1+i)^{n+1}}{-i}=A\times\left[\frac{(1+i)^{n+1}-1}{i}-1\right]$$

式中的$\left[\frac{(1+i)^{n+1}-1}{i}-1\right]$称为预付年金终值系数，它和普通年金终值系数$\frac{(1+i)^n-1}{i}$相比，期数加 1，而系数减 1，用符号$[F/A(i,n+1)-1]$表示，可利用普通年金终值系数表得$(n+1)$期的值，然后减 1 得出 1 元预付年金终值。

(2) 预付年金的现值

预付年金现值的计算公式为：

$$P_A=A+A(1+i)^{-1}+A(1+i)^{-2}+\cdots+A(1+i)^{-(n-1)}$$

根据等比数列求和公式可知：

$$P_A=\frac{A\times[1-(1+i)^{-n}]}{1-(1+i)^{-1}}=A\times\frac{[1-(1+i)^{-n}](1+i)}{i}=A\times\left[\frac{1-(1+i)^{-(n-1)}}{i}+1\right]$$

式中的$\left[\frac{1-(1+i)^{-(n-1)}}{i}+1\right]$称为预付年金现值系数，它和普通年金现值系数$\frac{1-(1+i)^{-n}}{i}$相比，期数减 1，而系数加 1，用符号$[P/A(i,n-1)+1]$表示。可利用普通年金现值系数表查得$(n-1)$期的值，然后加 1，得出 1 元预付年金现值。

3. 递延年金

递延年金是指第一次支付发生在第二期或第二期以后的年金。递延年金的支付形式如图 2-4 所示。

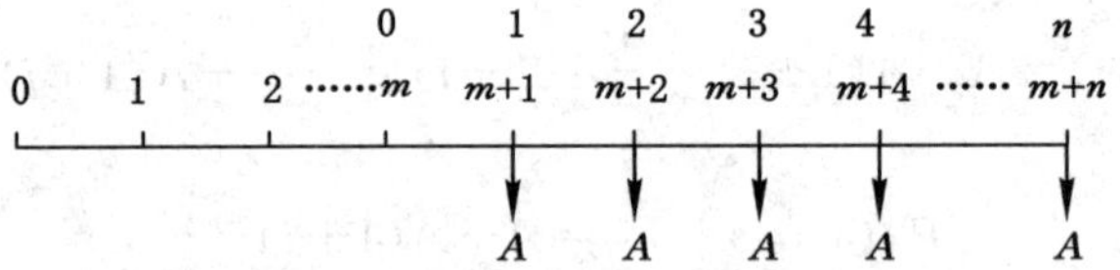


图 2-4 递延年金图

递延期 $m$ 期后的 $n$ 期年金与 $n$ 期年金相比，两者付款期相同，但这项递延年金现值是 $m$ 期后的 $n$ 期年金现值，还需要再贴现 $m$ 期。因此，递延年金的现值计算公式如下：

$$P=[A\times P/A(i,n)]\times P/F(i,m)$$

递延年金的终值大小与递延期无关，故计算方法与普通年金终值相同：

$$F=A\times F/A(i,n)$$

**例 2-6** 某项目于年初动工，5 年后竣工，收益期为 10 年。每年收益 40 000 元。按年利率 6%计算，如图 2-5 所示：

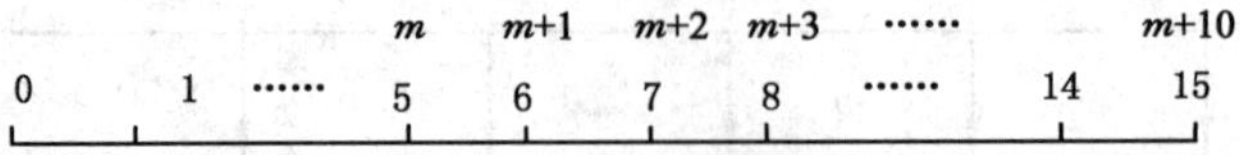


图 2-5 递延年金计算图

该项目 10 年收益的终值为：

$$F=A\times F/A(i,n)=40\ 000\times F/A(6\%,10)$$
$$=40\ 000\times 13.180=527\ 200(元)$$

该项目 10 年收益的现值为：

$$P=A\times P/A(i,n)\times P/F(i,m)=40\ 000\times P/A(6\%,10)\times P/F(6\%,5)$$
$$=40\ 000\times 7.360\ 1\times 0.747\ 3=220\ 008(元)$$

4. 永续年金

无限期定额支付的年金，称为永续年金。现实生活中的存本取息可视为永续年金的一个例子。

永续年金没有终止的时间，也就没有终值。永续年金的现值可以通过普通年金现值的计算公式导出：

$$P=A\times\frac{1-(1+i)^{-n}}{i}$$

当 $n\to\infty$ 时，$(1+i)^{-n}$ 的极限为零，故上式可写成：

$$P=A\times\frac{1}{i}$$

**例 2-7**　某生物学会准备存入银行一笔基金，预期以后每年年末取出利息 16 000 元，用以支付年度生物学奖金。若存款利息率为 8%，则现在应存入资金为：

$$P=A\times\frac{1}{i}=16\ 000\times\frac{1}{8\%}=200\ 000(元)$$

（四）贴现率的计算

在上述货币时间价值的计算中，都假定贴现率是给定的。在实际生活中，有时仅知道计息期、终值和现值，要根据已知条件去求得贴现率。

**例 2-8**　现在存入银行 2 000 元，要想 5 年后能得到本利和 3 200 元，存款利率的计算如下：

$$F=P\times F/P(i,n)$$
$$3\ 200=2\ 000\times F/P(i,5)$$
$$F/P(i,5)=1.6$$

在复利终值表中，凡属 5 年期的各系数中，年利率 10%的值为 1.610 5，与 1.6 十分接近。可见，年利率大约为 10%时才能保证 5 年后得到 3 200 元。

如果要使贴现率计算得更加准确，可用插值法进行计算。

**例 2-9**　现在向银行存入 5 000 元，若在以后 10 年中每年得到 750 元利息，则年利率的计算如下：

$$P=A\times P/A(i,n)$$
$$5\ 000=750\times P/A(i,10)$$
$$P/A(i,10)=\frac{5\ 000}{750}=6.666\ 7$$

从年金现值表中可以看到，在 $n=10$ 的各系数中，$i$ 为 8%时，系数是 6.710 1；$i$ 为 9%时，系数是 6.417 7。可见利率应在 8%至 9%之间。假设 $x$ 为超过 8%的百分数，则可用插值法计算 $x$ 的值如下：

| 贴现率 | | | 年金现值系数 | | |
|---|---|---|---|---|---|
| 8% | $X\%$ | 1% | 6.710 1 | 0.043 4 | 0.292 4 |
| ? | | | 6.666 7 | | |
| 9% | | | 6.417 7 | | |

$$\frac{X\%}{1\%}=\frac{0.043\ 4}{0.292\ 4} \qquad X=0.148\ 4$$

$i=8\%+0.148\ 4\%=8.148\ 4\%$。

以上说明了有关货币时间价值主要指标的计算方法，这些方法是运用货币时间价值的基础。掌握了这些基本的计算方法，在公司财务管理中就可以根据实际情况加以具体应用。

**五、资金时间价值原理的应用**

大量财务决策都需要把公司不同时点收入和支出换算到同一时点加以比较才能进行决策，所以资金时间价值原理在财务管理活动被广泛应用，主要有偿债基金建立、证券估价、融资租赁租金确定和投资项目选择等。

## 案例

### “新冠疫苗第一股”投资决策

世康生物制品股份有限公司2004年4月2日成立，2020年6月16日在创业板上市，市场称之为“新冠疫苗第一股”。本次公开发行新股数量为1 500万股，每股发行价为70.37元，发行市盈率为22.99倍，预计发行后每股净资产为25.93元，预计募集资金总额为105 555万元，扣除发行股票承销保荐费用6 082万元、审计费用500万元、律师费用355.30万元、发行手续费用3.40万元和本次发行的信息披露费用517万元等相关费用后，预计募集资金净额为98 097.30万元。上市后，股价连续19个涨停，到2020年7月31日股价高达876.60元/股，成为沪深两市仅次于茅台的高价股。

世康生物制品股份有限公司利用资本市场融来的资金，2020年准备投资6.2亿元资金研发“新冠疫苗”项目，并计划2020年年底商用量产。“新冠疫苗”项目投产后每年年末可获得现金净流入量为1.1亿元，项目投资期望报酬率$i=6\%$，受益期10年。另外准备投资购买辉煌科技公司发行的优先股1.5亿股，辉煌科技公司优先股招股公告中优先股每年固定股利为0.2元，发行价格为每股2.10元。优先股股东不参与辉煌科技公司经营决策，无投票表决权。依据辉煌科技公司优先股投资的风险水平，世康生物制品股份有限公司此项投资的期望报酬率(贴现率)$i=10\%$。

**问题：**

依据资金时间价值原理分析，世康生物制品股份有限公司“新冠疫苗”投资项目和购买辉煌科技公司优先股投资项目等两个项目的可行性？

# 第二节　风险报酬原理

## 引言

安泰科技股份有限公司于1993年1月11日成立。公司经营范围包括电子与软件产品开发、移动通信交换设备、数字集群系统设备、半导体、电子元器件及材料、房地产开发经营、物业管理、酒店投资及酒店管理等。1996年8月30日，公司在上交所上市，2020年5月10日安泰科技位列“2020中国品牌500强排行榜”第330位，2020年5月13日名列“2020福布斯全球企业2000强排行榜”第1639位，2020年7月27日位列“2020年《财富》中国500强排行榜”第239位。

2020年8月1日，安泰科技股份有限公司下属半导体电子子公司有符合战略方向的A、B两个投资方案，预期投资报酬率都是10%。由于半导体电子公司资金有限，只能选择一个投资方案。若仅仅考虑投资报酬率，半导体电子公司难以判断A和B两个投资方案的优劣。同期，安泰科技股份有限公司下属酒店投资与管理子公司也有符合战略方向的C、D两个独立投资方案，C方案预期投资报酬率为12%，D方案预期投资报酬率为10%。若仅仅考虑投资报酬率，显然是C方案更优。但安泰科技股份有限公司的财务总监认为酒店投资与管理子公司的C投资方案的风险远远大于D投资方案，C投资方案不一定更优。半导体电子公司A、B两个投资方案的选择也应考虑风险报酬。

上述资料说明不考虑风险因素可能导致无法决策和决策失误。

公司财务管理工作几乎都是在风险和不确定的情况下进行的，离开了风险因素将无法正确决策。风险报酬原理是揭示风险与报酬关系的基本规律，是财务管理基本原理之一，也称风险价值原理。一般来说，风险越大，期望报酬越大；风险越小，期望报酬越小。

**一、风险含义**

风险是指在一定条件下和一定时期内某种行动结果的不确定性程度。如果公司一项行动有多种可能的结果，就存在风险。如果这项行动只有一种确定的结果，就没有风险。

风险具有客观性。例如，无论公司还是个人，投资于国库券，其收益的不确定性较小；如果是投资于股票，则收益的不确定性就较大。这种风险是“一定条件下”的风险，在什么时间、买哪一种或哪几种股票、各买多少，风险是不一样的。这些问题一旦决策下来，风险的大小就无法改变了。这就是说，特定投资的风险大小是客观的，是否去冒风险及冒多大风险，是可以选择的，是主观决定的。

风险的大小随时间的延续而变化，是“一定时期内”的风险。我们对一个投资项目的成本，事先的预计可能不很准确，越接近完工则预计越准确。随时间的延续，事件不确定性在缩小，事件完成其结果也就完全确定了。因此，风险总是“一定时期内”的风险。

严格来说，风险和不确定性有区别。风险是指事前可以知道所有可能的后果，以及每种后果的概率。不确定是指人们在事先只知道采取某种行动所有可能的后果，但不知道它们出现的可能性，或者两者均不知道。例如，在某个地区找矿，事前知道只有找到和找不到两种后果，但不知道两种后果的可能性各占多少，属于“不确定”问题而非风险问题。

公司的财务管理决策几乎都是在不确定的情况下做出的。为了将决策分析工作建立在科学的基础上，通常是将不确定性情况转化为风险情况来决策，即通过直觉判断或预先设想为不确定性情况进而规定一些主观概率，以便进行定量分析。因此，在公司财务决策中，对风险和不确定这两个概念并不严格区分。

**二、公司风险种类及产生原因**

（一）公司风险种类

公司风险是指在一定条件下和一定时期内公司收益与损失的不确定性程度，分为市场风险和公司特有风险两类。

1. 市场风险

市场风险是指影响所有公司的因素所引起的风险，如战争、经济衰退、通货膨胀等。这类风险涉及所有公司，不能通过多元化投资来分散，因此又称不可分散风险或系统风险。例如，一个人投资股票，不论买哪一种股票，都要承担市场风险。

2. 公司特有风险

公司特有风险是指发生于个别公司的特有事件所引起的风险，又称可分散风险或非系统风险。如罢工、新产品开发失败、没有争取到重要合同、诉讼失败等导致公司收益的不确定性。由于导致公司特有风险事件是随机发生的，因而可以通过多元化投资来分散。比如，一个投资人同时投资几家公司时，发生于一家公司的不利事件可以被其他公司的有利事件所抵消；买几种不同股票的组合投资风险比只买一种股票的投资风险小。

公司特有风险按造成风险的行为可分为经营风险和财务风险两类。

(1) 经营风险

经营风险是指公司生产经营行为不确定性带来的风险，在任何商业活动都存在，也称商业风险。经营风险主要来自以下几个方面：

① 市场销售方面带来的风险，主要是市场竞争导致市场需求和市场价格产生不确定性，影响公司销售量和收益不确定性引发的风险。

② 生产成本方面带来的风险，主要是原料供应价格、机器生产效率、工人工资与奖金等都存在不确定因素，导致公司收益不确定性引发的风险。

③ 生产技术方面带来的风险，主要是新技术出现、设备事故、产品质量等方面存在难以预见的不确定性而产生的风险。

④ 其他方面带来的风险，比如公司突发火灾和针对公司的贸易壁垒等导致公司收益不确定性引发的风险。

(2) 财务风险

财务风险是指公司因负债行为导致公司收益不确定性带来的风险。财务风险是筹资决策行为带来的风险，也叫筹资风险。公司一般都要借入一部分资本，以便利用财务杠杆作用来提高公司权益资本的收益率。这样无论公司盈利还是亏损，都要按规定向债权人定期支付利息和偿还本金，如果公司的经营收益不足以偿付负债利息和本金，则可能使公司遭受财务危机，严重的可能导致公司破产。

例如，某公司股本 100 万元，好年景每年盈利 20 万元，股东资本报酬率为 20%；坏年景亏损 10 万元，股东资本报酬率为 −10%。假设公司预期今年是好年景，借入资本 50 万元，利息率 10%，预期盈利 30 万元(150 万元×20%)，付息后的盈利为 25 万元，股东资本报酬率上升为 25%(25 万元/100 万元)，这就是负债经营的好处。但是，这个借款决策加大了原有的风险。如果借款后碰上的是坏年景，公司付息前亏损是 15 万元(150 万元×10%)，付息 5 万元后亏损 20 万元，股东的资本报酬率是 −20%，这就是负债经营的风险。

负债加大了公司的风险。运气好时，赚得更多；运气不好时，赔得更惨。如果不负债，公司全部使用股东的资本，那么该公司没有财务风险，只有经营风险。如果经营是肯定的(实际上总有经营风险)，假如肯定能赚 10%，那么负债再多也不要紧，只要利息率低于 10%。

(二)公司风险产生原因

1. 决策时缺乏可靠信息

在大多数决策中,决策事项未来变化的各种情况是决策者无法掌握的,或者说不能获取有关可靠的信息。所以进行风险决策时,往往是根据历史资料来确定将来每种后果的可能概率分布,而它们并不是未来的准确描述,只是一种近似的估计,或多或少带有主观性。由于未来事件各种信息的概率是不肯定的,故而各种决策可能具有一定的风险。

2. 决策者不能控制事物未来发展过程

决策事项未来发展的过程,直接受到未来客观经济环境的影响,如政府宏观经济政策的改变、市场的景气与否、产业结构的调整、市场价格和总体物价水平的波动、汇率的变动等。所有这一切使各种财务决策处于风险之中,而且这种风险与决策时期的长短密切相关,风险随着时间而增长。未来收益的风险就明显大于近期收益的风险,因为决策者对越长远的事物越难控制。

## 三、单项投资风险大小衡量

风险大小衡量需要使用概率和统计方法。

(一)概率

在相同的条件下可能发生也可能不发生的事件称为随机事件。随机事件发生的可能性大小用概率($p$)来表示。通常,把必然发生事件的概率定为1,把不可能发生事件的概率定为0,而一般随机事件的概率介于0到1之间。概率越大,表示该事件发生的可能性越大。

**例 2-10**　某公司有两项可供选择的投资方案,它们的预计报酬率与经营状况及发生的概率密切相关,其各种经营情况下的概率分布和预期报酬率如表2-1所示。

**表 2-1　概率分布和预期报酬率**

| 经济状况 | 发生概率 | A方案预期报酬率 | B方案预期报酬率 |
|---|---|---|---|
| 繁荣 | 0.3 | 60% | 20% |
| 正常 | 0.4 | 15% | 15% |
| 衰退 | 0.3 | −30% | 10% |

在这里,概率表示每一种经济情况出现的可能性,同时也是各种不同预期报酬率出现的可能性。例如,未来经济情况出现繁荣的可能性是0.3。假如这种情况真的出现,A项目可获得高达60%的报酬率。这也就是说,采纳A项目获利60%的可能性是0.3。当然,报酬率作为一种随机变量,受多种因素的影响,我们这里为了简化,假设其他因素都相同,只有经济情况一个因素影响报酬率。

(二)离散型分布和连续型分布

如果随机变量(例如报酬率)只取有限个数,并且对应于这些值有确定的概率,则称随机变量是离散型分布。例2-10就属于离散型分布,它有三个值,如图2-6所示。

实际上,出现的经济状况远不只三种,有无数的可能情况会出现,如果对每种情况都赋予一个概率,并分别测定其报酬率,则可用连续型分布描述,如图2-7所示。

从图2-7可以看到,我们所举例子的报酬率呈正态分布,其主要特征是曲线为对称的钟型。实际上并非所有问题都按正态分布。但是,按照统计学的理论,不论总体分布是正态分

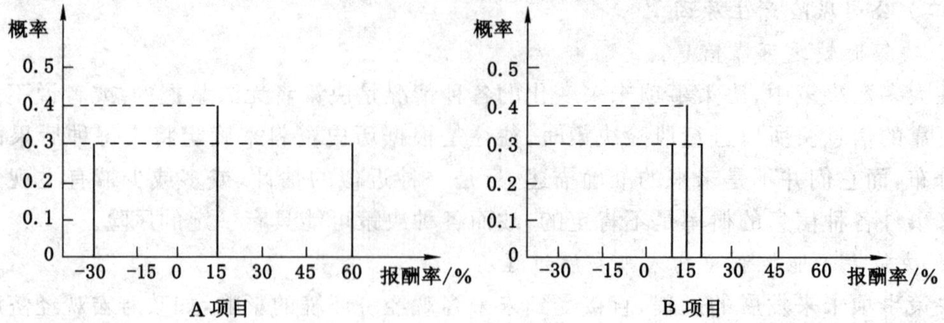


图 2-6 离散型分布图

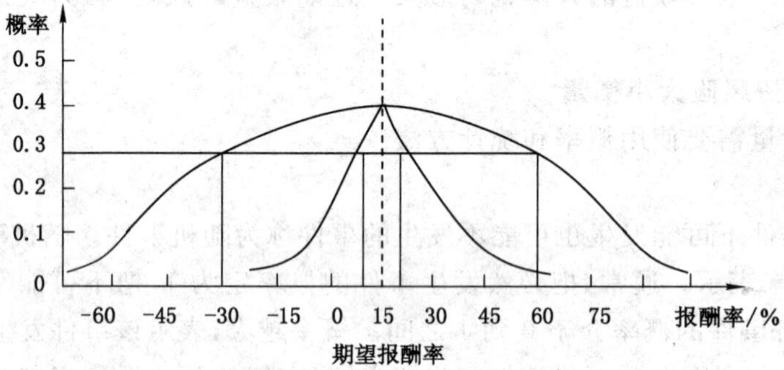


图 2-7 连续型分布图

布还是非正态分布，当样本很大时，其样本平均数都呈正态分布。一般来说，如果被研究的变量受彼此独立的大量偶然因素的影响，并且每个因素在总的影响中只占很小的部分，那么这个总影响所引起的数量上的变化，就近似服从于正态分布。所以，正态分布在统计上被广泛使用。

（三）期望报酬率

期望报酬率是各种可能的报酬率按其概率进行加权平均得到的报酬率，它反映随机变量取值的平均化。其计算公式如下：

$$\bar{k} = \sum_{i=1}^{n} k_i P_i$$

式中 $\bar{k}$——期望报酬率；

$k_i$——第 $i$ 种可能结果的报酬率；

$P_i$——第 $i$ 种可能结果出现的概率；

$n$——可能结果的个数。

根据上述 A、B 方案概率分布的有关资料，可分别计算出 A、B 方案的期望报酬率。

$\bar{k}_A$ 期望报酬率＝0.3×60%＋0.4×15%＋0.3×(－30%)＝15%。

$\bar{k}_B$ 期望报酬率＝0.3×20%＋0.4×15%＋0.3×10%＝15%。

从上述计算可知，该公司两个投资项目的期望报酬率都是 15%，但是 A 项目报酬率的分散程度大，变动范围在－30%至 60%之间，B 项目报酬率的分散程度小，变动范围在 10%

至20%之间。这说明两个项目的报酬率相同，但风险不同。为了定量地衡量风险大小，还要使用统计学中衡量概率分布离散程度的指标。

（四）离散程度——标准差

标准差是表示随机变量离散程度最常用的一种量度。

标准差的计算公式如下：

$$\sigma = \sqrt{\sum_{i=1}^{n}(k_i - \bar{k})^2 P_i}$$

现将上述A、B投资方案的有关数据代入公式，所得结果如下：

A投资方案的标准差为：

$\sigma=\sqrt{(60\%-15\%)^2\times0.3+(15\%-15\%)^2\times0.4+(-30\%-15\%)^2\times0.3}=34.86\%$。

B投资方案的标准差为：

$\sigma=\sqrt{(20\%-15\%)^2\times0.3+(15\%-15\%)^2\times0.4+(10\%-15\%)^2\times0.3}=3.87\%$。

标准差越小，说明离散程度越小，风险也就越小。标准差定量地说明了A方案的风险大于B方案。

（五）标准离差率

上例中A、B两个方案的期望报酬率相同，但是标准差不同，理性投资者应该会选择标准差较小的B方案。但如果备选方案的期望报酬率与标准差均不相同，该如何选择呢？这时，需要引入另一个风险度量指标——标准离差率，也称为离散系数、变异系数或标准差系数，用$CV$表示，计算公式为：

标准离差率＝标准差/期望值

$$CV=\frac{\sigma}{\bar{k}}$$

A方案的标准离差率＝34.86%÷15%＝2.32。

B方案的标准离差率＝3.87%÷15%＝0.26。

由于标准离差率同时反映了风险与报酬，因此在处理两个或多个具有显著不同期望报酬率的投资项目时，它是一个更好的风险大小度量指标。

## 四、单项投资风险报酬率衡量及意义

（一）单项投资风险报酬率衡量

风险报酬率，也称风险价值率与风险收益率，对风险大小的回报水平，是投资者因承担风险而获得的超过时间价值的那部分额外报酬率。风险报酬率是投资项目报酬率的一个重要组成部分，如果不考虑通货膨胀因素，投资报酬率就是时间价值率与风险报酬率之和。

风险报酬原理的含义是风险越大，期望报酬越大；风险越小，期望报酬越小。那么风险大小和风险报酬到底是什么关系？

在完善和理想的市场中，风险报酬率和标准离差率呈线性关系，即

$$风险报酬率=b\times CV$$

式中　$b$——风险报酬系数；

　　$CV$——标准离差率（风险大小）。

风险报酬系数$b$的大小取决于投资者对风险的态度。愿意冒险的$b$值小、不愿意冒险的$b$值大，理论上主张在无风险报酬率（时间价值率）上下波动加以确定，实际工作中可根据

同类项目确定(历史数据)。在实际工作中,$b$ 的估计很困难。

(二)风险报酬率衡量的意义

1. 不考虑风险报酬率可能导致无法决策

**例 2-11** 安泰科技股份有限公司下属半导体电子子公司有符合战略方向的 A、B 两个投资方案,预期投资报酬率都是 10%。由于半导体电子公司资金有限,只能选择一个投资方案。若仅仅只考虑投资报酬率,半导体电子公司难以判断 A 和 B 两个投资方案的优劣。若考虑风险因素,根据 A 和 B 两个投资方案风险大小,决策可能分三种情况,如表 2-2～表 2-4 所示。

**表 2-2 A 和 B 两个投资方案风险都较大情况**

| 方案 | 预期投资报酬率 | 标准离差率 | 风险价值系数 | 风险报酬率 | 无风险报酬率 | 通货膨胀贴水 | 期望投资报酬率 |
|---|---|---|---|---|---|---|---|
| A | 10% | 0.8 | 6% | 4.8% | 5% | 2% | 12.8% |
| B | 10% | 0.7 | 6% | 4.2% | 5% | 2% | 11.2% |

从表 2-2 可以看出,A 和 B 两个投资方案期望投资报酬率大于预期投资报酬率,A 和 B 两个投资方案都不可行。

**表 2-3 A 和 B 两个投资方案风险都较小情况**

| 方案 | 预期投资报酬率 | 标准离差率 | 风险价值系数 | 风险报酬率 | 无风险报酬率 | 通货膨胀贴水 | 期望投资报酬率 |
|---|---|---|---|---|---|---|---|
| A | 10% | 0.2 | 6% | 1.2% | 5% | 2% | 8.2% |
| B | 10% | 0.1 | 6% | 0.6% | 5% | 2% | 7.6% |

从表 2-3 可以看出,A 和 B 两个投资方案期望投资报酬率小于预期投资报酬率, A 和 B 两个投资方案都可行。比较而言,B 方案预期投资报酬率和期望投资报酬率差距更大,所以,B 方案更优。

**表 2-4 A 和 B 两个投资方案风险差异较大情况**

| 方案 | 预期投资报酬率 | 标准离差率 | 风险价值系数 | 风险报酬率 | 无风险报酬率 | 通货膨胀贴水 | 期望投资报酬率 |
|---|---|---|---|---|---|---|---|
| A | 10% | 0.2 | 6% | 1.2% | 5% | 2% | 8.2% |
| B | 10% | 0.6 | 6% | 3.6% | 5% | 2% | 10.6% |

从表 2-4 可以看出,B 方案期望投资报酬率大于预期投资报酬率, B 方案不可行。A 方案期望投资报酬率小于预期投资报酬率, A 方案可行。

2. 不考虑风险报酬率可能导致决策错误

**例 2-12** 安泰科技股份有限公司下属酒店投资与管理子公司有符合战略方向的 C、D 两个独立投资方案, C 方案预期投资报酬率为 12%,D 方案预期投资报酬率为 10%。若仅仅只考虑投资报酬率,显然是 C 方案更优。若考虑风险因素,根据 C、D 两个投资方案,风险大小决策可能分三种情况，如表 2-5～表 2-7 所示。

**表 2-5　C 和 D 两个投资方案风险都较大情况**

| 方案 | 预期投资报酬率 | 标准离差率 | 风险价值系数 | 风险价值率 | 无风险报酬率 | 通货膨胀贴水 | 期望投资报酬率 |
|---|---|---|---|---|---|---|---|
| C | 12% | 0.9 | 6% | 5.4% | 5% | 2% | 12.4% |
| D | 10% | 0.6 | 6% | 3.6% | 5% | 2% | 10.6% |

从表 2-5 可以看出，C 和 D 两个投资方案期望投资报酬率大于预期投资报酬率，C 和 D 两个投资方案都不可行。

**表 2-6　C 和 D 两个投资方案风险都较小情况**

| 方案 | 预期投资报酬率 | 标准离差率 | 风险价值系数 | 风险价值率 | 无风险报酬率 | 通货膨胀贴水 | 期望投资报酬率 |
|---|---|---|---|---|---|---|---|
| C | 12% | 0.2 | 6% | 1.2% | 5% | 2% | 8.2% |
| D | 10% | 0.1 | 6% | 0.6% | 5% | 2% | 7.6% |

从表 2-6 可以看出，C 和 D 两个投资方案期望投资报酬率小于预期投资报酬率，C 和 D 两个投资方案都可行。比较而言，C 方案预期投资报酬率和期望投资报酬率差距更大，所以，C 方案更优。

**表 2-7　C 和 D 两个投资方案风险差异较大情况**

| 方案 | 预期投资报酬率 | 标准离差率 | 风险价值系数 | 风险价值率 | 无风险报酬率 | 通货膨胀贴水 | 期望投资报酬率 |
|---|---|---|---|---|---|---|---|
| C | 12% | 0.9 | 6% | 5.4% | 5% | 2% | 12.4% |
| D | 10% | 0.1 | 6% | 0.6% | 5% | 2% | 7.6% |

从表 2-7 可以看出，C 方案期望投资报酬率大于预期投资报酬率，C 方案不可行。D 方案期望投资报酬率小于预期投资报酬率，D 方案可行。

**五、证券组合投资报酬与风险**

公司的投资行为往往是多方位的，并不会把所有资金都集中投资于一种实物性资产或证券，而可能同时投资于多项实物性资产或证券，这种形式的投资称为组合投资。组合投资中最具有代表性的是证券组合投资，因为不同证券组合投资对投资风险的避免和分散具有重要影响，因此，有必要讨论证券组合投资的报酬与风险问题。

（一）单个证券投资的报酬与风险衡量

在讨论证券组合投资的风险与报酬之前，有必要先讨论单个证券单期投资报酬率和风险衡量问题。

单个证券单期投资报酬率计量模型如下：

$$r=\frac{P_1-P_0+C}{P_0}$$

式中 $r$——单个证券单期投资报酬率；

$P_1$——证券期末价格；

$P_0$——证券期初价格；

$C$——证券投资当期报酬。

单个证券期望投资报酬率计量模型如下：

$$\bar{r} = \sum_{i=1}^{n} P_i \times r_i$$

式中 $\bar{r}$—— 单个证券投资期望报酬率；

$n$—— 可能情况的数量；

$P_i$—— 各种可能情况的概率；

$r_i$—— 单个证券各种可能情况的投资报酬率。

单个证券投资风险的计量模型如下：

$$\sigma = \left[ \sum_{i=1}^{n} (r_i - \bar{r})^2 \times P_i \right]^{1/2}$$

式中 $\sigma$——单个证券投资风险(标准差)；

$n$——可能情况的数量；

$r_i$——单个证券各种可能情况的投资报酬率；

$\bar{r}$——单个证券投资期望报酬率；

$P_i$——各种可能情况的概率。

**例 2-13** 2020 年神华股份股票投资可能报酬率分七种情况。七种情况的可能及概率情况如表 2-8 的第一列和第二列所示，期望投资报酬率和风险度量如表 2-8 中第三列和第四列所示。

**表 2-8 神华股份股票期望投资报酬率和风险计算表**

| 序号 | 投资报酬率 $r_i$ | 概率 $P_i$ | 期望投资报酬率 $\bar{r}$ ($r_i \times P_i$) | $(r_i - \bar{r}_i)^2 \times P_i$ |
|---|---|---|---|---|
| 1 | −0.1 | 0.05 | −0.005 | 0.001 805 |
| 2 | −0.02 | 0.1 | −0.002 | 0.001 21 |
| 3 | 0.04 | 0.2 | 0.008 | 0.000 5 |
| 4 | 0.09 | 0.3 | 0.027 | 0 |
| 5 | 0.14 | 0.2 | 0.028 | 0.000 5 |
| 6 | 0.2 | 0.1 | 0.02 | 0.001 21 |
| 7 | 0.28 | 0.05 | 0.014 | 0.001 805 |
| 合计 | | 1 | 0.09 | 0.007 03 |
| 标准差 $\sigma = \sqrt{0.007\,03} = 0.083\,8$ | | | | |

从表 2-8 中可以看出，2020 年神华股份股票投资的期望投资报酬率为 9%，标准差(风险大小)为 0.083 8。

(二) 证券组合投资报酬与风险衡量

1952 年马科维茨发表文章《资产组合选择》，标志着现代投资组合理论的开端。马科维茨投资组合理论主要包括均值-方差模型、投资组合有效边界模型和最优投资组合三方面内容。该理论认为若干种证券组成的组合投资，其收益是这些证券收益的加权平均数，但是其风险不是这些证券风险的加权平均风险，组合投资能降低非系统性风险（公司特有风险，可分散风险），即“不要把鸡蛋放在同一个篮子里”。

假设 2016—2020 年对 A 和 B 两种股票单独投资 50 万元，其报酬率和风险（标准差）情况如表 2-9 所示。从表 2-9 中可以看出，投资 A 股票与投资 B 股票的报酬都是 37.5 万元，五年年平均报酬为 7.5 万元，年平均报酬率为 15%，标准差都是 22.6%，表明投资风险较大。若采取组合投资方式，对 A 和 B 两种股票组合投资，分别投资 25 万元，五年投资报酬和年平均报酬率没有变化，但令人惊奇的是组合投资标准差等于 0，风险完全消失了。这一现象出现的主要原因是 2016—2020 年 A、B 股票投资报酬呈完全反向变动态势。即当 A 股票投资报酬下降时，B 股票的报酬正以相同的幅度上升；反之亦然。

**表 2-9　完全负相关证券的组合投资的报酬与风险**

| | 投资 A 股票 50 万元 | | 投资 B 股票 50 万元 | | A、B 股票各投资 25 万元 | |
|---|---|---|---|---|---|---|
| | 报酬/万元 | 报酬率 | 报酬/万元 | 报酬率 | 报酬/万元 | 报酬率 |
| 2016 年 | 20 | 40% | −5 | −10% | 7.5 | 15% |
| 2017 年 | −5 | −10% | 20 | 40% | 7.5 | 15% |
| 2018 年 | 17.5 | 35% | −2.5 | −5% | 7.5 | 15% |
| 2019 年 | −2.5 | −5% | 17.5 | 35% | 7.5 | 15% |
| 2020 年 | 7.5 | 15% | 7.5 | 15% | 7.5 | 15% |
| 平均数 | 7.5 | 15% | 7.5 | 15% | 7.5 | 15% |
| 标准差 | | 22.6% | | 22.6% | | 0 |

我们再来看另一种特殊情况，假设 2016—2020 年对 A 和 C 两种股票单独投资 50 万元，其报酬率和风险（标准差）情况如表 2-10 所示。从表 2-10 中可以看出，A、C 组合与 A、B 组合的情形完全不同。A、C 两种股票报酬的变动方向及幅度完全一样，一种股票报酬率上升（或下降），另一种股票也同样地上升（或下降）。因此，A、C 组合后的报酬与 A、C 两种股票单独投资报酬的变动完全一致，标准差（风险）也都是 22.6%，这表明 A、C 组合并未降低风险水平。

**表 2-10　完全正相关证券的组合投资的报酬与风险**

| | 投资 A 股票 50 万元 | | 投资 C 股票 50 万元 | | A、C 股票各投资 25 万元 | |
|---|---|---|---|---|---|---|
| | 报酬/万元 | 报酬率 | 报酬/万元 | 报酬率 | 报酬/万元 | 报酬率 |
| 2007 年 | 20 | 40% | 20 | 40% | 20 | 40% |
| 2008 年 | −5 | −10% | −5 | −10% | −5 | −10% |
| 2009 年 | 17.5 | 35% | 17.5 | 35% | 17.5 | 35% |
| 2010 年 | −2.5 | −5% | −2.5 | −5% | −2.5 | −5% |
| 2011 年 | 7.5 | 15% | 7.5 | 15% | 7.5 | 15% |
| 平均数 | 7.5 | 15% | 7.5 | 15% | 7.5 | 15% |
| 标准差 | | 22.6% | | 22.6% | | 22.6% |

上述两个极端例子表明,完全负相关的两种证券组合投资可以完全消除风险,完全正相关的两种证券的组合投资不能降低风险。

下面讨论马科维茨投资组合理论的均值-方差模型、组合投资有效边界和最优组合投资等内容

1. 证券组合期望投资报酬率衡量——均值模型

$n$ 种证券组合投资期望报酬率是组合中个别证券期望报酬率的加权平均。其计量模型为:

$$\bar{r}_p = \sum_{i=1}^{n} w_i \cdot \bar{r}_i$$

式中 $\bar{r}_p$——$n$ 种证券组合投资期望报酬率;

$n$——组合证券的数量;

$w_i$——第 $i$ 种证券投资比例;

$\bar{r}_i$——第 $i$ 种证券期望报酬率。

若是两种证券组合,期望投资报酬率计量模型可以描述为:

$$\bar{r}_{p12} = w \times \bar{r}_1 + (1-w) \times \bar{r}_2$$

式中 $\bar{r}_{p12}$——两种证券组合期望投资报酬率;

$\bar{r}_1$——证券 1 期望报酬率;

$\bar{r}_2$——证券 2 期望报酬率;

$w$——证券 1 投资比例;

$1-w$——证券 2 投资比例。

2. 证券组合投资风险衡量——方差模型

$$\sigma_p = \left[ \sum_{i=1}^{n} w_i^2 \cdot \sigma_i^2 + 2 \sum_{0 \leqslant i \leqslant j \leqslant n} w_i w_j \sigma_i \sigma_j \rho_{ij} \right]^{\frac{1}{2}}$$

$$\rho_{ij} = \frac{\sigma_{ij}}{\sigma_i \cdot \sigma_j}$$

$$\sigma_{ij} = \sum p (r_i - \bar{r}_i)(r_j - \bar{r}_j)$$

式中 $\sigma_p$——$n$ 种证券组合投资风险;

$w_i$——第 $i$ 种证券投资比例;

$w_j$——第 $j$ 种证券投资比例;

$\sigma_i$——第 $i$ 种证券标准差;

$\sigma_j$——第 $j$ 种证券标准差;

$\rho_{ij}$——证券 $i$ 和证券 $j$ 的相关系数;

$\sigma_{ij}$——证券 $i$ 和证券 $j$ 的协方差,也可以用 $\mathrm{Cov}(i,j)$ 符号表示;

$\bar{r}_i$——第 $i$ 种证券期望报酬率;

$\bar{r}_j$——第 $j$ 种证券期望报酬率;

$r_i$——证券 $i$ 各种可能情况的投资报酬率;

$r_j$——证券 $j$ 各种可能情况的投资报酬率;

$p$——各种可能情况的概率。

若是两种证券组合,组合投资风险计量模型可以描述为:

$$\sigma_{p12}=[w^2\sigma_1^2+(1-w)^2\sigma_2^2+2w(1-w)\sigma_1\sigma_2\rho_{12}]^{1/2}$$

$$\rho_{12}=\frac{\sigma_{12}}{\sigma_1\sigma_2}$$

$$\sigma_{12}=\sum_{t=1}^{n}p_t(r_{t1}-\bar{r}_1)(r_{t2}-\bar{r}_2)$$

式中　$\sigma_{p12}$——证券1和证券2组合投资风险;

$w$——证券1投资比例;

$1-w$——证券2投资比例;

$\rho_{12}$——证券1和证券2的相关系数;

$\sigma_1$——证券1标准差;

$\sigma_2$——证券2标准差;

$\sigma_{12}$——证券1和证券2的协方差;

$p_t$——各种可能情况的概率;

$r_{t1}$——证券1各种可能情况报酬率;

$r_{t2}$——证券2各种可能情况报酬率;

$\bar{r}_1$——证券1期望报酬率;

$\bar{r}_2$——证券2期望报酬率。

上述模型中证券相关系数$\rho$是反映证券之间相关程度的指标。其具体含义是:

当$\rho=1$时,表示一种证券投资报酬率的增长与另一种证券投资报酬率的增长比例相同,即两种证券投资报酬率完全正相关。

当$\rho=-1$时,表示一种证券投资报酬率的增长与另一种证券投资报酬率的减少成比例,即两种证券投资报酬率完全负相关。

当$\rho=0$,表示缺乏相关性,一种证券的投资报酬率相对于另一种证券的投资报酬率独立变动。

现实中,各证券之间不可能完全正相关,也不可能完全负相关,大部分证券间的相关程度在0.5～0.7之间。

从组合投资方差$\sigma_p$的计量模型可以得出以下结论:

① 证券之间负相关关系越强,通过组合投资降低公司特有风险(非系统性风险)的程度就越高;证券之间正相关关系越强,通过组合投资降低公司特有风险(非系统性风险)的程度就越低。

② 随组合投资的证券数量不断增加,证券之间相互抵消的公司特有风险(非系统性风险)越多,越能降低分散风险。当组合投资的证券数量增加到一定程度时,公司特有风险(非系统性风险)被完全消除,只留下系统性风险(市场风险)。也就是说,组合投资对系统性风险(市场风险)的分散是无能为力的,具体如图2-8所示。

图2-8描述的是随证券组合投资中证券数量增加,证券组合投资风险逐渐下降。当证券组合投资中证券数量增加到一定数量时,个别证券的非系统性风险全部被分散掉,只留下系统性风险。比如把市场所有股票都买了,个别证券的非系统性风险全部被分散掉,只留下市场风险。

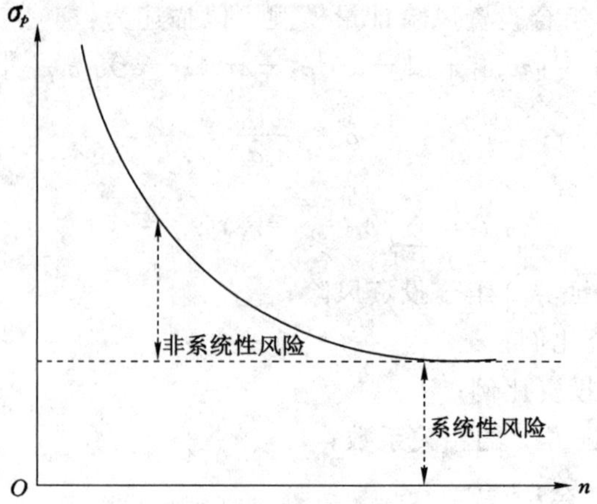


图 2-8 组合投资中证券数量和风险关系图

从两种证券组合投资风险计量模型看，当两种完全正相关证券组合投资时，组合投资的风险为$[w\sigma_1+(1-w)\sigma_2]$；两种完全负相关证券组合投资时，组合投资的风险为$[w\sigma_1-(1-w)\sigma_2]$的绝对值。利用这个推演结论可以验证表 2-9 和表 2-10 的现象。当两种证券标准差相同时，两种完全正相关证券组合投资的风险不能降低；投资比例相同的两种完全负相关证券的组合投资，其标准差变为 0，即可以完全消除非系统性风险。

（三）组合投资有效边界模型

首先看两种证券组合投资期望报酬与风险衡量模型。

依据两种证券组合投资期望报酬计量模型 $\bar{r}_{p12}=w\times\bar{r}_1+(1-w)\times\bar{r}_2$，可以得到 $w=\dfrac{\bar{r}_{p12}-\bar{r}_2}{\bar{r}_1-\bar{r}_2}$。

将 $w$ 代入两种证券组合投资风险计量模型 $\sigma_{p12}=[w^2\sigma_1^2+(1-w)^2\sigma_2^2+2w(1-w)\sigma_1\sigma_2\rho_{12}]^{1/2}$，整理可以得到两种证券组合投资期望报酬和风险关系模型。具体模型可以描述如下：

$$\bar{r}_{p12}=\sqrt{a\sigma_{p12}^2+b\sigma_{p12}+c}$$

上述模型中，$a$、$b$、$c$ 是和投资比例 $w$ 及相关系数 $\rho$ 有关的常数。两种证券组合投资的期望收益 $\bar{r}_{p12}$ 和风险 $\sigma_{p12}$ 之间关系是一个二次曲线。两者之间关系图如图 2-9 所示。

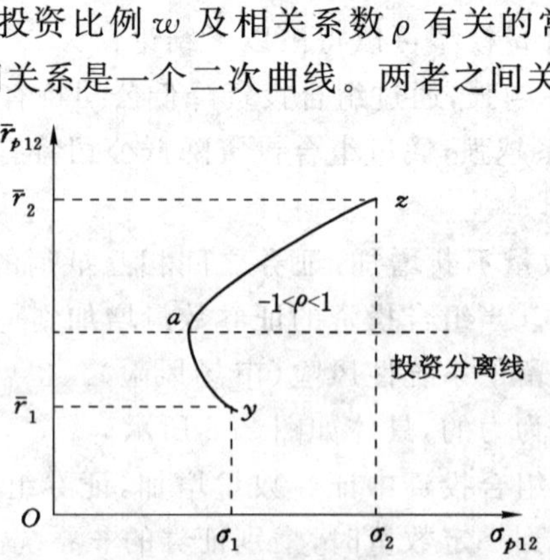


图 2-9 两种证券组合投资收益-风险平面图

从图 2-9 可以看出，$\bar{r}_{p12}$ 和风险 $\sigma_{p12}$ 之间关系是一条弯曲曲线($zay$)，二次曲线的弯曲程度取决于 $\rho$ 值大小，$\rho$ 值越大，弯曲程度越大。任何 $\rho$ 值的折线弯曲点都在投资分离线上。

当 $\rho_{12}=1$ 时，由前面两种证券组合投资风险度量 $\sigma_{p12}=[w^2\sigma_1^2+(1-w)^2\sigma_2^2+2w(1-w)\sigma_1\sigma_2\rho_{12}]^{1/2}$ 可以得到 $\sigma_{p12}=w\sigma_1+(1-w)\sigma_2$。将 $w=\dfrac{\bar{r}_{p12}-\bar{r}_2}{\bar{r}_1-\bar{r}_2}$ 代入整理可以得到

$$\bar{r}_{p12}=\frac{\bar{r}_1-\bar{r}_2}{\sigma_1-\sigma_2}\times(\sigma_{p12}-\sigma_2)+\bar{r}_2$$

从上述模型看，两种完全正相关证券组合投资的报酬和风险关系是一条直线，具体如图 2-10 所示的 $zy$ 直线。

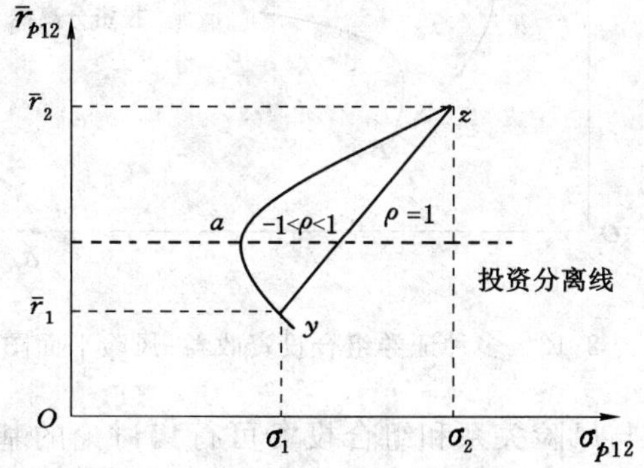


图 2-10　完全正相关两种证券组合投资收益-风险平面图

当 $\rho_{12}=-1$ 时，由前面两种证券组合投资风险度量模型可以得到组合投资的风险 $\sigma_{p12}$ 为 $w\sigma_1-(1-w)\sigma_2$ 的绝对值。

当 $w\sigma_1>(1-w)\sigma_2$ 时，$\sigma_{p12}=w\sigma_1-(1-w)\sigma_2$；

当 $w\sigma_1<(1-w)\sigma_2$ 时，$\sigma_{p12}=(1-w)\sigma_2-w\sigma_1$。

将 $w=\dfrac{\bar{r}_{p12}-\bar{r}_2}{\bar{r}_1-\bar{r}_2}$ 代入上面模型，整理可以得到可以得到 $\bar{r}_{p12}$ 和 $\sigma_{p12}$ 之间关系模型，是斜率相等、符号相反的两条直线形成的折线，具体如图 2-11 所示的 $zxy$ 折线。

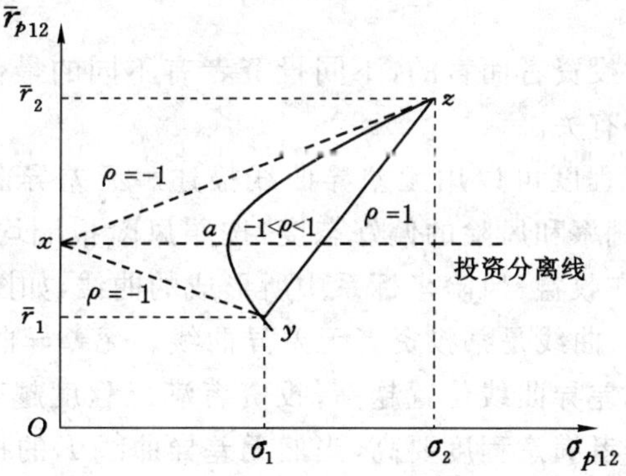


图 2-11　两种完全负相关证券组合投资收益-风险平面图

图 2-11 中 $zxy$ 折线围成的区域，是不同相关系数的两种证券组合投资收益与风险的可行集。

下面来看多种证券组合投资期望报酬与风险关系。

依据多种证券组合投资期望报酬与风险度量模型，多种证券组合投资期望投资收益与风险关系也是二次曲线关系，具体如图 2-12 所示。图 2-12 中 $ABC$ 曲线围成的区域是多种证券组合投资可行集。

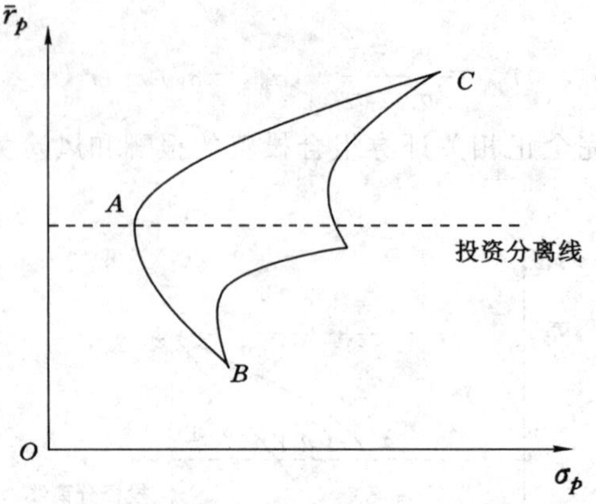


图 2-12　多种证券组合投资收益-风险平面图

在证券组合投资收益与风险关系和组合投资可行集讨论的基础上，下面讨论有效边界问题。

何谓有效组合投资？

有效组合投资指同等风险条件下期望报酬率最大或同等期望报酬率条件下风险最小的组合投资。有效组合投资集就是有效边界。从图 2-11 可以看出，两种证券组合投资的有效边界情况如下：

当 $\rho=-1$ 时，有效边界（有效组合投资集）是图 2-11 中 $xz$ 直线。

$\rho=1$ 时，有效边界（有效组合投资集）是图 2-11 中 $zy$ 直线。

$\rho$ 在[$-1$,1]之间，有效边界（有效组合投资集）是图 2-11 中 $za$ 曲线。

依据图 2-12，多种证券组合投资的有效边界是图 2-12 中 $AC$ 曲线。

（四）最优组合投资

最优组合投资是针对投资者而言的，不同投资者有不同的最优投资组合。所以最优组合投资和投资者风险偏好有关。

理性投资者风险偏好程度可以用无差异曲线描述。无差异曲线是对特定投资者而言的，根据投资者对期望报酬率和风险的偏好态度，按照风险报酬均衡原理，得到一系列满意程度无差异的证券组合，在收益-风险坐标系中所形成的曲线，如图 2-13 所示。

图 2-13 中，$I_1$、$I_2$ 和 $I_3$ 曲线是某投资者无差异曲线。无差异曲线 $I_1$ 上 $A$ 点和 $B$ 点投资者满意程度是相同的。无差异曲线位置越高，投资者满意程度越高。比如图中无差异曲线 $I_2$ 比无差异曲线 $I_1$ 对投资者满意程度要高，当然无差异曲线 $I_3$ 的投资者满意程度更高。

不同投资者的风险偏好程度千差万别，无差异曲线形状越陡峭，切线斜率越大，说明投资者越厌恶风险。比如有甲、乙两位投资者，无差异曲线如图 2-14 和图 2-15 所示。从图中可以看出，甲、乙两位投资者风险程度增加相同时，甲投资者要求增加更大的期望收益率，所以，甲投资者更厌恶风险，乙投资者更偏好风险。

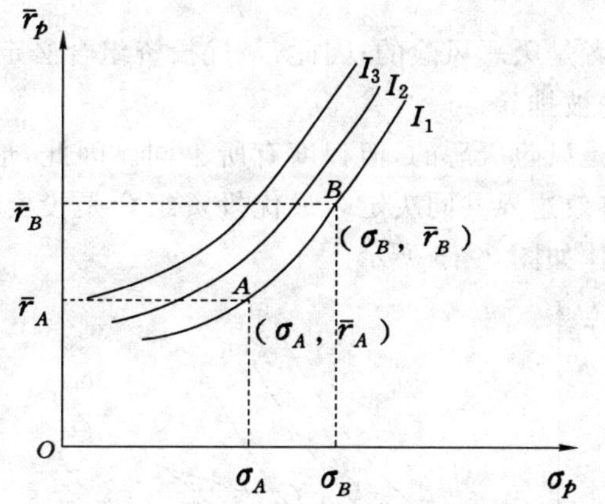


图 2-13　投资者收益-风险无差异曲线图

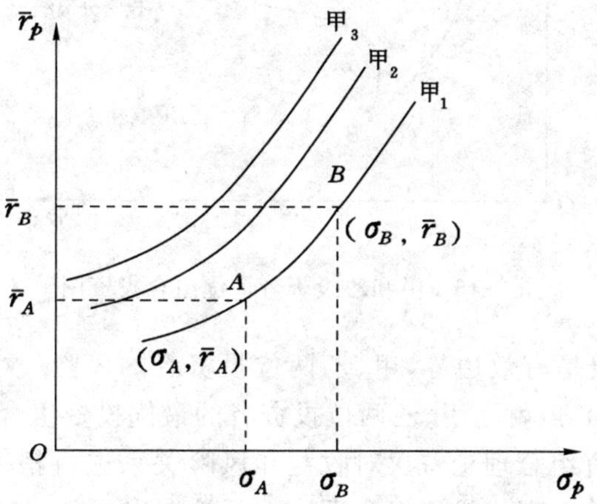


图 2-14　甲投资者收益-风险无差异曲线

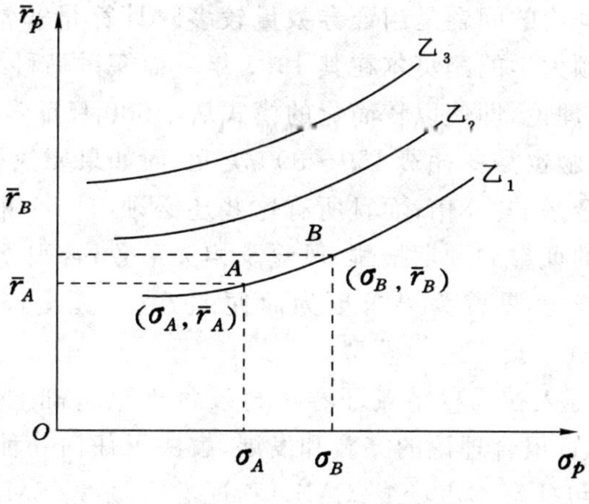


图 2-15　乙投资者收益-风险无差异曲线图

最优组合投资确定：

第一，由于假设投资者是厌恶风险的，因此，最优投资组合必定位于有效边界上，其他非有效的投资组合可以首先被排除。

第二，虽然投资者都是风险厌恶的，但程度有所不同。因此，最优投资组合是由投资者风险收益无差异曲线与有效边界共同决定。最优投资组合是投资者风险-收益无差异曲线和有效边界线的切点，具体如图 2-16 所示。

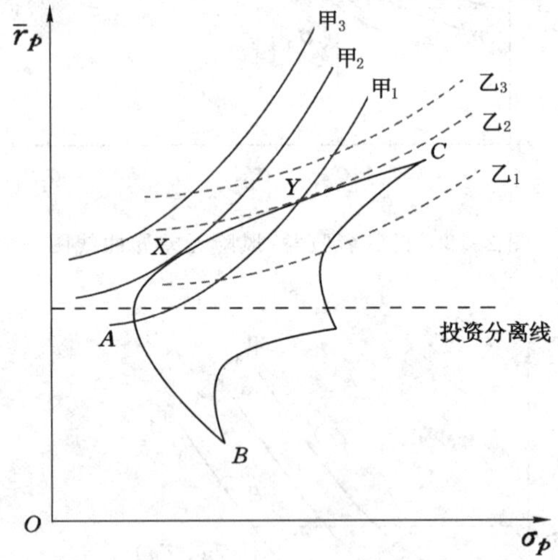


图 2-16　甲和乙投资者最优组合投资图

图 2-16 中，$AC$ 曲线是有效边界，甲、乙两位投资者的风险-收益无差异曲线与有效边界 $AC$ 曲线的切点 $X$ 和 $Y$ 点就是甲、乙两位投资者的最优投资组合。

马科维茨的现代投资组合理论首次对收益和风险关系进行精确描述，使投资学从艺术迈向科学。由于马科维茨在现代投资组合理论方面的杰出成就，1990 年马科维茨获诺贝尔经济学奖。

**六、资本资产定价模型(CAPM 模型)**

马科维茨投资组合理论的问题是当证券数量较多时计算量非常大，模型在指导实践时受到限制。美国普林斯顿大学的鲍莫尔在其 1966 年一篇探讨马科维茨-托宾体系的论文中就谈到，按照马科维茨的理论，即使以较简化的模式从 1 500 只证券中挑选出有效率的组合投资，当时每运行一次电脑也需要耗费 150～300 美元，而如果要执行完整的马科维茨运算，所需的成本至少是前述金额的 50 倍；而且所有这些还必须有一个前提，就是分析师必须能够持续且精确地估计标的证券的预期报酬、风险及相关系数，否则整个运算过程将变得毫无意义。马科维茨和他的学生夏普为寻求更为简便的方法，提出资本资产定价模型，又称 CAPM 模型。下面讨论资本资产定价模型。

CAPM 模型是夏普等人在马科维茨证券组合投资理论基础上提出的一种证券投资理论，是对马科维茨现代投资组合理论的突破和发展，解决了任何一种风险资产的收益与风险关系问题。CAPM 模型包括资本市场线(CML)和证券市场线(SML)。正因为夏普和马科维茨在证券投资领域的杰出成就，1990 年夏普和马科维茨分享了诺贝尔经济学奖。

（一）资本市场线（CML）

前面讨论的马科维茨有效边界模型中已经确定多种风险证券组合投资的有效边界，是图 2-12 中的 $AC$ 曲线，那么一种无风险资产 $F$ 和风险资产组合 $M$ 的新组合 $P$ 的有效边界会是什么？

假设投资者在风险资产 $M$ 上投资比例为 $w$，在无风险资产 $F$ 上投资比例为（$1-w$）。无风险资产 $F$ 的标准差 $\sigma_f=0$，$r_f$ 是无风险报酬率，是常量不变。依据马科维茨均值-方差模型，新组合（$F+M$）的期望收益与风险计量模型可以描述如下：

$$\bar{r}_{F+M}=(1-w)\times r_f+w\times \bar{r}_m$$

$$\sigma_{F+M}=[0+w^2\sigma_m^2+0]^{1/2}=w\times\sigma_m$$

将 $w=\dfrac{\sigma_{F+M}}{\sigma_m}$ 代入均值模型并整理，可以得到

$$\bar{r}_{F+M}=r_f+\frac{\bar{r}_m-r_f}{\sigma_m}\sigma_{F+M}$$

$\bar{r}_{F+M}$ 和 $\sigma_{F+M}$ 之间的关系是一条以 $\dfrac{\bar{r}_m-r_f}{\sigma_m}$ 为斜率的直线，如图 2-17 所示。

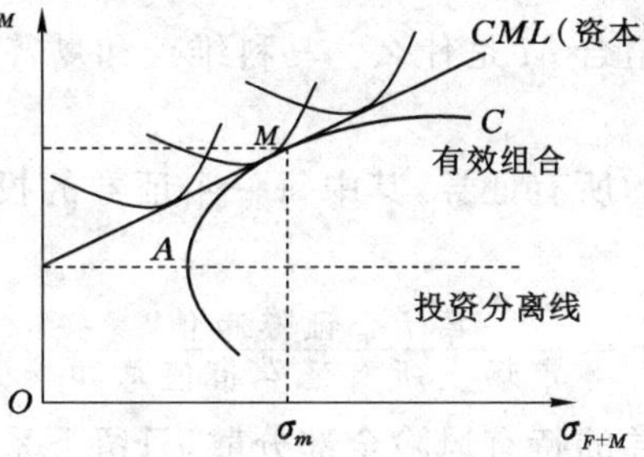


图 2-17　资本市场线图示

加入无风险资产 $F$ 后，新组合（$F+M$）有效边界由原来的 $AMC$ 曲线变成直线（资本市场线），投资者最优投资组合也变成了投资者收益-风险无差异曲线和资本市场线的切点。

问题是为什么要构建新组合（$F+M$）？

构建新组合（$F+M$）的理论依据主要是证券市场一般均衡理论和分离定理。

期望效用函数理论认为，在不确定环境下经济个体的决策行为是追求最大化期望效用函数的过程，最终达到总供给＝总需求，实现均衡，这时的产品价格也标均衡价格。这是一般产品市场均衡理论。

金融市场均衡理论是指，给定市场中可供交易的证券，每一投资者从最大化个人期望效用的角度选择最优的证券持有量。不同投资者对证券的需求会共同影响证券的价格，一旦价格使得对证券的需求恰好等于它的供给，这时，投资者选择了他们的最优持有量，并且市场出清，达到了均衡。市场出清是指在市场调节供给和需求的过程中，市场能够自动地消除超额供给或超额需求，使市场在短期内自发地趋于供给等于需求的均衡状态。

什么是分离定理？

分离定理，指在投资组合中可以以无风险利率自由借贷的情况下，投资者选择投资组合时都会选择无风险资产和风险资产组合，即（$F+M$）组合。

依据($F+M$)组合的风险和收益之间的关系(图 2-17),($F+M$)组合的最优投资组合点都落在资本市场线上。投资者风险态度与风险资产 $M$ 构成无关,投资者风险态度和投资者风险资产结构两者分离。投资者风险态度只会影响无风险资产 $F$ 和风险资产 $M$ 的投入比例。比如风险厌恶程度较低的投资者可以少投资无风险资产 $F$,多投资风险资产 $M$;风险厌恶程度较高的投资者可以多投资无风险资产 $F$,少投资风险资产 $M$。

分离定理的无风险利率自由借贷假设前提是符合实际的,在现实中普遍存在。依据分离定理,组合投资的选择问题分离成资本配置决策和风险资产 $M$ 选择决策两项独立的工作。资本配置决策是指如何选择无风险资产和风险组合之间的配置比例,资本配置决策与投资者风险偏好有关。风险资产 $M$ 选择决策是指在众多风险证券中如何选择合适的风险资产组合。

那么,风险资产组合 $M$ 如何选择?

假设前提是市场中的每个投资者都是组合投资理论的有效应用者,人人都是理性的。

投资者对每个资产收益均值、方差以及协方差具有相同预期,但风险规避程度不同。所以,所有投资者会选择相同的风险资产组合,投资者之间的风险偏好差异仅仅体现在无风险资产和风险资产的投资比例上。

那么这个相同的风险资产组合 $M$ 是什么?马科维茨和夏普认为风险资产组合 $M$ 就是市场组合。

市场组合包含市场上流通的所有证券,其中每一个证券的投资比例($w_i$)等于它们的相对市场价值。

$$w_i=\frac{\text{第 } i \text{ 个证券市值}}{\text{市场上所有证券市值总和}}$$

市场组合的特点是个别证券的特有风险全部分散,只留下系统性风险。

**(二)证券市场线**

资本市场线只是描述($F+M$)组合投资期望收益与风险之间的关系问题,没有解决某个证券投资期望收益与风险的关系问题。

假设构建风险资产 $I$ 和市场组合 $M$ 的新组合($I+M$),投资风险资产 $I$ 的比例为 $w$、投资市场组合 $M$ 的比例为 $1-w$。依据马科维茨均值-方差模型,新组合($I+M$)的期望收益与风险计量模型可以描述如下:

$$\bar{r}_{I+M}=w\times\bar{r}_i+(1-w)\times\bar{r}_m$$

$$\sigma_{I+M}=[w^2\sigma_i^2+(1-w)^2\sigma_m^2+2w(1-w)\sigma_i\sigma_m\rho_{im}]^{1/2}$$

或

$$\sigma_{I+M}=[w^2\sigma_i^2+(1-w)^2\sigma_m^2+2w(1-w)\sigma_{im}]^{1/2}$$

$\sigma_{im}$ 是 $I$ 和 $M$ 的协方差,也可以描述为 $\mathrm{Cov}(i,m)$。

新组合($I+M$)期望收益与风险关系曲线是图 2-18 中的 $IMD$ 线。$IMD$ 线的特征有:

① $IMD$ 曲线是 $I$ 与 $M$ 的所有可行组合,所以 $IMD$ 曲线肯定落在市场组合的可行集中($BAMC$ 围成的区域中)。

② $IMD$ 曲线不可能穿越资本市场线 $CML$;

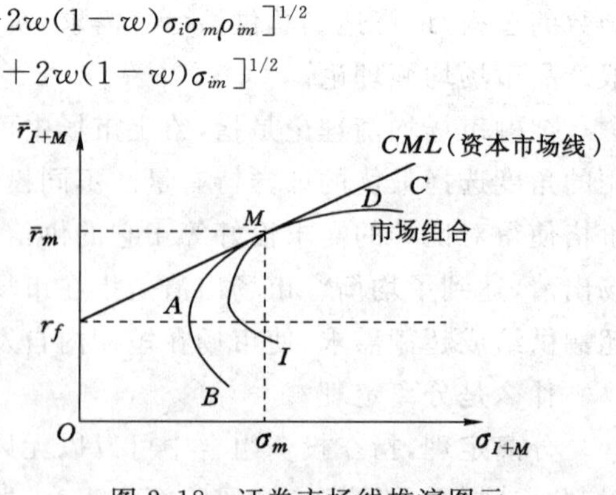


图 2-18 证券市场线推演图示

③ 当 $w=0$ 时，$IMD$ 曲线在 $M$ 点的斜率等于资本市场线的斜率。

曲线 $IMD$ 在 $M$ 点的斜率计算如下：

$$\frac{d\bar{r}_{I+M}}{dw}=\bar{r}_i-\bar{r}_m$$

$$\frac{d\sigma_{I+M}}{dw}=\frac{w\sigma_{i2}+(w-1)\sigma_{m2}+(1-2w)\sigma_{im}}{\sigma_{I+M}}=\frac{w(\sigma_{i2}+\sigma_m^2-2\sigma_{im})-\sigma_m^2+\sigma_{im}}{\sigma_{I+M}}$$

$$斜率=\frac{d\bar{r}_{I+M}}{d\sigma_{I+M}}=\frac{d\bar{r}_{I+M}}{dw}\Bigg/\frac{d\sigma_{I+M}}{dw}=\frac{(\bar{r}_i-\bar{r}_m)\sigma_{I+M}}{w(\sigma_i^2+\sigma_m^2-2\sigma_{im})-\sigma_m^2+\sigma_{im}}$$

在 $M$ 点处有 $w=0$，$\sigma_{I+M}=\sigma_m$，斜率$=\dfrac{\bar{r}_m-r_f}{\sigma_m}$。

$$\frac{(\bar{r}_i-\bar{r}_m)\sigma_m}{\sigma_{im}-\sigma_m^2}=\frac{\bar{r}_m-r_f}{\sigma_m}$$

整理得到

$$\bar{r}_i=r_f+\frac{\sigma_{im}}{\sigma_m^2}(\bar{r}_m-r_f)$$

上述模型中，$\dfrac{\sigma_{im}}{\sigma_m^2}$称为 $\beta$ 系数。

$$\beta_i=\frac{\sigma_{im}}{\sigma_m^2}=\frac{\sigma_i\times\sigma_m\times\rho_{im}}{\sigma_m^2}=\frac{\sigma_i\times\rho_m}{\sigma_m}$$

证券市场线模型也可以描述如下：

$$\bar{r}_i=r_f+\beta_i(\bar{r}_m-r_f)$$

证券市场线图示如图 2-19 所示。

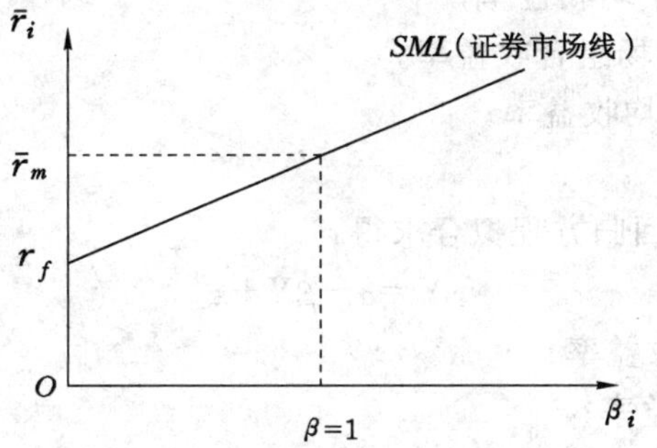


图 2-19　证券市场线图示

依据 $\beta_i=\dfrac{\sigma_{im}}{\sigma_m^2}=\dfrac{\sigma_i\times\sigma_m\times\rho_{im}}{\sigma_m^2}=\dfrac{\sigma_i\times\rho_{im}}{\sigma_m}$ 的计量模型，$\beta$ 系数是反映个别证券的报酬率相对于市场平均风险证券报酬率变动程度的指标。它可以衡量出个别股票的市场风险，而不是公司特有风险。

当 $\beta=1$，说明该单项资产的风险收益率与市场组合风险收益率呈同比例变化，其风险情况与市场投资组合的风险情况一致。

当 $\beta>1$，说明该单项资产的风险收益率高于市场组合风险收益率，则该单项资产的风险大于整个市场投资组合的风险。

当$\beta<1$，说明该单项资产的风险收益率小于市场组合风险收益率，则该单项资产的风险程度小于整个市场投资组合的风险。

比如$\beta$值为1.1，即表明该股票波动性要比市场大盘高10%，说明该股票的风险大于市场整体的风险，当然它的收益也应该大于市场收益，因此是进攻型证券。反之则是防守型证券。无风险证券的$\beta$值等于0，市场组合相对于自身的$\beta$值为1。

在实际工作中，$\beta$系数的计算可以采取三种方式。

① 根据个别股票收益率增量和市场上平均收益率增量关系计算。其计算公式表示为：

$$\beta=\frac{\Delta R_i}{\Delta R_m}$$

式中 $\Delta R_i$——某项证券报酬率的增量；

$\Delta R_m$——市场上所有证券的平均报酬率的增量。

② 根据个别股票收益率变动对市场组合平均收益率变动的敏感性来计算。其计算公式表示为：

$$\beta=\frac{\mathrm{Cov}(R_i,R_m)}{\sigma_m^2}$$

$$\mathrm{Cov}(R_i,R_m)=\frac{\sum_{t=1}^{n}[(R_{it}-\bar{R}_i)(R_{mt}-\bar{R}_m)]}{n}$$

式中 $\mathrm{Cov}(R_i,R_m)$——第$i$种股票和市场组合之间的协方差；

$\sigma_m$——市场组合平均收益率标准差；

$R_{it}$——第$i$种股票不同时期收益率；

$\bar{R}_i$——第$i$种股票平均收益率；

$R_{mt}$——不同时期市场组合收益率；

$\bar{R}_m$——市场组合平均收益率；

$n$——期限。

③ $\beta$系数也可用直线回归方程拟合求得：

$$Y=\alpha+\beta X+\varepsilon$$

式中 $Y$——个别股票的收益率；

$X$——市场平均收益率；

$\alpha$——与$Y$轴的交点；

$\beta$——回归线的斜率；

$\varepsilon$——随机因素产生的剩余收益。

根据$X$和$Y$的历史资料，可以求出$\alpha$和$\beta$的数值。

**例 2-14** 假定2018年股票市场的平均报酬率为10%，当时A、B、C三种股票的报酬率均为10%。2019年，股市行情开始较快上涨。股市平均报酬率上涨到20%，此时A、B、C三种股票的报酬率也随之上涨，但上涨幅度不同，A股票上涨到30%，B股票上涨到20%，C股票上涨到15%。但是，到了2020年，股市行情开始下跌，股市平均报酬率下跌为－10%，此时A、B、C三种股票报酬率也开始下跌，A股票下跌到－30%，B股票下跌到－10%，C股票下跌到0%。

依据β系数的第一种计算方法，上述三种股票的$\beta$系数图如图2-20所示。

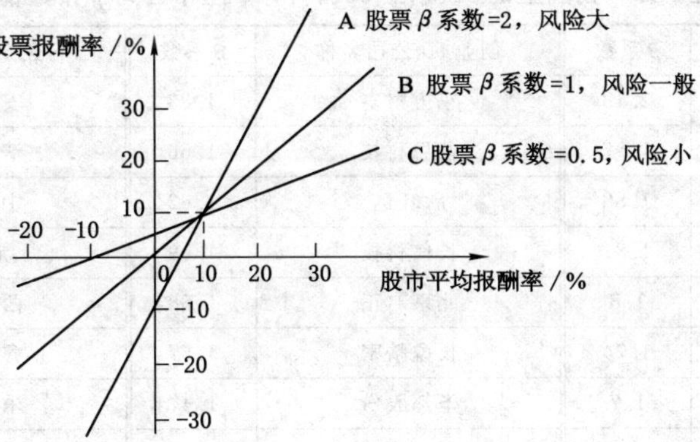


图 2-20　β系数图

由图 2-20 可以看出，这三种股票与整个股市行情呈正方向变化。其中 B 股票的 β 系数等于 1，说明它的风险与整个市场的平均风险相同。这就是说，市场报酬率上涨 1%，则 B 股票的报酬率也上升 1%。A 股票的 β 系数等于 2，说明它的风险是整个股票市场平均风险的 2 倍。也就是说，市场报酬率上涨 1%，则 A 股票的报酬率上升 2%。C 股票的 β 系数等于 0.5，说明它的风险程度是市场平均风险的一半。这就是说，市场报酬率上涨 1%，则 C 股票的报酬率只上升 0.5%。β 系数可以反映各种股票不同的市场风险程度，既然股票的特有风险可以通过投资组合分散掉，市场风险就成了投资人注意的焦点，所以 β 系数是进行证券风险分析的重要依据。

应当特别注意，β 系数不是某种股票的全部风险，而只是与市场有关的一部分风险，另一部分风险是与市场无关而只与公司本身活动有关的风险——公司特有风险。公司特有风险可通过多元化投资分散掉，而 β 系数反映的市场风险不能被相互抵消。

β 系数的实际计算过程十分复杂，但幸运的是 β 系数一般不需投资者自己计算，而由一些投资服务机构定期计算并公布。许多研究表明，美国多数股票的 β 系数在 0.5～1.5 之间，加拿大多数股票的 β 系数在 0.25～1.75 之间。我国的 CCER 经济金融数据库和华泰证券交易系统等也公布沪深两市上市公司的 β 系数。华泰证券交易系统显示，2020 年 8 月 6 日我国沪深两市上市公司 β 系数情况如表 2-11 和表 2-12 所示。

**表 2-11　我国沪深两市上市公司 β 系数总体情况**

| β 系数 | 上市公司数量 |
|---|---|
| 2 及以上 | 20 |
| 1.5～1.99 | 165 |
| 1～1.49 | 1 147 |
| 0.5～0.99 | 2 164 |
| 0.5 以下 | 421 |
| 合计 | 3 917 |

资料来源：2020 年 8 月 6 日华泰证券交易系统。

**表 2-12　我国上证 50、创业 50、科创 50 上市公司 $\beta$ 系数情况**

| 上证 50 公司名称 | $\beta$ 系数 | 创业 50 公司名称 | $\beta$ 系数 | 科创 50 公司名称 | $\beta$ 系数 |
|---|---|---|---|---|---|
| 中国人寿 | 2.18 | 东方财富 | 1.83 | 安集科技 | 2.62 |
| 中信建投 | 1.97 | 蓝思科技 | 1.66 | 清溢光电 | 2.48 |
| 中信证券 | 1.88 | 欣旺达 | 1.62 | 中微公司 | 1.99 |
| 红塔证券 | 1.81 | 长信科技 | 1.59 | 宝兰德 | 1.99 |
| 闻泰科技 | 1.8 | 北京君正 | 1.58 | 西部超导 | 1.89 |
| 三安光电 | 1.74 | 长盈精密 | 1.57 | 睿创微纳 | 1.85 |
| 海通证券 | 1.7 | 圣邦股份 | 1.47 | 乐鑫科技 | 1.85 |
| 洛阳钼业 | 1.69 | 同花顺 | 1.46 | 虹软科技 | 1.8 |
| 华泰证券 | 1.58 | 精测电子 | 1.43 | 华兴源创 | 1.79 |
| 新华保险 | 1.51 | 晶盛机电 | 1.43 | 天奈科技 | 1.79 |
| 中国中免 | 1.49 | 信维通信 | 1.43 | 澜起科技 | 1.78 |
| 中国人保 | 1.43 | 高新兴 | 1.39 | 铂力特 | 1.74 |
| 中国太保 | 1.4 | 寒锐钴业 | 1.33 | 晶晨股份 | 1.71 |
| 国泰君安 | 1.36 | 顺网科技 | 1.33 | 沃尔德 | 1.65 |
| 汇顶科技 | 1.36 | 宁德时代 | 1.32 | 鸿泉物联 | 1.65 |
| 工业富联 | 1.28 | 当升科技 | 1.32 | 交控科技 | 1.63 |
| 海尔智家 | 1.24 | 卓胜微 | 1.31 | 杭可科技 | 1.61 |
| 中国重工 | 1.19 | 捷成股份 | 1.3 | 申联生物 | 1.6 |
| 用友网络 | 1.18 | 中际旭创 | 1.29 | 新光光电 | 1.59 |
| 保利地产 | 1.17 | 卫宁健康 | 1.29 | 容百科技 | 1.58 |
| 中国平安 | 1.12 | 江丰电子 | 1.25 | 光峰科技 | 1.56 |
| 招商银行 | 1.08 | 中科创达 | 1.2 | 柏楚电子 | 1.56 |
| 光大银行 | 1.06 | 沃森生物 | 1.18 | 中国通号 | 1.52 |
| 三一重工 | 1.05 | 东方国信 | 1.16 | 传音控股 | 1.52 |
| 海螺水泥 | 1.02 | 蓝色光标 | 1.16 | 联瑞新材 | 1.5 |
| 上汽集团 | 1.01 | 昆仑万维 | 1.13 | 福光股份 | 1.49 |
| 中国铁建 | 1.01 | 三环集团 | 1.13 | 安博通 | 1.48 |
| 伊利股份 | 0.99 | 光环新网 | 1.11 | 瀚川智能 | 1.46 |
| 兴业银行 | 0.97 | 掌趣科技 | 1.08 | 安恒信息 | 1.46 |
| 中国神华 | 0.96 | 思创医惠 | 1.07 | 山石网科 | 1.45 |
| 中国建筑 | 0.94 | 亿纬锂能 | 1.04 | 久日新材 | 1.45 |
| 万华化学 | 0.92 | 易华录 | 1.01 | 晶丰明源 | 1.43 |
| 浦发银行 | 0.91 | 智飞生物 | 1 | 航天宏图 | 1.42 |
| 贵州茅台 | 0.9 | 先导智能 | 0.98 | 金山办公 | 1.42 |
| 京沪高铁 | 0.89 | 汇川技术 | 0.98 | 天准科技 | 1.39 |
| 中国联通 | 0.87 | 华大基因 | 0.95 | 嘉元科技 | 1.36 |

**表 2-12(续)**

| 上证 50 公司名称 | β系数 | 创业 50 公司名称 | β系数 | 科创 50 公司名称 | β系数 |
|---|---|---|---|---|---|
| 邮储银行 | 0.87 | 汤臣倍健 | 0.95 | 心脉医疗 | 1.34 |
| 隆基股份 | 0.86 | 乐普医疗 | 0.94 | 方邦股份 | 1.32 |
| 上海机场 | 0.82 | 光线传媒 | 0.93 | 三达膜 | 1.31 |
| 复星医药 | 0.79 | 网宿科技 | 0.93 | 微芯生物 | 1.3 |
| 民生银行 | 0.75 | 泰格医药 | 0.88 | 博瑞医药 | 1.28 |
| 中国石油 | 0.74 | 芒果超媒 | 0.86 | 长阳科技 | 1.26 |
| 中国银行 | 0.64 | 爱尔眼科 | 0.77 | 海尔生物 | 1.15 |
| 交通银行 | 0.63 | 万达信息 | 0.76 | 天宜上佳 | 1.14 |
| 中国石化 | 0.62 | 碧水源 | 0.71 | 致远互联 | 1.13 |
| 山东黄金 | 0.61 | 阳光电源 | 0.68 | 南微医学 | 1.1 |
| 工商银行 | 0.61 | 康泰生物 | 0.61 | 普门科技 | 0.92 |
| 农业银行 | 0.58 | 迈瑞医疗 | 0.6 | 华熙生物 | 0.66 |
| 恒瑞医药 | 0.57 | 机器人 | 0.52 | 热景生物 | 0.64 |
| 药明康德 | 0.55 | 金力永磁 | 0.09 | 卓越新能 | 0.53 |

资料来源:2020 年 8 月 6 日华泰证券交易系统。

那么,投资组合β系数如何确定呢?

投资组合的市场风险即投资组合β系数,是个别股票β系数的加权平均数。它反映特定投资组合的风险,即该组合的报酬率相对于整个市场组合报酬率的变异程度。其计算公式为:

$$\beta_P = \sum_{i=1}^{n} W_i \beta_i$$

式中　$\beta_P$——组合投资的β系数;

$\beta_i$——第 $i$ 种证券的β系数;

$W_i$——在组合投资价值中第 $i$ 种证券所占的比重;

$n$——组合投资中证券的种类数。

**例 2-15**　某投资者共有 100 000 元的三种股票,该组合中 A 股票 30 000 元、B 股票 30 000 元、C 股票 40 000 元,A 股票的β系数为 1.5,B 股票的β系数为 0.9,C 股票的β系数为 2.2,则 A、B、C 三种股票组合投资的 $\beta_{(ABC)}$ 为:

$$\beta_{(ABC)} = 30\% \times 1.5 + 30\% \times 0.9 + 40\% \times 2.2 = 1.6$$

若该投资者将其中的 C 股票出售并买进同样金额的 D 股票,D 股票的β系数为 0.2,则:

$$\beta_{(ABD)} = 30\% \times 1.5 + 30\% \times 0.9 + 40\% \times 0.2 = 0.8$$

可见,构成组合的个别证券的β系数减小,则组合的综合β系数降低,使组合的市场风险减少;反之,则市场风险增加。

# 第三节　利息率原理

## 引言

2020 年的春节，突如其来的新型冠状病毒，打乱了我们有条不紊的生活，冲淡了一个欢乐年的气氛，本该祥和愉快的春节，却变成了一场全民对抗疫情的攻坚战。新型冠状病毒全球暴发已构成系统性风险，并使人类面临自第二次世界大战以来最严峻的挑战。

在疫情的冲击之下，美国三大股指在 2020 年 3 月遭遇史无前例的四次熔断，股指下跌幅度与波动性均为 2008 年国际金融危机以来罕见的。统计数据显示，截至 2020 年 3 月 31 日收盘，美国三大股指中，道琼斯工业平均指数在 3 月份下跌了 13.74%，创下了自 2008 年 10 月以来的最大月度跌幅，以季度数据来算更是暴跌了 23.2%；标普 500 指数同样创下了自 2008 年金融危机以来的最大月度与季度跌幅。侧重于科技股的纳斯达克综合指数抗跌性相对较强，但季度跌幅依然高达 14.18%。我国股市在新冠肺炎疫情暴发时同样产生了巨大波动。

为应对疫情对经济的巨大冲击，各国一般都会采取量化宽松货币政策以增加市场流动性，降低市场利率。美国和中国的货币政策变动分别如表 2-13 和表 2-14 所示。

**表 2-13　2019 年以来美联储货币政策变动情况**

| 时间 | 货币政策 | 内容 |
|---|---|---|
| 2019.07.31 | 重启宽松 | 第一次降息(2.00%～2.25%) |
| 2019.09.18 | | 第二次降息(1.75%～2.00%) |
| 2019.10.30 | | 第三次降息(1.50%～1.75%) |
| 2020.03.03 | | 第四次降息(1.00%～1.25%) |
| 2020.03.16 | | 第五次降息(0.00%～0.25%) |
| 2020.03.23 | | 开启无上限量化宽松计划 |

**表 2-14　我国新冠肺炎疫情以来货币政策措施及目的**

| 时间 | 货币政策 | 目的 |
|---|---|---|
| 2020.02.03 | 下调 7 天、14 天逆回购利率各 10 个基点，分别降至 2.40%、2.55% | 降低金融机构资金成本，引导贷款市场报价利率(LPR)下降 |
| 2020.02.17 | 降低 1 年期中期借贷便利(MLF)利率 10 个基点至 3.15% | |
| 2020.02.20 | 1 年期 LPR 下降 10 个基点至 4.05%，5 年期以上 LPR 下降 5 个基点至 4.75% | 降低实体经济融资成本 |
| 2020.02.26 | 下调支农、支小再贷款利率 0.25 个百分点至 2.5% | 降低中小银行资金成本，促进民营、小微、"三农"等实体经济薄弱领域融资成本下降 |
| 2020.02.28 | 开展央行票据互换(CBS)操作，规模 50 亿元，期限 3 个月，费率 0.10% | 支持银行发行永续债补充资本，增强金融服务实体经济的能力。 |
| 2020.03.13 | 实施普惠金融定向降准，对达到考核标准的银行定向降准 0.5 至 1 个百分点 | 释放长期流动性资金 5 500 亿元，支持实体经济发展 |
| 2020.03.25 | 开展央行票据互换(CBS)操作，规模 50 亿元，期限 3 个月，费率 0.10% | 支持银行发行永续债补充资本，增强金融服务实体经济的能力 |

为什么在经济下行和经济危机时，要降低利率？利率水平的决定因素有哪些？

公司财务活动均和利息率有一定联系，离开了利息率因素，就无法正确做出各类财务决策。因此，利息率是进行财务决策的基本依据，利息率原理也是财务管理的一项基本原理。

## 一、利息率的概念与种类

利息率简称利率，是衡量资金增值量的基本单位，也就是资金的增值同投入资金的价值之比。从资金流通的借贷关系来看，利率是一个特定时期运用资金这一资源的交易价格。也就是说，资金作为一种特殊商品，在资金市场上的买卖，是以利率作为价格标准的，资金的融通实质上是资金通过利率这个价格体系在市场机制作用下实行再分配。因此，利率在资金的分配及个人和公司做出财务决策的过程中起重要作用。例如，一个公司拥有投资利润率很高的投资机会，它就可以发行较高利率的证券以吸引资金，投资者把过去投资的利率较低的证券卖掉，来购买这种利率较高的证券，这样，资金将从低利的投资项目不断向高利的投资项目转移。因此，在发达的市场经济条件下，资金从高收益项目到低收益项目的依次分配，是由市场机制通过资金的利率差异来决定的。

在利率这个大系统中，按照不同标准可划分出多种类别，下面介绍几种主要的利率类别。

### （一）按利率之间的变动关系，可把利率分成基准利率和套算利率

① 基准利率。基准利率又称基本利率，是指在多种利率并存的条件下起决定作用的利率。所谓起决定作用的意思是：这种利率变动，其他利率也相应变动。因而，了解了这种关键性利率水平的变化趋势，也就可以了解全部利率体系的变化趋势。基准利率，在西方通常是中央银行的再贴现率，在中国是中国人民银行对专业银行贷款的利率。

② 套算利率。套算利率是指基准利率确定后，各金融机构根据基准利率和借贷款项的特点而换算出的利率。例如，某金融机构规定，贷款给 AAA 级、AA 级、A 级公司的利率，应分别在基准利率基础上加 0.5%、1%和 1.5%，若基准利率是 8%，则 AAA 级、AA 级和 A 级公司的贷款利率应分别是 8.5%、9%和 9.5%。这便是套算利率。

### （二）按债权人取得的报酬情况，可把利率分成实际利率和名义利率

① 实际利率。实际利率是指在物价不变从而货币购买力不变情况下的利率，或是指在物价有变化时，扣除通货膨胀补偿以后的利息率。

② 名义利率。名义利率是指包含对通货膨胀补偿的利率。因为物价不断上涨是一种普遍的趋势，所以，名义利率一般都高于实际利率，二者之间的关系是：

$$K = K_p + IP$$

式中　$K$——名义利率；

$K_p$——实际利率；

$IP$——预计的通货膨胀率。

在通货膨胀条件下，市场上各种利率都是名义利率，而实际利率却不易直接观察到。通常可利用上述公式，根据名义利率和通货膨胀率推出实际利率。

### （三）根据在借贷期内是否不断调整，可把利率分成固定利率与浮动利率

① 固定利率。固定利率是指在借贷期内固定不变的利息率。过去，利率都是指固定利率，因为这种利率对借贷双方确定成本和收益十分方便，但近几十年来，世界各国都存在不同程度的通货膨胀，实行固定利率会使债权人利益受到损害。

② 浮动利率。浮动利率是指在借贷期内可以调整的利率。根据借贷双方的协定，由一

方在规定的时间依据某种市场利率进行调整。采用浮动利率可为债权人减少损失，但这种利率的计算手续繁杂，工作量比较大。

(四) 根据利率变动与市场的关系，可把利率分成市场利率和官定利率

① 市场利率。市场利率是指根据资金市场的供求关系，随市场规律而自由变动的利率。

② 官定利率。由政府金融管理部门或者中央银行确定的利率，通常叫官定利率或法定利率。官定利率是国家进行宏观调控的一种手段。

我国的利率属于官定利率，由国务院统一制定，中国人民银行统一管理。发达的市场经济国家，以市场利率为主，同时有官定利率，但一般官定利率与市场利率无显著脱节现象。

**二、决定利息率高低的基本因素**

正如任何商品的价格由供应和需求两方面来决定一样，资金这种特殊商品的价格——利率，也是由供给与需求来决定的。

为了详细说明供给与需求是如何影响利息率的，绘图如图 2-21 所示。

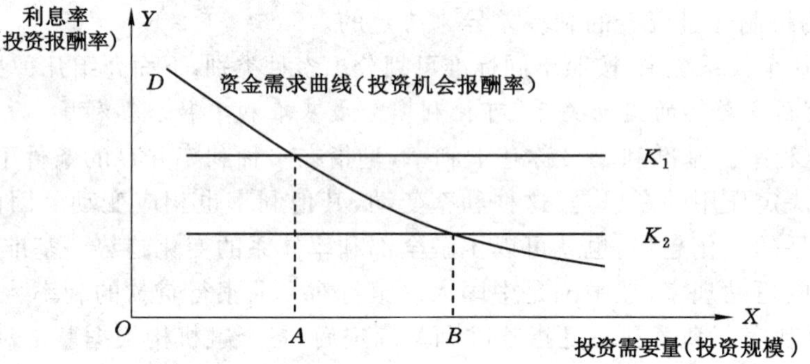


图 2-21　资金需求与利息率

在图 2-21 中，纵坐标代表以百分率表示的利息率(投资机会报酬率)，横坐标代表公司在不同利率水平下的投资规模，即对资金的需要量。图中的曲线 $D$ 是资金需求曲线，代表投资机会的报酬率。公司在选择投资机会时，总是先选择报酬率高的投资项目，随后再选择报酬率较低的投资项目，这样，随着投资项目的增多，平均的投资报酬率就会呈下降趋势。当利率处于 $K_1$ 水平时，公司便会筹集资金去投资经营 $A$ 点之内的投资项目，但不可能对 $A$ 点以外的项目进行投资，因此所需资金较少。但当利率处于 $K_2$ 水平时，从 $A$ 到 $B$ 之间的项目便成为可投资项目，也就是说，随着利率的降低，公司的投资规模会扩大，则资金需要量也增加了。可见，利率水平同资金需要量有十分密切的关系。

图 2-22 表示的是资金供应量同利率水平的关系。在利率水平为 $K_2$ 时，资金供应量位于 $A'$ 点，当利率水平提高到 $K_1$ 时，资金供应量扩大到 $B'$ 点。因此，利率水平同资金供应量也有十分密切的关系。

将上面两种关系放到同一个直角坐标系中来考察，就会发现利率水平同一般商品价格一样，是由资金需求和供应在供求竞争规律支配下，相互交叉平衡而予以确定的，如图 2-23 所示。

图 2-23 表示资金供应、需求和利率在某一时点的平衡关系，随着资金供应量和需求量的变化，利率和均衡资金量也会随之变化，如图 2-24。

在图 2-24 中，假设利率在 $K$ 水平，资金量在 $Q$ 点时供求达到平衡。如果此时资金需求

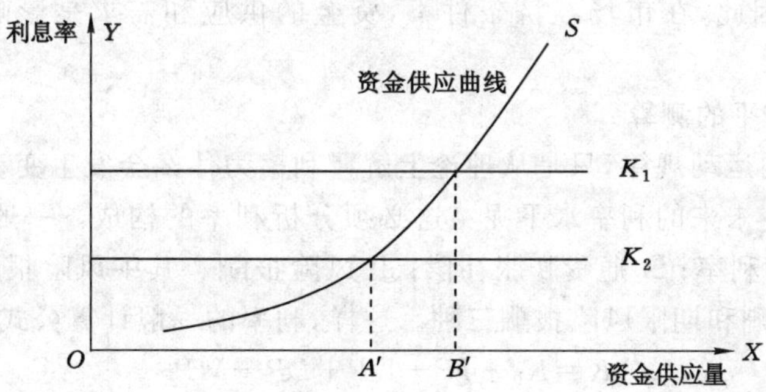


图 2-22　资金供应与利息率

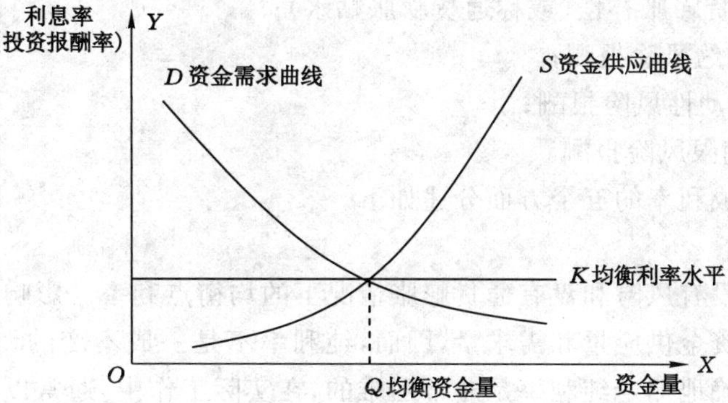


图 2-23　资金供求和利率

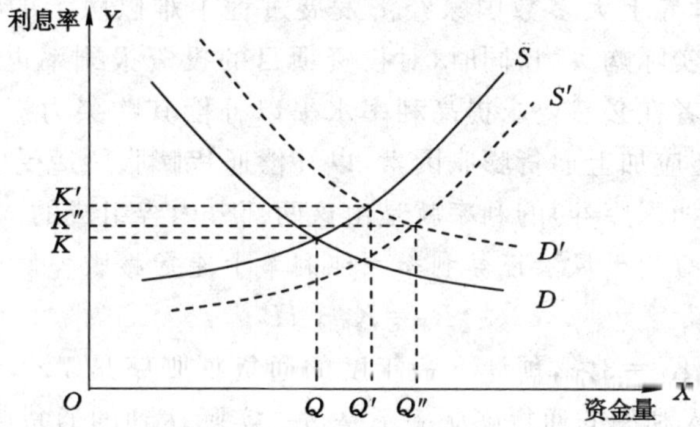


图 2-24　资金供求变化对利率的影响

量增加，则需求曲线由 $D$ 变为 $D'$，假设资金供应量没有明显变化，则利率会上升到 $K'$，而均衡资金量也由 $Q$ 变成 $Q'$；相反，假定资金供应量增加，则供应曲线由 $S$ 变为 $S'$，利率将降至 $K''$，均衡资金量将变成 $Q''$。这样，随资金供应与需求的不断变化，原来的平衡不断被打破，新的平衡出现，如此循环不已，就构成了利率水平运动的规律。

上面所分析的资金的供应和需求，是影响利息率的最基本因素。除这两个因素外，经济周期、通货膨胀、货币政策和财政政策、国际经济政治关系、国家利率管制程度等，对利率的变动均有程度不同的影响。当然，这些因素有些也是通过影响资金的供应和需求而影响利息率的。因此，在市场经济条件下，资金的供应和需求是影响利率的两个最重要因素。

**三、未来利率水平的测算**

上述利率水平的运动规律，只是从理论上解释利率为什么会发生变动。那么，究竟应该怎样测算特定条件下未来的利率水平呢？这必须分析利率的构成。一般而言，资金的利率由三部分构成：① 纯利率；② 通货膨胀补偿；③ 风险报酬。其中风险报酬又分为违约风险报酬、流动性风险报酬和期限风险报酬三种。这样，利率的一般计算公式就变为：

$$K=K_0+IP+DP+LP+MP$$

式中 $K$——利率（指名义利率）；

$K_0$——纯利率；

$IP$——通货膨胀补偿（或称通货膨胀贴水）；

$DP$——违约风险报酬；

$LP$——流动性风险报酬；

$MP$——期限风险报酬。

现将上述构成利率的五个方面分述如下。

（一）纯利率

纯利率是指没有风险和没有通货膨胀情况下的均衡点利率。影响纯利率的基本因素是前面我们谈到的资金供应量和需求量，因而，纯利率不是一成不变的，它随资金供求的变化而不断变化。精确地测定纯利率是非常困难的，在实际工作中，通常以无通货膨胀情况下的无风险证券的利率来代表纯利率。

（二）通货膨胀补偿

通货膨胀已成为世界上大多数国家经济发展过程中难以医治的病症。持续的通货膨胀，会不断降低货币的实际购买力，同时，对投资项目的投资报酬率也会产生影响。通货膨胀情况下，资金的供应者在必然要求提高利率水平以补偿其购买力损失，所以，无风险证券的利率除纯利率之外还应加上通货膨胀因素，以补偿通货膨胀所遭受的损失。例如，政府发行的短期无风险证券（如国库券）的利率就是由这两部分内容组成的。

短期无风险证券利率＝纯利率十通货膨胀补偿

$$R_F=K_0+IP$$

例如，假设纯利率 $K_0=3\%$，预计下一年度的通货膨胀率是 7%，则一年期无风险证券的利率应为 10%。计入利率的通货膨胀率不是过去实际达到的通货膨胀水平，而是对未来通货膨胀的预期，当然，这是未来时期内的平均数。计算这一平均数的方法有算术平均法和几何平均法两种。

1. 算术平均法

算术平均法是用各年通货膨胀率之和与年数之比来计算平均通货膨胀率的一种方法，计算公式为：

$$IP=\frac{X_1+X_2+X_3+X_4+\cdots+X_n}{n}$$

式中 $x_n$——第 $n$ 年度的通货膨胀率；

$n$——年数；

$IP$——平均通货膨胀率。

**例 2-16**　假定 2018 年底，$K_0=2\%$，而 2019 年、2020 年、2021 年各年的通货膨胀率预计为 2%、4%、6%，试计算各年期国库券的利息率。（这里暂不考虑期限性风险报酬）

首先，要计算平均预期通货膨胀率 $IP_t$，现列表计算，如表 2-15 所示。

**表 2-15　通货膨胀率计算**

| 年　度 | 预期通货膨胀率 | 平均预期通货膨胀率 |
|---|---|---|
| 2019 | 2% | 2%/1=2% |
| 2020 | 4% | (2%+4%)/2=3% |
| 2021 | 6% | (2%+4%+6%)/3=4% |

其次，计算各年国库券的利率，如表 2-16 所示。

**表 2-16　国库券利率计算**

| 国库券种类 | 纯利率 | 平均预期通货膨胀率 | 国库券的利率 |
|---|---|---|---|
| 一年期国库券 | 2% | 2% | 4% |
| 二年期国库券 | 2% | 3% | 5% |
| 三年期国库券 | 2% | 4% | 6% |

如果 2019 年、2020 年、2021 年各年的通货膨胀率预计为 6%、4%、2%，则各年期国库券的利率又会发生变化，如表 2-17 所示。

**表 2-17　数据调整后的国库券利率计算**

| 国库券种类 | 纯利率 | 平均预期通货膨胀率 | 国库券的利率 |
|---|---|---|---|
| 一年期国库券 | 2% | 6%/1=6% | 8% |
| 二年期国库券 | 2% | (6%+4%)/2=5% | 7% |
| 三年期国库券 | 2% | (6%+4%+2%)/3=4% | 6% |

2. 几何平均法

几何平均法是利用统计学中的几何平均原理来计算平均通货膨胀率的一种方法。其计算公式为：

$$IP=\sqrt[n]{(1+x_1)\times(1+x_2)\times(1+x_3)\times\cdots\times(1+x_n)}-1$$

例如，在例 2-16 中的第一种情况下，三年期的平均通货膨胀率为：

$$IP=\sqrt[3]{(1+2\%)\times(1+4\%)\times(1+6\%)}-1=3.99\%$$

则三年期国库券利息率应为：

$$K=K_0+IP=2\%+3.99\%=5.99\%$$

当然，利息率的变化与通货膨胀率的变化并不是完全同步的，一般而言，利率变化会滞后于通货膨胀率。另外，无风险利率的计算也不一定完全像上述计算公式中那样精确，但随着通货膨胀率的提高，利率有上升的趋势这一点是肯定的。

（三）违约风险报酬

违约风险是指借款人无法按时支付利息或偿还本金而给投资人带来的风险。违约风险反映着借款人按期支付本金、利息的信用程度。借款人如经常不能按期支付本利，说明这个借款人的违约风险高。为了弥补违约风险，必须提高利息率；否则，借款人就无法借到资金，投资人也不会进行投资。国库券等证券由政府发行，可以看作没有违约风险，其利率一般较低。公司债券的违约风险则要根据公司信用程度来定，公司的信用程度可分若干等级，等级越高，信用越好，违约风险越低，利率水平也越低；信誉不好，违约风险高，利率水平自然也高。表 2-18 是美国 2018 年各不同信用等级债券的利率。

**表 2-18　美国 2018 年不同信用等级债券利率**

| 债券 | 利率 | | | |
| --- | --- | --- | --- | --- |
| 国库券 | 6.25% | 2.46%（国库券与AAA级） | 3.20%（国库券与AA级） | 3.89%（国库券与A级） |
| AAA 级公司债券 | 8.71% | | | |
| AA 级公司债券 | 9.45% | | | |
| A 级公司债券 | 10.14% | | | |

在到期日和流动性等因素相同的情况下，各信用等级债券的利率水平同国库券利率之间的差额，便是违约风险报酬率，在表 2-18 中：$DP_{AAA}=2.46\%$，$DP_{AA}=3.20\%$，$DP_{A}=3.89\%$。

（四）流动性风险报酬

流动性是指某项资产能否迅速转化为现金的可能性。如果一项资产能迅速转化为现金，说明其变现能力强，流动性好，流动性风险小；反之，则说明其变现能力弱，流动性不好，流动性风险大。政府债券、大公司的股票与债券，由于信用好，变现能力强，所以流动性风险小，而一些不知名的中小公司发行的证券，流动性风险则较大。一般而言，在其他因素均相同的情况下，流动性风险小与流动性风险大的证券利率差距约介于 1%～2%之间，这就是所谓的流动性风险报酬。

（五）期限风险报酬

一项负债，到期日越长，债权人承受的不肯定因素就越多，承担的风险也越大。为弥补这种风险而增加的利率水平，就叫期限风险报酬。例如，同时发行的国库券，五年期的利率就比三年期的利率高，银行存贷款利率也一样。因此，长期利率一般要高于短期利率，这便是期限性风险报酬。当然，在利率剧烈波动的情况下，也会出现短期利率高于长期利率的情况，但这种偶然情况并不影响上述结论。

综上所述，我们看到，影响某一特定借款或投资的利率主要有以上五大因素，只要能合理预测上述因素，便能比较合理地测定利率水平。

## 案例

### sxqy 公司股权投资收益率估算

sxqy 公司于 2011 年 2 月成立，注册资本 5 000 万元，主要经营业务为天然气的生产和销售。根据 sxqy 公司“十三五”燃气产业规划，sxqy 公司 2020 年拟再建 8 个站，投资概算 3.6 亿元，公司安排资金约 6 000 万元，资金缺口 3 亿元。为响应国家和地方政府国企混改政策，sxqy 公司股东会和董事会决定引进战略投资者进行混改，出售公司 49%的股权以满足建设资金缺口。战略投资者的期望收益率为 12%。其他资料如下：

资料一：各银行 5 年定期存款利率情况和长期国债到期收益率情况如表 2-19 和表 2-20 所示。

**表 2-19　各银行 5 年定期存款利率情况表**

| 银行名称 | 5 年期利率 | 银行名称 | 5 年期利率 |
|---|---|---|---|
| 工商银行 | 2.75% | 兴业银行 | 3.20% |
| 农业银行 | 2.75% | 泉州银行 | 4.23% |
| 建设银行 | 2.75% | 厦门银行 | 3.30% |
| 中国银行 | 2.75% | 中信银行 | 3.00% |
| 交通银行 | 2.75% | 平安银行 | 2.80% |
| 招商银行 | 2.75% | 华夏银行 | 3.20% |
| 浦发银行 | 2.80% | 北京银行 | 3.15% |
| 上海银行 | 2.75% | 宁波银行 | 3.30% |
| 徽商银行 | 4.00% | 广发银行 | 3.20% |
| 邮政储蓄银行 | 3.00% | | |

**表 2-20　长期国债到期收益率情况表**

| 代偿期限/年 | 到期收益率 | 代偿期限/年 | 到期收益率 |
|---|---|---|---|
| 21 | 4.22% | 36 | 4.40% |
| 22 | 4.23% | 37 | 4.40% |
| 23 | 4.25% | 38 | 4.40% |
| 24 | 4.26% | 39 | 4.40% |
| 25 | 4.28% | 40 | 4.41% |
| 26 | 4.30% | 41 | 4.41% |
| 27 | 4.32% | 42 | 4.41% |
| 28 | 4.34% | 43 | 4.41% |
| 29 | 4.35% | 44 | 4.41% |
| 30 | 4.37% | 45 | 4.41% |
| 31 | 4.38% | 46 | 4.42% |
| 32 | 4.39% | 47 | 4.42% |
| 33 | 4.39% | 48 | 4.42% |
| 34 | 4.40% | 49 | 4.42% |
| 35 | 4.40% | 50 | 4.42% |

资料二：与 sxqy 公司经营业务相近上市公司的 $\beta$ 系数情况如表 2-21 所示。

**表 2-21　与 sxqy 公司经营业务相近上市公司 β 系数情况表**

| 序号 | 股票代码 | 股票名称 | 原始 $\beta$ 系数 | D/E(债务/所有者权益) | 所得税率 |
|---|---|---|---|---|---|
| 1 | 600333.SH | 长春燃气 | 1.179 7 | 0.312 4 | 25% |
| 2 | 60035.SH | 大众公用 | 1.127 2 | 0.190 3 | 25% |
| 3 | 002267.SZ | 陕西燃气 | 0.986 1 | 0.283 5 | 25% |
| 4 | 000593.SZ | 大通燃气 | 1.163 6 | 0.163 9 | 25% |
| 5 | 600256.SH | 广汇能源 | 1.017 1 | 0.344 7 | 25% |
| 6 | 600979.SH | 广安爱众 | 1.069 8 | 0.370 1 | 25% |
| 7 | 601139.SH | 深圳燃气 | 1.030 5 | 0.287 7 | 25% |

注：原始 $\beta$ 系数是指有杠杆的 $\beta_{杠杆}$ 系数，需要调整为无杠杆的 $\beta_{无杠杆}$ 系数。

$\beta_{无杠杆}=\beta_{杠杆}\times\dfrac{所有者权益}{所有者权益+负债\times(1-所得税税率)}$。

资料三：2006—2018 年沪深两市股指和年投资收益率如表 2-22 所示。

**表 2-22　2006—2018 年沪深两市股指和年投资收益率情况表**

| 年份 | 上海证券市场 | | | 深圳证券市场 | | |
|---|---|---|---|---|---|---|
| | 年末收盘指数 | 各年收益率 $r$ | $1+r$ | 年末收盘指数 | 各年收益率 $r$ | $1+r$ |
| 2006 年 | 1 161.06 | | | 2 863.61 | | |
| 2007 年 | 2 675.47 | 1.304 3 | 2.304 3 | 6 647.14 | 1.321 2 | 2.321 2 |
| 2008 年 | 5 261.56 | 0.966 6 | 1.966 6 | 17 700.62 | 1.662 9 | 2.662 9 |
| 2009 年 | 1 820.81 | −0.653 9 | 0.346 1 | 6 485.51 | −0.633 6 | 0.366 4 |
| 2010 年 | 3 277.14 | 0.799 8 | 1.799 8 | 13 699.97 | 1.112 4 | 2.112 4 |
| 2011 年 | 2 808.08 | −0.143 1 | 0.856 9 | 12 458.55 | −0.090 6 | 0.909 4 |
| 2012 年 | 2 199.42 | −0.216 8 | 0.783 2 | 8 918.82 | −0.284 1 | 0.715 9 |
| 2013 年 | 2 269.13 | 0.031 7 | 1.031 7 | 9 116.48 | 0.022 2 | 1.022 2 |
| 2014 年 | 2 115.98 | −0.067 5 | 0.932 5 | 8 121.79 | −0.109 1 | 0.890 9 |
| 2015 年 | 3 234.68 | 0.528 7 | 1.528 7 | 11 014.62 | 0.356 2 | 1.356 2 |
| 2016 年 | 3 539.18 | 0.094 1 | 1.094 1 | 12 664.89 | 0.149 8 | 1.149 8 |
| 2017 年 | 3 103.64 | −0.123 1 | 0.876 9 | 10 177.14 | −0.196 4 | 0.803 6 |
| 2018 年 | 3 307.17 | 0.065 6 | 1.065 6 | 11 040.45 | 0.084 8 | 1.084 8 |

**问题：**

依据资本资产定价模型，确定 sxqy 公司股权投资收益率，判断引进战略投资者进行混改的方案是否可行。

# 第三章　价值评估

科学合理地估计一项资产的价值并不是一件容易的事情。3个世纪前,法国一位著名作家曾说:"在所有的天赋中,最伟大的是估计事物真实价值的能力。"如何决定一项资产如债券、股票或不动产的价值呢?为什么资产的价值会如此经常而又剧烈地变动呢?金融资产估计及其价值变动问题对那些致力于谋求公司价值最大化的经理们来说是十分重要的。本章主要讨论债券价值评估、股票价值评估和公司价值评估三方面内容。

## 第一节　债券价值评估

### 引言

不久前,黄强亮先生毅然离开了工作12年的中烽通讯公司,创立了自己的电讯公司。尽管他很喜欢在中烽通讯公司工作,但更愿意拥有自己的公司。黄强亮先生对教过他的商学院教授们说:"我再也不必为别人干活儿了"。

离开中烽通讯公司使黄强亮先生的收入在短时间内减少了很多,但幸好他已积攒了一大笔钱。这笔资金一小部分投入了他的新公司,大部分投入了易方达基金管理公司下属专门投资债券的稳健收益型基金。2020年2月,他离开中烽通讯公司时,这些债券的市场价值约为500万元。

2020年8月的一天早上,刚度完周末的黄强亮来到自己的公司开始工作,先花了几分钟浏览前几天收到的邮件,其中一份邮件是易方达基金管理公司的半年度报告和他投资的债券稳健收益型基金的对账单,令黄强亮非常欣喜的是他的债券市值已变为580万元,比6个月前增加了80万元。

2020年初黄强亮先生所遇到的事件同样发生在国内许多投资者身上。若你在2020年2月初拥有价值1 000元、10年期的债券,那么6个月后,债券的市场价值变为1 160元左右,增值率为16%左右。原因是在这6个月内,由于受全球新冠疫情和国际贸易政策的影响,为恢复经济,我国实施相对宽松货币政策,市场利率从3.5%下降到了1.5%左右。

那么,为什么市场利率下降,债券的价值为上升呢?

债券发行与投资是公司投融资管理重要内容之一,作为财务人员必须了解债券发展历程,熟知债券价值评估的基本原理。

**一、债券种类**

债券是一种表明债权债务的凭证,是政府或公司向社会公众筹措资金而发行的有一定固定收益的有价证券。目前,我国资本市场上有国债、金融债、短期融资债和企业债等四类债券。国债的发行由全国人民代表大会(通过财政部)审批,金融债和短期融资债由中国人民银行审批,企业债(公司债)由国家发展改革委负责审批。具体可以按以下十种方式分类:

一是按发行主体分为政府债券、金融债券和公司(企业)债券。

政府债券是政府为筹集资金而发行的债券，主要包括国债、地方政府债券等，其中最主要的是国债。国债因其信誉好、利率优、风险小而又被称为“金边债券”。

金融债券是由银行和非银行金融机构发行的债券。在我国，目前金融债券主要由国家开发银行、进出口银行等政策性银行发行。

公司(企业)债券公司债券是企业依照法定程序发行，约定在一定期限内还本付息的债券。公司债券的发行主体是股份公司，但是非股份公司也可以发行企业债券，所以，一般归类时，公司债券和企业发行的债券合在一起，可直接称为公司(企业)债券。

二是按付息方式可分为贴现债券、零息债券、附息债券。

贴现债券指债券券面上不附有息票，发行时按规定的折扣率，以低于债券面值的价格发行，到期按面值支付本息的债券。贴现债券的发行价格与其面值的差额即为债券的利息。

零息债券指债券到期时和本金一起一次性付息、利随本清的债券，也可称为到期付息债券。付息特点一是利息一次性支付，二是债券到期时支付。

附息债券指债券券面上附有息票的债券，是按照债券票面载明的利率及支付方式支付利息的债券。息票上标有利息额、支付利息的期限和债券号码等内容。持有人可从债券上剪下息票，并据此领取利息。附息债券的利息支付方式一般是在偿还期内按期付息，如每半年或一年付息一次。

三是按计息方式分为单利债券、复利债券和累进利率债券。

单利债券指在计息时，不论期限长短，仅按本金计息，所生利息不再加入本金计算下期利息的债券。

复利债券与单利债券相对应，指计算利息时按一定期限将所生利息加入本金再计算利息，逐期滚算的债券。

累进利率债券指年利率以利率逐年累进方法计息的债券。累进利率债券的利率随着时间的推移，后期利率比前期利率更高，呈累进状态。

四是按利率是否确定分为固定利率债券和浮动利率债券。

固定利率债券指在发行时规定利率在整个偿还期内不变的债券。

浮动利率债券是与固定利率债券相对应的一种债券，它是指发行时规定债券利率随市场利率定期浮动的债券，其利率通常根据市场基准利率加上一定的利差来确定。浮动利率债券往往是中长期债券。由于利率可以随市场利率浮动，采取浮动利率债券形式可以有效地规避利率风险。

五是按偿还期限分为长期债券、中期债券和短期债券。

一般来说，长期债券偿还期限在10年以上，中期债券偿还期限在1～9年之间，短期债券偿还期限在1年以下。我国企业债券的期限划分与上述标准有所不同。我国短期企业债券的偿还期限在1年以内，偿还期限在1年以上5年以下的为中期企业债券，偿还期限在5年以上的为长期企业债券。

六是按债券形态分为实物债券(无记名债券)、凭证式债券和记账式债券。

实物债券是以实物债券的形式记录债权，券面标有发行年度和不同金额，可上市流通。实物债券由于发行成本较高，将会被逐步取消。

凭证式债券是一种储蓄债券，通过银行发行，采用“凭证式国债收款凭证”的形式，从购买之日起计息，但不能上市流通。

记账式债券指没有实物形态的票券，以记账方式记录债权，通过证券交易所的交易系统发行和交易。由于记账式债券的发行和交易均无纸化，所以交易效率高、成本低，是未来债券发展的趋势。

七是按募集方式分为公募债券和私募债券。

公募债券指按法定手续，经证券主管机构批准在市场上公开发行的债券。这种债券的认购者可以是社会上的任何人。发行者一般有较高的信誉。除政府机构、地方公共团体外，一般企业必须符合规定的条件才能发行公募债券，并且要求发行者必须遵守信息公开制度，向证券主管部门提交有价证券申报书，以保护投资者的利益。

私募债券指以特定的少数投资者为对象发行的债券，发行手续简单，一般不能公开上市交易。

八是按担保性质分为有担保债券、无担保债券和质押债券。

有担保债券指以特定财产作为担保品而发行的债券。以不动产如房屋等作为担保品，称为不动产抵押债券；以动产如适销商品等作为担保品的，称为动产抵押债券；以有价证券如股票及其他债券作为担保品的，称为证券信托债券。一旦债券发行人违约，信托人就可将担保品变卖处置，以保证债权人的优先求偿权。

无担保债券亦称信用债券，指不提供任何形式的担保，仅凭筹资人信用发行的债券。政府债券属于此类债券。这种债券由于其发行人的绝对信用而具有坚实的可靠性。除此之外，一些公司也可发行这种债券，即信用公司债。与有担保债券相比，无担保债券的持有人承担的风险较大，因而往往要求较高的利率。为了保护投资人的利益，发行这种债券的公司往往受到种种限制，只有那些信誉卓著的大公司才有资格发行。

质押债券指以其有价证券作为担保品所发行的债券。我国的质押债券指已由政府、中央银行、政策性银行等部门和单位发行，在中央国债登记结算有限责任公司托管的政府债券、中央银行债券、政策性金融债券，以及经人民银行认可、可用于质押的其他有价证券。

九是按债券的流通与否分为可流通债券（上市债券）和不可流通债券（非上市债券）。

十是按是否可转换分为可转换公司债券和不可转换公司债券。

债券的划分方法很多，一张债券可以归于许多种类。如：国债 998，它可归于国债，它还是附息债券，它还是长期债券、上市债券，最后，它还可以归于无担保债券和公募债券。

**二、我国企业债券发展历程**

我国企业债券（公司债券）融资始于 20 世纪 80 年代初期，40 多年的发展历程大致可以划分以下几个阶段：

（一）萌芽阶段（1982—1986 年）

从 1982 年开始，少量企业开始自发地向社会或企业内部集资，这一阶段的集资行为既没有政府审批，也没有相应的法律法规制约，缺乏管理，处于萌芽自发阶段。据权威部门统计，到 1986 年底，这种自发的债券融资共筹集了约 100 亿元。

（二）快速发展阶段（1987—1992 年）

1987 年 3 月，《企业债券管理暂行条例》由国务院颁布实施。1987 年国家计委首次编制了全国企业债券发行计划 75 亿元，到 1991、1992 年其每年编制的企业债券发行规模计划分别达到 250 亿元和 350 亿元，大大超过同时期的股票发行量。在品种方面，当时主管部门安排了住宅建设债券、国家/地方投资公司债券等7个品种的债券。

（三）治理整顿阶段(1993—1997年)

1993年我国经济处于过热状态，年初国家批准发行近500亿元的债券规模，但由于治理通货膨胀，当年的国债发行非常困难。1993年4月，国务院宣布在国债未发行完毕之前，不得发行企业债券，不久又宣布将发行企业债券的计划改为新增银行贷款计划，1994年企业债券发行计划实际上被取消，同期还出现了部分到期债券不能兑付引发出一些社会问题。在这样的情况下，国务院发布了《关于坚决制止乱集资和加强债券发行管理的通知》，1993年8月，《企业债券管理条例》出台，国家对企业债券的发行实行严格的管理办法，债券品种也由原先的7个减少为中央企业债券和地方企业债券2个品种。

（四）恢复发展阶段(1998—2000年)

1998年以后，债券募集资金主要是为支持大型重点建设项目如三峡工程、铁路建设及中国石油工程等。自2000年起，企业债券的额度实行国务院特批制度，每年由国家发改委将拟发行规模名单上报国务院批准，其申报的发行额度一般在10亿元以上。在分工上，国家发改委成为企业债券的主管部门，负责企业债券额度的申报和债券发行的审核；中国人民银行和中国证监会成为企业债券的会审部门，其中中国人民银行负责企业债券的票面利率审核，中国证监会负责企业债券的承销机构资质审核。

（五）规范发展阶段(2001—2006年)

2000年以后，中国人民银行不再直接参与企业债券的发行管理工作，而由国家计委统一负责。2004年6月21日发布的《国家发展改革委关于进一步改进和加强企业债券管理工作的通知》对企业申请发行企业债券的条件、批准企业债券发行规模的程序、批准企业债券发行方案的程序、企业债券的担保、参与企业债券发行的中介机构的资格、企业债券的信息披露等进行了详细规定。该文件已成为现阶段企业债券发行管理的指导性文件。在这一阶段中，企业债券的发行规模逐年增大、长期债券逐步增多，3、5、7、10、15、20年期债券等均出现在市场上，募集资金的用途也出现多样化，不再仅仅限于固定资产投资。这一阶段从高层、管理层到学者、市场各方都对企业债的弊端和问题有了更多的发现和认识，并更加明确了发展公司债券的重要性。

（六）企业债券和公司债券分开发展阶段(2007年至今)

2007年8月14日，《公司债券发行试点办法》正式颁布实施，标志着企业债券和公司债券正式分开发展。一个月后，我国第一家公司债券由长江电力发行，其规模为40亿元。网上发行4亿元，开盘后瞬间发售一空。可以看出，公司债券不仅受到了上市公司的认同，也得到了投资者的追捧。

我国企业债券市场经过多年的发展，存在一定问题的同时也在不断规范化，取得了一定的成绩，为国家经济建设筹集了大量资金，为我国的产业政策和行业发展提供了支持，特别是支持了国家的一些重点建设项目，推动了地方城市基础设施建设进程，也丰富了投资者的投资渠道。中国人民银行数据显示，2015—2019年我国各类债券发行量呈现逐年增长态势，其中2019年我国债券市场各类债券发行量达到45.2万亿元，同比增长4.9%。2020年上半年，我国债券市场各类债券发行量为26万亿元。

## 三、债券价值评估模型

债券价值评价是运用货币时间价值和风险报酬原理，确定某种债券的内在价值的过程。

因为债券是在一定时期内支付固定利息以及到期后偿还本金的凭证，按资金时间价值和风险价值原理，债券价值是投资者预期现金流量的现值。

在债券分期付息、到期一次还本情况下，其价值为每期债券利息的现值与到期一次偿付本金现值之和。计算公式如下：

$$V=\sum_{t=1}^{n}\frac{I}{(1+r)^t}+\frac{M}{(1+r)^n}$$

式中　$V$——债券价值；

$I$——每期支付利息额；

$r$——债券投资者期望报酬率(可以用市场利率替代)；

$M$——债券面值；

$n$——债券计息次数。

在债券到期一次还本付息情况下，其价值为到期一次还本付息现值之和。计算公式如下：

$$V=\frac{I\times n+M}{(1+r)^n}$$

**例 3-1**　甲公司发行面值为 1 000 元、票面利率为 10%、期限为 10 年、每年付息一次、到期还本的债券。分三种情况计算该债券的价值。

① 假设市场利率为 10%，等于票面利率。

该债券价值为：

$$V=\sum_{t=1}^{10}\frac{1\,000\times 10\%}{(1+10\%)^t}+\frac{1\,000}{(1+10\%)^{10}}$$
$$=100\times 6.144\,6+1\,000\times 0.385\,5=1\,000(\text{元})$$

如果市场利率仍然保持在 10%的水平，第一年末，该债券的价值为：

$$V=\sum_{t=1}^{9}\frac{1\,000\times 10\%}{(1+10\%)^t}+\frac{1\,000}{(1+10\%)^{9}}$$
$$=100\times 5.759\,0+1\,000\times 0.424\,1=1\,000(\text{元})$$

以此类推，第二年末该债券的价值为 1 000 元，……，各年相同。

② 假设市场利率为 8%，小于票面利率。

该债券价值为：

$$V=\sum_{t=1}^{10}\frac{1\,000\times 10\%}{(1+8\%)^t}+\frac{1\,000}{(1+8\%)^{10}}$$
$$=100\times 6.710\,1+1\,000\times 0.463\,2=1\,134.21(\text{元})$$

第一年末，该债券的价值为：

$$V=\sum_{t=1}^{9}\frac{1\,000\times 10\%}{(1+8\%)^t}+\frac{1\,000}{(1+8\%)^{9}}$$
$$=100\times 6.246\,9+1\,000\times 0.500\,2=1\,124.89(\text{元})$$

以此类推，第二年末该债券的价值为 1 114.96，……，逐年减少。

③ 假设市场利率为 12%，大于票面利率。

该债券价值为：

$$V = \sum_{t=1}^{10} \frac{1\,000 \times 10\%}{(1+12\%)^t} + \frac{1\,000}{(1+12\%)^{10}}$$
$$= 100 \times 5.650\,2 + 1\,000 \times 0.322\,0 = 887.02(\text{元})$$

第一年末,该债券的价值为:

$$V = \sum_{t=1}^{9} \frac{1\,000 \times 10\%}{(1+12\%)^t} + \frac{1\,000}{(1+12\%)^{9}}$$
$$= 100 \times 5.328\,2 + 1\,000 \times 0.360\,6 = 893.42(\text{元})$$

依此类推,第二年末该债券的价值为 900.66 元,……,逐年增加。

由此可见,在市场利率等于票面利率的情况下,债券价值等于其票面价值,并且在其期限内始终等于其票面价值。但由于资金市场上的利率是经常变化的,而债券的票面利率一经确定,就不再调整。在市场利率大于或小于票面利率的情况下,计算出的债券价值不等于票面价值。在市场利率大于票面利率时,债券价值小于其票面价值,并且在其期限内债券价值将逐年上升,直到上升至到期时的票面价值。当市场利率小于票面利率时,债券价值大于其票面价值,并且在其期限内债券价值将逐年下降,直到下降至到期时的票面价值。

对债券投资者而言,只有债券价值大于投资时债券现时市价,并达到投资者期望报酬率时,这种债券才值得购买。例如,在上例第二种情况下,如果该债券发行的第二年末市场价格为 1 100 元,若不考虑其他因素,由于该债券价值为 1 114.96 元大于其现时市价,所以公司可以投资于该债券,它可以使公司获得略大于 8%的市场平均利率水平的收益。如果公司要求的期望报酬率是 12%,由以上计算知,该债券价值为 900.66 元,明显低于其现时市价,说明这种债券没有投资价值,公司应寻找其他投资对象。

对债券发行者而言,债券价值决定了债券发行价格。当市场利率等于票面利率时,债券按票面价值即平价发行;当市场利率大于票面利率时,债券按小于票面价值的价格即折价发行;当市场利率小于票面利率时,债券按大于票面价值的价格即溢价发行。债券票面利率一定的情况下,债券之所以折价或溢价发行,目的是通过调整债券发行价格来调整债券的收益率,使之与市场收益率保持一致,从而使债券顺利发行。

**四、债券投资收益率评估模型**

债券投资的收益率并非是债券的设定利率。债券的溢价或折价发行以及不同的利息支付情况等,都会使投资者实际获得的收益率发生变化。债券投资收益率的本质是用它来对未来投资收入的现金流入量进行贴现,会使其现值正好等于债券的购入价格,使净现值等于 0 的报酬率。对于一年付息一次的债券,能使下式成立的利率 $r$ 即为投资者的实际收益率。

$$V_{\text{现行市价}} = \sum_{t=1}^{n} \frac{I}{(1+r)^t} + \frac{M}{(1+r)^n}$$

**例 3-2** 乙公司以 900 元的购入价格买了甲公司发行的面值为 1 000 元、票面利率为 8%、期限为 5 年、每年付息一次、到期一次还本的债券。乙公司投资于该债券的实际收益率的计算如下:

$$900 = \sum_{t=1}^{5} \frac{1\,000 \times 8\%}{(1+r)^t} + \frac{1\,000}{(1+r)^5}$$

由于甲公司债券为折价债券，所以其收益率一定高于票面利率 8%，假定先用 10%利率测算，得：

$$\sum_{t=1}^{5}\frac{80}{(1+10\%)^t}+\frac{1\ 000}{(1+10\%)^5}=80\times 3.790\ 8+1\ 000\times 0.620\ 9=924(\text{元})$$

由于用 10%测算得出的现值 924 元大于 900 元，说明投资者乙公司的实际收益率还要大于 10%。故可提高利率继续测算。再用 12%利率进行测算，得：

$$\sum_{t=1}^{5}\frac{80}{(1+12\%)^t}+\frac{1\ 000}{(1+12\%)^5}=80\times 3.604\ 8+1\ 000\times 0.567\ 4=856(\text{元})$$

用 12%计算出的现值小于该债券的现行市价，说明投资者乙公司的实际报酬率在 10%～12%之间。这时，可用插值法计算实际收益率为：

$$r=10\%+2\%\times\frac{924-900}{924-856}=10.71\%$$

若甲公司发行该债券时的市场利率为 10%，则说明投资者实际收益率不仅大于票面利率，而且还略大于市场利率，有一定的投资价值。

上述先用假定利率测算，再用插值法计算债券投资收益率，虽然比较精确，但却烦琐。在对精确性要求不十分高的情况下，也可用下式计算其近似值：

$$r=\frac{I+(M-V_{\text{现行市价}})\div n}{(M+V_{\text{现行市价}})\div 2}\times 100\%$$

如上例，$r=\frac{80+(1\ 000-900)\div 5}{(1\ 000+900)\div 2}\times 100\%=10.53\%$。

如果债券到期一次还本付息，那其实际收益率可计算如下：

$$V_{\text{现行市价}}=\frac{I\times n+M}{(1+r)^n}$$

用测算和插值法可求得投资收益率 $r$。

**例 3-3** 若上例中甲公司的债券改为 5 年后一次还本付息，其他条件不变，则乙公司投资收益率计算如下：

$$900=\frac{80\times 5+1\ 000}{(1+r)^5}$$

$$\frac{1}{(1+r)^5}=\frac{900}{1\ 400}=0.642\ 9$$

查复利现值系数表，5 年期的 9%的系数为 0.649 9，10%的系数为 0.620 9，说明投资收益率在 9%～10%之间。用插值法计算实际收益率为：

$$r=9\%+1\%\times\frac{0.649\ 9-0.642\ 9}{0.649\ 9-0.620\ 9}=9.24\%$$

可见，若该债券 5 年后一次付息，则投资者投资于该债券的收益率没有 10.71%，而只有 9.24%，说明债券还本付息方式对投资决策有重要影响。

债券投资收益率的高低，往往是公司投资于债券要考虑的重要因素，在同等信用等级和同样投资期限的情况下，收益率高的债券对投资者更具吸引力。

需要说明的是，上述收益率的计算没有考虑税收因素。如果投资于公司债券，收益率应调整为税后水平，即在上述计算结果的基础上再乘以(1－所得税税率)。

## 五、债券信用评级

债券信用评级(bond credit rating)是对发行主体或发行主体发行债券进行的信用评级。债券信用评级大多是企业债券信用评级,是对具有独立法人资格企业所发行某一特定债券,按期还本付息的可靠程度进行评估,并标示其信用程度的等级。这种信用评级是为投资者购买债券和证券市场债券的流通转让活动提供信息服务的。国家财政发行的国库券和国家银行发行的金融债券,由于有政府的保证,因此不参加债券信用评级。地方政府或非国家银行金融机构发行的某些有价证券,也有必要进行评级。债券信用评级一般由第三方信用评级机构按一定的指标体系对债券发行者信用及所发行债券质量进行评判,主要评价债券还本付息的可靠程度。一般来说,债券发行主体还本付息能力越强,等级越高;还本付息能力越差,等级越低。

### (一) 债券信用评级的内容

不同国家的债券评级的内容不尽相同,同一国家不同的信用评级机构也有所不同。国外债券评级时主要考虑因素包括:资产负债率、流动比率、利息保障倍数、固定费用保障倍数、是否有担保、附属条款、偿债基金、债券期限、契约销售和盈利的稳定性、工人情绪、资源的保证程度、国外业务等。我国债券评级主要包括以下几个方面的内容:

① 经营环境变化对发行主体的产品、服务需求、流动性、未来现金增值能力和偿债能力等方面的影响。

经营环境主要有国内宏观经济环境、国际经济环境、区域经济环境等方面。其中国内宏观经济环境主要包括经济增长、经济周期、产业结构、通货膨胀、利率、汇率、关税、财政政策、货币政策和产业政策等。国际经济环境主要包括世界经济增长或衰退情况、主要国家或经济体经济政策、贸易保护主义、国际产业链竞争、国际重大事件等方面。区域经济环境主要包括地区与区位、自然资源、基础设施、人力资源等方面。

② 发行主体所在行业特征及行业地位,主要包括行业前景、行业规模、行业竞争程度、资本密集程度、技术壁垒与技术风险、行业盈利前景、法律法规与政府管制、公司在行业竞争中的优势与地位等方面。

③ 发行主体公司治理水平,主要包括所有权结构及其影响、利益相关者关系、信息透明度、董事会结构与运作、内部控制情况等方面。

④ 发行主体财务质量,主要通过计算各项财务结构、偿债能力、营运能力、获利能力等财务指标来评价。

⑤ 发行主体信用增级方式,一般包括财务限制条款、债券优先次序条款和借款保护条款等内容。

a. 财务限制条款。财务限制条款是为了防止发债公司的财务状况恶化而附加的特别条款,主要包括财务状况恶化的限制条款、增加担保的限制条款、资产处置的限制条款等。财务限制条款严格程度对债券信用等级有很大影响。

b. 债券优先次序条款。当公司不能履行债务时,债券有无担保和偿债基金等因素对债券等级评定有很大影响。同一公司发行的有担保债券在偿还顺序上优先于无担保债券,通常对偿还次序靠前的债券给予较高的评级。另外,若公司对发行某个债券建立偿债基金,则认为该债券偿还可能性大,对债券评级是有利因素。

c. 借款保护条款。当公司向银行借款时,银行借款契约通常也会设置资本支出规模限制、现金分红限制、担保限制、融资租赁限制、贷款用途限制等保护条款，要求公司维持一定的流动性水平。如果银行借款附加许多限制性很强的保护条款，将损害公司财务的灵活性，在债券评级时成为不利因素。

决定公司债券信用等级并没有确定的公式，也没有准确的数量标准能说明准确等级。在债券评级时，需要综合考虑上述各个方面做出分析判断。

（二）债券信用等级类别

国际公认的第三方专业信用评级机构有穆迪、标准普尔和惠誉国际等三家，国内主要有中诚信、联合资信、大公国际和上海新世纪等四家。为了使投资者对债券评级结果有个简单明了的概念，通常债券评级机构以简单的符号表示评级的结果。美国穆迪公司和标准普尔公司的评级结果如表 3-1 所示。

**表 3-1　债券评级情况表**

| 公司名称 | 高质量等级 | 投资等级 | 次标准等级 | 投机等级 |
|---|---|---|---|---|
| 穆迪公司 | AAA　AA | A　BAA | BA　B | CAA 到 C |
| 标准普尔公司 | AAA　AA | A　BBB | BB　B | CCC 到 D |

现以标准普尔公司为例来说明各等级债券的含义。

1. 高质量等级

AAA 级债券是最高等级公司债券，对本金和利息有完全保障，安全程度最高。AA 级也是高等级债券，在大多数情况下与 AAA 级相同。

2. 投资等级

A 级债券属于中上等级，具有相当的投资强度，但在经济情况不利时，无法完全避免不利影响，然而利息和本金仍比较安全。BBB 级债券为中等债券，这种债券在正常情况下也比较安全，但在经济情况不景气时可能受到较大影响。只有 BBB 级以上的债券才是银行及其他大多数金融机构可投资的债券。

3. 次标准等级

BB 级债券为中下等债券。这种债券的投资吸引力较弱，在正常情况下可取得本金和利息，但在不利的情况下可能产生偿付危机。B 级债券具有一定的投机性，在正常情况下还能保证支付利息，若遇到不利影响便可能无法支付利息和本金，潜在风险大。

4. 投机等级

CCC 级属于下等债券，是一种投机性债券，很可能发生不能偿付的危险。CC 级债券是绝对的投机债券，可能以收益为主（收益债券），而利息很少。C 级债券专指不付息的收益债券。DDD、DD、D 级是指正在违约的债券，其等级代表相对残余价值。

不同的评级机构所用的评级结果符号不同，但不管其采用的符号如何，评级机构完全有责任以公开揭示的方式将其符号所代表的投资价值或风险程度大小的含义告知公众。

我国长期债券等级分类及标准和标准普尔公司基本一致，分为 AAA、AA、A、BBB、BB、B、CCC、CC、C 等九级。短期债券等级分为 A-1、A-2、A-3、B、C、D 等六级。长期债券各个等级含义如表 3-2 所示，短期债券各等级含义如表 3-3 所示。

**表 3-2　我国长期债券等级及标准**

| 等级 | 标准 |
|---|---|
| AAA | 偿债能力极强，基本不受不利经济环境影响，违约风险极低 |
| AA | 偿债能力很强，受不利经济环境影响较小，违约风险很低 |
| A | 偿债能力较强，较易受不利经济环境影响，违约风险较低 |
| BBB | 偿债能力一般，受不利经济环境影响较大，违约风险一般 |
| BB | 偿债能力较弱，受不利经济环境影响很大，有较高违约风险 |
| B | 偿债能力较大依赖良好经济环境，违约风险很高 |
| CCC | 偿债能力极度依赖良好经济环境，违约风险极高 |
| CC | 在破产或重组时可获得保护较小，基本不能保证偿还债务 |
| C | 不能偿还债务 |

**表 3-3　我国短期债券等级及标准**

| 等级 | 标准 |
|---|---|
| A-1 | 还本付息能力很强，安全性很高 |
| A-2 | 还本付息能力较强，安全性较高 |
| A-3 | 还本付息能力一般，安全性易受不利经济环境变化影响 |
| B | 还本付息能力较低，有一定违约风险 |
| C | 还本付息能力很低，违约风险高 |
| D | 不能偿还债务 |

（三）债券信用评级的意义

1. 有助于投资者进行投资决策

进行债券信用评级最主要原因是方便投资者进行债券投资决策。投资者购买债券是要承担一定风险的。如果发行者到期不能偿还本息，投资者就会蒙受损失，这种风险称为信用风险。债券的信用风险因发行后偿还能力不同而有所差异，对广大投资者尤其是中小投资者来说，事先了解债券的信用等级是非常重要的。由于受到时间、知识和信息的限制，无法对众多债券进行分析和选择，因此需要专业机构对准备发行的债券还本付息的可靠程度，进行客观、公正和权威的评定，也就是进行债券信用评级，以方便投资者决策。

2. 有助于发行主体降低融资成本

债券信用评级的另一个重要原因，是减少信用高的发行人的筹资成本。一般来说，信用等级越高的债券，越容易得到投资者的信任，能够以较低的利率出售；而债券信用低的债券，风险较大，只能以较高的利率发行。

3. 有助于监管者降低监管成本

信用等级高的债券可以少监管，监管层应重点监管信用等级低的债券。

## 案例

### SXJM公司债券价值评估

2019年8月7日，SXJM公司公告拟公开发行2019年公司债券（第一期），债券发行总规模为不超过人民币10亿元（含10亿元），债券面值为100元，发行价格为100元。发行品种为3年期固定利率债券和5年期固定利率债券两种，3年期债券票面利率为3.51%，5年期债券的票面利率为3.92%，按期付息到期还本；发行对象为中国境内合格投资者。公司主体信用级别为AAA，本期债券信用级别为AAA，评级展望为稳定。发行债券筹集资金拟全部用于偿还公司有息债务，债券的起息日为2019年8月12日。

公司2019年3月31日期末的净资产为895.73亿元，本期债券发行后的累计公开发行公司债券余额不超过40亿元，占发行人截至2019年3月31日合并报表中所有者权益的比例为4.47%，未超过最近一期末净资产的40%，符合相关法规规定；本次债券上市前，公司最近三个会计年度实现的年均可分配利润为5.57亿元（2016年度、2017年度及2018年度三年平均值），预计不少于本期债券一年利息的1.5倍。

**问题：**

（1）依据中国人民银行基准利率资料（表3-4），分析SXJM公司债票面利率是否合理？

**表3-4 2019年8月9日基准利率情况**

| 类别 | 基准利率 |
|---|---|
| 1年期存款 | 1.50% |
| 1年期贷款 | 4.35% |
| 3～5年期贷款 | 5.00% |

资料来源：中国人民银行网站。

（2）假定SXJM公司3年期固定利率债券和5年期固定利率债券的风险溢价分别是1%和1.5%。依据中国国债收益率（表3-5）和年通货膨胀率（表3-6、表3-7）情况，确定无风险报酬率、通货膨胀补贴及SXJM债券价值评估的贴现率。

**表3-5 2019年8月9日中国国债收益率情况**

| | 3月 | 6月 | 1年 | 3年 | 5年 | 7年 | 10年 | 30年 |
|---|---|---|---|---|---|---|---|---|
| 国债收益率 | 2.320 2% | 2.385 2% | 2.569 4% | 2.777 8% | 2.906 1% | 3.057 4% | 3.021 6% | 3.683 7% |

资料来源：中国人民银行网站。

**表3-6 2000—2009年通货膨胀情况**

| 年份 | 年通货膨胀率 | 备注 |
|---|---|---|
| 2000年 | 0.40% | 年度值 |
| 2001年 | 0.70% | 年度值 |
| 2002年 | −0.80% | 年度值 |
| 2003年 | 1.20% | 年度值 |

表 3-6(续)

| 年份 | 年通货膨胀率 | 备注 |
| --- | --- | --- |
| 2004 年 | 3.90% | 年度值 |
| 2005 年 | 1.80% | 年度值 |
| 2006 年 | 1.50% | 年度值 |
| 2007 年 | 4.80% | 年度值 |
| 2008 年 | 5.90% | 近 10 年最高 |
| 2009 年 | -0.70% | 近 10 年最低 |
| 平均值:1.87% | | |

资料来源:国家统计局网站。

表 3-7　2010—2018 年通货膨胀情况

| 年份 | 年通货膨胀率 | 备注 |
| --- | --- | --- |
| 2010 年 | 3.30% | 年度值 |
| 2011 年 | 5.40% | 年度值 |
| 2012 年 | 2.60% | 年度值 |
| 2013 年 | 2.60% | 年度值 |
| 2014 年 | 2.00% | 年度值 |
| 2015 年 | 1.40% | 年度值 |
| 2016 年 | 2.00% | 年度值 |
| 2017 年 | 1.60% | 年度值 |
| 2018 年 | 2.10% | 年度值 |
| 平均值:2.88% | | |

资料来源:国家统计局网站。

(3) 评估 SXJM 公司 3 年期固定利率债券和 5 年期固定利率债券的理论价值。如果你是合格投资者,你是否愿意投资?

## 第二节　股票价值评估

### 引言

20 世纪 80 年代,全世界半导体企业都是一样的商业模式。英特尔和三星等巨头公司自己设计芯片,在自有的晶圆厂生产,并且自己完成芯片测试与封装。1987 年,台湾张忠谋先生发现晶圆代工模式有巨大的商机,创立了台湾积体电路制造股份有限公司(简称"台积电"),是全球第一家专业积体电路制造服务(晶圆代工)公司。张忠谋先生称"本公司不生产自己的产品,只为半导体设计公司制造产品"。这在当时是一件不可想象的事情,因为那时还没有独立的半导体设计公司。

当时,台湾资本市场庄股盛行,加上"台积电"成立之初规模很小,且有很好的故事题材,有个张姓庄家一口气将"台积电"股价涨了 10 多倍,"台积电"股票大量筹码都在"张庄家"手里，如何出货成为"张庄家"面临的最大难题。

到20世纪90年代初，台湾企业家开始鼓动政府扩大资本市场开放力度，允许外资进入台湾股市。结果，外资进入台湾资本市场的第一件事就是把"台积电"股票全部接走，"张庄家"及一帮大户出完货以后热泪盈眶，认为外资太傻，他们在台北某立交桥上撒现金，震动朝野。电视台去采访时，"张庄家"直说外资根本不会炒股。

10多年过去后，"台积电"股价又涨了100多倍。电视台再次采访"张庄家"时，"张庄家"说"不知道半导体行业会发展如此之快"。

2017年，"台积电"公司市场占有率为56%，毛利率为50.3%，净利率为36.2%，2018年4月19日美股市值2 174亿美元，静态市盈率19倍。2018年"台积电"位列世界品牌500强第499位，2020年位列全球最具价值500大品牌榜第218位、中国品牌500强第80位、福布斯全球企业2 000强榜第108位。

"台积电"股价为什么能上升如此之快？理论上股价决定因素有哪些？

**一、我国股票市场发展**

我国股票市场发展从1984年提出建立资本市场构想开始，1984年11月上海飞乐音响公司委托中国工商银行上海分行证券部公开向社会发行股票1万股(每股50元)，标志着中国第一股的诞生。1986年9月26日，飞乐音响和延中实业两支股票在上海南京西路1806号静安证券业务部正式挂牌交易，标志着第一个证券交易柜台的产生。1990年上海交易所与深圳交易所相继成立，标志股票集中交易市场正式成立。之后，中国股票市场经历了摸索试点阶段(1992—1997年)、正式实施阶段(1997—2000年)和改革完善阶段(2001年至今)等阶段，中国沪深两市上市公司数量从1990年的10家发展到2020年8月8日的近4 000家，特别是2019年推出科创板、2020年创业板注册制的实施及中国资本市场开放力度加大，标志着中国股票市场日趋成熟，在支持中国经济创新发展方面发挥了重要作用。

随我国股票市场的不断完善，将会有越来越多的公司参与股票市场交易，如资金短缺而发展潜力大的公司通过发行股票来筹集资金，资金富余的公司则可以通过购买股票来对外投资，获得投资收益。为了能够进行正确的股票筹资与投资决策，专业会计人员必须了解股票评估的相关知识。

**二、股票价值评价**

股票是股份公司发售给股东作为入股凭证并借以获得股利的一种有价证券。股票按股东权利不同可分为普通股和优先股。普通股是在股东权利上没有任何限制的标准型股票，是股票的一种主要形式。优先股是指优先于普通股股东分配公司利润和剩余财产，但参与公司决策管理等权利受到限制的股票。通常优先股股利固定且在普通股股利分配之前支付，优先股没有表决权利。

股票价值分票面价值、设定价值、账面价值、清算价值、投资价值和市场价值。其中票面价值是指股票票面上标明的金额；设定价值是指在发行无票面价值的股票时，根据设定股本和发行股数所确定的价值；账面价值是指股票所含有的公司净资产的价值；清算价值是指公司清算时，每股股票所代表的价值；投资价值是指投资者试图确定的某一股票的真实价值或实际价值，又称内在价值或理论价值；市场价值指股票市场价格，是股票在实际交易过程中所表现出的价值。

通常股票投资价值与其同时期市场价值不一致，同一种股票由于不同投资者具有不同的期望收益率，其投资价值也不一样。但是，股票投资价值在股票投资决策中具有重要作用，它是投资决策的一种裁决价值。

下面讨论的股票价值评估是指股票投资价值评估，而非其他价值概念。投资者将某种股票的投资价值与其现行市场价值进行比较，可以决定是否进行投资。

（一）普通股价值和收益率评价

依据资金时间价值原理和风险价值原理，普通股价值是普通股投资者未来取得现金流量的现值。普通股投资者取得未来现金流量的情况分两种：一种情况是普通股投资者永久性持有股票，这种情况下，普通股投资者取得的未来现金流量就是股利。另一种情况是普通股投资者持有股票一段时间之后出售，该种情况普通股投资者未来现金流量包括持有期间每年的股利和出售时的收入。

由于普通股股利是变动的，又没有偿还期，所以它的价值评估较债券和优先股复杂。普通股价值评价主要有以下几种模型。

1. 基本模型

① 假定普通股投资者永久性持有股票，普通股价值是一个永续性预期股利的现值之和。计算模型如下：

$$V_0=\sum_{t=1}^{\infty}\frac{D_t}{(1+r)^t}$$

式中 $V_0$——普通股期初价值；

$D_t$——第 $t$ 期预期股利；

$r$——投资者期望收益率；

$t$——持有期间次数。

② 假设普通股投资者持有股票 $n$ 期后出售，普通股价值是 $n$ 期预期股利的现值和出售时售价的现值之和。计算模型如下：

$$V_0=\sum_{t=1}^{n}\frac{D_t}{(1+r)^t}+\frac{V_n}{(1+r)^n}$$

式中 $V_0$——普通股期初价值；

$D_t$——第 $t$ 期预期股利；

$r$——投资者期望收益率；

$t$——持有期间次数；

$n$——持有股票期数；

$V_n$——第 $n$ 期期末股票出售价值。

依据时间价值原理和风险价值原理，$V_n$计算模型可以描述如下：

$$V_n=\sum_{t=1}^{\infty}\frac{D_{n+t}}{(1+r)^t}=\frac{D_{n+1}}{(1+r)^1}+\frac{D_{n+2}}{(1+r)^2}+\frac{D_{n+3}}{(1+r)^3}+\cdots$$

将 $V_n$代入上述模型：

$$V_0=\sum_{t=1}^{n}\frac{D_t}{(1+r)^t}+\frac{D_{n+1}}{(1+r)^{n+1}}+\frac{D_{n+2}}{(1+r)^{n+2}}+\frac{D_{n+3}}{(1+r)^{n+3}}+\cdots=\sum_{t=1}^{\infty}\frac{D_t}{(1+r)^t}$$

上述①和②两种情况的普通股价值评估模型表明，某个时点的普通股价值与投资者是否永久性持有无关，只与无穷期限的股利有关。

上述普通股投资者持有股票 $n$ 期后出售的普通股价值 $V_0$ 分析还可以按如下思路推演：

普通股的价值 $V_0$ 和一年后的价值 $V_1$ 的关系为：

$$V_0=\frac{D_1}{1+r}+\frac{V_1}{1+r} \tag{1}$$

$$V_1=\frac{D_2}{1+r}+\frac{V_2}{1+r} \tag{2}$$

将式(2)代入式(1)得：

$$V_0=\frac{D_1}{(1+r)}+\frac{D_2}{(1+r)^2}+\frac{V_2}{(1+r)^2}$$

如果不断继续上述代入过程，则可得出：

$$V_0=\sum_{t=1}^{\infty}\frac{D_t}{(1+r)^t} \tag{3}$$

式(3)即上述永久性持有股票普通股价值评价模型。可见，这一模型是通用的普通股价值评价的基本模型。

普通股价值评价的基本模型中，股利的多少取决于每股盈利和股利支付率两个因素。对其估计的方法是利用历史资料进行统计分析，例如回归分析、时间序列的趋势分析等。

投资者期望收益率的确定主要有几种方法。第一种方法是根据股票历史上长期的平均收益率来确定，这种方法的缺点是，过去的情况未必符合将来的发展，历史上不同时期的收益率高低不同，难以判断哪个更适用。第二种方法是参照债券的收益率，加上一定的风险报酬率来确定。第三种方法是直接使用市场利率，因为投资者的期望收益率一般不会低于市场利率，市场利率是投资于股票的机会成本，所以市场利率可以作为期望收益率，这是一种更为常用的方法。第四种方法是根据资本资产定价模型确定。

如果以普通股现时市价代替基本模型中的 $V_0$，计算出的 $r$ 即是普通股投资的实际收益率，其本质是用它来对未来投资收入的现金流入量进行贴现，会使其现值正好等于股票的购入价格，使净现值等于 0 的报酬率。

2. 零增长模型

零增长模型是指普通股股票的未来每年股利相同情况下的普通股价值的评价模型。假设前提是公司没有新增投资，收入与成本不变，当年实现的净利润全部分完。由于 $D_1=D_2=D_3=\cdots=D$，根据永续年金现值可知，该种股票价值的评估模型如下：

$$V=\frac{D}{r}$$

若以现时市价代替模型中的 $V$，可以得出零增长普通股股票收益率计算公式为：

$$r=\frac{D}{V}$$

**例 3-4** 某种普通股股票每年股利均为 2 元，投资者期望收益率为 10%，则该股票价值为：

$$V=\frac{2}{10\%}=20(\text{元})$$

也就是说，当该种股票市价在 20 元及以下，公司便可购买。如果当时股票市场上该种股票价格为 18 元，公司购入便能获得高于 10%的预期收益率，计算如下：

$$r=\frac{2}{18}\times100\%=11.11\%$$

3. 固定增长模型

公司的股利不应当是固定不变的，而应当不断增长。假设公司没有新增投资，收入与成本不变，每年分红政策采取固定比率分红（每股收益固定比率分红）政策的情况下，每年股利会以固定增长率增长。

假设每年实现的净利润分$(1-F)$比例，留 $F$ 比例（留存收益率为 $F$）。每年股利 $D_t$变化规律分析如下：

假设第一年净利润为 $X$，发行在外的普通股为 $N$。

则，第一年每股收益为 $E_1=\frac{X}{N}$，第一年每股股利 $D_1=\frac{X}{N}\times(1-F)$。

假定留存收益$(X\times F)$再投资报酬率为 $r$，那么第二年净利为 $X+XF\times r$。

第二年每股收益为 $E_2=\frac{X(1+F\times r)}{N}$，第二年每股股利 $D_2=\frac{X(1+F\times r)}{N}\times(1-F)$。

每股股利增长率 $g=\frac{D_2-D_1}{D_1}=F\times r$。

每年股利增长率 $g$=留存收益率×留存收益再投资收益率$=F\times r$。

在公司没有新增投资、收入与成本不变、固定比率分红的情况下，普通股股利每年以 $g$ 的速度固定增长。这种情况下，普通股价值的评价模型如下：

$$V=\sum_{t=1}^{\infty}\frac{D_0(1+g)^t}{(1+r)^t}$$

式中 $V$——普通股期初价值；

$D_0$——基期股利；

$g$——固定的股利增长率（留存收益率×留存收益再投资收益率）；

$r$——投资者期望收益率；

$t$——持有期间次数。

依据等比数列求和公式，先求上述数列前 $n$ 项之和，再求极限，最终可以得出普通股价值固定增长模型为：

$$V=\frac{D_1}{r-g}$$

若以现时市价代替模型中的 $V$，移项整理后还可以得到普通股预期收益率的计算公式：

$$r=\frac{D_1}{V}+g$$

**例 3-5** 某公司股票的基期股利为 4 元，固定的股利增长率为 5%，期望收益率为 12%，则该股票价值为：

$$V=\frac{4\times(1+5\%)}{12\%-5\%}=60(\text{元})$$

若投资者以 50 元/股购入该种股票，则预期投资收益率为：

$$r=\frac{4\times(1+5\%)}{50}+5\%=13.4\%$$

4. 非固定增长模型

固定增长模型只适应于期望股利按固定比率增长的普通股价值评价，而这种情况在实际生活中比较少见。一般而言,公司早期的增长比较快,相应地公司股利亦以超常速度增长,公司发展到中后期,进入成熟阶段,增长速度将放慢,公司股利逐渐以固定的比率增长。因此,这类公司普通股股票的价值可以分为非固定增长和固定增长两个阶段计算,将两个阶段的期望股利折现求和,即得到普通股的价值。计算公式如下:

$$V=\sum_{t=1}^{n}\frac{D_t}{(1+r)^t}+\frac{D_{n+1}}{r-g}\times\frac{1}{(1+r)^n}$$

式中　$V$——普通股期初价值;

$D_t$——非固定增长阶段各期股利;

$g$——固定增长阶段的固定股利增长率;

$n$——非固定增长期;

$r$——投资者的期望收益率;

$D_t$——非固定增长期每期股利;

$D_{n+1}$——第 $n+1$ 期股利。

**例 3-6**　某公司前三年增长较快,相应股利增长率为 10%,从第四年起,股利以固定增长率 6%增长,公司基期的股利为 2 元,期望收益率为 12%,则该股票价值为:

$$V=\frac{2\times(1+10\%)}{1+12\%}+\frac{2\times(1+10\%)^2}{(1+12\%)^2}+\frac{2\times(1+10\%)^3}{(1+12\%)^3}+\frac{2\times(1+10\%)^3\times(1+6\%)}{12\%-6\%}\times\frac{1}{(1+12\%)^3}=37.66(\text{元})$$

上述几种普通股价值评价模型都是有假设前提的,实际工作中每年股利和投资者期望收益率预测是有一定困难的。因此,实际运用上述模型时还应综合考虑未来利率水平、通货膨胀程度、股票市场发展趋势、股民投资偏好、公司支付能力等因素,才能得出较为准确的评价结果。

### (二) 优先股价值和收益率的评价

依据资金时间价值原理和风险价值原理,优先股价值也是优先股投资者未来取得现金流量的现值。由于大部分优先股的股利是固定的,所以,优先股价值与收益率的评价与上述零增长普通股的评价方法相同。

若计算得出的优先股价值或收益率低于现时市价或投资者的期望收益率,投资者应放弃优先股投资方案;反之,投资者会积极投资。

### (三) 普通股价值评估的市盈率分析法

上述股票价值评价模型在理论上比较完善,计算的结果使用也很方便,但未来股利的预计和投资者期望收益率预测很复杂,要求也比较高,一般投资者往往很难做到。而市盈率(PE)分析可以作为一种粗略衡量股票价值的方法。由于它易于掌握,所以被许多投资者所使用。

市盈率(PE)可以粗略反映股票价值的高低,表明投资者愿意用盈利的多少倍购买这种股票,是市场对该股票的评价。市盈率分为静态市盈率和动态市盈率。

$$\text{静态市盈率}=\frac{\text{股票市价}}{\text{上年每股收益}}$$

$$\text{动态市盈率}=\frac{\text{股票市价}}{\text{预测每股收益}}$$

市盈率(PE)的含义是不同公司创造1元每股收益的市场价值。比如某公司每股市价是40元/股,预测每股收益为2元/股,那么动态市盈率为20倍。该公司创造1元每股收益的市场价值为20元。不考虑资金时间价值,投资者投资该公司股票需要20年才能收回原始投资。

1. 我国股票市场市盈率分布情况统计

2019年7月30日,我国沪深两市交易的股票总数有3 107只,动态市盈率情况如表3-8和表3-9所示。

**表3-8 沪深两市市盈率分布情况**

| 动态市盈率 | 股票数量/只 | 所占比例 |
|---|---|---|
| 0～9倍 | 239 | 7.7% |
| 10～19倍 | 648 | 20.9% |
| 20～29倍 | 512 | 16.5% |
| 30～49倍 | 620 | 20.0% |
| 50～99倍 | 538 | 17.3% |
| 100～199倍 | 309 | 9.9% |
| 200～499倍 | 165 | 5.3% |
| 500倍以上 | 76 | 2.4% |
| 总计 | 3 107 | 100% |

**表3-9 沪深股票平均市盈率情况**

| 项目 | 动态市盈率 |
|---|---|
| 最高动态市盈率(新劲刚300629) | 10 101倍 |
| 最低动态市盈率(华茂股份000850) | 2.32倍 |
| 沪市平均动态市盈率 | 11.47倍 |
| 深市平均动态市盈率 | 28.02倍 |
| 上证50平均动态市盈率 | 17.22倍 |
| 沪深300平均动态市盈率 | 11.09倍 |
| 中小版平均动态市盈率 | 33.10倍 |
| 创业版平均动态市盈率 | 52.31倍 |
| 科创版平均动态市盈率 | 176.10倍 |

从表3-8可以看出,沪深两市动态市盈率20倍以下上市公司占28.6%,30倍以下上市公司占45.1%,50倍以下上市公司占65.1%,动态市盈率为100倍以下占82.4%。

表3-9表明,投资"新劲刚"要1万年才能收回投资;不同板块的动态市盈率差异较大,市盈率与公司规模和生产经营特点有关。

2. 全球主板市场平均市盈率情况

全球主板市场平均市盈率情况如表3-10所示。

表 3-10　全球主板市场平均市盈率情况

| 主板市场 | 平均动态市盈率 |
|---|---|
| 美国 | 23 倍 |
| 英国 | 30 倍 |
| 法国 | 19 倍 |
| 德国 | 20 倍 |
| 日本 | 18 倍 |
| 瑞士 | 24 倍 |
| 韩国 | 14 倍 |
| 加拿大 | 15 倍 |
| 中国香港 | 13 倍 |
| 印尼 | 16 倍 |
| 印度 | 23 倍 |
| 泰国 | 19 倍 |
| 中国沪市 | 11 倍 |
| 中国深市 | 28 倍 |

表 3-10 表明：① 全球主板市场平均市盈率在 30 倍以下；② 上证 A 股历史平均市盈率 11 倍左右，深圳 A 股历史平均市盈率 28 倍左右；③ 中国香港、加拿大和韩国历史平均市盈率也相对较低。

3. 科创板上市公司市盈率情况

2019 年 7 月，中国资本市场推出了科创板，首次实施注册制，前 5 天交易不设涨跌停幅度，之后是每天涨跌停幅度为 20%，开启我国资本市场注册制的重大改革。2019 年 7 月 22 日，科创板在上交所成功开市，当天 25 只科创板上市公司动态市盈率情况如表 3-11 所示。

表 3-11　2019 年 7 月 22 日科创板 25 只上市公司动态市盈率情况

| 代码 | 名称 | 涨幅 | 现价/元 | IPO 价格/元 | 动态市盈率 | 行业 |
|---|---|---|---|---|---|---|
| 688019 | 安集科技 | 400.2% | 106.01 | 39.19 | 177.91 倍 | 半导体 |
| 688122 | 西部超导 | 266.6% | 54.99 | 15 | 141.53 倍 | 小金属 |
| 688016 | 心脉医疗 | 242.4% | 158.3 | 46.23 | 67.01 倍 | 医疗保健 |
| 688008 | 澜起科技 | 202.1% | 74.92 | 24.8 | 93.74 倍 | 半导体 |
| 688012 | 中微公司 | 179.3% | 81.03 | 29.01 | 782.83 倍 | 专用机械 |
| 688066 | 航天宏图 | 175.9% | 47.6 | 17.25 | — | 软件服务 |
| 688002 | 睿创微纳 | 151% | 50.2 | 20 | 172.66 倍 | 通信设备 |
| 688015 | 交控科技 | 134.2% | 37.9 | 16.18 | — | 运输设备 |
| 688001 | 华兴源创 | 128.8% | 55.5 | 24.26 | 82.61 倍 | 专用机械 |
| 688088 | 虹软科技 | 127% | 65.55 | 28.88 | 218.71 倍 | 软件服务 |
| 688007 | 光峰科技 | 121.9% | 38.84 | 17.5 | 131.71 倍 | 半导体 |

**表 3-11(续)**

| 代码 | 名称 | 涨幅 | 现价/元 | IPO 价格/元 | 动态市盈率 | 行业 |
|---|---|---|---|---|---|---|
| 688029 | 南微医学 | 110.7% | 110.51 | 52.45 | 49.06 倍 | 医疗保健 |
| 688028 | 沃尔德 | 109.9% | 56 | 26.68 | 71.08 倍 | 专用机械 |
| 688009 | 中国通号 | 109.7% | 12.27 | 5.85 | 48.02 倍 | 运输设备 |
| 688018 | 乐鑫科技 | 106.2% | 129.11 | 62.6 | 81.15 倍 | 半导体 |
| 688388 | 嘉元科技 | 100.5% | 56.66 | 28.26 | 36.2 倍 | 元器件 |
| 688006 | 杭可科技 | 99.13% | 54.62 | 27.43 | 61.17 倍 | 电气设备 |
| 688033 | 天宜上佳 | 96.76% | 40.08 | 20.37 | 58.65 倍 | 运输设备 |
| 688333 | 铂力特 | 94.94% | 64.33 | 33 | — | 机械基件 |
| 688022 | 瀚川智能 | 94.61% | 50.19 | 25.79 | 335.32 倍 | 专用机械 |
| 688010 | 福光股份 | 92.98% | 48.67 | 25.22 | 80.74 倍 | 电器仪表 |
| 688020 | 方邦股份 | 87.64% | 101.1 | 53.88 | 63.21 倍 | 元器件 |
| 688005 | 容百科技 | 86.06% | 49.53 | 26.62 | 184.27 倍 | 电气设备 |
| 688003 | 天准科技 | 85.88% | 47.4 | 25.5 | 499.43 倍 | 专用机械 |
| 688011 | 新光光电 | 84.22% | 70.17 | 38.09 | 593.67 倍 | 元器件 |

表 3-10 表明，开市当天涨幅最高的安集科技上涨了 400.2%，涨幅最低的新光光电也上涨了 84.22%。动态市盈率最高是中微公司，为 782.83 倍；最低是嘉元科技，为 36.2 倍。10 只股票动态市盈率超过 100 倍，3 只亏损，两者占比为 52%。25 只科创版上市公司平均动态市盈率为 161 倍。

经过 7 天交易，到 2019 年 7 月 30 日，中微公司动态市盈率上升为 809.4 倍，嘉元动态市盈率上升为 39.88 倍；沃尔德、乐鑫科技、福光股份等三只股票动态市盈率从 2019 年 7 月 22 日的 100 倍以下变为 100 倍以上，100 倍以上动态市盈率的公司从 2019 年 7 月 22 日的 10 只变为 13 只。25 只科创版上市公司平均动态市盈率从 161 倍上升为 176 倍。

问题是科创版上市公司估值是否偏高?

由于科技型公司的高研发投入和高成长性特征，科技型公司估值除用市盈率方法外，还需要看其他补充指标。科技型公司估值的补充指标主要有市盈增长比率、市研率和市销率等。

$$\text{市盈增长比率(PEG)} = \frac{\text{市盈率}}{\text{三年或五年收益增长率} \times 100}$$

当 PEG=1，表明市场赋予该股票的估值已经充分反映未来业绩的成长性。

当 PEG>1，表明该股票价值可能被市场高估，或市场认为该公司的业绩成长性会高于预期。

当 PEG<1，表明该股票价值可能被市场低估，或市场认为其业绩成长性可能比预期差。

$$\text{市研率} = \frac{\text{每股市价}}{\text{每股研发支出}}$$

$$\text{市销率} = \frac{\text{每股市价}}{\text{每股销售收入}}$$

市研率反映科技型公司每一元研发支出的市场价值。

市销率反映科技型公司每一元销售收入的市场价值。

下面我们来看 2019 年 7 月 30 日科创版上市公司的市盈增长比率(PEG)情况(表 3-12)。

**表 3-12 2019 年 7 月 30 日 25 只科创版上市公司的市盈增长比率(PEG)**

| 代码 | 名称 | 现价 | 动态市盈率 | 未来三年平均增长率 | PEG |
|---|---|---|---|---|---|
| 688388 | 嘉元科技 | 62.41 | 39.88 倍 | 0.43 | 0.92 |
| 688009 | 中国通号 | 10.23 | 40.04 倍 | 0.22 | 1.81 |
| 688029 | 南微医学 | 135.07 | 59.96 倍 | 0.46 | 1.31 |
| 688006 | 杭可科技 | 56.85 | 63.67 倍 | 0.69 | 0.92 |
| 688033 | 天宜上佳 | 46.5 | 68.05 倍 | 0.23 | 3.00 |
| 688020 | 方邦股份 | 111.35 | 69.62 倍 | 0.30 | 2.30 |
| 688016 | 心脉医疗 | 178.52 | 75.57 倍 | 0.51 | 1.49 |
| 688001 | 华兴源创 | 56.79 | 84.53 倍 | 0.30 | 2.77 |
| 688008 | 澜起科技 | 75.1 | 93.97 倍 | 0.28 | 3.39 |
| 688018 | 乐鑫科技 | 163 | 102.44 倍 | 0.40 | 2.55 |
| 688028 | 沃尔德 | 91.72 | 116.41 倍 | 0.44 | 2.66 |
| 688010 | 福光股份 | 73.06 | 121.2 倍 | 0.26 | 4.67 |
| 688122 | 西部超导 | 52.55 | 135.25 倍 | 0.43 | 3.12 |
| 688007 | 光峰科技 | 45.89 | 155.62 倍 | 0.56 | 2.78 |
| 688019 | 安集科技 | 190.02 | 172.48 倍 | 0.35 | 5.00 |
| 688002 | 睿创微纳 | 50.41 | 173.38 倍 | 0.64 | 2.73 |
| 688005 | 容百科技 | 49.86 | 185.49 倍 | 0.72 | 2.57 |
| 688088 | 虹软科技 | 67.71 | 225.91 倍 | 0.30 | 7.46 |
| 688022 | 瀚川智能 | 66.97 | 447.42 倍 | 0.62 | 7.22 |
| 688003 | 天准科技 | 50.65 | 533.67 倍 | 0.92 | 5.79 |
| 688011 | 新光光电 | 74.3 | 628.62 倍 | 0.28 | 22.70 |
| 688012 | 中微公司 | 83.78 | 809.4 倍 | 0.69 | 11.80 |

表 3-11 剔除了航天宏图、交控科技和铂力特三只亏损的股票,共 22 只股票的市盈增长比率(PEG)情况。现价是指 2019 年 7 月 30 日的股票价格。从表中可以看出:

① 2019—2021 年三年平均增长最快是天准科技,平均增长率为 92%;最慢是中国通号,平均增长率为 22%。

② PEG 小于 1 的有嘉元科技和杭可科技两只股票,说明这两只股票被市场低估,可以投资。其他股票的 PEG 都大于 1,已被市场高估,投资须谨慎。

每股市价＝市盈率×每股收益

某种股票投资价值(理论价值)＝行业平均市盈率×该股票每股收益

市盈率分析可以作为一种粗略衡量股票价值的方法。

**例 3-7** 某公司的股票每股盈利 2 元,市盈率为 10,行业类似股票的平均市盈率为

11,则:

$$该股票价值=11\times 2=22(元)$$

$$该股票市价=10\times 2=20(元)$$

说明市场对该股票的估值偏低,投资者可以投资。

## 三、股票评级

### (一)普通股评级

全球股票市场的开放和日臻成熟吸引了越来越多的投资者,他们希望从股票投资中获得最大的收益。由于大多数投资者缺少专业知识,不能全面了解其投资的公司的经营风险和财务风险,同时他们又需要对投资的公司经营(股票)优劣进行选择,于是便产生了由专门机构对各种股票投资回报水平进行评价的信息服务工作,即产生了股票评级工作。

股票与债券性质不同决定了股票评级与债券评级有本质差异。债券持有者是公司的债权人,与公司之间是资金借贷关系,公司对债券持有者承诺按约定还本付息。债券的这种性质决定了债券评级目标是为债券投资者提供充分、可靠的公司偿债能力的信息。而股票则不同,股东与公司之间是投资与被投资的关系。法律上赋予投资者有获取收益的权利,同时承担应有的风险。股票的这种性质决定了股票评级的目标是向广大投资者提供公司未来投资回报能力大小的信息,而非局限于评价偿债能力。

股票评级内容是评价公司对投资者可能提供的投资回报水平,即综合评价每一种股票所代表的公司的基本情况、财务风险状况、盈利能力、发展速度等对投资回报水平的影响,并按其优劣程度予以先后编列。公司未来投资回报能力主要由以下几个方面组成:

1. 公司的基础及管理素质

公司的基础及管理素质主要包括公司所处的行业特点、主导产品的市场地位、公司的资产规模、资本投入的大小、职工素质、主要管理人员的资历及社会地位、管理能力以及相关的宏观经济政策及经济环境等因素。

反映公司基础和管理素质的指标大多是一些定性的指标或是一些绝对指标,如行业的发展趋势、现有市场容量及竞争对手情况;产品结构及市场所占份额、内外销结构;产品生产工艺水平及生产设备的先进程度;资本规模、收入及盈利水平;职工人数、技术等级构成;高级管理人员的数量及构成;等等。

2. 公司的财务风险状况

对股票投资者而言,关心公司对投资者的直接回报固然重要,但投资者更应重视那些反映公司财务风险状况好坏的信息指标,因为这些指标往往对公司的投资回报能力起着预警作用。

反映公司财务风险状况的指标包括产权比率、流动比率、速动比率、固定资本比率、资本化比率、利息支付能力等。值得说明的是,在股票评级中,评价公司财务风险状况即财务风险对正常营运的影响程度,它是反映公司获利能力高低、安全与否的一个间接手段,所以在分析时,其重要性显然弱于债券偿还能力的评估。

3. 公司的盈利水平

盈利水平包括两个方面的内容:一方面是公司总体的盈利水平,即根据公司历史经营业绩趋势所反映出来的利润率水平。当一个公司的获利能力始终保持在较高的水平时,它就有可能向投资者提供较好的回报方案;另一方面是从投资者角度来综合评价的每股盈利水平，因为当公司的初期股本投入较大时，尽管公司的总体盈利规模很大，但其每股盈利水平不一定会很高，能给投资者的回报也就相当有限。

反映公司盈利水平的财务指标主要有营业利润率、毛利率和每股盈利等。

4. 公司的成长性

投资者决定购买一个公司的股票作为长期投资，往往是看好其未来的发展。一个能保持较高增长速度的公司，它的营运情况无疑是会被认为良好，因而这个公司会理所当然受到投资者的青睐。因为从投资者角度来说，投入的资本会在几年后增值好几倍是最值得他们欣慰的。

反映公司成长性的财务指标主要有营业收入增长率、利润增长率、总资产增长率、净资产增长率和每股盈利增长率等。

5. 公司股利分配的历史记录

公司对投资者股利分配的历史记录是股票评级中的一项很重要的内容，因为它反映了公司的投资回报能力以及公司对投资者回报的态度。对投资者而言，股利分配是投资者最现实的内容，尽管公司每年的股利分配政策不尽一致，但历年的股利分配记录能或多或少地反映公司的投资回报能力。但要对公司投资回报能力做出较为准确的评价，必须依赖公司多年的股利分配记录资料。

公司历年股利分配水平的高低必然能反映公司投资回报能力的内在规律性，同时它又是公司经营行为的综合性结果，因而，在股票评级体系中它应占有相当大的权重。反映公司综合投资回报能力的指标是股利分配率。

在股票评级方面，美国的评级方法具有代表性，利用盈利和股利这两个基本因素来评定股票的质量。股票分析家们认为，所有决定股票质量的因素都最终反映于每股盈利和股利。所以，一般证券评估机构不对股票进行评级，而是按盈利和股利水平将它们编列排队。根据盈利和股利这两个因素的差别，可以把所有股票分为八个级别：

$A^+$——最优级，股东收益最高；

A——优级，股东收益较高；

$A^-$——次优级，股东收益略高于平均水平；

$B^+$——一般级，股东收益相当于平均水平；

B——次一般级，股东收益略低于平均水平；

$B^-$——低级，股东收益水平较低；

C——次低级，股东收益最低；

D——最低级，股东无收益甚至负收益。

（二）优先股评级

由于债券的偿还顺序在优先股之前，所以优先股的等级与债券的等级有着密切的联系，公司债券的等级通常是该公司优先股等级的上限。优先股评级主要考虑以下几个因素：

1. 公司信誉

公司信誉是优先股评级中最重要的因素。因为一个公司的信誉是该公司各方面能力的综合反映，信誉良好的公司通常能够更好地履行其对优先股股东应承担的义务。

2. 优先股在全部股本中的比重

优先股在全部股本中所占的比重越大，说明公司承担经营风险的能力越小，相应地，优先股的等级也就越低。因为优先股股东有优先获得股利的权利，如果公司过多地利用优先股来筹资，必然会削弱其对优先股股东所承担义务的能力。

3. 普通股的有关情况

普通股的收益率较高并且稳定，为优先股的收益提供了较可靠的保障。因为优先股的获利顺序在普通股之前，普通股股东获得较高收益率的前提必须是保证足额支付优先股股东的股利。

4. 红利及股利的限制条件

在公司的合同条款中，如果对普通股红利和优先股股利支付作了限制性的规定，会使优先股股利支付有可靠的保证。

5. 公司举债能力

这里的举债能力是指公司运用紧急借款以支付优先股股利及其他债务的能力。在公司应该支付优先股股利或偿还其他债务时，往往会发生一时资金周转不灵没有现金可供支付的情况。如果公司举债能力强，就可以暂借现金以应一时之需，以免损害公司的信誉。因此，公司举债能力强对优先股股利的保障程度就高。

## 案例

### 博雅科技公司股票定价

博雅科技公司主营业务为关键半导体材料的研发和产业化。目前产品主要包括不同系列的化学机械抛光液和光刻胶去除剂等，主要应用于集成电路制造和先进封装领域。公司凭借领先的技术、优质的管理与服务等方面的优势，在半导体材料行业取得一定的市场份额和国内品牌知名度。公司主要客户包括中芯国际、台积电等全球或国内领先的集成电路制造厂商。

自 2010 年以来，博雅科技公司一直是我国成功高科技企业的先锋之一。作为一个历史悠久、成长性极好的高科技企业，2019 年公司的每股收益已达 10 元左右。为回报投资者，博雅科技公司的分红支付率一直在 50%左右。根据测算，博雅科技公司的权益资本费用 $K_S$ 约为 13%，盈利增长率为 20%。因此，有人利用固定增长模型认为博雅科技公司 2020 年年初的股票价值应为 600 元/股。

博雅科技公司股票理论价值 $V=\frac{D_0(1+g)}{K_S-g}=\frac{D_1}{K_S-g}=\frac{6}{13\%-12\%}=600$（元/股）。

显然，这一结果与博雅科技公司公司实际的股票价格相差甚远！原因何在？

许多人认为，上述计算方法假设了“博雅科技公司的盈利增长率 20%永恒不变，是个常量！”这在实践中是不可能的。任何企业的成长，都具有阶段性。不少投资咨询机构预测，博雅科技公司 20%的盈利增长率只会持续 5 年左右。2025—2034 年博雅科技公司盈利增长率大约在 10%左右，2035 年以后，博雅科技公司将演变为一家“普通公司”。在一般情况下，普通公司股票市盈率在 15 倍左右。

**问题：**

利用股票价值评估方法评估 2020 年初、2025 年初和 2035 年初博雅科技公司股票的理论价值。

# 第三节 公司价值评估

## 引言

2020 年 5 月 8 日，北京圣顶创新科技股份有限公司(以下简称“圣顶创新”)披露“发行股份及支付现金购买资产并募集配套资金公告”，公司拟以发行股份及支付现金的方式收购联意香港、青岛海丝、上海正芯泰、合肥晨流、上海思芯拓、青岛民芯、杭州藤创、北京集成、上海普若芯、赵立新和梁晓斌合计持有的上海思立微电子科技有限公司(以下简称“思立微”)100%股权，根据中联评估出具的《北京圣顶创新科技股份有限公司拟收购上海思立微电子科技有限公司股权项目资产评估报告》(中联评报字〔2019〕第 1146 号)显示，截至评估基准日(2019 年 12 月 31 日)思立微 100%股权的评估值约 17.398 亿元。经交易双方协商，参考上述评估值，确定本次交易标的资产的交易价格为 17 亿元。其中股份支付对价为 14.45 亿元，现金支付对价为 2.55 亿元。

上海思立微电子科技有限公司经营范围主要包括多点触摸传感器、指纹传感器、集成电路芯片和产品及相关电子元器件的研发等，公司账面净资产为 5 600 万元。2018 年 12 月 31 日资产评估公司采用收益法对思立微 100%股权评估的价值为 1.13 亿元，2019 年 12 月 31 日采用市场法评估价值为 17.398 亿元。评估报告中显示市场法选取了 4 笔可比交易，分别为：① 四维图新购买杰发科技有限公司 100%股权；② 上海贝岭购买深圳市锐能微科技股份有限公司 100%股权；③ 太阳鸟游艇股份有限公司购买亚光电子 97.38%股权；④ 东软载波购买上海海尔集成电路有限公司 100%股权。4 笔交易均属于集成电路设计行业，采用的估值方法为资产基础法和收益法。进行交易时间因素修正后，杰发科技、锐能微、亚光电子和上海海尔的市净率(市净率 PB＝市场价值/账面价值)分别为 18.13 倍、24.40 倍、29.20 倍和 25.97 倍，而此次“圣顶创新”收购“思立微”交易的市净率为 30.36 倍。溢价之高引发市场质疑。

据相关资料表明，美国企业并购交易中的市场溢价一般在 20%～70% 之间。近年来，我国资本市场高溢价收购现象频发，最高溢价是“完美环球”并购“完美世界”的溢价高达 412 倍。

为什么股权市场价值和账面价值差异如此之大？股权价值和公司价值什么关系？公司价值又如何评估呢？

伴随着产权理论和产权市场的发展，公司作为商品在产权市场和资本市场进行交易现象越来越多，公司价值及评估问题引起理论界和实务界广泛关注，但公司价值概念、影响因素和评估方法等问题至今还没有研究清楚，价值评估问题成为财务管理领域的谜团之一。本节主要讨论公司价值评估方法

### 一、公司价值概念

#### (一) 国内主要观点

国内主要观点有以下两种。第一种观点，认为公司价值是指公司能够直接或间接拥有的各项资源的价值之和。也可以理解为公司有形资产和无形资产的市场价值之和。第二种观点，考虑公司存在目的是获取利润，公司未来的盈利能力是公司价值主要决定因素，所以，

认为公司价值是公司整体资产产生的未来现金流量的现值。

(二) 国外主要观点

1958 年,莫迪格莱尼(Modigliani)和米勒(Miller)首次从财务学的角度将公司价值定义为公司的市场价值,是公司股票的市场价值与公司债务的市场价值之和。他们关于公司价值的定义是从资本结构出发,阐释了公司价值的组成,即公司价值是股权价值与债权价值之和。2006 年,弗里克曼(Frykman)和托勒瑞德(Tolleryd)认为公司价值是指公司所有资产要求权的价值总和,由股权价值、债权价值、养老金、少数股东权益和其他要求权五部分组成。比尔曼和韦斯特(Bierman and West,1966)从回报的角度对企业价值进行了定义,认为企业价值就是现有股东收益的现值。当然,该定义过于狭隘,因为它忽视了债权人在公司中的重要角色。

上述国内外主要观点主要从资产市场价值、权益市场价值和未来整体盈利水平的现值三个角度定义公司价值。公司价值是股权价值与债权价值之和。三者之间的关系如图 3-1 所示。

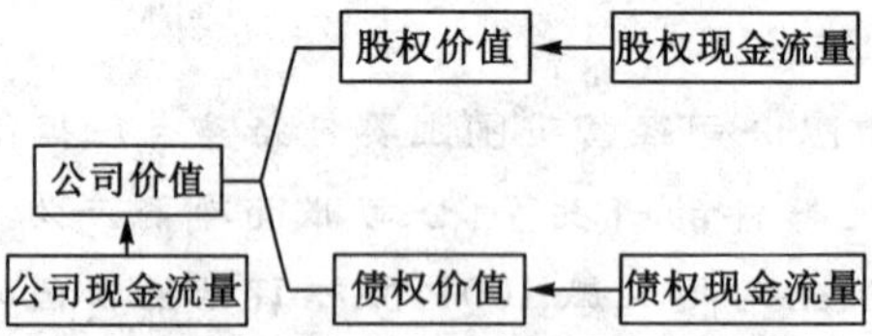


图 3-1　公司价值、债务价值及股东价值的关系

## 二、公司价值评估方法

(一) 资产基础法

资产基础法的基本原理是依据“资产替代”原则,基于目标公司的财务报表,通过对评估资产账面价值进行调整,以确定评估公司资产重新建造或购置的现行成本。资产基础法主要有账面价值法、重置成本法和清算价值法。

1. 账面价值法

账面价值法是以公司各项资产的账面历史成本为出发点,调整计算公司价值的方法。

$$\text{公司价值} = \sum \text{各项资产账面价值} \times (1 + \text{调整系数})$$

账面价值法计算较为简便,数据容易获取,客观反映了评估资产价值。由于该方法主要反映的是公司过去的投资和盈利状况,并且未充分考虑表外资产、过时贬值及会计估计差异等因素,所以其计算结果不能真实、全面地反映公司未来的盈利情况。一般情况下,运用账面价值法评估的公司价值只能作为转让交易的参考底价。

2. 重置成本法

重置成本法是从公司重建的思路评估公司价值。该方法是以重新购置评估资产的现行成本为出发点,在考虑综合贬值率(实体性、功能性和经济型贬值之和)后得出目标公司价值评估值的方法。

重置成本法基于公司现时经营状况,真实地反映了公司目前盈利水平,适用于以获取资产为动机的转让交易定价。重置成本法忽略了品牌声誉和人力资本等表外资产因素对公司价值和盈利水平的影响,也忽略了资产协同效应所产生的系统性价值。

3. 清算价值法

清算价值法是公司无法维持持续经营,面临破产或清算的情况下,将资产逐项分离进行单独拍卖处理的估价方法。清算价值法的基本思路是先确定每项评估资产单独拍卖的总收入，再利用总收入扣除债务、税费及清算费用等支出，从而确定公司最终的清算价值。

在公司可以维持正常经营的情况下，清算价值法现实意义不大。当公司作为有机整体没有可持续的盈利能力时，清算价值法通过评估目标公司的净清算收入来确定转让价格，反映了市场对于公司清算状态下剩余资产的估值。由于该方法基于公司清算假设前提，以"跳楼价"对目标公司单项资产进行评估，往往导致低估了公司价值。

综上，资产基础法的优点在于计算简便，数据容易获取，特别是当目标公司会计资料保存完整的情况下，运用资产基础法可以客观地反映公司价值。但资产基础法也存在明显的局限性，一是该方法忽略了品牌声誉、技术和人力资本等表外资产的存在对公司价值和盈利能力的影响，使得评估的资产不够全面，进而影响了评估结果的准确性，因此该方法适用于固定资产占比重较大的公司。二是该方法将公司价值看作单项资产的简单堆积和加总，忽略了公司作为有机整体的资产协同效应(即 1＋1＞2)，因此，该方法其实是"只见树木，不见森林"，并未考虑公司的整合效应和综合盈利能力。

### （二）市场法

市场法的基本原理是"市场替代"原则，即在有效市场中，替代资产的价格会趋于一致。市场法的基本思路是首先找出影响公司价值的关键变量，其次在有效市场中找出一个或若干个与目标公司相似的参照可比公司，或者找出市场上相似的转让交易案例，然后通过将可比公司的"股价/关键变量"的价格乘数作为基准值，再对该基准值进行差异分析以及修正调整得出目标公司的价值。其中可比公司指的是与目标公司在规模、行业特征、盈利能力、主营业务和运营模式、增长率、风险和股利支付率等方面相似的公司，因此市场法又被称为"相对价值法"或"价格乘数法"。

市场法的基本公式为：

$$公司价值=价值驱动因素\times 关键价值乘数$$

$$关键价值乘数=\frac{可比公司价值}{可比公司价值驱动因素数值}$$

一般公司的价值驱动因素有净利润和净资产等，科技型公司的价值驱动因素有净利润、净资产、销售收入和研发投入等。

在市场有效的假设前提下，市场法应用起来简单，应用原理也容易理解，可以公允、合理地反映公司价值。但应用市场法的难点是如何找到恰当的参照可比公司和关键的价值乘数，否则市场法的评估结果偏差很大，不能保证评估结果的准确度。考虑到目前我国资本市场尚不完善，有效性较弱，易被操纵，无法满足应用市场法的有效市场这一假设前提，因此该方法尚未在我国公司价值评估领域得到广泛应用。

### （三）收益法

依据时间价值原理和风险价值原理，收益法认为公司价值应该与公司未来资本收益的现值相等。公司未来资本收益有净利润、息税前利润、净现金流量和剩余收益等衡量指标，选择不同指标反映的公司价值内涵是不同的。下面以表 3-13 和表 3-14 为例加以说明。

**表 3-13　A、B 公司预计净收益对比表**　　单位：万元

| A 公司 | 年度 1 | 年度 2 | 年度 3 | 年度 4 | 年度 5 | 年度 6 |
|---|---|---|---|---|---|---|
| 销售额 | 1 000 | 1 050 | 1 100 | 1 200 | 1 300 | 1 450 |
| 现金支出 | (700) | (745) | (790) | (880) | (970) | (1 105) |
| 折旧 | (200) | (200) | (200) | (200) | (200) | (200) |
| 净收益 | 100 | 105 | 110 | 120 | 130 | 145 |
| B 公司 | 年度 1 | 年度 2 | 年度 3 | 年度 4 | 年度 5 | 年度 6 |
| 销售额 | 1 000 | 1 050 | 1 100 | 1 200 | 1 300 | 1 450 |
| 现金支出 | (700) | (745) | (790) | (880) | (970) | (1 105) |
| 折旧 | (200) | (200) | (200) | (200) | (200) | (200) |
| 净收益 | 100 | 105 | 110 | 120 | 130 | 145 |

**表 3-14　A、B 公司预计净现金流量对比表**　　单位：万元

| A 公司 | 年度 1 | 年度 2 | 年度 3 | 年度 4 | 年度 5 | 年度 6 | 累计 |
|---|---|---|---|---|---|---|---|
| 净利润 | 100 | 105 | 110 | 120 | 130 | 145 | 710 |
| 折　旧 | 200 | 200 | 200 | 200 | 200 | 200 | 1 200 |
| 资本支出 | (600) | 0 | 0 | (600) | 0 | 0 | (1 200) |
| 应收账款增加 | (250) | (13) | (13) | 35 | 45 | (23) | (219) |
| 净现金流量增加 | (550) | 292 | 297 | (245) | 375 | 322 | 491 |
| B 公司 | 年度 1 | 年度 2 | 年度 3 | 年度 4 | 年度 5 | 年度 6 | 累计 |
| 净利润 | 100 | 105 | 110 | 120 | 130 | 145 | 710 |
| 折　旧 | 200 | 200 | 200 | 200 | 200 | 200 | 1 200 |
| 资本支出 | (200) | (200) | (200) | (200) | (200) | (200) | (1 200) |
| 应收账款增加 | (150) | (8) | (8) | (15) | (15) | (23) | (219) |
| 净现金流量增加 | (50) | 97 | 102 | 105 | 115 | 122 | 491 |

从表 3-13 可看出，两个公司各年度无论是销售额还是净利润都完全相等。如果以销售收入和净利润为基础评估公司价值，可以得出两个公司价值完全相同的结论。但从表 3-14 可看出，虽然两个公司各年度利润和销售额完全相等，累计资本支出和应收账款增加额也相同，但其各年现金净流量及变动趋势却不同，其价值也应该有所区别。因此，按增量现金流量原则和价值创造原则，选择现金流量和剩余收益为基础评估公司价值更合理。

收益法评估模型主要有自由现金流模型和剩余收益模型。

1. 自由现金流模型

美国西北大学拉巴波特（Alfred Rappaport）与哈佛大学詹森（Michael C. Jensen）等学者在 20 世纪 80 年代提出了自由现金流概念。自由现金流是指公司经营产生的、在满足了再投资需求后剩余的、不影响公司持续发展前提下的、可供企业资本供应者（股东、债权人）分配的现金。

公司价值是公司未来自由现金流的现值。具体计量模型如下：

$$V=\sum_{t=1}^{\infty}\frac{FCFF_t}{(1+WACC)^t}$$

式中 $FCFF_t$——公司第 $t$ 年的自由现金流。

$WACC$——公司加权资本成本(公司期望报酬率)。

$$FCFF_t=\frac{\text{息税前}}{\text{利润}}\times(1-\text{所得税税率})+\frac{\text{折旧}}{\text{及摊销}}-\frac{\text{资本性}}{\text{支出增加}}-\left(\frac{\text{经营流动}}{\text{资产增加}}-\frac{\text{经营流动}}{\text{负债增加}}\right)$$

$$WACC=\frac{\text{公司目标}}{\text{资产负债率}}\times\frac{\text{债务税后}}{\text{资金成本率}}+(1-\text{目标资产负债率})\times\frac{\text{股权资金}}{\text{成本率}}$$

当公司每年自由现金流量相等时,公司价值计量模型描述为:

$$V=\frac{FCFF_t}{WACC}$$

当公司每年自由现金流量以固定增长率($g$)的速度固定增长时,公司价值计量模型可以描述为:

$$V=\frac{FCFF_0(1+g)}{WACC-g}$$

当公司自由现金流量前期增长无规律,$n$ 期之后以固定增长率($g$)的速度固定增长时,两阶段公司价值计量模型可以描述为:

$$V=\sum_{t=1}^{n}\frac{FCFF_t}{(1+WACC)^t}+\frac{FCFF_0(1+g)}{WACC-g}/(1+WACC)^n$$

2. 剩余收益模型

剩余收益模型包括股权剩余收益模型和经营剩余收益模型。

(1) 股权剩余收益模型

股权剩余收益模型(RIM)又称 EBO 模型,最早是由爱德华兹(Edwards)和贝尔(Bell)于 1961 年提出来的,但并没有引起理论界多大的重视,沉寂了很长一段时间;1995 年,美国学者奥尔森(Ohlson)在其文章《权益估价中的收益、账面价值和股利》中对这个方法进行了系统的阐述,建立了公司股权价值与会计变量之间的关系,使该方法重新得到理论界的重视,并成为近年来美国财务会计学界最热门的研究主题之一。

所谓股权剩余收益,是指公司的净利润与股东所要求的报酬之差。股权剩余收益的基本观点认为,企业只有赚取了超过股东要求的报酬的净利润,才算是获得了正的剩余收益;如果只能获得相当于股东要求的报酬的利润,仅仅是实现了正常收益。

股权剩余收益模型使用公司股权的账面价值和预期股权剩余收益的现值来表示股权价值,公司价值等于股权价值加上债权价值。公司价值评估的股权剩余收益模型为:

$$V=V_{\text{股权}}+V_D$$

$$V_{\text{股权}}=B_0+\sum_{t=1}^{\infty}\frac{RI_t}{(1+r_s)^t}=B_0+\sum_{t=1}^{\infty}\frac{(ROE_t-r_s)B_{t-1}}{(1+r_s)^t}$$

$$V=B_0+\sum_{t=1}^{\infty}\frac{RI_t}{(1+r_s)^t}+V_D=B_0+\sum_{t=1}^{\infty}\frac{(ROE_t-r_s)B_{t-1}}{(1+r_s)^t}+V_D$$

式中 $V$——公司价值;

$V_{\text{股权}}$——公司股权价值;

$B_0$——在 $t=0$ 时点的股权账面价值;

$RI_t$——第 $t$ 期公司预期股权剩余收益；

$ROE_t$——第 $t$ 期公司预期净资产报酬率；

$r_s$——投资者期望报酬率；

$B_{t-1}$——第 $t-1$ 期公司股权账面价值。

$V_D$——公司债权价值。

当公司每年预期股权剩余收益相等时，公司价值评估的股权剩余收益模型可以描述为：

$$V=B_0+\frac{RI}{r_s}+V_D=B_0+\frac{ROE\times B_0}{r_s}+V_D$$

当公司每年预期股权剩余收益以固定增长率($g$)的速度固定增长时，公司价值评估的股权剩余收益模型可以描述为：:

$$V=B_0+\frac{RI_1}{r_s-g}+V_D=B_0+\frac{(ROE_1-r_s)B_0}{r_s-g}+V_D$$

当公司预期股权剩余收益前期增长无规律，$n$ 期之后以固定增长率($g$)的速度固定增长时，两阶段公司价值评估的股权剩余收益模型可以描述为：

$$V=B_0+\sum_{t=1}^{n}\frac{RI_t}{(1+r_s)^t}+\frac{RI_{n+1}}{(r_s-g)(1+r_s)^n}+V_D$$

股权剩余收益模型采纳了现金流模型中时间价值原理和风险价值原理的优点，但又和现金流模型不同，不是从利润分配角度出发，而是从公司价值创造角度考虑问题。公司的一切生产经营活动都是围绕价值创造进行的，其结果又会在财务报表上得到最终反映，因此更为贴切地反映了公司的真实情况。

1977 年美国学者迈尔斯就指出，一个公司的市场价值由两部分组成，即基础资产价值和增长机会的现值之和。运用股权剩余收益模型评估的股权价值等于当期净资产价值加上未来增长机会的净现值，这正是对公司增长机会的期权价值的一种衡量。加之近年来越来越多的股份公司都趋向于不派发或少派发现金股利，使该模型的应用受到前所未有的推崇。从剩余收益概念出发，管理咨询公司创造了经济利润、经济增加值(EVA)、市场增加值等多个方法应用于公司管理及价值评估，并在实践中取得了良好的效果。

股权剩余收益模型使用公司资产负债表和利润表的数据来计算股权价值，然而在公司会计上不可避免地存在着核算方法上的差异，使得会计数字容易受到人为操纵，这样是否会影响股权价值评估的准确性呢？完全不会。因为股权价值是以未来收益与当前账面价值为基础的，而复式记账原理具有内在的自我调整性质，使会计方法选择的差异也会同时在未来收益和当前账面价值上反映出来。由于会计数字对该模型具有极其重要性，评估人员需要对会计方法非常熟悉，洞悉公司可能存在的会计调整事项，才能做出客观的估算。

金融分析人员热衷于会计基础的股权剩余收益模型，因为该模型体现了公司价值成长的驱动因素。只有公司的投资活动能够创造高于股权资本成本的收益后，才能提升公司股权的内在价值，投资者才会支付比净资产高的价格。否则，公司的收益低于正常收益水平(权益资本成本)，投资者不会对股权支付任何溢价。

股权剩余收益模型使用公司资产负债表和利润表的数据来计算股权价值，不需要进行多余的调整，作为基于应计会计信息的估价模型，明确了会计信息在股权估价和公司估价中的作用。尽管基于历史成本原则的会计信息遭到了诸多证券市场人士的批判，但大量的实证研究表明，会计信息对于股价变动具有较强的解释能力。运用会计信息直接进行价值评估，摆脱了传统现金流量贴现模型从会计数字转化为现金流量数字的"曲折"，增加了实用性。美国会计学会就认为股权剩余收益模型是一种比贴现现金流量模型更准确的模型，并加以推荐应用。

(2) 经营剩余收益模型

奥尔森和费森(Ohlson and Feltham，1996)、彭曼(Penman，2001)对股权剩余收益评估模型进行改进，引入了财务管理对资产和收益分类的办法，将净资产分为净经营资产和净金融资产，公司综合收益分为公司实体经营收益和金融投资收益，按公司实体价值创造原则，将股权剩余收益评估模型发展到经营剩余收益模型。

经营剩余收益模型将公司实体价值定义为公司当期账面净经营资产($NOA_0$)和未来各期经营剩余收益($ROEI_t$)的折现值之和。经营剩余收益的含义是指公司当期经营收益剔除所有经营资本投入者的必要报酬之后的剩余部分。该模型从公司实体角度出发，评估的是公司实体价值($V_{NOA}$)。具体评估模型如下：

$$V_{NOA} = NOA_0 + \sum_{t=1}^{\infty} \frac{E[ROEI_t]}{(1+K_{NOA})^t} = NOA_0 + \sum_{t=1}^{\infty} \frac{(OIAT_t - K_{NOA})NOA_{t-1}}{(1+K_{NOA})^t}$$

式中 $V_{NOA}$——公司实体价值；

$NOA_0$——公司期初净经营资产(经营权益)账面价值，净经营资产(经营权益)＝经营资产－经营负债，经营资产＝总资产－金融资产，经营负债＝总负债－金融负债；

$E[ROEI_t]$——第 $t$ 年公司预期经营剩余收益；

$K_{NOA}$——公司经营资产资本成本，是经营负债和经营权益资本的加权平均资本成本；

$OIAT_t$——第 $t$ 年公司预期净经营资产税后收益率，等于税后经营收益除以净经营资产，税后经营收益＝税后利润－金融投资税后利润；

$NOA_{t-1}$——第 $t-1$ 年公司经营净资产。

当公司每年预期经营剩余收益相等时，公司实体价值评估模型可以描述为：

$$V_{NOA} = NOA_0 + \frac{E[ROEI]}{K_{NOA}} = NOA_0 + \frac{(OIAT - K_{NOA})NOA_0}{K_{NOA}}$$

当公司每年预期经营剩余收益以固定增长率($g$)的速度固定增长时，公司实体价值评估模型可以描述为：

$$V_{NOA} = NOA_0 + \frac{E[ROEI_1]}{K_{NOA} - g} = NOA_0 + \frac{(OIAT_1 - K_{NOA})NOA_0}{K_{NOA}}$$

当公司预期经营剩余收益前期增长无规律，$n$ 期之后以固定增长率($g$)的速度固定增长时，两阶段公司实体价值评估模型可以描述为：

$$V_{NOA} = NOA_0 + \sum_{t=1}^{n} \frac{E[ROEI_t]}{(1+K_{NOA})^t} + \frac{E[ROEI_{t+1}]}{(K_{NOA} - g)(1+K_{NOA})^n}$$

与股权剩余收益模型相比，经营剩余收益模型有三点显著优势：第一，只关注经营活动的收益，不用考虑金融活动对企业收益的影响，工作量减少，便于操作；第二，只需预测经营活动的收益和经营资产的剩余收益，不用考虑包含金融活动的综合收益和资本成本，预测参数减少，增大准确性；第三，分离了公司金融投资活动和实体经营活动，剔除复杂金融投资活动因素的影响，有利于分析实体经营资产的价值创造的影响因素。

(四) 实物期权法

1. 实物期权法的提出

阿肖克和班纳吉(Ashok and Banerjee,2003)发现现金流量折现法难以解释印度制药公司约39%的市值,其原因是制药公司大部分市场价值是由专有技术驱动的,而专有技术价值并没有被传统的折现现金流(DCF)所捕获。萨德萨纳姆、索尔和马尔(Sudarsanam, Sorwar and Marr,2006)认为对于知识型公司价值评估,虽然收益法比市场法更为复杂和精确,但它并没有充分或正确地解决因智力资本的竞争策略产生的复杂性问题,评估的公司价值不能完全反映智力资本的贡献。里卡多和卡洛斯(Ricardo and Carlos,2008)认为在新兴的、快速发展的电子商务公司中,传统的估值工具无法让管理者捕捉到可能带来的收益和不确定性带来的风险。张、涅托和克莱特(Zhang, Nieto and Kleit,2015)认为传统的折现现金流方法虽是矿物工业经济可行性研究的标准工具,但当黄金、银同时出现显著的价格波动时,通常会导致价值评价不足的问题。郭建峰和王丹等(2017)、谢赤和樊明雪(2018)认为传统资产定价方法并不适用于具有高成长性和高风险性特征的创业板上市公司与互联网公司,其中,收益法忽略了不确定性的价值。王雪荣和李晴蕙(2016)研究发现使用传统净现值方法会低估4G电信牌照无形资产50%左右的价值。徐鲲和张楠等(2018)在研究专利资产价值评估时,认为成本法未考虑专利资产的预期收益,导致评估结果偏低,市场法难以在市场上找到信息完全匹配的专利资产参照物,收益法虽能全面考虑专利资产价值的影响因素,但也存在折现率难以确定的缺陷。

考虑到市场法、成本法、收益法等评估方法在不确定条件下评估公司价值的局限性,理论界和实务界开始关注实物期权法。

2. 实物期权和金融期权的区别

期权是指一种合约,该合约赋予持有人在某一特定日期或该日之前的任何时间以固定价格购进或出售一种资产的权利。从其本质上讲,期权实质上是将权利和义务分开进行定价,使得权利的受让人在规定时间内对于是否进行交易,行使其权利,而义务方必须履行。在期权交易时,购买期权的一方称作买方,而出售期权的一方则叫作卖方;买方即是权利的受让人,而卖方则是必须履行买方行使权利的义务人。期权分为看涨期权和看跌期权。看涨期权也称为“买权”,是指期权持有人在某一特定日期或该日之前的任何时间以固定价格购买标的资产的权利。看跌期权又称“卖权”,是指期权持有人在某一特定日期或该日之前的任何时间以固定价格出售标的资产的权利。

实物期权(real option)的概念最初由斯图尔特·迈尔斯(Stewart Myers,1977)提出。实物期权的核心思想是战略投资所产生的价值,不仅包含本项目所直接产生的价值(贴现现金流量,DCF),还包括因拥有对未来投资机会的选择权所隐含的价值。该项权利因为其挂钩的对应标的物为实物资产而非金融资产,故将此性质的期权称为实物期权。

金融期权是处理金融市场上交易金融资产的金融衍生工具,而实物期权是处理一些具有不确定性投资结果的非金融资产的一种投资决策工具。因此,实物期权是相对金融期权来说的,它与金融期权相似但并非相同。与金融期权相比,实物期权具有以下几个特性:

① 非交易性。实物期权与金融期权最本质的区别在于非交易性。不仅作为实物期权标的物的实物资产一般不存在交易市场,而且实物期权本身也不大可能进行市场交易。

② 非排他性。许多实物期权不具备所有权的独占性,即它可能被多个竞争者共同拥

有,因而是可以共享的。对于共享实物期权来说,其价值不仅取决于影响期权价值的一般参数,而且还与竞争者可能的策略选择有关系。

③ 复合性。现实投资项目中往往同时隐含多种类型的期权。在大多数场合,各种实物期权存在着一定的相关性,这种相关性不仅表现为同一项目内部各子项目之间的前后相关,而且表现为多个投资项目之间的相互关联。

3. 实物期权类型

实物期权主要有以下几种类型:

① 延迟投资期权(option to delay investment),也称为等待期权。决策者拥有推迟投资的权利,可以根据市场的情况决定何时投资,这种选择权可以减少项目失败的风险,被称为延期投资期权。

② 扩张期权(option to expand)。对于投资前景面临巨大不确定性的市场,决策者通常会先投入少量资金试探市场情况,这种为了进一步获得市场信息的投资行为而获得的选择机会被称为扩张期权。例如,采矿公司投资于采矿权以获得开发或者不开发的选择权,尽管目前它还不值得开采,但是,产品价格升高后它却可以大量盈利;房地产开发商建立土地储备,以后根据市场状况决定新项目的规模;制造业公司小规模推出新产品,抢先占领市场,以后视市场反应再决定扩充规模。如果公司拥有这种实物期权,就拥有未来扩张的选择权。

③ 收缩期权(option to contract)和中止期权(option to stop)。这是指决策者在面临市场实际环境比预期相差较远的状况下,拥有缩减或撤出原有投资的权利,这样可以减少损失,这种期权相当于美式看跌期权。

④ 转换期权(option to switch use)。在项目的实施过程中,决策者可以根据外部环境的变化进行投入要素或产品的转换,如根据市场需求的变化,产品线可以在生产A产品与B产品之间进行灵活转换。显然这为公司的项目营运提供了机动性,为公司适应市场或竞争环境变化提供有力工具。

⑤ 增长期权(corporate growth option)。决策者接受某一个项目时,可能不仅仅从项目本身的财务效益考虑,更多的可能考虑项目对公司未来发展的影响,更重要的是员工经验的积累、公司品牌支持、销售渠道开辟都具有重要的战略价值。

显然,实物期权是关于战略性决策和价值评估的重要思想方法,是战略决策和金融分析相结合的框架模型。它是将现代金融领域中的金融期权定价理论应用于实物投资决策的分析方法和技术。

4. 实物期权定价模型

实物期权法认为公司价值来源于现有资产所带来收益的价值和未来选择权的价值,这个选择权即是实物期权,可用于公司价值评估、单项资产价值评估、资源价值评估和投融资决策等方面。实物期权定价主要模型有以下几种:

(1) 二叉树期权定价模型

① 单期二叉树定价模型。单期二叉树期权定价模型建立在以下假设基础之上:市场投资没有交易成本;投资者都是价格接受者;允许完全使用卖空所得款项;允许以无风险利率借入或贷出款项;未来股票的价格是两种可能值中的一个。

单期二叉树定价模型如下:

$$C_0=\left(\frac{1+r-d}{u-d}\right)\times\frac{C_u}{1+r}+\left(\frac{u-1-r}{u-d}\right)\times\frac{C_d}{1+r}$$

式中　$u$——项目上行乘数，其值＝1＋上升百分比；

$d$——项目下行乘数，其值＝1－下降百分比；

$r$——无风险利率；

$C_0$——看涨期权现行价格；

$C_u$——项目上行时期权的到期日价格；

$C_d$——项目下行时期权的到期日价格。

② 多期二叉树定价模型。单期的定价模型假设资产价格变化只有两种可能，对于时间很短的期权来说是可以接受的。若时间很长，就与事实相去甚远。改善办法是把到期时间进行分割，由单期模型向多期模型扩展，其实是单期模型的多次运用。其模型如下：

$$u=e^{\sigma\sqrt{t}}$$

$$d=\frac{1}{u}$$

式中　e——自然常数；

$\sigma$——标的资产连续复利收益率的标准差；

$t$——以年表示的时段长度。

(2) 布莱克-斯科尔斯期权定价模型

该模型是财务管理中最复杂的公式之一，其证明和推导过程涉及复杂的数学问题。但是，该公式具有实用性，被期权交易者广泛使用，实际的期权价格与模型计算得到的价格非常接近。

模型的假设如下：在期权寿命期内，买方期权标的股票不发放股利，也不做其他分配；股票或期权的买卖没有交易成本；短期的无风险利率是已知的，并且在期权寿命期内保持不变；任何证券购买者都能以短期的无风险利率借得任何数量的资金；允许卖空，卖空者将立即得到所卖空股票当天价格的资金；看涨期权只能在到期日执行；所有证券交易都是连续发生的，股票价格随机游走。

布莱克-斯科尔斯模型包括三个公式：

$$C_0=S_0[N(d_1)]-Xe^{-r_c t}[N(d_2)]=S_0[N(d_1)]-PV(X)[N(d_2)]$$

$$d_1=\frac{\ln(S_0\div X)+[r_c+(\sigma^2\div 2)]t}{\sigma\sqrt{t}}=\frac{\ln(S_0\div PV(X))}{\sigma\sqrt{t}}+\frac{\sigma\sqrt{t}}{2}$$

$$d_2=d_1-\sigma\sqrt{t}$$

式中　$C_0$——看涨期权的当前价值；

$S_0$——标的资产的当前价格；

$N(d)$——标准正态分布中离差小于 $d$ 的概率；

$X$——期权的执行价格；

$r_c$——连续复利的年度的无风险利率；

$t$——期权到期日前的时间(年)；

$\sigma$——连续复利的一年计的股票回报率的标准差。

(3) 看跌期权估价

前面的方法主要是针对看涨期权，那么如何对看跌期权估价呢？

在套利驱动的均衡状态下，看涨期权、看跌期权和资产价格之间存在一定的依存关系。对于欧式期权，假定看涨期权和看跌期权有相同的执行价格和到期日，则下述等式成立：

看涨期权价格－看跌期权价格＝标的资产价格－执行价格现值

这种关系被称为看涨期权-看跌期权平价定理。利用该定理，已知等式中4个数据中的3个，就可以求出另外1个。

**例3-8** 安集科技电子技术有限公司（以下简称“安集科技”）主营业务是关键半导体材料，产品包括系列化学机械抛光液和光刻胶的去除剂，主要用于集成电路制造和先进的包装领域，是2019年7月22日首批25家科创板上市公司之一，发行价为39.19元/股。上市当天安集科技盘中最高价格达到243.20元/股，收盘涨幅高达400.15%。安集科技成为首批科创板涨幅最大的明星公司，公司价值问题也成为市场关注的焦点。

作为高科技成长型公司，显然资产基础法、市场法、收益法等传统方法难以解释安集科技的公司价值问题，需用实物期权法评估。我们可以把安集科技看作看涨期权，利用布莱克—斯科尔斯期权定价模型来评价“安集科技”的公司价值。安集科技2019年7月22日上市，评估基准日一般选取年底或月底，便于收取数据进行计算，可以把2019年12月31日定为基准日。模型相关参数估计如下：

① 标的资产价格（$S_0$）。2019年12月31日安集科技股价为132.08元/股，股本总额为0.53亿股，因此股权价格为70.14亿元。2020年半年度报告显示公司负债总额为1.04亿元。这样我们可以得出标的资产的价格$S$为71.18亿元。

② 执行价格（$X$）。安集科技是股份制公司，具有有限责任的特点。在债务到期日时可以把执行价格定位“安集科技”需要偿还本金和利息之和。相关资料表明，三年期的基准贷款利率为4.75%。

$$执行价格=1.04\times e^{0.0475}=1.08(亿元)$$

③ 期权的期限（$t$）。实物期权中的行权时间与合同约定好的金融期权行权时间不同，因为处于复杂的市场环境下，不同因素在影响着公司，也需要通过不同的影响因素进而确定。由于科创板公司未来发展不确定，所以很难判断期权到期日。通常情况下，从其他公司的案例来看，期权到期日是由债务到期日决定的，债务到期的时候，投资者可以根据自己的意愿进行选择，是进行转卖还是继续留着，往往这时候投资者都会根据市场上公司的现存营业状况是好是坏来进行决定。因此，我们在对安集科技价值评估时将期权的期权T定为3年。

④ 波动率（$\sigma$）。实物期权的风险影响因素不仅仅只有市场风险因素，还包括一些非市场风险因素。由于非市场因素的存在，导致标的资产收益率的波动率受到很大影响，不能准确估计。科创板公司由于大量的无形资产和专利技术，导致公司不能整体进行交易，因此不能通过整体价格来进行波动率的计算。

通过上面的讨论可以把安集科技的全体价值设置分为股权价格和债权价格。然而，由于公司的招股说明书中公司债权是相对稳定的，没有相关的市场，所以公司债券的价格可能被视为非挥发性。通过这种方式，只考虑股票价格的波动，股票价格的波动大约是安集科技的整体价格波动率。

根据WIND金融终端下载的安集科技股票交易数据，利用Excel函数计算出$\delta=89\%$。

⑤ 无风险收益率（$r_c$）。参数中的无风险利率期权在期权的存续期内是固定不变的，因此通

常会根据期权存续期间选定相应期限的国债到期收益率作为模型的无风险利率。参照2020年相应时段发行的3年期国债到期收益率,我们将参数无风险利率的数值 $r$ 定为5.58%。

将上述5个参数代入布莱克—斯科尔斯期权定价模型:

$$d_1=3.53$$
$$d_2=1.99,$$
$$N(d_1)=0.999\,8$$
$$N(d_2)=0.976$$

得出 $C$=702 704.64万元,即公司价值为702 704.64万元。

上述评估的价值和安集科技2019年7月22日至2019年12月31日平均市值差异不大,说明实物期权法适合高科技公司价值评估。

## 案例

### 江苏雅虎科技股份有限公司价值评估

江苏雅虎科技股份有限公司拥有响水雅虎、滨海雅虎、上海雅虎和荷兰先科四个全资子公司。公司始终坚持"科技是第一生产力"的发展方针,多年来,公司与国内多所著名高校和研究院保持长期紧密的合作,与北京理工大学合作成立了"无锡市雅虎阻燃材料工程技术研究中心",与中国阻燃学会和中国塑料加工协会合作成立了"中国阻燃材料检测和应用研究中心"。公司致力于提高研发创新能力、拓展新应用领域,以科技研发带动公司发展,不断向客户提供优质产品和更好的服务。江苏雅虎科技股份有限公司有关资料如下:

(1)江苏雅虎科技股份有限公司的资产负债表和利润表主要数据如表3-15所示。其中,2019年为实际值,2020年、2021年和2022年为预测值(资产负债表项目为期末值)。

**表3-15 利润表和资产负债表数据** 单位:百万元

| 项目 | 实际值 | 预测值 | | |
|---|---|---|---|---|
| | 2019年 | 2020年 | 2021年 | 2022年 |
| 利润表项目 | | | | |
| 一、营业收入 | 1 000 | 1 070 | 1 134.2 | 1 191.49 |
| 减:营业成本 | 600 | 636 | 674.16 | 707.87 |
| 销售和管理费用(不包含折旧费用) | 200 | 214 | 228.98 | 240.43 |
| 折旧费用 | 40 | 42.42 | 45.39 | 47.66 |
| 财务费用 | 20 | 21.4 | 23.35 | 24.52 |
| 二、利润总额 | 140 | 156.18 | 162.32 | 171.01 |
| 减:所得税 | 56 | 62.47 | 64.93 | 68.4 |
| 三、净利润 | 84 | 93.71 | 97.39 | 102.61 |
| 加:年初未分配利润 | 100 | 116.8 | 140.09 | 159.3 |
| 四、可供分配的利润 | 184 | 210.51 | 237.48 | 261.91 |
| 减:应付普通股股利 | 67.2 | 70.42 | 78.18 | 82.09 |
| 五、未分配利润 | 116.8 | 140.09 | 159.3 | 179.82 |

表 3-14(续)

| 项目 | 实际值 | 预测值 | | |
|---|---|---|---|---|
| | 2019 年 | 2020 年 | 2021 年 | 2022 年 |
| 资产负债表项目 | | | | |
| 经营流动资产 | 60 | 63.63 | 68.09 | 71.49 |
| 固定资产原值 | 460 | 529.05 | 607.1 | 679.73 |
| 减:累计折旧 | 20 | 62.42 | 107.81 | 155.47 |
| 固定资产净值 | 440 | 466.63 | 499.29 | 524.26 |
| 资产总计 | 500 | 530.26 | 567.38 | 595.75 |
| 短期借款 | 118.2 | 127.45 | 141.28 | 145.52 |
| 应付账款 | 15 | 15.91 | 17.02 | 17.87 |
| 长期借款 | 50 | 46.81 | 49.78 | 52.54 |
| 股本 | 200 | 200 | 200 | 200 |
| 年末未分配利润 | 116.8 | 140.09 | 159.3 | 179.82 |
| 股东权益合计 | 316.8 | 340.09 | 359.3 | 379.82 |
| 负债和股东权益合计 | 500 | 530.26 | 567.38 | 595.75 |

(2) 2023 年之后,江苏雅虎科技股份有限公司将步入高速成长期,相关机构预测 2024—2028 年江苏雅虎科技股份有限公司年增长率在 15%左右,2029 年开始进入稳定发展时期,年增长率为 8%左右(假设可以无限期持续)。

(3) 江苏雅虎科技股份有限公司主要经营政策和财务政策有:① 市场占有率在行业中排前三位;② 毛利率和研发投入比率排行业前两位;③ 目标资产负债为 50%左右,负债成本率(利息率)控制在 8%左右;④ 固定分红比率为 80%左右。

(4) 江苏雅虎科技股份有限公司前五大股东的期望投资报酬为 14%,公司的所得税税率为 25%。

**问题:**

**根据上述资料,选择江苏雅虎科技股份有限公司价值评估方法,并评估江苏雅虎科技股份有限公司的价值。**

# 第四章　财务报表分析与计划

## 引言

2020年8月28日，暴风集团股份有限公司收到深圳证券交易所《关于暴风集团股份有限公司股票终止上市的决定》，昔日的明星股暴风集团上市4年多后，戛然退市。暴风集团曾经是中国知名的互联网视频企业，公司通过"暴风影音"系列软件为视频用户提供免费使用为主的综合视频服务、为商业客户提供互联网广告信息等服务。

暴风集团于2015年3月登陆深交所创业板，上市发行价7.14元/股，上市后股价疯涨，创下2个月37个涨停的纪录，在2015年5月末达到最高价327.01元/股，涨了45倍，成为当年最强新股。但时至今日，公司股票已经被深圳证券交易所摘牌。

从风光一时到盛极而衰，暴风集团印证了巴菲特的名言："当大潮退去，才知道谁在裸泳"。不过在"退潮"中，暴风集团的财务报表已经透出财务危机的迹象。公司上市前两年的财务状况良好，但2017年公司的流动负债余额18.76亿元，同期流动资产余额只有18.28亿元，2018年公司的流动负债余额达到20.81亿元，而流动资产只有6.2亿元，同期公司负债总额已经超过资产总额，公司面临极大的偿债压力，资金周转捉襟见肘，财务危机凸显。与此同时，除了上市当年盈利外，随后2017—2019年公司分别亏损2.41亿元、0.86亿元和20.23亿元，盈利状况堪忧。即使这样，仍然有6万多名投资者在追涨杀跌，但不幸他们最终沦为暴风的炮灰，面临血本无归。

如何衡量企业的偿债能力和盈利能力？如何透过财务报表评价企业的整体财务状况？

## 第一节　财务分析概述

财务分析是根据公司财务报表等信息资料，采用专门方法，系统分析和评价公司财务状况、经营成果以及未来发展趋势的过程。最早的财务分析主要是为银行服务的信用分析。由于借贷资本在公司资本中的比重不断增加，银行家需要对贷款人进行信用调查和分析，逐步形成了偿债能力分析等有关内容。资本市场出现以后，财务分析由为贷款银行服务扩展到为各种投资人服务。由于公司筹资范围扩大，非银行债权人和股权投资人增加，公众进入资本市场，投资人需求的信息更为广泛，财务分析逐步形成了盈利能力分析、筹资结构分析和利润分配分析等新的内容，形成了比较完善的外部分析体系。公司组织发展起来以后，经理人员为获得股东的好评和债权人的信任，需要改善公司的盈利能力和偿债能力，需要发现管理行为和报表数据的关系，需要通过管理决策来改善未来的财务报表，从而形成了以报表数据和内部数据（预算与成本数据等）为依据的内部分析体系。至此，财务分析也从外部分析扩大到内部分析。

### 一、财务分析的意义和内容

#### （一）财务分析的意义

财务分析对不同的信息使用者具有不同的意义。具体来说，财务分析的意义主要体现在如下方面：

① 可以判断公司的财务实力。通过对资产负债表和利润表有关资料进行分析，计算相关指标，可以了解公司的资产结构和负债水平是否合理，从而判断公司的偿债能力、营运能力及获利能力等财务实力，揭示公司在财务状况方面可能存在的问题。

② 可以评价和考核公司的经营业绩，揭示财务活动存在的问题。通过指标的计算、分析和比较，能够评价和考核公司的盈利能力和资产周转状况，揭示其经营管理的各个方面和各个环节的问题，找出差距，得出分析结论。

③ 可以挖掘公司潜力，寻求提高公司经营管理水平和经济效益的途径。公司进行财务分析的目的不仅仅是发现问题，更重要的是分析问题和解决问题。通过财务分析，应保持和进一步发挥生产经营管理中成功的经验，对存在的问题应提出解决的策略和措施，以达到扬长避短、提高经营管理水平的经济效益的目的。

④ 可以评价公司的发展趋势。通过各种财务分析，可以判断公司的发展趋势，预测其生产经营的前景及偿债能力，从而为公司领导层进行生产经营决策、投资者进行投资决策和债权人进行信贷决策提供重要的依据，避免因决策错误给其带来重大的损失。

（二）财务分析的内容

财务分析信息的需求者主要包括公司所有者、公司债权人、公司经营决策者和政府等。不同主体出于不同的利益考虑，对财务分析内容有不同的要求。公司所有者作为投资人，关心其资本的保值和增值状况，因此，较为重视公司获利能力指标，主要进行公司盈利能力分析。公司债权人因不能参与公司剩余收益分享，首先关注的是其投资的安全性，因此更重视公司偿债能力指标，主要进行公司偿债能力分析，同时也关注公司盈利能力分析。公司经营决策者必须对公司经营理财的各个方面，包括资金运作效率、偿债能力、获利能力及发展能力的全部信息予以详尽地了解，主要进行各方面综合分析，并关注公司财务风险和经营风险。政府兼具多重身份，既是宏观经济管理者，又是国有公司的所有者和重要的市场参与者，因此，政府对公司财务分析的关注点因所具身份不同而异。

尽管不同公司的经营状况、经营规模和经营特点不同，作为运用价值形式进行的财务分析，归纳起来其分析的内容不外乎资金结构分析、偿债能力分析、资金运作效率分析、获利能力分析、市场价值分析、发展能力分析和综合能力分析等几个方面。

1. 资金结构分析

资金结构分析是对公司资金来源结构、资产结构和筹资政策的分析，主要包括公司长期负债、短期负债和所有者权益占总资金的比重，各种资产占总资产的比重，资金来源结构和资金占用结构的匹配关系等。只有资金来源结构和资产结构合理，筹资政策科学，公司才有稳步发展的基础。

2. 偿债能力分析

偿债能力分析是对公司偿还短期债务和长期债务的能力分析。公司偿债能力大小是判断公司财务状况稳定与否的重要内容。公司偿债能力强，说明公司财务状况稳定，财务风险小。反之，偿债能力差，则可能使公司陷入财务困境，甚至危及公司生存。

公司保持适当的偿债能力，具有重要意义。对股东来说，不能及时偿债可能导致公司破产，但是提高偿债能力必然降低盈利性，因此，股东希望公司权衡收益和风险，保持适当的偿债能力。对于债权人来说，公司偿债能力不足可能导致债权人无法及时、足额收回债权本息，因此债权人希望公司具有尽可能强的偿债能力。在偿债能力问题上，股东和债权人的利益并不一致。股东更愿意拿债权人的钱去冒险，如果冒险成功，超额报酬全部归股东，债权人只能得到固定的利息而不能分享冒险成功的额外收益。如果冒险失败，债权人有可能无法收回本金，要承担冒险失败的部分损失。对管理当局来说，为了股东的利益他们必须权衡公司的收益和风险，保持适当的偿债能力。为了能够取得贷款，他们必须考虑债权人对偿债能力的要求。从他们自身的利益考虑，更倾向于维持较高的偿债能力。如果公司破产，股东失掉的只是金钱，而经理人不仅会丢掉职位，而且他们作为经理人的"无形资产"也会大打折扣。对公司的供应商和消费者来说，公司偿债能力不足意味着公司履行合同的能力较差。如果公司无力履行合同，供应商和消费者的利益将受到损害。

3. 资金运作效率分析

资金运作是否充分有效，是衡量公司经营水平高低的重要方面。资金高效率运作，可以使公司增加收入，加速资金周转。资金运作效率分析主要是对公司各项资产产生收入的能力分析。资金运作效率越高，表明公司资金周转越快，资产产生收入的能力越强。

4. 获利能力分析

获利能力的大小是衡量公司经营好坏的重要标志。一般来说，经营良好，管理有方的公司具有较强的获利能力。获利能力分析主要包括资产获利能力、收入获利能力和投资者投入资金的获利能力等内容。

5. 市场价值分析

上市公司的投资者不但分析公司的获利能力，而且更关注股票的市场价值。市场价值分析是以公司获利能力为基础，对公司股票的市场价值进行评估。通过市场价值分析，可以判断股票的市场价值是否符合公司的基本面，从而为投资者的投资活动提供决策依据。

6. 发展能力分析

在当前市场竞争剧烈、生产技术迅速发展的时代，公司必须求生存、求发展，从而使公司自身立于不败之地。因此，分析公司发展能力，能促使公司提高扩大再生产的增长速度，增加市场竞争的实力。

7. 综合分析

上述六个方面的分析内容是从不同的角度关注公司经营的不同侧面，为全面、准确、客观地揭示与披露公司财务状况和经营情况，需要将公司资金结构、偿债能力、资金运作效率、获利能力、市场价值和发展能力有机地联系起来进行系统的综合分析。

综合分析的意义在于能够全面、正确地评价公司的财务状况和经营成果，因为局部不能替代整体，某项指标的好坏不能说明整个公司经济效益的高低。除此之外，综合分析的结果在进行公司不同时期比较分析和不同公司之间比较分析时消除了时间上和空间上的差异，使之更具有可比性，有利于总结经验、吸取教训、发现差距、赶超先进。

## 二、财务分析的种类

财务分析可以按照不同的标准进行分类。

### （一）按财务分析的主体分

按财务分析的主体不同可分为内部分析和外部分析。

① 内部分析是公司内部管理部门对本公司的生产经营过程、财务状况所进行的分析。这种财务分析，不仅要利用财务会计所提供的会计资料，也要利用管理会计和其他方面所提供的

经济资料，是对整个生产经营活动的全面分析。通过这种分析，可以了解公司的财务状况是否良好，生产经营活动是否有效率，存在什么问题，从而为今后的生产经营提供决策依据。

② 外部分析是公司外部的利益集团根据各自的要求对公司进行的财务分析。这种分析，因各自目的不同，分析的范围也不同，它可以是对公司某一方面进行局部财务分析，也可以是对整个公司的各方面进行全面的财务分析。例如债权人常常关心的是贷款的风险，这样就需要对公司的偿债能力进行分析；投资者在购买公司股票时，要对公司的获利能力和投资风险等进行分析；而要与公司进行合资经营的人，则要对公司的各方面进行全面的财务分析。

（二）按财务分析的对象分

按财务分析的对象不同可分为资产负债表分析、利润表分析和现金流量表分析。

① 资产负债表分析是以资产负债表为对象所进行的财务分析。从财务分析的历史看，最早的财务分析都是以资产负债表为中心，通过资产负债表可以分析公司资产的流动状况、负债水平、偿还债务能力、公司经营的风险等财务状况。

② 利润表分析是以利润表为对象进行的财务分析。在分析公司的盈利状况和经营成果时，必须要从利润表中获取财务资料，而且，即使分析公司偿债能力，也应结合利润表，因为一个公司的偿债能力同其获利能力密切相关。一般而言，获利能力强，偿还债务的能力也强。因此，现代财务分析的中心逐渐由资产负债表转向利润表。

③ 现金流量表分析是以现金流量表为对象进行的财务分析。现金流量表是资产负债表与利润表的中介，也是这两张报表的补充。通过对现金流量表的分析，可以了解到公司现金的流动状况，在一定时期内，有多少现金流入，是从何而来的，又有多少现金流出，都流向何处。这种分析可以了解到公司财务状况变动的全貌，可以有效地评价公司的偿付能力。

（三）按财务分析的方法分

按财务分析的方法不同可分为比率分析法和比较分析法。

① 比率分析法。比率分析，是将财务报表中的相关项目进行对比，得出一系列财务比率，以此来揭示公司的财务状况。

② 比较分析法。比较分析，是将公司本期的财务状况同以前不同时期的财务状况进行对比，从而揭示公司财务状况变动趋势，这是纵向比较。也可以横向比较，即把本公司的财务状况与同行业平均水平或其他公司进行对比，以了解本公司在同行业中所处的水平，以及财务状况中所存在的问题。

（四）按财务分析的目的分

按财务分析的目的不同可分为偿债能力分析、资金运作效率分析、获利能力分析、市场价值分析、发展能力分析和综合分析等。

### 三、财务分析数据来源和财务分析方法

财务分析必须具备两大要素，一是分析所需的数据资料；二是所选用的特定技术方法。财务分析的方法是多种多样的，可以采用会计方法、统计方法和数学方法。在实际进行分析时，应该根据分析对象的特征以及资料的来源情况分别采用不同的技术方法。

（一）财务分析数据来源

进行财务分析的前提条件是收集内容真实、数据正确的资料，分析所需的资料是多方面的，不仅要收集各种核算资料；还要收集有关的计划、定额、标准等资料。不仅要收集有关的数据资料，还要收集有关财务决策、股票发行等有关决议、纪要、报告、备查簿等文字资料。

财务分析数据来源可分为以下三类：

① 计划、定额、标准等资料。这是过去传统的分析资料，现在我们仍然需要编制计划、定额，并将实际执行结果与其进行对比，检查执行情况。

② 日常的会计核算资料。无论是进行计划指标完成情况分析，还是对实际执行情况进行直观的考察，都需要收集平时实际执行的情况资料。例如，资金的占用、融资的渠道、经营成果等都需要一整套完整、正确的核算资料。可以说，日常会计核算资料是财务分析的基础，它的质量将会直接影响到财务分析工作的质量。

③ 定期的报表资料。根据企业会计准则的要求，一般需要定期编制的报表主要有三种：资产负债表、利润表和现金流量表。这三张报表是公司会计期末财务状况、会计期经营成果和资金变动情况的总结，它们涵盖了公司经营活动的各个方面。分析这些报表，可以使人们对公司的生产经营及财务状况有一个概括的了解。

#### （二）财务分析常用的方法

##### 1. 比较分析法

比较分析法也称对比分析法。它是通过两个或两个以上相关指标进行对比确定数量差异的一种方法，用以说明两个事物间的联系与差距。比较分析是财务分析最常用的一种方法。财务分析过程包括比较、分解、综合三个阶段，其中比较分析是基础。在实际工作中，比较分析法的形式有：实际指标与计划指标对比、同一指标纵向对比以及同一指标横向对比。

① 实际指标与计划指标对比。这用以说明公司财务计划完成情况和程度，分析实际与计划的差异，为进一步的财务分析提供依据。在进行比较时，应注意计划本身的先进性与可行性。

② 同一指标纵向对比。这是同一指标在不同时间上的对比，一般是用本期实际指标与历史指标进行对比（上期或历史先进）。通过比较，可以观察公司经营状况、财务活动的发展趋势，及时发现萌芽状态的新生事物与薄弱环节。

③ 同一指标横向对比。这是同一指标在不同条件下的对比，一般是本公司与同类型、同行业公司相比，用以发现差距，学习先进，促使公司朝先进方向发展。

运用比较分析法要注意指标的可比性和指标差异的确定。指标的可比性是指要求指标间口径相同，包括指标内容、计算方法、评价标准、时间单位等方面的一致性，以及业务经营规模和业务范围的基本一致性。指标差异的确定是指差异如果是绝对数，则采用两个指标相减的差额来表示；如果是相对数，则应以两个指标相除，取两者之间的比率加以表示。

**例 4-1**　某公司两个年度的利润表有关数据如表 4-1 所示。

**表 4-1　某公司利润表**　　单位：万元

| 项　目 | 上年度 | 本年度 | 差　异 |
|---|---|---|---|
| 主营业务收入 | 100 000 | 120 000 | 20 000 |
| 主营业务成本 | 60 000 | 80 000 | 20 000 |
| 期间费用 | 20 000 | 15 000 | −5 000 |
| 税前利润 | 20 000 | 25 000 | 5 000 |

上例中，各指标绝对数差异如表 4-1 中差异栏所示。相对数差异以税前利润指标为例

说明如下：

$$\frac{\text{该公司本年度税前利润}}{\text{比上年度增长百分比}}=\frac{25\ 000-20\ 000}{20\ 000}\times 100\%=25\%$$

2. 趋势分析法

这也是公司财务分析中常用的一种方法。它是比较分析法的延伸，是将连续数年(一般是三年以上)的财务报表以第一年或选择某一年份作为基数，计算每期各项指标对基期同一项目的趋势百分比，借以表示其在各期间的上下变动趋势，从而判断公司经营成果和财务状况变化趋势。在实际工作中，一般选择第一年作为基期，如果第一年不适宜，也可选择其他年份。其计算公式如下：

$$\text{某期趋势百分比}=\frac{\text{本期金额}}{\text{基期金额}}\times 100\%$$

**例 4-2**　某公司 2015—2019 年产品销售额资料如表 4-2 所示。

**表 4-2　某公司 2015—2019 年产品销售额**　单位:万元

| 年份 | 2015 年 | 2016 年 | 2017 年 | 2018 年 | 2019 年 |
|---|---|---|---|---|---|
| 销售额 | 10 000 | 12 000 | 13 000 | 15 000 | 18 600 |

设以 2015 年为基期，2019 年比 2015 年增长为：

$$\frac{18\ 600}{10\ 000}\times 100\%=186\%$$

2015 年至 2019 年平均增长率 $=\sqrt[4]{186\%}-1=16.78\%$

如分别以上年为基期，则其各年环比增长分别为：

2016 年比 2015 年增长为：$\frac{12\ 000}{10\ 000}\times 100\%=120\%$

2017 年比 2016 年增长为：$\frac{13\ 000}{12\ 000}\times 100\%=108\%$

2018 年比 2017 年增长为：$\frac{15\ 000}{13\ 000}\times 100\%=115\%$

2019 年比 2018 年增长为：$\frac{18\ 600}{15\ 000}\times 100\%=124\%$

在进行趋势分析时，采用定基动态指标分析，可以将分析期和基期进行直接对比，以便寻找挖掘潜力的途径和方法；采用环比动态指标分析，可以看出该指标的连续变化趋势。有时为了直观起见，还可将这一变化趋势在坐标图中绘出变动曲线，寻求变动规律，以利于总结经验，尽量避免不利因素的影响。在运用趋势分析时，应注意以下几个问题：一是用于对比的不同时期的指标在计算口径上应力求保持一致。由于公司受到外界经济政策、财务制度变化以及物价波动的影响，分析时要对这些影响因素作适当调整。二是要特别注意不同时期的一些重大经济活动对有关指标所造成的影响。例如，公司扩充资本、增大对外投资、发生天灾人祸等，所有这些重大事项都可能造成某一时期有关指标甚至几个时期的有关指标发生很大波动。这些因素在进行分析时都要加以剔除，以利于在正常情况下做出准确的判断，针对性采取各项有效措施。

3. 比率分析法

在错综复杂、相互联系的经济现象中，某些指标之间存在一定关联，这种关联可组成各种比率。按分析的内容和要求不同，常用比率有以下四种：动态比率、构成比率、效率比率和相关比率。其中，动态比率主要用于趋势分析，前面已作了阐述，以下具体介绍构成比率、效率比率和相关比率。

(1) 构成比率

构成比率，是指某项经济指标的各组成部分占总体的比重，如负债总额与资产总额的比率、净利润与营业收入的比率等。其作用在于观察指标的构成内容及其变化，认识事物的本质和客观规律。另外，构成比率往往可以克服在财务分析中遇到公司规模不同和货币不同的困扰，一类典型的构成比率形式是共同比资产负债表，将以金额呈现的数据转化为百分比的形式。

表 4-3 列示了 ZGSH 公司 2018 年和 2019 年的资产负债表，把表中每个项目都表示成总资产的百分比，就得到共同比资产负债表，如表 4-4 所示。

采用百分比的形式使财务报表的阅读和比较均相对容易，从该公司共同比资产负债表可以看到，其流动资产占总资产的比重从 2018 年的 39.73%下降到 2019 年的 28.74%，长期股权投资占总资产的比重从 1.7%上升到 7.25%；不过在负债和所有者权益方面，流动负债占负债与所有者权益之和的比重也从 2018 年的 21.01%下降到 2019 年的 17.1%，负债占负债与所有者权益之和的比重从 2018 年的 31.13%下降到 2019 年的 25.58%，所有者权益所占的比重则从 2018 年的 68.87%上升到 2019 年的 74.42%。以上的构成比率表明，公司可能在 2019 年进行了长期股权投资，消耗了公司的货币资金。不过公司的负债水平同时有所下降。因此可以说，该公司进行积极投资，其财务状况变得更好了。

**表 4-3　ZGSH 公司 2018 年和 2019 年 12 月 31 日的资产负债表**　　单位：万元

| 资产 | 2019 年 | 2018 年 | 负债及股东权益 | 2019 年 | 2018 年 |
|---|---|---|---|---|---|
| 流动资产： | | | 流动负债： | | |
| 货币资金 | 51 481 | 72 205 | 短期借款 | 835 | 2 000 |
| 交易性金融资产 | 33 435 | 32 452 | 交易性金融负债 | | |
| 应收票据 | 2 589 | 4 567 | 应付票据 | 792 | 1 305 |
| 应收账款 | 7 847 | 8 488 | 应付账款 | 24 251 | 25 579 |
| 预付账款 | 4 434 | 2 589 | 预收账款 | | |
| 应收利息 | | | 应付职工薪酬 | 4 249 | 3 947 |
| 应收股利 | | | 应交税费 | 7 840 | 9 868 |
| 其他应收款 | 2 464 | 2 877 | 应付利息 | | |
| 存货 | 12 053 | 9 967 | 应付股利 | | |
| 待摊费用 | | | 其他应付款 | 44 215 | 43 135 |
| 一年内到期的非流动资产 | | | 预提费用 | | |
| 其他流动资产 | 46 191 | 100 151 | 预计负债 | | |
| 流动资产合计 | 160 494 | 233 296 | 一年内到期的非流动负债 | 8 517 | 4 229 |

**表 4-3(续)**

| 资产 | 2019年 | 2018年 | 负债及股东权益 | 2019年 | 2018年 |
|---|---|---|---|---|---|
| | | | 其他流动负债 | 4 784 | 33 318 |
| | | | 流动负债合计 | 95 483 | 123 381 |
| | | | 非流动负债： | | |
| | | | 长期借款 | 36 943 | 46 765 |
| | | | 应付债券 | 3 460 | 6 823 |
| | | | 长期应付款 | 2 164 | 2 014 |
| | | | 专项应付款 | | |
| 非流动资产： | | | 预计负债 | 3 409 | 3 269 |
| 可供出售金融资产 | 21 107 | 9352 | 递延所得税负债 | 783 | 537 |
| 持有至到期投资 | | | 其他非流动负债 | 623 | |
| 长期应收款 | | | 非流动负债合计 | 47 382 | 59 408 |
| 长期股权投资 | 40 475 | 9 983 | 负债合计 | 142 865 | 182 789 |
| 固定资产 | 226 112 | 237 227 | 股东权益： | | |
| 在建工程 | 34 495 | 36 585 | 股本 | 19 890 | 19 890 |
| 工程物资 | | | 资本公积 | 74 726 | 74 720 |
| 固定资产清理 | | | 专项储备 | 13 685 | 15 107 |
| 无形资产 | 37 059 | 36 463 | 盈余公积 | 11 433 | 11 433 |
| 开发支出 | | | 未分配利润 | 232 706 | 207 213 |
| 商誉 | | | 减:库存股 | | |
| 长期待摊费用 | 3 667 | 3 664 | 少数股东权益 | 63 691 | 76 687 |
| 递延所得税资产 | 3 241 | 3 418 | 外币报表折算差价 | | |
| 其他非流动资产 | 31 834 | 17 251 | 其他综合收益 | (512) | (600) |
| 非流动资产合计 | 397 990 | 353 943 | 股东权益合计 | 415 619 | 404 450 |
| 资产总计 | 558 484 | 587 239 | 负债及股东权益总计 | 558 484 | 587 239 |

**表 4-4　ZGSH 公司 2018 年和 2019 年 12 月 31 日的共同比资产负债表**

| 资产 | 2019年 | 2018年 | 负债及股东权益 | 2019年 | 2018年 |
|---|---|---|---|---|---|
| 流动资产： | | | 流动负债： | | |
| 货币资金 | 9.22% | 12.30% | 短期借款 | 0.15% | 0.34% |
| 交易性金融资产 | 5.99% | 5.53% | 交易性金融负债 | | |
| 应收票据 | 0.46% | 0.78% | 应付票据 | 0.14% | 0.22% |
| 应收账款 | 1.41% | 1.45% | 应付账款 | 4.34% | 4.36% |
| 预付账款 | 0.79% | 0.44% | 预收账款 | | |
| 应收利息 | | | 应付职工薪酬 | 0.76% | 0.67% |
| 应收股利 | | | 应交税费 | 1.40% | 1.68% |
| 其他应收款 | 0.44% | 0.49% | 应付利息 | | |

**表 4-4(续)**

| 资产 | 2019 年 | 2018 年 | 负债及股东权益 | 2019 年 | 2018 年 |
|---|---|---|---|---|---|
| 存货 | 2.16% | 1.70% | 应付股利 | | |
| 待摊费用 | | | 其他应付款 | 7.92% | 7.35% |
| 一年内到期的非流动资产 | | | 预提费用 | | |
| 其他流动资产 | 8.27% | 17.05% | 预计负债 | | |
| 流动资产合计 | 28.74% | 39.73% | 一年内到期的非流动负债 | 1.53% | 0.72% |
| | | | 其他流动负债 | 0.86% | 5.67% |
| | | | 流动负债合计 | 17.10% | 21.01% |
| | | | 非流动负债: | | |
| | | | 长期借款 | 6.61% | 7.96% |
| | | | 应付债券 | 0.62% | 1.16% |
| | | | 长期应付款 | 0.39% | 0.34% |
| | | | 专项应付款 | | |
| 非流动资产: | | | 预计负债 | 0.61% | 0.56% |
| 可供出售金融资产 | 3.78% | 1.59% | 递延所得税负债 | 0.14% | 0.09% |
| 持有至到期投资 | | | 其他非流动负债 | 0.11% | |
| 长期应收款 | | | 非流动负债合计 | 8.48% | 10.12% |
| 长期股权投资 | 7.25% | 1.70% | 负债合计 | 25.58% | 31.13% |
| 固定资产 | 40.49% | 40.40% | 股东权益: | | |
| 在建工程 | 6.18% | 6.23% | 股本 | 3.56% | 3.39% |
| 工程物资 | | | 资本公积 | 13.38% | 12.72% |
| 固定资产清理 | | | 专项储备 | 2.45% | 2.57% |
| 无形资产 | 6.64% | 6.21% | 盈余公积 | 2.05% | 1.95% |
| 开发支出 | | | 未分配利润 | 41.67% | 35.29% |
| 商誉 | | | 减:库存股 | | |
| 长期待摊费用 | 0.66% | 0.62% | 少数股东权益 | 11.40% | 13.06% |
| 递延所得税资产 | 0.58% | 0.58% | 外币报表折算差价 | | |
| 其他非流动资产 | 5.70% | 2.94% | 其他综合收益 | −0.09% | −0.10% |
| 非流动资产合计 | 71.26% | 60.27% | 股东权益合计 | 74.42% | 68.87% |
| 资产总计 | 100.00% | 100.00% | 负债及股东权益总计 | 100.00% | 100.00% |

(2) 效率比率

效率比率,是指反映某项经济活动投入与产出之间关系的财务比率,如净资产收益率、营业净利率等。利用效率比率可以考察企业经济活动的效益,以此揭示企业的盈利能力。一类典型的效率比率形式是共同比利润表。

表 4-5 列示了 ZGSH 公司 2018 年和 2019 年的利润表,把表中每个项目都表示成营业收入的百分比,就可得到共同比利润表,如表 4-6 所示。

**表 4-5　ZGSH 公司 2018 年和 2019 年的利润表**　　单位:万元

| 项　　目 | 2019 年 | 2018 年 |
|---|---|---|
| 一、营业收入 | 241 871 | 264 101 |
| 减:营业成本 | 143 394 | 155 502 |
| 营业税金及附加 | 10 299 | 10 053 |
| 销售费用 | 640 | 725 |
| 管理费用 | 19 419 | 20 333 |
| 财务费用 | 2 515 | 4 086 |
| 资产减值损失 | 2 044 | 1 194 |
| 加:公允价值变动收益 | 160 | 22 |
| 投资收益 | 2 624 | 593 |
| 其中:对联营企业和合营企业的投资权益 | 433 | 448 |
| 其他业务利润 | 285 | 323 |
| 二、营业利润 | 66 629 | 73 146 |
| 加:营业外收入 | 502 | 427 |
| 减:营业外支出 | 407 | 3 504 |
| 三、利润总额 | 66 724 | 70 069 |
| 减:所得税费用 | 15 184 | 16 028 |
| 四、净利润 | 51 540 | 54 041 |
| 六、综合收益总额 | 51 639 | 54 210 |
| 七、每股收益 | | |
| 基本每股收益(元) | 2.17 | 2.21 |
| 稀释每股收益(元) | 2.17 | 2.21 |

**表 4-6　ZGSH 公司 2018 年和 2019 年的共同比利润表**

| 项　　目 | 2019 年 | 2018 年 |
|---|---|---|
| 一、营业收入 | 100.00% | 100.00% |
| 减:营业成本 | 59.29% | 58.88% |
| 营业税金及附加 | 4.26% | 3.81% |
| 销售费用 | 0.26% | 0.27% |
| 管理费用 | 8.03% | 7.70% |
| 财务费用 | 1.04% | 1.55% |
| 资产减值损失 | 0.85% | 0.45% |
| 加:公允价值变动收益 | 0.07% | 0.01% |
| 投资收益 | 1.08% | 0.22% |
| 其中:对联营企业和合营企业的投资权益 | 0.18% | 0.17% |
| 其他业务利润 | 0.12% | 0.12% |

表 4-6(续)

| 项　　目 | 2019 年 | 2018 年 |
|---|---|---|
| 二、营业利润 | 27.55% | 27.70% |
| 加:营业外收入 | 0.21% | 0.16% |
| 减:营业外支出 | 0.17% | 1.33% |
| 三、利润总额 | 27.59% | 26.53% |
| 减:所得税费用 | 6.28% | 6.07% |
| 四、净利润 | 21.31% | 20.46% |
| 六、综合收益总额 | 21.35% | 20.53% |
| 七、每股收益 | | |
| 基本每股收益(元) | 2.17 | 2.21 |
| 稀释每股收益(元) | 2.17 | 2.21 |

表 4-6 报告的效率比率说明了每 1 元销售额所发生的事情,ZGSH 公司 2019 年每 1 元的销售额中,产品成本耗用 0.59 元,管理费用占去 0.08 元,财务费用占去 0.01 元,所得税占去 0.06 元,最终剩下 0.28 元的净利润。共同比利润表有益于公司间的比较,如该公司每销售 1 元产品,成本耗费 0.59 元,如果将该构成比率与公司主要竞争对手进行比较,就能初步看到该公司在成本控制方面表现如何。

(3) 相关比率

相关比率,是指根据经济活动客观存在的相互依存、相互联系的关系,将两个彼此性质不同的指标进行对比,计算出比率,如流动比率、速动比率等。利用相关比率,在一定程度上可以相互联系地揭示事物的本质。

总体上看,比率分析法就是将两项相互依存、相互影响的财务指标进行商除计算,形成比率,以分析评价公司财务状况和经营水平的一种方法。它是从财务现象到财务本质的一种深化。比率分析法比比较分析法更具有科学性、可比性,它可以适用不同经营规模公司之间的对比。在市场经济条件下,财务分析较为注重公司的偿债能力分析、资金运作效率分析、获利能力分析、市场价值分析、发展能力分析和综合分析,而这些分析主要用比率分析。比率分析法已成为当前财务分析的主要方法。采用比率分析法应注意以下几个问题:

① 对比项目的相关性。计算比率的分子和分母必须具有相关性,把不相关的项目进行对比是没有意义的。在构成比率指标中,部分指标必须是总体指标这个大系统中的子系统;在相关比率指标中,两个对比指标也要有内在联系,才能评价有关经济活动之间是否协调均衡,安排是否合理。

② 对比口径的一致性。计算比率的分子和分母必须在计算时间、范围等方面保持口径一致。

③ 衡量标准的科学性。运用比率分析,需要选用一定标准与之对比,以便对公司的财务状况做出评价。通常而言,科学合理的对比标准有:预定目标,如预算指标、设计指标、定额指标、理论指标等;历史标准,如上期实际、上年同期实际、历史先进水平以及有典型意义的时期实际水平等;行业标准,如主管部门或行业协会颁布的技术标准、国内外同类公司的先进水平、国内外同类公司的平均水平等;公认标准。

4. 因素分析法

因素分析法又称因素替代法。它是对某项综合指标的变动原因按其内在的组合因素，进行数量分析，用以确定各个因素对综合指标的影响程度的方法。因素分析法有连环替代法（或连锁替代法）和差额分析法两种。

(1) 连环替代法

其操作程序如下：

① 确定影响财务指标变动的因素，并列出关系式。

② 对影响这项财务指标的各项因素进行分析，决定每一因素的排列顺序。在确定各因素的排序时，原则是先数量指标和实物量指标后质量指标和价值量指标。当同性质的指标有多个时，应遵循主要指标在先、次要指标在后的原则。

③ 逐项进行替代，逐项计算各个因素的影响程度。

④ 将各因素影响程度进行验证。

**例 4-3**　某公司 2019 年有关原材料损耗资料如表 4-7 所示。

**表 4-7　某公司 2019 年有关原材料消耗与损耗表**

| 项　目 | 计划数 | 实际数 | 差　异 |
| --- | --- | --- | --- |
| 原材料/元 | 400 000 | 480 000 | 80 000 |
| 损耗率 | 1% | 1.1% | 0.1% |
| 原材料损耗额/元 | 4 000 | 5 280 | 1 280 |

材料损耗额＝原材料×损耗率

第一步，材料计划损耗：

$$400\ 000 \times 1\% = 4\ 000(元) \tag{1}$$

第二步，逐项替代，先替代原材料（假定损耗率不变）：

$$480\ 000 \times 1\% = 4\ 800(元) \tag{2}$$

再替代损耗率（假定原材料不变）：

$$480\ 000 \times 1.1\% = 5\ 280(元) \tag{3}$$

第三步，分析各因素对材料损耗的影响程度：

由于原材料金额变动的影响(2)－(1)：

$$4\ 800 - 4\ 000 = 800(元)$$

由于材料损耗率变动的影响(3)－(2)：

$$5\ 280 - 4\ 800 = 480(元)$$

第四步，验证，两因素共同影响使材料损耗增加了 1 280 元。

$$800 + 480 = 1\ 280(元)$$

(2) 差额分析法

这是直接用实际数与计划数之间的差额来计算各因素指标变动的影响程度的方法。

仍以上例资料为例：

由于原材料金额变动而影响材料损耗额：

$$(480\ 000 - 400\ 000) \times 1\% = 800(元)$$

由于材料损耗率变动而影响材料损耗额：

$$480\ 000\times(1.1\%-1\%)=480(\text{元})$$

两个因素共同影响，使材料损耗发生的差异为：

$$800+480=1\ 280(\text{元})$$

因素分析法既可以全面分析各因素对某一综合指标的影响，也可以分析某一因素对综合指标的影响，在财务分析中应用颇为广泛。但是应用这种方法时必须注意以下几个问题：

① 因素分解的关联性。即确定影响综合指标因素时，必须是客观上存在因果关系，要能够反映形成该综合指标差异的内在原因，否则就失去了其存在价值。

② 因素替代的顺序性。替代因素时，必须按照各因素的依存关系，排列成一定的顺序并依次替代，不可随意颠倒。否则会得出不同的计算结果。一般而言。确定正确的排列因素替代顺序的原则是，按分析对象的性质，从诸因素相互依存关系出发，并使分析结果有助于分清责任。

③ 替代顺序的连环性。连环替代法在计算每一个因素变动的影响时，都是在前一次计算的基础上进行，并采用连环比较的方法确定因素变化影响结果。因为只有保持计算程序上的连环性，才能使各个因素影响之和等于分析指标变动的差异，以全面说明分析指标变动的原因。

④ 计算结果的假定性。因素分析法计算的各因素变动的影响数会因替代计算顺序的不同而有所差别，因而计算结果不免带有假定性，即它不可能使每个因素计算的结果都达到绝对的准确，它只是在某种假定前提下的影响结果，离开了这种假定前提条件就不会是这种影响结果。为此，分析时财务人员应力求使这种假定是合乎逻辑的假定，是具有实际意义的假定。这样，计算结果的假定性才不至于妨碍分析的有效性。

## 四、财务分析步骤和原则

### （一）财务分析步骤

无论公司的经营管理者，还是投资者、债权人，在做出财务评价和经济决策时，都必须进行充分的财务分析。为了保证财务分析的有效进行，必须遵循科学的程序。财务分析的程序就是进行财务分析的步骤，一般包括以下几步。

#### 1. 确定财务分析的范围，搜集有关的经济资料

财务分析的范围取决于财务分析的目的，它可以是公司经营活动的某一方面，也可以是公司经营活动的全过程。如债权人可能只关心公司偿还债务的能力，这样他就不必对公司经营活动的全过程进行分析，而公司的经营管理者则需进行全面的财务分析。财务分析的范围决定了所要搜集的经济资料的数量，范围小则所需资料也少，全面的财务分析，则需要搜集公司各方面的经济资料。

#### 2. 选择适当的分析方法进行对比，做出评价

财务分析的目的和范围不同，所选用的分析方法也不同。常用的财务分析方法有比率分析法、比较分析法等，这些方法各有特点，在进行财务分析时可以结合使用。局部的财务分析，可以选择其中的某一种方法；全面的财务分析，则应该综合运用各种方法，以便进行对比，做出客观的、全面的评价。利用这些分析方法，比较分析公司的有关财务数据、财务指标，对公司的财务状况做出评价。

3. 进行因素分析，抓住主要矛盾

通过财务分析，可以找出影响公司经营活动和财务状况的各种因素。在诸多因素中，有的是有利因素，有的是不利因素；有的是外部因素，有的是内部因素。在进行因素分析时，必须抓住主要矛盾，即影响公司生产经营活动财务状况的主要因素，然后才能有的放矢，提出相应的办法，做出正确的决策。

4. 为做出经济决策提供各种建议

财务分析的最终目的是为经济决策提供依据。通过上述的比较与分析，就可以提出各种方案，然后权衡各种方案的利弊得失，从中选出最佳方案，做出经济决策。这个过程也是一个信息反馈过程，决策者可以通过财务分析总结经验、吸取教训，以改进工作。

（二）财务分析原则

① 要从实际出发，坚持实事求是，反对主观臆断、结论先行、搞数字游戏。

② 要全面看问题，坚持一分为二，反对片面地看问题。要兼顾成功经验与失败教训、有利因素与不利因素、主观因素与客观因素、经济问题与技术问题、外部问题与内部问题。

③ 要注重事物的联系，坚持相互联系地看问题，反对孤立地看问题。要注意局部与全局的关系、偿债能力与盈利能力的关系、报酬与风险的关系。

④ 要发展地看问题，反对静止地看问题。要注意过去、现在和将来的关系。

⑤ 要定量分析与定性分析结合，坚持定量为主。定性分析是基础和前提，没有定性分析就弄不清本质、趋势和与其他事物的联系。定量分析是工具和手段，没有定量分析就弄不清数量界限、阶段性和特殊性。财务报表分析要透过数字看本质，没有数字就得不出结论。

**五、财务分析的局限性**

财务分析对于了解公司的财务状况和经营成绩，评价公司的偿债能力和经营能力，帮助制定经济决策，有着显著的作用。但由于种种因素的影响，财务分析也存在着一定的局限性。在分析中，应注意这些局限性的影响，以保证分析结果的正确性。

（一）资料来源的局限性

1. 报表数据的时效性问题

财务报表中的数据，均是公司过去经济活动的结果和总结，用于预测未来发展趋势只有参考价值，并非绝对合理。

2. 报表数据的真实性问题

在公司形成其财务报表之前，信息提供者往往对信息使用者所关注的财务状况以及对信息的偏好进行仔细分析与研究，并尽力满足信息使用者对公司财务状况和经营成果信息的期望。其结果极有可能使信息使用者所看到的报表信息与公司实际状况相距甚远，从而误导信息使用者的决策。

3. 报表数据的可靠性问题

财务报表虽然是按照会计准则编制的，但不一定能准确地反映公司的客观实际。例如：报表数据未按通货膨胀进行调整；某些资产以成本计价，并不代表其现在真实价值；许多支出在记账时存在灵活性，既可以作为当期费用，也可以作为资本项目在以后年度摊销；很多资产以估计值入账，但未必正确；偶然事件可能歪曲本期的损益，不能反映盈利的正常水平。

4. 报表数据的可比性问题

根据会计准则的规定，不同的公司或同一个公司的不同时期都可以根据情况采用不同的会计政策和会计处理方法,使得报表上的数据在公司不同时期和不同公司之间的对比在很多时候失去意义。

5. 报表数据的完整性问题

由于报表本身的原因,其提供的数据是有限的。对报表使用者来说,可能不少需要的信息在报表或附注中根本找不到。

(二) 财务分析方法的局限性

对于比较分析法来说,在实际操作时,比较的双方必须具备可比性才有意义。对于比率分析法来说,比率分析是针对单个指标进行分析,综合程度较低,在某些情况下无法得出令人满意的结论;比率指标的计算一般都是建立在以历史数据为基础的财务报表之上的,这使比率指标提供的信息与决策之间的相关性大打折扣。对于因素分析法来说,在计算各因素对综合经济指标的影响额时,主观假定各因素的变化顺序而且规定每次只有一个因素发生变化,这些假定往往与事实不符。并且,无论何种分析法均是对过去经济事项的反映。随着环境的变化,这些比较标准也会发生变化。而在分析时,分析者往往只注重数据的比较,而忽略经营环境变化,这样得出的分析结论也是不全面的。

(三) 财务分析指标的局限性

1. 财务指标体系不严密

每一个财务指标只能反映公司的财务状况或经营状况的某一方面,每一类指标都过分强调本身所反映的方面,导致整个指标体系不严密。

2. 财务指标所反映的情况具有相对性

在判断某个具体财务指标是好还是坏,或根据一系列指标形成对公司的综合判断时,必须注意财务指标本身所反映情况的相对性。因此,在利用财务指标进行分析时,必须掌握好对财务指标的"信任度"。

3. 财务指标的评价标准不统一

比如,对流动比率,人们一般认为指标值为 2 比较合理,对速动比率则认为 1 比较合适,但许多成功公司的流动比率都低于 2,不同行业的速动比率也有很大差别。如采用大量现金销售的公司,几乎没有应收账款,速动比率大大低于 1 是很正常的。相反,一些应收账款较多的公司,速动比率可能要大于 1。因此,在不同公司之间用财务指标进行评价时没有一个统一标准,不便于不同行业间的对比。

4. 财务指标的计算口径不一致

比如,对于反映公司营运能力指标,分母的计算可用年末数,也可用平均数,而平均数的计算又有不同的方法,这些都会导致计算结果不一样,不利于评价比较。

## 第二节　财务比率分析

为总结和评价公司财务状况、经营成果和现金流转等方面情况,财务分析要利用财务报表相关数据计算衡量反映资金结构情况、偿债能力情况、资金运作效率情况、获利能力情况、市场价值情况、发展能力情况和现金流量情况等方面的比率,并分析这些比率的变化原因。为了便于说明这些财务比率的计算和分析,本节以 ZGSH 股份有限公司(以下简称 ZGSH 公司)的财务报表数据为例进行讨论。

ZGSH 公司是世界领先的以煤炭为基础的一体化能源公司，是我国最大的煤炭生产企业和销售企业，全球第二大煤炭上市公司，并拥有中国最大规模的优质煤炭储量，其主营业务是煤炭、电力的生产和销售，铁路、港口和船舶运输，煤制烯烃等业务。公司采用煤炭、发电、铁路、港口、航运、煤化工一体化经营模式。公司 2019 年的资产负债表和利润表如表 4-3 和表 4-5 所示，其现金流量表和股东权益变动表如表 4-8 和表 4-9 所示。

**表 4-8　现金流量表**

编制单位：ZGSH 公司　　　　2019 年度　　　　单位：百万元

| 项　目 | 金　额 |
|---|---|
| 一、经营活动产生的现金流量： | |
| 销售商品、提供劳务收到的现金 | 269 285 |
| 收到的税费返还 | 17 |
| 收到其他与经营活动有关的现金 | 13 140 |
| 经营活动现金流入小计 | 282 442 |
| 购买商品、接受劳务支付的现金 | (130 412) |
| 支付给职工以及为职工支付的现金 | (28 022) |
| 支付的各项税费 | (45 091) |
| 支付其他与经营活动有关的现金支出 | (15 811) |
| 经营活动现金流出小计 | (219 336) |
| 经营活动产生的现金流量净额 | 63 106 |
| 二、投资活动产生的现金流量： | |
| 收回投资收到的现金 | 41 913 |
| 取得投资收益收到的现金 | 1 930 |
| 处置固定资产、无形资产和其他长期资产收回的现金净额 | 1 129 |
| 收到已到期于金融机构的定期存款 | |
| 处置子公司及其他营业单位收到的现金净额 | |
| 收到其他与投资活动有关的现金 | 2 571 |
| 投资活动现金流入小计 | 47 543 |
| 购置固定资产、无形资产和其他长期资产支付的现金 | (10 000) |
| 投资支付的现金 | (69 887) |
| 处置子公司及其他营业单位支付的现金净额 | (1 562) |
| 支付其他与投资活动有关的现金 | (3 392) |
| 投资活动现金流出小计 | (93 850) |
| 投资活动产生的现金流量净额 | (46 307) |
| 三、筹资活动产生的现金流量： | |
| 吸收投资收到的现金 | 732 |
| 取得借款收到的现金 | 3 541 |
| 收到其他与筹资活动收到的现金 | 1 102 |

表 4-8(续)

| 项　　目 | 金　额 |
|---|---|
| 筹资活动现金流入小计 | 5 375 |
| 偿还债务支付的现金 | (15 116) |
| 分配股利、利润或偿付利息支付的现金 | (27 192) |
| (其中:子公司支付给少数股东的股利) | (6 512) |
| 支付的其他与筹资活动有关的现金 | (239) |
| 筹资活动现金流出小计 | (42 547) |
| 筹资活动产生的现金流量净额 | (37 172) |
| 四、汇率变动对现金及现金等价物的影响 | 337 |
| 五、现金及现金等价物净增加额 | (20 036) |
| 加:期初现金及现金等价物余额 | 61 863 |
| 六、期末现金及现金等价物余额 | 41 827 |
| 补充资料 | |
| 1. 将净利润调节为经营活动现金流量: | |
| 净利润 | 51 540 |
| 加:资产减值准备 | 2 044 |
| 固定资产折旧、油气资产折耗、生产性生物资产折旧 | 17 763 |
| 无形资产摊销 | 1 580 |
| 长期待摊费用摊销 | 1 009 |
| 处置固定资产损失 | 50 |
| 公允价值变动损失 | (160) |
| 财务费用 | 2 515 |
| 投资损失 | (2 624) |
| 递延所得税 | 423 |
| 存货的增加 | (2 448) |
| 经营性应收项目的增加 | (5 872) |
| 经营性应付项目的增加 | (2 081) |
| 其他 | (633) |
| 经营活动产生的现金流量净额 | 63 106 |
| 2. 不涉及现金收支的投资和筹资活动: | |
| 债务转为资本 | |
| 一年内到期的可转换公司债券 | |
| 融资租入固定资产 | |
| 3. 现金及现金等价物净增加情况: | |
| 现金及现金等价物的期末余额 | 41 827 |
| 减:现金及现金等价物的期初余额 | 61 863 |
| 现金及现金等价物净减少/增加额 | (20 036) |

**表 4-9　股东权益变动表**

编制单位：ZGSH 公司　　　　2019 年度　　　　单位：百万元

| 项　目 | 归属于本公司股东权益 | | | | | | | | 少数股东权益 | 股东权益合计 |
|---|---|---|---|---|---|---|---|---|---|---|
| | 股本 | 资本公积 | 专项储备 | 盈余公积 | 未分配利润 | 外币报表折算差额 | 其他综合收益 | 小计 | | |
| 一、上年年末余额 | 19 890 | 74 720 | 15 107 | 11 433 | 207 213 | | (600) | 327 763 | 76 687 | 404 450 |
| 加：会计政策变更 | | | | | | | | | | |
| 前期差错更正 | | | | | | | | | | |
| 二、本年年初余额 | 19 890 | 74 720 | 15 107 | 11 433 | 207 213 | | (600) | 327 763 | 76 687 | 404 450 |
| 三、本年增减变动金额 | | | | | | | | | | |
| (一) 净利润 | | | | | 43 250 | | | 43 250 | 8 290 | 51 540 |
| (二) 其他综合收益 | | | | | | | 88 | 88 | 11 | 99 |
| 上述(一)和(二)小计 | | | | | 43 250 | | | 43 338 | 8 301 | 51 639 |
| (三) 股东投入和减少资本 | | | | | | | | | | |
| 1. 政府资本性投入 | | | | | | | | | | |
| 2. 有关收购股权及资本原股东投入的资本 | | | | | | | | | | |
| 3. 少数股东投入的资本 | | | | | | | | | 732 | 732 |
| 4. 收购股权及资产支付的对价 | | | | | | | | | | |
| 5. 合并其他公司的影响 | | | | | | | | | | |
| 6. 处置子公司股东权益的减少 | | | | | | | | | (15 199) | (15 199) |
| (四) 利润分配 | | | | | | | | | | |
| 1. 提取一般风险准备 | | | 340 | | (340) | | | | | |
| 2. 对股东的分配 | | | | | (17 503) | | | (17 503) | (6 642) | (24 145) |
| 3. 对有关收购股权及资产原股东的分配 | | | | | | | | | | |
| 4. 对少数股东的分配 | | | | | | | | | | |
| (五) 专项储备 | | | | | | | | | | |
| 1. 本年提取维简安全费 | | | 4 159 | | | | | 4 159 | 733 | 4 892 |
| 2. 本年使用维简安全费 | | | (5 921) | | | | | (5 921) | (946) | (6 867) |
| (六) 其他 | | 6 | | | 86 | | | 92 | 25 | 117 |
| 四、本年年末余额 | 19 890 | 74 726 | 13 685 | 11 433 | 232 706 | | (512) | 351 928 | 63 691 | 415 619 |

## 一、资金结构分析主要财务比率

资金结构分析主要包括资金来源结构和资金占用结构两个方面。其主要财务比率计算及指标含义如表 4-10 所示。

**表 4-10 资金结构分析主要财务比率**

| 序号 | 指标名称及计算 | 指标含义 |
| --- | --- | --- |
| 资金来源结构主要财务比率 | | |
| 1 | $流动负债比率=\frac{流动负债合计}{资金总额}\times 100\%$ | 反映短期债务占总资金的比重 |
| 2 | $长期负债率=\frac{长期负债合计}{资金总额}\times 100\%$ | 反映长期债务占总资金的比重 |
| 3 | $资产自有率=\frac{所有者权益合计}{资金总额}\times 100\%$ | 反映自有资金占总资金的比重 |
| 4 | $资本金构成比率=\frac{资本金}{资金总额}\times 100\%$ | 反映资本金占总资金的比重 |
| 资金占用结构主要财务比率 | | |
| 1 | $流动资产占用率=\frac{流动资产合计}{资产总额}\times 100\%$ | 反映流动资产占总资产的比重 |
| 2 | $固定资产占用率=\frac{固定资产合计}{资产总额}\times 100\%$ | 反映固定资产占总资产的比重 |
| 3 | $无形资产占用率=\frac{无形资产合计}{资产总额}\times 100\%$ | 反映无形资产占总资产的比重 |
| 4 | $流动资产与固定资产比率=\frac{流动资产合计}{固定资产合计}\times 100\%$ | 反映流动资产与固定资产的比例关系 |

利用上述比率分析公司资金结构和资产结构时，应与公司往年合理比率、行业或全国平均水平进行比较，做出资金来源是否合理的评价。

根据 ZGSH 公司资产负债表(表 4-3)中的数据资料，ZGSH 公司资金结构情况如表 4-11 所示。

**表 4-11 ZGSH 公司资金结构情况分析**

| 序号 | 指标名称 | 年初指标值 | 年末指标值 | 行业平均水平 |
| --- | --- | --- | --- | --- |
| 1 | 流动负债率 | 0.21 | 0.17 | 0.37 |
| 2 | 长期负债率 | 0.10 | 0.08 | 0.15 |
| 3 | 资产自有率 | 0.69 | 0.74 | 0.45 |
| 4 | 资本金构成率 | 0.03 | 0.04 | 0.07 |
| 5 | 流动资产占用率 | 0.40 | 0.29 | 0.29 |
| 6 | 固定资产占用率 | 0.40 | 0.40 | 0.41 |
| 7 | 无形资产占用率 | 0.06 | 0.07 | 0.12 |
| 8 | 流动资产与固定资产比率 | 0.98 | 0.71 | 0.83 |

从表 4-11 可以看出，ZGSH 公司资金来源结构中流动负债率和长期负债率低于行业平均水平，资产自有率远高于行业平均水平，资本金构成率低于行业平均水平，说明该公司资产自有水平高，负债资金少，该公司融资比较保守。ZGSH 公司资金占用结构中年末的流动资产占用率相比年初呈下降趋势，年末的流动资产占用率和固定资产占用率与行业平均水平相当，而无形资产占用率低于行业平均水平，这可能与公司主营业务分布有关。

## 二、偿债能力分析主要财务比率

公司偿债能力是指公司偿还全部债务的能力。如果公司到期不能清偿债务，则表示公司偿债能力不足，财务状况欠佳。公司偿债能力具体可分为短期偿债能力和长期偿债能力，其评价比率也各有侧重。

### （一）短期偿债能力分析主要财务比率

短期偿债能力是指公司偿还短期债务的能力。短期债务即指流动负债。短期偿债能力如何对一个公司来说是至关重要的，有时一个盈利不错的公司，也会由于资金调度不灵，偿还不了短期债务而导致破产，而且一个公司的短期偿债能力好坏将影响公司的长期偿债能力。

公司的短期债务除短期借款和应付票据存在少许利息外，其他均无利息，因此短期偿债能力往往仅指偿还短期债务本金的能力。在理论上，公司流动资产是短期可变现的资产，因此它是偿还流动负债的物质保证。为此，衡量一个公司短期偿债能力，应该从流动资产和流动负债之间的数量、期限结构关系加以分析。衡量公司短期偿债能力的主要财务比率如表4-12所示。

**表 4-12　短期偿债能力分析主要财务比率**

| 序号 | 指标名称及计算 | 指标含义 |
|---|---|---|
| 1 | 营运资金＝流动资产－流动负债 | 公司营运资金为正数时，说明公司能偿还短期债务；公司营运资金为负数，则表示公司无力偿还短期债务 |
| 2 | $流动比率=\frac{流动资产}{流动负债}$ | 从相对数角度衡量流动资产与流动负债的关系，反映每元流动负债有多少流动资产作为偿债的保障 |
| 3 | $速动比率=\frac{速动资产}{流动负债}=\frac{流动资产-存货}{流动负债}$<br>速动资产＝流动资产－（存货＋待摊费用＋一年内到期的非流动资产及其他流动资产） | 从相对数角度衡量速动资产与流动负债的关系，反映每元流动负债有多少速动资产作为偿还保障 |
| 4 | $现金比率=\frac{货币资金+交易性金融资产}{流动负债}$ | 反映每元流动负债有多少现金性资产作为偿还保障。该指标反映公司即时偿还短期债务的能力 |
| 5 | $现金流量比率=\frac{经营活动现金净流量}{流动负债}$ | 反映每元流动负债有多少经营活动现金流量作为偿还保障。该指标是从现金流量角度衡量短期债务的偿还能力 |

1. 利用上述各项比率分析公司短期偿债能力应注意的问题

① 营运资金、流动比率、速动比率和现金比率等四项比率是从存量角度反映公司偿还短期债务的能力。四项比率越大，一定程度上表明公司偿还短期债务的能力越强。但短期偿债能力越强的公司意味公司流动资产投资过多，会降低公司整体资产的获利能力。所以，营运资金、流动比率、速动比率和现金比率并不是越大越好，应该适度为好，具体分析时应结合公司历史情况和行业平均水平来加以分析。

② 在分析公司短期偿债能力时，应结合流动资产结构加以具体分析，特别是要结合存货占流动资产比例加以分析。比如在20世纪50～60年代，西方国家存货约占流动资产的一半时，西方国家认为要维持足够的短期偿债能力则营运资金数量应维持在存货占用水平

(流动资产的 50%),流动比率达到 2,流动比率达到 1,公司短期偿债能力就能保证。现代各行业存货占流动资产水平各不相同,在确定营运资金数量、流动比率和流动比率标准值时,应充分结合流动资产结构加以分析。

③ 在利用流动比率分析公司短期偿债能力时,除了分析存货占流动资产比例外,还应结合公司应收账款所占比例情况、存货和应收账款的周转情况。比如某公司流动比率低于行业水平,但其存货和应收账款的周转情况高于行业水平,我们就不能得出该公司短期偿债能力低于行业水平的结论。因为存货和应收账款的周转速度快,维持正常经营的流动资产水平要降低,维持正常经营的流动比率的标准也要降低。同理,在利用速动比率分析公司短期偿债能力时,除了分析应收账款所占比例情况外,还应结合应收账款的周转情况加以分析。

④ 现金流量比率是从现金流量角度反映短期债务偿还能力的比率,该比率越大表明公司短期偿还债务能力越强。它是一项综合衡量指标,已经充分考虑了流动资产结构和存货与应收账款等流动资产的周转情况。

2. 短期偿债能力分析还需关注的情况

① 可动用的银行贷款指标会增加公司短期偿债能力。银行已同意、公司未办理贷款手续的银行贷款限额,可以随时增加公司的现金,提高支付能力。这一数据不反映在财务报表中,但会在董事会决议中披露。

② 准备很快变现的非流动资产会增加公司短期偿债能力。公司可能有一些长期资产可以随时出售变现,而不出现在"一年内到期的非流动资产"项目中。例如,储备的土地、未开采的采矿权、目前出租的房产等,在公司发生周转困难时,将其出售并不影响公司的持续经营。

③ 偿债能力的声誉会增加公司短期偿债能力。如果公司的信用很好,在短期偿债方面出现暂时困难时比较容易筹集到短缺的现金。

④ 与担保有关的或有负债会降低公司短期偿债能力。如果公司与担保有关的或有负债的数额较大并且可能发生,就应在评价偿债能力时给予关注。

⑤ 经营租赁合同中承诺的付款,很可能是需要偿付的义务,也会降低公司短期偿债能力。

⑥ 建造合同、长期资产购置合同中的分阶段付款,也是一种承诺,应视同需要偿还的债务,也会降低公司短期偿债能力。

根据 ZGSH 公司资产负债表(表 4-3)和现金流量表(表 4-8)中的数据资料,ZGSH 公司短期偿债能力情况如表 4-13 所示。

**表 4-13 ZGSH 公司短期偿债能力情况表**

| 序号 | 指标名称 | 年初指标值 | 年末指标值 | 行业平均水平 |
|---|---|---|---|---|
| 1 | 营运资本/百万元 | 109 915 | 65 011 | −1 199 |
| 2 | 流动比率 | 1.89 | 1.68 | 0.90 |
| 3 | 速动比率 | 1.81 | 1.55 | 0.71 |
| 4 | 现金比率 | 0.85 | 0.89 | 0.49 |
| 5 | 现金流量比率 | 0.66(以期末流动负债计算) | | 0.29 |
| | | 0.58(以平均流动负债计算) | | 0.29 |

从表 4-13 可以看出：

① ZGSH 公司的营运资本远高于行业平均值，说明 ZGSH 公司的短期偿债能力较强。ZGSH 公司的年末营运资本为 65 011 百万元，年初营运资本为 109 915 百万元，营运资本的减少主要是因为公司货币资金的减少，说明年内 ZGSH 公司短期偿债能力有所下降。

② ZGSH 公司的流动比率、速动比率和现金比率均比行业平均值大，说明 ZGSH 公司资产的流动性大，短期偿债能力强。

③ ZGSH 公司的现金流量比率比行业平均值大，说明 ZGSH 公司经营活动创造现金流量的能力和短期偿债能力强。

总体来看，ZGSH 公司短期偿债能力高于行业平均水平，年内短期偿债能力有所下降。

（二）长期偿债能力分析主要财务比率

长期偿债能力是指公司偿还长期债务的能力。长期负债是公司的主要债务，在公司全部债务中占有相当大的比重。由于债权人的本金和利息要先于所有者的利润分配，因而对公司来说，负债程度的大小将会直接影响到投资人的利益。一般来说，公司负债越多，其债权人的风险也越大。但是当公司投资报酬率大于负债成本时，这种高负债却能给投资者带来更大的利益。由此可见，无论是公司投资者还是债权人都十分关心公司长期偿债能力。

长期偿债能力的衡量主要是分析公司偿还债务本金和利息的能力。从理论上看，公司资产是公司偿债的物质保证。而公司资产有效运作产生的利润是公司偿还利息的源泉。因此，分析公司长期偿债能力应从资产与负债数量关系和利润与利息的关系等方面加以分析。衡量公司长期偿债能力的主要比率如表 4-14 所示。

**表 4-14　长期偿债能力分析主要财务比率**

| 序号 | 指标名称及计算 | 指标含义 |
|---|---|---|
| 1 | $资产负债率=\frac{负债总额}{资产总额}\times 100\%$ | 反映每元资产所承担负债的数额，衡量清算时债权人利益的保障程度 |
| 2 | $产权比率=\frac{负债总额}{所有者权益}\times 100\%$ | 反映了债权人提供的资本与所有者提供的资本之间的相对关系，说明了公司的财务结构与债权人投入资本受所有者权益的保障程度 |
| 3 | $长期资本负债率=\frac{长期负债}{股东权益+长期负债}\times 100\%$ | 反映长期资本中负债所占的比重 |
| 4 | $利息保障倍数=\frac{息税前的利润}{利息总额}=\frac{税后利润+利息费用+所得税}{利息总额}$ | 反映公司用缴纳所得税及支付利息之前的利润偿付债务利息的能力 |
| 5 | $现金流量利息保障倍数=\frac{经营活动现金净流量}{利息总额}$ | 反映公司用经营现金流量偿付债务利息的能力 |
| 6 | $现金流量债务比=\frac{经营活动现金净流量}{负债总额}$ | 反映公司用经营现金流量偿付全部债务的能力 |

1. 利用上述各项比率分析公司长期偿债能力应注意的问题

① 资产负债率、产权比率和长期资本负债率越低，公司长期偿债能力越强；长期偿债能力越强的公司，其权益资本报酬率可能要下降。所以，公司长期偿债能力应适度为好，即资产负债率、产权比率和长期资本负债率应维持适度水平。分析时应结合行业平均水平和公

司实际情况加以分析。

② 资产负债率理论上应维持在50%左右,产权比率应维持在1左右,这样1元负债至少有1元权益资本保障。

③ 不同利益相关者对资产负债率的要求是不同的。对于债权人来说,资产负债率越低,债权人的利益保障程度就越高。对投资者来说,主要考虑的是投入资金的回报率。当公司总资产报酬率大于长期负债的利息率时,投资者希望扩大负债,即加大资产负债率,这将有利于权益资本(自有资本)报酬率的提高。反之,当公司总资产报酬率小于长期负债利息率时,投资者希望缩小负债规模(即降低资产负债率),这将有利于延缓权益资本报酬率的下降。这就是我们通常所说的负债杠杆作用。从经营者角度看,公司经营者是公司所有者的代理人,所有者谋求高回报率的意图必须通过经营者来实现,所以,经营者经营目标在某种程度上和所有者的目标应是一致的,但经营者的目标是谋求经营者的年薪最大化,而经营者年薪又和经营业绩相联系。经营业绩一方面体现在权益资本报酬率的稳步提高上,另一方面还体现在对公司风险的控制上。所以,经营者从风险和业绩综合考虑,要求资产负债率必须适度。

④ 已获利息倍数、现金流量利息保障倍数和现金流量债务比三项指标越大,表明公司长期偿债能力越强。

2. 分析公司长期偿债能力还需关注的因素

① 长期租赁。当公司急需某种设备或厂房而又缺乏足够的资金时,可以通过租赁的方式解决。财产租赁的形式包括融资租赁和经营租赁。融资租赁形成的负债大多会反映于资产负债表,而经营租赁则没有反映于资产负债表。当公司的经营租赁量比较大、期限比较长或具有经常性时,就形成了一种长期性筹资,这种长期性筹资,到期时必须支付租金,会对公司的偿债能力产生影响。因此,如果公司经常发生经营租赁业务,应考虑租赁费用对偿债能力的影响。

② 债务担保。担保项目的时间长短不一,有的涉及公司的长期负债,有的涉及公司的流动负债。在分析公司长期偿债能力时,应根据有关资料判断担保责任带来的潜在长期负债问题。

③ 未决诉讼。未决诉讼一旦判决败诉,便会影响公司的偿债能力,因此在评价公司长期偿债能力时要考虑其潜在影响。

根据ZGSH公司资产负债表(表4-3)、利润表(表4-5)和现金流量表(表4-8)中的数据资料,ZGSH公司长期偿债能力情况如表4-15所示。

**表4-15 ZGSH公司长期偿债能力情况表**

| 序号 | 指标名称 | 年初指标值 | 年末指标值 | 行业平均水平 |
| --- | --- | --- | --- | --- |
| 1 | 资产负债率 | 31.13% | 25.58% | 55.18% |
| 2 | 产权比率 | 45.19% | 34.37% | 161.26% |
| 3 | 长期资本负债率 | 12.81% | 10.23% | 24.91% |
| 4 | 利息保障倍数 | 18.15(上年) | 27.53(本年) | 9.33 |
| 5 | 现金流量利息保障倍数 | 21.60(上年) | 25.09(本年) | 10.63 |
| 6 | 现金流量债务比 | 47.03%(上年) | 38.76%(本年) | 22.11% |

注:表中利息费用的计算用财务费用替代。上年现金流量利息保障倍数和现金流量债务比依据上年年报数据计算。现金流量债务比中的债务=(期初负债+期末负债)/2。

从表 4-15 可以看出，ZGSH 公司长期偿债能力均比行业平均水平强。资产负债率、产权比率和长期资本负债率的年末和年初相比，年末长期偿债能力有所提升。利息保障倍数、现金流量利息保障倍数和现金流量债务比的本年与上年相比，长期偿债能力也有所提升。

## 三、资金运作效率分析主要财务比率

资金运作效率高低通常是通过一些资产项目的周转速度指标加以反映的。资产周转速度有两种表现形式：一是一定时期资产周转次数；二是资产周转一次所需的天数。常用的资产周转速度比率有总资产周转率、流动资产周转率、应收账款周转率、存货周转率和非流动资产周转率。各项比率的计算公式和含义如表 4-16 所示。

**表 4-16　资金运作效率分析主要财务比率**

| 序号 | 指标名称及计算 | 指标含义 |
| --- | --- | --- |
| 1 | 总资产周转率(次数)$=\frac{\text{营业收入}}{\text{总资产平均占用}}$ | 反映总资产一定时期内的周转次数 |
| 2 | 总资产周转天数$=\frac{\text{计算期天数}}{\text{总资产周转率}}$ | 反映总资产周转一次所需要的时间 |
| 3 | 流动资产周转率(次数)$=\frac{\text{营业收入}}{\text{流动资产平均占用}}$ | 反映流动资产一定时期内的周转次数 |
| 4 | 流动资产周转天数$=\frac{\text{计算期天数}}{\text{流动资产周转率}}$ | 反映流动资产周转一次所需要的时间 |
| 5 | 应收账款周转率(次数)$=\frac{\text{赊销收入}}{\text{应收账款平均占用}}$ | 反映应收账款一定时期内的周转次数 |
| 6 | 应收账款周转天数$=\frac{\text{计算期天数}}{\text{应收账款周转次数}}$ | 反映应收账款周转一次所需要的时间 |
| 7 | 存货周转率(次数)$=\frac{\text{营业成本}}{\text{存货平均占用}}$ | 反映存货一定时期内的周转次数 |
| 8 | 存货周转天数$=\frac{\text{计算期天数}}{\text{存货周转率(次数)}}$ | 反映存货周转一次所需要的时间 |
| 9 | 非流动资产周转率(次数)$=\frac{\text{营业收入}}{\text{非流动资产平均占用}}$ | 反映非流动资产一定时期内的周转次数 |
| 10 | 非流动资产周转天数$=\frac{\text{计算期天数}}{\text{非流动资产周转率(次数)}}$ | 反映非流动资产周转一次所需要的时间 |

### (一) 利用上述各项主要比率分析公司资金运作效率时应注意的问题

① 关于各项比率计算中“资产平均占用”的计算，通常可以采取以下两种方法计算。

当公司资产占用的波动性较大时，应采用详细资料计算。

$$\text{月平均占用额}=\frac{\text{月初占用}+\text{月末占用}}{2}$$

$$\text{季平均占用额}=\frac{\text{三个月平均占用额之和}}{3}$$

$$=\frac{\frac{1}{2}\text{季初占用}+\text{第一月末占用}+\text{第二月末占用}+\frac{1}{2}\text{季末占用}}{3}$$

$$\text{年均占用额}=\frac{4\text{个季度平均占用额之和}}{4}=\frac{12\text{个月平均占用额之和}}{12}$$

当公司资产占用比较稳定时,可用简便方法计算。

$$\text{月产均占用额}=\frac{\text{月初占用}+\text{月末占用}}{2}$$

$$\text{季平均占用额}=\frac{\text{季初占用}+\text{季末占用}}{2}$$

$$\text{年平均占用额}=\frac{\text{年初占用}+\text{年末占用}}{2}$$

② 关于计算期天数问题。一般而言,月为 30 天,季为 90 天,年为 365 天。

③ 各项比率计算时应注意分子和分母数据时间上的对应性。

④ 各项资产周转率越大和资产周转天数越少,表明资产运作效率越高,反之,表明资产运作效率越低。

⑤ 在营业收入一定的情况下,各项资产周转速度越快,各项资产占用就越少;反之,资产占用就会增加。所以,资产周转的加快,有利于节约各项资产的占用。由于各项资产周转加快而形成的资产占用相对节约或浪费额计算公式分别为:

$$\begin{matrix}\text{总资产相对}\\\text{节约或浪费额}\end{matrix}=\begin{matrix}\text{分析期实际}\\\text{营业收入}\end{matrix}\times\left(\frac{1}{\begin{matrix}\text{基期实际总}\\\text{资产周转率}\end{matrix}}-\frac{1}{\begin{matrix}\text{分析期实际总}\\\text{资产周转率}\end{matrix}}\right)$$

$$\begin{matrix}\text{流动资产相对}\\\text{节约或浪费额}\end{matrix}=\begin{matrix}\text{分析期实际}\\\text{营业收入}\end{matrix}\times\left(\frac{1}{\begin{matrix}\text{基期实际流动}\\\text{资产周转率}\end{matrix}}-\frac{1}{\begin{matrix}\text{分析期实际流动}\\\text{资产周转率}\end{matrix}}\right)$$

$$\begin{matrix}\text{非流动资产相对}\\\text{节约或浪费额}\end{matrix}=\begin{matrix}\text{分析期实际}\\\text{营业收入}\end{matrix}\times\left(\frac{1}{\begin{matrix}\text{基期实际非流动}\\\text{资产周转率}\end{matrix}}-\frac{1}{\begin{matrix}\text{分析期实际非流动}\\\text{资产周转率}\end{matrix}}\right)$$

$$\begin{matrix}\text{应收账款相对}\\\text{节约或浪费额}\end{matrix}=\begin{matrix}\text{分析期实际}\\\text{赊销收入}\end{matrix}\times\left(\frac{1}{\begin{matrix}\text{基期实际应收}\\\text{账款周转率}\end{matrix}}-\frac{1}{\begin{matrix}\text{分析期实际应收}\\\text{账款周转率}\end{matrix}}\right)$$

$$\begin{matrix}\text{存货相对}\\\text{节约或浪费额}\end{matrix}=\begin{matrix}\text{分析期实际}\\\text{营业成本}\end{matrix}\times\left(\frac{1}{\begin{matrix}\text{基期实际存货}\\\text{周转率}\end{matrix}}-\frac{1}{\begin{matrix}\text{分析期实际存货}\\\text{周转率}\end{matrix}}\right)$$

#### (二)利用应收账款周转率和应收账款周转天数分析应收账款运作效率时应注意的问题

① 从理论上说应收账款是赊销引起的,其对应的流量是赊销额,而非全部营业收入。但由于公司赊销政策是商业秘密,外部分析人无法取得赊销的数据,因此,应收账款周转率计算公式的分子赊销收入可以用营业收入代替。实际上相当于假设现金销售是收现时间等于 0 的应收账款。只要现金销售与赊销的比例是稳定的,不妨碍与上期数据的可比性,只是一贯高估了周转次数。问题是与其他公司比较时,不知道可比公司的赊销比例,也就无从知道应收账款周转率是否可比。

② 应收账款年末余额的可靠性问题。应收账款是特定时点的存量,容易受季节性、偶然性和人为因素影响。在应收账款周转率用于业绩评价时,最好使用多个时点的平均数,以减少这些因素的影响。

③ 应收账款的减值准备问题。统一财务报表上列示的应收账款是已经提取减值准备后的净额，而营业收入并没有相应减少。其结果是，提取的减值准备越多，应收账款周转天数越少。这种周转天数的减少不是好的业绩，反而说明应收账款管理欠佳。如果减值准备的数额较大，就应进行调整，使用未提取坏账准备的应收账款计算周转天数。报表附注中应披露应收账款减值的信息，可作为调整的依据。

④ 应收票据是否计入应收账款周转率。大部分应收票据是销售形成的。只不过是应收账款的另一种形式，应将其纳入应收账款周转天数的计算，称为“应收账款及应收票据周转天数”。

⑤ 应收账款周转天数是否越少越好。应收账款是赊销引起的，如果赊销有可能比现金销售更有利，周转天数就不会越少越好。收现时间的长短与公司的信用政策有关。例如，甲公司的应收账款周转天数是 18 天，信用期是 20 天；乙公司的应收账款周转天数是 15 天，信用期是 10 天。前者的收款业绩优于后者，尽管其周转天数较多。改变信用政策，通常会引起公司应收账款周转天数的变化。信用政策的评价涉及多种因素，不能仅仅考虑周转天数的缩短。

⑥ 应收账款分析应与销售额分析和现金分析联系起来。应收账款的起点是销售，终点是现金。正常的情况是销售增加引起应收账款增加，现金的存量和经营现金流量也会随之增加。如果一个公司应收账款日益增加，而销售和现金日益减少，则可能是销售出了比较严重的问题，促使放宽信用政策，甚至随意发货，而现金收不回来。

总之，应当深入到应收账款的内部，并且要注意应收账款与其他问题的联系，才能正确评价应收账款周转率。

（三）利用存货周转率和存货周转天数分析存货运作效率时应注意的问题

① 计算存货周转率时，使用“营业收入”还是“营业成本”作为周转额，要看分析的目的。在短期偿债能力分析中，为了评估资产的变现能力需要计量存货转换为现金的数量和时间，应采用“营业收入”。在对总资产周转率进行分解时，为系统分析各项资产的周转情况并识别主要的影响因素，应统一使用“营业收入”计算存货周转率。如果是为了评估存货管理的业绩，应当使用“营业成本”计算存货周转率，使其分子和分母保持口径一致。实际上，两种周转率的差额是毛利引起的，用哪一个计算都能达到分析目的。

② 存货周转天数不是越低越好。存货过多会浪费资金，存货过少不能满足流转需要，在特定的生产经营条件下存在一个最佳的存货水平，所以存货不是越少越好。

③ 应注意应付款项、存货和应收账款（或销售）之间的关系。一般说来，销售增加会拉动应收账款、存货、应付账款增加，不会引起周转率的明显变化。但是，当企业接受一个大的订单时，先要增加采购，然后依次推动存货和应收账款增加，最后才引起收入上升。因此，在该订单没有实现销售以前，先表现为存货等周转天数增加。这种周转天数增加，没有什么不好。与此相反，预见到销售会萎缩时，先行减少采购，依次引起存货周转天数等下降。这种周转天数下降不是什么好事，并非资产管理的改善。因此，任何财务分析都以认识经营活动的本来面目为目的，不可根据数据的高低作简单结论。

④ 应关注构成存货的产成品、自制半成品、原材料、在产品和低值易耗品之间的比例关系。各类存货的明细资料以及存货重大变动的解释，在报表附注中应有披露。正常的情况下，它们之间存在某种比例关系。如果产成品大量增加，其他项目减少，很可能是销售不畅，

放慢了生产节奏。此时,总的存货金额可能并没有显著变动,甚至尚未引起存货周转率的显著变化。因此,在分析时既要重点关注变化大的项目,也不能完全忽视变化不大的项目,其内部可能隐藏着重要问题。

(四)关于总资产周转率的驱动因素

总资产是由各项资产组成的,在营业收入既定的条件下,总资产周转率的驱动因素是各项资产。通过驱动因素的分析,可以了解总资产周转率变动是由哪些资产项目引起的,以及哪些因素影响较大,为进一步分析指出方向。

根据ZGSH公司资产负债表(表4-3)、利润表(表4-5)和上年年报中的数据资料,ZGSH公司资产运作效率情况如表4-17所示。

**表4-17　ZGSH公司资产运作效率情况表**

| 序号 | 指标名称 | 上年指标值 | 本年指标值 | 行业平均水平 |
|---|---|---|---|---|
| 1 | 总资产周转率 | 0.46 | 0.42 | 0.51 |
| 2 | 总资产周转天数 | 798 | 864 | 807 |
| 3 | 非流动资产周转率 | 0.67 | 0.64 | 0.74 |
| 4 | 非流动资产周转天数 | 545 | 567 | 563 |
| 5 | 流动资产周转率 | 1.44 | 1.23 | 1.99 |
| 6 | 流动资产周转天数 | 253 | 297 | 243 |
| 7 | 存货周转率 | 14.39 | 13.02 | 19.76 |
| 8 | 存货周转天数 | 25 | 28 | 24 |
| 9 | 应收账款周转率 | 16.25 | 20.59 | 11.94 |
| 10 | 应收账款周转天数 | 22.47 | 17.72 | 59 |

注:应收账款周转率分子用营业收入代替赊销收入,分母用(应收账款+应收票据)代替应收账款。上年指标取自ZGSH公司上年年报。1年时间为365天。

从表4-17可以看出,ZGSH公司总资产、非流动资产、流动资产和存货的运作效率低于行业平均水平,而应收账款运作效率高于行业平均水平,这可能与公司过长的产业链和强大的市场地位相关。与上年相比,ZGSH公司总资产、非流动资产、流动资产和存货周转速度也有所下降,应收账款周转速度有所提升,这可能是产成品周转速度下降所致。

## 四、获利能力分析主要财务比率

获取利润是公司经营的最终目标,也是公司能否生存与发展的前提。它不仅关系到投资者的利益,也关系到债权人以及公司经营管理者的切身利益。因此,获利能力分析是公司投资者、债权人和经营管理者共同关心的一个重要方面。由于盈利是公司的最终财务成果,它既与各项经营活动密切相关,又与公司各种资产、负债和所有者权益相关。因此,应分别从销售获利水平、资产获利水平和权益资本获利水平等不同角度对公司获利能力进行解剖,揭示公司盈利的相关信息。常用的获利能力分析比率如表4-18所示。

**表 4-18　获利能力分析主要财务比率**

| 序号 | 指标名称及计算 | 指标含义 |
|---|---|---|
| 1 | $营业毛利率=\frac{毛利润}{营业收入}\times100\%=\frac{营业收入-营业成本}{营业收入}\times100\%$ | 反映每元营业收入的毛利水平 |
| 2 | $营业利润率=\frac{息税前利润}{营业收入}\times100\%=\frac{营业利润+利息费用}{营业收入}\times100\%$ | 反映每元营业收入的息税前利润水平 |
| 3 | $营业净润率=\frac{净利润}{营业收入}\times100\%$ | 反映每元营业收入的净利润水平 |
| 4 | $总资产报酬率=\frac{税前利润+利息}{平均资产总额}\times100\%$ | 反映每元资产的息税前利润水平 |
| 5 | $总资产净利率=\frac{净利润}{平均资产总额}\times100\%$ | 反映每元资产的净利润水平 |
| 6 | $权益净利率=\frac{净利润}{所有者权益}\times100\%$<br>$=\left[\begin{matrix}总资产\\报酬率\end{matrix}+\frac{负债}{权益资本}\times\left(\begin{matrix}总资产\\报酬率\end{matrix}-\begin{matrix}负债\\利率\end{matrix}\right)\right]\times(1-所得税率)$ | 反映权益资金的获利水平 |

(一) 利用上述各项比率分析公司获利能力应注意的问题

① 上述各项比率越大表明公司盈利能力越强。

② 营业净利率变动的影响因素分析主要应关注利润表的各个项目金额变动，从利润表的各个项目金额变动揭示营业净利率变动的主要原因。

③ 总资产净利率变动的驱动因素。

$$
\begin{aligned}
总资产净利率&=\frac{净利润}{总资产平均占用}\times100\%=\frac{净利润}{营业收入}\times\frac{营业收入}{总资产平均占用}\\
&=营业利润率\times总资产周转率
\end{aligned}
$$

从上述计算可以看出，总资产净利率的驱动因素是营业净利率和总资产周转率。可以使用因素分析法分析营业净利率和总资产周转率变动对资产净利率影响程度。

根据 ZGSH 公司资产负债表(表 4-3)、利润表(表 4-5)和上年年报中的数据资料，ZGSH 公司获利能力情况如表 4-19 所示。

**表 4-19　ZGSH 公司获利能力情况表**

| 序号 | 指标名称 | 上年指标值 | 本年指标值 | 行业平均水平 |
|---|---|---|---|---|
| 1 | 营业毛利率 | 41.12% | 40.71% | 30.48% |
| 2 | 营业利润率 | 29.24% | 28.59% | 15.39% |
| 3 | 营业净利率 | 20.46% | 21.31% | 9.10% |
| 4 | 总资产报酬率 | 12.85% | 12.09% | 7.23% |
| 5 | 总资产净利率 | 9.36% | 9.00% | 4.40% |
| 6 | 权益净利率 | 13.87% | 12.57% | 9.39% |

从表 4-19 可以看出，ZGSH 公司的营业毛利率、营业利润率、营业净利率、总资产报酬率、总资产净利率和权益净利率均高于行业平均水平，说明 ZGSH 公司的获利水平较高。与上年相比，营业毛利率、营业利润率、总资产报酬率、总资产净利率和权益净利率有所下

降，营业净利率有所上升。其中营业净利率上升的原因分析如表 4-6 所示，营业净利率上升 0.85%的主要原因是营业外支出减少。

（二）经济增加值

净利润指标没有扣除权益资本成本，无法准确反映公司为股东创造的价值。1964 年斯特恩(Stern)与斯图尔特(Stewart)提出了用经济增加值(economic value added，简称 EVA)衡量为股东创造的增值水平。具体计算公式如下：

$$\text{经济增加值}=\text{税后净营业利润}-\text{调整后资本}\times\text{资本成本率}$$

根据 2012 年 12 月 26 日国务院国有资产监督管理委员会第 125 次委主任办公会议第三次修订的《中央企业负责人经营业绩考核暂行办法》，经济增加值的计算说明如下：

1. 税后净营业利润

$$\begin{matrix}\text{税后净}\\\text{营业利润}\end{matrix}=\text{净利润}+\left(\text{利息支出}+\begin{matrix}\text{研究开发}\\\text{费用调整项}\end{matrix}\right)\times(1-25\%)$$

其中：① 利息支出是指企业财务报表中“财务费用”项下的“利息支出”；② 研究开发费用调整项是指企业财务报表中“管理费用”项下的“研究与开发费”和当期确认为无形资产的研究开发支出。

2. 调整后资本

$$\text{调整后资本}=\begin{matrix}\text{平均所有}\\\text{者权益}\end{matrix}+\begin{matrix}\text{平均}\\\text{负债合计}\end{matrix}-\begin{matrix}\text{平均无息}\\\text{流动负债}\end{matrix}-\begin{matrix}\text{平均在}\\\text{建工程}\end{matrix}$$

其中：① 无息流动负债是指企业财务报表中“应付票据”、“应付账款”、“预收款项”、“应交税费”、“应付利息”、“应付职工薪酬”、“应付股利”、“其他应付款”和“其他流动负债(不含其他带息流动负债)”；对于“专项应付款”和“特种储备基金”，可视同无息流动负债扣除；② 在建工程是指企业财务报表中的符合主业规定的“在建工程”。

3. 资本成本率的确定

中央企业资本成本率原则上定为 5.5%。对军工等资产通用性较差的企业，资本成本率定为 4.1%。资产负债率在 75%以上的工业企业和 80%以上的非工业企业，资本成本率上浮 0.5 个百分点。

**五、市场价值分析主要财务比率**

市场价值比率是以企业盈利能力为基础的市场价值评估指标。市场价值比率不直接用于分析企业盈利能力，而是投资者以盈利能力分析为基础，对股票进行价值评估的工具。通过市场价值比率的分析，可以判断股票的市场定价是否符合公司的基本面，为投资者的投资活动提供决策依据。由于市场价值比率往往涉及股票的市场价格，因此大部分市场价值比率仅适用于公开上市交易的公司。其主要分析比率和计算如表 4-20 所示。

**表 4-20 与市场价值分析相关的主要财务比率**

| 序号 | 指标名称及计算 | 指标含义 |
|---|---|---|
| 1 | $\text{每股收益}=\dfrac{\text{净利润}-\text{优先股股息}}{\text{发行在外的普通股加权平均数}}$ | 反映每股普通股所能分摊到的净收益额 |
| 2 | $\text{每股净资产}=\dfrac{\text{股东权益总额}}{\text{发行在外的普通股加权平均数}}$ | 反映发行在外的每股普通股所代表的净资产成本即账面权益 |

表 4-20(续)

| 序号 | 指标名称及计算 | 指标含义 |
| --- | --- | --- |
| 3 | 每股现金股利 $=\frac{\text{现金股利总额}}{\text{发行在外的普通股加权平均数}}$ | 反映发行在外的每股普通股的现金股利水平 |
| 4 | 股利发放率 $=\frac{\text{每股股利}}{\text{每股收益}}\times 100\%$ | 反映普通股股东从每股收益获利中分到的现金股利水平 |
| 5 | 市盈率 $=\frac{\text{每股市价}}{\text{每股收益}}$ | 反映普通股的市场价格与当期每股收益之间的关系 |
| 6 | 市净率 $=\frac{\text{每股市价}}{\text{每股净资产}}$ | 反映普通股的市场价格与当期每股净资产之间的关系 |

利用上述各项指标分析公司市场价值时应注意以下几个方面问题：

(一) 关于每股收益的计算说明

1. 基本每股收益计算

① 由于优先股股东对股利的受领权优于普通股股东，因此在计算普通股股东所能享有的收益额时，应将优先股股利扣除。

② 基本每股收益公式中分母采用加权平均数，是因为本期内发行在外的普通股股数可能增加或减少，而增加的普通股股数只能在增加以后的这一段时期内产生收益，减少的普通股股数只在减少以前的期间产生收益，所以必须采用加权平均数，以正确反映本期内发行在外的股份数额。

$$\text{发行在外的普通股加权平均数}=\text{期初发行在外的普通股数量}+\text{本期增发普通股数量}\times\frac{12-\text{增发月份}+1}{12}-\text{本期回购普通股数量}\times\frac{12-\text{回购月份}+1}{12}$$

例如，某公司 2020 年初发行在外的普通股股份 200 万股，该年 7 月 1 日又增发了 60 万股，而且该年内未发行其他股票，亦无退股事项，则该年度普通股流通在外的平均数应为 230 万股[200 万股＋60 万股×(6/12)]。

2. 稀释每股收益

在计算每股收益时要注意复杂股权结构问题。有的公司具有复杂的股权结构，除普通股和优先股以外，还有可转换债券、认股权证和股票激励等。可转换债券的持有者，可以通过转换使自己成为普通股东，从而造成公司普通股总数增加。认股权证持有者，可以按预定价格购买普通股，也会使公司的普通股增加。可转换债券、认股权证和股票激励等导致的稀释性潜在普通股会使普通股股数增加，从而使每股收益变小，称为“稀释每股收益”。比如：① 凯诺科技于 2012 年 8 月发行了 4.3 亿元可转换公司债券，第一年票面利率仅为 1.4%。该公司 2013 年上半年基本每股收益为 0.223 元，2013 年 6 月末的股本总额约为 2.84 亿股，尚有 1.96 亿元可转债未转股，因此，凯诺科技“稀释后期末股本”约为 3.23 亿股(可转债可按一定比例转换为 0.39 亿股)，稀释每股收益相应下降到 0.196 元，凯诺可转债对基本每股收益的稀释作用为 12.11%。② 攀钢钢钒在 2012 年末发行了 32 亿元“认股权和债券分离交易的可转换公司债券”,分离出的认股权证总量为 8 亿份,其行权价格经调整后为 3.266 元,低于其普通股的市价。攀钢钢钒 2013 年 6 月末股本总额约为 30.58 亿股,2013 年上半年基本每股收益为 0.15 元。“权证稀释增加的股数”约为 5.88 亿股,攀钢钢钒的稀释每股收益也相应下降到 0.13 元,故而钢钒认股权证对基本每股收益的稀释作用为 13.33%。③ 2012 年 9 月,金发科技股东大会通过了股票期权激励计划,至 2013 年 6 月末,最新行权价格为 6.43 元/股,低于当期普通股的平均市价,因此,其股票期权同样具有稀释性。金发科技 2013 年 6 月末的股本总额约为 6.37 亿股,2013 年上半年基本每股收益为 0.32 元。经计算,股票期权在转换成普通股时的加权平均数约为 5 000 万股,稀释每股收益相应下降到 0.29 元,因此,金发科技股票期权的稀释作用为 9.38%。

计算稀释每股收益时,分子应根据当期已确认为费用的稀释性潜在普通股的利息和稀释性潜在普通股转换时产生的收益或费用,调整归属于普通股股东的当期净利润,调整时应当考虑相关的所得税影响。分母是当期发行在外普通股的加权平均数与假定稀释性潜在普通股转换为已发行普通股而增加的普通股股数的加权平均数之和。

比如:某上市公司于 2020 年 1 月 1 日按面值发行 25 000 万元的三年期可转换公司债券,票面固定利率为 2%,利息自发行之日起每年支付一次,即每年 12 月 31 日为付息日。该批可转换公司债券自发行结束后 18 个月以后可转换为公司股票。债券利息不符合资本化条件,直接计入当期损益。所得税税率为 25%。假设债券票面利率等于实际利率。按照公司利润分享计划约定,该公司高级管理人员按照当年税前利润的 1%领取奖金报酬。该公司 2020 年度税前利润为 18 000 万元,税后净利润为 13 500 万元。假定可转换公司债券按面值发行,面值为 100 元,可转换公司债券的转换率为 10∶1(1 张可转换公司债券转为 10 股普通股),转换后将增加普通股 2 500 万股,2020 年期初该上市公司发行在外普通股为 10 000 万股。请确定稀释每股收益。

为计算稀释每股收益,分子归属于普通股股东的当期净利润应调整的项目主要包括以下两方面:一是假定可转换公司债券期初转换为普通股而减少的利息费用,二是由此增加利润所导致的支付高管人员奖金的增加。

税后净利润 13 500 万元

加:减少的利息费用(25 000×2%)　　500 万元

减:相关所得税影响(500×25%)　　(125)万元

减:增加的高管人员奖金(500×1%)　　(5)万元

加:相关所得税影响(5×25%)　　1.25 万元

稀释每股收益计算中归属于普通股股东的当期净利润 13 871.25 万元。

分母为 10 000+2 500=12 500(万股)。

基本每股收益=13 500/10 000=1.35(元/股)。

稀释每股收益=13 871.25/12 500=1.11(元/股)。

每股收益稀释率=(1.35−1.11)/1.35=17.78%。

注意稀释每股收益与摊薄每股收益的区别。摊薄每股收益是指净利润扣除了非经常损益后得到的每股收益,非经常损益指那些一次性的资产转让或者股权转让带来的非经营性利润。

在计算每股净资产和每股现金股利时,与计算每股收益一致,分母仍然采用加权平均数。

（二）股利发放率

股利发放率又称股利支付率，是普通股每股股利与每股收益的比率，表明公司中的净收益有多少用于分派现金股利。与股利发放率相关反映利润留存比率的指标是留存比率，又称收益留存率，其计算公式为：

$$留存比率=\frac{每股收益-每股股利}{每股收益}\times 100\%$$

（三）市盈率

市盈率（price/earings ratio，PE）又称价格与收益比率，是指普通股每股市价与每股收益的比率。市盈率是反映公司市场价值与盈利能力之间关系的一个重要财务比率，投资者对该比率十分关心，将其视为做出投资决策的重要参考因素之一。

市盈率衡量投资者愿意为每股当前利润支付多少钱，市盈率高，说明投资者对该股公司的发展前景看好，愿意出较高的价格购买该公司股票。因此，成长性好的公司股票市盈率通常要高一些，而盈利能力差、缺乏成长性的公司股票市盈率要低一些。

需要说明的是，资本市场上并不存在一个标准的市盈率，对市盈率的分析要结合行业特点和企业的盈利前景。如果某股票的市盈率过高，则也有可能意味着该股票具有较高的投资风险。另外，如果一家公司有微薄的净利润，其市盈率也可能会很高。

（四）市净率

市净率（price/book-value ratio，PB），又称市值账面比，是指普通股每股市价与每股净资产的比率。净利率反映了公司股票的市场价值与账面价值之间的关系，投资者对该比率也比较关心，也是投资者评价股票价值是否值得投资的重要参考因素。

一般而言，市净率大致上是将公司投资的市场价值与其成本进行比较，市净率越高，说明股票的市场价值越高。资产质量好、盈利能力强的公司，其市净率会比较高；而风险大、发展前景较差的公司，其市净率会比较低。如果公司股票的市净率小于1，即股价低于每股净资产，则说明总体上公司未能成功地为股东创造价值。

根据ZGSH公司上年年报和公司年末的收盘价的数据资料，ZGSH公司市场价值分析主要财务比率情况如表4-21所示。

**表4-21　ZGSH公司与市场价值分析相关的主要财务比率**

| 序号 | 指标名称 | 上年指标值 | 本年指标值 | 行业平均水平 |
| --- | --- | --- | --- | --- |
| 1 | 每股收益/元 | 2.21 | 2.17 | 0.54 |
| 2 | 每股净资产/元 | 16.48 | 17.69 | 5.73 |
| 3 | 每股现金股利/元 | 0.88 | 1.26 | 0.19 |
| 4 | 股利发放率 | 39.90% | 57.94% | 28.03% |
| 5 | 市盈率 | 8.13 | 8.41 | 9.1 |
| 6 | 市净率 | 1.09 | 1.03 | 1.02 |

从表4-21可以看出，2019年ZGSH公司的市盈率为8.41，说明投资者愿意花8.41元购买公司1元净利润，这一交易价格低于行业企业的平均水平9.1元，原因可能是投资者认为公司盈利能力或成长性较差，但也有可能说明公司的股价被低估。通过考察公司每股收

益、每股净资产、每股现金股利和股利发放率等指标，发现公司每股盈利能力均显著高于行业企业的平均水平，说明其每股盈利能力反而高于行业水平，因此更有可能的原因是公司股价被低估。

公司市净率指标值1.03与行业水平相差不大，略大于1，说明投资者认为公司资产的市场价值也略高于其成本。

**六、发展能力分析主要财务比率**

公司发展能力主要从公司经营规模、生产经营成果、财务成果的增长情况加以考察。其主要分析比率和计算如表4-22所示。

**表4-22 发展能力分析主要财务比率**

| 序号 | 指标名称及计算 | 指标含义 |
| --- | --- | --- |
| 1 | 营业收入增长率$=\left(\dfrac{\text{本期营业收入}}{\text{基期营业收入}}-1\right)\times100\%$ | 反映公司营业收入的增长幅度 |
| 2 | 总资产增长率$=\left(\dfrac{\text{年末资产总额}}{\text{年初资产总额}}-1\right)\times100\%$ | 反映公司资产的增长幅度 |
| 3 | 固定资产增长率$=\left(\dfrac{\text{年末固定资产原值}}{\text{年初固定资产原值}}-1\right)\times100\%$ | 反映公司固定资产的增长幅度 |
| 4 | 营运资产增长率$=\left(\dfrac{\text{年末营运资金}}{\text{年初营运资金}}-1\right)\times100\%$ | 反映公司营运资金的增长幅度 |
| 5 | 净利润增长率$=\left(\dfrac{\text{本期净利润}}{\text{基期净利润}}-1\right)\times100\%$ | 反映公司利润的增长幅度 |
| 6 | 净资产增长率$=\left(\dfrac{\text{年末净资产}}{\text{年初净资产}}-1\right)\times100\%$ | 反映公司净资产的增长幅度 |

在利用上述比率分析公司发展时应注意以下几个方面的问题：

① 上述各项比率越大，表明发展能力越强。但发展过快的公司，可能会造成风险过大而陷入危机甚至破产。

② 在使用上述各项比率分析企业的发展能力时，仅用一年的财务比率是不能正确评价企业的发展能力的，而应当计算连续若干期的财务比率，才能正确地评价企业发展能力的持续性。

③ 营业收入增长率反映了企业营业收入的变化情况，是评价企业成长性和市场竞争力的重要指标。该比率越高，说明企业营业收入成长性越好，企业的发展能力越强。

④ 总资产增长率是从企业资产规模扩张方面来衡量企业的发展能力的。企业资产总量对企业的发展具有重要的影响。一般而言，资产增长率越高，说明企业资产规模增长的速度越快，企业的竞争力越强。

⑤ 净资产增长率，又称股权资本增长率，反映了企业当年股权权益的变化水平，体现了企业资本的积累能力，是评价企业发展潜力的重要财务指标。该比率越高，说明企业资本积累能力越强，企业的发展能力也越好。

**七、现金流量分析主要财务比率**

公司现金流量在很大程度上决定着公司的生存和发展能力。即使公司有盈利能力，但若现金周转不畅、调度不灵，将严重影响公司正常的生产经营，最终影响公司的生存。因此，现金流量信息在公司经营和管理中的地位越来越重要，正日益受到公司内外各方人士的关注。公司现金流量分析主要包括总体分析和比率分析。

（一）现金流量总体分析

现金流量表将公司现金流量分为经营活动现金流量、投资活动现金流量和筹资活动现金流量三大部分，基本上概括了公司发生的所有业务活动。这三个部分相互关联又具有各自的特点，分析时既要关注单个现金流的表象及反映出的单个问题，又要重视个体与个体的相关性及个体对总体的影响。

1. 现金流量总体情况讨论

如果公司现金及现金等价物净增加额大于零，表明公司现金周转顺畅；反之，说明公司现金周转存在一定问题。如果公司三项活动现金流量均为正，表明公司经营效益、财务状况良好，融资能力较强，公司在运营中产生的现金流入大于流出。但要注意的是，如果各项活动净现金流入过大，可能是由资金闲置引起的，将影响公司资金获利能力的发挥。

2. 三项活动的现金流量具体分析

(1) 经营活动现金流量分析

如果经营活动现金净流量小于零，表明公司不能维持正常货币运行，应通过投资活动和筹资活动补偿。

如果经营活动现金净流量等于零，表明恰好维持经营活动，但不能补偿摊销性费用和应计费用(包括固定资产折旧、无形资产摊销和应收账款增加等)。

如果经营活动现金净流量大于零，但小于摊销性费用和应计费用，说明经营活动产生的现金流量只能部分补偿摊销性费用和应计费用。

如果经营活动现金净流量大于零，且等于摊销性费用和应计费用，说明经营活动产生的现金流量能完全补偿摊销性费用和应计费用，但不能为扩大再生产提供现金。

如果经营活动现金净流量大于零，且大于摊销性费用和应计费用，说明经营活动产生的现金流量能完全补偿摊销性费用和应计费用，同时能为扩大再生产提供部分现金。

(2) 投资活动现金流量分析

如果投资活动现金净流量大于零，表明公司没有重大投资活动，公司在收缩投资活动。公司投资活动包括对内投资和对外投资，对内投资一般应由经营活动补偿，补偿速度取决于折旧速度。如果对内投资净流量小于零，说明公司折旧补偿时间滞后，对内投资净流量大于零，折旧补偿时间合理。对外投资活动一般应能自求平衡。如果投资活动现金净流量小于零，表明公司有重大投资活动，投资活动现金流需要经营活动和筹资活动补偿。

(3) 筹资活动现金流量分析

筹资活动现金流量取决于经营活动现金流量和投资活动现金流量。如果筹资活动现金净流量小于零，说明公司在还债和分红。筹资活动现金净流量大于零，说明公司有重大筹资举措或还债与分红少。

（二）现金流量分析主要财务比率

现金流量分析涉及的主要比率包括结构分析、获取现金能力分析、财务弹性分析、收益质量分析和流动性分析等方面。现金流量分析主要财务比率如表 4-23 所示。

**表 4-23 现金流量分析主要财务比率表**

| 序号 | 指标名称及计算 | 指标含义 |
| --- | --- | --- |
| 现金流量结构比率 | | |
| 1 | $经营活动现金流入比重=\frac{经营活动现金流入}{总现金流入}\times100\%$ | 反映经营活动现金流入占总现金流入的比例 |
| 2 | $投资活动现金流入比重=\frac{投资活动现金流入}{总现金流入}\times100\%$ | 反映投资活动现金流入占总现金流入的比例 |
| 3 | $筹资活动现金流入比重=\frac{筹资活动现金流入}{总现金流入}\times100\%$ | 反映筹资活动现金流入占总现金流入的比例 |
| 4 | $经营活动现金流出比重=\frac{经营活动现金流出}{总现金流出}\times100\%$ | 反映经营活动现金流出占总现金流出的比例 |
| 5 | $投资活动现金流出比重=\frac{投资活动现金流出}{总现金流出}\times100\%$ | 反映投资活动现金流出占总现金流出的比例 |
| 6 | $筹资活动现金流出比重=\frac{筹资活动现金流出}{总现金流出}\times100\%$ | 反映筹资活动现金流出占总现金流出的比例 |
| 获取现金能力比率 | | |
| 7 | $营业现金比率=\frac{经营活动现金净流量}{营业收入}\times100\%$ | 反映每元营业收入获取现金的能力 |
| 8 | $资产现金回收率=\frac{经营活动现金净流量}{资产总额}\times100\%$ | 反映每元资产获取现金的能力 |
| 9 | $每股营业现金净流量=\frac{经营活动现金净流量}{普通股股数}\times100\%$ | 反映每股普通股获取现金的能力 |
| 财务弹性比率 | | |
| 10 | $现金满足投资比率=\frac{经营活动现金净流量}{资本支出+存货增加+现金股利}\times100\%$ | 反映经营活动现金净流量满足主要现金需求的程度 |
| 11 | $现金股利保障倍数=\frac{每股营业活动现金净流量}{每股现金股利}$ | 反映经营活动现金净流量满足现金股利需求的程度 |
| 收益质量比率 | | |
| 12 | $现金营运指数=\frac{经营活动现金净流量}{经营所得现金}$<br>经营所得现金=净利润−非经营所得净利润+非付现费用 | 反映经营活动收益质量 |
| 流动性分析比率 | | |
| 13 | $现金到期债务比=\frac{经营活动现金净流量}{本期到期的债务}$ | 反映每元到期债务有多少经营活动现金流量作为偿还保障 |
| 14 | $现金流动负债比=\frac{经营活动现金净流量}{流动负债}$ | 反映每元流动负债有多少经营活动现金流量作为偿还保障 |
| 15 | $现金债务总额比=\frac{经营活动现金净流量}{债务总额}$ | 反映每元负债有多少经营活动现金流量作为偿还保障 |

利用上述各项比率分析公司现金流量时应注意以下几个方面的问题：

① 利用上述各项比率分析现金流量情况应结合行业平均水平和历史情况进行考察。

② 关于财务弹性问题。所谓财务弹性是指公司适应经济环境变化和利用投资机会的能力。这种能力来源于现金流量和支付现金需要的比较。现金流量超过需要，有剩余的现金，适应性就强；反之，适应性就弱。因此，财务弹性的衡量是用经营现金流量与支付要求进行比较。支付要求可以是投资需求或支付承诺等。

③ 关于收益质量问题。收益质量是指报告收益与公司实际业绩之间的相关性。如果收益能如实反映公司的业绩，则认为收益的质量好；如果收益不能很好地反映公司业绩，则认为收益的质量不好。决定收益质量的因素很多，大体上可以分为三个方面：a. 会计政策的选择。管理当局在选择可接受的会计政策时，有一定的自由决定能力。赋予管理当局一定的自由决定能力，是任何国家的会计规范都存在的，只不过程度有区别。管理当局在选择会计政策时，可以采取稳健的态度，也可以采取乐观的态度。采取稳健的会计政策，通常认为比采取乐观的会计政策收益质量高。稳健主义减少了高估收益的可能性。例如存货的后进先出法和加速折旧等，都是稳健主义的选择。我们从管理当局的会计政策选择中，可以看出他们的倾向和态度。会计政策的选择，反映在财务报表附注二“重要会计政策和会计估计的说明”中。b. 会计政策的运用。在选定会计政策之后，如何运用该会计政策，管理当局仍然有一定的自由决定能力。例如，在选定提取资产减值准备的政策之后，对于提取多少数额，管理当局仍有自由决定权。管理当局在广告费、营销费、修理费、研发费等酌量性费用的发生时间上有一定的自由决定权。利用这种自由决定权，管理当局可以操纵报告利润的水平。这种操纵使报告收益与实际业绩的相关性减少，降低了收益质量。c. 收益与经营风险的关系。经营风险的高低，与环境有关，也与管理当局的管理战略有关。经营风险大，收益不稳定，会降低收益的质量。影响经营风险的因素包括经营周期的长短、收益水平对外部环境变化的敏感程度、收益的稳定性、收益的可变性、收益来源的构成等。

收益质量分析涉及资产负债表、利润表和现金流量表的分析，是个非常复杂的问题。从现金流量角度评价收益质量的指标主要是现金营运指数。

## 第三节　财务综合分析

### 一、财务综合分析的含义及特点

财务分析的最终目的在于全方位地揭示与披露公司经营理财的状况，并借以对公司经济效益的优劣做出合理的评价。显然，单独分析任何一项财务指标或任何一方面财务指标，都难以全面评价公司的财务状况和经营成果。公司只有将偿债能力、资金运作效率、获利能力和发展能力等财务指标以联系的观点做出系统评价，才能从总体意义上把握公司经营财务状况和经济效益的优劣。所谓财务综合分析，就是将偿债能力、资产运作效率、获利能力和发展能力等诸方面的分析纳入一个有机的整体之中，以全方位地对公司经营状况、财务状况及公司经济效益的优劣做出准确的评价与判断。

财务综合分析的特点体现在财务指标体系上。一个健全有效的财务综合指标体系必须具备三个基本要求：

① 指标要素齐全适当。即评价指标必须能够涵盖公司获利能力、偿债能力及运营能力诸方面总体考核要求。

② 主辅指标功能协调匹配。这实质上是强调两个方面:第一,在确定获利能力、偿债能力、营运能力和发展能力诸方面评价的主要指标与辅助指标时,应明晰总体结构中各项指标的主辅地位。第二,不同范畴的主要考核指标所反映的公司经营状况、财务状况的不同侧面与不同层次的信息有机统一,应当能够全面而详实地揭示出公司经营理财的实绩。

③ 满足以公司为重心的多方位财务信息需要。这就要求评价指标体系必须能够提供多层次、多角度的信息资料,既满足公司内部管理当局决策的需要,又能在某种程度上满足外部投资者和政府经济管理机构决策的要求。

## 二、财务综合分析模式

财务综合分析的模式很多,主要有沃尔比重评分模式、杜邦分析模式、公司绩效评价模式、公司价值评估模式和公司财务失败预警分析模式等,其中应用比较广泛的有沃尔比重评分模式和杜邦财务分析模式。

### (一)沃尔比重评分模式

1. 沃尔比重评分模式的提出

沃尔比重评分模式是财务状况综合评价的先驱者之一亚利山大·沃尔提出的。他在20世纪初出版的《信用晴雨表研究》和《财务报表比率分析》中提出了信用能力指数的概念,把若干个财务比率用线性关系结合起来,以此评价公司的信用水平。他选择了七种财务比率,分别给定了在总评价中所占的分值,总和为100分,然后确定标准比率,并与实际比率相比较,评出每项指标的得分,最后求出总评分,从而对公司信用水平做出评价。比如用沃尔比重评分方法,M公司的信用状况评分结果如表4-24所示。

**表4-24　M公司沃尔比重评分法结果**

| 财务比率 | 评分值① | 标准比率② | 实际比率③ | 评分(③/②)×① |
|---|---|---|---|---|
| 流动比率 | 25 | 2.00 | 2.33 | 29.13 |
| 产权比率 | 25 | 1.50 | 0.88 | 14.67 |
| 固定资产构成率 | 15 | 2.50 | 3.33 | 19.98 |
| 存货周转率 | 10 | 8 | 12 | 15 |
| 应收账款周转率 | 10 | 6 | 10 | 16.67 |
| 固定资产周转率 | 10 | 4 | 2.66 | 6.65 |
| 权益资本周转率 | 5 | 3 | 1.63 | 2.72 |
| 合计 | 100 | | | 104.82 |

2. 沃尔比重评分模式存在问题及改进

沃尔比重评分模式的主要思想是将选定的衡量公司信用状况的财务比率用线性关系结合起来,并分别给定各自的评分值,然后通过与标准比率进行比较,确定各项指标的得分及总体指标的累计分数,从而对公司的信用水平做出评价。早期沃尔比重评分模式存在两个缺陷:一是所选定的七项指标和七项指标中每个指标评分值的合理性在理论上缺乏证明力;

二是从技术上讲，当某项指标严重异常时，会对总评分产生不合逻辑的重大影响。例如，当某项指标增加 1 倍，评分增加 100%；而减少 1 倍，其评分只减少 50%。

现代社会已与沃尔时代大为不同。一般认为，公司财务状况评价的内容主要是盈利能力，其次是偿债能力和运营能力，最后是发展能力。它们之间大致可按 5∶3∶2 来分配比重。盈利能力的主要指标是资产利润率、销售利润率和权益资本净利率。虽然权益资本净利率最重要，但前两个指标已经分别使用了权益资本和利润，为减少重复影响，三项指标比重可按 2∶2∶1 安排。偿债及运营能力有资产自有率、流动比率、应收账款周转率和存货周转率四项常用指标，四项指标比重可平均安排。成长能力有销售增长率、利润增长率和人均创利增长率三项常用指标，三项指标比重也可平均安排。这样公司财务状况评价指标及比重分配如表 4-25 所示。

**表 4-25　综合评分标准调整**

| 指　标 | 评分值 ① | 标准比率/% ② | 行业最高比率/% ③ | 最高评分 ④ | 最低评分 ⑤ | 每分比率差/% (③－②)/(④－①) |
|---|---|---|---|---|---|---|
| 盈利能力 | 50 | | | | | |
| 资产利润率 | 20 | 10 | 20 | 30 | 10 | 1 |
| 销售利润率 | 20 | 4 | 20 | 30 | 10 | 1.6 |
| 权益资本净利率 | 10 | 16 | 20 | 15 | 5 | 0.8 |
| 偿债及运营能力 | 32 | | | | | |
| 资产自有率 | 8 | 40 | 100 | 12 | 4 | 15 |
| 流动比率 | 8 | 150 | 450 | 12 | 4 | 75 |
| 应收账款周转率 | 8 | 600 | 1 200 | 12 | 4 | 150 |
| 存货周转率 | 8 | 800 | 1 200 | 12 | 4 | 100 |
| 发展能力 | 18 | | | | | |
| 销售增长率 | 6 | 15 | 30 | 9 | 3 | 5 |
| 利润增长率 | 6 | 10 | 20 | 9 | 3 | 3.3 |
| 人均创利增长率 | 6 | 10 | 20 | 9 | 3 | 3.3 |
| 合　计 | 100 | | | 150 | 50 | |

另外，为消除沃尔比重评分模式技术上的缺陷，在给每个指标评分时，应规定上限和下限，以减少个别指标异常给总分造成的不合理影响。上限可定为正常值的 1.5 倍，下限定为正常评分值的 1/2。此外，给分时不采用乘的关系，而采用“加”或“减”的关系来处理。例如，总资产利润率标准值为 10%，标准评分为 20 分；行业最高比率为 20%，最高评分 30 分，则每分的财务比率差为 1%([20%－10%] ÷[30－20])。即总资产利润率每提高 1%，多给 1 分，但该项得分不超过 30 分。

根据上述思想，对 M 公司财务状况评价的结果如表 4-26 所示。这种方法的关键是“标准评分”的确定和“标准比率”的建立。只有长期连续实践，不断修正，才能取得较好效果。

**表 4-26　M 公司财务情况评分**

| 指　标 | 实际比率/%<br>① | 标准比率/%<br>② | 差异/%<br>③=①-② | 每分比率/%<br>④ | 调整分<br>⑤=③÷④ | 标准评分<br>⑥ | 得分<br>⑦=⑤+⑥ |
|---|---|---|---|---|---|---|---|
| 盈利能力 | | | | | | | |
| 资产利润率 | 7.4 | 10 | -2.6 | 1 | -2.6 | 20 | 17.4 |
| 销售利润率 | 4.5 | 4 | 0.5 | 1.6 | 0.31 | 20 | 20.31 |
| 权益资本净利率 | 14.9 | 16 | -1.1 | 0.8 | -1.38 | 10 | 8.62 |
| 偿债能力 | | | | | | | |
| 资产自有率 | 49 | 40 | 9 | 15 | 0.60 | 8 | 8.60 |
| 流动比率 | 233 | 150 | 83 | 75 | 1.11 | 8 | 9.11 |
| 应收账款周转率 | 1 000 | 600 | 400 | 150 | 2.67 | 8 | 10.67 |
| 存货周转率 | 1 200 | 800 | 400 | 100 | 4.00 | 8 | 12.00 |
| 发展能力 | | | | | | | |
| 销售增长率 | 5 | 15 | -10 | 5 | -2.00 | 6 | 4.00 |
| 利润增长率 | -15 | 10 | -25 | 3.3 | -7.57 | 6 | 3 |
| 人均利润增长率 | -18 | 10 | -28 | 3.3 | -8.48 | 6 | 3 |
| 合　计 | 100 | | | | | | 96.71 |

尽管沃尔比重评分模式的方法在理论上还有待于证明，在技术上也需要完善，但它在实践中仍被广泛应用。比如 1993 年财政部《企业财务通则》规定用资产负债率、流动比率、速动比率、应收账款周转率、存货周转率、资本金利润率、营业收入利润率和成本费用利润率等八大指标体系评价公司的财务状况，1995 年财政部《企业经济效益评价指标体系》规定用销售利润率、总资产报酬率、资本收益率、资本保值增值率、资产负债率、流动比率、应收账款周转率、存货周转率、社会贡献率和社会积累率等 10 个指标评价企业的经济效益情况，国家统计局、国家计委和国家经贸委用总资产贡献率、资本保值增值率、资产负债率、流动资产周转率、成本费用利润率、全员劳动生产率和产品销售率等 7 项指标评价工业企业经济效益情况，国有资产管理局用国有资产保值增值率、净资产收益率、总资产收益率和成本费用利润率等 4 个指标评价国有资产保值增值情况，另外，在上市公司综合实力排名、企业竞争力评价、国有企业生产经营业绩监测和企业绩效评价（2002 年）等方面都使用沃尔比重评分模式的思想。耐人寻味的是，很多理论上相当完善的经济计量模型在实践中往往很难应用，而公司实际使用行之有效的模型却又在理论上无法证明，这可能是由人类对经济变量之间数量关系的认识还相当肤浅造成的。

（二）杜邦财务分析模式

杜邦财务分析模式又称杜邦财务分析体系，是利用各财务指标间的内在关系，对公司综合经营理财状况及经济效益进行系统分析评价的方法，因其最初由美国杜邦公司创立与成功运用而得名。

1. 传统杜邦财务分析模式

(1) 传统杜邦财务分析模式的核心指标

传统杜邦财务分析模式的核心指标是权益净利率，因为权益净利率有很好的可比性和很强的综合性。由于资本具有逐利性，总是流向投资报酬率高的行业和公司，使得各公司的权益净利率趋于接近。如果一个公司的权益净利率经常高于其他公司，就会引来竞争者，迫使该公司的权益净利率回到平均水平。如果一个公司的权益净利率经常低于其他公司，就得不到资金，会被市场驱逐，使得幸存公司的股东权益净利率提升到平均水平。权益净利率的计算公式和分解如下：

$$
\begin{aligned}
\text{权益净利率} &= \frac{\text{净利润}}{\text{股东权益}} \times 100\% = \frac{\text{净利润}}{\text{股东权益}} \times \frac{\text{总资产}}{\text{总资产}} \times \frac{\text{营业收入}}{\text{营业收入}} \times 100\% \\
&= \frac{\text{净利润}}{\text{营业收入}} \times \frac{\text{营业收入}}{\text{总资产}} \times \frac{\text{总资产}}{\text{股东权益}} \times 100\% \\
&= \text{营业净利率} \times \text{总资产周转率} \times \text{权益乘数} \times 100\% \\
&= \text{资产净利率} \times \text{权益乘数} \times 100\%
\end{aligned}
$$

从上述计算公式看，权益净利率受营业净利率、资产周转率和权益乘数三个因素的影响。无论提高其中的哪一个比率，权益净利率都会提升。其中，“营业净利率”是利润表的概括，“销售收入”在利润表的第一行，“净利润”在利润表的最后一行，两者相除可以概括全部经营成果。“权益乘数”是资产负债表的概括，表明资产、负债和股东权益的比例关系，可以反映最基本的财务状况。“资产周转率”把利润表和资产负债联系起来，使权益净利率可以综合整个公司的经营活动和财务活动的业绩。

(2) 传统杜邦财务分析模式的基本分析框架

传统杜邦财务分析模式的基本分析框架是一个多层次的财务比率分解体系。各项财务比率，在每个层次上与本公司历史或同业的财务比率比较，比较之后向下一级分解。逐级向下分解，逐步覆盖公司经营活动的每一个环节，可以实现系统、全面评价公司经营成果和财务状况的目的。传统杜邦财务分析模式的基本分析框架如图 4-1 所示。

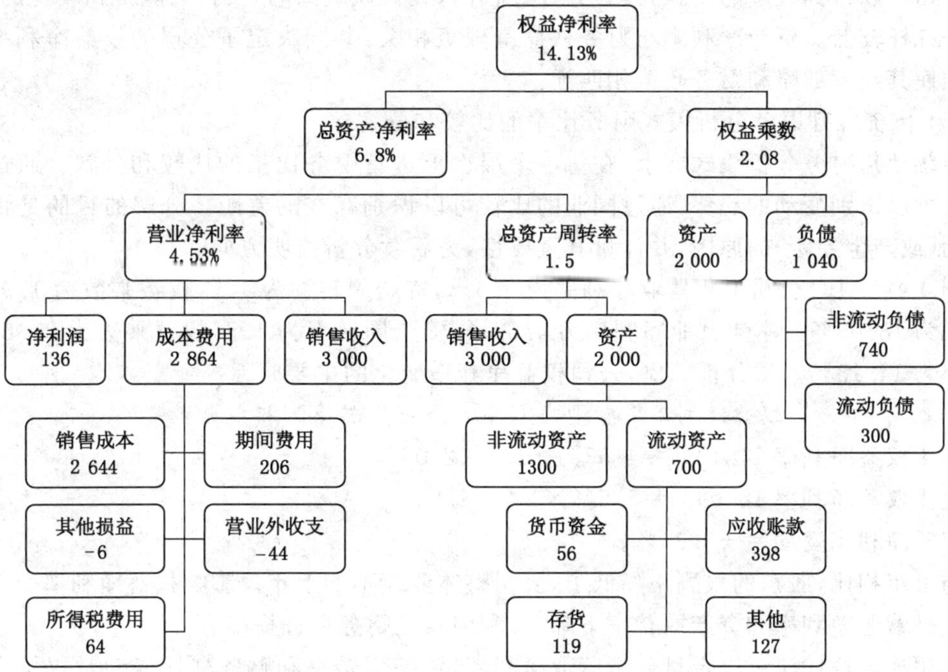


图 4-1　传统杜邦财务分析模式的基本分析框架

从图 4-1 可以看出，传统杜邦财务分析模式第一层次的分解是把权益净利率分解为营业净利率、资产周转率和权益乘数。这三个比率在各公司之间可能存在显著差异。通过对差异的比较，可以观察本公司与其他公司的经营战略和财务政策有什么不同。

分解出的营业净利率和资产周转率，可以反映公司的经营战略。一些公司营业净利率较高，而资产周转率较低；另一些公司与之相反，资产周转率较高而营业净利率较低。两者经常呈反方向变化。这种现象不是偶然的。为了提高销售利润率，就要增加产品的附加值，往往需要增加投资，引起资产周转率下降。与此相反，为了加快周转，就要降低价格，引起营业净利率下降。通常，营业净利率较高的制造业，资产周转率都较低；资产周转率很高的零售商业，销售利润率很低。采取“高盈利、低周转”还是“低盈利、高周转”的方针，是公司根据外部环境和自身资源做出的战略选择。正因为如此，仅从营业净利率的高低并不能看出业绩好坏，把它与资产周转率联系起来可以考察公司经营战略。真正重要的是两者共同作用而得到的资产净利率。资产净利率可以反映管理者运用受托资产赚取盈利的业绩，是最重要的盈利能力。

分解出来的权益乘数(财务杠杆)可以反映公司的财务政策。在资产净利率不变的情况下，提高财务杠杆可以提高权益净利率，但同时也会增加财务风险。如何配置财务杠杆是公司最重要的财务政策。一般说来，资产净利率较高的公司，财务杠杆较低，反之亦然。这种现象也不是偶然的。可以设想，为了提高权益净利率，公司倾向于尽可能提高财务杠杆。但是，贷款提供者不一定会同意这种做法。贷款提供者不分享超过利息的收益，更倾向于为预期未来经营现金流量比较稳定的公司提供贷款。为了稳定现金流量，公司的一种选择是降低价格以减少竞争，另一种选择是增加营运资本以防止现金流中断，这都会导致总资产净利率下降。这就是说，为了提高流动性，只能降低盈利性。因此，我们实际看到的是，经营风险低的公司可以得到较多的贷款，其财务杠杆较高；经营风险高的公司，只能得到较少的贷款，其财务杠杆较低。资产净利率与财务杠杆呈现负相关，共同决定了公司的权益净利率。公司必须使其经营战略和财务政策相匹配。

(3) 传统杜邦财务分析模式财务比率的比较和分解

传统杜邦财务分析模式要求，在每一个层次上进行财务比率的比较和分解。通过与上年比较可以识别变动的趋势，通过同业的比较可以识别存在的差距。分解的目的是识别引起变动(或产生差距)的原因，并计量其重要性，为后续分析指明方向。

**例 4-4** ABC 公司上年营业净利率为 5.6%，资产周转率为 1.7，权益乘数为 1.9，权益净利率为 18.09%。本年营业净利率为 4.53%，资产周转率为 1.5，权益乘数为 2.08，权益净利率为 14.13%。试分析 ABC 公司权益净利率变化的主要原因。

$$权益净利率=营业净利率\times资产周转率\times权益乘数$$

本年权益净利率 14.13%=4.53%×1.5×2.08。

上年权益净利率 18.09%=5.6%×1.7×1.9。

权益净利率变动=-3.96%。

与上年相比，股东的报酬率降低了，公司整体业绩不如上年。影响权益净利率变动的不利因素是营业净利率和资产周转率下降；有利因素是财务杠杆提高。

利用连环替代法可以定量分析营业净利率、资产周转率和财务杠杆变动对权益净利率变动的影响程度：

① 营业净利率变动的影响。

按本年营业净利率计算的上年权益净利率＝4.53％×1.7×1.9＝14.63％。

营业净利率变动的影响＝14.63％－18.09％＝－3.46％。

② 资产周转率变动的影响。

按本年营业净利率、资产周转率计算的上年权益净利率＝4.53％×1.5×1.9＝12.91％。

资产周转率变动的影响＝12.91％－14.63％＝－1.72％。

③ 财务杠杆变动的影响。

财务杠杆变动的影响＝14.13％－12.91％＝1.22％。

通过分析可知，最重要的不利因素是营业净利率降低，使权益净利率减少3.46％；其次是资产周转率降低，使权益净利率减少1.72％。有利的因素是权益乘数提高，使权益净利率增加1.22％。不利因素超过有利因素，所以权益净利率减少3.96％。由此应重点关注营业净利率降低的原因。

在分解后进入下一层次分析，分别考察销售利润率、资产利润率和财务杠杆的变动原因。

2. 杜邦财务分析模式的改进

(1) 传统杜邦财务分析模式的局限性

传统杜邦财务分析模式虽然被广泛使用，但是也存在某些局限性。

① 为公司提供资产的人包括股东、有息负债的债权人和无息负债的债权人，后者不要求分享收益。要求分享收益的是股东和有息负债的债权人。因此，需要计量股东和有息负债债权人投入的资本，并且应计量股东和有息负债的债权人投入资本的周转情况和产生的收益。

股东和有息负债的债权人投入资本＝现金＋营运资本＋长期资产

营运资本＝应收款＋存货－应付款

② 没有区分有息负债与无息负债，也没有单独计量负债的成本(利息支出)。无息负债没有固定成本，本来就没有杠杆作用，将其计入权益乘数会歪曲杠杆的实际作用。因此，必须区分有息负债与无息负债，在杜邦财务分析模式中应考虑负债的成本(利息支出)。

③ 总资产净利率和营业净利率指标反映含义不清。总资产创造的回报和营业收入回报应与“息税前利润”匹配。

(2) 改进杜邦财务分析模式的核心公式

$$
\begin{aligned}
\text{权益净利率} &= \frac{\text{净利润}}{\text{股东权益}} \times 100\% \\
&= \frac{\text{净利润}}{\text{股东权益}} \times \frac{\text{投入资本}}{\text{投入资本}} \times \frac{\text{营业收入}}{\text{营业收入}} \times \frac{\text{息税前利润}}{\text{息税前利润}} \times \frac{\text{税前利润}}{\text{税前利润}} \times 100\% \\
&= \frac{\text{息税前利润}}{\text{营业收入}} \times \frac{\text{营业收入}}{\text{投入资本}} \times \frac{\text{税前利润}}{\text{息税前利润}} \times \frac{\text{投入资本}}{\text{股东权益}} \times \frac{\text{净利润}}{\text{税前利润}} \times 100\% \\
&= \text{营业利润率} \times \text{资本周转率} \times \text{财务成本率} \times \text{财务结构} \times (1-\text{所得税率}) \\
&= \text{营业利润率} \times \text{资本周转率} \times \text{财务杠杆乘数} \times (1-\text{所得税率})
\end{aligned}
$$

上述公式表明，权益净利率驱动因素有营业利润率、资本周转率、财务成本率、财务结构和所得税等五大因素。其中，营业利润率×资本周转率＝投入资本报酬率，说明投资决策和营业决策对权益净利率的影响。财务成本率×财务结构＝财务杠杆乘数，说明公司筹资政策对权益净利率的影响。(1－所得税率)称为税收效应，说明所得税对权益净利率的影响。

**例 4-5** 对某行业上市公司权益净利率创造模式分析，资料如表 4-27 所示。

**表 4-27 某行业典型上市公司权益净利率创造模式比较表**

| | 营业利润率 | 资本周转率 | ROIC | 财务杠杆乘数 | 税前 ROE | (1－T) | ROE |
|---|---|---|---|---|---|---|---|
| 行业 5 年平均水平 | 14.12% | 0.59 | 8.33% | 1.16 | 9.66% | 0.75 | 7.25% |
| 公司 1 | 28.59% | 0.52 | 14.87% | 1.07 | 15.91% | 0.77 | 12.25% |
| 公司 2 | 12.94% | 0.52 | 6.73% | 1.45 | 9.76% | 0.75 | 7.32% |
| 公司 3 | 11.83% | 0.68 | 8.04% | 0.97 | 7.80% | 0.68 | 5.30% |
| 公司 4 | 19.59% | 0.64 | 12.54% | 1.37 | 17.18% | 0.84 | 14.43% |
| 公司 5 | 16.25% | 0.64 | 10.40% | 1.24 | 12.90% | 0.76 | 9.80% |
| 公司 6 | 14.88% | 0.42 | 6.25% | 1.93 | 12.06% | 0.54 | 6.51% |
| 公司 7 | 22.30% | 0.25 | 5.58% | 0.51 | 2.85% | 0.34 | 0.97% |
| 公司 8 | 8.38% | 1.08 | 9.05% | 1.06 | 9.59% | 0.78 | 7.48% |

注：营业利润率×资本周转率＝ROIC，ROIC×财务杠杆乘数＝税前 ROE，税前 ROE×(1－T)＝ROE。

表 4-27 中，ROIC 是投入资本报酬率，ROE 是权益净利率，T 是所得税率。可以看出，该行业 8 家上市公司中除上市公司 3、上市公司 6 和上市公司 7 的权益净利率低于行业平均水平外，其余 6 家公司的权益净利率均高于行业平均水平。8 家典型上市公司的权益净利率创造模式各不相同。具体情况分析如下：

① 上市公司 1 的营业利润率远高于行业平均水平，资本周转率低于行业平均水平，财务杠杆乘数也低于行业水平，权益净利率远高于行业水平。因此，可以认为上市公司 1 的主要盈利模式是低成本。

② 上市公司 8 的资本周转率高于行业平均水平，而其营业利润率和财务杠杆乘数均低于行业平均水平，但创造了比行业平均水平高的权益净利率。因此，可以认为上市公司 8 的主要盈利模式是高资本周转率。

③ 上市公司 2 财务杠杆乘数高于行业平均水平，而营业利润率和资本周转率均低于行业平均水平，但创造了比行业平均水平更高的权益净利率。因此，上市公司 2 的主要盈利模式是高财务杠杆。

④ 上市公司 4 和上市公司 5 的营业利润率、资本周转率和财务杠杆乘数均高于行业平均水平，使得它的权益净利率远超行业平均水平，可以认为上市公司 4 和上市公司 5 的盈利模式是混合型。

上述分析结论：该行业权益净利率创造模式各不相同，依靠低成本、加快资本周转和利用高财务杠杆三种模式都存在，说明各大典型上市公司经营有道，盈利有术。特别是上市公司 4 和上市公司 5 采取了低成本和高资本周转率两种方式，致使净资产报酬率位于 8 家煤炭行业上市公司前列。

# 第四节　财务模型与计划

长期财务计划是财务分析的另一个重要用途。很多财务模型的结果是生成预计财务报表,以财务报表的形式表达财务计划。鉴于融资在企业财务活动中的重要作用,本节主要探讨有关融资的财务模型与计划。

**一、基于销售百分比法的融资需求预测模型**

企业的经营和投资业务的资本需要额是融资的数量依据,必须科学合理地进行预测。企业融资的基本目标是使筹资资本既能满足企业经营和投资业务的需要,又不会有太多的闲置,从而促进企业财务管理目标的实现。有关融资需求的预测方法有项目预算法、线性回归法、因素分析法和销售百分比法。由于销售百分比法与财务报表计划密切相关,此处主要介绍基于销售百分比法的融资需求预测模型。

销售百分比法又称预计资产负债表法,它是根据销售与资产负债表和利润表有关项目间的比例关系,预测各项目短期资金需要量,确定外部筹资数额的一种方法。这种方法有两个基本假设:一是假定某项目与销售的比率已知且固定不变;二是假定未来销售预测已经完成。运用销售百分比法需要借助预计利润表和预计资产负债表来确定公司的资金需要量:通过预计利润表预测公司留存利润,作为公司内部资金来源的增加数;通过预计资产负债表预测公司筹资总规模与外部筹资规模。

(一) 预计利润表

预计利润表是利用销售百分比法的原理预测留存利润的一种报表,其格式与实际利润表基本相同。

运用预计利润表预测留存利润的基本步骤为:

第一步,取得基年利润表资料,并计算利润表各项目与销售额的百分比。

第二步,用预测年度的预计销售额乘以第一步计算出的利润表各项目与销售额的比率,计算预计利润表各项目的预计数。

第三步,利用预测年度净利润预计数与公司预定的留用比率,计算预计留存利润额。

**例 4-6**　光华公司 2020 年利润表及有关项目占销售额比重如表 4-28 所示。2021 年预计销售额为 600 万元,则 2021 年预计利润表如表 4-29 所示。

**表 4-28　2020 年度利润表**

| 项　目 | 金额/万元 | 占销售额比重 |
|---|---|---|
| 营业收入 | 500 | 100.00% |
| 减:营业成本 | 360 | 72.00% |
| 　营业税金及附加 | | |
| 营业利润 | 140 | 28.00% |
| 减:销售费用 | 25 | 5.00% |
| 　管理费用 | 30.5 | 6.10% |
| 　财务费用 | 12.5 | 2.50% |

表 4-28(续)

| 项　目 | 金额/万元 | 占销售额比重 |
|---|---|---|
| 利润总额 | 72 | 14.40% |
| 减:所得税(25%) | 18 | 3.60% |
| 净利润 | 54 | 10.80% |

**表 4-29　2021 年度预计利润表**

| 项　目 | 2020 年实际/万元 | 占销售额比重 | 2021 年预计/万元 |
|---|---|---|---|
| 营业收入 | 500 | 100.00% | 600 |
| 减:营业成本 | 360 | 72.00% | 432 |
| 营业税金及附加 | | | |
| 营业利润 | 140 | 28.00% | 168 |
| 减:销售费用 | 25 | 5.00% | 30 |
| 管理费用 | 30.5 | 6.10% | 36.6 |
| 财务费用 | 12.5 | 2.50% | 15 |
| 利润总额 | 72 | 14.40% | 86.4 |
| 减:所得税(25%) | 18 | 3.60% | 21.6 |
| 净利润 | 54 | 10.80% | 64.8 |

假设公司确定的净利润留用比率为 50%,则 2021 年的预计留存利润为 32.4 万元(64.8 万元×50%)。

(二) 预计资产负债表

预计资产负债表是运用销售百分比法预计外部筹资需要量的一种报表,其格式与实际资产负债表基本相同。

运用预计资产负债表预测外部筹资额,首先要将资产负债表各项目按短期内与销售额的关系划分为敏感项目与非敏感项目两类。所谓敏感项目是指随销售额的变动而同步变动的项目,具体包括货币资金、应收账款、存货等敏感资产和应付账款、应付票据、应付税金、应付费用等敏感负债;与敏感项目相对应的是非敏感项目,如固定资产、对外投资、短期借款、长期负债和实收资本等,它们在短期内都不会随销售规模的扩大而相应改变。然后再按以下基本步骤进行预测:

第一步,确定基年资产负债表资料,并计算各敏感项目与销售额的百分比。敏感资产占销售额的百分比与敏感负债占销售额的百分比之差,表明公司销售额每增加 1 元需要追加的资金量。

第二步,利用预测年度的预计销售增长额乘以第一步计算出的敏感资产占销售额的百分比与敏感负债占销售额的百分比之差,计算预计筹资总规模。

第三步,利用预测年度的预计销售额与各敏感项目占销售额的百分比,计算预计资产负债表中各敏感项目数额。

第四步,以基年非敏感项目数额作为预计资产负债表中非敏感项目数额。

第五步，用基年留存利润加上预计留存利润增加数，计算预计资产负债表留存利润数。

第六步，预计资产负债表中的资产总额与负债和所有者权益总计数之间的差额，即为公司的外部筹资规模。

续上例，光华公司 2020 年末资产负债表及其敏感项目与销售额的百分比如表 4-30 所示。

**表 4-30 2020 年 12 月 31 日资产负债表**

| 项 目 | 金额/万元 | 占销售额的比重 |
|---|---|---|
| 资产 | | |
| 货币资金 | 50 | 10.00% |
| 应收账款 | 140 | 28.00% |
| 存货 | 240 | 48.00% |
| 预付费用 | 8 | 1.60% |
| 固定资产净值 | 120 | |
| 资产总额 | 558 | 87.60% |
| 负债及所有者权益 | | |
| 应付票据 | 20 | 4.00% |
| 应付账款 | 30 | 6.00% |
| 应付税费 | 10 | 2.00% |
| 长期负债 | 262 | |
| 负债合计 | 322 | 12.00% |
| 实收资本 | 220 | |
| 留存利润 | 16 | |
| 所有者权益合计 | 236 | |
| 负债及所有者权益总计 | 558 | |

据表 4-30 可知，该公司销售每增加 100 元，相应的敏感资产将增加 87.6 元，而敏感负债增加 12 元，因此，公司需要追加的资金量为 75.6 元(87.6 元－12 元)。本例中，预计 2021 年销售额将由 2020 年的 500 万元增长到 600 万元，增加 100 万元，因此，2021 年公司筹资总规模为 75.6 万元(100 万元×75.6%)。

由例 4-6 可知，公司 2021 年预计增加留存利润为 45 万元，因此该公司需要追加的外部筹资额为 43.2 万元(75.6 万元－32.4 万元)。按照上述步骤编制的预计资产负债表如表 4-31 所示。

**表 4-31 2021 年预计资产负债表**

| 项目 | 2020 年实际/万元 | 占销售额的比重 | 2021 年预计/万元 |
|---|---|---|---|
| 资产 | | | |
| 货币资金 | 50 | 10.00% | 60 |
| 应收账款 | 140 | 28.00% | 168 |

表 4-31(续)

| 项目 | 2020 年实际/万元 | 占销售额的比重 | 2021 年预计/万元 |
|---|---|---|---|
| 存货 | 240 | 48.00% | 288 |
| 预付费用 | 8 | 1.60% | 9.6 |
| 固定资产净值 | 120 | — | 120 |
| 资产总额 | 558 | 87.60% | 645.6 |
| 负债及所有者权益 | | | |
| 应付票据 | 20 | 4.00% | 24 |
| 应付账款 | 30 | 6.00% | 36 |
| 应付费用 | 10 | 2.00% | 12 |
| 长期负债 | 262 | | 262 |
| 负债合计 | 322 | 12.00% | 334 |
| 实收资本 | 220 | | 220 |
| 留存利润 | 16 | | 48.4 |
| 所有者权益合计 | 236 | | 268.4 |
| 追加外部筹资额 | | | 43.2 |
| 负债及所有者权益总计 | 558 | | 645.6 |

为简便起见,外部筹资额也可以用下列公式计算:

$$\text{追加的外部筹资额}=\text{预计年销售增加额}\times\left(\text{基年总敏感资产的销售百分比}-\text{基年总敏感负债的销售百分比}\right)-\text{预计年度留存利润增加数}$$

如本例,用上式预测 2021 年该公司需要追加外部筹资额为:

$$(600-500)\times(87.6\%-12\%)-600\times10.8\%\times50\%=43.2(\text{万元})$$

销售百分比法比较复杂,对分析技术要求较高,一般在投资决策过程中存在较多不确定因素时使用。运用这种方法时要充分考虑公司的筹资成本和偿债能力。

上述融资需求预测模型需要注意以下问题:

① 公司要实现 20%的销售增长,必须获得 43.2 万元的新增融资。如果无法筹措该数额的资金,20%的销售增长将无法实现。

② 公司要获得 43.2 万元的新增融资,有三种可能的途径:短期借款、长期借款和权益融资。如何在不同筹资方式中进行组合取决于管理层。需要指出的是,不同的筹资方式将会对前述的财务比率产生重要影响。因此,一种可行的方式是根据目标的财务比率,选择合适的融资方式。

**二、融资政策与企业增长**

(一) 外部融资需求量与企业增长

根据前述分析,在其他情况不变的情况下,销售或资产增长越快,外部融资需要量越大,即外部融资需求量与增长是相关联的。前面的分析中,我们假定增长率给定,确定支持增长所需要的融资需求量。此处,我们在假定公司财务政策给定的条件下,考察融资政策与企业增长之间的关系。

继续前例 4-6 的讨论,公司为了实现 20%的销售增长,必须有 43.2 万元的新增融资。

假设公司不打算进行发行股票融资，43.2 万元必须靠借债取得。此时，所有者权益合计数预计为 268.4 万元，负债合计数额由预计的 334 万元增加 43.2 万元到 377.2 万元，因此公司预计资产负债率将从 57.71%提高到 58.43%

表 4-32 列示了不同增长率下所要求的外部融资额，并假定资金缺口由借债弥补，资金冗余用于归还负债。因此，在零增长的情况下，负债由 322 万元下降到 295 万元，资产负债率也降到 52.87%。在销售增长率较低时，公司出现资金冗余，公司资产负债率下降，当销售增长率上升到接近 8%时，资金冗余接近 0；当销售增长率再进一步超过 20%的时候，公司资产负债率将会超过原先的资产负债率 57.71%。

**表 4-32　公司的增长率与预计外部融资需求量**

| 序号 | 预计销售额增长率 | 所要求资产的增加额/万元 | 所要求负债的增加额/万元 | 留存收益的增加额/万元 | 外部融资需求量/万元 | 预计资产负债率 |
|---|---|---|---|---|---|---|
| 1 | 0 | 0 | 0 | 27.00 | −27.00 | 52.87% |
| 2 | 8% | 35.04 | 4.80 | 29.16 | 1.08 | 55.29% |
| 3 | 10% | 43.80 | 6.00 | 29.70 | 8.10 | 55.85% |
| 4 | 20% | 87.60 | 12.00 | 32.40 | 43.20 | 58.43% |
| 5 | 30% | 131.40 | 18.00 | 35.10 | 78.30 | 60.68% |
| 6 | 40% | 175.20 | 24.00 | 37.80 | 113.40 | 62.66% |
| 7 | 50% | 219.00 | 30.00 | 40.50 | 148.50 | 64.41% |

图 4-2 直观地说明销售增长与外部融资需求量之间的关系。可以看到，新增净资产的需求比留存收益增加额以更快的速度增长，留存收益增加额所提供的资金很快就不能满足公司的需求。因此，公司出现现金冗余抑或现金短缺取决于其销售增长。

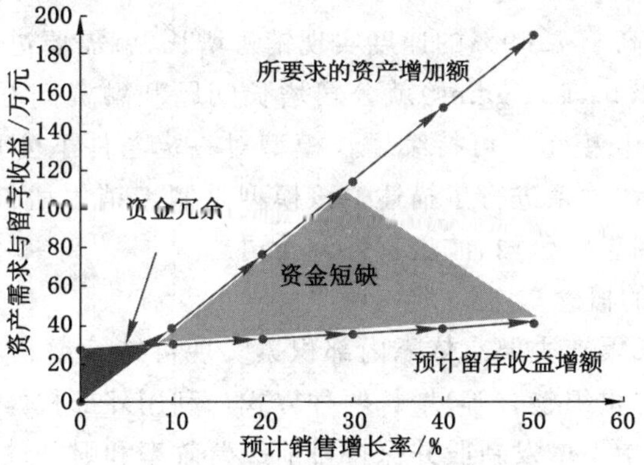


图 4-2　预计销售增长率与资金需求

（二）内部增长率与可持续增长率

根据上述分析可知，企业增长受到融资的约束。为了深入考察融资政策与企业增长的关系，我们引入两个常用的指标：内部增长率和可持续增长率。

1. 内部增长率

内部增长率是在没有任何外部融资的情况下,公司可能实现的最大增长率。由于是仅依靠企业内部融资完成,因此称为内部增长率,此时企业所需的外部融资需求量为零,即企业资产的增加额恰好等于留存收益的增加额。为了推导内部增长率,我们做出如下假设:

① 将敏感性资产与敏感性负债的差额记为净经营资产;

② 公司销售利润率保持不变;

③ 公司股利政策保持不变。

此时:

$$\text{销售收入增加额}\times\frac{\text{净经营资产}}{\text{销售百分比}}-\text{预计销售收入}\times\text{营业净利率}\times(1-\text{股利分配率})=0$$

$$\text{销售增长率}\times\frac{\text{净经营资产}}{\text{销售百分比}}-(1+\text{销售增长率})\times\text{营业净利率}\times(1-\text{股利分配率})=0$$

整理可得:

$$\text{内部增长率}=\frac{\text{营业净利率}\times(1-\text{股利分配率})}{\text{净经营资产销售百分比}-\text{营业净利率}\times(1-\text{股利分配率})}$$

$$=\frac{\text{净利润}\times(1-\text{股利分配率})}{\text{净经营资产总额}-\text{净利润}\times(1-\text{股利分配率})}$$

$$=\frac{\text{净经营资产净利率}\times(1-\text{股利分配率})}{1-\text{净经营资产净利率}\times(1-\text{股利分配率})}$$

根据以上光华公司的资料,公司净经营资产净利率为14.29%[54万元/(438万元-60万元)],股利分配率为50%,据此可以计算出公司的内部增长率为7.69%。因此,光华公司在没有外部融资的情况下,每年预计最大销售增长率为7.69%。

2. 可持续增长率

光华公司如果想以高于7.69%的速度实现销售增长,就需要进行外部融资。美国财务学家罗伯特·希金斯(Robert Higgins)就公司增长问题和融资问题进行了深入的研究,于1977年提出了可持续增长模型。可持续增长模型对一定条件下公司的增长速度受经营水平、财务资源、政策的制约关系进行了描述。该模型是制定销售增长率目标的有效方法,已被许多公司广泛应用(如惠普公司、波士顿咨询公司)。

(1) 可持续增长率的概念

一般而言,公司增长渠道主要有依靠内部积累实现可持续增长和利用外部权益增资扩张(包括股票融资和兼并重组整合等)增长两种方式。利用外部权益增资扩张增长是不可持续的。可持续增长率是指不增发新股并保持目前经营效率和财务政策条件下公司销售所能增长的最大比率。可持续增长率的假设条件如下:

① 公司目前的资本结构是目标结构,并且打算继续维持下去;

② 目前的公司股利支付率是一个目标支付率,并且打算继续维持下去;

③ 不愿意或者不打算发售新股,增加债务是其唯一的外部筹资来源;

④ 公司的营业净利率将维持当前水平;

⑤ 公司的总资产周转率将维持当前的水平。

在上述假设条件成立时，营业收入增长率与可持续增长率相等。

$$\text{可持续增长率}=\text{营业收入增长率}$$

(2) 可持续增长率的计算

根据上述五大假设，可持续增长率计算推导如下：

① 由于公司增长所需资金的来源有增加负债和增加股东权益两个来源，所以，

$$\text{资产增加}=\text{股东权益增加}+\text{负债增加} \tag{1}$$

② 假设总资产周转率不变，即资产随销售正比例增加，则有：

$$\frac{\text{本期营业收入}}{\text{本期资产总额}}=\frac{\text{上期营业收入}}{\text{上期资产总额}}=A$$

$$\begin{aligned}\text{本期资产增加}&=\text{本期资产总额}-\text{上期资产总额}\\&=\frac{1}{A}(\text{上期营业收入}-\text{本期营业收入})\\&=\text{本期营业收入增加}\times\frac{\text{本期资产总额}}{\text{本期营业收入}}\end{aligned} \tag{2}$$

③ 假设不增发新股，营业净利率不变。则有：

$$\text{股东权益增加}=\text{留存比率}\times\frac{\text{上期净利润}}{\text{上期营业收入}}\times\text{本期营业收入} \tag{3}$$

④ 假设财务结构不变即负债和股东权益同比例增加。则有：

$$\begin{aligned}\text{负债增加}&=\text{股东收益增加}\times\frac{\text{负债}}{\text{股东权益}}\\&=\text{留存比率}\times\frac{\text{上期净利润}}{\text{上期营业收入}}\times\text{本期营业收入}\times\frac{\text{负债}}{\text{股东权益}}\end{aligned} \tag{4}$$

将(2)、(3)、(4)代入(1)：

$$\begin{aligned}\text{本期营业收入增加}\times\frac{\text{本期资产总额}}{\text{本期营业收入}}=&\text{留存比率}\times\frac{\text{上期净利润}}{\text{上期营业收入}}\times\text{本期营业收入}+\\&\text{留存比率}\times\frac{\text{上期净利润}}{\text{上期营业收入}}\times\text{本期营业收入}\times\frac{\text{负债}}{\text{股东权益}}\end{aligned}$$

整理以后得：

$$\begin{aligned}\text{可持续增长率}&=\frac{\text{本期营业收入增加}}{\text{上期营业收入}}\times100\%\\&=\frac{\text{留存比率}\times\text{营业净利率}\times(1+\text{负债}/\text{权益})\times\text{资产周转率}}{1-\text{留存比率}\times\text{营业净利率}\times(1+\text{负债}/\text{权益})\times\text{资产周转率}}\end{aligned}$$

上述计算公式的各项指标理论上应用上期数据计算，即本年可持续增长率用上年公司的留存比率、营业净利率、总资产周转率和权益乘数数据计算。一个公司要依靠自身来实现销售增长，其可持续销售增长率与公司的留存比率、营业净利率、总资产周转率和权益乘数四个比率的乘积有密切的关系。这四个比率涉及公司财务管理的所有主要内容，公式中的营业净利率和总资产周转率概括了公司的盈利能力和资产运营能力，而留存比率和权益乘数描述了公司主要财务政策(权益乘数反映了公司的财务杠杆政策，而留存比率体现了管理层对待股利发放的态度)。

下面用中华公司 2016—2020 年的主要财务数据(表 4-33)说明可持续增长率的计算。

**表 4-33　中华公司 2016—2020 年的主要财务数据及可持续增长率**

| 年份 | 2016 年 | 2017 年 | 2018 年 | 2019 年 | 2020 年 |
|---|---|---|---|---|---|
| 收入/万元 | 1 000.00 | 11 000.00 | 1 650.00 | 1 375.00 | 1 512.50 |
| 税后利润/万元 | 50.00 | 55.00 | 82.50 | 68.75 | 75.63 |
| 股利/万元 | 20.00 | 22.00 | 33.00 | 27.50 | 30.25 |
| 留存利润/万元 | 30.00 | 33.00 | 49.50 | 41.25 | 45.38 |
| 股东权益/万元 | 330.00 | 363.00 | 412.50 | 453.75 | 499.13 |
| 负债/万元 | 60.00 | 66.00 | 231.00 | 82.50 | 90.75 |
| 总资产/万元 | 390.00 | 429.00 | 643.50 | 536.25 | 589.88 |
| 可持续增长率的计算： | | | | | |
| 营业净利率 | 5.00% | 5.00% | 5.00% | 5.00% | 5.00% |
| 总资产周转率 | 2.564 1 | 2.564 1 | 2.564 1 | 2.564 1 | 2.564 1 |
| 总资产/期末股东权益 | 1.1818 | 1.1818 | 1.5600 | 1.1818 | 1.1818 |
| 留存比率 | 0.6 | 0.6 | 0.6 | 0.6 | 0.6 |
| 可持续增长率 | 10.00% | 10.00% | 13.64% | 10.00% | 10.00% |
| 实际增长率 | | 10.00% | 50.00% | −16.67% | 10.00% |

根据上述可持续增长率计算公式，该公司 2017 年可持续增长率计算如下：

$$可持续增长率(2017年)=\frac{5\%\times 2.564\ 1\times 1.181\ 8\times 0.6}{1-5\%\times 2.564\ 1\times 1.181\ 8\times 0.6}=10\%$$

其他各年的可持续增长率的计算方法与此相同。

另外，在不改变经营效率和财务政策的情况下，销售增长来源于资产增长，资产增长来源于资金增长（包括负债和股东权益），限制资产增长的是股东权益的增长率。因此，可持续增长率的计算公式也可依据股东权益增长率来计算。计算公式推导如下：

$$可持续增长率=股东权益增长率=\frac{本期股东权益增加}{期初股东权益}=\frac{本期净利润\times 本期留存比率}{期初股东权益}$$

$$=\frac{本期净利润}{本期营业收入}\times\frac{本期营业收入}{期末总资产}\times\frac{期末总资产}{期初股东权益}\times 本期留存比率$$

$$=营业净利率\times 总资产周转率\times 留存比率\times\frac{期末总资产}{期初股东权益}$$

沿用中华公司 2016—2020 年的主要财务数据（表 4-34）说明根据股东权益增长率计算可持续增长率的方法。

**表 4-34　中华公司 2016—2020 年的主要财务数据及可持续增长率**

| 年份 | 2016 年 | 2017 年 | 2018 年 | 2019 年 | 2020 年 |
|---|---|---|---|---|---|
| 收入/万元 | 1 000.00 | 1 100.00 | 1 650.00 | 1 375.00 | 1 512.50 |
| 税后利润/万元 | 50.00 | 55.00 | 82.50 | 68.75 | 75.63 |
| 股利/万元 | 20.00 | 22.00 | 33.00 | 27.50 | 30.25 |
| 留存利润/万元 | 30.00 | 33.00 | 49.50 | 41.25 | 45.38 |

表 4-34(续)

| 年份 | 2016 年 | 2017 年 | 2018 年 | 2019 年 | 2020 年 |
|---|---|---|---|---|---|
| 股东权益/万元 | 330.00 | 363.00 | 412.50 | 453.75 | 499.13 |
| 负债/万元 | 60.00 | 66.00 | 231.00 | 82.50 | 90.75 |
| 总资产/万元 | 390.00 | 429.00 | 643.50 | 536.25 | 589.88 |
| 可持续增长率的计算： | | | | | |
| 营业净利率 | 5.00% | 5.00% | 5.00% | 5.00% | 5.00% |
| 总资产周转率 | 2.564 1 | 2.564 1 | 2.564 1 | 2.564 1 | 2.564 1 |
| 总资产/期初股东权益 | 1.300 0 | 1.300 0 | 1.772 7 | 1.300 0 | 1.300 0 |
| 留存比率 | 0.6 | 0.6 | 0.6 | 0.6 | 0.6 |
| 可持续增长率 | 10.00% | 10.00% | 13.64% | 10.00% | 10.00% |
| 实际增长率 | | 10.00% | 50.00% | −16.67% | 10.00% |

根据股东权益增长率公式，中华公司 2017 年可持续增长率计算如下：

可持续增长率(2017 年)＝营业净利率×总资产周转率×期初权益乘数×收益留存率

＝5%×2.564 1×1.3×0.6＝10%。

实际增长率(2017 年)＝(本年销售－上年销售)/上年销售

＝(1 100－1 000)/1 000＝10%。

其他年份的计算方法与此相同。

(3) 可持续增长率与实际增长率

实际增长率和可持续增长率经常不一致。通过分析两者的差异，可以了解企业的经营业绩和财务政策有何变化？高速增长的资金从哪里来？能否持续下去？沿用中华公司的资料(表 4-33 和表 4-34)说明如下：

① 中华公司各年经营政策有何变化？

2017 年的经营效率和财务政策与 2016 年相同。2017 年的实际增长率、2016 年和 2017 年的可持续增长率均为 10%。

2018 年中华公司的权益乘数提高，另外三个财务比率没有变化。实际增长率上升为 50%，可持续增长率上升为 13.64%。提高财务杠杆，导致 2018 年可持续增长率和实际增长率提高。

2019 年权益乘数下降，另外三个财务比率没有变化。实际增长率下降为－16.67%，2018 年的可持续增长率为 13.64%，2019 年的可持续增长率为 10%。为了归还借款，使财务杠杆恢复到历史正常水平，降低了销售增长速度。

2020 年的经营效率和财务政策与 2019 年相同。实际增长率、上年和本年的可持续增长率均为 10%。

② 中华公司 2018 年高速增长所需的资金从哪里来？

中华公司 2018 年的实际增长率是 50%，大大超过 2019 年的可持续增长率 10%。2018 年中华公司高速增长所需的资金来源分析如下：

按可持续增长率计算的销售额＝上年销售×(1＋可持续增长率)

＝1 100×(1＋10%)＝1 210(万元)。

超常增长的销售额＝实际销售－可持续增长销售＝1 650－1 210＝440(万元)。

实际销售需要资金＝实际销售÷本年总资产周转率＝1 650÷2.564 1＝643.5(万元)。

持续增长需要资金＝可持续增长销售÷上年总资产周转率

＝[1 100×(1＋10％)]÷2.564 1＝471.90(万元)。

超常部分销售所需资金＝实际增长需要资金－可持续增长需要资金

＝643.5－471.9＝171.6(万元)。

中华公司 2018 年超常增长的资金来源：

留存收益提供资金＝49.5(万元)。

其中：按可持续增长率增长提供留存收益＝33×(1＋10％)＝36.3(万元)。

超常增长产生的留存收益＝实际利润留存－可持续增长利润留存

＝49.5－36.3＝13.2(万元)。

负债提供资金＝231－66＝165(万元)。

其中：按可持续增长率增长需要增加负债＝66×10％＝6.6(万元)。

超常增长额外负债＝165－6.6＝158.4(万元)。

上述有关的计算过程如表 4-35 所示。

**表 4-35　中华公司超常增长的资金来源分析**

| | 2016 年 | 2017 年 | 2018 年 | 假设增长 10％ | 差额 |
|---|---|---|---|---|---|
| 收入/万元 | 1 000.00 | 1 100.00 | 1 650.00 | 1 210.00 | 440.00 |
| 税后利润/万元 | 50.00 | 55.00 | 82.50 | 60.50 | 22.00 |
| 股利/万元 | 20.00 | 22.00 | 33.00 | 24.20 | 8.80 |
| 留存利润/万元 | 30.00 | 33.00 | 49.50 | 36.30 | 13.20 |
| 所有者权益/万元 | 330.00 | 363.00 | 412.50 | 399.30 | 13.20 |
| 负债/万元 | 60.00 | 66.00 | 231.00 | 72.60 | 158.40 |
| 总资产/万元 | 390.00 | 429.00 | 643.50 | 471.90 | 171.60 |
| 可持续增长率的计算： | | | | | |
| 营业净利率 | 5.00％ | 5.00％ | 5.00％ | 5.00％ | |
| 总资产周转率 | 2.564 1 | 2.564 1 | 2.564 1 | 2.564 1 | |
| 总资产/期末股东权益 | 1.181 8 | 1.181 8 | 1.560 0 | 1.181 8 | |
| 留存比率 | 0.6 | 0.6 | 0.6 | 0.6 | |
| 可持续增长率 | 10.00％ | 10.00％ | 13.64％ | 10.00％ | |
| 实际增长率 | | 10.00％ | 50.00％ | 10.00％ | |

上述分析表明，中华公司 2018 年超常增长额外所需的 171.6 万元资金，有 13.2 万元来自超常增长本身引起的留存收益增加，另外的 158.4 万元来自额外增加的负债。正是由于增量权益资金和增量借款的比例不同于原来的资本结构，使得权益乘数提高到 1.56。

③ 增长潜力分析。

中华公司 2017 年的经营业绩和财务政策决定的可持续增长率是 10％，而 2018 年的实际增长率是50%。通过以上分析可知,这种高增长主要是依靠外部注入资金取得的。这种高增长率是否能继续下去呢?

2019年中华公司如果真的想继续50%的增长率,它必须继续进一步增加负债或进行权益筹资。根据2018年数据计算的可持续增长率是13.64%,这就是说,2019年维持2018年的四项财务比率,也只能取得13.64%的增长。超常增长不是维持财务比率的结果,而是"提高"财务比率的结果。

如果想要维持50%的增长率,2019年需要额外补充多少资金呢?

$$
\begin{aligned}
\text{需要资金总额} &= \text{计划销售} \div \text{计划总资产周转率} \\
&= [1\ 650 \times (1+50\%)] \div 2.564\ 1 \\
&= 2\ 475 \div 2.564\ 1 = 965.25(\text{万元})
\end{aligned}
$$

$$
\text{留存收益提供资金} = 2\ 475 \times 5\% \times 0.6 = 74.25(\text{万元})
$$

假设除留存收益外,全部使用负债补充资金,则财务杠杆为:

$$
\begin{aligned}
\text{权益乘数} &= \text{总资产} \div \text{期末权益} \\
&= 965.25 \div (412.5 + 74.25) \\
&= 965.25 \div 486.75 = 1.983\ 1
\end{aligned}
$$

2018年中华公司通过提高财务杠杆维持了50%的增长率。如果今后要继续维持50%的增长率,还需要进一步提高财务杠杆。财务杠杆是重要的财务政策,不可能随便提高,更不可能无限提高。既然公司的财务杠杆不能持续提高,那么50%的增长率就是不可持续的。营业净利率、总资产周转率和股利分配率如同财务杠杆一样,都不可能无限提高,从而限制了公司的增长率。因此,超常增长是不可能持续的。具体分析如表4-36所示。

**表4-36 2019年中华公司维持50%高增长的财务杠杆分析**

| 年份 | 2016年 | 2017年 | 2018年 | 2019年 |
|---|---|---|---|---|
| 收入/万元 | 1 000.00 | 1 100.00 | 1 650.00 | 2 475.00 |
| 税后利润/万元 | 50.00 | 55.00 | 82.50 | 123.75 |
| 股利/万元 | 20.00 | 22.00 | 33.00 | 49.50 |
| 留存利润/万元 | 30.00 | 33.00 | 49.50 | 74.25 |
| 股东权益/万元 | 330.00 | 363.00 | 412.50 | 486.75 |
| 负债/万元 | 60.00 | 66.00 | 231.00 | 478.50 |
| 总资产/万元 | 390.00 | 429.00 | 643.50 | 965.25 |
| 可持续增长率的计算: | | | | |
| 营业净利率 | 5.00% | 5.00% | 5.00% | 5.00% |
| 总资产周转率 | 2.564 1 | 2.564 1 | 2.564 1 | 2.564 1 |
| 总资产/期末股东权益 | 1.181 8 | 1.181 8 | 1.560 0 | 1.983 1 |
| 留存比率 | 0.6 | 0.6 | 0.6 | 0.6 |
| 可持续增长率 | 10.00% | 10.00% | 13.64% | 18.00% |
| 实际增长率 | | 10.00% | 50.00% | 50.00% |

公司增长潜力来源于上述4个财务比率的可持续水平。如果通过技术和管理创新，使营业净利率和总资产周转率提高到一个新水平，则公司增长率可以相应提高。财务杠杆和留存比率受到资本市场的制约，通过提高这两个比率支持高增长，只能是一次性的临时解决办法，不可能持续使用。

那么，通过筹集权益资金支持高增长是否可行？

假设2021年该公司计划增长50%，由于4个财务比率已经不能再提高，因此只能在保持资本结构的前提下，同时筹集权益资本和增加负债。其结果是销售增长了50%，净利润也增长了50%，但是权益净利率没有任何提高，仍然是15.15%，详细分析如表4-37所示。这就是说，如果新增投资的报酬率不能超过要求的报酬率，单纯的销售增长不会增加股东财富，是无效的增长。

**表4-37　2021年中华公司维持50%高增长的权益净利率分析**

| 年份 | 2016年 | 2017年 | 2018年 | 2019年 | 2020年 | 2021年 |
|---|---|---|---|---|---|---|
| 收入/万元 | 1 000.00 | 1 100.00 | 1 650.00 | 1 375.00 | 1 512.50 | 2 268.75 |
| 税后利润/万元 | 50.00 | 55.00 | 82.50 | 68.75 | 75.63 | 113.45 |
| 股利/万元 | 20.00 | 22.00 | 33.00 | 27.50 | 30.25 | 45.38 |
| 留存利润/万元 | 30.00 | 33.00 | 49.50 | 41.25 | 45.38 | 68.07 |
| 筹集权益资本/万元 | | | | | | 181.50 |
| 股东权益/万元 | 330.00 | 363.00 | 412.50 | 453.75 | 499.13 | 748.69 |
| 负债/万元 | 60.00 | 66.00 | 231.00 | 82.50 | 90.75 | 136.13 |
| 总资产/万元 | 390.00 | 429.00 | 643.50 | 536.25 | 589.88 | 884.82 |
| 可持续增长率的计算： | | | | | | |
| 营业净利率 | 5.00% | 5.00% | 5.00% | 5.00% | 5.00% | 5.00% |
| 总资产周转率 | 2.564 1 | 2.564 1 | 2.564 1 | 2.564 1 | 2.564 1 | 2.564 1 |
| 总资产/期末股东权益 | 1.181 8 | 1.181 8 | 1.560 0 | 1.181 8 | 1.181 8 | 1.181 8 |
| 留存比率 | 0.6 | 0.6 | 0.6 | 0.6 | 0.6 | 0.6 |
| 可持续增长率 | 10.00% | 10.00% | 13.64% | 10.00% | 10.00% | 10.00% |
| 实际增长率 | | 10.00% | 50.00% | −16.67% | 10.00% | 50.00% |
| 权益净利率 | 15.15% | 15.15% | 20.00% | 15.15% | 15.15% | 15.15% |

上述分析表明，中华公司今后的增长应当在10%左右波动，不应当追求无效的增长，任何过快的增长都会引发后续的低增长。

通过上面的例子可以看出，可持续增长率是公司当前经营效率和财务政策决定的内在增长能力，实际增长率是本年销售额比上年销售额的增长百分比。在不增发新股的情况下，它们之间有如下联系：

① 如果某一年的经营效率和财务政策与上年相同，则实际增长率、上年的可持续增长率以及本年的可持续增长率三者相等。这种增长状态，在资金上可以永远持续发展下去，可称之为平衡增长。

② 如果某一年的公式中的4个财务比率有一个或多个数值增长，则实际增长率就会超过上年的可持续增长率，本年的可持续增长率也会超过上年的可持续增长率。由此可见，超常增长是“改变”财务比率的结果，而不是持续当前状态的结果。公司不可能每年提高这4个财务比率，也就不可能使超常增长继续下去。

③ 如果某一年的公式中的4个财务比率有一个或多个数值比上年下降，则实际销售增长就会低于上年的可持续增长率，本年的可持续增长率也会低于上年的可持续增长率。这是超常增长之后的必然结果，公司对此事先要有所准备。如果不愿意接受这种现实，继续勉强冲刺，现金周转的危机很快就会来临。

④ 如果公式中的4个财务比率已经达到公司的极限水平，单纯的销售增长无助于增加股东财富。营业净利率和总资产周转率的乘积是资产净利率，它体现了公司运用资产获取收益的能力，决定于公司的综合效率。至于采用“薄利多销”还是“厚利少销”的方针，则是经营政策选择的问题。留存比率和权益乘数的高低是财务政策选择问题，取决于决策人对收益与风险的权衡。因此，公司的综合效率和承担风险的能力，决定了公司的增长速度。

实际上一个理智的公司在增长问题上并没有很大的回旋余地，尤其是从长期来看更是如此。一些公司由于发展过快陷入危机甚至破产，另一些公司由于增长太慢遇到困难甚至被其他公司收购，这说明不当的增长足以毁掉一个公司。

## 案例

### 财务报表诊断案例

财务报表在很大程度上是企业经济活动的体现，如何透过企业财务报表所反映出的财务特征观察甚至预测企业的行为决策，对于企业的外部利益相关者而言十分重要。其中，企业所在的行业和企业选择的战略是企业财务特征差异最重要的两项驱动因素。

首先，每个企业都在自身所属的行业中经营，其财务特征必然具有深刻的行业烙印。例如，航空运输业企业往往采用重资产经营，其固定资产比重较高，而咨询服务业一般具有较低的固定资产比例；零售行业企业由于面临激烈的市场竞争，其营业毛利率往往较低，而医药研发企业的产品具有高度的异质性，其产品定价自由度较高，其营业毛利率往往也很高。因此，每个行业都有自身独一无二的经济特征，在不同行业中经营企业的财务特征往往也会被打下深刻的行业烙印。

其次，即使在相同行业经营的企业，也依然可能做出完全不同的决策，原因在于每家企业都会有自身独特的战略选择。在实践中，行业经营中的企业首先会就多元化业务经营还是单一业务经营进行选择，然后还会在产品如何制造（标准化产品、差异化产品）、如何销售（直接销售、分销商销售）以及资金如何筹集（债务筹资、股权投资）等方面做出选择。因此，即使在同一行业中经营的企业，考虑到自身面临的内外部条件，企业的战略选择往往也会存在很大差异，进而导致其财务特征也会千差万别。

表4-38提供了处于不同行业的企业和相同行业中的不同企业的财务报表及相关财务比率，财务报表是各家企业2019年经过标准化的共同比财务报表（包括共同比资产负债表和共同比利润表）。

**表 4-38　共同比财务报表和财务比率**

| | 纺织相关行业 | | 医药相关行业 | | 煤炭行业企业 | | 造纸行业企业 | |
|---|---|---|---|---|---|---|---|---|
| | A企业 | B企业 | C企业 | D企业 | E企业 | F企业 | G企业 | H企业 |
| 资产科目 | | | | | | | | |
| 货币资金 | 32.42% | 6.59% | 41.31% | 16.41% | 14.30% | 12.90% | 17.56% | 11.82% |
| 应收账款 | 6.67% | 10.49% | 3.93% | 27.10% | 2.35% | 6.91% | 10.66% | 6.54% |
| 其他应收款 | 2.57% | 1.67% | 0.74% | 8.15% | 0.48% | 0.28% | 0.79% | 0.10% |
| 预付款项 | 13.80% | 0.46% | 0.91% | 4.96% | 0.42% | 0.89% | 1.86% | 5.35% |
| 存货 | 1.56% | 13.15% | 13.07% | 23.41% | 2.05% | 1.63% | 10.73% | 8.07% |
| 其他流动资产 | 0.08% | 25.92% | 8.01% | 0.25% | 2.69% | 0.98% | 5.32% | 0.41% |
| 流动资产合计 | 57.97% | 59.34% | 75.95% | 83.52% | 23.39% | 30.82% | 53.13% | 39.69% |
| 固定资产净额 | 4.82% | 16.48% | 7.35% | 8.43% | 54.52% | 43.85% | 31.96% | 51.37% |
| 无形资产 | 0.50% | 3.76% | 2.57% | 2.22% | 6.75% | 12.48% | 10.93% | 4.29% |
| 投资性房地产 | 24.78% | 0.00% | 0.77% | 0.12% | 0.00% | 0.00% | 0.00% | 0.00% |
| 资产总计 | 100.00% | 100.00% | 100.00% | 100.00% | 100.00% | 100.00% | 100.00% | 100.00% |
| 负债和权益科目 | | | | | | | | |
| 短期借款 | 0.00% | 3.37% | 0.04% | 13.52% | 1.67% | 18.15% | 16.68% | 15.77% |
| 应付票据 | 0.00% | 1.38% | 0.89% | 17.62% | 0.41% | 3.62% | 0.00% | 1.39% |
| 应付账款 | 2.51% | 5.51% | 9.90% | 19.21% | 5.57% | 17.17% | 3.02% | 11.00% |
| 预收款项 | 20.46% | 1.19% | 6.67% | 0.83% | 0.98% | 2.31% | 0.36% | 2.42% |
| 其他应付款 | 3.07% | 0.21% | 8.47% | 4.99% | 5.36% | 4.50% | 1.10% | 0.61% |
| 流动负债合计 | 30.92% | 16.88% | 29.20% | 58.99% | 20.44% | 55.39% | 22.63% | 37.42% |
| 长期借款 | 0.00% | 0.00% | 0.00% | 0.25% | 11.34% | 1.70% | 0.00% | 10.17% |
| 应付债券 | 0.00% | 0.00% | 0.00% | 2.56% | 1.14% | 3.57% | 0.00% | 0.00% |
| 负债合计 | 37.68% | 22.07% | 31.97% | 62.46% | 33.94% | 62.77% | 22.88% | 48.42% |
| 所有者权益合计 | 62.32% | 77.93% | 68.03% | 37.54% | 66.06% | 37.23% | 77.12% | 51.58% |
| 负债和所有者权益总计 | 100.00% | 100.00% | 100.00% | 100.00% | 100.00% | 100.00% | 100.00% | 100.00% |
| 收入费用科目 | | | | | | | | |
| 营业收入 | 100.00% | 100.00% | 100.00% | 100.00% | 100.00% | 100.00% | 100.00% | 100.00% |
| 营业成本 | 93.26% | 59.89% | 62.34% | 91.56% | 57.83% | 78.91% | 71.85% | 83.94% |
| 销售费用 | 3.19% | 9.92% | 20.45% | 3.08% | 0.25% | 1.11% | 8.89% | 4.53% |
| 管理费用 | 4.76% | 15.90% | 7.54% | 2.21% | 7.80% | 4.17% | 7.51% | 3.23% |
| 财务费用 | −0.28% | 1.04% | −1.00% | 0.96% | 1.39% | 2.58% | 1.16% | 1.91% |
| 利润总额 | 2.38% | 18.06% | 11.90% | 2.60% | 28.28% | 9.34% | 9.08% | 6.36% |
| 所得税费用 | 0.97% | 1.36% | 1.79% | 0.61% | 6.55% | 3.31% | 2.39% | 1.36% |
| 净利润 | 1.40% | 16.70% | 10.11% | 1.99% | 21.73% | 6.02% | 6.69% | 5.00% |

表 4-38(续)

| | 纺织相关行业 | | 医药相关行业 | | 煤炭行业企业 | | 造纸行业企业 | |
|---|---|---|---|---|---|---|---|---|
| | A企业 | B企业 | C企业 | D企业 | E企业 | F企业 | G企业 | H企业 |
| 市场比率 | | | | | | | | |
| β系数 | 0.44 | 1.24 | 1.04 | 0.75 | 1.03 | 0.89 | 1.16 | 1.16 |
| 市盈率 | 17 | 52 | 27 | 26 | 11 | 12 | 24 | 13 |
| 偿债能力比率 | | | | | | | | |
| 流动比率 | 1.88 | 3.52 | 2.60 | 1.42 | 1.14 | 0.56 | 2.35 | 1.06 |
| 速动比率 | 1.82 | 2.74 | 2.15 | 1.02 | 1.04 | 0.53 | 1.87 | 0.85 |
| 资产负债率 | 37.68% | 22.07% | 31.97% | 62.46% | 33.94% | 62.77% | 22.88% | 48.42% |
| 资产管理效率比率 | | | | | | | | |
| 存货周转率 | 108.87 | 2.04 | 5.66 | 6.07 | 21.36 | 41.18 | 4.95 | 11.86 |
| 应收账款周转率 | 25.46 | 2.56 | 18.81 | 5.24 | 18.68 | 9.69 | 4.99 | 14.64 |
| 固定资产周转率 | 35.20 | 1.63 | 10.06 | 16.86 | 0.80 | 1.53 | 1.66 | 1.86 |
| 杜邦分析比率 | | | | | | | | |
| 营业净利率 | 1.40% | 16.70% | 10.11% | 1.99% | 21.73% | 6.02% | 6.69% | 5.00% |
| 总资产周转率 | 1.70 | 0.27 | 0.74 | 1.42 | 0.44 | 0.67 | 0.53 | 0.96 |
| 净资产收益率 | 3.82% | 5.76% | 11.00% | 7.54% | 14.43% | 10.84% | 4.61% | 9.28% |

数据来源:财务报表数据依赖于CCER数据库,市场比率来源于Wind金融数据库。

以下是对公司所在行业的特征及企业实施战略的描述。

(1) 纺织相关行业

A企业和B企业的产品均与纺织相关。一家行业企业属于纺织机械行业,2012年登陆深交所创业板,企业主要从事电脑针织机械的研发、生产和销售,主要销售对象为下游针织企业,企业具备突出的自主创新技术优势。在产品销售方面,企业采用"自主销售与销售顾问协助销售相结合,公司统一售后服务"的销售模式,企业在主要销售区域都设有售后服务网点。

另一家行业企业属于传统的纺织行业,以服装服饰、毛料面料等产品的进出口业务为主,同时也从事现代物业、自由房产对外租赁等业务。另外,企业在财务政策选择上十分保守。

(2) 医药相关行业

C企业和D企业的产品均与医药相关。一家行业企业是全国最大的制药企业集团之一,目前企业基本实现了生物医药健康产业的全产业链布局。目前企业主要从事中西成药等研发、制造与销售,医疗器械的批发与零售,医疗服务、健康管理、养生养老等健康产业投资等。同时,企业积极加大市场投入,开展营销工作,在财务政策方面奉行保守的财务政策。作为国家高新技术企业,企业所得税享受15%的所得税税率优惠。

另一家行业企业为医药流通行业,主营业务为药品、医疗器械、中药材与中药饮片、食品、保健品等产品的批发,零售连锁以及电子商务为核心业务,采用以市场分销为主的经营模式,其明显的特点是毛利率较低、费用较少、配送周转速度较快。企业通过发行债券、非公开发行股票等多种渠道进行融资，为各项业务发展提供资金支持。

（3）煤炭行业企业

E企业和F企业属于煤炭开采和洗选业。一家企业是我国第一大煤炭上市公司，企业主营业务涉及煤炭、电力的生产和销售、铁路、港口和船舶运输等，实施“煤电路港航”纵向一体化经营战略，利用自有运输和销售网络，获取煤基产业链上每一环节的经营利润。

另一家是我国稀缺煤种无烟煤的主要开采企业之一，企业聚焦于煤炭开采、洗选与加工，其客户主要为各大电力和钢铁生产企业，其致力于加强与电厂等客户的长期战略合作关系。另外，企业在营运资金筹资政策上较为激进。

（4）造纸行业企业

G企业和H企业从事造纸及纸制品的制造与销售。一家企业是国内最大的卷烟配套系列用纸制造商，由于卷烟纸生产技术复杂且主要面向各大卷烟厂，因此卷烟纸是一种市场容量小但利润水平高的产品，企业主要产品均为国家专营产品。另外，企业实际控制人为地方国有资产管理委员会。

另一家企业是全球规模最大的新闻纸生产基地，企业主要致力于中高档新闻纸、文化纸及相关化工产品的生产与销售，其中新闻纸国内市场占有率达到30%以上。企业实际控制人为国内自然人。

**问题：**

**1. 根据以上对企业特定的行业特征和相关战略的描述，结合企业财务报表及相关财务比率，请匹配出具有特定特征行业企业所对应的财务报表，特定战略企业所对应的财务报表。**

**2. 谈谈你对财务报表如何反映企业所在行业特征及企业战略的认识。**

# 第五章　长期投资决策

## 引言

高强在2020年毕业获得国内"双一流"建设高校管理学学士学位后来到江苏省江阴市的长风科技公司工作。这家公司是全球领先的半导体微系统集成和封装测试服务提供商，提供全方位的微系统集成一站式服务。虽然中美贸易争端愈演愈烈，但随着5G、新一代虚拟现实、无人驾驶、工业机器人和物联网的发展，在国家政策的支持下，半导体产业仍然有着非常巨大的国内需求。

根据公司总体发展战略，董事会决定积极搭建设计服务新业务平台，不断强化长风科技核心竞争力并在工厂端落实，拟通过宿迁的子公司投产年产100亿块通信用高密度混合集成电路及模块封装项目，项目投资总额高达22亿元，项目建设及设备投资21亿元，铺底流动资金1亿元，项目投产后预计受益期15年，新增年均营业收入16亿元，新增年均利润总额2亿元。

高强到长风公司工作后不久，即受到公司总裁黄伟的召见。黄伟总裁一直采用净现值法评估扩展项目，他认为净现值法是评估公司投资决策最好的方法。在计算项目的净现值时，黄伟总裁凭自己的经验和感觉采用15%作为贴现率，此时净现值法显示投资项目经济上可行，但当他尝试提高贴现率1个百分点时，却发现项目变得不可行。为稳妥起见，黄伟总裁决定请高强推荐他认为正确的贴现率。

高强着手进行这项工作时，回顾了一下大学期间学过的财务课程。起初，他只记得用于资本预算的贴现率称为公司的资本成本。他又翻了几本旧书，希望能找到有关的内容，但一无所获，只得继续回忆，终于回想起了资本成本的一个要点：只有当资金投入公司预期能获得的收益率等于或者超过投到其他风险相似的项目所能得到的收益率时，公司才应该用投资者的资本进行投资。因此，贴现率或资本成本与资本的机会成本含义相同。

高强很高兴能回想起资本成本的概念和要点，但对如何运用这些概念仍然感到困惑。他觉得别无选择，只有到本地的大学找一本《财务管理学》教材，或者请教财务管理方面的专家。

为什么净现值法对贴现率的变化如此敏感？理论上应该如何为投资项目选择合适的贴现率？

## 第一节　长期投资概述

### 一、长期投资的意义

长期投资是指企业对所持有资金的一种长期运用，是企业不准备在一年或长于一年的经营周期之内转变为现金的投资，主要包括固定资产投资、无形资产投资、长期股权投资等。长期投资是企业投资的重要内容，企业管理层进行长期投资的目的在于持有而非出售，这是与短期投资的一个重要区别。长期投资对企业的生存和发展具有重要的意义。

（一）长期投资是增加企业未来现金流的重要决策

长期投资决定了企业的战略方向，是财务管理中最重要的决策之一，将会在很长时间内影响公司的资源配置。企业通过新建厂房、更新机器设备、对产品和生产工艺进行改造等长期投资项目，维持简单再生产或扩大再生产，是创造公司未来的现金流的重要手段，以此实现企业发展和增长。

（二）长期投资是降低企业经营风险的重要方法

企业通过长期投资将资金投向生产经营的关键环节，补齐企业生产经营的短板，形成更强的生产经营能力。企业也可将资金投向不同行业，进行多元化经营，增加企业利润的稳定性，从而降低企业的经营风险。

（三）长期投资是实现财务管理目标的重要途径

如前所述，现代企业财务管理的目标是实现企业价值最大化。企业价值是不同项目、部门以及企业中其他实体价值的总和，具有可加性。因此，具有良好收益的固定资产、无形资产等长期投资项目可以实现企业增长、增加企业价值，进而实现财务管理的目标。

**二、长期投资的分类**

根据不同的标准，可以将企业长期投资进行如下分类。

（一）按投资与企业生产经营的关系分

基于投资与企业生产经营的关系，企业长期投资可分为实物投资和长期金融投资。实物投资是指企业通过购置厂房或设备等形式将资金投入到企业具体的经营活动中，以获取生产经营利润。长期金融投资是指企业通过股权或债权等形式将资金投入证券等金融资产，以获取利息、股息或资本利得。

（二）按投资在企业生产过程中的作用分

基于投资在企业生产过程中的作用，企业长期投资可分为新建公司投资、简单再生产投资和扩大再生产投资。新建公司投资是指为一个新公司建立生产、经营、生活条件所进行的投资；简单再生产投资是指为了更新生产经营中已经老化的物质资源和人力资源所进行的投资；扩大再生产投资是指为扩大公司现有的生产经营规模所进行的投资。

（三）按投资项目之间的相互关系分

基于投资项目之间的相互关系，企业长期投资可分为独立项目投资、相关项目投资和互斥项目投资。独立项目投资是指采纳或放弃某一项目并不显著地影响另一项目的实施；如果某一项目的实施依赖于其他项目，则这些项目就是相关项目；如果采纳某个投资项目，就必须放弃另一个项目，则这些项目就是互斥项目。

（四）按投资项目现金流入与流出的时间分

基于投资项目现金流入与流出的时间，企业长期投资可分为常规项目投资和非常规项目投资。常规项目是指只有期初现金流出，随后是一期或多期现金流入的项目。非常规项目的现金流出不发生在期初，或期初和以后各期有多次现金流出等。

**三、长期投资的特点**

（一）长期投资金额较大

长期投资一般在企业全部资产中所占比重较高，尤其是制造业企业，固定资产、无形资产等长期投资作为生产技术装备及物质技术基础，往往需要投入大量的资金。

（二）长期投资回收期限较长

长期投资决策一经做出，对企业的生产经营活动会产生持续和长久的影响，一般的长期投资都需要几年甚至十几年才能收回。

（三）长期投资变现能力较差

长期投资的实物形态主要是厂房和机器设备等固定资产和无形资产等。这些资产通常具有较高的专用性，不易改变用途，出售困难，变现能力较差。

（四）长期投资风险较高

长期投资一经完成，将会长期影响企业的生产和经营。而在较长的时期内，市场和企业的产供销等因素经常变化，不确定因素较多，加之长期投资的变现能力较差，导致企业长期投资具有很高的风险。

**四、长期投资的程序**

长期投资具有相当大的风险，一旦决策失误，就会严重影响公司的财务状况和现金流量，甚至会使公司走向破产。因此，长期投资不能在缺乏调查研究的情况下轻率拍板，而必须按特定的程序，运用科学的方法进行可行性分析，以保证决策的正确有效。长期投资决策的程序一般包括如下几个步骤：

（一）投资项目的提出

企业战略是长期投资项目提出的主要依据。企业的管理者要善于开拓新市场、开发新技术、提出新创意，寻找新的投资机会，进行投资机会研究。机会研究是对长期投资方向和时机提出的建议，是投资前期工作的首要环节。它首先应以国民经济和社会发展长远规划、行业和地区规划为基础，然后对国家政策、资金来源、资源和市场等基本经济要素进行初步调查和分析，从而对长期投资方向和时机提出设想与建议。在投资机会研究报告（也称项目建议书）中，必须提供某些基本的资料，如大致的项目建设地点、投资时间安排、资金筹集、投资费用、生产成本、盈利状况等。

（二）投资项目的评价

投资项目的评价主要涉及如下几项工作：一是把提出的投资项目进行分类，为分析评价做好准备；二是计算有关项目的预计收入和成本，预测投资项目的现金流量；三是运用各种投资评价指标，把各项投资按可行性的顺序进行排队；四是写出评价报告，请上级批准。

（三）投资项目的决策

投资项目评价后，企业高层管理者要对所提出的项目进行研究讨论，结合企业自身所处的状况对项目未来的效益进行审核，并作最后决策。最后决策一般可分成以下三种：

① 接受这个项目，可以进行投资；

② 拒绝这个项目，不能进行投资；

③ 发还给项目的提出部门，重新调查后再做处理。

（四）投资项目的执行

决定对某项目进行投资后，要积极筹措资金，实施投资。在投资项目的执行过程中，要对工程进度、工程质量、施工成本进行控制，以便使投资按预算规定保质如期完成。

（五）投资项目的再评价

在投资项目的执行过程中，应注意对项目实际工作中所遇到的各种变化及问题进行再评估，做出新决策并反馈到实际中。

# 第二节　长期投资决策现金流量分析

## 一、现金流量的概念

所谓现金流量，在投资决策中是指一个项目引起的公司现金支出和现金收入增加的数量。这时的“现金”是广义的现金，它不仅包括各种货币资金，而且包括项目需要投入公司拥有的非货币资源的变现价值。例如，一个项目需要使用原有的厂房、设备和材料等，则相关的现金流量是指它们的变现价值，而不是其账面成本。

现金流量包括现金流出量、现金流入量和现金净流量三个具体概念。

### （一）现金流出量

一个方案的现金流出量，是指该方案引起的公司现金支出的增加额。

例如，公司购置一条生产线，通常会引起以下现金流出：

① 购置生产线的价款。购置生产线的价款可能是一次性支出，也可能分几次支出。

② 垫支流动资金。该生产线扩大了公司的生产能力，引起对流动资产需求的增加。公司需要追加的流动资金，也是购置该生产线引起的，应列入该方案的现金流出量。只有在营业终了或出售（报废）该生产线时才能收回这些资金，并用于别的目的。

### （二）现金流入量

一个方案的现金流入量是指该方案所引起的公司现金收入的增加额。

例如，公司购置一条生产线，通常会引起下列现金流入：

1. 营业现金流入

购置生产线扩大了公司的生产能力，使公司销售收入增加。扣除有关的付现成本增量及所得税增量后的余额，是该生产线引起的一项现金流入。营业现金流入量的计算有三种方法。

（1）根据现金流量的定义计算

$$\text{营业现金流入量}=\text{营业收入}-\text{付现成本}-\text{所得税} \tag{1}$$

付现成本在这里是指需要每年支付现金的成本。成本中不需要每年支付现金的部分称为非付现成本，其中主要是折旧费。所以，付现成本可以用营业成本减折旧来估计。

$$\text{付现成本}=\text{营业成本}-\text{折旧}$$

（2）根据年末营业结果来计算

公司每年营业现金增加来自两个主要方面：一是当年增加的净利润；二是计提的折旧，以现金形式从销售收入中扣回，留在公司里。

$$\text{营业现金流入量}=\text{税后净利润}+\text{折旧} \tag{2}$$

这个公式与公式(1)是一致的，可以从(1)直接推导出来：

$$\begin{aligned}\text{营业现金流入量}&=\text{营业收入}-(\text{营业成本}-\text{折旧})-\text{所得税}\\&=\text{营业利润}+\text{折旧}-\text{所得税}\\&=\text{税后净利润}+\text{折旧}\end{aligned}$$

（3）根据所得税对收入和折旧的影响计算

由于所得税的影响，营业现金流量并不等于项目实际的收支金额。

$$\text{税后营业成本}=\text{营业成本}\times(1-\text{税率})$$

税后收入＝收入金额×(1－税率)

税负减少＝折旧×税率

因此，营业现金流量可按下式计算：

营业现金流量＝税后收入－税后成本＋税负减少

＝收入×(1－税率)－付现成本×(1－税率)＋折旧×税率　(3)

这个公式也可以根据公式(2)直接推导出来：

营业现金流量＝税后净利＋折旧

＝(收入－成本)×(1－税率)＋折旧

＝(收入－付现成本－折旧)×(1－税率)＋折旧

＝收入×(1－税率)－付现成本×(1－税率)－折旧×(1－税率)＋折旧

＝收入×(1－税率)－付现成本×(1－税率)－折旧＋折旧×税率＋折旧

＝收入×(1－税率)－付现成本×(1－税率)＋折旧×税率

2. 该生产线出售(报废)时的残值收入

资产出售或报废时的残值收入，是由于当初购置该生产线引起的，应当作为投资方案的一项现金流入。

3. 收回的流动资金

该生产线出售(报废)时，公司可以相应增加流动资金，收回的资金可以用于别处。因此应将其作为该方案的一项现金流入。

(三) 现金净流量

现金净流量是指一定期间现金流入量和现金流出量的差额。这里所说的“一定期间”，有时是指1年内，有时是指投资项目持续的整个年限内。流入量大于流出量时，净流量为正值；反之，净流量为负值。

## 二、现金流量的估计

估计投资方案所需的资本支出，以及该方案每年能产生的现金流量，会涉及很多变量，并且需要公司有关部门的参与。诸如：销售部门负责预测售价和销量，涉及产品价格弹性、广告效果、竞争者动向等；产品开发和技术部门负责估计投资方案的资本支出，涉及研制费用、设备购置、厂房建筑等；生产和成本部门负责估计制造成本，涉及原材料采购价格、生产工艺安排、产品成本等。财务人员的主要任务是：为销售、生产等部门的预测建立共同的基本假设条件，如物价水平、贴现率、可供资源的限制条件等；协调参与预测工作的各部门人员，使之能相互衔接与配合；防止预测者因个人偏好或部门利益而高估或低估收入和成本。

在确定投资方案的相关现金流量时，应遵循的最基本的原则是：只有增量现金流量才是与项目相关的现金流量。所谓增量现金流量，是指接受或拒绝某个投资方案后，公司总现金流量因此发生的变动。只有那些由于采纳某个项目引起的现金支出增加额，才是该项目的现金流出；只有那些由于采纳某个项目引起的现金流入增加额，才是该项目的现金流入。

为了正确计算投资方案的增量现金流量，需要正确判断哪些支出会引起公司总现金流量的变动，哪些支出不会引起公司总现金流量的变动。在进行这种判断时，要注意以下四个问题：

(一) 区分相关成本和非相关成本

相关成本是指与特定决策有关的、在分析评价时必须加以考虑的成本。例如，差额成本、未来成本、重置成本、机会成本等都属于相关成本。与此相反,与特定决策无关的、在分析评价时不必加以考虑的成本是非相关成本。例如,沉没成本、过去成本、账面成本等往往是非相关成本。

例如,某公司在2019年曾经打算新建一个车间,并请一家会计公司做过可行性分析,支付咨询费10万元。后来由于公司有了更好的投资机会,该项目被搁置下来,该笔咨询费作为费用已经入账了。2020年,旧事重提,在进行投资分析时,这笔咨询费是否仍是相关成本呢?答案应当是否定的。该笔支出已经发生,不管公司是否采纳新建一个车间的方案,它都已无法收回,与公司未来的总现金流量无关。

如果将非相关成本纳入投资方案的总成本,则一个有利的方案可能因此变得不利,一个较好的方案可能变为较差的方案,从而造成决策错误。

(二)不要忽视机会成本

在投资方案的选择中,如果选择了一个投资方案,则必须放弃投资于其他途径的机会。其他投资机会可能取得的收益是实行本方案的一种代价,被称为这项投资方案的机会成本。

例如,上述公司新建车间的投资方案,需要使用公司拥有的一块土地。在进行投资分析时,因为公司不必动用资金去购置土地,可否不将此土地的成本考虑在内呢?答案是否定的。因为该公司若不利用这块土地来兴建车间,则它可将这块土地移作他用,并取得一定的收入。只是由于在这块土地上兴建车间才放弃了这笔收入,而这笔收入代表兴建车间使用土地的机会成本,假设这块土地出售可净得20万元,它就是兴建车间的一项机会成本。值得注意的是,不管该公司当初是以10万元还是30万元购进这块土地,都应以现行市价作为这块土地的机会成本。

机会成本不是通常意义上的"成本",它不是一种支出或费用,而是失去的收益。这种收益不是实际发生的,而是潜在的。机会成本总是针对具体方案的,离开被放弃的方案就无从计量确定。

机会成本在决策中的意义在于它有助于全面考虑可能采取的各种方案,以便为既定资源寻求最为有利的使用途径。

(三)要考虑投资方案对公司其他部门的影响

当公司采纳一个新的项目后,该项目可能对公司的其他部门造成有利或不利的影响。

例如,如果新建车间生产的产品上市后,原有其他产品的销路可能减少,而且整个公司的销售额也许不增加甚至减少,那么,公司在进行投资分析时,不应将新车间的销售收入作为增量收入来处理,而应扣除其他部门因此减少的销售收入。当然,也可能发生相反的情况,新产品上市后将促进其他部门的销售增长。这要看新项目和原有部门是竞争关系还是互补关系。

当然,诸如此类的交互影响,事实上很难准确计量。但决策者在进行投资分析时仍要将其考虑在内。

(四)对净营运资金的影响

在一般情况下,当公司开办一个新业务并使销售额扩大后,对于存货和应收账款等流动资产的需求也会增加,公司必须筹措新的资金以满足这种额外需求;另外,公司扩充的结果是应付账款与一些应付费用等流动负债也会同时增加,从而降低公司流动资金的实际需要。所谓净营运资金的需要,指增加的流动资产与增加的流动负债之间的差额。

当投资方案的寿命周期快要结束时，公司将与项目有关的存货出售，应收账款变为现金，应付账款和应付费用也随之偿付，净营运资金恢复到原有水平。通常，在进行投资分析时，假定开始投资时筹措的净营运资金在项目结束时收回。

**三、投资决策中使用现金流量的原因**

利润是按照权责发生制确定的，而现金净流量是根据收付实现制确定的，两者既有联系又有区别。在投资决策中，研究的重点是现金流量，而把利润的研究放在次要地位，其原因是：

① 整个投资有效年限内，利润总计与现金净流量总计是相等的。所以，现金净流量可以取代利润作为评价净收益的指标。

**例 5-1** 某个项目投资总额 1 500 万元，分 5 年在年初支付工程款，2 年后开始投产，有效期限为 5 年。投产开始时垫付流动资金 200 万元，结束时收回。每年销售收入 1 200 万元，付现成本 700 万元。该项目的现金流量如表 5-1 所示。假设现金流出在年初支付，现金流入在年末取得。通过本表可以看出，整个投资年限内利润合计与现金净流量合计均为 1 000 万元。

**表 5-1 项目的现金流量表** 单位：万元

| 时间 | 0 | 1 | 2 | 3 | 4 | 5 | 6 | 7 | 合计 |
|---|---|---|---|---|---|---|---|---|---|
| 投资 | (300) | (300) | (300) | (300) | (300) | | | | |
| 销售收入 | | | | 1 200 | 1 200 | 1 200 | 1 200 | 1 200 | 6 000 |
| 直线法折旧： | | | | | | | | | |
| 付现成本 | | | | 700 | 700 | 700 | 700 | 700 | 3 500 |
| 折　旧 | | | | 300 | 300 | 300 | 300 | 300 | 1 500 |
| 利　润 | | | | 200 | 200 | 200 | 200 | 200 | 1 000 |
| 年数总和法折旧： | | | | | | | | | |
| 付现成本 | | | | 700 | 700 | 700 | 700 | 700 | 3 500 |
| 折　旧 | | | | 500 | 400 | 300 | 200 | 100 | 1 500 |
| 利　润 | | | | 0 | 100 | 200 | 300 | 400 | 1 000 |
| 营业现金流量： | | | | 500 | 500 | 500 | 500 | 500 | 2500 |
| 流动资金 | | | (200) | | | | | 200 | 0 |
| 现金净流量 | (300) | (300) | (500) | 200 | 200 | 500 | 500 | 700 | 1000 |

② 利润在各年的分布受选择折旧方法等人为因素的影响，而现金流量的分布不受这些人为因素的影响，可以保证评价的客观性。例如，在表 5-1 中，采用直线折旧时的利润分布与采用年数总和法折旧时的不同，但它们的营业现金流量却是相同的。影响利润分布的人为因素不仅限于折旧方法的选择，还有存货计价方法、间接费用分配法、成本计算方法等。在考虑时间价值的情况下，早期的收益与晚期的收益有明显区别。收益的分布应当具有客观性，不受人为选择的影响，现金流量分布可以满足这种要求。

③ 在投资分析中，现金流动状况比盈亏状况更重要。有利润的年份不一定能产生多余的现金用来进行其他项目的再投资。一个项目能否维持下去，不取决于一定期间是否盈利，而取决于有没有现金用于各种支付。现金一旦支出，不管是否消耗都不能用于别的目的，只有将现金收回后才能用来进行再投资。因此，在投资决策中要重视现金流量的分析。

# 第三节　长期投资决策方法

## 一、长期投资评价的一般方法

对投资项目评价的方法分为两类：一类是贴现分析评价方法，即考虑了时间价值因素的方法，主要包括净现值法、现值指数法、内含报酬率法等；另一类是非贴现分析评价方法，即没有考虑时间价值因素的指标，主要包括回收期法、会计收益率法等。

### （一）贴现的分析评价方法

贴现的分析评价方法，是指考虑货币时间价值的分析评价方法，亦被称为贴现现金流量分析技术。

1. 净现值法

这种方法使用净现值作为评价方案优劣的指标。所谓净现值，是指特定方案未来现金流入的现值与未来现金流出的现值之间的差额。按照这种方法，所有未来现金流入和流出都要按预定贴现率折算为它们的现值，然后再计算它们的差额。如净现值为正数，即贴现后现金流入大于贴现后现金流出，该投资项目的报酬率大于预定的贴现率。如净现值为0，即贴现后现金流入等于贴现后现金流出，该投资项目的报酬率相当于预定的贴现率。如净现值为负数，即贴现后现金流入小于贴现后现金流出，该投资项目的报酬率小于预定的贴现率。

计算净现值的公式：

$$\text{净现值}(NPV) = \sum_{t=0}^{n} \frac{NCF_t}{(1+i)^t} - \sum_{t=0}^{n} \frac{I_t}{(1+i)^t}$$

式中　$n$——投资涉及的年限；

$NCF_t$——第 $t$ 年的现金流入量；

$I_t$——第 $t$ 年的现金流出量；

$i$——预定的贴现率。

**例 5-2**　某公司有四种相互排斥的方案，假定四个方案具有相同的风险，则它们有相同的贴现率（贴现率为10％），四个方案的现金流情况如表5-2所示。

**表 5-2　四个方案的现金流情况表**

| 年份 | A方案/万元 | B方案/万元 | C方案/万元 | D方案/万元 | 现值系数 |
|---|---|---|---|---|---|
| 0 | －1 500 | －1 500 | －1 500 | －1 500 | |
| 1 | 150 | 0 | 150 | 300 | 0.909 1 |
| 2 | 1 350 | 0 | 300 | 450 | 0.826 4 |
| 3 | 150 | 450 | 450 | 750 | 0.751 3 |
| 4 | －150 | 1 050 | 600 | 750 | 0.683 0 |
| 5 | －600 | 1 950 | 1 875 | 900 | 0.621 9 |

请问公司决策应选择哪个方案？

净现值(A)＝(150×0.909 1＋1 350×0.826 4＋150×0.751 3－150×0.683 0－600×0.621 9)－1 500＝－610.26(万元)。

同理得出:净现值(B)=765.99(万元)。

净现值(C)=796.36(万元)。

净现值(D)=779.15(万元)。

净现值法的决策规则:在只有一个备选方案的采纳与否决策中,净现值为正者则采纳,净现值为负者则不采纳。在有多个备选方案的互斥选择决策中,应选用净现值是正值中的最大者。

B、C、D 三个方案的净现值为正数,说明方案的报酬率超过 10%。因为公司的资金成本率或要求的投资报酬率是 10%,这三个方案是有利的,因而是可以接受的。A 方案净现值为负数,说明该方案的报酬率达不到 10%,因而应予放弃。B、C、D 三个方案相比,C 方案更好些。

净现值法具有广泛的适用性,在理论上也比其他方法更完善。净现值法应用的主要问题是如何确定贴现率,一种办法是根据资金成本来确定,另一种办法是根据公司要求的最低资金利润率来确定。前一种办法,由于计算资金成本比较困难,故限制了其应用范围;后一种办法根据资金的机会成本,即一般情况下可以获得的报酬来确定,比较容易解决。

2. 现值指数法

这种方法使用现值指数作为评价方案的指标。所谓现值指数,是未来现金流入现值与现金流出现值的比率,亦称现值比率、获利指数、贴现后收益-成本比率等。

计算现值指数的公式:

$$现值指数(PI)=\frac{\sum_{t=0}^{n}\frac{NCF_t}{(1+i)^t}}{\sum_{t=0}^{n}\frac{I_t}{(1+i)^t}}$$

根据表 5-2 的资料,四个方案的现值指数如下:

现值指数(A)=889.05/1 500=0.592 7。

现值指数(B)=2 266.05/1 500=1.510 7。

现值指数(C)=2 296.28/1 500=1.530 9。

现值指数(D)=2 278.8/1 500=1.519 2。

现值指数法的决策规则:在只有一个备选方案的采纳与否决策中,现值指数大于或等于1,则采纳;否则就拒绝。在有多个方案的互斥选择决策中,应采用现值指数超过 1,且最大的投资项目。

B、C、D 三个方案投资机会的现值指数大于 1,说明其收益超过成本,即投资报酬率超过预定的贴现率,都可采纳,C 方案现值指数最大,因而是最优的。A 方案投资机会的现值指数小于 1,说明其报酬率没有达到预定的贴现率,应拒绝。如果现值指数为 1,说明贴现后现金流入等于现金流出,投资的报酬率与预定的贴现率相同。

现值指数可以看成是 1 元原始投资可望获得的现值净收益,因此,可以作为评价方案的一个指标。它是一个相对数指标,反映投资的效率。而净现值指标是绝对数指标,反映投资的效益。

现值指数法的主要优点是,可以进行独立投资机会获利能力的比较。比如,另有 E、F 两个原始投资不一样的方案,E 方案的净现值是 500 万元,现值指数是 1.5;F 方案的净现值是 520 万元，现值指数是 1.2。如果两个方案是互斥的，根据净现值法，当然 F 方案较好。如果两者是独立的，根据现值指数法来选择 E 方案优于 F 方案，应优先考虑 E 方案。

3. 内含报酬率法

内含报酬率法是根据方案本身内含报酬率来评价方案优劣的一种方法。所谓内含报酬率，是指能够使未来现金流入量现值等于未来现金流出量现值的贴现率，或者说是使投资方案净现值为零的贴现率。内含报酬率计算公式为：

$$NPV=\sum_{t=0}^{n}\frac{NCF_t}{(1+r)^t}-\sum_{t=0}^{n}\frac{I_t}{(1+r)^t}=0$$

式中 $NPV$——项目净现值；

$NCF_t$——第 $t$ 年现金流入量；

$I_t$——第 $t$ 年现金流出量；

$r$——内含报酬率；

$n$——项目使用年限。

净现值法和现值指数法虽然考虑了时间价值，可以说明投资方案高于或低于某一特定的投资报酬率，但没有揭示方案本身可以达到的具体的报酬率是多少。内含报酬率是根据方案的现金流量计算的，是方案本身的投资报酬率。

内含报酬率的计算，通常需要“逐步测试法”。具体步骤如下：

① 如果每年的现金流量相等，则按下列步骤计算：

第一步：计算年金现值系数。

$$年金现值系数=\frac{初始投资额}{每年现金流量}$$

第二步：查年金现值系数表，在相同的期数内，找出与上述年金现值系数相邻近的较大和较小的两个贴现率。

第三步：根据上述两个邻近的贴现率和已求得的年金现值系数，采用插值法计算出该投资方案的内含报酬率。

② 如果每年的现金流量不相等，则需要按下列步骤计算：

第一步：先预估一个贴现率，并按此贴现率计算净现值。如果计算出的净现值为正数，则表示预估的贴现率小于该项目的实际内含报酬率，应提高贴现率，再进行测算；如果计算出的净现值为负数，则表明预估的贴现率大于该方案的实际内含报酬率，降低贴现率，再进行测算。经过如此反复测算，找到净现值由正到负并且比较接近于零的两个贴现率。

第二步：根据上述两个邻近的贴现率再来用插值法，计算出方案的实际内含报酬率。

内含报酬率法的决策规则：在只有一个备选方案的采纳与否决策中，如果计算出的内含报酬率大于或等于公司的资本成本或必要报酬率就采纳；反之，则拒绝。在有多个备选方案的互斥选择决策中，应选用内含报酬率超过资本成本或必要报酬率最多的投资项目。

根据例 5-2 的资料，已知 B 方案的净现值为正数，说明它的投资报酬率大于 10%，因此，应提高贴现率进一步测试。假设以 20%为贴现率进行测试，其结果净现值为 50.535 元。下一步降低到 24%重新测试，结果净现值为－154.68 元。

使用插值法来确定内含报酬率。

$$内含报酬率(B)=20\%+\left(4\%\times\frac{50.535}{50.535+154.68}\right)=20.98\%$$

同理得出：

内含报酬率(A)＝－200％；内含报酬率(C)＝22.86％；内含报酬率(D)＝25.45％。

计算出各方案的内含报酬率以后，可以根据公司的资金成本或要求的最低投资报酬率对方案进行取舍。假设资金成本是10％，那么，B、C、D三个方案都可以接受，而A方案则应放弃。根据内含报酬率法的决策规则，D方案最好。

内含报酬率和现值指数法有相似之处，都是根据相对比率来评价方案，而不像净现值法那样使用绝对数来评价方案。内含报酬率法与现值指数法的区别在于，在计算内含报酬率时不必事先选择贴现率，根据内含报酬率就可以排定独立投资的优先次序，只是最后需要一个切合实际的资金成本或最低报酬率来判断方案是否可行。现值指数法需要一个适合的贴现率，以便将现金流量折为现值，贴现率的高低将会影响方案的优先次序。

（二）非贴现的分析评价方法

非贴现的方法不考虑时间价值，把不同时间的货币收支看成是等效的。这些方法在选择方案时起辅助作用。

(1) 回收期法

回收期是指投资引起的现金流入累计到与投资额相等所需要的时间。它代表收回投资所需要的年限。回收年限越短，方案越有利。

在原始投资一次支出，每年现金净流入量相等时：

$$回收期=\frac{原始投资额}{每年现金流入量}$$

如果现金流入量每年不等，或原始投资是分几年投入的，则可使下式成立的 $n$ 为回收期：

$$\sum_{t=1}^{n} NCF_t = \sum_{t=1}^{n} I_t$$

根据例5-2的资料，A、B、C、D四个方案的回收期分别为2年、4年、4年和3年。根据回收年限越短、方案越有利的准则，A方案最好。

回收期法计算简便，并且容易为决策人所正确理解。它的缺点在于不仅忽视时间价值，而且没有考虑回收期以后的收益。例子中事实上不是A方案最好。一般来说，有战略意义的长期投资往往早期收益较低，而中后期收益较高。回收期法优先考虑急功近利的项目，可能导致放弃长期成功的方案。它是过去评价投资方案最常用的方法，目前作为辅助方法使用，主要用来测定方案的流动性而非营利性。

(2) 会计收益率法

这种方法计算简便，应用范围很广。它在计算时使用会计报表上的数据，以及普通会计的收益和成本观念。

$$会计收益率=\frac{年平均净收益}{原始投资额}\times 100\%$$

仍以例5-2的资料计算：

$$会计收益率(B)=\frac{(0+0+450+1\ 050+1\ 950-1\ 500)/5}{1\ 500}\times 100\%=26\%$$

同理得出：A、C、D方案的会计收益率分别为－18％、25％、22％。

会计收益率法决策准则是会计收益率越大，方案越优。上例四个方案中，B方案较好。

有人主张，计算时公式的分母使用平均投资额，这样计算的结果可能会提高1倍，但不改变方案的优先次序。

计算“年平均净收益”时，如使用不包括“建设期”的“经营期”年数，其最终结果称为“经营期会计收益率”。

**二、长期投资决策方法的理性选择**

以上介绍了长期投资决策方法的贴现分析评价方法和非贴现分析评价方法两大类方法，但各种方法对四大方案的评价结果并不一致，净现值法和现值指数法认为C方案较好，内含报酬率法则认为D方案较好，而回收期法和会计收益率法又分别选择了A方案和B方案。那么，到底哪种方法是正确的？固定资产投资决策方法到底如何选择？这部分我们讨论这个问题。

（一）各种方法在投资决策中应用的变化趋势

投资回收期法，作为评价公司投资效益的主要方法，在20世纪50年代曾流行全世界。但是，后来人们日益发现其局限性，于是建立起以货币时间价值原理为基础的贴现现金流量方法。现以美国有关专家的调查资料为依据，来说明各种方法在投资决策中的地位及变化趋势。

① 20世纪50年代的情况。1950年，迈克尔·戈特(Michrel Gort)对美国25家大型公司的调查资料表明，被调查的公司全部使用投资回收期等非贴现现金流量方法，没有一家采用贴现现金流量指标。

② 20世纪六七十年代的情况。1970年，托姆斯·克拉默(Tomes Klammer)对美国184家大型生产公司进行了调查，资料如表5-3所示。

**表5-3　投资决策方法调查表1**

| 方法 | 作为主要方法使用的公司所占的比例 | | |
|---|---|---|---|
| | 1959年 | 1964年 | 1970年 |
| 贴现分析评价方法 | 19% | 38% | 57% |
| 非贴现分析评价方法 | 81% | 62% | 43% |
| 合计 | 100% | 100% | 100% |

资料来源：Journal of Bussiness，1972年7月。

③ 20世纪80年代的情况。1980年，Dauid J. Oblack对58家大型跨国公司进行了调查，资料如表5-4所示。

**表5-4　投资决策方法调查表2**

| 方法 | 作为主要方法使用的公司所占的比例 |
|---|---|
| 贴现分析评价方法 | 76% |
| 非贴现分析评价方法 | 24% |
| 合计 | 100% |

注：若不考虑使用中的主次地位，则被调查的公司使用贴现现金流量方法的已达90%。

资料来源：Financial Management，1980年冬季季刊。

④ 1992 年,美国《幸福》杂志对 500 家大公司中 100 家公司的固定资产投资决策方法进行调查,结果如表 5-5 所示。

**表 5-5 投资决策方法调查表 3**

| 方法 | 首选方法 | 第二选择 | 合计 |
|---|---|---|---|
| 回收期法 | 24% | 59% | 83% |
| 内含收益率法 | 88% | 11% | 99% |
| 净现值法 | 63% | 22% | 85% |
| 现值指数法 | 15% | 18% | 33% |

⑤ 2001 年,Graham 和 Harvey 对 392 家美国和加拿大大型企业的 CFO 进行调查,结果如表 5-6 所示。

**表 5-6 投资决策方法调查表 4**

| 方法 | 合计 |
|---|---|
| 回收期法 | 56.7% |
| 内含收益率法 | 76.5% |
| 净现值法 | 74.6% |
| 现值指数法 | 11.9% |
| 折现回收期 | 29.5% |

资料来源:Journal of Financial Economics,2001 年第 60 卷。

根据以上资料不难看出,20 世纪 50～80 年代,贴现分析评价方法在投资决策方法中的排位发生了显著变化,使用贴现分析评价方法的公司不断增多。从 20 世纪 70 年代开始,贴现分析评价方法已占主导地位,并形成了以贴现分析评价方法为主,以投资回收期为辅的多种分析方法并存的分析评价体系。目前大多数公司同时使用净现值法和内含收益率法,并把投资回收期作为次要决策方法。

(二) 贴现分析评价方法广泛应用的原因

贴现现金流量指标在投资决策中得到广泛应用,是有其原因的。

① 非贴现分析评价方法把不同时间点上的现金收入和支出用毫无差别的观点进行对比,忽略了货币的时间价值因素,这是不科学的。贴现分析评价方法则把不同时间点收入或支出的现金按统一的贴现率折算到同一时点上,使不同时期的现金具有可比性,这样才能做出正确的投资决策。

② 非贴现分析评价方法中的投资回收期法只能反映投资的回收速度,不能反映投资的主要目标——净现值的多少。同时,由于回收期没有考虑时间价值因素,因而夸大了投资的回收速度。

③ 投资回收期、会计收益率法等非贴现分析评价方法对寿命不同、资金投入的时间和提供收益的时间不同的投资方案缺乏鉴别能力,而贴现分析评价方法则可以通过净现值、内含报酬率和获利指数等指标,有时还可以通过净现值的年均化方法进行综合分析,从而做出正确合理的决策。

④ 非贴现分析评价方法中的会计收益率法，由于没有考虑资金的时间价值，实际上是夸大了项目的盈利水平。而贴现分析评价方法中的内含报酬率是以预计的现金流量为基础，考虑了资金的时间价值以后计算出的真实报酬率。

⑤ 在运用投资回收期这一方法时，标准回收期是方案取舍的依据。但标准回收期一般都是以经验或主观判断为基础来确定的，缺乏客观依据。而贴现分析评价方法中的净现值和内部报酬率等指标，实际上都是以公司的资本成本为取舍依据的，任何公司的资本成本都可以通过计算得到。因此，这一取舍标准符合客观实际。

⑥ 管理人员水平的不断提高和电子计算机的广泛应用，加速了贴现指标的使用。在20世纪50年代，只有很少公司的财务人员能真正了解贴现分析评价方法的含义，而今天，几乎所有大公司的高级财务人员都懂得这一方法的科学性和正确性。电子计算机的广泛应用使贴现分析评价方法中的复杂计算变得非常容易，从而也加速了贴现分析评价方法的推广。

### （三）贴现分析评价方法的比较

通过以上对比可知，贴现分析评价方法是科学的投资决策方法。那么，在贴现分析评价方法中哪一种方法更为有效呢？下面再做一些比较。

#### 1. 净现值和内含报酬率的比较

在多数情况下，运用净现值和内含报酬率这两种方法得出的结论是相同的。但在如下两种情况下，有时会产生差异：① 初始投资不一致，一个项目的初始投资大于另一个项目的初始投资；② 现金流入的时间不一致，一个在最初几年流入的较多，另一个在最后几年流入的较多。尽管是在这两种情况下使二者产生了差异，但引起差异的原因是共同的，即两种方法假定用中期产生的现金流入量再投资时，会产生不同的报酬率。净现值法假定产生的现金流入量重新投资会产生相当于公司资本成本的利润率，而内含报酬率法却假定现金流入量重新投资产生的利润率与此项目的特定的内含报酬率相同。下面举例加以说明。

**例 5-3** 有两个项目D和E，它们的初始投资不一致，详细情况如表5-7所示。

**表 5-7 项目 D 和 E 有关情况表**

| 指标 | 年份 | D项目 | E项目 |
|---|---|---|---|
| 初始投资/元 | 0 | 110 000 | 10 000 |
| 营业现金流量/元 | 1 | 50 000 | 5 050 |
| | 2 | 50 000 | 5 050 |
| | 3 | 50 000 | 5 050 |
| 净现值(NPV)/元 | | 6 100 | 1 726 |
| 内含报酬率(IRR) | | 17.28% | 24.03% |
| 现值指数(PI) | | 1.06 | 1.17 |
| 资本成本 | | 14% | 14% |

下面计算在不同贴现率情况下的两个项目的净现值，详细如表5-8所示。

**表 5-8　不同的贴现率下两个项目的净现值情况表**

| 贴现率 | D项目净现值/元 | E项目净现值/元 |
|---|---|---|
| 0 | 40 000 | 5 150 |
| 5% | 26 150 | 3 751 |
| 10% | 14 350 | 2 559 |
| 15% | 4 150 | 1 529 |
| 20% | −4 700 | 635 |
| 25% | −12 400 | −142 |

下面将表 5-8 中不同贴现率情况下计算出的净现值绘入图 5-1。

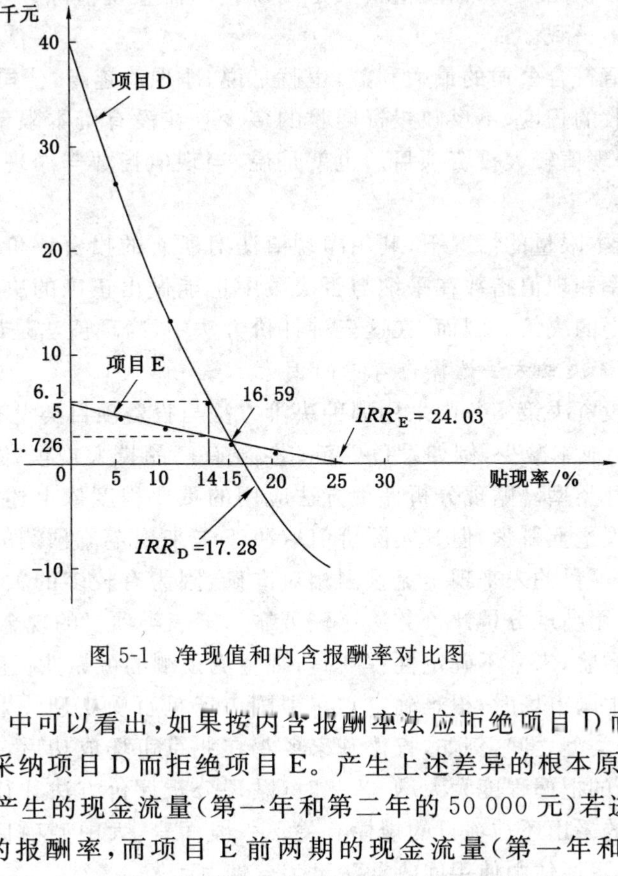


图 5-1　净现值和内含报酬率对比图

从表 5-7 和表 5-8 中可以看出，如果按内含报酬率法应拒绝项目 D 而采纳项目 E，如果应用净现值法则应采纳项目 D 而拒绝项目 E。产生上述差异的根本原因是内含报酬率法假定项目 D 前两期产生的现金流量(第一年和第二年的 50 000 元)若进行再投资，则会产生与 17.28%相等的报酬率，而项目 E 前两期的现金流量(第一年和第二年的 5 050 元)若进行再投资则得到 24.03%的报酬率。与此相反，净现值法假定前两期产生的现金流量若进行再投资报酬率应相当，在本例中是 14%，即资本成本。如图 5-1 所示，本例中两个项目的净现值曲线相交于 16.59%处，我们把这一点称为净现值无差异点。从图 5-1 中可以看出，如果资本成本小于 16.59%，则项目 D 的净现值要大于项目 E，即项目 D 优于项目 E；如果资本成本大于 16.59%，项目 E 的净现值大于项目 D，即项目 E 优于项目 D。因此，在资本成本为 14%时，且没有资本限量的情况下，项目 D 虽然投资较多，但净现值也较高，可为公司带来较多的财富，是较优的项目；而当资本成本大于 16.59%时不论用净现值法还是用内含报酬率法，都会得出项目 E 优于项目 D 的结论。也就是说，净现值法总是正确的，而内含报酬率法有时却会得出错误的结论。因而，在无资本限量的情况下，净现值法是一个比较好的方法。

2. 净现值法和现值指数法的比较

由于净现值法和现值指数法使用的是相同的信息，在评价投资项目的优劣时，它们常常是一致的，但有时也会产生分歧。让我们再来看表 5-8 中的项目 D 和项目 E(这两个项目的初始投资不一致)，当资本成本为 14%时，项目 D 有净现值 6 100 元，现值指数为 1.06；项目 E 有净现值 1 726 元，获利指数为 1.17。如果用净现值法，则应选用项目 D；如果利用现值指数法，则应选用项目 E。

只有当初始投资不同时，净现值法和现值指数法才会产生差异。由于净现值是用各期现金净流量现值减初始投资，而现值指数是用现金净流量现值除以初始投资，因而，评价的结果可能会产生不一致。

最高的净现值符合公司的最大利益，也就是说，净现值越高，公司的收益越大；而现值指数只反映投资回收的程度，不反映投资回收的多少。在没有资本限量的情况下的互斥选择决策中，应选用净现值较大投资项目。也就是说，当现值指数与净现值得出不同结论时，应以净现值为准。

总之，在无资本限量的情况下，利用净现值法对所有的投资评价都能做出正确的决策，而利用内含报酬率和现值指数在采纳与否决策中也能做出正确的决策，但在互斥选择决策中有时会做出错误的决策。因而，在这三种评价方法中，净现值法是最好的评价方法。

(四) 长期投资决策方法选择应考虑的因素

公司在长期投资决策实务中采用哪种决策方法与投资项目类型有关。公司通常将资本预算项目分为：① 成本减少，例如设备更新；② 现有产品扩大规模；③ 新产品开发、新业务及新市场拓展三种类型。贴现分析评价方法应用的重要程度依上述顺序递减，因为贴现分析评价方法尽管理论上科学，但其实际价值取决于未来现金流预测的可靠性。在这三类项目中，成本减少类项目的未来现金流预测相对准确，因为有较多的关于设备、成本的数据及经验可供借鉴，采用贴现分析评价方法比较可靠。第三类项目的现金流最难预测，因为公司对这类项目没有经验，未来不确定性程度高，现金流预测的可靠性程度低，例如，肯德基家乡鸡当初考虑进入中国市场时，很难确定它在中国市场是否受欢迎。第二类项目的现金流预测介于一、三两种类型之间，例如，肯德基家乡鸡在北京市场成功后，向上海、杭州等城市扩展时，对中国市场的把握程度大大增加，此时，贴现分析评价方法往往是首选评估方法。长期投资决策方法的采用还与项目的规模有关。一般而言，大中型项目都应采用贴现分析评价方法，而小型项目评估中使用回收期法更为普遍。

## 第四节　长期投资决策方法应用

### 一、固定资产更新决策

第二次世界大战以来，科学技术在不断发展，固定资产更新周期大大缩短。这是因为旧设备往往消耗大，维修费用多，当生产效率更高，原材料、燃料、动力的消耗更低的高效能设备出现时，尽管旧设备还能继续使用，但公司也会对固定资产进行更新。因此，固定资产更新决策便成为公司长期投资决策的一项重要内容。

固定资产更新是对技术上或经济上不宜继续使用的旧资产，用新的资产更换，或用先进的技术对原有设备进行局部改造。固定资产更新决策主要研究两个问题：一个是决定是否更新，即继续使用旧资产还是更换新资产；另一个是决定选择什么样的资产来更新。实际上，这两个问题是结合在一起考虑的，如果市场上没有比现有设备更适用的设备，那么就继续使用旧设备。由于旧设备总可以通过修理继续使用，所以更新决策是继续使用旧设备与购置新设备的选择。

（一）更新决策的现金流量分析

更新决策不同于一般的投资决策。一般说来，设备更换并不改变公司的生产能力，不增加公司的现金流入。更新决策的现金流量主要是现金流出。即使有少量的残值变价收入，也属于支出抵减，而非实质上的流入增加。由于只有现金流出，而没有现金流入，在旧设备与新设备未来的尚可使用年限相同时，我们可以采用贴现继续使用旧设备与购置新设备现金流出量来决策。

**例 5-4**　北方公司有一台设备，购于 3 年前，现在考虑是否需要更新。该公司所得税率为 40%，其他有关资料如表 5-9 所示。

**表 5-9　北方公司某设备更新有关资料**

| 项　目 | 旧设备 | 新设备 |
|---|---|---|
| 原值/元 | 60 000 | 50 000 |
| 税法规定残值(10%)/元 | 6 000 | 5 000 |
| 税法规定使用年限(年) | 6 | 4 |
| 已用年限/年 | 3 | 0 |
| 尚可使用年限/年 | 4 | 4 |
| 每年操作成本/元 | 8 600 | 5 000 |
| 两年后大修成本/元 | 28 000 | |
| 最终报废残值/元 | 7 000 | 10 000 |
| 目前变现价值/元 | 10 000 | |
| 每年折旧额： | (直线法) | (年数总和法) |
| 第一年/元 | 9 000 | 18 000 |
| 第二年/元 | 9 000 | 13 500 |
| 第三年/元 | 9 000 | 9 000 |
| 第四年/元 | 0 | 4 500 |

假设两台设备的生产能力相同，并且未来可使用年限相同，因此我们可通过比较其现金流出的总现值，判断方案优劣(表 5-10)。更换新设备的现金流出总现值为 39 107.80 元，比继续使用旧设备的现金流出总现值 35 973 元要多出 3 134.80 元。因此，继续使用旧设备较好。

**表 5-10　继续用旧设备和更换新设备现金流量分析表**

| 项　目 | 现金流量/元 | 时间年次 | 系数 | 现值/元 |
|---|---|---|---|---|
| 继续用旧设备： | | | | |
| 每年付现操作成本 | 8 600×(1－0.4)＝(5 160) | 1—4 | 3.170 | (16 357.2) |
| 每年折旧抵税 | 9 000×0.4＝3 600 | 1—3 | 2.487 | 8 953.2 |
| 两年后大修成本 | 28 000×(1－0.4)＝(16 800) | 2 | 0.826 | (13876.8) |
| 残值变现收入 | 7 000 | 4 | 0.683 | 4 781 |
| 残值变现净收入纳税 | (7 000－6 000)×0.4＝(400) | 4 | 0.683 | (273.2) |
| 合　计 | | | | (16 773) |
| 更换新设备： | | | | |
| 旧设备变现价值 | 10 000 | 0 | 1 | 10 000 |
| 旧设备变现损失减税 | －(10 000－33 000)×0.4＝9 200 | 0 | 1 | 9 200 |
| 设备投资 | (50 000) | 0 | 1 | (50 000) |
| 每年付现操作成本 | 5 000×(1－0.4)＝(3 000) | 1—4 | 3.17 | (9 510) |
| 每年折旧抵税： | | | | |
| 第一年 | 18 000×0.4＝7 200 | 1 | 0.909 | 6 544.8 |
| 第二年 | 13 500×0.4＝5 400 | 2 | 0.826 | 4 460.8 |
| 第三年 | 9 000×04＝3 600 | 3 | 0.751 | 2 703.6 |
| 第四年 | 4 500×0.4＝1 800 | 4 | 0.683 | 1 229.4 |
| 残值收入 | 10 000 | 4 | 0.683 | 6 830 |
| 残值净收入纳税 | (10 000－5 000)×0.4＝(2 000) | 4 | 0.683 | (1 366) |
| 合　计 | | | | (19 907.8) |

上述例子旧设备和新设备未来的尚可使用年限是相同的。如果旧设备和新设备未来的尚可使用年限不同，就不能使用净现值法决策，而需要将总现值转换成平均年成本，然后进行比较。

（二）固定资产的平均年成本

**例 5-5**　北方公司有一旧设备，工程技术人员提出更新要求，有关数据如表 5-11 所示。

**表 5-11　某公司旧设备更换与否相关现金流数据**

| | 旧设备 | 新设备 |
|---|---|---|
| 原值/元 | 2 200 | 2 400 |
| 预计使用年限/年 | 10 | 10 |
| 已经使用年限/年 | 4 | 0 |
| 最终残值/元 | 200 | 300 |
| 变现价值/元 | 600 | 2 400 |
| 年运行成本/元 | 700 | 400 |

假设该公司要求的最低报酬率为 15%。

由于没有适当的现金流入，无论哪个方案都不能计算其净现值和内含报酬率。通常，在收入相同时，我们认为成本较低的方案是好方案。那么，我们可否通过比较两个方案的总成本来判别方案的优劣呢？仍然不妥。因为旧设备尚可使用 6 年，而新设备可使用 10 年，两个方案取得的“产出”并不相同。

我们是否可以使用差额分析法，根据实际的现金流量进行分析呢？仍然有问题。两个方案投资相差 1 800 元（2 400 元－600 元），作为更新的现金流出；每年运行成本相差 300 元（700 元－400 元），是更新带来的成本节约额，视同现金流入。问题在于旧设备第 6 年报废，新设备第 7 年至第 10 年仍可使用，后 4 年无法确定成本节约额，因此，这种办法仍然不妥。

因此，较好的分析方法是比较继续使用和更新的年成本，以较低的年成本作为较好方案。

固定资产的平均年成本，是指该资产引起的现金流出的年均值。如果不考虑货币的时间价值，它是未来使用年限内的现金流出总额与使用年限的比值。如果考虑货币的时间价值，它是未来使用年限内现金流出总现值与年金现值系数的比值，即平均每年的现金流出。

1. 不考虑货币的时间价值

如例 5-5 资料，不考虑货币的时间价值时：

$$\text{旧设备平均年成本}=\frac{600+700\times 6-200}{6}=767(\text{元})$$

$$\text{新设备平均年成本}=\frac{2\ 400+400\times 10-300}{10}=610(\text{元})$$

2. 考虑货币的时间价值

如果考虑货币的时间价值，有三种计算方法：

① 计算现金流出的总现值，然后分摊给每一年。

$$\text{旧设备平均年成本}=\frac{600+700\times(P/A,15\%,6)-200(P/F,15\%,6)}{(P/A,15\%,6)}=836(\text{元})$$

$$\text{新设备平均年成本}=\frac{2\ 400+400\times(P/A,15\%,10)-300(P/F,15\%,10)}{(P/A,15\%,10)}=863(\text{元})$$

② 由于各年已经有相等的运行成本，只要将原始投资和残值摊销到每年，然后求和，亦可得到每年平均的现金流出量。

$$\text{平均年成本}=\text{投资摊销}+\text{运行成本}-\text{残值摊销}$$

$$\text{旧设备平均年成本}=\frac{600}{(P/A,15\%,6)}+700-\frac{200}{(F/A,15\%,6)}=836(\text{元})$$

$$\text{新设备平均年成本}=\frac{2400}{(P/A,15\%,10)}+400-\frac{300}{(F/A,15\%,10)}=863(\text{元})$$

③ 将残值在原投资中扣除，视同每年承担相应的利息，然后与净投资摊销及年运行成本总计，求出每年的平均成本。

$$\text{旧设备年平均成本}=\frac{600-200}{(P/A,15\%,6)}+200\times 15\%+700=836(\text{元})$$

$$\text{新设备年平均成本}=\frac{2\ 400-300}{(P/A,15\%,10)}+300\times 15\%+400=863(\text{元})$$

通过上述计算可知，使用旧设备的平均年成本较低，不宜进行设备更新。

3. 使用平均年成本法时要注意的问题

① 平均年成本法是把继续使用旧设备和购置新设备看成是两个互斥的方案，而不是一个更换设备的特定方案。也就是说，要有正确的"局外观"，即从局外人角度来考察：一个方案是用 600 元购置旧设备，可使用 6 年；另一个方案是用 2 400 元购置新设备，可使用 10 年。在此基础上比较获得 1 年服务的成本孰高孰低，并做出选择。由于两者的使用年限不同，前一个方案只有 6 年的现金流量数据，后一个方案持续 10 年，因此不能根据各年现金流量的差额计算净现值和内含报酬率。对于更新决策来说，除非未来使用年限相同，否则不能根据实际现金流时分析的净现值法或内含报酬率法解决问题。

② 平均年成本法的假设前提是将来设备再更换时，可以按原来的平均年成本找到可代替的设备。例如，旧设备 6 年后报废时，仍可找到使用年成本为 836 元的可代替设备。如果有明显证据表明，6 年后可替换设备平均年成本会高于当前更新设备的市场年成本（863 元），则需要把 6 年后更新设备的成本纳入分析范围，合并计算当前使用旧设备及 6 年后更新设备的综合平均年成本，然后与当前更新设备的平均年成本进行比较。这就会成为多阶段决策问题。由于未来数据的估计有很大主观性，时间越长越靠不住，因此平均年成本法通常以旧设备尚可使用年限（6 年）为"比较期"，一般情况下不会有太大误差。如果以新设备可用年限（10 年）为比较期，则要有旧设备报废时再购置新设备的可靠成本资料。另一种替代方法是预计当前拟更换新设备 6 年后的变现价值，计算其 6 年的平均年成本，与旧设备的平均年成本进行比较。不过，预计 6 年后尚可使用设备的变现价值也是很困难的，其实际意义并不大。

（三）固定资产的经济寿命

通过固定资产的平均年成本概念，我们很容易发现，固定资产的使用初期运行费比较低，以后随着设备逐渐陈旧，性能变差，维护费用、修理费用、能源消耗等会逐步增加。与此同时，固定资产的价值逐渐减少，资产占用的资金应计利息也会逐步减少。随着时间的递延，运行成本和持有成本呈反方向变化，两者之和呈马鞍形，这样必然存在一个平均年成本最低的最经济的使用年限。固定资产使用成本如图 5-2 所示。

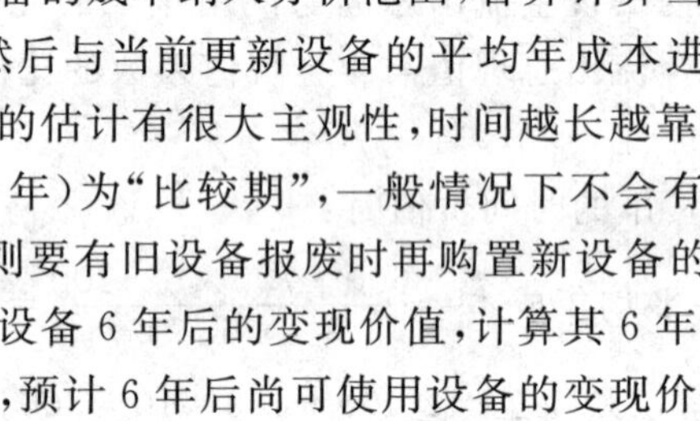


图 5-2 固定资产使用成本图

$$UAC = \frac{C - \frac{S_n}{(1+i)^n} + \sum_{t=1}^{n} \frac{C_n}{(1+i)^t}}{(P/A, i, n)}$$

式中 $C$——固定资产原值；

$S_n$——$n$ 年后固定资产余值；

$C_n$——第 $n$ 年运行成本；

$n$——预计使用年限；

$i$——投资最低报酬率；

$UAC$——固定资产平均年成本。

一般而言，固定资产平均年成本最低的使用年限，我们称之为固定资产的经济寿命。

**例 5-6**　假设北方公司某资产原值为 1 400 元，运行成本逐年增加，折余价值逐年下降。有关数据如表 5-12 所示。

**表 5-12　固定资产经济寿命计算表**

| 更新年限 | 原值/元 ① | 余值/元 ② | 贴现系数 ③(i=8%) | 余值现值/元 ④=②×③ | 运行成本/元 ⑤ | 运行成本现值/元 ⑥=⑤×③ | 更新时运行成本现值/元 ⑦=Σ⑥ | 现值总成本/元 ⑧=①−④+⑦ | 年金现值系数 ⑨(i=8%) | 平均年成本/元 ⑩=⑧÷⑨ |
|---|---|---|---|---|---|---|---|---|---|---|
| 1 | 1 400 | 1 000 | 0.926 | 926 | 200 | 185 | 185 | 659 | 0.926 | 711.7 |
| 2 | 1 400 | 760 | 0.857 | 651 | 220 | 189 | 374 | 1 123 | 1.783 | 629.8 |
| 3 | 1 400 | 600 | 0.794 | 476 | 250 | 199 | 573 | 1 497 | 2.577 | 580.9 |
| 4 | 1 400 | 460 | 0.735 | 338 | 290 | 213 | 786 | 1 848 | 3.312 | 558.0 |
| 5 | 1 400 | 340 | 0.681 | 232 | 340 | 232 | 1 018 | 2 186 | 3.993 | 547.5 |
| 6 | 1 400 | 240 | 0.630 | 151 | 400 | 252 | 1 270 | 2 519 | 4.623 | 544.9 |
| 7 | 1 400 | 160 | 0.583 | 93 | 450 | 262 | 1 532 | 2 839 | 5.206 | 545.3 |
| 8 | 1 400 | 100 | 0.541 | 54 | 500 | 271 | 1 803 | 3 149 | 5.749 | 547.8 |

该项资产如果使用 6 年后更新，每年的平均成本是 544.9 元，比其他时间更新的成本低，因此 6 年是其经济寿命。

## 二、资本限量决策

资本限量是指公司资金有一定限度，不能投资于所有可接受的项目。也就是说，有很多获利项目可供投资，但无法筹集到足够的资金。这种情况在许多公司都存在，特别是那些以内部融资为经营策略或外部融资受到限制的公司。

在资金有限量的情况下，什么样的项目将被采用呢？为了使公司获得最大的利益，应投资于一组使净现值最大的项日。这样的一组项目必须用适当的方法进行选择，有两种方法可供采用——现值指数法和净现值法。

### （一）使用现值指数法的步骤

第一步：计算所有项目的现值指数，不能略掉任何项目，并列出每一个项目的初始投资。

第二步：接受现值指数（$PI$）≥1 的项目，如果所有可接受的项目都有足够的资金，则说明资本没有限量，这一过程即可完成。

第三步：如果资金不能满足所有现值指数（$PI$）≥1 的项目，那么就要对第二步进行修正。这一修正的过程是：对所有项目在资本限量内进行各种可能的组合，然后计算出各种组合的加权平均现值指数。

第四步：接受加权平均现值指数最大的一组组合项目。

### （二）使用净现值法的步骤

第一步：计算所有项目的净现值，并列出项目的初始投资。

第二步：接受 $NPV \geqslant 0$ 的项目，如果所有可接受的项目都有足够的资金，则说明资本没有限量，这一过程即可完成。

第三步：如果资金不能满足所有的 $NPV \geqslant 0$ 的投资项目，那么就要对第二步进行修正。这一修正的过程是：对所有的项目都在资本限量内进行各种可能的组合，然后，计算出各种组合的净现值总额。

第四步：接受净现值的合计数最大的组合。

（三）资本限量决策举例

**例 5-7** 假设北方公司有五个可供选择的项目 $A_1$、$B_1$、$B_2$、$C_1$、$C_2$，其中 $B_1$ 和 $B_2$，$C_1$ 和 $C_2$ 是互斥项目，北方公司资本的最大限量是 400 000 元。详细情况详见表 5-13。

**表 5-13 五个项目净现值和现值指数情况表**

| 投资项目 | 初始投资/元 | 获利指数 | 净现值/元 |
|---|---|---|---|
| $A_1$ | 120 000 | 1.56 | 67 000 |
| $B_1$ | 150 000 | 1.53 | 79 500 |
| $B_2$ | 300 000 | 1.37 | 111 000 |
| $C_1$ | 125 000 | 1.17 | 21 000 |
| $C_2$ | 100 000 | 1.18 | 18 000 |

如果北方公司想选取获利指数最大的项目，那么它将选用 $A_1$ 项目（获利指数为 1.56），$B_1$ 项目（获利指数为 1.53）和 $B_2$ 项目（获利指数为 1.37）；如果北方公司按每一项目的净现值的大小来选取，那么它将首先选用 $B_2$ 项目，另外可选择的只有 $C_2$ 项目。

然而，以上两种选择方法都是错误的，因为它们选择的都不是能使公司净现值最大的项目组合。

为了选出最优的项目组合，必须列出在资本限量内的所有可能的项目组合。为此，我们通过表 5-14 来计算所有可能项目组合的加权平均现值指数和净现值合计数。

**表 5-14 可能组合的加权平均现值指数和净现值情况表**

| 项目组合 | 初始投资/元 | 加权平均现值指数 | 净现值合计/元 |
|---|---|---|---|
| $A_1B_1C_1$ | 395 000 | 1.420 | 167 500 |
| $A_1B_1C_2$ | 375 000 | 1.412 | 164 700 |
| $A_1B_1$ | 270 000 | 1.367 | 146 500 |
| $A_1C_1$ | 245 000 | 1.221 | 88 000 |
| $A_1C_2$ | 220 000 | 1.213 | 85 000 |
| $B_1C_1$ | 275 000 | 1.252 | 100 000 |
| $B_2C_2$ | 400 000 | 1.322 | 129 000 |

在表 5-14 中的 $A_1B_1C_1$ 组合有 5 000 元资金没有用完，假设这 5 000 元可投资于有价证券，现值指数为 1（以下其他组合也如此）。则 $A_1B_1C_1$ 组合的现值指数可按以下方法计算：

$(120\ 000/400\ 000)\times1.56+(150\ 000/400\ 000)\times1.53+(125\ 000/400\ 000)\times1.17+(5\ 000/400\ 000)\times1.00=1.420$。

从表 5-14 中可以看出，北方公司应选用 $A_1$、$B_1$ 和 $C_1$ 三个项目组成的投资组合，其净现值为 167 500 元。

**三、投资开发时机决策**

某些自然资源的储量不多，由于不断开采，价格将随储量的下降而上升。在这种情况下，一方面由于价格不断上升，早开发的收入少，而晚开发的收入多；但另一方面，钱越早赚到手越好。因此，必须研究开发时机问题。

在进行此类决策时，决策的基本规则也是寻求使净现值最大的方案，但由于两个方案的开发时间不一样，不能把净现值简单对比，而必须把晚开发所获得的净现值换算为早开发的第 1 年初($t=0$)时的现值，然后再进行对比。

**例 5-8** 假设北方公司拥有一稀有矿藏，这种矿产品的价格在不断上升。根据预测，6 年后价格将一次性上升 30%，因此，公司要研究现在开发还是 6 年后开发的问题。不论现在开发还是 6 年后开发，初始投资均相同，建设期均为 1 年，从第 2 年开始投产，投产后 5 年就把矿藏全部开采完。有关资料如表 5-15 所示。

**表 5-15 投资基本数据表**

| 投资与回收 | 基本数据 | 收入和成本 | 基本数据 |
|---|---|---|---|
| 固定资产投资 | 80 万元 | 年产销量 | 2 000 吨 |
| 营运资金垫支 | 10 万元 | 现投资开发每吨售价 | 0.1 万元 |
| 固定资产残值 | 0 万元 | 6 年后投资开发每吨售价 | 0.13 万元 |
| 资本成本 | 10% | 年付现成本 | 60 万元 |
| | | 所得税率 | 40% |

① 计算现在开发的净现值。

通过表 5-16 计算现在开发的营业现金流量。

**表 5-16 现在开发的营业现金流量表** 单位：万元

| 项 目 | 第 2～6 年 |
|---|---|
| (1) 销售收入 | 200 |
| (2) 付现成本 | 60 |
| (3) 折旧 | 16 |
| (4) 税前利润 | 124 |
| (5) 所得税(精确到整数位) | 50 |
| (6) 税后利润 | 74 |
| (7) 营业现金流量=(1)-(2)-(5)=(3)+(6) | 90 |

根据营业现金流量、初始投资和终结现金流量编制现金流量表(表 5-17)。

**表 5-17　现在开发的营业现金流量表**　　单位:万元

| 项　　目 | 第 0 年 | 第 1 年 | 第 2～5 年 | 第 6 年 |
|---|---|---|---|---|
| 固定资产投资 | | | | |
| 营运资金垫支 | −80 | | | |
| 营业现金流量 | −10 | 0 | 90 | 90 |
| 营运资金回收 | | | | 10 |
| 现金流量 | −90 | 0 | 90 | 100 |

计算现在开发的净现值。

$$NPV = 90 \times P/A(10\%,4) \times P/F(10\%,1) + 100 \times P/F(10\%,6) - 90$$
$$= 90 \times 3.170 \times 0.909 + 100 \times 0.564 - 90 = 226(\text{万元})$$

② 计算 6 年后开发的净现值。

通过表 5-18 计算 6 年后开发的营业现金流量。

**表 5-18　6 年后开发的营业现金流量表**　　单位:万元

| 项　　目 | 第 2～6 年 |
|---|---|
| (1) 销售收入 | 260 |
| (2) 付现成本 | 60 |
| (3) 折旧 | 16 |
| (4) 税前利润 | 184 |
| (5) 所得税(精确到整数位) | 74 |
| (6) 税后利润 | 110 |
| (7) 营业现金流量=(1)−(2)−(5)=(3)+(6) | 126 |

通过表 5-19 计算 6 年后开发的现金流量。

**表 5-19　6 年后开发的营业现金流量表**　　单位:万元

| 项　　目 | 第 0 年 | 第 1 年 | 第 2～5 年 | 第 6 年 |
|---|---|---|---|---|
| 固定资产投资 | −80 | | | |
| 营运资金垫支 | −10 | | | |
| 营业现金流量 | | 0 | 126 | 126 |
| 营运资金回收 | | | | 10 |
| 现金流量 | −90 | 0 | 126 | 136 |

计算 6 年后开发的到开发年度初的净现值。

$$NPV = 126 \times P/A(10\%,4) \times P/F(10\%,1) + 136 \times P/F(10\%,6) - 90$$
$$= 126 \times 3.170 \times 0.909 + 136 \times 0.564 - 90 = 350(\text{万元})$$

将 6 年后开发的净现值折算为立即开发的现值。

6 年后开发的净现值的现值$=350 \times P/F(10\%,6) = 350 \times 0.564 = 197$(万元)。

所得结论为:早开发的净现值为 226 万元,6 年后开发的净现值为 197 万元,因此,应立即开发。

## 四、不同寿命期项目的投资决策

大部分固定资产投资都会涉及两个或两个以上的寿命不同的投资项目的选择问题。由于项目的寿命不同,因而就不能对它们的净现值、内部报酬率和现值指数进行直接比较。为了使投资项目的各项指标具有可比性,必须设法使两个项目在相同的寿命周期内进行比较。下面举例加以说明。

**例 5-9**　华洋公司要在两个投资项目中选取一个。半自动化的 A 项目需要 160 000 元的初始投资,每年产生 80 000 元的现金流量,项目的使用寿命为 3 年,3 年后必须更新且无残值。全自动化的 B 项目需要初始投资 210 000 元,使用寿命为 6 年,每年产生 64 000 元的净现金流量,6 年后必须更新且无残值。公司的资本成本为 16%,那么,华洋公司该选用哪个项目呢?

两个项目的净现值计算如下:

$$NPV_A = NCF_A \times P/A(i,n) - C$$
$$= 80\ 000 \times \mathrm{P/A}(16\%,3) - 160\ 000 = 80\ 000 \times 2.246 - 160\ 000$$
$$= 19\ 680(\text{元})$$
$$NPV_B = 64\ 000 \times P/A(16\%,6) - 210\ 000 = 64\ 000 \times 3.685 - 210\ 000$$
$$= 25\ 840(\text{元})$$

项目的净现值表明 B 项目优于 A 项目,应先用 B 项目。但这种分析是不完全的,因为没有考虑两个项目之间的寿命是不同的。如果采用 A 项目,在 3 年以后还要进行相同的投资,才能与 B 项目的寿命相同。为了使指标的对比更加合理,必须考虑对相同年度内的两个项目的净现值进行比较,或者是对两个项目的年均净现值进行比较,这便出现了进行合理比较的两种基本方法——最小公倍寿命法和年均净现值法。

### (一) 最小公倍寿命法

使投资项目的寿命周期相等的方法是最小公倍数。也就是说,求出两个项目使用年限的最小公倍数。对于前面所举华洋公司的 A 项目和 B 项目来说,它们的最小公倍寿命为 6 年。由于 B 项目的净现值原来就是按 6 年计算的,所以无须重新调整,对于 A 项目,必须计算一个新的假设项目要在 0 年和 3 年进行相同投资的净现值,具体情况如表 5-20 所示。

**表 5-20　A 项目投资的现金流量表**　　单位:元

| A 项目投资循环 | 第 0 年 | 第 1 年 | 第 2 年 | 第 3 年 | 第 4 年 | 第 5 年 | 第 6 年 |
|---|---|---|---|---|---|---|---|
| 第 0 年投资的现金流量 | −160 000 | 80 000 | 80 000 | 80 000 | | | |
| 第 3 年投资的现金流量 | | | | −160 000 | 80 000 | 80 000 | 80 000 |
| 两次投资合并的现金流量 | −160 000 | 80 000 | 80 000 | −80 000 | 80 000 | 80 000 | 80 000 |

现在我们来计算项目的净现值。

项目 A 6 年期的净现值＝第 0 年投资的净现值＋第 3 年投资的净现值×$(1+16\%)^{-3}$

$$= 19\ 680 + 19\ 680 \times (1+16\%)^{-3}$$
$$= 32\ 288(\text{元})。$$

这时，我们可以比较两个项目的净现值，因为项目 A 的净现值为 32 288 元，而项目 B 的净现值为 25 840 元，因此，公司应选用半自动化的项目 A。

对华洋公司的这两个项目来说，两个项目的最小公倍寿命为 6 年。但在有些情况下，计算两个项目的最小公倍寿命是很麻烦的。例如，一个项目的寿命为 7 年，另一个项目的寿命为 11 年。那么，最小公倍寿命为 77 年。在这种情况下，应用最小公倍寿命法来评价这两个项目，工作量就相当大了。为此，我们在假定各项目能无限重复下去的情况下，可以使用 $NPV(n,\infty)$ 法，以减少决策工作量。

$$NPV(n,\infty)=NPV_n+\frac{NPV_n}{(1+i)^n}+\frac{NPV_n}{(1+i)^{2n}}+\cdots+\frac{NPV_n}{(1+i)^{Nn}}+\cdots$$

$$=\lim_{N\to\infty}NPV_n\times\frac{1-\left[\frac{1}{(1+i)^n}\right]^N}{1-\frac{1}{(1+i)^n}}$$

$$=NPV_n\times\frac{(1+i)^n}{(1+i)^n-1}$$

A 方案：$NPV(3,\infty)=NPV(3)\times\frac{(1+16\%)^3}{(1+16\%)^3-1}=19\ 680\times\frac{1.560\ 9}{0.560\ 9}=54\ 766.47$。

B 方案：$NPV(6,\infty)=NPV(6)\times\frac{(1+16\%)^6}{(1+16\%)^6-1}=25\ 840\times\frac{2.436\ 4}{1.436\ 4}=43\ 829.42$。

所以，A 方案优于 B 方案。

（二）年均净现值法

年均净现值法是把项目总的净现值转化为项目每年的平均净现值。

年均净现值的计算公式是：

$$ANPV=\frac{NPV}{P/A(i,n)}$$

式中 $ANPV$——年均净现值；

$NPV$——净现值；

$P/A(i,n)$——年金现值系数。

对上例中华洋公司的两个项目来说，可用上述公式分别计算项目 A 和项目 B 的年均净现值。

$$ANPV(\text{A})=\frac{NPV(\text{A})}{P/A(16\%,3)}=\frac{19\ 680}{2.246}=8\ 762.244(\text{元})$$

$$ANPV(\text{B})=\frac{NPV(\text{B})}{P/A(16\%,6)}=\frac{25\ 840}{3.685}=7\ 012.212(\text{元})$$

从上面的计算可以看出，项目 A 的年均净现值比项目 B 高，故华洋公司要选用项目 A。把这一计算结果与最小公信寿命法计算的结果相比较，显然，两者的结果是一致的。

## 第五节 风险投资决策

前面在讨论投资决策时，曾假定现金流量是确定的，即可以确知现金收支的金额及其发生时间。实际上，投资活动充满了不确定性。如果决策面临的不确定性比较小，一般可忽略它们的影响，把决策视为确定情况下的决策。如果决策面临的不确定性和风险比较大，足以影响方案的选择，那么就应对它们进行计量并在决策时加以考虑。

投资风险分析的常用方法是风险调整贴现率法和肯定当量法。

## 一、风险调整贴现率法

投资风险分析最常用的方法是风险调整贴现率法。这种方法的基本思想是对于高风险的项目，采用较高的贴现率去计算净现值，然后根据净现值法的规则来选择方案。问题的关键是根据风险的大小确定风险因素的贴现率即风险调整贴现率。

根据第二章的讨论可知：

$$K=K_F+b\times V$$

式中　$K$——风险调整贴现率；

$K_F$——无风险贴现率；

$b$——风险报酬斜率；

$V$——风险程度。

假设 $K_F$ 为已知，为了确定 $K$，需要先确定 $V$ 和 $b$。

下面我们通过一个例子来说明怎样计算风险程度、风险报酬斜率，以及根据风险调整贴现率来选择方案。

**例 5-10**　华洋公司的最低报酬率为 6%，现有 3 个投资机会，有关资料如表 5-21 所示。

**表 5-21　三方案基本情况表**

| 年份 | A方案 | | B方案 | | C方案 | |
|---|---|---|---|---|---|---|
| | 现金流量/元 | 概率($P_i$) | 现金流量/元 | 概率($P_i$) | 现金流量/元 | 概率($P_i$) |
| 0 | (5 000) | 1 | (2 000) | 1 | (2 000) | 1 |
| 1 | 3 000 | 0.25 | | | | |
| | 2 000 | 0.50 | | | | |
| | 1 000 | 0.25 | | | | |
| 2 | 4 000 | 0.20 | | | | |
| | 3 000 | 0.60 | | | | |
| | 2 000 | 0.20 | | | | |
| 3 | 2 500 | 0.30 | 1 500 | 0.20 | 3 000 | 0.1 |
| | 2 000 | 0.40 | 4 000 | 0.60 | 4 000 | 0.8 |
| | 1 500 | 0.30 | 6 500 | 0.20 | 5 000 | 0.1 |

（一）风险程度的计算

我们先看 A 方案，起始投资 5 000 元是确定的，各年现金流入金额有三种可能，并且已知概率。本例的风险因素全部在现金流入之中，但这并不意味着现金流出没有风险，而只是为了简化。

现金流入的集中趋势可以用期望值来描述：

$$E_1=3\ 000\times0.25+2\ 000\times0.5+1\ 000\times0.25=2\ 000(\text{元})$$

$$E_2=4\ 000\times0.2+3\ 000\times0.6+2\ 000\times0.2=3\ 000(\text{元})$$

$$E_3 = 2\ 500 \times 0.3 + 2\ 000 \times 0.4 + 1500 \times 0.3 = 2\ 000(\text{元})$$

现金流入的离散趋势可以用标准差来描述：

$$\delta_1 = \sqrt{(3\ 000 - 2\ 000)^2 \times 0.25 + (2\ 000 - 2\ 000)^2 \times 0.5 + (1\ 000 - 2\ 000)^2 \times 0.25}$$
$$= 707.11(\text{元})$$

$$\delta_2 = \sqrt{(4\ 000 - 3\ 000)^2 \times 0.2 + (3\ 000 - 3\ 000)^2 \times 0.6 + (2\ 000 - 3\ 000)^2 \times 0.2}$$
$$= 632.46(\text{元})$$

$$\delta_3 = \sqrt{(2\ 500 - 2\ 000)^2 \times 0.3 + (2\ 000 - 2\ 000)^2 \times 0.4 + (1\ 500 - 2\ 000)^2 \times 0.3}$$
$$= 387.30(\text{元})$$

3 年现金流入总的离散程度即综合标准差：

$$\delta^2 = [\delta_1/(1+i)]^2 + [\delta_2/(1+i)^2]^2 + [\delta_3/(1+i)^3]^2$$

$\delta = 931.44$(元)。

现金流入的离散程度，可以反映其不确定性的大小。但是，标准差是一个绝对数，不便于比较不同规模项目的风险大小。为了解决这个困难，引入了标准离差系数的概念：

$$V = \delta/E$$

标准离差系数是标准差与期望值的比值，是用相对数表示的离散程度，即风险大小。为了综合各年的风险，对具有一系列现金流入的方案用综合标准离差系数描述：

$$V = \text{综合标准差}/\text{现金流入期望现值} = \delta/EPV$$

$EPV(\text{A}) = 2\ 000/(1+6\%) + 3\ 000/(1+6\%)^2 + 2\ 000/(1+6\%)^3 = 6\ 236$(元)。

$V = 931.44/6\ 236 = 0.15$。

（二）确定风险报酬斜率

风险报酬斜率是直线方程 $K = K_F + b \times V$ 的系数 $b$，它的高低反映风险程度变化对风险调整最低报酬率影响的大小。$b$ 值是经验数据，可根据历史资料用高低点法或直线回归法求出。

假设中等风险程度的项目标准离差系数为 0.5，通常要求的含有风险报酬的最低报酬率为 11%，无风险的最低报酬率 $K_F$ 为 6%。

则：$b = (11\% - 6\%)/0.5 = 0.1$。

前边已计算出 A 方案的综合标准离差系数 $V_{(A)} = 0.15$，适用于 A 方案的风险调整贴现率为：

$$K(\text{A}) = 6\% + 0.1 \times 0.15 = 7.5\%$$

根据同样方法可知：

$E(\text{B}) = 4\ 000$(元)。

$E(\text{C}) = 4\ 000$(元)。

$\delta_\text{B} = 1\ 581$(元)。

$\delta_\text{C} = 447$(元)。

$V_{(\text{B})} = 1\ 581/4\ 000 = 0.40$。

$V_{(\text{C})} = 447/4\ 000 = 0.11$。

B 和 C 方案只有第三年有现金流入。该年的标准离差系数就是全部现金流入的标准离差系数。无须进行贴现然后计算标准离差系数，分子和分母同时贴现其比值仍然不变。

$K(\text{B}) = 6\% + 0.1 \times 0.40 = 10\%$。

$K(C)=6\%+0.1\times 0.11=7.1\%$。

根据不同的风险调整贴现率计算净现值：

$NPV_{(A)}=2\,000/(1+7.5\%)+3\,000/(1+7.5\%)^2+2\,000/(1+7.5\%)^3-5\,000$
$=1\,066$(元)。

$NPV_{(B)}=4\,000/(1+10\%)^3-2\,000=1\,005$(元)。

$NPV_{(C)}=4\,000/(1+7.1\%)^3-2\,000=1\,256$(元)。

三个方案的优先顺序为C＞A＞B。如果不考虑风险因素，以概率最大的现金流量作为肯定的现金流量，其顺序为B=C＞A。

$NPV_{(A)}=2\,000/(1+6\%)+3\,000/(1+6\%)^2+2\,000/(1+6\%)^3-5\,000$
$=1\,236$(元)。

$NPV_{(B)}=4\,000/(1+6\%)^3-2\,000=1\,358$(元)。

$NPV_{(C)}=4\,000/(1+6\%)^3-2\,000=1\,358$(元)。

不考虑风险价值时，无法区分B方案和C方案的优劣；加入风险因素后，B方案风险大(标准离差系数为0.40)。

风险调整贴现率法比较符合逻辑，不仅为理论家认可，并且使用广泛。但是，把时间价值和风险价值混在一起，并据此对现金流量进行贴现，意味着风险随着时间的推移而加大，有时与事实不符。某些行业的投资，前几年的现金流量难以预料，越往后反而更有把握，如果园、饭店等。

**二、肯定当量法**

为了克服风险调整贴现率法的缺点，人们提出了肯定当量法。这种方法的基本思路是先用一个系数把有风险的现金收支调整为无风险的现金收支，然后用无风险的贴现率去计算净现值，以便用净现值法的规则判断投资机会的可取程度。

$$NPV=\sum_{t=0}^{n}\frac{\partial_t CFAT_t}{(1+i)^t}$$

式中　$\partial_t$——$t$年现金流量的肯定当量系数，它在0～1之间；

$i$——无风险的贴现率；

$CFAT$——税后现金流量。

肯定当量系数，是指不肯定的1元现金流量期望值相当于使投资者满意的肯定的金额的系数。它可以把各年不肯定的现金流量换算成肯定的现金流量。

$$\partial_t=\frac{\text{肯定的现金流量}}{\text{不肯定的现金流量期望值}}$$

我们知道，肯定的1元比不肯定的1元更受欢迎。不肯定的1元，只相当于不足1元的金额，两者的差额与不确定程度的高低有关。如果仍以标准离差系数表示现金流量的不确定性程度，则变化系数与肯定当量系数的经验关系如表5-22所示。

依例5-10资料，计算A方案各年现金流入的标准差：

$V_1=\delta_1/E_1=707.01/2\,000=0.35$。

$V_2=\delta_2/E_2=632.5/3\,000=0.21$。

$V_3=\delta_3/E_3=387.3/2\,000=0.19$。

**表 5-22　标准离差系数与肯定当量系数的关系**

| 标准离差系数 | 肯定当量系数 |
|---|---|
| 0.00～0.07 | 1 |
| 0.08～0.15 | 0.9 |
| 0.16～0.23 | 0.8 |
| 0.24～0.32 | 0.7 |
| 0.33～0.42 | 0.6 |
| 0.43～0.54 | 0.5 |
| 0.55～0.70 | 0.4 |

查表知：$\partial_1=0.6$，$\partial_2=0.8$，$\partial_3=0.8$。

计算 A 方案的净现值：

$NPV_{(A)}=2\ 000\times0.6/(1+6\%)+3\ 000\times0.8/(1+6\%)^2+2\ 000\times0.8/(1+6\%)^3-5\ 000$
$=-389$(元)。

用同样的方法可知：

$V_{(B)}=\delta_B/E_B=1\ 581/4\ 000=0.40$。

$V_{(C)}=\delta_C/E_C=477/4\ 000=0.11$。

$\partial_B=0.6$，$\partial_C=0.9$。

$NPV_{(B)}=4\ 000\times0.6/(1+6\%)^3-2\ 000=15$(元)。

$NPV_{(C)}=4\ 000\times0.9/(1+6\%)^3-2\ 000=1\ 022$(元)。

方案的优先次序为 C>B>A，与风险调整贴现率法不同(C>A>B)。其主要差别是 A 方案和 B 方案互换了位置。其原因是风险调整贴现率法对远期现金流入予以较大的调整，使远期现金流入量大的 B 方案受到较大的影响。

肯定当量法也可以与内含报酬率法结合使用。先用肯定当量系数调整各年的现金流量，然后计算其内含报酬率，最后以无风险的最低报酬率作为方案取舍标准。

肯定当量法的主要困难是确定合理的当量系数。肯定当量系数可以由经验丰富的分析人员凭主观判断确定，也可以像本例那样为每一档标准离差系数规定相应的肯定当量系数。标准离差系数与肯定当量系数之间的对照关系，并没有一致公认的客观标准，而与公司管理当局对风险的偏好程度有关。

如果有风险的报酬率和无风险的最低报酬率之间的函数关系已知，例如知道有风险的报酬率 $K=7.5\%$，相当于无风险的报酬率 $K_F=6\%$，则可以据此计算出各年的肯定当量系数。换算的方法如下：

因为：

$$NPV=\sum_{t=0}^{n}\frac{\partial_t A_t}{(1+i)^t}$$

$$NPV=\sum_{t=0}^{n}\frac{A_t}{(1+K_F)^t}$$

所以：

$$\sum_{t=0}^{n}\frac{\partial_t A_t}{(1+i)^t}=\sum_{t=0}^{n}\frac{A_t}{(1+K_F)^t}$$

$$\partial_t=\frac{(1+i)^t}{(1+K_F)^t}$$

A 方案各年的肯定当量系数：

$\partial_1=(1+6\%)/(1+7.5\%)=0.986$。

$\partial_2=0.972\ 2$。

$\partial_3=0.958\ 7$。

$$NPV_{(A)}=2\ 000\times0.986/(1+6\%)+3\ 000\times0.972\ 2/(1+6\%)^2+2\ 000\times0.958\ 7/(1+6\%)^3-5\ 000=1\ 066(\text{元})。$$

与前边风险调整贴现率法计算的 A 方案净现值(1 066 元)相同。

肯定当量法是用调整净现值公式中的分子的办法来考虑风险，风险调整贴现率法是用调整净现值公式分母的办法来考虑风险，这是两者的重要区别。肯定当量法克服了风险调整贴现率法夸大远期风险的缺点，可以根据各年不同的风险程度，分别采用不同的肯定当量系数，但如何确定当量系数是个困难的问题。

## 案例

### 中南公司新产品投资决策

中南公司成立于 20 世纪 90 年代，由中洁化工厂和南宏化工厂合并而成。合并之前，中洁化工厂主要生产“彩虹”牌系列洗涤用品，它是一种低泡沫、高浓缩粉状洗涤剂；南宏化工厂主要生产“波浪”牌系列洗涤用品，它具有泡沫丰富、去污力强等特点。两种产品在东北地区的销售市场各占有一定份额。两厂合并后，仍继续生产两种产品，并保持各自的商标。2017 年，这两种洗涤剂的销售收入是合并前的 3 倍，其销售市场已经从东北延伸到全国各地。

面对日益激烈的商业竞争和层出不穷的科技创新，中南公司投入大量资金进行新产品的研究和开发工作，经过两年不懈努力，终于试制成功一种新型、高浓缩液体洗涤剂——长风牌液体洗涤剂。该产品采用国际最新技术、生物可解配方制成，与传统的粉状洗涤剂相比，具有以下几项优点：① 采用长风牌系列洗涤剂漂洗相同重量的衣物，其用量只相当于粉状洗涤剂的 1/6 或 1/8；② 对于特别脏的衣物、洗衣量较大或水质较硬的地区，如华北、东北，可达最佳洗涤效果，且不需要事前浸泡，这一点是粉状洗涤剂不能比拟的；③ 采用轻体塑料瓶包装，使用方便，容易保管。

2020 年 2 月，公司开会讨论新产品开发及其投资的有关问题。参加会议的有公司董事长、总经理、研究开发部经理、财务部经理等有关人员。会上，研究开发部经理首先介绍了新产品的特点、作用；研究开发费用以及开发项目的现金流量等。研究开发部经理指出，生产长风牌液体洗涤剂的原始投资为 250 万元，其中 50 万元为新产品市场调查研究费用，200 万元为新设备投资，预计设备使用年限 15 年，期满无残值。按 15 年计算新产品的现金流量，与公司一贯奉行经营方针相一致，在公司看来，15 年以后的现金流量具有极大的不确定性，与其预计误差，不如不予预计。

研究开发部经理列示了长风牌洗涤剂投产后公司各年现金流量(表 5-23)，并解释由于新产品投放后会冲击原来两种产品的销量，因此长风牌洗涤剂投产后增量现金流量如表 5-4 所示。

**表 5-23　开发长风牌产品后公司预计现金流量**

| 年份 | 规划流量/元 |
| --- | --- |
| 1～5 | 280 000 |
| 6～10 | 350 000 |
| 11～15 | 250 000 |

**表 5-24　开发长风牌产品公司增量现金流量**

| 年份 | 现金流量/元 |
| --- | --- |
| 1～5 | 250 000 |
| 6～10 | 315 000 |
| 11～15 | 225 000 |

研究开发部经理介绍完毕，会议展开了讨论，在分析了市场状况、投资机会以及同行业发展水平的基础上，确定公司投资机会成本为10%。

公司财务部经理首先提出长风牌洗涤剂开发项目资本支出预算中为什么没有包括厂房和其他设备支出？

研究开发部经理解释道："目前，'彩虹'牌系列洗涤剂的生产设备利用率仅为85%，由于这些设备完全适用于生产长风牌液体洗涤剂，故除专用设备和加工包装所用的设备外，不需再增加其他设备。预计长风牌洗涤剂生产线全部开机后，只需要10%的工厂生产能力。"

公司总经理问道："开发新产品是否应考虑增加的流动资金？"研究开发部经理解释说："新产品投产后，每年需追加流动资金20万元，由于这项资金每年年初借年末还，一直保留在公司，所以不需将此项费用列入项目现金流量中。"

接着，公司董事长提出，生产新产品占用了公司的剩余生产能力，如果将这部分剩余能力出租，公司将得到近200万元的租金收入。因此新产品投资收入应该与租金收入相对比。但他又指出，中南公司一直奉行严格的设备管理政策，即不允许出租厂房设备等固定资产。按此政策，公司有可能接受新项目，这与正常的投资项目决策方法有所不同。

讨论仍在进行，主要集中的问题是：如何分析严格的设备管理政策对投资项目收益的影响？如何分析新产品市场调查研究费和追加的流动资金对项目的影响？

**问题：**

1. 如果你是财务部经理，你认为新产品市场调查研究费属于该项目的现金流量吗？

2. 关于生产新产品所追加的流动资金，应否算作项目的现金流量？

3. 新产品生产使用公司剩余的生产能力，是否应该支付使用费？为什么？

4. 投资项目现金流量中是否应该反映由于新产品上市使原来老产品的市场份额减少而丧失的收入？如果不引进新产品，是否可以减少竞争？

5. 如果投资项目设备所需资金200万元是银行借入的，年利率为10%，那么与此相关的利息支出是否应在投资项目现金流量中得以反映？

6. 试计算投资项目的净现值和内含报酬率，做出你最终的选择：是接受项目还是放弃项目？

# 第六章　营运投资决策

## 引言

双钱集团于1992年5月改制成为我国轮胎行业第一家国有控股的上市公司，核心产品是著名的“双钱”牌轮胎。在20世纪90年代中后期，为了获得超高速发展，将原来的“落后”销售渠道模式转型为“先进”的专卖店体系。机构猛增造成的巨额开支使这家老牌企业在第一次尝试改革的时候就遭遇了失败的重创：营销网络铺得太广，造成资金回收、支付不及时，财务调控能力减弱。营运资本管理出现问题，企业已陷入亏损。

双钱集团这样一家发行A/B股的国有控股上市公司是怎样走出困境的呢？时任总会计师的薛建民在改善采购信用体系和强化现金流量管理上采取了一系列措施。首先，对银行、进货商及客户，公司逐步建立信用体系。积极筹措资金兑付商票，并按期支付到期商票，争取优惠付款条件。再者，以销售现金回笼支持，承诺供应商90天的付款期，厂商直供、通过网上竞标借助ERP和电子商务平台，取得订单，保证履约率和质量合格率。还有，实施供应商按需供货，按投料结算，大幅度降低存货、仓储面积和仓储费用。在强化现金流量管理方面，通过子公司的销售回笼和大额对外支付统一到集团集中管理，有效地控制了浮游资金，大幅度降低了资金日存量，强化了资金管理、降低了贷款余额。通过合理控制存货，加强货款催收、控制付款周期、降低资金日存量，这样使上轮集团贷款余额降低10亿元，降幅近30%。

同时又实施了三个方案：首先，撤销所有地区办事处、仓储中心和专卖店；其次，通过对经营能力、资信状况进行评估，目前有60多家经销商调整理赔政策。实行了胎号管理，胎号管理杜绝了跨区域销售和恶性理赔，理赔权下放到工厂，促进了工厂产品质量的提高。最后，调整销售政策、加速资金回笼，制定严格的销售信用政策，对现款提货和完成年度销售计划的经销商给予现金折扣，保证了扩产全部实现销售，至今的货款回笼始终达到100%。

通过有力举措，年销售额度增长了20%，利润年增长94%，应收账款占销售收入的百分比由原来的27%降到了9%，财务费用由17 760万元降到7 406万元，资金流动比率增长两倍多。双钱集团扭亏为盈，已经步入良性发展轨道。

目前双钱集团名列2017中国企业500强第244位、中国制造业500强第110位，上海企业100强第26位，在中国化工上市公司百强企业排行榜中排名第4位。

加强现金管理、应收账款管理、存货管理及流动负债管理与企业价值的提升有关联吗？长期来讲，企业应采用营运资本的匹配战略吗？

## 第一节　营运投资决策概述

### 一、营运资本的概念和特点

营运资本又称营运资金，是用以维持企业日常经营活动正常进行所需要的资金，是指在企业生产经营活动中占用在流动资产上的资金。营运资本有广义和狭义之分，广义的营运资本又称毛营运资本，是指一个企业流动资产的总额；狭义的营运资本又称净营运资本，是指流动资产减去流动负债后的余额。在企业的财务管理中，常指后者。

营运资本一般具有以下特点：

（一）营运资本的来源灵活多样

与筹集长期资金的方式相比，企业筹集营运资金的方式较为灵活多样，常有银行借款、短期融资券、商业信用，应交税费、应付股利、应付职工薪酬、预收货款等多种内外部资方式。

（二）营运资金的数量具有波动性

流动资产的数量会随企业的销售及内外条件的变化而变化，其资金占用的波动性很大。随着流动资产数量的变动，流动负债的数量也会相应发生变动。

（三）营运资金的实物形态易变动且具有并存性

企业营运资金的实物形态是经常变化的，一般按照“现金—原材料—在产品—产成品—应收账款—现金”的顺序周而复始地转化。各种形态的流动资产在时间上继起，在空间上并存。因此必须在各项流动资产上合理配置资金数额，做到结构合理，以促进资金周转顺利进行。

**二、营运资本的筹资策略**

企业的流动资产分为临时性资产（波动性流动资产）和永久性资产（稳定性流动资产）。前者是由于季节性需求或商业周期波动的临时需要而占用在流动资产上的资金，如销售旺季增加的应收款和存货等；后者是满足企业长期稳定需求而占用在流动资产上的资金，如安全储备中的存货或现金等。永久性的流动资产与固定资产占用资金相似，其所占用的资金是长期性的，并随企业规模的扩大而增加。

企业资金也分为临时性资来源和永久性资金来源，前者一般通过短期融资来满足，后者一般通过长期负债和权益资本融资来满足。

营运资金筹资策略是指如何配置流动资产与其资金来源。按照营运资金与长、短期资金来源的配合关系，依其风险和收益的不同，营运资金筹资策略主要有三种类型：稳健型、激进型和匹配型。

（一）稳健型（保守型）筹资策略

稳健型筹资策略的特点是：临时性负债只满足部分临时性流动资产的需要，另一部分临时性流动资产和永久性流动资产由长期负债和权益资本等融资方式来满足，如图 6-1 所示。

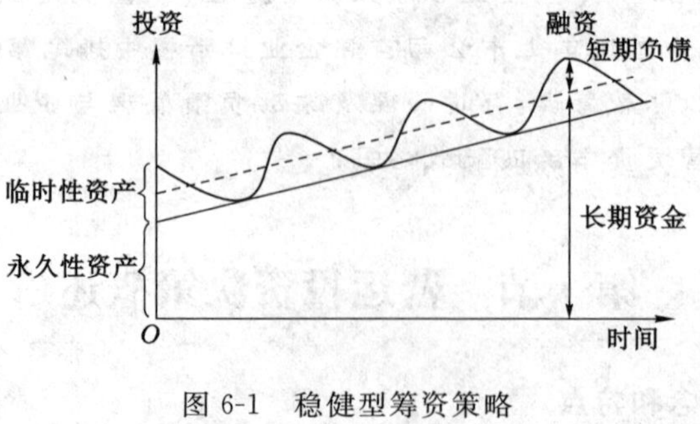


图 6-1　稳健型筹资策略

稳健型的筹资策略是一种低风险、低收益、高成本的筹资策略。当临时性流动资产出现高峰时，企业只需要融通少量的流动负债就可以解决，其他长期资产通过长期资金来满足，因此流动负债占全部资金的比重较低，企业短期偿债的风险大大降低；而长期资金（永久性流动资产和固定资产所占用资金）占全部资金的比重增加，导致企业资金成本水平上升，企业收益水平下降。

（二）激进型（冒险型）筹资策略

激进型筹资策略的特点是：临时性负债不仅要融通临时性流动资产的资金需要，还要解决部分永久性资产的资金需要，如图 6-2 所示。

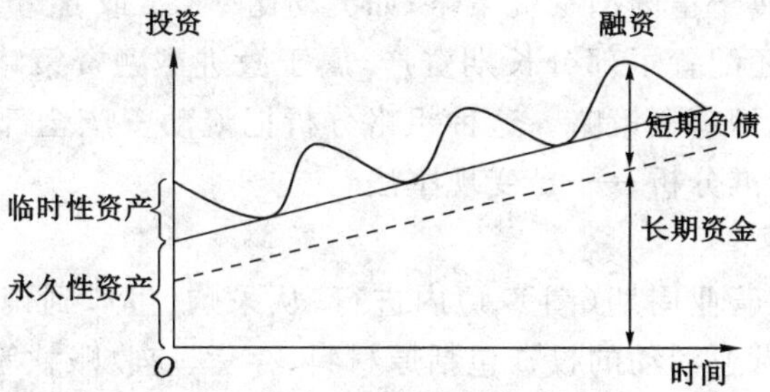


图 6-2　激进型筹资策略

激进型筹资策略是一种高风险、高收益、低成本的筹资策略。企业长期资本不能满足永久性资产的需求，要依赖短期负债来弥补，短期负债除了满足临时性流动资产的需要外，还要满足永久性流动资产的部分需求，从而使企业的短期负债所占比重较大，加大筹资风险。而短期资金占全部资金的比重增加，导致企业资金成本水平下降，企业收益水平上升。

（三）匹配型（折衷型）筹资策略

匹配筹资策略的特点是：对于临时性流动资产运用临时性负债筹集资金来满足其需要；对于永久性资产（永久性流动资产和固定资产）运用长期资本融资方式来满足，如图 6-3 所示。这种策略是处于保守与激进之间的策略。

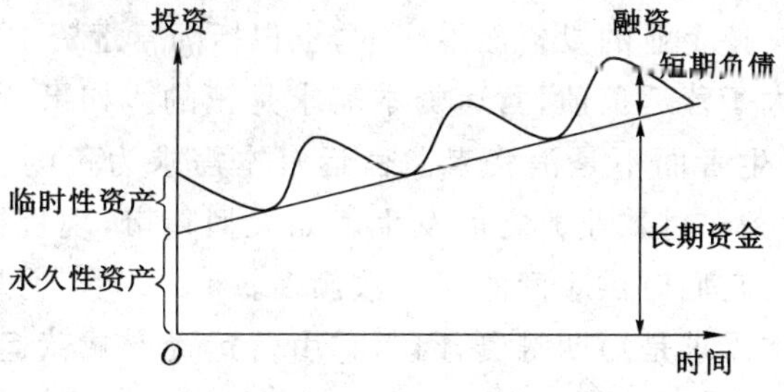


图 6-3　激进型筹资策略

匹配型筹资策略是一种风险收益适中的筹资策略。企业负债的期限结构与企业资产的寿命周期相匹配。这种筹资策略可以降低企业到期不能偿债的风险，使风险报酬适中。

## 三、营运资本的匹配战略

企业为支持投资，可以根据各自所愿承担风险的大小不同，选择上述不同的筹资策略。如果想减少风险，可选择稳健型筹资策略；如果准备接受较大的风险，可采用激进型筹资策略。许多企业应用匹配型筹资策略，即长期投资由长期资金支持，短期投资由短期资金支持。通过资产寿命和资金期限的匹配，减少利率风险和偿债风险。

如何判断分析企业应采用何种融资策略呢？由于外部分析只能运用资产负债表数据，而资产负债表中无法找到永久性流动资产金额，传统的分析只能应用流动比率或营运资金来粗略分析，如流动比率＞1或营运资金＞0，说明流动资产中除了短期资金配置外有部分还需要长期资金配置，属于稳健型融资策略；如流动比率＜1或营运资金＜0，说明短期资金除了配置流动资产外，还配置了部分长期资产，属于激进型融资策略；如流动比率＝1或营运资金＝0，则属于匹配型筹资策略。这种粗略分析把流动资产全部算做了短期资产，分析不够准确。下面引入精准分析——易变现率法。

### （一）营运资本需求

企业的营业活动在营业周期（图6-4）内进行，从采购、生产到销售，从支付料款到收回现金，周而复始进行。营业活动的投资包括原材料、存货、应收账款等营运资产，这些投资额可通过应付账款、应付费用等营业负债解决对应金额，剩下的缺口实质是企业营业活动的"净投资"，称为营运资本需求。

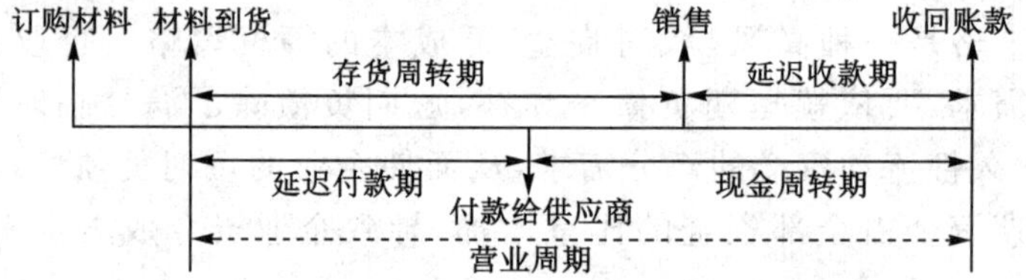


图6-4　营业周期

营运资本需求＝营运资产－营运负债

＝（应收账款＋存货＋预付账款等）－（应付账款＋应付费用等）

需要注意的是，营运资产不含现金，现金是企业全部投资剩下的部分；营运负债不含短期借款，短期借款是为支持企业的投资而筹集的，也包括为营运资本需求而筹集。对于大多数公司来说，营运资产大于营运负债，营运资本需求是正的。如果营运资本需求是负的，营业周期就成了现金的产生者而不是消费者。营运资本需求为负的企业多属零售业或服务业。这些企业的收款业务在付款业务之前发生。如大型超市，现货销售，应收账款少；存货流动性强，存量少；同时，它们对供应商的欠款数额多。

表面上看，营运资本需求是短期融资，因为它由营运资产减营运负债构成，这两者的期限都在一年以内。但是，它们是不断更新的，只要企业存在，营运资本需求这个营业活动"净投资"就会有缺口。因此，营运资本需求本质上是长期融资，在匹配战略下，应由长期资金来支持。

营运资本需求是客观存在的，且具有行业特征。美国部分行业营运资本需求与销售额比率如表6-1所示。

**表 6-1 美国部分行业营运资本需求与销售额比率**

| 行业名称 | 比率 |
|---|---|
| 机械设备 | 25% |
| 纺织 | 24% |
| 百货业 | 18% |
| 供电 | 4% |
| 食品杂货业 | 0% |
| 航运业 | −3% |

（二）易变现率

根据匹配战略，长期资产匹配长期资金。企业的长期融资有多少可以用做营运资本需求呢？非流动资产来自长期融资，长期融资超过非流动资产的部分可以用做营运资本需求的资金，叫作长期融资净值。

长期融资净值＝长期融资－非流动资产

同理，有多少短期融资用做营运资本需求呢？短期融资超过现金的部分即是。这部分短期融资称为短期融资净值。

短期融资净值＝短期融资－现金

根据资产负债表平衡关系：

现金＋营运资产＋非流动资产＝短期借款＋营运负债＋长期融资

营运资产－营运负债＝(短期借款－现金)＋(长期融资－非流动资产)

因此，资产负债表的平衡关系可以概括为：

营业资本需求＝短期融资净值＋长期融资净值

营业资本需求属于长期投资，用长期融资净值与营业资本需求的比值即为易变现率。

易变现率＝长期融资净值/营业资本需求

总的来说，在其他条件不变的情况下，营业资本需求中的长期融资比重越大，易变现率越大，越符合匹配战略，企业的流动性越强。易变现率为1时，企业的融资策略为完全匹配，这只是 个理想状态。实务中，企业的易变现率只能接近1。

**四、营运资本投资决策的目标及内容**

营运资本投资决策的目标应是通过更好的营业周期管理提高企业的流动性。具体来讲，要保证合理的资金需求，提高资金使用效率，节约资金使用成本，保持足够的短期偿债能力。

根据易变现率分析，提高企业的流动性，表现在易变现率的提高，应增加长期融资净值及减少营运资本需求。确保企业流动性的关键是管理好营运资本的循环。如果企业的营运资金需求增长失控，资金来源不能保证，流动性就会出现问题。有效管理营运资本需求，对于一定的销售额，应收账款和存货应保持在最佳水平，以减少资金占用，提高资金使用效率。同时做好短期融资决策，确保对营运资本需求增加的支持。因此，根据营运资本需求的管理，应做好营运资产与营运负债的决策以及相关的短期融资净值决策。具体来说，即应做好现金、应收账款、存货及短期融资的决策。

## 第二节 现金决策

### 一、现金管理目的与内容

现金是公司占用的各种货币形态上的资产，包括库存现金、银行存款及其他货币资金。现金管理的目标在于如何在现金的流动性和收益性之间进行合理选择，即在保证正常业务经营需要的同时，尽可能降低现金的占用量，并从暂时闲置的现金中获得最大的投资收益。

（一）公司拥有现金的动机

公司之所以要拥有现金，其动机无非有三个方面，即交易动机、预防动机和投机动机。

1. 交易动机

交易动机是指公司为了应付日常营业的需要而拥有现金，包括购买原材料、支付工资、支付税款、支付股利等需要。公司每天的现金收入和现金支出很少同时等额发生，保留一定的现金余额，在现金支出大于其收入时，就不至于中断交易。公司拥有现金的数量取决于公司销售水平。因为正常营业活动的现金收入和支出及其差额，一般同销售量呈正比例变化。其他经济活动的现金收支，如买卖有价证券、购入机器设备、偿还借入的短期借款等，很难准确预测，但通常也随着交易的增加而呈增加的趋势。

2. 预防动机

预防动机是指为了应付意外事件而必须保持的现金。公司预计的现金需求一般指正常情况下的现金需要量，但有许多意外事件会影响公司的现金收入和支出。例如，自然灾害、主要顾客未能及时付款等，这些情况会打破公司的现金收支计划，使现金收支不平衡。因此公司必须维持比日常交易所需现金更多的现金余额。预防动机决定现金需要量的多少，取决于以下三个因素：① 现金收支预测的可靠程度；② 公司临时借款的能力；③ 公司愿意承担风险的程度。

3. 投机动机

投机动机是指拥有现金，以便从预期的有价证券的变动中得到好处。当预期利率将要上升、有价证券价格下跌时，投机动机就会鼓励公司暂时持有现金，直到利率停止上升为止。当预期利率将要下降、有价证券的价格上升时，公司可能将现金投资于有价证券，以便从有价证券价格上升中得到收益。

值得注意的是，大多数公司并不是为了从利率的变动中得到好处而持有现金的，因此，公司拥有现金的动机主要是交易动机和预防动机。

（二）现金管理的目的

公司加强现金管理的目的，就是保证公司生产经营所需的现金，并从闲置的现金中得到最大的利息收入。一般而言，公司的库存现金没有收益，存入银行的现金及投资于有价证券的现金，利息率也远远低于公司经营所得的资金利润率。因此，现金结余过多，会降低公司的收益水平；但现金结余太少，又可能影响公司交易的正常进行，产生中断交易的风险，以致影响公司的正常生产经营活动。现金管理就是力求做到既保证公司生产经营活动对现金的需要，以降低公司风险，同时又不使公司拥有过多的闲置现金，以增加公司收益。

（三）现金管理的内容

为达到上述管理目的，现金管理内容应由以下几个相互联系的功能组成：

① 现金流量的管理。即现金收支管理，包括加速收款，控制支出与银行保持良好的关系。

② 通过现金预算估计现金需求量。现金预算能帮助公司财务部门规划和控制公司现金收支。

③ 确定理想的现金余额。当公司实际的现金余额和理想余额不一致时，则可采用短期融资策略或短期金融资产投资策略。

上述现金管理内容图示如图 6-5 所示。

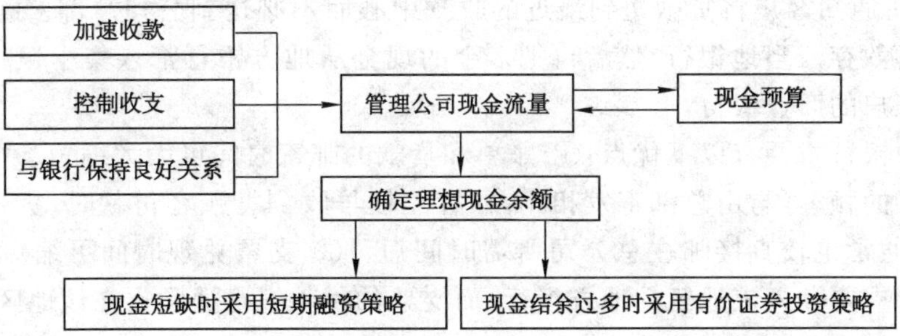


图 6-5　现金管理内容图

## 二、现金日常收支管理

现金日常收支管理通常有两种办法。一种是资金预算（又称现金预算），是现金管理的一个重要方法，它最常用的工具是现金收支表。在现金收支表中记载过去数月现金收支情况和未来会计期间现金收支的计划额，前者称现金收支计划完成表，后者称现金收支计划表。这种管理方法在实际工作中经常采用。另一种现金日常收支管理办法是采用特定的技术加速现金收回和控制货币资金的支出。目前，大部分西方国家都重视这种方法。下面介绍这种方法的管理技术。

### （一）加速收款

为了提高现金的使用效率，加速现金周转，公司应尽量加速收款，即在不影响未来销售情况下，尽可能加速现金的收回以缓解公司对现金的急需。公司加速收款的任务不仅是要尽量使顾客早付款，而且要尽快使这些付款转化为可以使用的现金。为此，公司加速收款必须满足以下要求：① 缩短应收账款的期限，减少顾客付款的邮寄时间，② 减少公司收到顾客开来支票和支票兑现之间的时间；③ 加速资金存入自己往来银行的过程。为达到上述要求，可采用以下措施。

1. 缩短应收款的收款期限

应收款需占用一定的资金。一方面这些资金可投资在其他方面；另一方面，这些资金占用又是很有必要的。这是因为，向客户提供信用可以扩大公司的销售规模，增加销售收入。应收款的收款期限受三个因素的影响。首先是信用期。公司向客户提供的信用期因行业而异，一般来说，大众化产品的信用期较长，而非大众化产品的信用期则较短。其次是信用策略和收回策略。信用策略是指公司提供信用时选择客户的标准，收回策略是指公司迅速收回应收款的各种努力。在不影响利润的前提下，这两种策略的改变均可缩短应收款的收回期限。最后是折扣。如客户能在信用期间提前付款，公司可允许适当的折扣。折扣可以降低公司在应收款上的资金占用水平。

2. 集中银行

集中银行是指通过设立多个策略性的收款中心来代替通常在公司总部设立的单一收款中心,以加速账款回收的一种方法。其目的是缩短从顾客寄出账款到现金收入公司账户这一过程的时间。

采用集中银行的具体做法是:① 公司以服务地区和各销售区的账单数量为依据设立若干收款中心,并指定一个收款中心(通常是设立在公司总部所在地的收账中心)账户为集中银行。② 公司通知客户将货款送到最近的收款中心而不必送到公司总部。③ 收款中心将每天收到的货款存入当地银行,然后再把多余的现金从地方银行汇入集中银行即公司开立的主要存款账户的商业银行。

设立集中银行主要有以下优点:① 账单和货款的邮寄时间可大大缩短。账单由收款中心寄发该地区的顾客,与由总部寄发相比,顾客能较早收到。顾客付款时,货款邮寄到最近的收款中心,通常也较直接邮往总公司所需时间短。② 支票兑现时间可缩短,收款中心收到顾客汇来的支票存入该地区的地方银行,而支票的付款银行通常也在该地区内,因而支票兑现较方便。

但集中银行也有以下几个缺点:① 每个收款中心的地方银行都要求一定的存款余额,而存款余额是一种闲置的不能使用的资金。开设的收款中心越多,存款余额也越多,闲置资金也越多。② 设立收款中心需要一定的人力和物力,花费较多。所以财务主管在决定采用集中银行时,不可忽视这两个缺陷。

**例 6-1** 某公司现在平均占用现金 1 000 万元,公司准备改变收账办法,采用集中银行办法收账。经研究测算,公司增加收款中心预计每年增加支出 8 万元,但可节约现金占用 100 万元,公司加权平均的资金成本为 9%。

采用集中银行制度,公司从节约资金中获得收益 9 万元(100 万元×9%),比营业支出 8 万元多了 1 万元。因此,采用集中银行制度比较有利。

3. 锁箱法

锁箱法是指企业在各主要城市租用的专门用来收取客户汇款的邮箱。它是西方企业加速现金流转的一种常用方法。企业可以在各主要城市租用专门的邮政信箱,并开立分行存款户,授权当地银行每日开启信箱,在取得客户支票后立即予以结算,并通过电汇将货款拨给企业所在地银行。

随着互联网的发展,国内外的一些公司转而使用“电子锁箱”作为传统锁箱的替代品。在电子锁箱中,客户利用电话或互联网来点击他们的账户(比如利用某家银行的网上/电子银行),查阅账单、并授权支付,不再在交易中有纸单的转手。从出票人的角度看,电子锁箱比传统的账单支付方式要先进得多。这种电子锁箱方式会随着互联网的发展而越来越流行。

采用锁箱法可以免去公司收取支票、内部处理、支票送存银行的时间,因而与集中银行相比,更加缩短了收款时间,提高了收款速度。但是采用锁箱法的成本较高,租用邮政信箱需要支付租金,授权当地银行开启邮政信箱,要向银行支付手续费,这样,就增加了公司的费用支出。是否采用锁箱法,必须在锁箱法带来的收益与额外付出的成本之间进行权衡。如果增加的费用支出比收益小,则可采用该系统;反之,则不宜采用。

4. 其他方法

除了上述三种方法外，加速收款还有一些方法，比如在邮寄技术上，公司可以在信上附上寄回的信封，客户在邮寄支票时就显得方便，收款速度就加快。对于一些金额较大的货款可采用直接派人前往收取支票并送存银行，以加速收款。另外，公司对于各银行之间，以及公司内部各单位之间的现金往来也要严加控制，以防有过多的现金闲置在各部门之间。

(二) 控制支出

公司在收款时，应尽量加快收款的速度，而在管理支出时，应尽量延缓现金支出。控制支出主要有以下几种方法。

1. 推迟应付款的支付

推迟应付款的支付是指公司在不影响自己的信誉这一前提下，尽可能推迟应付款的支付期，最大限度利用现金。例如，公司在采购材料时，如果付款条件是"2/10，$n$/45"，应安排在发票开出日期后第 10 天付款，这样，公司可以最大限度利用现金而又不丧失现金折扣。如公司急需现金，大可放弃折扣的优惠，将付款期延至信用期的最后一天，如上例公司可以将付款期限延至开具发票后的第 45 天付款。

2. 工资支出模式

公司支付给职工的工资、奖金、津贴是公司生产经营的必要支出，为了控制这方面的支出，一方面可以减少支付工资的频率。采用按月发工资，而不采用按周发工资。另外奖金可以按季来发，这样可以达到延期付款的目的。另一方面，许多公司为支付工资而设立一个存款账户，这种存款账户余额的多少，当然也会影响公司现金总额。为了减少这一存款数额，公司必须合理预测所开出支付工资的支票到银行兑现的具体时间。假设某公司在 1 月 10 日需支付工资 10 万元，根据历史资料每月的 10 日、11 日、12 日、13 日、14 日及 14 日以后的兑现比率(即支付比率)分别为 30％、20％、10％、6％、4％，这样公司就不必在 10 日存够 10 万元，再结合其他因素，公司就能求出在 10 日应存入银行的应付工资的大概金额。

3. 运用"浮游量"

所谓现金浮游量是指公司账户上现金余额与银行账户上所示的存款余额之间的差额。有时公司账簿上的现金余额已为 0，而银行账簿上该公司的现金余额还有不少，这是因为有些支票公司虽已开出，但顾客还没有到银行兑现。如果能正确预测浮游量并加以利用，可节约大量资金。

当一个公司在同一国家内有许多银行存款户时，则可选用一个能使支票在外流通时间最长的银行来支付货款，以扩大"浮游量"。

利用现金的"浮游量"，公司可适当减少现金的数量，达到节约现金的目的。但是，一个公司的利益，就是另一个公司的损失，因而利用浮游量往往对供应方不利，有可能破坏公司和供应方之间的关系。另外，利用现金"浮游量"，实际是用公司开户行之间清算时间差。随着我国清算系统的计算机化，清算速度越来越快，利用现金"浮游量"已越来越困难。

4. 透支

透支是指公司开出支票的金额大于活期存款余额，它实质上是银行向公司提供信用。银行对透支部分收取利息。喜欢冒险的财务经理在管理支出时，都安排透支制度。公司通过透支，以解决一部分急需资金，当然透支有一最高限额，这是由银行和公司来共同商定的。

以上加强现金收支管理的各种技术方法，必须在不损害公司信用的情况下采用。

（三）库存现金管理

库存现金是用来准备支付公司日常零星开支的现金。我国对库存现金管理作了专门的规定，目前执行的主要是国务院于1988年9月发布的《现金管理暂行条例》，2011年进行了修订。中国人民银行同时制定了《现金管理暂行条例实施细则》，这是公司库存现金管理的依据。公司库存现金管理主要包括以下内容。

1. 现金出纳与会计分开

现金出纳员负责库存现金的收支保管工作，会计人员负责审核和签证工作，二者不能同时由一人担任。这就是管钱的不管账，管账的不管钱。

2. 严格遵守国家规定的现金使用范围

根据国家规定，公司之间的经济往来必须通过银行进行转账结算，开户公司只可在下列范围内使用现金。

① 职工工资、津贴；

② 个人劳务报酬，包括稿费和讲课费及其他专门工作报酬；

③ 根据国家规定颁发给个人的科学技术、文化艺术、体育等方面的各种奖金；

④ 各种劳保福利费用以及国家规定的对个人的其他支出，如退休金、抚恤金、学生助学金、困难补助等；

⑤ 向个人收购农副产品和其他物资的现金支付；

⑥ 出差人员必须随身携带的差旅费；

⑦ 结算起点以下的零星支出，开户单位之间经济往来通过银行进行转账结算，起点为1 000元，1 000元以下的零星支出可以用现金支付；

⑧ 中国人民银行确定需要现金支付的其他支出，如因采购地点不确定、交通不便、抢险救灾以及因特殊情况办理转账结算不够方便确实需要用现金支付的其他支出。

3. 核定库存现金限额，不准坐支现金

现金库存限额是指凡在银行开户的单位，由开户行根据其日常零星开支的实际需要所核定的现金库存额度。

库存限额一般每年核定一次，其计算公式如下：

$$库存现金限额=每天零星支出额\times 核定天数$$

每天零星支出额由月或季平均现金支出总额（不包括工资总额）除以月或季平均天数求得。核定天数一般为3～5天，距离银行较远或交通不方便的公司，其核定天数可以放宽到5天以上，但最多不超过15天。

现金库存限额核定以后，公司必须严格遵守，每日的现金收入应于当日送存开户银行，当日送存确有困难的，由开户银行确定送存时间。公司支付现金可以从本单位的库存现金中支付或者从开户银行提取，不得从本单位的现金收入中直接支付（即坐支），需要坐支的公司，要事先报知开户银行审查批准，由开户银行核定坐支范围和限额。坐支公司必须在现金账上如实反映坐支金额，并按月向开户银行报送坐支金额和使用情况。

另外，公司从银行提取现金时应当如实写明用途，由本单位财会部门负责人签字盖章，并经开户行审查批准后予以支付。

**三、最佳现金余额的确定方法**

前已阐述，一方面现金是一种非收益性（或称收益性很小）的资产，它的余额结存过多，会降低公司的盈利水平；另一方面若它结存太少，又有可能会出现短缺，导致公司交易中断，影响正常生产。因此，如何确定公司合理的现金持有量是现金管理的另一重要内容。

研究现金合理余额问题，在西方一般都是把现金和有价证券结合起来进行管理，现金过多时就投资于有价证券，而当公司现金太少时，则可出售有价证券。公司的最佳现金余额取决于公司的现金需要量、有价证券利息率以及现金与有价证券之间的转换成本，目前确定公司最佳现金余额的方法主要有以下几种。

（一）成本分析模式

成本分析模式的步骤是先分析持有现金的三种成本，即投资成本、管理成本和短缺成本，然后求最佳现金持有量。

1. 投资成本

现金作为一种资产是有成本的。现金余额来自债权人或股东提供的资金。它的成本等于公司的资金成本，即投资者所要求的收益率，公司每增加 1 元的货币资产投资，它的总成本随即增加。如某公司每年在货币资产上投资 200 000 元，假定该公司的资金成本为 10%，则公司每年在货币资产上投资的成本为 20 000 元。图 6-6 表明现金余额与投资成本的关系；货币资产的投资成本随现金的增加而上升。货币资产的投资对公司来说是必要的，但超额投资却是不合算的。

2. 管理成本

公司在货币资产上投资除了要付出投资成本外，还得支付现金管理费用，如现金管理人员工资等。这些管理费用是固定的，不随现金余额的多少变动。现金余额与管理成本关系如图 6-7 所示。

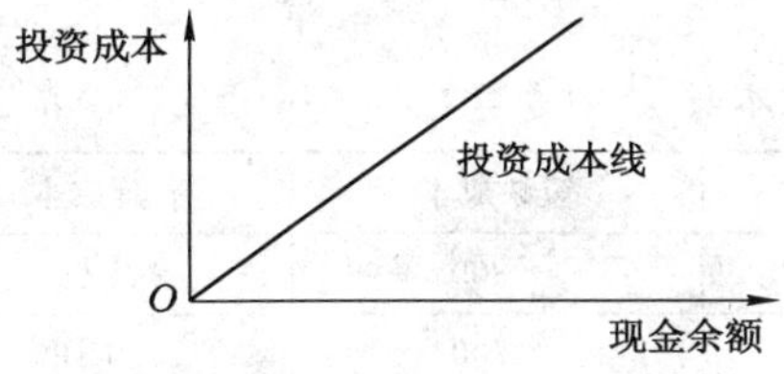


图 6-6　现金余额和投资成本关系图

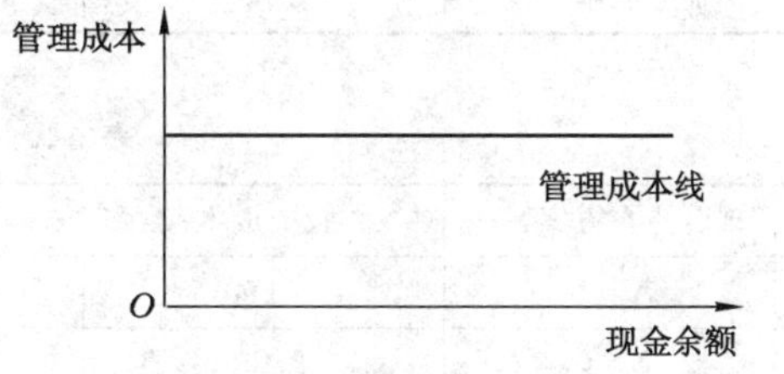


图 6-7　现金余额与管理成本关系图

3. 短缺成本

公司还会因现金短缺而遭受损失。如公司没有持有规定的现金余额，得向银行支付罚金。公司在银行的活期存款账户上透支将影响公司与银行的关系，影响将来贷款的申请。公司还将支付一定的手续费。现金的短缺成本（损失）随持有量的增加而下降，如图 6-8 所示。

4. 总成本与最佳现金持有量

将以上三种成本的关系曲线放在一个图上，可得总成本曲线。如图 6-9 所示，最佳现金持有量意味着持有这一现金余额时总成本最低。总成本曲线是一条 U 形的曲线。当现金余额处于 $K$ 点，持有现金的总成本最低。在 $K$ 点上，短缺成本的下降完全为投资成本的增加所抵消，公司无法再度降低总成本；在 $K$ 点以后，公司每增加 1 元的持有额，投资成本上升的速度快于短缺成本下降的速度，总成本增加。公司管理现金的目的是使得总成本降至尽可能低的水平，因此，最佳现金持有量是点 $K$。

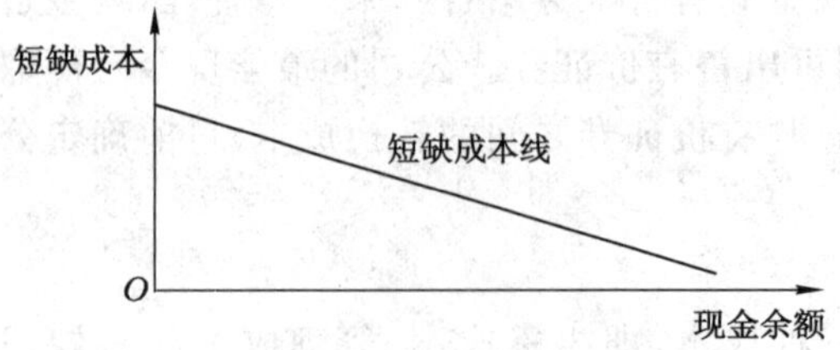


图 6-8 现金余额与短缺成本关系图

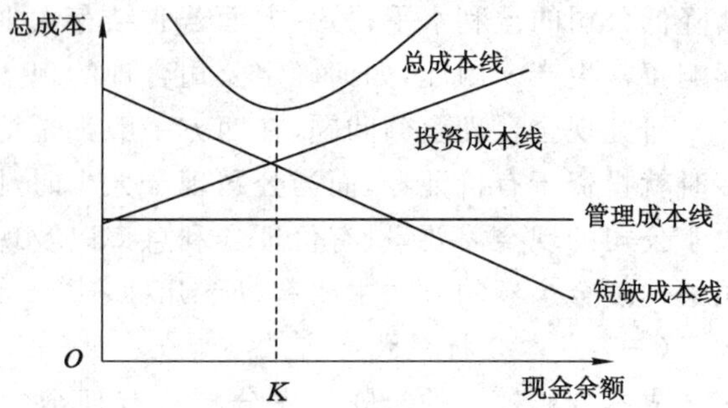


图 6-9 现金余额与总成本关系图

实际工作中,最佳货币持有量的求法很简单;先计算投资成本、管理成本和短缺成本的总和,最佳现金持有量就是使总成本最低的点。

**例 6-2** 假定某公司想确定它的最佳现金持有量,它有四种现金持有量方案:A、B、C、D,四种方案的投资成本、管理成本和短缺成本及总成本如表 6-2、表 6-3 所示。

**表 6-2 现金余额持有方案**

| 项目 | 方案 A | 方案 B | 方案 C | 方案 D |
|---|---|---|---|---|
| 现金余额/元 | 10 000 | 20 000 | 30 000 | 40 000 |
| 预期短缺成本/元 | 4 800 | 2 700 | 1 000 | 0 |
| 管理成本/元 | 5 000 | 5 000 | 5 000 | 5 000 |
| 资金成本 | 12% | 12% | 12% | 12% |

**表 6-3 各方案总成本表** 单位:元

| 现金持有方案 | 投资成本 | 管理成本 | 短缺成本 | 总成本 |
|---|---|---|---|---|
| A | 1 200 | 5 000 | 4 800 | 11 000 |
| B | 2 400 | 5 000 | 2 700 | 10 100 |
| C | 3 600 | 5 000 | 1 000 | 9 600 |
| D | 4 800 | 5 000 | 0 | 9 800 |

从上表可以看出,方案 C 的总成本最低,因此,公司最佳现金持有量是 30 000 元。

(二) 存货模式

存货模式又称鲍曼模型,它是利用存货管理的经济批量公式而产生的模式。它的假设前提是,公司未来的现金收支是有规律、可以预测的,公司现金收入每隔一段时间发生,支出在一个时期内均衡发生。其运行模式如图 6-10 所示。

为了使现金持有量能保持在一个比较理想的水平上,就要通过分析现金持有量高低与相关成本之间的关系来测定。

公司在一定时期内,现金持有量越多,丧失投资于其他项目而获利的机会成本就越高,在这期间为筹集现金而进行借贷或将有价证券贴现的相关成本(又称交易成本)则越低。反之,当公司现金持有量减少,机会成本减少,交易成本则增加。持有一定量现金的机会成本

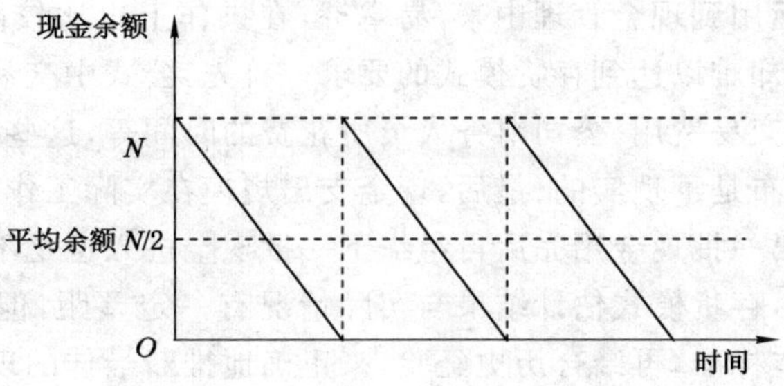


图 6-10　存货模式下现金余额

和交易成本之和，为现金持有总成本。持币总成本最低时的持币量，即为公司最佳现金持有量。如图 6-11 所示，$N$ 点为最佳现金持有量。

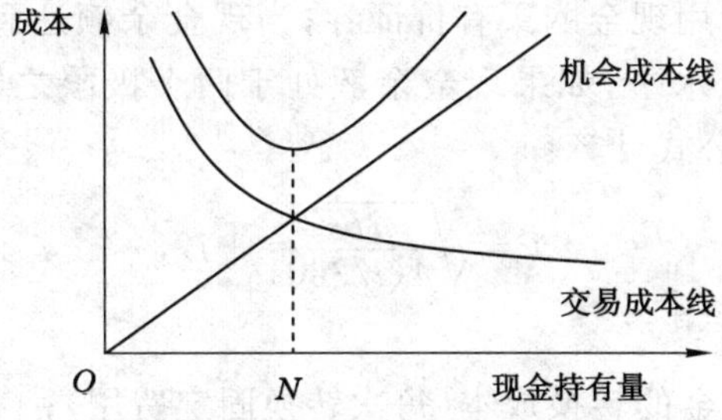


图 6-11　存货模式下现金持有量和持有成本关系图

一定时期公司持币总成本：

$$T=\text{机会成本}+\text{交易成本}=\frac{N}{2}\times i+\frac{R}{N}\times D$$

式中　$T$——总成本；

$i$——现金机会成本率；

$N$——最佳现金持有量；

$D$——每次筹集现金发生的交易费用；

$R$——某一时期内现金总需求量。

式中 $i$、$R$、$D$ 为常量，$T$、$N$ 为变量。为求总成本 $T$ 为极小值时的现金持有量 $N$，需对公式中的变量 $N$ 微分，并令其等于 0，从而求得：

$$N=\sqrt{\frac{2DR}{i}}$$

**例 6-3**　某公司经预测每月现金总需要量为 50 万元，每天支出较为均衡，每次为筹集现金而发生的交易费用为 60 元，现金月机会成本率为 0.8%，则该公司最佳现金持有量为：

每月筹集现金次数：$N=\sqrt{\frac{2\times 60\times 500\ 000}{0.8\%}}=86\ 603$(元)

全月现金平均余额为：　$\frac{R}{N}=\frac{500\ 000}{86\ 603}=5.77$(次)

$$\frac{N}{2}=\frac{86\ 603}{2}=43\ 301.5\text{(元)}$$

存货模式的原理运用到现金管理中来，易掌握，在操作上也比较简单，然而在实际工作中，公司现金管理模式却难以达到存货模式的要求。首先，公式中交易成本由各种各样的直接和间接费用组成，如交易费用、公司财务人员所花费的时间等，这些在实际中都难以测量；其次，现金支出均匀分布是不现实的；最后，现金支出规模在实际工作中是无法确切可知的，而且存货模式中假设第一批现金用完后再组织下一批现金进入也是不符合实际的。

由此可见，一般地，存货模式估计结果与实际情况有一定差距，但我们可以将其作为判断合理现金流量的基本标准，再结合历史经验，来正确地推断最佳的现金持有量。

（三）随机模式

随机模式是 Miller 和 Orr 于 1966 年首次提出的，因此又称 Miller-Orr 模式。

随机模式假定现金收支是随机波动的，而不是均匀的或确定不变的。假定有现金和有价证券两种资产相结合，它需要预测最大的现金余额和最小的可以接受的现金水平。当现金余额达到最高水平时，则用现金购买有价证券；当现金余额达到最低水平时，则出售有价证券，使现金余额达到理想水平；如果现金余额处于两个极限之间，则不必买卖有价证券。理想的现金余额可用下列公式计算：

$$F=\sqrt[3]{\frac{3b\sigma^2}{4(i/360)}}+L$$

式中　$F$——最佳现金余额；

$b$——有价证券和现金的转换成本（每次转换固定费用）；

$i$——有价证券年利息率（现金的年机会成本）；

$\sigma$——每天现金余额变化的标准离差；

$L$——现金余额最低水平。

最大的现金余额 $H$ 可以通过下式计算：

$$H=3F-2L$$

另外，公司平均持有的现金余额 $m$ 的计算公式为：

$$m=\frac{H+F}{3}$$

上述计算过程可用图 6-12 来加以说明。

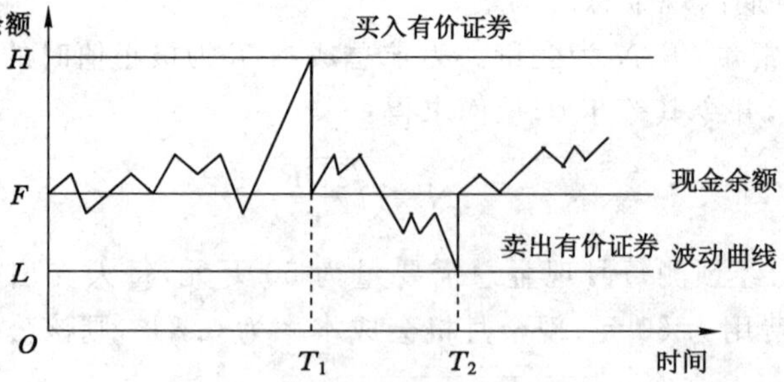


图 6-12　随机模式的现金管理

图 6-12 说明，每天的现金余额都可能变动，当现金达到上限 $H$ 时（图中 $T_1$ 点），则可利用（$H-F$）的现金买入有价证券；当现金达到下限 $L$ 时（图中 $T_2$ 点），则出售有价证券，使现金余额达到最佳水平 $F$。只要现金余额在上限和下限之间波动，则不需买入或卖出有价证

券，最低余额可以根据公司对现金出现短缺风险的承受力来确定。

**例 6-4**　某公司现金流量的标准离差为 800 元，公司每次买入或卖出有价证券的交易成本为 60 元，有价证券年利率为 9%，一年按 360 天计算，假设最低余额为 0，则利用公式计算可得：

$$F=\sqrt[3]{\frac{3b\sigma^2}{4(i/360)}}=\sqrt[3]{\frac{3\times 60\times 800^2}{4(9\%/360)}}=4\ 865.76(\text{元})$$

$$H=3F=3\times 4\ 865.76=14\ 597.28(\text{元})$$

$$m=\frac{H+F}{3}=\frac{4}{3}F=\frac{4}{3}\times 4\ 865.76=6\ 487.68(\text{元})$$

上述计算结果说明，公司的最佳现金余额为 4 865.76 元。但只要现金余额保持在 0～14 597.28 元之间，财务部门不必采取任何行动；当现金达到 14 597.28 元，则需购入 9 731.52 元(14 597.28 元－4 865.76 元)有价证券；当现金余额为 0，则需要卖出 4 865.76 元有价证券，以达到最佳现金余额水平。

这一模式的目的是使持有现金的成本——交易成本和机会成本最小。此模式假定公司的现金流量不可预测，一般来说，在很不稳定的情况下使用此模式较为适宜。

最佳现金持有量的确定方法，除了上述三种外，还有经验估计模式、现金周转模式等。

## 第三节　应收账款决策

应收账款是公司因赊销产品或劳务而形成的应收款项，是公司短期投资的重要组成部分。一般地讲，公司并不愿意赊销产品，但竞争的压力迫使公司不得不向客户提供商业信用，即赊销，以使自己生产的产品得以销售，为此就产生了应收账款。公司将资金投资于应收账款，能增加公司市场竞争能力，增加销售额，但如应收账款过多，也会增加成本减少收益。所以，公司必须加强对应收账款的管理。为此，我们必须探讨应收账款作用与成本、信用政策的制定和应收账款的日常管理等问题。

### 一、应收账款的作用和成本

公司进行应收账款管理的主要目标是节约使用资金，在充分发挥应收账款作用的基础上降低应收账款投资成本。

#### (一) 应收账款作用

应收账款在生产经营过程中的作用有以下几个方面。

1. 促进销售

随着我国市场经济体制的确立、发展和完善，市场公平竞争将会十分激烈，公司为了促销，除了加强供产销过程的管理工作以外，还必须向客户提供一定的信用政策。只有这样才能增加公司销售以获取更多的盈利。

2. 扩大市场占有率或开拓新市场

公司为了扩大市场占有率或开拓新市场，一般都采用较优惠的信用条件进行销售，以增强竞争能力。当公司力图占领某一市场时，就可能把有利的信用条件当作一种工具来增加其市场份额。

3. 减少存货

对于季节性生产的公司来说，在销售淡季时，一般产成品存货积压较多，公司产品积压，就要支付管理费、财产税和保险费等成本;相反,公司持有应收账款则无须上述费用。因此,季节性生产的公司在销售淡季时一般都采用较为优惠的信用条件进行销售,以便把存货转化为应收账款,降低费用。非季节性生产的公司也是如此。

(二)应收账款的成本与最佳应收账款水平的确定

公司拥有一定数量的应收账款,必然要发生一定费用支出,公司因持有应收账款而必须支付一定的费用或失去应得的收益,称为应收账款成本。主要包括以下内容。

1. 应收账款机会成本

公司的资金如果不投资于应收账款就可用于其他投资。例如,投资于有价证券,便有一定的利息收入。这种因投资于应收账款而放弃的其他投资的收入,称为应收账款的机会成本。这种成本一般按有价证券的利息率来计算。

2. 应收账款的管理成本

应收账款的管理成本是指为管理应收账款所花费的一切费用支出,主要包括:① 收款成本。这主要是指财务部门雇佣信用管理员及助手的费用和簿记费用,收集信用情报、分析潜在客户信用状况费用和信用部门自身成本,如通讯、占用计算机时间、文具等费用。② 延期付款的成本。若客户没有按时付款,公司得增加与之相关的管理费用,如:向客户发出货款已到期的提示通知,法律诉讼,电话以及收回过期应收账款所做出的一切努力的费用。若公司将收款任务转交专门的收款机构,还得向这些机构支付一定的手续费。最后,延期付款需占用资金,这些资金可投资在其他有利可图的资产上,投资的机会成本构成延期付款成本的一部分。③ 坏账损失成本。这是指由于各种各样的原因,应收账款总是有一部分不能收回,这就是坏账损失成本,这部分成本一般与应收账款的数量成正比,即应收账款越多,这部分成本也越多。

3. 短缺成本

假如公司不能向那些信誉好的客户提供信用而致使这些客户转向公司竞争对手购买产品,公司的销售收入将遭受损失。这部分潜在的销售收入损失,称为短缺成本。

应收账款的机会成本、管理成本一般随着应收账款余额的增加而增加,而短缺成本却相反。最佳应收账款水平是指总成本(机会成本、管理成本和短缺成本)最低时的应收账款占用水平。

**例 6-5** 大卫公司提供的四种信用方案如表 6-4 所示,从表中可以看出,大卫公司应收账款最佳占用水平是 400 000 元。

**表 6-4 应收账款占用方案** 单位:元

| 项目 | 方案 1 | 方案 2 | 方案 3 | 方案 4 |
|---|---|---|---|---|
| 应收账款占用水平 | 200 000 | 300 000 | 400 000 | 500 000 |
| 机会成本(12%) | 24 000 | 36 000 | 48 000 | 60 000 |
| 管理成本 | 15 300 | 21 500 | 27 000 | 37 000 |
| 其中:收款成本 | 5 000 | 6 000 | 6 000 | 10 000 |
| 延期付款成本 | 300 | 500 | 1 000 | 2 000 |
| 坏账损失成本(5%) | 10 000 | 15 000 | 20 000 | 25 000 |
| 短缺成本 | 50 000 | 30 000 | 10 000 | 0 |
| 总成本 | 89 300 | 87 500 | 85 100 | 97 000 |

在实际工作中，应收账款的合理占用水平取决于合理的赊销额和应收账款平均回收期。而公司赊销额的确定又取决于赊销占总销售的百分比和公司销售规模。这两大因素（变量）似乎都不在财务经理的控制范围内。财务经理通过制订合理的信用政策来控制应收账款的平均回收期，进而达到控制公司应收账款占用水平的目的。

## 二、信用政策的制定

### （一）信用政策内容及制定原则

信用政策又叫应收账款的管理政策，是公司预先制定的有关对应收账款进行规划和控制的一些原则性规定。信用政策是公司财务政策的一个重要组成部分，公司要想管理好应收账款，必须事先制定合理的信用政策，主要包括信用标准、信用条件、收账政策三部分。

1. 信用标准

信用标准是指公司是否向客户提供商业信用的标准，通常用预期的坏账损失率来表示。例如，某公司只对预期坏账损失率低于5%的客户提供商业信用，则这个5%的坏账损失率即为信用标准。当然公司制定信用标准可宽可严，如果公司的信用标准比较严格，只对信誉很好，预计坏账损失率很低的客户赊销，则会减少坏账损失，减少应收账款的机会成本和管理成本，但这可能不利于扩大销售量，甚至会使销售量减少。反之，如果信用标准定得比较宽，虽然会增加销售，但也会增加坏账损失，增加应收账款管理成本和机会成本。公司要根据具体情况，在收入与成本之间进行权衡，确定合理的信用标准。

2. 信用条件

信用条件是指公司就信用期间和现金折扣等提出的条件。信用期间是指公司向客户提供的赊账期间，如45天付款、30天付款等。现金折扣是指在客户早付款时给予的优惠，如“2/10，*n*/30”是指如果在发票开出10天内付款可享受2%的现金折扣，如果不想取得折扣，这笔货款要在30天内付清。提供比较优惠的信用条件能增加销售量，但也会增加应收账款的机会成本、管理成本、坏账成本和现金折扣成本。

3. 收账政策

收账政策是指信用条件被违反时，公司应采取的收账策略。公司如果采用较积极的收账政策，可能会减少应收账款投资，减少坏账损失，但要增加收账成本；反之，如果采用较消极的收账政策，则会减少收账费用，但要增加应收账款投资，增加坏账损失。

上述三方面的信用政策，一般都要结合公司的具体情况，通过比较复杂的数量分析来制定。制定信用政策总的原则是因赊销带来的收益必须大于因赊销发生的成本。制定上述单方面的信用政策是比较重要的，但制定最优的信用政策应把信用标准、信用条件和收账政策结合起来统筹考虑。这样就使分析更加复杂，这是因为在分析时必须考虑这三者的综合变化对销售额、应收账款机会成本、坏账损失和收账成本的影响。综合信用政策的基本模式如表6-5所示。

**表6-5　综合信用政策的基本模式**

<table>
<tr><th>信用标准（预计坏账损失率）</th><th>信用条件</th><th>收账政策</th></tr>
<tr><td>0～0.5%</td><td rowspan="2">从宽信用条件<br>（60天付款）</td><td rowspan="2">消极收账政策<br>（拖欠20天不催收）</td></tr>
<tr><td>0.5%～1%</td></tr>
</table>

表 6-5(续)

| 信用标准(预计坏账损失率) | 信用条件 | 收账政策 |
|---|---|---|
| 1%～2% | 一般信用条件<br>(45 天付款) | 一般收账政策<br>(拖欠 10 天不催收) |
| 2%～5% | | |
| 5%～10% | 从严信用条件<br>(30 天付款) | 积极收账政策<br>(拖欠立即催收) |
| 10%～20% | | |
| 20%以上 | 不予赊销 | |

(二) 信用政策变化决策方法——边际或增量分析

一般而言,公司信用政策制定后应具有相对稳定性。但面对激烈竞争的市场,公司为适应市场变化要求,必须调整信用政策。信用政策的改变涉及成本和利润的变化,调整是否有效,要在成本和利润之间进行抉择。放松信用政策,通常会增加销售额和利润,但同时也会增加:① 应收账款和存货的资金占用量;② 坏账损失和管理费用;③ 由于客户享受现金折扣而使公司产生的附加成本等。基于上述分析,公司改变信用政策的决策准则为:信用政策改变后,增加的销售所产生的利润增量足以抵消所增加的成本。这种准则下的分析方法称为边际或增量分析法。图 6-13 描述了这一决策准则。边际或增量分析法的核心在于比较信用政策变化后,新增加销售收入所带来的利润增加值。如果利润的增加大于成本的增加,则采用新的信用政策,否则保持原信用政策。边际或增量分析过程可分以下几步:

第一步,估计信用政策变化后所带来的利润增加值。

第二步,估计信用政策变化后所带来的成本增加值。

第三步,比较利润增加值与成本增加值,确定信用政策变更是否有效。

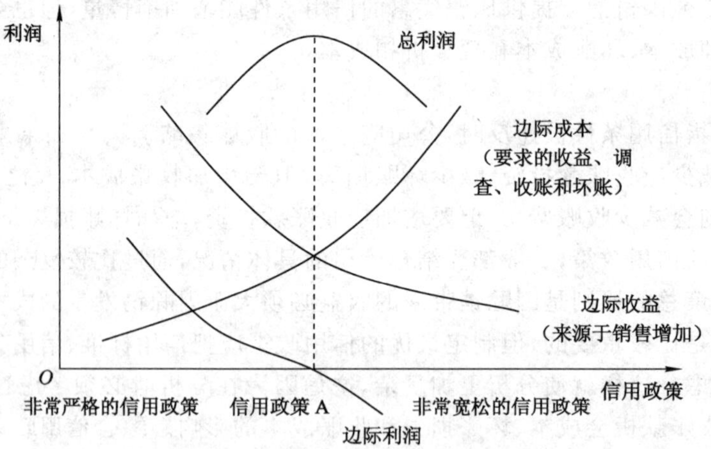


图 6-13 信用政策变化成本与利润关系

公司信用政策的变更具体包括信用标准变更、信用条件的变更和收账策略变更三个方面。这里仅就信用条件和收账策略变化举例说明。

1. 信用期限变化决策

**例 6-6** 某公司以往销售采用现金交易,每年可销售 60 000 件产品,每件产品售价为 2 元,每件产品单位变动成本为 1 元,固定成本为 12 000 元,如公司尚余 40%的生产能力,准备扩大销售，并考虑给客户一定的商业信用，以促进销量。经预测，如信用期限为1个月，全年可使销售量达到80 000件。但要增加相应的管理费用4 000元，估计坏账比率为2%；如信用期限为2个月，则可提高销量至100 000件，管理费用增加到8 000元，坏账损失率为4%。公司资金成本率为20%。根据上述情况列表如表6-6所示。

**表6-6　信用期限变化决策**

| 项　　目 | 现金销售 | 一个月信用期销售 | 两个月信用期销售 |
| --- | --- | --- | --- |
| 销量/件 | 60 000 | 80 000 | 100 000 |
| 销售收入/元 | 120 000 | 160 000 | 200 000 |
| 销售成本/元 | 72 000 | 92 000 | 112 000 |
| 变动成本/元 | 60 000 | 80 000 | 100 000 |
| 固定成本/元 | 12 000 | 12 000 | 12 000 |
| 毛利/元 | 48 000 | 68 000 | 88 000 |
| 管理费用/元 | — | 4 000 | 8 000 |
| 坏账损失/元 | — | 3 200 | 8 000 |

第一步，估计信用期限变化后带来的利润增加值。

(1) 信用期限变为1个月带来的利润增加值为

$$20\ 000\times(2-1)=20\ 000(元)$$

(2) 信用期限变为2个月带来的利润增加值为

$$40\ 000\times(2-1)=40\ 000(元)$$

第二步，估计信用期限变化后带来成本费用的增加值。

(1) 信用期限变为1个月的情况。

① 管理费用增加：4 000元。

② 坏账损失增加：160 000×2%＝3 200(元)。

③ 应收账款资金占用增加所造成的机会损失：

$$\begin{matrix}\text{应收账款}\\\text{平均余额增加}\end{matrix}\times\begin{matrix}\text{变动}\\\text{成本率}\end{matrix}\times\begin{matrix}\text{资金}\\\text{成本率}\end{matrix}=\frac{160\ 000}{360/30}\times\frac{80\ 000}{160\ 000}\times20\%=1\ 333.33(元)$$

(2) 信用期限变为2个月的情况。

① 管理费用增加：8 000元。

② 坏账损失增加：200 000×4%＝8 000(元)。

③ 应收账款资金占用增加所造成的机会损失：

$$\frac{200\ 000}{360/60}\times\frac{100\ 000}{200\ 000}\times20\%=3\ 333.33(元)$$

第三步，比较利润增加值和成本费用增加值。

① 信用期限变为1个月的情况：

$$预计净利润增加=20\ 000-4\ 000-3\ 200-1\ 333.33=11\ 466.67(元)$$

② 信用期限变为2个月的情况：

$$预计净利润增加=40\ 000-8\ 000-8\ 000-3\ 333.33=20\ 666.67(元)$$

通过上述计算可知，与现销方案相比，1 个月信用期赊销方案是有利的，实际可增加利润 11 466.67 元。但与 2 个月信用期赊销方案相比，2 个月信用期方案更有利，它可净增利润 20 666.67 元，比 1 个月信用期还多增加利润 20 666.67－11 466.67＝9 200(元)。

2. 信用期限和现金折扣条件同时变化决策

**例 6-7** 假设华洋电子公司只生产一种产品，目前的状况为：

① 年销售额(全部赊销)为 8 000 000 元；

② 应收账款平均回收期为 30 天，坏账水平为 240 000 元；

③ 公司要求的税前收益率为 15%；

④ 变动成本率为 75%。

公司考虑改变现有赊销策略，将赊销条件由目前的 30 天内付款、无现金折扣改为“1/30，*n*/60”。赊销条件改变后，预计：① 有一半的客户会在第 30 天付款，相应享受 1% 的现金折扣，而另一半客户会在第 60 天付款，相应放弃折扣；② 应收账款平均回收期从 30 天增加到 45 天；③ 销售额增加 1 000 000 元。尽管新客户会带来新的利润，但同时也会带来更多的坏账。假设原销售收入产生的坏账水平不变，新增销售中的坏账比例为 6%。同时，为了适应增加公司销售的需要，有必要将平均库存水平从 1 000 000 元增至到 1 025 000 元。

表 6-7 列示了华洋电子公司赊销政策变更决策的增量分析过程及结果。可见，改变赊销策略是可行的。

**表 6-7　华洋电子公司赊销政策变更决策的增量分析过程及结果**

| |
|---|
| 步骤 1：估计利润增加额： |
| 利润增加额＝销售增加额×(1－变动成本率)＝1000 000×25%＝250 000(元) |
| 步骤 2：① 估计增加的应收账款和库存投资成本。 |
| 应收账款和库存投资成本增加额＝(应收账款平均余额增加＋库存增加额)×税前的收益率要求 |
| 其中，应收账款平均余额增加＝(新的日销售额×新的应收账款平均回收期－<br>原来的日销售额×原来的应收账款平均回收期)×75%<br>＝(9 000 000×45/360－8 000 000×30/360)×75%<br>＝343 750(元) |
| 库存增加额＝1 025 000－1 000 000＝25 000(元) |
| 因此，应收账款和库存投资成本增加额＝(343 750＋25 000)×15%＝55 312.5(元) |
| ② 估计坏账损失增加：1 000 000×6%＝60 000(元) |
| ③ 估计销售折扣成本的变化。 |
| 销售折扣成本增加额＝新的销售水平×新的现金折扣率×享受现金折扣的客户比例－<br>原来的销售水平×原来的现金折扣率×原来享受现金折扣的客户比例 |
| 本例中，销售折扣成本增加额＝9 000 000×1%×50%－8 000 000×0%×0%＝45 000(元) |
| 步骤 3：比较利润增加值与成本增加值。 |
| 税前利润净增量＝步骤 1－步骤 2＝250 000－(55 312.5＋60 000＋45 000)＝89 687.5(元) |

3. 应收账款收账政策决策

当客户违反信用条件、拖欠或拒付赊购账款时，公司就必须依据收账方针的基本原则，制定有效的收账方案，以尽可能低的代价促使呆账的收回，最大限度减少坏账损失。因此，如何权衡收账费用的增加与坏账损失之间的利弊得失，成为应收账款收账决策的中心内容。

**例 6-8**　公司某客户 20 万元赊购账款（变动成本率 80%）已经过期，公司对此制定出 A、B、C 三套催收方案，有关资料如表 6-8 所示。

**表 6-8　催账方案**

| 项　目 | 收账方案 | | |
| --- | --- | --- | --- |
| | A | B | C |
| 逾期账款/元 | 200 000 | 200 000 | 20 000 |
| 收账费用/元 | 6 000 | 9 000 | 15 000 |
| 平均催账期 | 3 个月 | 2 个月 | 1 个月 |
| 坏账损失率 | 4% | 3% | 2% |

注：平均收账期是指从催收之日起至收回逾期账款需要的时间。

A、B、C 三套收账方案的计算数据如表 6-9 所示。

**表 6-9　催账方案的计算数据**　　单元：元

| 项　目 | A 方案 | B 方案 | C 方案 |
| --- | --- | --- | --- |
| 弥补逾期账款投资的成本利息（年 12%） | 2 496 | 1 648 | 816 |
| 收账费用 | 6 000 | 9 000 | 15 000 |
| 坏账损失 | 8 000 | 6 000 | 4 000 |
| 逾期账款收账总成本 | 16 496 | 16 648 | 19 816 |
| 逾期账款收回后的再投资收益（年 24%） | 5 760 | 7 760 | 9 800 |
| 预期账款收账成本净额 | 10 736 | 8 888 | 10 016 |

说明：假设上述方案逾期账款的回收进度均衡，则 A 方案各月逾期账款的平均余额为：(200 000＋8 000)÷2＝104 000(元)。公司为了弥补账款资金占用，临时融通资金需要的成本利息支出为：(104 000×80%×12%÷12)×3＝2 496(元)；各月收回的逾期账款累计额分别为 64 000 元、128 000 元和 192 000 元，平均逾期账款的收回额为：[(64 000÷2)＋(64 000＋128 000)÷2＋(128 000＋192 000)÷2]÷3＝96 000(元)。

收回的逾期账款的再投资收益为：

$$96\ 000\times 24\%\times \frac{3}{12}=5\ 760(\text{元})$$

同理，可以计算出 B 方案、C 方案逾期账款的平均余额为 103 000 元和 102 000 元。公司弥补逾期账款投资而融通资金的成本利息分别为(103 000×80%×12%÷12)×2＝1 648(元)和(102 000×80%×12%÷12)×1＝816(元)。为具有可比性，在计算 B、C 方案收回逾期账款的再投资收益时，也以三个月为期限。B、C 方案收回逾期账款的再投资收益分别为：

$$97\ 000\times 24\%\div 12\times 2+194\ 000\times 24\%\div 12=7\ 760(\text{元})$$

$$98\ 000\times 24\%\div 12+196\ 000\times 24\%\div 12\times 2=9\ 800(\text{元})$$

通过上述分析可知,B方案收账成本净额最低,因而是最佳的收账方案。

**三、应收账款日常管理**

应收账款日常管理是指对应收账款发生前及发生后所进行的全面管理。现分别从这两方面简述应收账款的日常管理内容。

(一)应收账款的事前管理

应收账款事前管理是指公司事先在对客户进行广泛调查的基础上进行信用决策的过程。其具体包括以下几方面内容。

1. 信用调查

信用调查是公司进行信用决策的首要环节。只有对客户信用状况进行广泛调查,才能进行科学的信用决策。客户信用状况资料的来源是多方面的,具体的主要有以下几大来源。

① 财务报表。公司客户财务报表,是公司信用状况资料的主要来源。这些报表主要是年度的利润表、资产负债表和现金流量表。一般而言,通过财务报表分析,基本上能掌握一个公司的财务状况和盈利状况。通常,大部分公司都愿意为其供应商提供财务报表,而拒绝提供财务报表的公司都是财务基础较弱的公司。

② 信用评估机构。许多国家都有信用评估的专门机构,它们定期发布有关公司的信用等级报告。评估机构是专门的信用评估部门,其评估方法先进,评估调查细致,评估程序合理,可信度较高,它也是公司获取客户信用资料的重要来源。

③ 公司本身的经验。公司本身的经验是判断客户信用好坏的重要信息,通过对客户特别是有业务往来的客户过去付款的行为分析,基本上能判断客户的信用情况。

除了以上几方面外,税务部门、消费者协会、证券交易所等也可以作为信用状况资料的来源。另外,书籍、报纸、杂志等也可以从不同方面真实反映客户的信用情况。

2. 信用评估

信用评估是根据信用调查得来的有关资料,运用特定的方法,对客户的信用状况进行分析和评价的一项工作。对客户的信用进行评估是应收账款日常管理又一个重要内容,因为只有正确地评价客户的信用状况,才能更加合理地执行公司的信用政策。目前,信用评估的方法很多,最常见的是5C评估法和信用评分法。

(1) 信用的5C评估法

所谓信用的5C评估法,就是通过重点分析影响信用状况的五个方面来评估客户信用状况的方法。由于影响客户信用状况的五个主要方面其英文的第一个字母都是C,故称5C评估法,这五个方面分别是;品德(character)、能力(capacity)、资本(capital)、抵押品(cohateral)和情况(condition)。现分述如下。

① 品德。它是指客户愿意履行其义务的可能性。这一因素十分重要,因为客户是否愿意尽自己的最大努力来归还货款,能够直接决定账款的回收速度和数量。有经验的财务人员都认为道德因素在信用评估中是最重要的因素。

② 能力。它是指客户偿还货款的能力。这主要是根据客户的经营规模、经营状况、财务状况来进行判断。

③ 资本。资本是指一个公司一般的财务状况。这主要根据各种财务比率进行分析和判断,其中最主要的比率是流动比率、速动比率、负债比率和已获利息倍数。

④ 抵押品。它是指客户能否提供担保资产以获得商业信用。如果有担保资产,则在信

用标准上可适当放宽。

⑤ 情况。它是指一般的经济情况对客户偿债能力的影响，或某一地区的一些特殊情况对客户偿债能力的影响。

通过以上五方面的分析，基本上可以判断顾客的信用状况，这就为是否向客户提供商业信用做好了准备。

(2) 信用评分法

它是从数量分析的角度来评价客户信用的一种方法。这种方法要先对一系列财务比率和信用情况进行评分，比如，对流动比率、净利率、付款历史、公司未来预计及其他因素进行评分；然后加权平均，权数可采用预计的方法；最后得出客户的综合信用分数。进行信用评分的基本公式是：

$$y = a_1x_1 + a_2x_2 + \cdots + a_nx_n = \sum_{i=1}^{n} a_ix_i$$

式中　$y$—— 某公司的信用总分；

$x_i$—— 第 $i$ 种财务比率和信用情况评分(100 分是满分)；

$a_i$—— 事先预计的对第 $i$ 种财务比率或信用情况进行加权的权数，$\sum_{i=1}^{n} a_i = 1$。

一般来说，在采用信用评分法进行信用评估时，总分值在 80 分以上，说明公司信用状况良好；总分值在 60～80 分时，说明信用状况一般；总分值在 60 分以下时，说明信用状况较差。

现以康特公司为例来说明该方法，详细情况如表 6-10 所示。

**表 6-10　康特公司信用评分分析表**

| 项目 | 财务比率和信用品质情况 | 分数 | 预计权数 | 加权分数 |
|---|---|---|---|---|
| 流动比率 | 1.85 | 90 | 0.30 | 27 |
| 净利率 | 8% | 85 | 0.30 | 25.5 |
| 付款历史 | 尚好 | 75 | 0.25 | 18.75 |
| 公司未来预计 | 尚好 | 75 | 0.10 | 7.5 |
| 其他因素 | 好 | 90 | 0.05 | 4.5 |
| 合　计 | | | | 83.25 |

据该表分析，康特公司信用分值为 83.25，这说明该公司的信用良好。

上述两种方法中，信用 5C 评估法是从定性方面对客户的信用状况做出判断；信用评分法是从定量角度对公司的信用等级做出衡量。这两种方法是西方国家在公司信用等级评估方面最常见的方法。目前，我国公司在对客户信用方面的判断往往是以定性为主，定量为辅。这在市场经济条件下显然是不够的，为此，我们可借鉴西方国家对客户信用等级的定量分析方法建立具有我国特色的信用等级评价系统。具体内容如下。

① 设定信用等级的评价标准。即根据对客户信用资料的调查分析，找出评价信用优劣的数量标准。可以查阅各个客户过去若干年度的信用资料，以一组具有代表性、能够说明付款能力和财务状况的若干比率(流动比率、速动比率、应收账款周转率、存货周转率、产权比率或资

产负债率、赊购付款履约情况等)作为信用风险指标,根据数年内最坏年景的情况,分别找出信用好和信用坏两类顾客的上述比率的平均值,以此来作为比较其他顾客的信用标准。

例如,按照上述方法找出的信用标准指标情况如表 6-11 所示。

**表 6-11　信用评价指标及标准**

| 指　标 | 信用标准 | |
|---|---|---|
| | 信用好 | 信用坏 |
| 流动比率 | 2.5∶1 | 1.6∶1 |
| 速动比率 | 1.1∶1 | 0.8∶1 |
| 现金比率 | 0.4∶1 | 0.2∶1 |
| 产权比率 | 1.8∶1 | 4∶1 |
| 已获利息倍数 | 3.2∶1 | 1.6∶1 |
| 有形净值债务率 | 2.5∶1 | 1.9∶1 |
| 应收账款周转率 | 14 次 | 9 次 |
| 存货周转率 | 6 次 | 4 次 |
| 总资产报酬率 | 35% | 20% |
| 赊购付款履约情况 | 及时 | 拖欠 |

② 利用既有或潜在客户的财务报表数据,计算各自的指标值,并与上述标准比较。比较的方法是;若某客户的某项指标值等于或低于坏的信用标准,则该客户的拒付风险系数(即坏账损失率)增加 10%;若客户的某指标值介于好与坏信用标准之间,则该客户的拒付风险系数(坏账损失率)增加 5%;当客户的某一指标值等于或高于好的信用指标时,则视该客户的这一指标无拒付风险;最后,将客户的各项指标的拒付风险系数累加,即作为客户发生坏账损失的总比率。

例如,甲客户的各项指标值及累计风险系数如表 6-12 所示。

**表 6-12　甲客户指标值及累计风险系数**

| 指　标 | 指标值 | 拒付风险系数 |
|---|---|---|
| 流动比率 | 2.6∶1 | 0 |
| 速动比率 | 1.2∶1 | 0 |
| 现金比率 | 0.3∶1 | 5% |
| 产权比率 | 1.7∶1 | 0 |
| 已获利息倍数 | 3.2∶1 | 0 |
| 有形净值债务率 | 2.3∶1 | 5% |
| 应收账款周转率 | 10 次 | 5% |
| 存货周转率 | 7 次 | 0 |
| 总资产报酬率 | 35% | 0 |
| 赊购付款履约情况 | 及时 | 0 |
| 累计拒付风险系数 | | 15% |

在表 6-12 中，甲客户的流动比率、速动比率、产权比率、已获利息倍数、存货周转率、总资产报酬率、赊购付款履约情况等指标均等于或高于好的信用标准值，因此，这些指标产生拒付风险的系数为 0；而现金比率、有形净值债务率、应收账款周转率三项指标值介于信用好与信用坏标准值之间；各自发生拒付风险的系数为 5%，累计 15%。这样，即可认为该客户预期可能发生的坏账损失率为 15%。

当然，公司为了能够更加详尽地对客户的拒付风险做出准确的判断，也可以设置并分析更多的指标数值。如增加为 20 项，各项最高的坏账损失率为 5%，介于信用好与信用坏之间的，每项增加 2.5%的风险系数。

③ 进行风险排队，并确定各有关客户的信用等级。依据上述风险系数分析数据，按照客户累计风险系数由小到大进行排序。然后，结合公司承受违约风险的能力及市场竞争的需要，具体划分客户的信用等级，如，累计拒付风险系数 5%以内的为 A 级客户，5%与 10%之间的为 B 级客户，等等。对不同信用等级的客户，分别采取不同的信用政策，包括拒绝或接受客户信用订单，以及给予不同的信用优惠条件或附加某些限制条款等。

对信用标准进行定量分析，有利于公司提高应收账款投资的决策效果。但由于实际情况错综复杂，同一指标相同数值往往存在着很大的差异，难以按照统一的标准进行衡量。因此，要求公司财务人员必须在更加深刻地考察各指标内在质量的基础上，结合以往的经验，对各项指标进行具体的分析、判断，不能机械地遵循。

3. 考虑是否给予客户信用

掌握了必要资料，并进行认真分析和评价之后，就要做出是否给予客户信用的决策。在决定是否给予客户信用时，对新老客户应采用不同方法。

对于新客户，主要以公司信用政策中规定的信用标准为依据来做出决策。为了决策的方便，有的公司将信用评分与预期坏账损失联系起来进行分析，以提高决策的科学性。

对于老客户，如果情况没有发生重大的变化，则不需重新进行信用分析，但必须订立信用额度。所谓信用额度是指任何时候公司愿意向其客户提供商业信用的最大限额。信用额度要定期（一般每年一次）审核，以免因客户情况变化而使公司遭受损失。

4. 信用保险

公司向其客户提供商业信用，必然要承担风险。尽管公司财务人员经过了认真的研究和分析，但还会出现预料不到的重大损失。为避免这种损失，西方国家采用了信用保险方法，正常情况下的坏账损失是不可能进行信用保险的，信用保险一般只限于非正常的损失。例如，某公司年销售额为 1 000 万元，预计坏账损失率为 2%，那么，预计每年发生 20 万元的坏账损失属于正常损失，公司不能就此笔损失进行保险，保险范围只能是超过 20 万元的部分。

对于商业信用保险，保险公司往往承担较大风险，因此，信用保险一般都有如下两种限制：① 保险公司通常根据著名评审机构评定的等级，把保险金额限制在一定的范围之内；② 要求被保险公司负担一部分坏账损失，通常为 10%～20%。这主要是为了防止被保险公司过度放宽信用标准而使保险公司遭受损失。

是否进行信用保险，主要取决于公司的财务基础和应收账款的分布情况。如果一个公司的财务状况比较好，应收账款的分布也较为合理，那么，信用保险可能不十分重要。反之，如果一个公司的财务状况不十分优良，其应收账款集中于一两个风险较大的公司，进行信用保险就十分必要。

(二)应收账款事后管理

对于已经发生的应收账款,公司必须进一步强化日常管理工作,采取有力的措施进行分析、控制,及时发现问题,提前采取对策。这些措施主要包括应收账款追踪分析、应收账款账龄分析、应收账款收现率分析、应收账款坏账准备制度和拖欠账款催收等。

1. 应收账款追踪分析

应收账款一旦为客户所欠,赊销公司就必须考虑能否如期足额收回。要如期足额收回账款,赊销公司就有必要在收账之前,对该项应收账款的运行过程进行追踪分析。既然应收账款是存货变现过程的中间环节,因此,对应收账款实施追踪分析的重点应放在赊销商品的销售与变现方面。客户以欠账方式购入商品后,迫于获利和付款信誉的动力与压力,必然期望迅速地实现销售并收回账款。如果这一期望能够顺利地实现,而客户又具有良好的信用品质,则公司如期足额地收回客户欠款一般不会有多大问题。然而,市场供求关系的瞬变性,使得客户所赊购的商品不能顺利地销售与变现,经常出现的情形有两种;积压或滞销。无论属于其中的哪种情形,对客户而言,都意味着与应付账款相对应的现金支付能力匮乏。在这种情况下,客户能否严格履行赊销公司的信用条件,取决于两个因素;其一,客户的信用品质;其二,客户现金的持有量与可调剂程度(如现金用途的约束性,其他短期债务偿还对现金的要求等)。如果客户的信用品质良好,持有一定的现金余额,且现金支出的约束性较小,即可调剂程度较大,客户大多是不愿以损失市场信誉为代价而拖欠赊销公司账款的。如果客户信用品质不佳,或者现金匮乏,或者现金的可调剂程度低下,那么,赊销公司的账款遭受拖欠也就在所难免。

当然,赊销公司不可能也没有必要对全部应收账款都实施追踪分析。在通常情况下,赊销公司主要应以那些金额大或信用品质较差的客户的欠款为考察的重点。如果有必要并且可能的话,赊销公司亦可对客户赊购者的信用品质与偿债能力进行延伸性调查、分析。

2. 应收账款账龄分析

公司已发生的应收账款时间长短不一,有的尚未超过信用期,有的则已逾期拖欠。一般来说,逾期拖欠时间越长,账款催收的难度越大,成为坏账的可能性也就越高。因此,进行账龄分析,密切注意应收账款的回收情况,是提高应收账款收现效率的重要环节。

应收账款账龄分析,即应收账款账龄结构分析,是指公司在某一时点,将发生在外的各笔应收账款按照开票日期进行归类(即确定账龄),并计算出各账龄应收账款的余额占总计余额的比重。应收账款账龄分析表如表 6-13 所示。

表 6-13 表明,该公司应收账款余额中,有 600 万元尚在信用期内,占全部应收账款的 60%。过期数额 400 万元,占全部应收账款的 40%,其中逾期 1、2、3、4、5、6 各月内的分别为 10%、6%、4%、7%、5%、2%。另有 6%的应收账款已经逾期半年以上。此时,公司对预期账款应予以足够重视,查明具体属于哪些客户,这些客户是否经常发生拖欠情况,查明原因。一般而言,账款的逾期时间越短,收回的可能性越大,亦即坏账损失的程度相对越小;反之,收账的难度及坏账损失的可能性也就越大。因此,对不同拖欠时间的账款及不同信用品质的客户,公司应采取不同的收账方法,制定出经济可行的不同收账政策、收账方案;对可能发生的坏账损失,需提前做出准备,充分估计这一因素对公司损益的影响。对尚未过期的应收账款,也不能放松管理和监督,以防沦为新的拖欠。通过应收账款账龄分析,提示财务人员在把过期款项视为工作侧重点的同时,有必要进一步研究与制定新的信用政策。

**表 6-13　应收账款账龄分析**

| 应收账款账龄 | 账户数量/个 | 金额/万元 | 比重 |
|---|---|---|---|
| 信用期内(设平均为3个月) | 100 | 600 | 60% |
| 超过信用期1个月内 | 50 | 100 | 10% |
| 超过信用期2个月内 | 20 | 60 | 6% |
| 超过信用期3个月内 | 10 | 40 | 4% |
| 超过信用期4个月内 | 15 | 70 | 7% |
| 超过信用期5个月内 | 12 | 50 | 5% |
| 超过信用期6个月内 | 8 | 20 | 2% |
| 超过信用期6个月以上 | 16 | 60 | 6% |
| 应收账款总计余额 | — | 1 000 | 100% |

3. 应收账款收现率分析

由于公司当期现金支付需要量与当期应收账款收现额之间存在着非对称性矛盾，并呈现出预付性与滞后性的差异特征(如公司必须用现金支付与赊销收入有关的增值税和所得税，弥补应收账款资金占用等)，这就决定了公司必须对应收账款的收现水平制订一个必要的控制标准，即应收账款收现保证率。

应收账款收现保证率是适应公司现金收支匹配关系的需要所确定出的有效收现的账款应占全部应收账款的百分比，是二者应当保持的最低比例。其计算公式为：

$$\text{应收账款收现保证率}=\frac{\begin{matrix}\text{当期必要现}\\\text{金支付总额}\end{matrix}-\begin{matrix}\text{当期其他稳定可靠}\\\text{的现金流入总额}\end{matrix}}{\text{当期应收账款总计余额}}$$

其中，其他稳定可靠现金流入总额是指从应收账款收现以外的途径可以取得的各种稳定可靠的现金流入数额，包括短期金融资产变现净额、现金性留存收益转入额、可随时取得的可靠银行贷款额等。

应收账款收现保证率指标反映了公司既定会计期间预期必要现金支付需要数量扣除各种可靠、稳定性来源后的差额，必须通过应收款项有效收现予以弥补的最低保证程度，是公司控制应收账款收现水平的基本依据。其意义在于：应收款项未来是否可能发生坏账损失对公司并非最为重要，更为关键的是实际收现的账项能否满足同期必需的现金支付要求，特别是满足具有刚性约束的纳税债务及不得展期或调换的一般性到期债务偿付的需要。

4. 应收账款坏账准备制度

无论公司采取怎样严格的信用政策，只要存在着商业信用行为，坏账损失的发生总是不可避免的。按现行制度规定，确定坏账损失的标准主要有两条：

① 因债务人破产或死亡，依照民事诉讼法以其破产财产或遗产(包括义务担保人的财产)清偿后，确实无法收回的应收款项；

② 经主管机关核准的债务人逾期未履行偿债义务超过三年仍无法收回的应收款项。

公司的应收账款只要符合上述任何一个条件，均可作为坏账损失处理。不过，在此需要注意的是，当公司的应收账款按照第二个条件已经作为坏账损失处理后，并非意味着公司放弃了对该项应收账款的索取权。实际上,公司仍然拥有继续催收的法定权力,即公司与欠款人之间的债权债务关系不会因为公司已作坏账处理而解除。

既然应收账款的坏账损失无法避免,因此,遵循谨慎性原则,应对坏账损失的可能性预先进行估计,并建立弥补坏账损失的准备制度,即提取坏账准备金就显得极为必要。

5. 账款催收

当信用条件被违反时,公司为顺利收回应收账款所采取的各种行动,是应收账款管理的一项重要内容。多数公司都能按时付款,但也总是有一部分拖欠款需要催收。催收的程序一般是:信函通知、电话催收、派员面谈、法律行动。一般而言,当客户拖欠账款时,总是先给客户一封比较有礼貌的通知信函;接着,可能寄出一封措辞比较强硬的信件;如果无效,则可催收;再无效,收账员可直接与客户面谈,以协商解决问题的办法;如果谈判不成功,只好采取最后措施,交给公司的律师去采取法律行动。

## 第四节　存货决策

存货是指公司在生产经营过程中为销售或者耗用而储备的物资。公司存货主要包括:一方面是为生产而耗用的储备物资,主要有各类原材料、辅助材料、包装物、修理用备件、低值易耗品、燃料、在产品等;另一方面是为销售而储备的物资,主要有自制半成品、外购半成品、产成品等。公司存货不由财务部门直接负责管理,而由生产部门和供销部门负责,但是把资金投资于存货,却是财务部门的任务。存货在整个公司资产中占很大比重,存货资金利用好坏对整个公司的财务状况影响较大,因此,加强存货管理,使公司存货保持在最优水平上,是流动资产管理的一项重要内容。

### 一、公司存货的作用

公司拥有的存货在生产经营过程中的作用主要表现在以下几个方面。

#### (一) 存储必要的原材料和在产品,以保证生产正常进行

公司生产经营过程中所需的原材料,是生产中必需的物质资料,为了保证生产顺利进行,必须适当储备原材料。尽管随着生产技术的迅速发展,有些现代化公司自动化程度很高,可借助计算机来加强管理,提出了存货向零进军的口号,但要真正达到这一目标并不容易。因为存货在生产程序不规则和不协调,或商品供求不平衡时,可起到缓和矛盾的作用,即使生产能按事先规定好的程序进行,但每天都采购材料也并不现实,经济上也不一定合算,所以为了保证生产的正常进行,储备适当的原材料也是必需的,生产的在产品也因同样的原因而需要保持一定的储备。

#### (二) 存储必要的产成品以利于销售

公司生产的产品要有一定储备,组织成批才能发运。这是因为:

① 顾客为了节约采购成本和其他费用,往往要成批采购;

② 为了达到运输所需的最低批量,也应组织成批发运;

③ 为了应对市场上突然到来的需求,也应适当储存一些产成品。

#### (三) 便于均衡生产,降低产品成本

有的公司生产的产品属于季节性需要的产品,有的公司产品需求很不稳定,如果根据需求状况时高时低进行生产,有时生产能力可能得不到充分利用,有时又会出现超负荷生产,

这都会使生产成本提高。为了降低生产成本,最好的办法就是实行均衡生产,这就会产生一定的产成品存货,相应也要保持一定的原材料存货。

(四) 留有保险储备,以防意外事件发生需要

采购、运输、生产、销售过程中都可能发生意料之外的事故,保持必要的保险储备可避免或减少意外事件所造成的损失。

以上几方面作用说明,公司在生产经营过程中,必须持有一定量的存货。但是,公司存货的过多储存必然要占用更多的资金,这样不仅将使公司付出更大的持有成本(即存货资金占用的机会成本),而且存货的储存与管理费用也会相应增加,影响公司获利能力的提高。因此,如何在存货的成本和收益之间进行权衡,实现二者的最佳组合,成为存货管理的基本目标。

**二、存货数量控制**

为了达到上述存货管理目标,公司存货既不能过多,也不能过少。存货过多,存货成本随之上升;存货过少,影响公司的生产和销售。因此,公司存货必须控制在合适水平上。公司存货控制除了要寻求存货总量的最佳占用水平外,还要对公司重点存货进行有效控制。这两个方面构成了公司存货控制的主体内容。

(一) 存货总量控制方法

目前,我国存货总量控制的方法主要有:定额日数计算法、分析调整法、比例计算法和余额法等。

1. 定额日数计算法(亦称周转期法)

这是一种存货总量控制的基本方法,它是根据影响公司存货占用水平的两个基本因素[① 存货周转天数(或称存货定额天数),指存货完成一次循环所需天数;② 平均每天周转额,即每天平均占用存货数量],来计算确定存货总量的方法。其计算公式如下:

$$存货总量=每天平均周转额\times周转天数$$

这种方法适合于原材料、在产品和产成品等主要存货项目库存的核定。下面我们以原材料、在产品、产成品存货占用水平确定为例,说明该方法的具体操作。

(1) 原材料库存的确定

原材料储备其资金占用的范围是指从用现金支付各种原材料价款开始,直到把它们投入生产为止的整个过程所占用的资金,其周转期是指支付价款到投入生产为止的储备库存时间。一般来说,原材料库存总量是按原材料品种来加以核定的,对于量大价高的主要原材料按规格核定,而对数量少、品种多的原材料,可按原材料类别加以核定。

影响原材料库存的因素有三个,即该种原材料每天平均耗用量、原材料计划价格和原材料周转期。计算公式如下:

$$\begin{matrix}原材料库\\存总量\end{matrix}=\begin{matrix}计划期原材料\\每天耗用量\end{matrix}\times\begin{matrix}原材料\\计划单价\end{matrix}\times\begin{matrix}原材料\\周转期\end{matrix}$$

$$\begin{matrix}计划期原材料\\每天耗用量\end{matrix}=\frac{计划期原材料耗用总量}{计划期天数}=\frac{\sum\left(计划期产品产量\times\begin{matrix}该种原材料\\消耗定额\end{matrix}\right)}{计划期天数}$$

计划期各产品的产量及消耗定额从产量计划和有关物资计划中加以确定。

计划期天数:年度为 360 天,季度为 90 天,月度为 30 天。

原材料计划单价，应包括买价、外地运杂费、运输途中的合理损耗、入库前的整理挑选费用等。

原材料周转期包括在途日数、验收天数、应计供应间隔天数、整理准备天数和保险天数。

在途日数是指公司在采购原材料时，由于结算方式关系使货款支付在前，收到原材料在后，从而形成在途中占用天数。公司采用托收承付结算方式购买原材料时，在途天数的计算方式如下：

$$\text{在途天数}=\text{原材料运输天数}-\left(\text{销货单位取得运输凭证后办理结算的间隔时间}+\text{双方开户行办理凭证手续时间}+\text{结算凭证邮寄天数}+\text{货款承付天数}\right)$$

采用非托收承付结算方式支付价款时，在途天数应是从支付价款起到原材料到达为止的间隔天数。

$$\text{平均在途天数}=\frac{\sum(\text{各供应单位全年供应量}\times\text{在途天数})}{\text{各供应单位供应量之和}}$$

在实际工作中，若该种原材料由多个供应单位共同供应时，一般是先按不同供应地点，分别确定在途天数，然后以每地供应量为权数，用加权平均法计算平均在途天数。其计算公式如下：

$$\text{平均在途天数}=\frac{\sum(\text{各供应单位全年供应量}\times\text{在途天数})}{\text{各供应单位供应量之和}}$$

验收天数是指原材料运到公司后进行计量点收、拆包开箱、检查化验直到入库为止这一过程所占用的天数。

应计供应间隔天数等于供应间隔天数乘以供应间隔系数。其中，供应间隔天数是指先后两次材料供应的间隔天数。供应间隔日数的长短决定着原材料储备量的多少，它是根据供货合同运输部门发运定额、生产需要和投料方式等因素来决定的。如果某种材料同时有几个供货单位，供应间隔天数是以各供应单位的供货总量为权数计算的加权平均供应间隔天数。其计算公式为：

$$\text{某材料加权平均供应间隔天数}=\frac{\sum(\text{某单位全年供应量}\times\text{该单位供应间隔天数})}{\text{各单位全年供应量之和}}$$

供应间隔系数是公司原材料每天平均库存周转储备额占最高库存周转额的比率。其计算公式为：

$$\text{供应间隔系数}=\frac{\text{每天平均库存周转储备额}}{\text{最高库存周转储备额}}$$

$$\text{每天平均库存周转储备额}=\frac{\text{各种原材料每天库存周转储备额合计}}{\text{计划期天数}}$$

公司使用的原材料往往多达千百种，各种原材料往往是由几个供应单位供应的，它们供应的数量与供应间隔期又不一致，而且是交叉供应的。当一种原材料刚刚到货，库存周转储备额是最高的时候，另一种原材料则可能处于下次到货的前夕，库存周转储备额是最低的时候，这样，投入各种原材料库存周转储备上的资金，就可以互相调剂使用。在确定资金定额天数时，就不能直接按照各种原材料的供应间隔天数确定，而应该根据各种原材料的供应和使用情况，考虑资金相互调剂使用的可能性，将供应间隔天数打个折扣，这个折扣叫供应间隔系数。

鉴于公司的原材料种类繁多，上述计算的工作量太大，故公司一般凭经验取值在 50% 至 80%之间。

整理准备天数是指原材料投入生产前，进行整理和加工所需要的天数。例如木材、皮革的干燥，废钢、废铁的压碎等，整理准备天数应根据工艺和技术上的要求，按实际需要确定长短。

保险天数是指为了预防材料存货的供应偶然中断，不致影响生产而设置的追加储备天数。保险储备在正常情况是不动用的，是一种相对固定的储备，它经常占用。因此，对保险储备的设置，要从严掌握，通常是对于主要的、关键性的材料；或者货源不足、供货周期过长、加工困难等材料存货才设置保险储备。对那些同城采购、货源充足、供应正常的材料，可以代用的材料，定量供应的材料，则不必考虑保险储备。保险日数要适当，最高不应超过重新供应一批材料所需日数。

上述定额日数的各组成部分，并不是每种材料都同时具备，有的不需要计算在途天数，有的不需要计算整理准备天数和保险天数，这应根据各种原材料供应和使用情况分别予以确定。

**例 6-9**　某公司生产甲产品，计划年度产量为 100 件，甲产品的木材消耗定额是 17.60 米$^3$/万件，木材从东北购入，合同供应间隔天数 60 天，在途日数 4 天，验收天数 1 天，整理准备天数 5 天，保险天数 10 天，木材计划单价 560 元/米$^3$，供应间隔系数为 80%，则：

$$\begin{matrix}\text{木材存货}\\ \text{库存总量}\end{matrix}=\frac{100\times 17.60}{360}\times 560\times(60\times 80\%+4+1+5+10)=186\ 168.89(\text{元})$$

(2) 在产品库存的确定

在产品库存的计算公式如下：

$$\begin{matrix}\text{在产品}\\ \text{库存量}\end{matrix}=\frac{\text{计划期产量}}{\text{计划期天数}}\times\begin{matrix}\text{计划单位}\\ \text{制造成本}\end{matrix}\times\begin{matrix}\text{在产品}\\ \text{成本系数}\end{matrix}\times\begin{matrix}\text{生产}\\ \text{周期}\end{matrix}$$

① 计划期产量，一般可直接根据生产计划中计划产量而定。

② 计划期天数：年度为 360 天，季度为 90 天，月度为 30 天。

③ 某种产品的计划单位制造成本，可以从成本计划中获得。

④ 在产品成本系数。无论生产何种产品，生产费用并不是一次发生，而是在生产过程中逐渐发生的，生产开始时发生一定的费用，然后其余费用陆续增加，直到最终制成产品时，生产费用才增到产品的制造成本。因此，在核定在产品库存时，不能按产品单位制造成本全额计算，而应按一定比率加以压缩，这个比率就是在产品成本系数，它是在产品在生产过程中的平均生产费用占制造成本的比率。在产品成本系数，可以根据生产费用的递增情况查定。查定的主要方法如下：

第一，生产周期短，生产费用的发生不规则，但可以确定每日生产费用发生额的产品，可以根据在产品费用逐日递增情况，按照下列公式查定：

$$\begin{matrix}\text{在产品}\\ \text{成本系数}\end{matrix}=\frac{\text{生产周期中每天发生的费用累计数}}{\text{产品单位计划制造成本}\times\text{生产周期}}\times 100\%$$

**例 6-10**　某种产品生产周期为 4 天，单位计划制造成本为 15 000 元，生产费用发生情况如表 6-14 表示。

表 6-14　生产费用发生情况表　　单位:元

| 生产周期天数 | 第 1 天 | 第 2 天 | 第 3 天 | 第 4 天 | 合计 |
|---|---|---|---|---|---|
| 生产费用发生数 | 3 000 | 3 000 | 4 000 | 5 000 | 15 000 |
| 生产费用累计数 | 3 000 | 6 000 | 10 000 | 15 000 | 34 000 |

$$\text{在产品成本系数}=\frac{34\ 000}{15\ 000\times 4}=56.70\%$$

第二,生产一开始就投入大量的费用,随后陆续均衡地投入其余费用的产品,则可采用下列方法查定。

$$\text{在产品成本系数}=\frac{\text{生产过程一开始投入费用}+\text{随后陆续投入的费用}\times 50\%}{\text{产品单位计划制造成本}}\times 100\%$$

**例 6-11**　某种产品单位计划制造成本为 15 000 元,开始生产时投入全部费用 60%,其余 40%随后陆续均衡地投入,则:

$$\text{在产品成本系数}=\frac{15\ 000\times 60\%+15\ 000\times 40\%\times 50\%}{15\ 000}\times 100\%=80\%$$

第三,对于生产过程比较复杂,原材料分次投入生产的产品应先按生产阶段分别计算在产品成本系数,然后计算综合在产品成本系数。

$$\text{综合在产品成本系数}=\frac{\sum \text{各生产阶段在产品单位成本}\times\text{各生产阶段在产品成本系数}\times\text{各生产阶段生产周期}}{\text{产品单位计划制造成本}\times\text{各生产阶段生产周期之和}}$$

⑤ 生产周期即产品周转期,是指从原材料投入生产起到制成产成品入库为止所占用的时间。产品生产周期应由公司生产、计划、技术等有关部门确定。

**例 6-12**　某公司生产 A 产品,第四季度产量为 180 台,A 产品单位成本为 1 850 元,投料方式一开始投 60%,其余费用以后陆续均衡投入,生产周期 31 天,则:

$$\text{在产品库存量}=\frac{180}{90}\times 1\ 850\times 31\times\frac{1\ 850\times 60\%+1\ 850\times 40\%\times 50\%}{1\ 850}=91\ 760(\text{元})$$

(3) 产成品库存的确定

产成品库存的计算公式如下:

$$\text{产成品库存量}=\frac{\text{计划期产量}}{\text{计划期天数}}\times\text{产品单位计划制造成本}\times\text{周转期}$$

计划期产量、计划期天数、单位计划制造成本的确定如上,而产成品周转期是指从产品入库到出库所占用的时间,包括产成品储存日数和发运日数。

① 产成品储存日数,包括组织成批发运日数、选配日数和包装日数。

组织成批发运日数,指按合同规定积存起一批可供向购买单位发运所需产品数量的日数,它取决于产成品的每日平均产量与按合同规定每批产品的发运数量。其计算公式如下:

$$\text{组织成批发运日数}=\frac{\text{某种产品每批发运数量}}{\text{某种产品每日平均产量}}$$

选配日数,指按合同规定把不同品种、规格的产品选配成套所需要的时间,它取决于产品品种、规格的要求,选配的复杂程度和选配力量的强弱。

包装日数，指为了保护产品安全和满足运输要求，对产品进行装箱、捆扎、打包等所需天数，它取决于包装的要求和包装力量的强弱。

② 发运日数，指产品经过挑选、包装以后，脱离储存阶段，运往车站或码头，并取得运输凭证这一过程所需天数。发运日数的长短，取决于公司距离车站、码头的远近，运输能力的大小以及运输力量的组织情况。

**例 6-13** 某公司生产 A 产品第四季产量为 180 台，单位计划制造成本 1 850 元，A 产品的选配天数 1 天，包装天数 1 天，发运结算天数 4 天，每批发运 10 台，则：

$$\text{该产成品库存量}=\frac{180}{90}\times 1\,850\times\left(\frac{10}{2}+1+1+4\right)=40\,700(\text{元})$$

2. 分析调整法

分析调整法又称因素分析计算法，这种方法是以公司有关存货项目上年度实际平均占用为基础，结合计划年度的生产任务和加速存货周转的要求进行分析调整，来计算存货总量的方法。其计算公式如下：

$$\begin{matrix}\text{存货}\\\text{总量}\end{matrix}=\left(\begin{matrix}\text{上年度存货}\\\text{实际平均占用}\end{matrix}-\begin{matrix}\text{不合理平均}\\\text{占用}\end{matrix}\right)\times\left(1\pm\begin{matrix}\text{计划年度}\\\text{生产增减\%}\end{matrix}\right)\times\left(1-\begin{matrix}\text{存货周转}\\\text{加速率}\end{matrix}\right)$$

采用这种方法核定存货总量，首先应在上年度存货实际平均占用额的基础上，剔除其中呆滞积压不合理占用部分和超定额储备物资所占用的资金；然后根据计划年度的生产任务和加速存货周转的要求确定。这种方法既可用来匡算整个公司存货总量，也可用于计算某个存货项目库存量。

**例 6-14** 某公司某类原材料上年度的实际平均占用额为 900 000 元，其中呆滞积压物资占用为 60 000 元，超定额储备物资占用 80 000 元，计划年度生产增长 12%，存货周转加速 6%，则：

$$\begin{matrix}\text{该类材料}\\\text{库存量}\end{matrix}=(900\,000-60\,000-80\,000)\times(1+12\%)\times(1-6\%)=800\,128(\text{元})$$

3. 比例计算法

这种方法是根据影响存货需要量的相关指标在计划年度的变动情况，按上年度存货平均占用额与该指标的比例关系来计算存货总量的方法。其计算公式如下：

$$\begin{matrix}\text{存货}\\\text{总量}\end{matrix}=\begin{matrix}\text{计划年度某}\\\text{相关指标数额}\end{matrix}\times\frac{\text{上年存货平均占用额}-\text{不合理占用}}{\text{上年度该相关指标数额}}\times\left(1-\begin{matrix}\text{存货加速}\\\text{周转率}\end{matrix}\right)$$

常用的相关指标包括工业总产值、销售收入、销售成本、销售利润、机器设备的价值等。这种方法的计算原理同因素分析法是一致的，主要适用于存货需要量同工业总产值、销售收入、销售成本、销售利润、机器设备的价值等指标发生一定比例关系的存货项目，也可用于计算整个公司存货需要量。

**例 6-15** 某公司上年度存货总值为 800 万元，工业总产值为 2 000 万元，产值存货资金率为 40%，预计计划工业总产值为 2 400 万元，计划年度要求存货加速周转 10%，则：

$$\text{存货总量}=2\,400\times 40\%\times(1-10\%)=864(\text{万元})$$

4. 余额计算法

这种方法是以公司上年结转的某存货项目的余额为基础，结合计划年度该项目的计划发生额、摊销额来计算存货总量的方法。其计算公式如下；

$$存货总量=\frac{计划年度}{期初结余额}+\frac{计划年度}{计划发生额}-\frac{计划年度}{计划摊销额}$$

这种方法主要适用于资金占用额比重小，而且数量比较稳定的项目，如待摊费用。

**例 6-16** 某公司计划年度期初结转待摊销费用 500 000 元，计划年度待摊销费用计划发生额为 700 000 元，计划年度待摊销费用摊销额为 650 000 元，则：

待摊销费用总量＝500 000＋700 000－650 000＝550 000(元)

（二）公司重点存货的界定方法——ABC 分类法

在利用上述四种方法对公司的存货总量进行科学确定的基础上，公司存货还需实行逐项控制。但是，一个公司常常会有成千上万种存货项目，有的价值昂贵，有的价值很低，有的数量庞大，有的寥寥无几。如果不分主次，面面俱到，对每一种存货都进行周密的规划和严格控制，就会抓不住重点，不利于最合理控制存货资金。为抓住重点，必须采用 ABC 分类法对公司存货进行界定。

ABC 分类法又称重点管理法。它的基本原理是处理事情要分清主次和轻重，区别关键的少数和次要的多数，根据不同情况进行分类管理。这种方法已被广泛用于存货管理、成本管理和生产管理等许多方面。

在存货控制中，运用 ABC 分类管理就是把存货分为 A、B、C 三类，针对三类存货的不同特点，采取不同的管理对策，对存货进行最有效、最经济的管理。其具体操作分为六个步骤：

① 列示公司全部库存存货明细表。

② 依库存资金的占用额，对各类存货由大到小顺序排列。

③ 计算各类库存存货占用额占全部占用额的百分比。

④ 计算累计百分比。

⑤ 按 A 类存货金额比重占 70%，B 类存货金额比重占 20%和 C 类存货金额比重占 10%，大体划分类别，再相应计算各类库存存货品种占全部品种的比重。

⑥ 画 ABC 分类图，如图 6-14 所示。

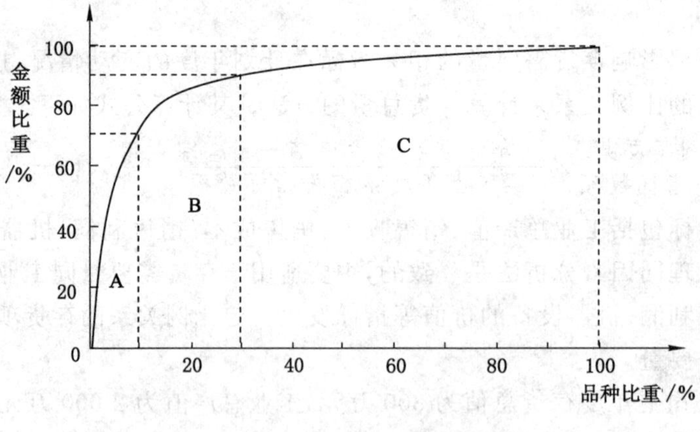


图 6-14 ABC 分类图

据上述划分，A 类存货品种少，资金占用量大，是存货管理重点，必须认真加以控制，经常检查这类存货的库存情况，把库存量严格控制在定额内，并努力加速这部分存货的周转。C 类存货品种繁多，资金占用量不大，一般可以采用比较简化的方法进行管理，其中一种行之有效且易推广使用的就是双箱法或双堆法，即将C类材料装入两个箱中或分成两堆，在第一箱（堆）中，只存放再订货点的数量，从而把再订货点的数量和其他数量在实物上清楚地区分开来，每当第一箱（堆）的存货用完；开始使用第二箱（堆）的存货时，便通知采购部门进行采购，以使存货得到及时供应。这样，周而复始，手续简单，也能对该存货进行恰当控制。B类存货介于A类和C类之间，可参照其在生产中的重要程度和采购的难易采用A类或C类管理方法。

对于ABC三类库存存货，一般可按表6-15所示方式进行管理。

**表6-15　三类存货管理方式**

| | A类 | B类 | C类 |
|---|---|---|---|
| 控制程度 | 严格控制（按品种） | 一般控制（按小类） | 松散控制（按大类） |
| 存货记录 | 详细记录 | 一般记录 | 金额总记 |
| 采购计划 | 详细计划 | 统计计算 | 库存低就进货 |
| 存货检查 | 半个月一次 | 1～3个月 | 3个月以上 |
| 保险库存量 | 很少 | 一般 | 较多 |

（三）公司重点存货的控制

在利用ABC分类法对公司重点存货界定后，就要对公司重点存货实行严格控制。公司重点存货又分重点非商品存货和重点商品存货两类。对这两大类重点存货都要进行重点控制，以促进存货资金的高效、良性循环。

1. 重点非商品存货控制方法——经济批量法

公司非商品存货主要目的是满足生产需要。因此，能满足生产需要，且又使库存总成本最低的存货水平就是公司最佳非商品存货水平。为了控制非商品存货库存水平，我们可借助经济批量法来控制每次进货批量来进一步达到控制非商品存货库存水平的目的。

所谓经济批量是指能够使一定时期存货的总成本达到最低点的进货数量。存货的总成本主要由以下三种成本构成。

① 进货成本。进货成本主要由存货的进价成本、进货费用及采购税金三方面构成。在一定时期进货总量既定的条件下，无论公司采购次数如何变动，存货的进价成本与采购税金总计数额通常是保持相对稳定的（假设物价与税率不变且无采购数量折扣），属于决策的无关成本。相反，公司为组织进货而开支的办公费、差旅费、邮资、电话电报费等固定性进货费用（其中运杂费、供销合同印花税等变动性进货费用属于决策无关成本）则与进货次数成正比例变动关系，即进货次数越多，需要支付的固定性进货费用也就越多，反之则越少。因此固定性进货费用属于决策的相关成本。

② 储存成本。公司为持有存货而发生的费用即为存货的储存成本，主要包括存货资金占用费（以贷款购买存货的利息成本）或机会成本（以现金购买存货而同时损失的证券投资收益等）、仓储费用、保险费用、存货残损霉变损失等。与进货费用一样，储存成本可以按照与储存数额的关系分为变动性储存成本与固定性储存成本两类。其中，固定性储存成本与存货储存数额的多少没有直接的联系，属于决策的无关成本；而变动性储存成本则随着存货储存数额的增减成正比例变动关系，属于决策的相关成本。

③ 缺货成本。缺货成本是因存货不足而给公司造成的停产损失、延误发货的信誉损失及丧失销售机会的损失等。如果生产公司能够以替代材料解决库存材料供应中断之急的话,缺货成本便表现为替代材料紧急采购的额外开支。缺货成本能否作为决策的相关成本,应视公司是否允许出现存货短缺的不同情形而定。如果允许缺货,缺货成本便与存货数量反向相关,即属于决策相关成本。反之,若公司不容许发生缺货情形,此时缺货成本为 0,也就无须加以考虑。

由上述分析可知,决定存货经济批量的成本因素主要包括固定性进货费用(简称进货费用)、变动性储存成本(简称储存成本)及允许缺货时的缺货成本。不同的成本项目与进货批量呈现着不同的变动关系。减少进货批量,增加进货次数,在影响储存成本降低的同时,却会导致进货费用与缺货成本的提高;相反,增加进货批量,减少进货次数,尽管有利于降低进货费用与缺货成本,但同时却会影响储存成本的提高。因此,如何协调各项成本间的关系,使其总和保持最低水平,是公司组织进货过程需解决的主要问题。

基本经济进货批量确定模式,是以如下假设为前提的:

① 公司一定时期的进货总量可以较为准确地预测;

② 存货的耗用或者销售比较均衡;

③ 存货的价格稳定,且不存在数量折扣,进货日期完全由公司自行决定,且每当存货量降为 0 时,下一批存货均能够马上一次到位;

④ 仓储条件及所需资金不受限制;

⑤ 不允许出现缺货情形。

由于公司不允许缺货,即每当存货数量降至 0 时,下一批订货便会随即全部购入,故不存在缺货成本。此时与存货订购批量、批次直接相关的就只有进货费用和储存成本两项。这样,进货费用与储存成本总和最低水平下的进货批量,就是经济进货批量。其计算公式如下:

$$Q=\sqrt{2AB\div C}$$

$$T_C=\sqrt{2ABC} \quad 或 \quad T_C=\sqrt{2ABC}+A\times P$$

$$W=QP\div 2=\sqrt{AB\div 2C}\times P$$

$$N=A\div Q=\sqrt{AC\div 2B}$$

式中 $Q$——经济进货批量;

$A$——某种存货年度计划进货总量;

$B$——平均每次的进货费用;

$C$——单位存货年度储存成本;

$T_C$——进货费用与储存成本的最低数额;

$W$——经济进货批量平均占用资金;

$N$——年度最佳进货批次;

$P$——进货单价。

**例 6-17** 某公司每年需耗用甲材料 720 千克,该材料的单位采购成本 20 元,单位储存成本 4 元,平均每次进货费用 40 元,则:

$$Q=\sqrt{2AB\div C}=\sqrt{2\times 720\times 40\div 4}=120(千克)$$

$$T_C = \sqrt{2ABC} = \sqrt{2 \times 720 \times 40 \times 4} = 480(\text{元})$$

$$W = QP \div 2 = 120 \times 20 \div 2 = 1\ 200(\text{元})$$

$$N = A \div Q = 720 \div 120 = 6(\text{次})$$

上述计算分析表明，当进货批量为 120 千克时，进货费用与储存成本总额最低。

需要指出的是，实际工作中通常还存在着数量优惠（即商业折扣或称价格折扣）以及允许一定程度的缺货情形发生等，公司必须同时结合价格折扣及缺货成本等不同情况具体分析，灵活运用上述经济进货批量模式。

① 实行数量折扣的经济进货批量模式。为了鼓励客户购买更多的商品，销售公司通常会给予不同程度的价格优惠，即实行商业折扣或称价格折扣；购买越多，所获得的价格优惠越大。此时，进货公司对经济进货批量的确定，除了考虑进货费用与储存成本外，还应考虑存货的进价成本，因为此时的存货进价成本已经与进货数量的大小有了直接的联系，属于决策的相关成本。计算的基本步骤：首先按照基本模式确定出无数量折扣情况下的经济进货批量及其总成本，然后加进不同批量的进价成本差异因素，通过比较确定出成本总额最低的进货批量，即有数量折扣时的经济进货批量。

**例 6-18** 某公司甲材料的年需要量为 4 000 千克，每千克标准价为 20 元。销售公司规定：客户每批购买量不足 1 000 千克的，按照标准价格计算；每批购买量 1 000 千克以上 2 000 千克以下的，价格优惠 2%；每批购买量 2 000 千克以上的，价格优惠 3%。已知每批进货费用 60 元，单位材料的年储存成本 3 元。计算最佳经济进货批量。

在没有价格折扣（即进货批量 1 000 千克以下）时：

$$\text{最佳进货批量} = \sqrt{2 \times 4\ 000 \times 60 \div 3} = 400(\text{千克})$$

$$\text{存货成本总额} = 4\ 000 \times 20 + \frac{4\ 000}{400} \times 60 + \frac{400}{2} \times 3$$

$$= 4\ 000 \times 20 + \sqrt{2 \times 4\ 000 \times 60 \times 3} = 81\ 200(\text{元})$$

进货批量在 1 000～1 999 千克之间，可以享受 2%的价格优惠。在此范围内，进价成本总额是相同的，逐项计算可以发现，越是接近无价格优惠的经济进货批量，成本总额就越低，这是一个规律。所以，在可享受 2%的价格优惠的批量范围内，成本总额最低的进货批量是 1 000 千克，总成本为：

$$4\ 000 \times 20 \times (1-2\%) + 4\ 000 \div 1\ 000 \times 60 + 1\ 000 \div 2 \times 3 = 80\ 140(\text{元})$$

同理，在享受 3%价格优惠的进货批量（即进货 2 000 千克以上）范围内，成本总额最低的进货批量为 2 000 千克，总成本为；

$$4\ 000 \times 20 \times (1-3\%) + 4\ 000 \div 200 \times 60 + 2\ 000 \div 2 \times 3 = 80\ 720(\text{元})$$

通过比较可以发现，在各种价格条件下的批量范围内，成本总额最低的进货批量为 1 000 千克。当然，这一结论是建立在基本经济进货模式其他各种假设条件均具备前提下的。

② 允许缺货时的经济进货批量模式。在允许缺货的情况下，公司对经济进货批量的确定，就不仅要考虑进货费用与储存费用，而且还必须对可能的缺货成本加以考虑，即能够使三项成本总和最低的批量便是经济进货批量。

设缺货量为 $S$，缺货时间为 $T_q$，单位缺货成本为 $R$，每日耗用或销售量为 $Y$，其他符号同上。

在允许缺货时，最高存货量便不是$Q$，而是$Q-S$，而且在不缺货的$T_b$期间，公司的平均存货储存量为$(Q-S)\div 2$，在发生缺货的$T_q$期间，平均储量为0。如果两次进货的间隔期为$T(=Q\div Y)$，则在此期间存货的平均储存量便是$T_b$与$T_q$两个阶段平均储存量的加权平均值，此期间的平均缺货量同样也是$T_b$与$T_q$两阶段平均缺货量的加权平均值。加权因子即时间$T_b$与$T_a$。其中$T_b=(Q-S)\div Y$，$T_q=S\div Y$。由上分析，可以得出：

$$\text{平均存货储量}=\frac{(Q-S)\div 2\times T_b+0\times T_P}{T}$$

$$=\frac{(Q-S)\div 2\times(Q-S)\div Y}{Q\div Y}=\frac{(Q-S)^2}{2Q}$$

$$\text{储存成本}=\frac{(Q-S)^2}{2Q}\times C$$

$$\text{平均缺货量}=\frac{0\times T_b+S\div 2\times T_q}{T}=\frac{S\div 2\times S\div Y}{Q\div Y}=\frac{S^2}{2Q}$$

$$\text{缺货成本}=\frac{S^2}{2Q}\times R$$

进货费用不变，仍为$A\div Q\times B$。

故，存货成本总额$T_C=\dfrac{(Q-S)^2}{2Q}\times C+A\div Q\times B+\dfrac{S^2}{2Q}\times R$。

根据经济进货批量原理，分别对$Q$和$S$求偏导，整理后得：

$$Q=\sqrt{2AB\div C\times(C+R)\div R}$$

$$S=Q\times C\div(C+R)$$

即

$$\begin{array}{c}\text{允许缺货时的}\\\text{经济进货批量}\end{array}=\sqrt{2\times\frac{\begin{array}{c}\text{一定时期存}\\\text{货需要总量}\end{array}\times\begin{array}{c}\text{平均每次}\\\text{进货费用}\end{array}}{\text{一定时期单位存货储存成本}}\times\frac{\begin{array}{c}\text{一定时期单位}\\\text{存货储存成本}\end{array}+\begin{array}{c}\text{一定时期单}\\\text{位缺货成本}\end{array}}{\text{一定时期单位缺货成本}}}$$

$$\begin{array}{c}\text{平均}\\\text{缺货量}\end{array}=\begin{array}{c}\text{允许缺货时的}\\\text{经济进货批量}\end{array}\times\frac{\text{一定时期单位存货储存成本}}{\begin{array}{c}\text{一定时期单位}\\\text{存货储存成本}\end{array}+\begin{array}{c}\text{一定时期单位}\\\text{缺货成本}\end{array}}$$

**例6-19** 某公司甲材料年需要量4 000千克，每次进货费用60元，单位储存成本3元，单位缺货成本5元。

$$\begin{array}{c}\text{允许缺货情况下}\\\text{的经济进货批量}\end{array}=\sqrt{\frac{2\times 4\,000\times 60}{3}\times\frac{3+5}{5}}=506(\text{千克})$$

$$\text{平均缺货量}=506\times\frac{3}{3+5}=190(\text{千克})$$

在确定了最佳订货量及最佳订货量占用资金和订货周期之后，那么，究竟在上一批存货还有多少时，订购下一批货物呢？这就是订货点问题。所谓订货点，就是订购下一批存货时本批存货的储存量。确定订货点的公式如下：

$$R=nt+s=nt+\frac{1}{2}(mv-nt)=\frac{1}{2}(mv+nt)$$

式中 $n$——平均每天正常耗用量；

$m$——预计每天最大耗用量；

$t$——提前时间(发出订单到货物验收完毕所用时间)

$v$——预计最长提前时间;

$s$——保险储备。

**例 6-20**　某公司每天正常耗用某零件 20 件,订货提前期为 10 天,预计最大耗用量为 25 件,预计最长提前期为 16 天。则:

$$S=\frac{1}{2}(mv-nt)=\frac{1}{2}(25\times16-20\times10)=100(件)$$

$$R=\frac{1}{2}(mv+nt)=\frac{1}{2}(25\times16+20\times10)=300(件)$$

假设本例的订货批量为 600 件,则订货点和储存量变动情况如图 6-15 所示。

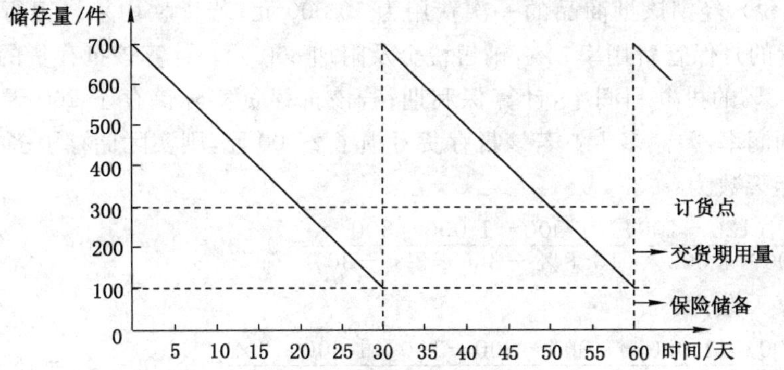


图 6-15　订货点

2. 重点商品存货控制方法——存货储存期控制

无论是商品流通公司还是生产制造业公司,其商品产品一旦入库,便面临着如何尽快销售出去的问题。且不考虑未来市场供求关系的不确定性风险,仅是存货储存本身就会给公司造成较多的资金占用费用(如利息成本或机会成本)和仓储管理费用开支或损失。因此,尽力缩短存货储存时间,加速存货周转,是节约资金占用、降低成本费用、提高公司获利水平的重要保证。

公司进行存货投资所发生的费用支出,按照与储存时间的关系可以分为一次性费用与日增长费用两类,前者数额的大小与存货储存期的长短无直接联系,如各项进货费用、管理费用等,后者则随着存货储存期的延长或缩短成正比例增减变动,如存货资金占用费(贷款购置存货的利息或现金购置存货的机会成本)、存货仓储管理费、仓储损耗(为计算方便,如果仓储损耗较小,亦将其并入一次性费用)等。

基于上述分析,可以将量本利的平衡关系式调整为:

利润＝毛利－一次性费用－销售税金及附加－日增长费用×储存天数

可见,存货的储存成本之所以会不断增加,主要是由于日增长费用随着存货储存期的延长而不断增加的结果,所以,利润与费用之间此增彼减的关系实际上是利润与日增长费用之间此增彼减的关系。这样,随着存货储存期的延长,利润将日渐减少。当"毛利－一次性费用－销售税金及附加"的余额被日增长费用抵销到恰好等于公司目标利润时,便意味着存货已经到了保利期。当它完全被日增长费用抵销时,表明存货已经到了保本期。无疑,存货如果能够在保利期内售出，所获得的利润便会超过目标值。反之，将难以实现既定的利润目标。倘若存货不能在保本期内售出的话，公司便会蒙受损失。具体计算公式如下：

$$存货保本储存天数=\frac{毛利-一次性费用-税金及附加}{日增长费用}$$

$$存货保利储存天数=\frac{毛利-一次性费用-税金及附加-目标利润}{日增长费用}$$

以批进批出方式经销某批存货获利或亏损额＝日增长费用×(保本储存天数－实际储存天数)；即较保本期每期提前一天出售，就可以节约一天的日增长费用，即取得一个相当于日增长费用的利润额。

**例 6-21** 某商品流通公司购进甲商品 1 000 件，单位进价(不含增值税)100 元，单位售价 120 元(不含增值税)，经销该批商品的一次费用为 10 000 元，若货款均来自银行贷款，年利率 10.8%，该批存货的月保管费用率 3‰，销售税金及附加 800 元。计算该批存货的保本储存期；若公司要求获得 3%的投资利润率，计算保利期；若该批存货实际储存了 200 天，问能否实现 2%的目标投资利润率，差额多少？若该批存货亏损了 2 000 元，则实际储存了多久？

① 保本储存天数为：

$$\frac{(120-100)\times 1\,000-1\,000-800}{100\times 1\,000\times(10.8\%\div 360+3‰\div 30)}=9\,200\div 40=230(天)$$

② 保利储存天数为：

$$\frac{(120-100)\times 1\,000-1\,000-800-100\times 1\,000\times 3\%}{100\times 1\,000\times(10.8\%\div 360+3‰\div 30)}=6\,200\div 40=155(天)$$

③ 批进批出经销该批商品实际获利额为：

$$40\times(230-200)=1\,200(元)$$

较之 3 000 元的目标利润相差 1 800 元，实际投资利润率仅为 1.2%。

④ 因为－2 000＝40×(230－实际储存天数)，所以，实际储存天数为 280 天，即超过保本期 50 天。

可见，通过对存货储存期的分析与控制，可以及时地将公司存货的信息传输给经营决策部门，如有多少存货已过保本或保利期，金额多大，比重多高，这样，决策者就可以针对不同情况，采取相应的管理措施。一般而言，凡是已过保本期的大多属于积压呆滞的存货，对此，公司应当积极推销，压缩库存，将损失降至最低限度；对于超过保利期但未过保本期的存货，应当首先检查销售状况，查明原因，是人为所致还是市场行情已经逆转，有无成为过期积压的可能，若有，需尽早采取措施；至于那些尚未超过保利期的存货，公司亦应密切监督、控制，以防过期损失。从财务管理方面，需要分析哪些存货基本能在保利期内销售出去，哪些存货介于保利期与保本期之间售出，哪些存货直至保本期已过才能售出或根本就没有市场需求。通过分析，财务部门应当通过资金供应的奖惩对策，促使经营部门调整产品结构和投资方向，推动公司存货结构的优化，提高存货的投资效率。

上述通过保本保利储存期对存货的损益情况进行的分析，是建立在批进批出(即存货整批购进又整批卖出)的前提假设之上的。在公司存货经销的实际工作中，批进批出只是一种偶然现象，普遍的情形是存货大批量购进，小批量售出或批进零售，此时若仍然按照批进批出的假设测算批进零出存货经销的损益情况，必然与实际产生很大的出入。

基于上述分析，有必要研究批进零出的存货控制模式。

**例 6-22**　设公司购进 H 存货 2 000 件，增值税专用发票注有：进价 1 000 元，增值税率 17%，价税款合计 234 万元。该款项均来自银行贷款，月利率 12‰，公司月存货保管费用额 9 420 元。存货购销的一次性费用 200 000 元。市场调研反馈信息表明，该存货日均销售量约 12 件，计需 2 000/12 即 167 天左右的时间方能全部售出，售价（不含增值税）1 250 元。销售税金及附加 125 000 元。

① 计算该批存货投资的损失情况；

② 在日均销售无法提高的前提下，应如何组织最佳购进批量才能取得最大投资收益；

③ 在投资规模（即购进批量）既定的前提下，欲获取 100 000 元的投资收益，公司应如何扩大日均销量。

首先计算该批存货的保本储存期限。

$$\text{H 存货的平均保本储存期限}=\frac{\text{毛利}-\text{一次性费用}-\text{税金及附加}}{\text{日增长费用}}$$

$$=\frac{(1\ 250-1\ 000)\times 2\ 000-200\ 000-125\ 000}{2\ 340\ 000\times 12‰\div 30+9\ 420\div 30}=\frac{175\ 000}{1\ 250}=140(\text{天})$$

第一天售出的 12 件可获利：

$$\frac{1\ 250\times 12}{2\ 000}\times(140-1) \tag{1}$$

第二天售出的 12 件可获利：

$$\frac{1\ 250\times 12}{2\ 000}\times(140-2) \tag{2}$$

⋮

第 140 天售出的 12 件可获利：

$$\frac{1\ 250\times 12}{2\ 000}\times(140-140) \tag{140}$$

第 141 天售出的 12 件可获利：

$$\frac{1\ 250\times 12}{2\ 000}\times(140-141) \tag{141}$$

⋮

第 167 天售出的 12 件可获利：

$$\frac{1\ 250\times 12}{2\ 000}\times(140-167) \tag{167}$$

经销该批存货总计可获利金额为：

$$P=(1)+(2)+\cdots+(140)+(141)+\cdots+(167)$$

$$=\frac{1\ 250\times 12}{2\ 000}\times(140-1)+\frac{1\ 250\times 12}{2\ 000}\times(140-2)+\cdots+$$

$$\frac{1\ 250\times 12}{2\ 000}\times(140-140)+\frac{1\ 250\times 12}{2\ 000}\times(140-141)+\cdots+\frac{1\ 250\times 12}{2\ 000}\times(140-167)$$

$$=\frac{1\ 250\times 12}{2\ 000}\times\left[140\times 167-\frac{(167+1)}{2}\times 167\right]$$

$$=1\ 250\times\left[140-\frac{167+1}{2}\right]=70\ 000(\text{元})。$$

于是，得出如下基本公式：

批进零售经销某批存货预计可获利或亏损额

$$=\begin{matrix}\text{该批存货的日}\\\text{增长费用额}\end{matrix}\times\left(\begin{matrix}\text{平均保本}\\\text{储存天数}\end{matrix}-\frac{\text{实际零散售完天数}+1}{2}\right) \quad ①$$

$$=\begin{matrix}\text{购进}\\\text{批量}\end{matrix}\times\begin{matrix}\text{单位}\\\text{进价}\end{matrix}\times\begin{matrix}\text{日增长}\\\text{费用率}\end{matrix}\times\left(\begin{matrix}\text{平均保本}\\\text{储存天数}\end{matrix}-\frac{\text{购进批量}\div\text{日均销量}+1}{2}\right) \quad ②$$

$$=\begin{matrix}\text{购进}\\\text{批量}\end{matrix}\times\begin{matrix}\text{单位存货的}\\\text{日增长费用率}\end{matrix}\times\left(\begin{matrix}\text{平均保本}\\\text{储存天数}\end{matrix}-\frac{\text{购进批量}\div\text{日均销量}+1}{2}\right) \quad ③$$

此外,公司对上述公式还可以根据需要作下述具体分解。

在日均销量难以较大提高,即保持日均销量 12 件的水平时,如果购进批量为 $W$ 件,可实现最大的投资收益 $P$。依据公式③,得:

$$P=W\times\frac{1\ 250}{2\ 000}\times\left(140-\frac{W\div 12+1}{2}\right)$$

计算得,如果日均销量不变,则当购进批量为 1 668 件,即投资规模为 195.156 万元时,所获投资收益最大,金额为 72 458 元。

在公司投资规模既定,即购进批量无法改变时,公司如果期望取得 100 000 元的投资收益(在其他条件不变的情况下),便只有通过日均销量的增加才能实现。设日均销量应为 $S$ 件。依据公式②,得:

$$100\ 000=1\ 250\times\left(140-\frac{2\ 000\div S+1}{2}\right)$$

$$S=16.53(\text{件})$$

此外,公司还可以利用上述模式进行进价成本、进货费用、销售定价以及保本储存期限的控制等事宜。

### 三、存货质量控制

#### (一) 存货质量分析

从财务管理角度,存货质量是指存货的流动性与收益性,亦即存货的适销状况。公司的各种存货按照适销状况及盘存记录可以分为畅销、平销及有问题三类。前两类通称适销存货,后一类属于不适销或积压有问题存货,具体又包括销小存大、冷背呆滞、质次价高、残损霉变等多种。通过存货排队分析,查明公司存货的质量水平,掌握适销存货与有问题存货的金额、比重及变动趋势,以便采取措施,改善购销工作,优化库存结构,加速存货资金周转,提高公司经济效益。例如,某公司存货质量状况分析表如表 6-16 所示。

表 6-16 数据表明,该公司存货质量呈严重恶化趋势,适销存货由年初的 85%下降为年末的 75%,降低 10%。相反各种有问题存货的总金额增加了 325 万元,比重也由年初的 15%上升为 25%。存货质量下降,不仅导致资金周转速度减慢,而且也使费用开支增加,利润减少,给公司获利能力与偿债能力的提高造成极为不利的影响。销小存大存货的大量增加可能原因是存货购进质量不高,适销率较低,也可能是销售不力、贻误时机所致。从储存工作来看,残损霉变存货剧增 90 万元,说明储存管理存在严重问题。此外,冷背呆滞、质次价高存货也分别较年初增加 70 万元和 45 万元。主要原因是购进环节所致,当然,也有可能是销售工作偏重于适销存货经营,而忽视了对有问题存货的积极处理,使有问题存货积压严重。对此,公司必须通过对购、销、存各环节工作的深入分析,查明原因,采取对策,积极处置压缩有问题存货,盘活资金,优化存货质量结构,提高存货投资效率。

**表 6-16　存货质量状况分析表**

| 存货质量类别 | 期初 | | 期末 | | 差异 | |
|---|---|---|---|---|---|---|
| | 金额/万元 | 比重 | 金额/万元 | 比重 | 金额/万元 | 比重 |
| 畅销 | 200 | 10% | 225 | 9% | +25 | −1% |
| 平销 | 1 500 | 75% | 1 650 | 66% | +150 | −9% |
| 有问题 | 300 | 15% | 625 | 25% | +325 | +10% |
| 其中:销小存大 | 180 | 9% | 300 | 12% | +120 | +3% |
| 冷背呆滞 | 80 | 4% | 150 | 6% | +70 | +2% |
| 质次价高 | 30 | 1.5% | 75 | 3% | +45 | +1.5% |
| 残损霉变 | 10 | 0.5% | 100 | 4% | +90 | +3.5% |
| 总额 | 2 000 | 100% | 2 500 | 100% | +500 | — |

（二）存货质量管理措施

公司在严把进货关、加强进货资金供应、改进仓储管理的同时，必须采取措施，积极处理有问题存货，加速资金周转，减少成本损失。

1. 权衡利弊，灵活地进行削价处理

对于不适销的存货，不少公司采取挂账方式而不予处理。这样，尽管在表面上不会减少当期收益，但从长远来看，却将产生极为不利的影响。原因在于：存货一旦积压滞销，损失也就形成。假设公司有 1 000 万元的积压商品，若要销售出去必须降价 20%。可见，公司无论处理与否或何时处理，200 万元的削价损失都是客观存在无法避免的。并且，拖延时间越长，需要降价的幅度及推销难度就会越大，造成的损失自然也会越多。倘若采取挂账方式，由于积压存货占用的资金不能及时盘活，该部分资金不仅无法投入再增值过程，形成机会损失，而且公司还要为之支付较大的利息费用和储存费用等。不仅如此，由于挂账损失不能及时在当期的损益中得以体现，必然使公司利润虚增，加重纳税负担，导致公司现金流出量增加。相反，公司若能将积压有问题存货资金及时盘活，不仅可以节约利息、费用开支，取得抵税好处，而且可以将这些资金尽快投入再增值过程，提高资金的使用效率。因此，从一般意义上讲，及时盘活有问题存货资金较之挂账不处理方式对公司更为有利。

公司各种积压有问题存货无论采取何种推销方式，大多无法按正常市价销售出去。因此，采取削价的策略通常是不可避免的。不过公司在削价处理时，也不能盲目地进行，而应当根据具体情况，通过机会损益分析分别对待。对于冷背呆滞、质次价高、残损霉变等存货，究竟应当采取多大的削价幅度，应以能否销售出去为原则。因为这类存货几乎无销路可言；只要能够销售出去，对于削价幅度可不必过多地考虑，否则错失良机，公司将会遭受更大的损失。在此，需要重视的是那些过季积压和可预计未来某一时间能够由滞销转适销的存货。对于这类存货，公司需要通过机会损失分析，确定当前有无必要削价处理以及对削价幅度应如何把握。

对于未来有销路的存货，公司有无必要进行削价处理，主要取决于在此期间盘活资金的再投资收益补偿削价损失后的净额与储存待销所增加的成本费用的比较。如果前者的净损失小于后者，就可以进行削价处理；否则就应当待机销售。在此，具有决定意义的是削价幅度的大小。

设 $K$ 为存货成本，$X$ 为削价幅度，$R$ 为再投资的日收益率(或公司平均投资日收益率)，$L$ 为日借款利息率，$P$ 为日保管费用率，$S$ 为日存货损耗率，$D$ 为待机销售的储存天数。则

削价处理的净损失额 $M=K\times X-K\times(1-X)R\times D$

待机销售的成本费用增加额 $N=K\times(L+P+S)\times D$

令 $M=N$，

即 $K\times X-K\times(1-X)R\times D=K(L+P+S)\times D$，整理得：

$$X=\frac{(R+L+P+S)\times D}{1+R\times D}$$

当 $X<\frac{(R+L+P+S)\times D}{1+R\times D}$ 时，应当削价处理；反之，当 $X>\frac{(R+L+P+S)\times D}{1+R\times D}$ 时，应当继续储存以待未来销售时机到来。

**例 6-23** 某公司第一季度末甲存货 200 万元已过时令，需到第四季度初才能进入下一销售旺季。年借款利息率 10.8%，年保管费用率 1.44%，年损耗率 0.72%。现有客户拟以 180 万元的价格购买全部甲存货，公司应否接受这一削价订单。公司年平均投资收益率 21.6%。

$$损益分界点削价率=\frac{(21.6\%+10.8\%+1.44\%+072\%)\div 360\times 180}{1+21.6\%\div 360\times 180}=15.6\%$$

公司实际削价幅度为 10%，小于损益分界点削价率，对公司有利。

当然，上述分析仅是基于存货未来能够销售出去的肯定性预期假设的，没有考虑概率因素。所以，在实际工作中，公司应当进一步结合概率因素，对削价与否及其幅度做出合理的判断，而不应机械地按照上述模式进行决策。此外，在分析时，也可以考虑所得税的影响，但这对计算结果并无影响，所采用的测算公式也是相同的。

2. 建立存货削价准备制度

随着市场经济体制和现代公司制度改革的深入，公司已逐渐地被推向了完全的市场竞争之中。在生产技术日新月异、产品更新换代周期缩短、消费结构和消费层次不断提高的当今社会，公司在生产经营过程中不可避免地会有一些存货落令过时、花色陈旧、质次价高，无法按原价销售，需要通过削价的办法处理，从而发生一定的削价损失。正如上述分析，对这些积压有问题存货，如果能及时处理，损失就可以相对减少。否则，拖延时间越长，损失就会越大。针对公司存货大量积压的严峻现实，建立削价准备金制度成为当务之急。这不仅有利于公司及时盘活积压存货，缓解资金短缺的压力，而且有利于加速资金周转，提高公司经济效益，增加财政收入。同时，实行存货削价准备制度也是谨慎性原则的基本精神所在。

3. 完善责任控制措施

对积压有问题存货进行削价处理是公司迫不得已的举措，相对于正常销售来讲，削价毕竟意味着公司要遭受一定的经济损失。虽然存货发生积压的情形难以完全避免，但如果公司措施得当，控制严格，还是有可能在较大程度上加以防范和降低的。为此，公司必须建立健全存货进、存、销责任措施，以销定购(进)，以销定存。加强验收、监督、检查和反馈制度。在财务管理上严格奖罚制度，及时分析、反馈存货质量信息，并通过资金分配环节进行控制、调节，减少积压有问题存货数量及资金占用金额，将削价损失的可能性降低到最低限度。对于已经出现的积压有问题存货，必须查明原因，明确责任，并对是否进行削价处理以及可接受的削价幅度进行经济分析，严格予以控制，堵塞管理漏洞，保护公司及投资者的经济利益。

## 四、存货日常管理

### （一）存货归口分级管理

存货的归口分级管理目的在于依靠公司职工来管理存货所占用资金，监督各项资金合理运用，确保生产的顺利进行。

在归口分级管理的情况下，原材料归供应部门统管，分到仓库；在产品、自制半成品等由生产部门统管，分到车间班组和中间仓库；产成品由销售部门统管，分到各个仓库。由于归口分级管理统一了“管钱”和“用钱”部门间的矛盾，统一了权与责矛盾，从而大大地调动了资金使用部门的积极性，使他们在实践工作中能主动地、灵活地采取措施，保证存货各项指标的完成。

1. 原材料储备资金的归口分级管理

材料储备资金是由在途、整理和准备以及在库等三个部门组成。为了管好、用好这些资金，供应部门须按资金定额进行分解。并按材料的品种类别分别划归各职能小组和个人，实行资金指标分级管理。一般来说，分三个管理小组。

① 采购小组，负责编制和执行采购计划，控制采购限额和在途日数。

$$\begin{matrix}\text{计划期材料采购}\\\text{资金总限额}\end{matrix}=\begin{matrix}\text{计划期材料}\\\text{耗用额}\end{matrix}+\begin{matrix}\text{期末材料}\\\text{储备定额}\end{matrix}-\left(\begin{matrix}\text{期初材料}\\\text{结存额}\end{matrix}-\begin{matrix}\text{呆滞积压计划}\\\text{处理余额}\end{matrix}\right)$$

$$\text{一次采购量}=\text{每日平均需用量}\times\text{采购间隔日数}$$

$$\text{采购小组掌握的在途资金定额}=\text{平均每日耗用量}\times\text{在途日数}$$

② 整理及准备小组，根据整理及准备定额，控制整理及准备时间，并随时检查和防止超定额的发生。

$$\text{整理及准备小组掌握的资金定额}=\text{平均每日耗用量}\times\text{整理及准备日数}$$

③ 仓储小组，掌握库存物资的最高存量、最低存量和采购存量，经常检查有无超定额储备或储备不足等情况。控制的指标主要是：最高存量、最低存量和采购总存量。

$$\text{最低存量}=\text{平均每日耗用量}\times\text{保险日数}$$

$$\text{最高存量}=\text{平均每日耗用量}\times(\text{供应间隔日数}+\text{保险日数})$$

$$\text{采购点存量}=\text{平均每日耗用量}\times(\text{自采购至货到日数}+\text{保险日数})$$

$$\begin{matrix}\text{仓储小组掌握}\\\text{的资金定额}\end{matrix}=\begin{matrix}\text{平均每日}\\\text{耗用量}\end{matrix}\times\left(\begin{matrix}\text{供应间}\\\text{隔日数}\end{matrix}\times\text{系数}+\begin{matrix}\text{保险}\\\text{日数}\end{matrix}\right)$$

2. 生产资金的归口分级管理

生产资金包括在产品、自制半成品，完全归口到生产部门负责管理。

在产品和自制半成品资金的日常管理，一般包括实物数量和资金占用数量，指标控制公式如下：

$$\text{在产品实物保有量}=\text{平均每日生产量}\times\text{生产周期}$$

$$\begin{matrix}\text{车间在产品}\\\text{资金定额}\end{matrix}=\begin{matrix}\text{本车间平均}\\\text{每天生产费用}\end{matrix}\times\begin{matrix}\text{本车间生产}\\\text{过程日数}\end{matrix}\times\begin{matrix}\text{本车间在产品}\\\text{成本系数}\end{matrix}$$

3. 成品资金的归口分级管理

成品资金指仓库库存部门所占用的资金，一般由销售部门负责。管好成品资金对实现再生产过程，具有积极的意义。

对成品资金定额的控制，首先要从规定库存最高限额开始。

产成品最高库存限额＝平均每日生产量×最多一次的发货间隔日数

产成品占用资金是按下列标准归仓库保管部门掌管的：

保管小组掌握的成品资金定额＝平均每日生产量×产品的制造成本×规定的库存日数

4. 财务部门的综合管理

财务部门是公司存货资金的主管部门，它对各归口部门管理的流动资金负有统一计划、综合平衡、集中调度和监督使用的责任。

(二) 挂签制度

挂签制度是一种传统的管理办法，对主要存货都挂有一张记载永续盘存记录的卡片，在卡片上载明存货的名称、编号、经济批量、订货点收入、发出、结存等基本资料。表 6-17 就是这种卡片的典型形式。

**表 6-17　永续盘存记录卡**

<table>
<tr><td colspan="3">经济批量</td><td colspan="3">600 件</td><td colspan="3">编号</td><td colspan="3">123948</td></tr>
<tr><td colspan="3">订货点</td><td colspan="3">300 件</td><td colspan="3">品名</td><td colspan="3">某零件</td></tr>
<tr><td colspan="6"></td><td colspan="6"></td></tr>
<tr><td colspan="3">定购</td><td colspan="3">收入</td><td colspan="3">发出</td><td colspan="3">余额</td></tr>
<tr><td colspan="2">20××年</td><td rowspan="2">数量<br>/件</td><td colspan="2">20××年</td><td rowspan="2">数量<br>/件</td><td colspan="2">20××年</td><td rowspan="2">数量<br>/件</td><td rowspan="2">数量<br>/件</td><td rowspan="2">单价<br>/(元/件)</td><td rowspan="2">余额<br>/元</td></tr>
<tr><td>月</td><td>日</td><td>月</td><td>日</td><td>月</td><td>日</td></tr>
<tr><td>5</td><td>4</td><td>600</td><td>5</td><td>14</td><td>600</td><td>5</td><td>24</td><td>200</td><td>400</td><td>20</td><td>800</td></tr>
<tr><td>⋮</td><td>⋮</td><td></td><td></td><td></td><td></td><td></td><td></td><td></td><td></td><td></td><td></td></tr>
</table>

在采用挂签制度时，无论存货的收入还是发出，都要逐笔记录到永续盘存记录卡片上，并随时结出结存数量。当结存数量达到订货点时，便开始订货。

这种方法简便易行，能随时掌握存货的收入、支出和结存数量，在达到订货点时，能及时订货，有利于做好存货的控制工作，但如果存货品种较多，收发比较频繁，则工作量太大。

## 第五节　短期融资决策

为了确保企业营运资本的匹配战略，把利率风险和偿债风险降到最低程度，一般用长期资金支持长期性营运资本需求，对于季节性营运资本需求运用短期融资支持。短期融资主要包括商业信用、短期银行贷款、短期融资券等形式。短期融资具有融资速度快、弹性强、融资成本低及融资风险大的特点。

### 一、商业信用

商业信用是指公司在商品或劳务交易中，以延期付款或预收货款方式进行购销活动而形成的借贷关系，是公司之间的直接信用行为，也是公司短期资金的重要来源。商业信用产生于公司生产经营的商品、劳务交易之中，是一种“自发性筹资”。

商业信用是由商品交换中商品与货币在空间上和时间上的分离而产生的，是一种建立在财务信誉基础上的筹资方式。如购货公司向供货商赊购时，供货商将其存货赊销给购货公司。由于存货中沉积着供货商在生产过程中消耗的各种资金,因此,供货商赊销其存货,实质上就是将存货所含的资金让渡给购货公司使用。由此可见,公司取得商业信用就是获得某种资金的暂时使用权。所以,商业信用的实质就是一种负债筹资。

商业信用在我国的经济生活中,正在日益广泛地发展,它已成为公司筹集短期资金的一种重要方式。

(一)商业信用的形式

商业信用的形式按授予信用的依据不同,一般可分为以下三种。

1. 赊购商品

它是一种最典型、最常用的商业信用形式。在这种形式下,买卖双方发生商品交易,买方被允许在以后一定时期内付款,即在这段时间内卖方向买方提供贷款,这样既解决了买方暂时性资金短缺困难,又便于卖方推销商品。采用这种商业信用形式,买方不需提供任何正式法律契约,卖方仅以发货单、运单作为收款依据。买卖双方分别在会计账簿上记录"应付账款"和"应收账款",全凭信用维持赊账关系,因此又称"挂账信用"。这种形式必须在卖方对买方的信用和财务状况充分了解的基础上进行。

2. 商业汇票

它是公司根据购销合同进行延期付款商品交易时开具的反映债权债务关系的票据。根据承兑人的不同,商业汇票分为商业承兑汇票和银行承兑汇票两种。商业承兑汇票是指由收款人开出,经付款人承兑或由付款人开出并承兑的汇票。银行承兑汇票是指由收款人或承兑申请人开出,由银行审查同意承兑的汇票。汇票承兑期限由交易双方商定,一般为1至6个月,最长不超过9个月。商业票据可以带息,也可以不带息。不带息票据属于免费信用。带息票据利率一般比银行借款利率低,所以票据的融资成本低于银行借款成本。

票据式商业信用一般在下述两种情况下使用:① 卖方对买方财务信用不了解;② 买方信用不佳,不为卖方所信任。因此,同"挂账信用"相比,商业汇票有着较严格的限制和法律约束,筹资的通融性很小。

3. 预收货款

它是指卖方按购销合同和协议规定,在付出商品前向买方预先收取部分或全部货物价款的信用行为,即卖方向买方借入以商品归还的一笔借款。预收货款对于买方来说,可以取得期货;对卖方来说,可以预先收入一笔款项。预收货款一般用于生产周期长、资金需要量大的货物销售或者紧俏商品的销售。

(二)商业信用成本

1. 商业信用条件

商业信用条件是指卖方对付款时间和现金折扣的具体规定,通常有以下三种。

(1) 延期付款,但提前付款有现金折扣

在这种条件下,买方若提前付款,即在现金折扣期内付款,卖方可给予一定的现金折扣;如买方不享受现金折扣,则必须在一定时期内付清账款。如"2/10、$n$/30"便属于此种信用条件。其含义是:如在10天内付款,可享受2%的现金折扣,否则应在30天内全额付清。西方公司在各种信用交易活动中广泛地应用现金折扣,这主要是为了加速账款的收回。现金折扣一般为发票金额的1%~5%。

(2) 延期付款,但不提供现金折扣

在这种条件下，卖方允许买方在交易发生后一定时期内按发票面额支付货款。如商业信用条件"net45"，是指买方公司自开具发票之日起 45 天内按发票金额付款，付款期限最长不超过 45 天。这种条件的信用期限一般为 30～60 天，但提前付款不享受现金折扣的优惠。在这种情况下，买卖双方存在商业信用，买方可因延期付款而取得资金来源。

(3) 展期信用

即买方公司超过规定的信用期推迟付款而强制获得的信用。展期信用是明显违反结算制度的行为，且会影响公司信誉，是不可取的。

2. 商业信用成本

在实际经济生活中，赊购商品是商业信用中最为经常、最为典型的方式；商业信用筹资的管理也集中体现在应付账款的管理上。

赊购商品款筹资的成本，只有在商业信用条件中规定了现金折扣，但公司未加利用时才会发生，即产生放弃现金折扣的机会成本。若按单利计算，其计算公式如下：

$$C=\frac{CD}{1-CD}\times\frac{360}{N}$$

式中　$C$——放弃现金折扣的机会成本；

$CD$——现金折扣的百分比，代表每单位信用的成本；

$N$——失去折扣后延期付款的天数，即信用天数与折扣期限的差额。

**例 6-24**　在"2/10，$n$/30"的信用条件下，如果购货公司不是在前 10 天付款，而是在第 30 天付款，则该公司放弃现金折扣的机会成本为：

$$C=\frac{2\%}{1-2\%}\times\frac{360}{30-10}=36.73\%$$

该公式是从单利的角度来考虑的，计算出的是近似成本。如果从完全的时间价值观念——复利的角度来考察，可以得到较为精确的成本。因为如果以 20 天作为一个计息期，一年内就有 18 个计息期，则在复利条件下，放弃折扣的机会成本计算公式为：

$$C=\left(1+\frac{CD}{1-CD}\right)^{n}-1$$

$$n=\frac{360}{\text{信用期限}-\text{折扣期限}}$$

式中　$n$——计息期数。

仍用上例资料计算得：

$$C=\left(1+\frac{2\%}{1-2\%}\right)^{\frac{360}{30-10}}-1=43.8\%$$

上述计算结果表明，公司如果放弃现金折扣，其机会成本为 36.73%(复利情况下为 43.8%)，代价是很高的。因此，公司一般不应放弃现金折扣，即使是从银行借款，只要代价小于机会成本，也应享受现金折扣。如万不得已，不能折扣期付款，公司也应将付款期推迟到信用期最后一天，以最大限度降低筹资成本。

3. 放弃现金折扣的信用决策

公司放弃应付账款现金折扣的原因，可能是公司资金暂时的缺乏，也可能是基于将应付的账款用于临时性短期投资，以获得更高的投资收益。如果公司将应付账款额用于短期投资，所获得的投资报酬率高于放弃折扣的信用成本率，则应当放弃现金折扣。下面解决本章引例提出的问题。

**例 6-25**　公司采购一批材料，供应商报价为 100 万元，付款条件为 3/10、2.5/30、1.8/50、N/90。目前公司用于支付账款的资金需要在 90 天时才能周转回来，在 90 天内付款，只能通过银行借款解决。如果银行利率为 7%，请确定公司材料采购款的付款时间和价格。

根据放弃折扣的机会成本率计算公式，10 天付款方案，放弃折扣的机会成本率为 13.92%；30 天付款方案，放弃折扣的机会成本率为 15.38%；50 天付款方案，放弃折扣的机会成本率为 16.50%。由于各种方案放弃折扣的机会成本率均高于借款利息率，因此初步结论是要取得现金折扣，借入银行借款以偿还货款。那么又应在哪天付款呢？

10 天付款方案，得折扣 30 000 元，用资 970 000 元，借款 80 天，利息 15 089 元，净收益 14 911 元。

30 天付款方案，得折扣 25 000 元，用资 975 000 元，借款 60 天，利息 11 375 元，净收益 13 625 元。

50 天付款方案，得折扣 18 000 元，用资 982 000 元，借款 40 天，利息 7 638 元，净收益 10 362 元。

结论：第 10 天付款是最佳方案，其净收益最大。

**例 6-26**　如果面对两家以上提供不同信用条件的卖方，公司应通过衡量放弃折扣成本的大小，选择信用成本最小（或所获利益最大）的卖方。如例 6-1 中另有一家供应商提出"1/20，n/30"的信用条件，其放弃折扣的机会成本为：

$$C=\frac{1\%}{1-1\%}\times\frac{360}{30-20}=36.36\%$$

复利情况下为：

$$C=\left(1+\frac{1\%}{1-1\%}\right)^{36}-1=43.59\%$$

与"2/10，n/30"信用条件相比，后者的成本较低，如果买方公司估计会拖延付款，那么应选择第二家供应商。

如果公司因缺乏资金而展延付款期，如在折扣条件为"2/10，n/30"中将付款日拖延到第 50 天，则放弃折扣的机会成本为：

$$\frac{2\%}{1-2\%}\times\frac{360}{50-10}=18.37\%$$

很显然，展期付款可使放弃折扣的成本降低。但是公司却要承担商业信用的另一种成本，即公司信用等级的下降，以致不能再利用商业信用购买商品，而只能接受货到付款或货前付款等条件，这一成本可能大大超过筹资成本下降的好处。所以，通常情况下，特意延长付款期限是不可取的。公司应严格履行购销合同，恪守商业信用。

采用带息票据方式进行商业信用筹资时，其商业信用成本为票据到期时所支付的利息。如半年期的商业票据面值为 10 000 元，票面利率为 8%，则半年期的商业票据成本为 400 元（10 000×8%÷2）。不带息票据则不收利息，属于免费资金。我国目前的大多数票据属于不带息票据。

（三）商业信用筹资的利弊

作为短期筹资的主要手段，商业信用具有许多优点。

① 商业信用容易获得。商业信用的载体是商品购销行为，公司总有一批既有供需关系又有相互信用基础的客户，所以对大多数公司而言，应付账款和预收账款是自然的、持续的信贷形式。商业信用的提供方一般不会对公司的经营状况和风险作严格的考量，公司无须办理像银行借款那样复杂的手续便可取得商业信用，有利于应对公司生产经营之急需。

② 商业信用筹资方式筹资及时、灵活、有较大的机动权。用商业信用方式筹资，是在商品交易发生的当时，也即需要资金的同时就取得了资金，最为及时。公司能够根据需要，选择决定筹资的金额大小和期限长短，同样要比银行借款等其他方式灵活得多。甚至如果在期限内不能付款或交货时，一般还可以通过与客户的协商，请求延长时限。

③ 一般情况下，商业信用没有资金成本。如前所述，如果卖方只规定信用期限而不提供现金折扣，或卖方提供现金折扣且公司享受现金折扣，商业信用融资就没有资金成本。在这两种情况下，使用商业信用筹资是十分有利的。

④ 商业信用与取得短期借款或发行短期融资券相比，一般限制性条款较少。

但是商业信用筹资方式也有不足之处，表现在以下两个方面。

① 如果卖方提供现金折扣，而公司放弃享受现金折扣时，其机会成本较高。如果是带息应付票据，其资金成本也较高。

② 商业信用期限一般较短。

综上所述，商业信用是一种极为普遍的短期资金筹资方式，并且这种筹资方式是建立在公司财务信誉基础之上的。商业信用的规模取决于两个条件，一是公司的购销规模，公司的购销规模是影响商业信用规模的一个因素，但能否获得商业信用，则取决于公司的财务信誉。只有财务信誉良好的公司才有可能获得商业信用。财务信誉不好的公司或财务信誉不为人们了解的公司，往往得不到商业信用，而只能接受货到付款或卖方发货前付款的销售条件。总之，对于能有效进行财务管理的公司，应尽可能使用商业信用这一融资方式。

## 二、短期银行贷款决策

短期银行贷款是一种银行信用，是指利用银行短期借款来融通资金。在工业发达国家，银行信用是仅次于商业信用的公司短期资金的另一重要来源。在我国，则是公司采用的最普通、最常用的短期筹资方式，对公司的生产经营有着举足轻重的影响。

### （一）短期银行贷款的特征

#### 1. 履行借款手续

接到公司提出的借款申请后，银行应对公司信用进行认真审查。为了维护借贷双方的合法权益，保证资金的合理使用，双方应签订借款合同。借款合同中主要强调双方的权利和义务以及相应的保证条款、违约条款以及公司到期归还本息的义务。

尽管有时银行已与借款公司签订了贷款协定，但对资信较低的借款人，银行还会要求开一张期票给银行，并在票面上记录贷款余额、贷款利率、贷款偿还期限、贷款的担保品以及银行与借款人共同认可的其他条件。只有借款人在期票上签章后，才算履行完借款手续，银行随之放款。

#### 2. 规定贷款期限

短期银行贷款期限在一年以下，贷款到期时公司必须偿还款项。根据我国金融制度的有关规定，贷款到期后仍无能力偿还的，视为逾期贷款，银行要照章加收逾期罚息。如以存货作为抵押的贷款，贷款到期后银行可以存货抵作贷款或出售存货以获取收入作为贷款的补偿额。

3. 规定补偿余额

补偿余额是银行要求借款人存入银行的贷款限额的最低百分比(通常10%～20%)。假定一家公司的贷款限额为100万元,银行就可能要求这家公司将这笔款项的20%即20万元存入该家银行。如果一个可能的借款者并非某银行的固定客户,那么,补偿余额的要求就可能促使他成为一个固定客户,因为银行要求他把贷款的一部分留作存款。留作存款的这一部分款项就可以用来作为银行的正常周转资金。

显然,这种补偿余额的存在无疑会对借款人产生不利影响,使得借款人实际能使用的资金减少,因而会提高银行贷款实际利率。同时,对银行而言,这一规定尽管可为其带来一定的利益,但就长远来看,会损害其根本利益,因为银行信贷来源的涵养及良性循环,最终取决于公司运营规模的扩展和资金获利能力的不断增加。因而,现在更多的银行正逐渐放弃这种限制。我国银监会从2009年7月至2010年2月期间,出台了《流动资金贷款管理暂行办法》、《个人贷款管理暂行办法》、《固定资产贷款管理暂行办法》和《项目融资业务指引》(并称"三个办法一个指引"),初步构建和完善了我国银行业金融机构的贷款业务法规框架,贷款新规的精髓是坚持按需放贷原则、实贷实付原则和贷用一致原则。这也标志着我国银行信贷的补偿余额将不再保留。

(二) 短期银行贷款的种类

按照国际惯例,短期银行贷款主要有信用贷款和担保贷款两种。

1. 信用贷款

信用贷款是指公司取得的无须提供担保的短期借款。银行一般只对信誉较好、规模较大的公司提供这种贷款。因为取得信用贷款的公司具有较强的"自偿"性。所谓自偿性是指公司以无担保贷款用于经营后,能在一定时期内提供足够的现金流量来偿还银行借款。所以,银行信用贷款又称自偿性短期银行贷款,是公司短期筹资的重要来源之一。其具体形式可分为三种:信用额度贷款、周转信贷协定、交易贷款。

(1) 信用额度贷款

信用额度贷款是银行与借款方之间一种非正式的持续借款协定,协定载明某一时期银行愿意贷给公司的最高贷款额度。信用额度一般要做出如下规定:第一,信用额度的期限。一般一年建立一次,如遇特殊情况可延期一年。第二,信用额度的数量。该数量规定了银行能贷款给公司的最高限额。如果信用额度的数量是1 200万元,公司已从该银行借入尚未归还的贷款已达1 000万元,那么,公司最多还能借200万元。采用这种方式,要求公司季节转换资金需要量减少时,可以随时还款,能够避免资金闲置。第三,应支付的利率和其他一些条款。

信用额度一般是在银行对公司信用状况详细调查后确定的。信用额度确定的根据有:① 公司向银行送交的经正式审计过的上年度财务报表;② 银行对借款公司经营状况的实际调查结果;③ 公司信誉度等级。

信用额度贷款的主要缺点是银行向公司提供贷款中,不承担任何法律责任。所以,如果银行缺乏信贷资金,或借款公司财务状况恶化,银行有权视情况改变信用额度或拒绝提供贷款,使公司生产经营蒙受损失。

(2) 周转信贷协定

周转信贷协定是公司与银行签订的具有法律效力的短期贷款书面协定。它规定银行在法律上有义务向公司提供不超过某个最高限额的信贷。在该协定有效期间，银行必须满足公司在任何时候提出的没有超过最高限额的借款要求。因此，只要借款公司与银行都愿意继续执行原协议，这种借贷关系可以保持一年以上，甚至无限制地持续下去。

周转贷款协定与信用额度贷款的主要区别在于：① 持续时间不同。信用额度贷款的有效期一般为一年，而周转贷款期限却可超过一年，在实际应用中很多是无限期的，因为只要银行与公司双方照协定执行，贷款期限可一再延长。② 法律约束力不同。信用额度贷款一般不具有法律约束力，不构成银行必须给予贷款的法定责任。而周转贷款协定具有法律约束力，银行有正式承担在限额内贷款的义务。如果银行拒绝贷款，则可视为违法。③ 支付费用不同。公司采用周转贷款协定，除支付利息外，还支付承诺贷款费。承诺贷款费是银行担负了保证在约定的周转限额范围内提供贷款的责任而收取的费用。正是银行收取了这部分费用，才构成为借款人提供资金的法定义务。协议费的收费率与利息率有关，一般收取周转贷款限额内未使用部分的0.125%～0.5%。例如，某公司周转贷款限额为1 000万元，一年内平均使用500万元，若承诺费率为0.5%，则公司应付承诺贷款费2.5万元[(1 000－500)万元×0.5%]。在信用额度贷款的情况下，一般无须支付协议费。

(3) 交易贷款

交易贷款是指为了满足特定交易的需要，公司向银行借入的一次性贷款。例如，某建筑承包商，为了特定的承包项目，向银行申请贷款，当项目完成时，承包商即可取得价款，归还银行贷款。我国的结算借款实际是一种以交易为基础的短期银行借款。对这种一次性的交易贷款，银行要对借款者的生产经营情况和资信状况进行个别的评价，然后才能确定贷款的数量、利率和期限，借以保证贷款的安全。

2. 担保贷款

担保贷款是指有一定的保证人作保证或利用一定的财产作抵押或质押而取得的借款。这种贷款主要适用于信用不佳的公司，因其无法单凭信用取得贷款人的信任，所以需要提供有形的担保来保证。担保贷款包括保证贷款、质押贷款和抵押贷款。保证贷款是指按《中华人民共和国民法典》中有关规定的保证方式，以第三人承诺在借款人不能偿还借款时，按约定承担一定保证责任或连带责任而取得的贷款。质押贷款是指按《中华人民共和国民法典》中有关规定的质押方式，以借款人或第三人的动产或权利作为质押物而取得的贷款。抵押贷款是指按《中华人民共和国民法典》中有关规定的抵押方式，以借款人或第三人的财产作为抵押物而取得的贷款。

公司拥有的有价证券、土地、设备、应收账款等各种资产均可作为贷款的抵押品。但在短期筹资中，最常用的担保品有应收账款和存货。

(1) 应收账款作为担保品

应收账款是公司流动性最大的资产之一，因而成为较合适的短期借款担保品。以应收账款作为担保品来筹措资金的方法有应收账款抵押和应收账款让售两种形式。

① 应收账款抵押。应收账款抵押借款的基本特征是：借款公司仅对应收账款保持名义所有权，而贷款人则拥有其留置权和追索权，即设作抵押的应收账款倘若遭拒付或拖欠的风险损失仍由借款公司承担。

应收账款抵押的办理方法是，借款人首先与办理贷款的金融机构签订具有法律约束力的契约，列明借贷双方共同遵守的程序与法律义务；然后，当每一笔赊销发生后，借款人将发票副本送给贷款银行，银行从中选择出符合信用标准的发票，作为贷款担保品。公司可获贷款数额通常只有抵押应收账款面值的50％～80％。

抵押应收账款一般采用非通知制，即顾客的账款被抵押，并不通知顾客，而是继续让其付款给公司，由借款公司转送贷款银行。银行将收到款项同未清账项逐笔核对无误后，应将协议贷款的部分支付给银行，余额贷记借款公司的存款账户。为了防止借款公司的诈骗行为，贷款银行通常要求保留按通知方式放贷的权利，并采取相应的防范性措施。

应收账款形成的持续性决定了将其作为抵押来筹措资金是一种常用的筹资方式。

② 应收账款让售。应收账款让售是指借款人将其所拥有的应收账款债权卖给贷款银行或有关金融机构，并且当贷款人的购货方未能支付账款时，贷款银行和有关金融机构不能对借款人行使追索权，而要自行承担坏账损失。此时，应收账款的留置权和处分权为发放贷款的金融机构所有；同时该金融机构也完全承担了应收账款的违约风险。金融机构在此发挥着三种功能：信用审核、发放贷款、风险承担。

在应收账款让售的情况下，借贷双方也要签订列明双方处理程序与义务的契约。当借款人自赊购方收到订单时，应立即填写一份信用审核单，送给购买应收账款的金融机构，请它对客户的信用状态予以评价。如果贷款人认为客户信用良好，则借款人就发货给客户，并将“货款请支付给×××”的字样印在发票上，以通知客户直接付款给贷款人。如果贷款人认为客户的信用有问题时，则借款人一般会拒绝客户订单，但如果借款人仍然接受客户的订单时，贷款人就会拒绝购买客户的应收账款。

(2) 存货作为抵押品

存货属流动资产中变现速度较慢的资产，而且由于其性质和品种千差万别，使银行难以与公司签订出较为完善的担保协定。因此，银行一般只同意以易于保管、容易变现的存货作为担保品。在这种贷款形式下，银行要视存货市场价的一定比例调整确定贷款的数量，这一比例有的高达90％，有的则很低，还有的则根本不适于作担保品。

从实际运作来看，以存货作为抵押品的贷款主要有以下三种：

① 浮动存货留置权。采用浮动存货留置权时，公司可以以其一般存货为担保，而不指定某项个别存货项目。在这种情况下，银行对公司全部存货具有浮动留置权。但这种留置权过于概括，银行很难对担保品进行严格的控制，因此，银行一般只提供存货账面价值的50％贷款。

② 信托收据贷款。这是在信托收据融资协议之下，银行对借款公司的存货保留所有权，借款公司以出售存货所得作担保的贷款。这种方式为设备、汽车经销商等广泛应用。例如，某汽车制造商出售一批汽车给经销商，经销商因资金不足而向银行申请借款，签订信托收据贷款协议，协议规定经销商购车的价款由银行贷款支付，银行对该批汽车拥有所有权，经销商可以销售汽车，但必须把销售收入先转给银行偿还贷款，余下的才是经销商的经营所得。

③ 仓单贷款。采用这种方式贷款时，公司可把其制造出的作为担保品的存货租用仓储公司的仓库专门存储，并以仓库开出的单据为依据向银行或其他金融机构申请贷款。采用这种方式，没有银行或金融机构的允许一律不得处置所有存储的货物。

(3) 票据贴现

票据贴现也是一种抵押贷款,它是商业票据的持有人把未到期的商业票据转让给银行,贴付一定利息以取得银行资金的一种借贷行为。银行在贴现商业票据时,所付金额低于票据到期值,其差额为贴现息。采用票据贴现形式,公司一方面给购买单位以临时资金融通,另一方面在本身需要资金时又可及时得到资金,有利于用活资金。

(三)短期银行贷款的成本

短期银行贷款的种类不同,其成本也不同。

1. 信用贷款的成本

信用贷款的成本主要是利息费用,而利息费用主要是由贷款的利率决定的。银行贷款利率的变动范围很大,它受到许多因素的影响。首先,银行贷款的利息政策受一个国家的经济形势和中央银行的信贷政策的直接影响。当一个国家的经济非常景气时,资金需求很旺盛,为了防止经济过热,银行常常采用紧缩政策,因此,经济景气时,各种银行贷款的利率会呈现出偏高的局面;而当经济不景气时,资金需求很弱,为了刺激经济的发展,银行常常采用放宽信用的政策,此时,各种银行的贷款利率会呈现出普遍偏低的局面。其次,利率的高低与通货膨胀有着极大的关联。通货膨胀严重时,利率偏高;反之,利率偏低。再次,银行贷款利率的高低还与借款公司的声誉、规模和财力有关。声誉卓著、财力雄厚且规模大的公司,其借款利率偏低;而财力弱且规模较小的公司,其借款利率偏高。

利率的高低除了与上述因素有关外,还与贷款的形式有着很大的关系。贷款形式的不同,会导致名义利率和实际利率的极大差异。例如,某公司向银行申请一年期贷款100 000元,利率为10%,银行要求保留补偿余额20%,此时,该笔贷款的名义利率为10%,实际利率为12.5%(10 000÷80 000)。因此,公司在考虑采用短期信用融资时,要注意对利率的考察,不仅要看其名义利率,而且更重要的是要考察其实际利率。

银行贷款利率的计算有以下三种方法。

(1) 单利

公司向银行申请短期贷款时,银行在许多场合按单利计算其利率。在单利贷款情况下,公司往往可以得到贷款额,到期时一次还本付息。

**例6-27** 假设某公司向银行举借一年期、利率为10%的单利贷款20 000元,则到期时,公司除还本外,还必须支付利息2 000元(20 000元×10%)。此时,贷款的名义利率为10%,则;

$$实际利率=\frac{利息}{实得资金数}=\frac{2\ 000}{20\ 000}\times100\%=10\%$$

从计算过程可以看出,一年期的单利贷款的名义利率等于其实际利率。但如果贷款的期限为90天,其他条件不变。此时:

$$实际利率=\left(1+\frac{名义利率}{每年借款次数}\right)^{每年借款次数}-1=\left(1+\frac{0.1}{4}\right)^{4}-1=10.4\%$$

这种计算是从复利的角度考虑的。因连续计息的缘故,所以其实际利率大于名义利率。

(2) 贴现利率

在贴现利率贷款的情况下,银行要求预先从贷款额中扣除贷款利息,此时,借款人实际得到的借款额小于其举借的数额。因而,这种贴现贷款的实际利率将高于名义贴现利率。计算公式为:

$$\text{贴现贷款的实际利率}=\frac{\text{利息}}{\text{借款金额}-\text{预扣利息}}\times 100\%$$

$$=\frac{\text{利息}}{\text{实得借款数额}}\times 100\%$$

$$=\frac{\text{名义利率}}{1-\text{名义利率}}\times 100\%$$

**例 6-28**　某公司向银行举借 10 000 元，年利率为 12%，一年后到期的贴现利率贷款，预先扣除 1 200 元(10 000 元×12%)利息后，公司得到 8 800 元的可用资金。该公司所负担的贴现贷款实际利率为：

$$\frac{1\ 200}{10\ 000-1\ 200}\times 100\%=13.64\%$$

或

$$\frac{12\%}{1-12\%}\times 100\%=13.64\%$$

若贴现贷款的期限小于一年，则其实际利率可用下式计算：

$$\text{贴现贷款的实际利率}=\left(1+\frac{\text{利息}}{\text{借款金额}-\text{预扣利息}}\right)^{\text{每年借款次数}}-1$$

或

$$\text{贴现贷款的实际利率}=\left(1+\frac{\text{名义利率}/\text{借款次数}}{1-\text{名义利率}/\text{借款次数}}\right)^{\text{每年借款次数}}-1$$

**例 6-29**　将上例借款期限改为 90 天，其他条件不变，则其实际利率为：

$$\text{贴现贷款的实际利率}=\left(1+\frac{300}{10\ 000-300}\right)^{4}-1=12.96\%$$

或

$$\text{贴现贷款的实际利率}=\left(1+\frac{12\%/4}{1-12\%/4}\right)^{4}-1=12.96\%$$

通过上述分析可以看出，当以贴现方式借款时，实际的借款利率会大于名义利率，且借款期限越长，实际利率就越高。

由于贴现贷款预扣利息，所以实际借到的款项与所需借款有一定差额。如果借款人仍然期望借到原计划的款项，那么借款人向银行申请的实际借款金额就应比计划数要大。

**例 6-30**　某公司需要资金 10 000 元，现以贴现方式借款，设利率为 12%，借款期限为 3 个月，则：

$$\text{需举借的数额}=\frac{\text{所需的资金数额}}{1-\text{名义利率}\div\text{每年借款次数}}$$

$$=\frac{10\ 000}{1-12\%\div 4}=10\ 309.28(\text{元})$$

此时，该公司必须举借 10 309.28 元，才能满足其 10 000 元的资金需要。

(3) 有补偿余额下的贷款利率

信用贷款通常要求借款公司在银行保留一定的补偿余额，一般约占贷款总额的 10%～20%。1996 年《中国人民银行贷款通则》发布，于 2000 年、2004 年提出修订，其中规定银行不得强制保有补偿余额。但目前补偿余额属于市场运作，仍然还有补偿余额制度。

补偿余额会提高银行贷款的实际利率，但借款公司又可从保留的补偿余额中赚得利息，从而又导致其实际利率下降。

补偿余额对借款数量的影响可按下述公式计算：

$$借款数量=\frac{所需金额数}{1-补偿余额(\%)}$$

假设不考虑补偿余额可获取的利息，在单利下的有补偿余额的实际利率计算公式为：

$$实际利率=\frac{利息}{借款数量-补偿余额}\times 100\%$$

或
$$实际利率=\frac{名义利率}{1-补偿余额(\%)}\times 100\%$$

**例 6-31** 假设某公司需要资金 100 000 元，银行贷款利率为 10%，要求的补偿余额为 20%，则公司的借款数量应为：

$$借款数量=\frac{100\ 000}{1-20\%}=125\ 000(元)$$

$$\begin{array}{c}补偿余额条件下的\\实际利率\end{array}=\frac{125\ 000\times 10\%}{125\ 000-125\ 000\times 20\%}\times 100\%=12.5\%$$

或
$$实际利率=\frac{10\%}{1-20\%}\times 100\%=12.5\%$$

由此可见，补偿余额方式贷款其名义利率小于实际利率，借款实得金额小于借款数量。

(4) 其他费用

银行借款除支付利息外，有时还要支付筹资中的一些其他费用。如周转信贷中的承诺费，在贷款前与银行之间谈判的费用等，这些也应构成信用成本的一部分。

2. 担保贷款的成本

担保贷款的成本与信用贷款的成本构成基本一致。但由于涉及担保品的处理和保管，因此，担保贷款的成本一般要比信用贷款高。

(1) 应收账款作为担保品的成本

以应收账款为抵押品的贷款利率一般要比基本利率高出 2%～5%。另外，银行还要收取一定比例的手续费用以弥补管理费用，具体包括账款的调整费用、账款的抵押和收账时的记录费用以及贷款政策的制定费用等。应收账款的贷款额会随账款的收回而自动减少，因而，这种贷款的成本比全部到期偿还的贷款成本要低。

(2) 存货作为担保品的成本

以存货为担保品的贷款利率一般要比基本利率高出 3%～5%，并且银行还要加收一定比例的管理费用。在采用仓单贷款时，公司还要向仓储公司支付相当于贷款总额 1%～3% 的仓储成本，从而加大借款的资金成本。所以，使用仓单贷款的成本相当高。

(四) 短期银行贷款的利弊

短期银行贷款作为一种重要的短期融资方式，具有以下优点：

① 银行资金充足，实力雄厚，能随时为公司提供比较多的短期贷款。对于季节性和临时性的资金需求，采用银行短期贷款尤为方便。而那些规模大、信誉好的大公司，更可以较低的利率借入资金。

② 银行短期贷款具有较好的弹性，可以在资金需要增加时借入，在资金需要减少时还款。

③ 银行兼管结算，贷款新规规定贷款支付方式应按照合同约定通过贷款人受托支付或借款人自主支付的方式来进行支付，从而使公司利用银行信用较为方便。

短期银行贷款同时也存在以下不足之处：

① 资金成本较高。银行短期贷款成本比较高，不仅不能与商业信用相比，与短期融资券相比也高出许多。而担保贷款因需要支付管理和服务费用，成本则更高。

② 限制较多。向银行借款，银行只有对公司的经营和财务状况进行调查以后才能决定是否贷款。有些银行要求公司把流动比率、速动比率维持在一定的范围之内，这些都会构成对公司的财务限制。

**三、短期融资券**

短期融资券源于商业票据，是由信誉良好、实力雄厚的大公司开出的短期无担保本票，是一种短期资金的筹集方式。

（一）短期融资券及其分类

短期融资券（以下简称融资券）是由公司依法发行的无担保短期本票。在我国，短期融资券是指公司依照《短期融资券管理办法》的条件和程序在银行间债券市场发行和交易的、约定在期限不超过 1 年内还本付息的有价证券。

短期融资券按不同标准可作不同分类。

1. 按发行人分类

按发行人分类，短期融资券分为金融公司的融资券和非金融公司的融资券。在我国，目前发行和交易的是非金融公司的融资券。

2. 按发行方式分类

按发行方式分类，短期融资券分为经纪人承销的融资券和直接销售的融资券。非金融公司发行融资券一般采用间接承销方式进行，金融公司发行融资券一般采用直接发行方式进行。

① 经纪人承销的短期融资券。它是指首先由发行人卖给经纪人，然后由经纪人以更高的价格转卖给投资者的融资券，其中主要是卖给商业银行、其他金融机构和有暂时闲置资金的公司。经纪人从价差中赚取相当于融资券总额的 0.125%的代销手续费，即佣金。

② 直接销售的融资券。它是指发行人直接销售给最终投资者的融资券。直接发行融资券的公司通常是经营金融业务的公司或自己有附属金融机构的公司，它们有自己的分支网点，有专门的金融人才，因此，有力量组织自己的推销工作，从而节省了间接发行时应付给证券公司的手续费用，但要承担融资券不能全部售出的风险。在工业发达国家，短期融资券的大约 50%是由发行公司直接销售的。无论哪种形式的融资券，都可在市场上流通，并由发行公司到期按面值兑付。

20 世纪 80 年代中后期，我国有些公司为解决流动资金的不足，开始采用短期融资券筹集资金，这是我国流动资金管理方面的一项重大改革。尤其是近年来出现的超短期融资券（期限在 270 天以内的短期融资券，具体可以是 1 天、7 天、14 天、21 天、1 个月、3 个月、6 个月和 9 个月等标准化期限），对扩大流动资金来源、健全金融工具、完善债券市场都具有十分重要的意义。

（二）短期融资券的发行条件

发行人为非金融企业，公司申请发行融资券应当符合下列条件：

① 在中华人民共和国境内依法设立的公司法人。

② 具有稳定的偿债资金来源，最近一个会计年度盈利。

③ 流动性良好，具有较强的到期偿债能力。

④ 发行融资券募集的资金用于本公司生产经营。

⑤ 近三年没有违法和重大违规行为。

⑥ 近三年发行的融资券没有延迟支付本息的情形。

⑦ 具有健全的内部管理体系和募集资金的使用偿付管理制度。

⑧ 中国人民银行规定的其他条件。

同时满足以下规定：

① 发行公司均应经过在中国境内工商注册且具备债券评级能力的评级机构的信用评级，并将评级结果向银行间债券市场公示。

② 发行和交易的对象是银行间债券市场的机构投资者，不向社会公众发行和交易。

③ 融资券的发行由符合条件的金融机构承销，公司不得自行销售融资券，发行融资券募集的资金用于本公司的生产经营。

④ 对公司发行的融资券施行余额管理，待偿还融资券余额不超过公司净资产的40%。

⑤ 融资券采用实名记账方式在中央国债登记结算有限公司（简称中央结算公司）登记托管，中央结算公司负责提供有关服务。

⑥ 融资券在债权债务登记日的次一工作日，即可以在全国银行间债券市场的机构投资人之间流通转让。

（三）短期融资券的发行程序

① 公司做出发行短期融资券的决策。

② 办理发行短期融资券的信用评级。

③ 向有关审批机构（中国人民银行）提出发行申请。

④ 审批机关对公司提出的申请进行审查和批准。

⑤ 正式发行短期融资券，取得资金。

（四）短期融资券筹资的优缺点

短期融资券筹资主要有以下优点：

① 筹资的成本低。在西方国家，短期融资券的利率加上发行成本，通常要比银行的同期贷款利率低0.25%～2%。这是因为在采用短期融资券筹资时，筹资者与投资者直接往来，绕开了银行中介，节省了一笔应付给银行的筹资费用。因此，与银行贷款相比，采用短期融资券可减少成本，增加筹资效益。对我国来讲，相对于发行公司债券筹资而言，发行短期融资券的筹资成本较低。

② 筹资数额大。相对于银行借款筹资而言，短期融资券一次性的筹资数额比较大。公司可以通过多种方式来融通短期资金，但很多方式都有一定的限制。如在西方，商业银行能贷给个别公司的最大金额不能超过该公司资本或盈余的10%。因而，对需要巨额资金的大公司来说，短期融资券这一方式尤为适用。

③ 短期融资券筹资能提高公司的信誉。能在货币市场上发行短期融资券的公司都是著名的大公司，因而，一个公司如能在货币市场上发行自己的短期融资券，就说明该公司的信誉较好。

但短期融资券筹资也有以下缺点：

① 风险大。在短期融资中，发行短期融资券风险最大。因为短期融资券到期必须归

还，而不能像商业信用和银行信用那样可与债权人商量争取延期，它绝对不能延期；如果到期不能及时兑付，会使公司信誉锐减，若没有及时的补救措施，甚至会使公司滑向破产。这就要求公司在采用短期融资券筹资的同时，一定要与银行保持良好的关系，最好留有一定的信用额度或周转信贷限额，以便在公司资金波动，不能及时偿还短期融资券时获得银行的帮助。

② 缺乏弹性。只有当公司的资金需求达到一定数量时，才能使用短期融资券，如果数量过小，在发行上则很不经济；加之短期融资券一般不能提前偿还，即使公司资金比较宽裕，也要到期方能归还。

(3) 条件严格。短期融资券是一种较好的短期筹资方式，但并不是任何公司都能采用。它有严格的限制条件，只有信誉好、实力强的大型公司才能采用。

**四、应付费用和税金**

在公司的流动负债项目中，还包含着一部分在公司经营过程中由公司内部活动和分配自然形成的资金来源，供公司在规定期限内无条件使用，这种资金来源主要包括应付费用和应交税费。

(一) 应付费用和应交税费的特征

1. 具有既定的规模

应付费用中的应付职工薪酬、应付利息及按有关法规制度预先提取或延期支付的其他应付项目，在一定的条件下有一定的可测性，与应交税费一起构成了比较稳定的内部资金来源。由于这些资金来源是遵循国家的法规、制度而暂时形成并等待支付，因而区别于一般性负债，我国传统上称之为“定额负债”。

比如，公司的流转税、所得税和房产税、车船使用税等税种，按税法和财务会计准则的规定，流转税等要定期计算并列入应付项目（应交税费），而税款的真正支付都可以延迟到税法规定的日期。这样，从该项应付项目的形成到应付项目的消失，存在着一个可测的资金利用期，从而形成既定规模的资金来源。公司所得税在没有实际支付前，也保留在公司，随着公司经营利润的变化，这项可利用的资金也要发生变化。

2. 无资金成本

利用应付费用和税金融资没有资金成本，它是一种典型的无成本资金来源。这些应付项目虽然是公司的资金来源，但并非来自外部，而是公司按有关规章从内部形成的，具有免费使用的特点。因此，公司应尽可能多地利用这种资金来源，但由于受法律、惯例等因素的限制，除扩大销售外，公司很难大量使用。例如，根据税法规定，税款必须准时缴付，如果拖欠则必须缴纳滞纳金、罚金等；如延期支付工资，则会引起职工士气低落，不利于公司正常经营。

(二) 应付费用和应交税费资金来源数的测定方法

通常可采用下述公式来测定应付费用和应交税费资金来源数：

$$\text{应付费用资金}=\frac{\text{一定期间应付项目发生额}}{\text{一定期间日数}}\times\text{应付项目占用日数}$$

式中的“一定期间日数”是指年度、季度或月度日数；“一定期间应付项目发生额”是指该应付项目在相应期间的发生额；“应付项目占用日数”是指该应付项目从形成至消失的日数。

**例 6-32**　某公司根据当年销售计划，预计年度产品销售税金为 720 000 元，按有关规定，该项税金于每月月终计算，下月月初 7 日支付，如按应交税费形成金额的占用天数计算：

$$应交税费资金=\frac{720\ 000}{360}\times 7=14\ 000(元)$$

如按两次支付间隔期的半数作为占用天数，计算结果则为：

$$应交税费资金=\frac{720\ 000}{360}\times\frac{30}{2}=30\ 000(元)$$

可见，应付项目占用天数的确定，对资金测定结果影响很大。根据应付项目资金的形成过程，采用第二种计算方法更为合理。

## 五、短期负债筹资方式的选择

公司短期负债筹资的方式很多，不同的筹资方式其资金成本差异很大。因此，公司在进行短期负债筹资时，必须选择适当的方式。通常在选择筹资方式时应考虑以下几方面的因素。

### （一）配比性

根据配比原则，公司的暂时性资产应用短期负债筹资方式来提供资金。此时，还应当确定公司愿意承担的风险。如果公司承受风险的能力较强，可采用较激进的策略尽可能多地获得短期负债；相反，公司应采用保守的策略把短期负债限制在一个安全的范围之内。

### （二）资金成本

公司筹资的原则之一就是尽量降低资金成本。资金成本通常以年利率来表示。在其他条件不变时，应以利率高低来选取资金来源。公司筹资时，不仅需要考虑资金的直接成本，而且要考虑资金来源的机会成本。例如，一公司与某银行有着长期的良好合作关系，并预计未来还要大量地从该银行取得贷款。在这种情况下，即使银行对某项贷款要求的利率过高，该公司为了维护这种良好关系不应选择其他成本低廉的资金来源。因此，对筹资方式进行选择时，应将直接成本和机会成本结合起来加以考虑。

### （三）对信用地位的影响

采用不同的筹资方式，对短期筹资者的信用会产生不同的影响。例如，抵押贷款对借款人信用地位的影响一般大于信用贷款；同属抵押贷款，而贷款者要求的条件不同，对信用地位的影响也不相同。

### （四）可靠性

可靠性指筹资人在需要资金时，能否及时如数取得。例如，银行核准某公司一个信用额度，只要不超过其信用额度，该公司需要资金时就可以及时取得。如果没有核准的信用额度，借款人必须逐笔办理借款手续后才能动用，不如有信用额度时借款方便可靠。

### （五）限制性

有些短期负债筹资方式会受到某些限制。如银行为了保障贷款能及时收回，有时要求公司的流动比率和速动比率保持在一定的水平上；又如发行短期融资券只有信誉好、实力强的公司才能采用。

### （六）伸缩性

根据公司资金的需要，筹资数额应有较大的伸缩性。

公司在选择短期负债筹资方式时，应充分、全面地考虑上述各种因素。虽然筹资的直接成本是一关键因素，但并不是决定因素，一般先按资金的直接成本的大小对不同的短期负债筹资方式予以评价,然后再考虑其他因素。

## 案例

### 南湖公司应收账款、存货及流动负债管理

威鹏与佳龙大学毕业后,自主创业成立了南湖无人机公司。他们所设计的无人机,符合用户的需求,具有新颖性、多功能性等特点,受到了用户的好评,公司也将扩张规模。该公司2017年、2018年及2019年的资产负债表与利润表分别如表6-18和表6-19所示。

**表6-18　资产负债表(年末)**　　单位:万元

| 项目 | 2017年 | 2018年 | 2019年 |
|---|---|---|---|
| 库存现金 | 100 | 150 | 200 |
| 应收账款 | 1 000 | 2 000 | 3 000 |
| 存货(主要为产成品) | 900 | 1 800 | 2 800 |
| 流动资产合计 | 2 000 | 3 950 | 6 000 |
| 固定资产净值 | 3 000 | 3 550 | 4 000 |
| 资产合计 | 5 000 | 7 500 | 10 000 |
| 应付账款 | 300 | 400 | 500 |
| 应付票据(10%) | 300 | 1 280 | 2 350 |
| 应付费用 | 100 | 120 | 150 |
| 流动负债合计 | 700 | 1 800 | 3 000 |
| 长期负债(10%) | 1 000 | 2 100 | 3 200 |
| 所有者权益 | 3 300 | 3 600 | 3 800 |
| 负债与所有者权益合计 | 5 000 | 7 500 | 10 000 |

**表6-19　利润表**　　单位:万元

| 项目 | 2017年 | 2018年 | 2019年 |
|---|---|---|---|
| 营业收入 | 7 500 | 8 750 | 10 000 |
| 减:销货折让 | 80 | 90 | 100 |
| 营业成本(营业收入的80%) | 6 000 | 7 000 | 8 000 |
| 营业利润 | 1 420 | 1 660 | 1 900 |
| 减:利息费用 | 90 | 250 | 500 |
| 信用部门及收款费用 | 20 | 30 | 50 |
| 坏账损失 | 210 | 330 | 450 |
| 利润总额 | 1 100 | 1 050 | 900 |
| 所得税费用 | 400 | 420 | 360 |
| 净利润 | 660 | 630 | 540 |

负债的利率为10%,利息费用根据每年的平均负债余额计算得出。平均负债余额2017

年为 900 万元,2018 年为 2 500 万元,2019 年为 5 000 万元。

2019 年初,南湖公司有些问题开始呈现出来,该公司过去一直通过负债和利用留存收益筹资。主要债权人开始不同意进一步扩大债务。威鹏与佳龙两人没有资金可追加投资到公司,又不愿意出售额外股份给外人,以免失去公司控制权,他们两人目前拥有 60%的公司股份。威鹏与佳龙很清楚,他们不能犹豫不决,必须采取果断措施,所以,他们要请你做财务总监,协助他们指出并解决其财务问题。

该公司的信用条件为“2/10,*n*/60”,有近半数的顾客享受折扣,但是许多未享受折扣的顾客延迟付款。2019 年的坏账损失计 450 万元,收账费用为 50 万元。

该公司设计销售几种不同形式的无人机,但售价均为 5 000 元,销货成本约为 4 000 元。2019 年销售总计 20 000 个。销售情况在该年相当平稳,没有显著的季节变动。从生产一个版本的无人机转变为另一版本的无人机的设置成本为 5 000 元,此项费用可视为“订货成本”;储存存货的成本估计为存货成本的 30%,主要是由于高技术产品更新换代加快。

你现在的工作就是要分析该公司的财务状况,特别是其信用政策与存货政策。经过与销售及会计人员研商,该公司在 2019 年改变信用政策如下:

① 信用条件为“2/10,*n*/30”而非“2/10,*n*/60”;

② 该公司可利用较高的信用标准;

③ 该公司应务力收回欠款。

如果这些改变措施在 2019 年实施,那么很可能引起业务发生下列变化:

① 销货收入仅为 9 800 万元,而非 10 000 万元;

② 坏账损失减为 150 万元;

③ 信用部门成本增加至 100 万元;

④ 平均收款期减少至 30 天;

⑤ 享受折扣顾客之百分比由 50%增加到 80%。

**问题:**

1. 根据 2019 年实施的信用政策,确定应收账款占用水平。

2. 根据 2019 年实施的存货政策,确定存货占用水平。

3. 根据 2019 年实施的信用政策和存货政策,确定债务占用水平。

4. 根据 2019 年实施的信用政策和存货政策,重新编制 2019 年资产负债表和利润表。

5. 2019 年实施新政后,对以下各项财务指标会有什么影响:① 净利率;② 权益资本收益率;③ 负债比率;④ 流动比率。

6. 如果你是公司新任命的财务总监,还有何建议?

# 第七章 长期筹资方式

## 引言

2020年北京深秋的一个夜晚，天空飘着淅沥的小雨，凉意渐起，路上行人匆匆。北京字节跳动科技有限公司（以下简称“字节跳动”）创始人、CEO张一鸣先生，从办公室望向窗外闪烁的霓虹，思考着公司的未来发展。

“字节跳动”成立于2012年3月，是最早将人工智能应用于移动互联网场景的科技企业之一，旗下产品有今日头条、西瓜视频、抖音、火山小视频、懂车帝与悟空问答等。尽管成立时间不长，“字节跳动”抓住了中国移动互联网的内容资讯与短视频风口，增长迅猛。2020年8月，“字节跳动”以5 600亿元人民币市值位列2020胡润全球独角兽榜第二名。

“字节跳动”的发展离不开资金的支持，目前已经完成了多轮融资：

2012年3月，获得来自源码资本曹毅与天使投资人刘峻、周子敬的数百万元人民币的天使轮投资；

2012年7月，进行A轮融资，金额为100万美元，投资方为SIG海纳亚洲；

2013年9月，完成了B轮1 000万美元的融资，投资方包括DST、奇虎360；

2014年6月，完成了C轮1亿美元的融资，投资方包括红杉资本、新浪微博等；

2016年12月，完成了D轮10亿美元融资，投资方包括红杉资本、建银国际等，投后估值110亿美元；

2017年8月，完成约为20亿美元的E轮融资；

2018年10月，完成Pre-IPO融资，融资规模大约为40亿美元，投后估值达到750亿美元；

2020年3月，获得老虎基金的战略投资。

2020年，对于“字节跳动”，是充满挑战的一年。走出国门、大跨步国际化的TikTok产品在欧美、亚洲等多个国家被禁用，国内关于抖音的质疑也从未停息。面对市场需求的快速变化以及竞争对手的围追堵截，“字节跳动”如何继续保持快速增长？而且，在融资方式上是否需要做出改变，怎样拓宽融资渠道，以更好支撑公司的转型发展？张一鸣先生揉了揉太阳穴，陷入了沉思……

## 第一节 资金筹集渠道与方式概述

### 一、资金筹集的目的

资金是公司持续从事生产经营活动的基本条件。公司的创建是以充分的资金准备为前提的。创建公司，首先必须接受投资者投入的资金，然后才能组织生产经营活动。但是只靠投资者投入的资金往往不能满足要求，还需要向债权人借入资金。创建后的公司在经营中发展壮大时，又需要从公司外部各个方面和公司内部吸收资金，以满足自我发展要求。因而公司在不同时期和不同阶段，有着不同的筹资目的。具体来说，公司筹集资金有以下几个目的：

（一）维持正常的生产经营活动

按照经济学理论，资本每循环一次都带来一定数量的利润，都能补偿生产经营的耗费，进行再生产。但在实际生产经营中，每一次资本循环收回的资金与下一次循环所需要的资金在形态上不完全一致，资金的收回与资金的使用在时间上也不一定完全衔接，这就需要公司为维持正常的生产经营活动不断地筹集资金。一般而言，公司为维持正常的生产经营活动所筹集的资金，具有筹资量基本稳定、筹资时间基本确定的特点。

（二）谋求公司的发展

在市场竞争中，公司只有不断地进行自我强化、自我更新和自我发展，才能立于不败之地。这就要求公司不断开发新产品、提高产品质量与生产工艺技术、开拓公司经营领域等，而这一切都是以资金的不断投放作为保障的。因此，公司发展需要筹集资金。一般而言，为谋求公司发展筹集的资金，无论是筹资时间安排，还是筹资数量均不确定，其筹资目的都从属于特定的投资决策和投资安排。

（三）应对临时资金短缺的需要

公司在其生产经营活动中，由于客观环境的变化，如市场不景气时期的销售受到影响，造成公司暂时性的资金周转不灵或经营中某些不利因素的影响，发生资金临时短缺，这就要求公司筹集资金以满足需要。

（四）满足资本结构调整的需要

资本结构是指公司各种资本的构成及其比例关系。公司的资本结构是由公司采用各种筹资方式而形成的。资本结构具有相对的稳定性，但当公司的资本结构不合理时，需要通过筹资进行调整，使其趋于合理。资本结构的调整是公司为了降低筹资风险、减少资本成本而对资本与负债间的比例关系进行的调整。资本结构调整的方式很多，如为增加公司主权资本比例而增资，为提高主权资本利润率和降低资本成本而增加负债，为合理化债务期限结构而进行债务搭配等，这些行为都属于公司为了改善资本结构而进行的筹资活动。

**二、资金筹集渠道与方式**

公司筹集资金需要通过一定的渠道，采用一定的方式进行。资金筹集渠道是指公司筹集资金的来源或途径；资金筹集方式是指公司取得资金所采用的具体形式。资金从哪里来和如何取得资金，两者既有区别又有联系。同一筹资渠道的资金往往可以采用不同的筹资方式取得，而同一筹资方式又往往可以筹集到不同筹资渠道的资金。

目前我国公司的资金筹集主要有以下几个渠道：

（一）国家财政资金

国家财政资金历来是国有公司最主要的资金来源，特别是国有独资公司，其资本全部由国家投资形成。现有国有公司的资金来源中，其资本部分大多是由国家财政以直接拨款方式形成的，除此之外，还有些是国家对公司“税前还贷”或减免各种税款而形成的。国家财政资金雄厚，今后仍然是国有公司重要的筹资渠道。

（二）银行信贷资金

银行对公司的各种贷款，是我国目前各类公司最为重要的资金来源。我国银行大体可分为商业性银行和政策性银行两种。商业性银行是以盈利为目的、从事信贷资金投放的金融机构，它主要为公司提供各种商业贷款；政策性银行是为特定公司提供政策性贷款的银行机构，盈利不是其主要目的。银行信贷资金雄厚，贷款方式灵活，且有利于加强宏观调控，因此，它是公司重要的筹资渠道。

（三）非银行金融机构资金

非银行金融机构主要指信托投资公司、保险公司、证券公司、租赁公司、公司集团财务公司等。它们所提供的各种金融服务，既包括信贷资金投放，也包括物资的融通，还包括为公司承销证券等。非银行金融机构资金力量比银行信贷资金要小，但其资金供应比较灵活方便，而且可提供其他方面的服务，所以这种筹资渠道具有广阔的发展前景。

（四）其他公司资金

公司在生产经营过程中，往往形成部分暂时闲置的资金，并为一定目的进行相互投资。另外，在市场经济条件下，公司间的购销业务可以通过商业信用方式来完成，从而形成公司间的债权债务关系，形成债务人对债权人的短期信用资金占用。公司间的相互投资和商业信用，使其他公司资金也成为公司资金的重要来源。

（五）公司内部资金

公司内部资金主要是提取的折旧、留存利润而形成的资金，此外还包括一些经常性的延期支付的款项，如应付工资、应交税金、应付股利等而形成的资金来源。这些资金来源的重要特征之一是，它们无须公司通过一定的方式去筹集，不需支付筹资费用，而直接由公司内部自动生成。公司内部资金是公司长期资金的重要来源。

（六）境外资金

境外资金是指外国投资者及我国香港、澳门、台湾地区投资者投入的资金以及借入的外资，如进口货物延期付款、补偿贸易、融资租赁、在国外发行公司债券等。

（七）居民个人资金

公司职工和居民个人的待用或节余的货币，作为"游离"于银行及非银行金融机构等之外的社会资金，可用于对公司进行投资，形成民间资金渠道。

对于各种筹资渠道的资金，公司可以采用不同的筹资方式进行筹集。目前我国公司资金筹集的方式主要有：① 吸收直接投资；② 发行股票；③ 发行债券；④ 银行借款；⑤ 商业信用；⑥ 融资租赁等。

资金筹集渠道与资金筹集方式有着密切的联系。如果说资金筹集渠道属于客观存在，那么，资金筹集方式则属于公司主观能动行为。公司资金筹集管理的重要内容是如何针对客观存在的资金筹集渠道，选择合理的资金筹集方式进行筹资。认识各种筹资方式的属性，有利于公司选择适宜的资金筹集方式并有效地进行筹资组合，降低筹资成本，提高筹资效益。

**三、资金筹集的分类**

公司从不同资金筹集渠道并采用不同资金筹集方式筹集的资金，按不同标准可分为不同类型。认识和了解资金筹集的分类，有利于公司掌握不同筹资种类在筹资风险和资本成本上的差异，从而便于公司做出合理的筹资选择。

（一）按所筹资金的性质分类

公司筹集的资金，按资金性质可分为权益资本和借入资金两类。认识和了解这种分类，有利于公司明确筹资风险和财务杠杆作用。

1. 权益资本

权益资本也称自有资金、股东权益，它是公司依法筹集并长期拥有、自主支配的资金。权益资本的多少，反映了公司的资金实力，在相当程度上可以说明公司财务状况的稳定程度以及公司适应生产经营环境变化的能力。权益资本属于公司长期占用的“永久性资本”，形成公司法人财产权，在公司存续期内，投资者除依法转让外，不得以任何方式抽回资金。由于没有还本付息的压力，所以筹资风险低。公司的权益资本主要是通过国家财政资金、其他公司资金、外商资金和居民个人资金等渠道，采用吸收直接投资、发行股票和留存利润等方式筹措取得。

2. 借入资金

借入资金也称负债资金，是公司依法筹措并依约使用、按期偿还的资金。这部分资金在一定期限内归公司使用，到期必须偿还，因而偿债压力大。借入资金不仅在投资收益率高于借入资金成本的情况下，可使权益资本获得杠杆收益，而且借入资金成本有节税作用，可降低公司综合资金成本。然而，如果借入资金比例过大，筹资风险就会很大。公司的借入资金主要通过银行信贷资金、非银行金融机构资金、居民个人资金等渠道，采用银行借款、发行债券、融资租赁和商业信用等方式筹措取得。

（二）按所筹资金的期限分类

公司筹集的资金，按期限可分为长期资金和短期资金两类。认识和了解所筹资金的期限，有利于公司把握全部资金的期限结构和资金成本的大小，从而有利于合理安排资金的调度与使用。

1. 长期资金

长期资金是指使用期限在一年以上的资金。由于这种资金期限长，因此在约定的使用期内公司可以灵活使用，并且这种资金对公司短期经营的影响较小。但长期资金的期限越长，未来不确定性因素就越多，投资风险就越大，资金供应者要求的投资报酬也就越高，对公司来说，筹集资金的成本就越高。但长期资金造成资金短缺的风险较小。公司的长期资金主要通过吸收直接投资、发行股票、发行长期债券、长期借款、融资租赁等方式筹集。

2. 短期资金

短期资金是指使用期限在一年以内的资金。由于这种资金期限短，因此对公司短期经营的影响大，资金成本相对较低，但造成资金短缺的风险相对较大。公司的短期资金主要通过短期借款、商业信用、发行短期债券等方式筹集。

（三）按筹资活动是否通过金融机构分类

公司筹资活动，按是否通过金融机构可分为直接筹资和间接筹资两类。认识和了解这种分类，有利于公司明确筹资风险和筹资效率。

1. 直接筹资

直接筹资是指公司不经过银行等金融机构，而直接从资金供应者借入或发行股票、债券等方式进行筹资。在直接筹资过程中，资金供求双方借助融资手段直接实现资金的转移。由于直接筹资活动依赖于金融市场机制的作用，因此，筹资成本依市场供求变动而变动，筹资风险较大，特别是在金融市场突变情况下，易导致公司筹资失败，造成筹资损失。随着金融市场的发展和金融工具的不断创新，公司可利用和选择的筹资渠道与方式增多，直接筹资的市场发展前景广阔。

2. 间接筹资

间接筹资是指公司借助于银行等金融机构进行筹资。这种筹资具有筹资手续简便、效率高等优点，但筹资范围相对较窄，筹资渠道与方式相对单一。间接筹资主要有银行借款、非银行金融机构借款、融资租赁等形式。

**四、资金筹集的原则**

筹集资金是公司的基本财务活动，它决定了公司生产经营规模和发展速度。通过一定的资金筹集渠道，采用一定的资金筹集方式有效地组织资金供应，是公司财务管理工作的一项重要内容。为此，在认识和了解公司筹资渠道与筹资方式的基础上，还应遵循以下筹资原则：

（一）规模适度原则

资金筹集的目的在于保证公司生产经营所必需的资金需要。所以，在筹资过程中，无论通过何种渠道，采用何种方式，都应预先确定资金的需要量，以需定筹，防止因筹资不足而影响生产经营活动，或筹资过剩而降低筹资效益。所确定的资金需要量，应是为保证生产经营正常、高效运行的最低资金需要量和高效益投资项目必不可少的资金需要量。

（二）及时性原则

公司筹集资金应根据资金的投放使用时间来合理安排筹资时机，使筹资和用资在时间上相衔接，避免超前筹资造成使用前的闲置，或滞后筹资影响投资。

（三）效益性原则

由于不同的筹资渠道与筹资方式的资金成本、筹资风险及取得资金的难易程度不同，公司在筹集资金时，应综合考虑这些因素，以提高筹资效益。

（四）结构合理原则

公司在筹资时，一方面必须使公司的权益资本与借入资金保持合理的结构关系，防止负债过多而增加财务风险，或未充分利用负债经营，使权益资本的收益水平降低。另一方面应权衡长期资金与短期资金的资金成本与资金短缺的风险。根据具体情况合理安排长期资金与短期资金的期限结构。

## 第二节　资金筹集规模

资金筹集规模是指一定时期内公司的筹资总额，通常以货币形式表示。它是公司确定筹资方式的基本依据。

**一、资金筹集规模的特征**

在合理确定公司筹资规模之前，首先必须了解筹资规模的特征。从总体上看，筹资规模具有时间性和对应性等特征。

（一）时间性

公司筹资规模的时期选择，必须要与投资需求时间相对应。由于公司投资常常是分阶段进行的，因而筹资也相应地要求分为几个阶段。公司在一定时期内可能同时有几项投资活动，它们所需要的资金会一次或分几次筹集。因此，在选择筹资规模时期时，必须明确总体投资需要和某一项目或某一年度的筹资额。

（二）对应性

对应性是指公司筹资方式、规模与资产占用具有一定的对应关系。具体的对应关系取决于公司所选择的资金筹集策略类型。认识和了解资金筹集策略类型对于公司合理选择与规划筹资方式及其规模、提高资产运营效率具有重要意义。

**二、资金筹集规模确定的方法**

资金筹集要以需定筹。因此，资金筹集规模的确定也就是对资金需要量的合理预测。常用的资金需要量预测方法包括项目预算法、线性回归分析法、销售百分比法和因素分析法，其中销售百分比法在第四章第四节财务模型与计划中进行过详细讨论，此处不再赘述。

（一）项目预算法

项目预算法是指公司在投资项目额基本确定的情况下，根据项目所需要的实际投资额确定筹资规模的方法。考虑到公司在一定时期内，可能存在本期投资项目所需资金在上期已经筹足，或下期投资项目所需资金在本期需要筹集，使得项目投资额在时间安排上与公司同期内确定的筹资总规模并不完全一致的情况，在具体运用这一方法确定一定时期筹资规模时，首先应以投资规模为基本依据，同时通过分项汇总的方法来具体预计筹资总额。然后再根据公司内部资金来源，计算确定本期公司内部筹资额。用筹资总额减去公司内部筹资额，即为公司外部筹资额。运用这种方法预测筹资额，具有方法简单、结论准确的特点，但它必须以较为详尽的项目投资预算资料为前提。

（二）线性回归分析法

线性回归分析法是根据资金需要量与业务量之间存在的一定关系，按照回归方法建立相关模型，然后根据历史有关资料，用回归直线方程确定参数及预测资金需要量的方法。其预测模型为：

$$y=a+bx$$

式中 $y$——资金需要量；

$a$——不变资金；

$b$——单位业务量所需要的变动资金；

$x$——业务量。

运用这种方法，需要将公司的资金按其与业务量之间的关系，分为不变资金与变动资金两类。不变资金是指在一定的生产经营规模内，不随业务量变动而变动的资金，一般包括为维持正常生产经营而需要的最低数额的货币资金、原材料的保险储备、必要的产成品或商品储备，以及固定资产等长期稳定资产占用的资金。变动资金是指随业务量变动而变动的资金，一般包括最低储备以外的货币资金、应收账款、存货等波动性资产占用的资金。

运用预测模型，在利用历史资料确定 $a$、$b$ 数值的条件下，即可预测一定业务量 $x$ 所需要的资金数量 $y$。

**例 7-1** 光华公司 2016 年至 2020 年的产销数量和资金需要数量如表 7-1 所示。假定 2021 年预计产销数量为 78 000 件。试预测光华公司 2021 年资金需要总量。

**表 7-1　光华公司产销量与资金需要量表**

| 年份 | 产销量 $x$/万件 | 资金需要量 $y$/万元 |
|---|---|---|
| 2016 年 | 6.0 | 500 |
| 2017 年 | 5.5 | 475 |
| 2018 年 | 5.0 | 450 |
| 2019 年 | 6.5 | 520 |
| 2020 年 | 7.0 | 550 |

预测过程是：

① 根据表 7-1 的资料，计算整理出表 7-2 的数据。

**表 7-2　回归直线方程数据计算表**

| | 产销量 $x$/万件 | 资金需要量 $y$/万元 | $xy$ | $x^2$ |
|---|---|---|---|---|
| 2016 年 | 6.0 | 500 | 3 000 | 36 |
| 2017 年 | 5.5 | 475 | 2 612.5 | 30.25 |
| 2018 年 | 5.0 | 450 | 2 250 | 25 |
| 2019 年 | 6.5 | 520 | 3 380 | 42.25 |
| 2020 年 | 7.0 | 550 | 3 850 | 49 |
| $n=5$ | $\sum x=30$ | $\sum y=2\ 495$ | $\sum xy=15\ 092.5$ | $\sum x^2=182.5$ |

② 将表 7-2 的数据代入下列联立方程组。

$$\begin{cases}\sum y = na + b\sum x \\ \sum xy = a\sum x + b\sum x^2\end{cases}$$

求得：

$$\begin{cases}a = 2\ 050\ 000 \\ b = 49\end{cases}$$

③ 将 $a=2\ 050\ 000$，$b=49$ 代入 $y=a+bx$。

$$y=2\ 050\ 000+49x$$

④ 将 2021 年预计产销量 78 000 件代入上式，测得资金需要量。

$$2\ 050\ 000+49\times 78\ 000=5\ 872\ 000(\text{元})$$

运用线性回归法必须注意以下几个问题：

① 资金需要量与业务量之间线性关系的假定应符合实际情况；

② 确定 $a$、$b$ 数值，应利用预测年度前连续若干年的历史资料，一般要有三年以上的资料；

③ 应考虑价格等因素的变动情况。

（三）因素分析法

因素分析法又称分析调整法，是以有关项目基期年度的平均资金需要量为基础，根据预测年度的生产经营任务和资金周转加速的要求，进行分析调整来预测资金需要量的一种方法。这种方法计算简便，容易掌握，但预测结果不太精确。它通常用于品种繁多、规格复杂、资金用量小的项目。因素分析法的计算公式如下：

资金需要量=(基期资金平均占用额−不合理资金占用额)×(1±预测期销售增减额)×(1±预测期资金周转速度变动率)

**例 7-2** 甲公司上年度资金平均占用额为 2 200 万元，经分析，其中不合理部分 200 万元，预计本年度销售增长 5%，资金周转加速 2%。则：

预测年度资金需要量=(2 200−200)×(1+5%)×(1−2%)=2 058(万元)

## 第三节 权益筹资

公司在其初创阶段，必须以权益资本的形式从公司发起人以及一些原始投资者那里获得其所需的原始资本。这一部分权益资本，通常构成一个新公司的原始资金来源，而且是该公司后来吸引其他投资或各种类型债务资金的基础和保证。具体到不同类型的公司，权益资本的筹集方式也不同，主要包括三类：一是发行股票；二是吸收直接投资；三是利用留存收益筹资。

### 一、股票的种类与特征

股票是股份公司为筹集权益资本而发行的，作为股东按其持有的股份享有权益和承担义务的可转让的书面凭证。股票持有者即为公司股东，它作为出资人按投入公司的资本额享有所有者资产受益、公司重大决策和选择管理者的权利，并以其所持股份为限对公司承担责任。

由于股票可以为股票持有者定期地从发行该股票的公司那里获得一定的股利收入，因此股票具有价格，可以在资本市场上自由转让、买卖和流通，甚至可以作为负债筹资的抵押品。股票筹资是股份公司筹集股本的主要方式。

(一) 股票的种类

股份公司根据筹资和投资的需要，可发行不同种类的股票。

1. 按股东的权利和义务划分

按股东的权利和义务划分，一般可分为普通股和优先股。这两种股票在本节后文将加以详细论述。

2. 按票面有无记名划分

按票面有无记名划分，可分为记名股票和无记名股票。记名股票是在股票票面记载股东的姓名或者名称的股票，股东姓名或者名称要记入公司的股东名册。按我国公司法规定，公司向发起人、法人发行的股票，应为记名股票。向社会公众发行的股票，可以为记名股票，也可以为无记名股票。记名股票一律用股东本名，其转让、继承要办理过户手续。无记名股票则是在股票票面不记载股东的姓名或者名称的股票，股东姓名或名称也不计入公司的股东名册，公司只记载股票数量、编号及发行日期。无记名股票的转让、继承无须办理过户手续。记名股票与无记名股票相比，前者的发行流通较为规范，公司能够通过股东名册来了解公司的股东结构及控股主体，并在一定程度上减少股东的股票保管风险；后者有利于二级市场的流通。

3. 按票面是否标明金额划分

按票面是否标明金额划分，可分为面值股票和无面值股票。面值股票的票面标有金额。这种股票有两个基本特点：① 能通过计算间接反映股东所持公司股份的多少。由于股票标有面值，因此，股东所拥有的股份即为其拥有的全部股票的票面金额之和占公司发行在外的股票金额的比例。② 有利于会计核算。但它最大的缺陷是容易使人们误认为票面金额即为该股票所代表的价值。无面值股票的票面不标有金额，而只在股票上载明所占公司股本总额的比例或股份数。这种股票最大的特点是股票能直接代表股份，从而直接体现其实际价值。

4. 按发行时间的先后划分

按发行时间的先后划分，可分为始发股和新股。始发股是公司设立时发行的股票，它是公司成立的基础。新股则是公司在增资时发行的股票。这两种类型的股票，其发行的具体条件、目的和价格不同，但股东权利和义务的体现是一致的。

5. 按发行对象和上市地区划分

按发行对象和上市地区划分，可分为A股、B股、H股等。A股是指供我国个人或法人买卖的，以人民币标明票面价值并以人民币认购和交易的股票。B股是以人民币标明面值，以外币认购和买卖，在境内(上海、深圳)证券交易所上市交易的。H股，即注册地在内地、上市地在香港的股票。此外，还有在纽约上市的N股、在新加坡上市的S股等。

(二) 股票的总体特征

公司的股份一般采用股票的形式。因此，股票只不过是股份的表现形式。股票的特征是由股份的特征派生出来的，其数量的大小表示股票持有者拥有公司股份的多少。作为股份的表现形式的股票，具有如下特征：

1. 无期性

无期性是指股票投资者投资的长期性。一般情况下，投资者一旦购买某一公司的股票，就不能在中途随意向公司要求退股抽回资金。

2. 风险性

风险性是指股票投资存在一定的风险。股票一旦购买一般不能退还本金，股票投资者承受的风险较高。股票发行公司经营亏损甚至破产或股票市价的波动，是构成股票投资风险的原因。但是，正因为股票投资风险较高，所以股票投资收益也较高。

3. 流通性

流通性是指股票作为一种有价证券，在资本市场可以自由转让、买卖和流通，也可以作为负债筹资的抵押品。股票具有较强的变现性，因而具有较强的流动性。股票的流通性促进了社会资金的合理配置和高效利用。

4. 参与性

参与性是指股票的持有者具有参与股份公司股利分配和承担有限责任的权利和义务。按照公司章程的规定，股票持有者在适当的情况下可以参与公司的经济活动和决策活动。股东拥有权利义务的大小取决于其拥有公司股份份额的比例，比例越大，权利和义务越大。

(三) 普通股股东权利和义务特征

发行普通股股票筹集的资金称为普通股股本。普通股股本是股份公司的首要资金来源，是据以组织股份公司并筹措其他资金(包括优先股股本)的基础。普通股股票持有者称为普通股股东。普通股股东的出资总额即为普通股股本，它体现普通股股东对公司的所有权。

普通股股东是股份公司真正的、最后的所有者。作为公司的所有者，自然而然地享受一定的权利，承担必要的义务。依照我国相关法律规定，普通股股东主要有如下权利：

① 出席或委托代理人出席股东大会，并依公司章程规定行使表决权。这是普通股股东参与公司经营管理的基本方式。

② 股份转让权。股东持有的股份可以自由转让，但必须符合公司法、其他法规和公司章程规定的条件和程序。

③ 股利分配请求权。分享盈余也是普通股股东的一项基本权利。盈余的分配方案由股东大会决定，每一个会计年度由董事会根据公司的盈利数额和财务状况来决定分发股利的多少并经股东大会批准通过。

④ 对公司的账目和股东大会决议的审查权和对公司事务的质询权。

⑤ 分配公司剩余财产的权利。当公司解散、清算时，普通股股东有分配公司剩余财产的权利。但是，公司破产清算时，财产的变价收入，首先要用来清偿债务，然后支付给优先股股东，最后才能分配给普通股股东。所以，在破产清算时，普通股股东实际上很少能分到剩余财产。

⑥ 公司章程规定的其他权利。

同时，普通股股东也基于其资格，对公司负有义务。我国规定了股东具有遵守公司章程、缴纳股款、对公司负有有限责任、不得任意退股等义务。

（四）普通股的其他特性及分类

前面已经论述了股票的一些基本特征，如无期性、风险性、流通性、参与性等，这里对普通股的一些其他特性作进一步论述，主要包括投票权和优先认股权，然后探讨普通股分级。

1. 普通股特性

(1) 投票权

每拥有一张普通股，股东在股东会上即有一票的投票权。股东通过投票表决对公司的许多重大问题进行决策。然而，并不是每个股东都会参加股东大会，许多股东因种种原因不能或不愿参加每年的股东大会。这些股东通常可以以委托书的形式来行使其投票表决权。所谓委托书，就是指投票权的转移证书。对投票前委托程序的严格管制，是有效而合理地发挥股东对公司董事会及管理层实施监督的前提条件之一。因为通过投票权的转让，被委托人可以得到对公司的某些重大事项控制权，从而会导致管理阶层与非管理阶层之间、少数股东集团与大股东之间发生委托书战。委托书大多由公司管理部门寄出，这是考虑到许多小股东不能出席会议将造成选票不足法定数而采取的措施。如果当管理人员利用邮寄委托书之便向股东请求委托书，只要管理人员的业绩在股东看来还算满意，那么管理人员就可以得到大多数的委托书，因而可以利用所控制的股票选出对他们有利的董事，这样便产生了一种管理人员直接或间接地控制公司、滥用职权的危险。同样，少数派股东也可能通过请求得到足够量的委托书来控制公司的生产管理活动。为了防范公司管理层或少数股东追求私利滥用委托书，使全体股东利益得到保护，有必要对委托书的作用发挥过程进行监督管理。这个监督管理的职能由政府的证券管理部门（如证券交易委员会）来发挥执行。

(2) 优先认股权

优先认股权是授予普通股股东购买增加发行的普通股或可以转换为普通股股票的其他任何有价证券的优先选择权。原有普通股股东按其拥有的股份在公司总股份中所占比例认购,这样可以保护原有大股东仍能拥有对公司的控制权,使原有股东免受股票稀释所带来的损失。

2. 普通股分级

股份公司可能发行若干等级的普通股股票,通常按照其对股利的要求权和投票表决权可以将普通股股票分为A级普通股和B级普通股。A级普通股通常没有投票权,B级普通股一般具有投票权。发起人对投资大众大量发售A级普通股,而自己保留B级普通股,这样就能以相对少的投资来取得公司的控制权。为了吸引广大投资者购买A级普通股,有效地筹集到A级普通股的资金,发起人必须在投票表决权与股利和资产的追索权(要求权)之间进行适当的平衡。一般来说,B级普通股持有者对股利的要求权和对资产的追索权次于A级普通股持有的相应权利。基于上述原因,目前普通股的分级有了新的发展。A级普通股既有投票权又能得到股利;B级普通股拥有投票权,但在公司未盈利之前不支付股利,这样发起人能更好地从外部获得所需的资金。

普通股的另一个分级方法是从普通股中分出"发起人股"。发起人股类似于B级普通股,由发起人认购。发起人股持有者拥有投票权,公司创办之初的前几年没有分派股利之权。通过设立发起人股,公司的发起人能够在公司创办之初的重要发展阶段完全控制公司,同时,也可限制发起人在公司创办之初从公司大量抽走资金。

(五) 普通股筹资评价

普通股筹资是股份公司的一种主要的权益资本筹资方式,是进行其他筹资的基础。因此,从发行公司的立场来考察评价普通股筹资,可以归纳以下几方面的优点和不利之处:

1. 普通股筹资的优点

① 没有固定利息负担。公司有盈余,并认为适合分配股利,就可以分给股东;公司盈余较少,或虽有盈余但资金短缺或有更有利的投资机会,就可少支付或不支付股利。

② 没有固定到期日。利用普通股筹集的是永久性的资金,除非公司清算才需偿还。它对保证公司最低的资金需求有重要意义。

③ 筹资风险小。由于普通股没有固定到期日,不用支付固定的利息,因此风险小。

④ 能增加公司的信誉。普通股股东与留存收益构成公司所借入一切债务的基础。有了较多的自有资金,就可为债权人提供较大的损失保障,因而,普通股筹资既可以提高公司的信用价值,同时也为使用更多的债务资金提供了强有力的支持。

⑤ 筹资限制少。利用优先股或债券筹资,通常有许多限制,这些限制往往会影响公司经营的灵活性,而利用普通股筹资则没有这种限制。

另外,由于普通股的预期收益较高并可在一定程度上抵消通货膨胀的影响,因此普通股筹资更容易吸收资金。

2. 普通股筹资的缺点

① 普通股的资本成本较高。首先,从投资者的角度讲,投资于普通股风险较高,相应地要求有较高的投资报酬率。其次,对于筹资公司来讲,普通股股利从净利润中支付,不像债券利息那样作为费用从税前支付,因而不具有抵税作用。此外,普通股的发行费用一般也高于其他证券。

② 普通股筹资会增加新股东，这可能会分散公司的控制权，削弱原有股东对公司的控制。

③ 如果公司股票上市，需要履行严格的信息披露制度，接受公众股东的监督，会带来较大的信息披露成本，也增加了公司保护商业秘密的难度。

④ 股票上市会增加公司被收购的风险。公司股票上市后，其经营状况会受到社会的广泛关注，一旦公司经营或是财务方面出现问题，可能面临被收购的风险。

此外，新股东分享公司未发行新股前积累的盈余，会降低普通股的每股收益，从而可能会引起股价的下跌。

（六）优先股的基本特征和发行动机

1. 优先股的特征

发行优先股股票是公司获得权益资本的另一方式，优先股股票筹集的资金称为优先股股本，优先股股票是一种兼具普通股股票和债券特点的有价证券。

优先股股票与普通股股票相比，具有许多优先权。优先股股票的请求权优于普通股股票，但次于债券。在分配股利时，优先股股东具有优先请求权，普通股股东必须在优先股股利支付后才能获得普通股股利。如果公司破产清算，优先股对剩余财产有优先的请求权。从公司的最终所有者——普通股股东的立场来看，优先股是一种促进杠杆作用的工具，可视为一种负债。如同债务一样，优先股股利有一个固定的数额或比率。一般来说，优先股没有投票权（特殊规定除外）。有的优先股可以转化为普通股，甚至附有可赎回条款。从债权人的立场来看，优先股具有普通股股份的某些特征。优先股股利是以公司税后利润来发放的，优先股股利不像债券利息能够抵免税负；优先股股利的支付也不是绝对必要的，若公司没有利润或利润不足或其他原因，可以不支付股利，以后也不一定补偿。综上所述，优先股既可以看作权益资本，但在某种情况下又可看作债务，它是一种兼有普通股和债券特点的筹资工具。

2. 优先股的有关发行条款

发行优先股时，往往会附有很多条款。这些条款不仅包括优先股的面值、股利等规定，而且包括诸如股利是否累积、优先股能否参与分配剩余利润、是否可以回收等方面的规定。

（1）累积股利

优先股有累积和不可累积股利之分，不过多数公司发行的优先股可以累积股利。即任何一年未支付的股利都可累积到以后各年去支付，公司必须付清了历年拖欠的优先股股利，然后才能支付普通股股利。

积欠大笔优先股的股利，对于公司来说是一个极大的负担，它使得公司难以恢复对普通股股利的支付。为了避免此种情况的发生，公司应同优先股和普通股股东商议，公司以等值的普通股股票去清算积欠的股利来代替支付积欠的优先股股利，或者以优惠的条件去要求优先股股东将其优先股和积欠的股利调换为普通股。这样，随着公司获利能力的恢复，公司不必支付积欠的股利，就可以支付普通股股利。

（2）参与剩余利润的分配

少数的优先股可以按照规定比例参与公司剩余利润的分配，这种有参与权的优先股称为参与优先股（无参与权的优先股称为非参与优先股）。各种参与优先股在参与剩余利润分配时其参与程度有很大的差异。按参与程度的不同，参与优先股可以分为部分参与优先股和全部参与优先股。在优先股分得额定的优先股利后，普通股也按规定额度分得股利，优先股有权与普通股一起分享剩余利润，若优先股参与的分享是以一定额度为限的，则为部分参与优先股；若是与普通股共同等额分享的，则为全部参与优先股。但是，大多数情况下公司发行的优先股都是不参与的，其持有者只能取得规定的股利。

(3) 优先股股票的赎回

一般来说，优先股股票没有到期日。但是，有时公司并不考虑把优先股作为一种永久性的筹资手段，在发行时会附有赎回条款。这种附有可赎回性质的优先股称为可赎回优先股，赋予优先股回购条款能够确保公司资本的弹性，增强公司财务的机动性。发行可赎回优先股时，往往会在条款中规定回购价格。回购价格需高于优先股的面值。回购价格与优先股面值之间的差额称为赎回溢价。如果公司愿意回收其发行的优先股股票，在适当的时间和条件下，公司可以用现金直接在证券市场上赎回其发行的优先股，或以回收价格更为优厚的新优先股调换原来的优先股。

优先股的赎回条款的另一特性是往往要求设立偿付基金。设立偿付基金，要求在优先股发行一段时间后，每年按一定比例赎回已发行的优先股，在一定程度上，它起着保证优先股按期回收的作用。设立偿付基金，是对优先股股东权益的一种保障，有利于吸引广大投资者，使得公司容易筹措所需资金；同时，优先股的赎回可减少流通在外的优先股的数量，可以增强公司支付优先股股利的能力，避免公司被沉重的优先股股利所累的可能。设立偿付基金，还可以使公司以低于其他优先股的股利率发售优先股，降低公司的筹资成本。但是，设立偿付基金要求提前支出现金，这会增加公司的财务风险，尤其是当公司收入不佳或资金紧张时，偿付基金的设立会使公司面临财务困境。因此，从普通股股东的立场来看，为了减少公司的财务风险，在公司财力允许的情况下，应该尽快尽早地回购可赎回优先股。实际上，优先股要求设立偿付基金的情形远小于债券。

(4) 其他条款

一般来说，优先股不拥有投票权，因此，优先股股东并不拥有对公司的管理权或控制权。但是在一些特殊情况下，如公司章程中另有规定或公司已经拖欠优先股股东过多的股利，或公司违反了优先股股东与公司之间预先签订的合同中的某些条款时，优先股股东可以拥有投票表决权，可以让优先股股东选举董事名额中少数部分。

3　优先股发行目的及发行动机

股份有限公司发行优先股主要是出于筹集权益资本的需要。但是，优先股固有的基本特征，使优先股的发行会出于其他考虑：

① 防止股权分散化。优先股一般不具有表决权，因此，公司出于普通股发行会稀释其股权的考虑，在资本额一定的情况下，发行一定数额的优先股，以保护原有普通股股东对公司经营权的控制。

② 提高举债能力。由于优先股筹资属于权益资本筹资的范畴，因此，它可作为公司举债的基础，以提高公司的举债能力。

③ 增加普通股股东权益。由于优先股股利固定，且优先股股东对公司留存收益不具有要求权，因此，在公司收益一定的情况下，提高优先股的比重，会相应提高普通股股东的权益，提高每股收益净额，从而具有杠杆作用。

④ 调整资本结构。由于优先股在特定情况下具有“可转换性”和“可赎回性”，因此，可

借助优先股的这些特性，来调整公司的资本结构。

正是由于上述动机的需要，按照国外的经验，公司在发行优先股时都要就某一目的或动机，来配合选择发行时机。大体看来，优先股的发行时机一般选择在以下时期：

① 公司初创，急需筹集资本时期；

② 公司财务状况欠佳，不能追加债务，或公司发生财务重整时；

③ 为避免股权稀释时。

4. 优先股筹资的评价

优先股筹资有以下优点：

① 与债券相比，不支付股利不会导致公司破产；

② 与普通股相比，发行优先股一般不会稀释股东权益；

③ 无期限的优先股没有到期期限，不会减少公司现金流，不需要偿还本金。

优先股筹资有以下缺点：

① 优先股股利不可以税前扣除，其税后成本高于负债筹资；

② 优先股的股利支付虽然没有法律约束，但是经济上的约束会使公司倾向于按时支付其股利。因此，优先股的股利通常被视为固定成本，与负债筹资没有什么差别，会增加公司的财务风险并进而增加普通股的成本。

## 二、股票的发行

### （一）股票的发行条件

股份公司发行股票必须具备一定的条件，其用意在于保护投资者的权益。对股票筹资规定严格的发行条件，是各国法律对股份公司发行股票的基本做法。从发行条件包含的内容来看，主要涉及收益性条件，包括：股票发行前的实际收益能力；发行股票所筹股本的预期收益能力。二者旨在揭示公司当前和未来的收益能力，从而为潜在股东提供决策依据。

根据证券法的有关规定，公司首次公开发行新股，应当符合下列条件：

① 具备健全且运行良好的组织机构；

② 具有持续经营能力；

③ 最近三年财务会计报告被出具无保留意见审计报告；

④ 发行人及其控股股东、实际控制人最近三年不存在贪污、贿赂、侵占财产、挪用财产或者破坏社会主义市场经济秩序的刑事犯罪；

⑤ 经国务院批准的国务院证券监督管理机构规定的其他条件。

### （二）股票发行市场

股票发行市场是随着股份公司的兴起和发展而发展起来的。股票发行市场，又称一级市场和初级市场，它是以股票形式将社会闲置的货币资金转化为资本的场所。这就决定了股票发行市场必须由股票发行者、股票承销者和股票认购者三方面构成，缺一不可。发行者是指为筹措资金而发行股票的股份公司；认购者是指那些出于不同目的而购买股票的法人和个人投资者；承销者是指承担股票销售业务的证券公司，委托代理股票发行业务的有关银行。我国股票发行市场的发行者，目前主要是国有公司、民营公司和“三资”公司等；认购者，主要是社会公众、公司法人、金融机构和国有资产管理部门与所属国有资产经营公司；承销者，主要有专业银行、证券公司、信托投资公司等。

（三）股票发行方式

股票发行方式是指发行公司采用什么方法、通过何种渠道或途径将自己的股票投入市场，并为广大投资者所接受。股份有限公司发行股票的方式有公开发行和不公开发行两种。

1. 公开发行

公开发行是指股票发行公司公开向社会公众发行股票。公开发行股票可以采用自销方式或承销方式。

自销方式是指股票发行公司不通过中介机构，而是自己直接将股票销售给认购者。这种销售方式可以节省发行费用，但往往筹资时间长，发行公司要承担较大风险。

承销方式是指股份发行公司委托证券经营机构销售其发行的股票。股份有限公司向社会公开发行股票必须与依法设立的证券交易机构签订承销协议，由证券经营机构承销。股票承销分为包销和代销两种。包销是根据承销协议规定的价格，由证券交易机构一次全部购进公司公开募集的全部股份，然后以较高的价格出售给社会上的认购者。对于股票发行公司来说，包销可及时获得资金，免于承担发行风险，但发行成本较高；代销是指股票发行公司委托证券交易机构代理发行公司股票，并支付一定的手续费，证券交易机构不承担发行风险。

2. 不公开发行

不公开发行是指公司不公开对外发行股票，只向少数特定的对象直接发行，不经中介机构承销。我国股份有限公司采取发起设立方式和以不向社会公开募集的方式发行新股的做法属于不公开发行。这种发行方式的弹性较大，发行成本较低，但股票流动性差。

（四）股票发行价格

股票发行价格是指股份公司在募集公司股份资本或增资发行新股时，公开将股票出售给特定的或非特定的投资者所采用的价格。股票发行价格通常是股票发行者根据股票市场价格水平和其他因素综合确定的。不同种类的股票，由于股东权利和股利分派的性质、内容、方式不同，其发行价格也各不相同。一般来说，股票发行市场上有以下几种发行价格：

1. 面值发行

面值发行是指以股票的票面价值作为发行价格，即股票发行价格等于股票面值，所以又称等价发行或平价发行。这种发行方式比较简便易行，且不受股市变动的影响，但缺乏灵活性或市场性。面值发行，由于市场价格往往高于股票面值，因而可使得认购者获得差价收益，绝大多数投资者都乐于认购。所以这种方式一般在以股东配股方式发行股票时采用。

2. 溢价发行

溢价发行是指以超过股票票面价值的价格发行股票，发行价格超过票面价值的部分称为溢价。目前，我国的股份公司发行股票多数采用溢价发行。

3. 折价发行

折价发行是指按票面价值打个折扣，以低于面值的价格发行股票。折扣大小由发行公司和承销商协议而定。值得注意的是，我国法律规定公司发行股票不准折价发行，即不准以低于股票面额的价格发行。

股票发行价格决策属于财务决策范畴。从财务角度看，合理地确定发行价格，有利于股票的顺利发行，从而使公司筹集到投资所需资金；有利于投资者从认购股票和长期投资中取得收益，以增强投资者的信心。在确定发行价格时，公司应考虑以下因素：

① 市盈率。市盈率是每股市价与每股收益的比值，它反映股票市价与股票收益之间的关系。公司股票的发行价格一般是根据公司股份的每股税后利润额乘以参考市盈率确定的。在公司税后利润总额和参考市盈率一定的情况下，总股本越小，则每股税后利润越高，相应发行价格也越高。

② 每股净资产。一般认为，每股所代表的净资产越多，其发行价格可定得越高。

③ 行业特征。行业发展前景越好，公司未来盈利能力越高，股东投资的期望收益也越大，其发行价格也就越高。

④ 公司在同行业中的地位。即公司的信誉及经营管理水平，在一定程度上决定了发行价格。

⑤ 证券市场的供求状况及股价水平。它是公司发行价格确定的外部环境与条件。

(五) 股票初次公开发行的程序

IPO(initial public offerings，首次公开发行股票)是指将非股份制公司改造成符合法律要求的股份有限公司并第一次向社会公众公开发行股票、募集资金的过程。公司 IPO 过程中涉及的中介机构包括保荐人(券商)、律师事务所、会计师事务所、资产评估机构、土地评估机构等。公司从聘请中介机构进行改制到上市成功是一个较长的过程。IPO 各阶段的主要任务及工作内容如下：

① 前期准备阶段：定班子(确定内部协调机构、聘请中介机构)；中介机构尽职调查(从财务经营业绩、规范运作、发展战略等方面就是否符合上市条件进行初步评估，确定存在的主要问题和初步解决思路)；确定发行上市方案；改制前运作(股权结构调整、业务及组织架构整合、财务规范)。

② 设立股份公司阶段：进行审计、评估及验资；召开董事会、股东会、创立大会及准备各项法律文件；办理工商登记。

③ 规范运行及辅导阶段：与券商签订辅导协议并报当地证监局备案；完善改制时未彻底规范的事项、明确募集资金投向；当地证监局辅导验收。

④ 申报与核准阶段：准备和制作申请材料；公司董事会、股东大会通过发行方案；向证监会申报，根据初步反馈意见进行完善和补充申报材料，进行预披露、发审会审核、核准。

⑤ 发行与上市阶段：刊登招股意向书等发行材料；路演、询价和定价；股票公开发行；募集资金到账；上市流通。

(六) 股票上市的条件

股票上市，是指股份有限公司公开发行的股票经批准在证券交易所进行挂牌交易。经批准在交易所上市交易的股票则成为上市股票。

申请证券上市交易，应当向证券交易所提出申请，由证券交易所依法审核同意，并由双方签订上市协议。

申请证券上市交易，应当符合证券交易所上市规则规定的上市条件。以上海证券交易所为例，发行人首次公开发行股票后申请其股票在该所上市，应当符合下列条件：

① 主体资格：股份有限公司；持续经营 3 年以上；生产经营合法；股份清晰等。

② 规范运营：股东大会、董事会、监事会制度健全；董事、监事和高管符合任职资格要求；内控制度健全且被有效执行；无重大违法违规行为等。

③ 财务指标：最近 3 个会计年度连续盈利，且累计净利润＞3 000 万元；最近 3 个会计

年度经营活动现金流量净额累计＞5 000 万元，或营业收入累计＞3 亿元；最近一期末无形资产占净资产比≤20％等。

④ 其他。

## 三、股权再融资

再融资包括股权再融资、债权再融资和混合证券再融资等形式，其中股权再融资的方式包括向现有股东配股和增发新股融资。配股是指向原普通股股东按其持股比例、以低于市价的某一特定价格配售一定数量新发行股票的融资行为。增发新股指上市公司为了筹集权益资本而再次发行股票的融资行为，包括面向不特定对象的公开增发和面向特定对象的非公开增发（也称定向增发）。其中，配股和公开增发属于公开发行，非公开增发属于非公开发行。

### （一）一般规定

除了满足公司法和证券法规定的股份有限公司公开发行股票的基本条件外，还必须满足《上市公司证券发行管理办法》中的一般规定：

① 上市公司的组织机构健全、运行良好；

② 上市公司的盈利能力具有可持续性，如最近三个会计年度连续盈利等；

③ 财务状态良好，如最近 3 年及 1 期财务报表未被注册会计师出具保留意见、否定意见或无法表示意见的审计报告；最近 3 年以现金方式累计分配的利润不少于最近 3 年实现的年均可分配利润的 30％等，

④ 最近 36 个月财务会计文件无虚假记载，无其他重大违法行为；

⑤ 募集资金的数额和使用符合证监会的相关规定。

### （二）配股

按照惯例，公司配股时新股的认购权按照原有股权比例在原股东之间分配。配股赋予公司现有股东配股权，使得现有股东拥有合法的优先购买新发股票的权利。

#### 1. 配股的规定

除符合一般规定外，还应当符合下列规定：

① 拟配售股份数量不超过本次配售股份前股本总额的 30％；

② 控股股东应当在股东大会召开前公开承诺认配股份的数量；

③ 采用证券法规定的代销方式发行。

控股股东不履行认配股份的承诺，或者代销期限届满，原股东认购股票的数量未达到拟配售数量 70％的，发行人应当按照发行价并加算银行同期存款利息返还已经认购的股东。

#### 2. 配股权

配股权是指当股份公司为增加公司资本而决定增加发行新的股票时，原普通股股东享有的按其持股比例、以低于市价的某一特定价格有限认购一定数量新发行股票的权利。配股权是普通股股东的优惠权，实际上是一种短期的看涨期权。配股权通常在某一股权登记日前颁发。在此之前购买的股东享有配股权，即此时股票的市场价格中含有配股权的价格。

在我国，配股权是指当股份公司需再筹集资金而向现有股东发行新股时，股东可以按原有的持股比例以较低的价格购买一定数量的新发行股票。这样做的目的有：① 不改变老股东对公司控制权和享有的各种权利；② 因发行新股将导致短期内每股收益稀释，通过折价配售的方式可以给老股东一定的补偿；③ 鼓励老股东认购新股，以增加发行量。配股权与

公司公开发行的、期限很长的认股权证不同，后者是混合投资的一种形式。

3. 配股价格

配股一般采取网上定价发行的方式。配股价格由主承销商和发行人协商确定。

4. 除权价格

通常配股股权登记日后要对股票进行除权处理。除权后股票的理论除权基准价格为：

$$配股除权价格=\frac{配股前股票市值+配股价格\times配股数量}{配股前股数+配股数量}$$

$$=\frac{配股前每股价格+配股价格\times股份变动比例}{1+股份变动比例}$$

当所有股东都参与配股时，此时股份变动比例（即实际配售比例）等于拟配售比例。除权价只是作为计算除权日股价涨跌幅度的基准，提供的只是一个基准参考价。如果除权后股票交易市价高于该除权基准价格，这种情形使得参与配股的股东财富较配股前有所增加，一般称之为“填权”；反之股价低于除权基准价格则会减少参与配股股东的财富，一般称之为“贴权”。

5. 配股权价值

一般来说，老股东可以以低于配股前股票市价的价格购买所配发的股票，即配股权的执行价格低于当前股票价格，此时配股权是实值期权，因此配股权具有价值。利用除权后股票的价值可以估计配股权价值。配股权的价值为：

$$配股权价值=\frac{配股后股票价格-配股价格}{购买一股新股所需的认股权数}$$

**例 7-3**　A 公司采用配股的方式进行融资。2021 年 3 月 21 日为配股除权登记日，以公司 2017 年 12 月 31 日总股本 100 000 股为基数，拟每 10 股配 2 股。配股价格为配股说明书公布前 20 个交易日公司股票收盘价平均值 5 元/股的 80%，即配股价格为 4 元/股。假定分析中不考虑新募集投资的净现值引起的公司价值的变化，计算并分析：① 在所有股东均参与配股的情况下，配股后每股价格；② 每一份优先配股权的价值；③ 是否参与配股对股东财富的影响。

① 以每股 4 元的价格发行了 20 000 股新股，筹集 80 000 元，由于不考虑新投资的净现值引起的公司价值的变化，普通股总市场价值增加了本次配股融资的金额，配股后股票的价格应等于配股除权价格。

$$配股后每股价格=\frac{500\ 000+20\ 000\times4}{100\ 000+20\ 000}=4.833\ 元/股$$

在股票的市场价值正好反映新增资本的假设下，新的每股市价为 4.833 元。

② 由于原有股东每拥有 10 股股票将得到 2 份配股权，故为得到 1 份新股需要 5 份配股权，因此配股权的价值为 0.167 元[(4.833 元－4 元)/5]。

③ 假设某股东拥有 10 000 股 A 公司股票，配股前价值 50 000 元。如果所有股东都行使了配股权参与配股，该股东配股后拥有股票总价值约为 58 000 元(4.833 元/股×12 000 股)。也就是说，该股东花费 8 000 元(4 元/股×2 000 股)参与配股，持有的股票价值增加了 8 000 元，投资的状况没有变化。但如果该股东没有参与配股，配股后股票的价格为 4.847 元/股[(500 000 元＋18 000 股×4 元/股)/(100 000 股＋18 000 股)]。该股东配股后仍持有 10 000 股 A 公司股票，则股票价值为 48 470 元(4.847 元/股×10 000 股)，股东财富损失

了 1 530 元(50 000 元－48 470 元)。

（三）增发新股

公开增发与首次公开发行一样，没有特定的发行对象，股票市场上的投资者均可以认购。而非公开增发（也称定向增发）的对象主要是机构投资者与大股东及关联方。

1. 增发新股的特别规定

① 公开增发。公开增发除满足上市公司公开发行的一般规定外，还应当符合以下规定：最近 3 个会计年度加权平均净资产收益率平均不低于 6%；除金融类企业外，最近一期期末不存在持有金额较大的交易性金融资产和可供出售的金融资产、借予他人款项、委托理财等财务性投资的情形；发行价格应不低于公告招股意向书前 20 个交易日公司股票均价或前一个交易日的均价。

② 非公开增发。相对于公开增发新股、配股而言，上市公司非公开增发新股的要求要低得多。非公开增发没有过多发行条件上的限制，一般只要发行对象符合要求，并且不存在一些严重损害投资者合法权益和社会公共利益的情形均可申请非公开发行股票。对一些以往盈利记录未能满足公开融资条件，但又面临重大发展机遇的公司而言，非公开增发提供了一个关键性的融资渠道。

2. 增发新股的发行程序

① 公开增发。上市公司发行新股的程序包括：聘请保荐人（主承销商），公开发行股票的应由证券公司承销，并由保荐人保荐；董事会就新股发行方案、募集资金使用的可行性报告、前次募集资金使用报告等事项做出决议，股东大会就发行证券事项做出决议；编制和提交申请文献；由保荐人进行内核、出具发行保荐书，对承销商备案材料进行合规性审核；证监会受理申请文件、初审，发行审核委员会审核、核准发行；发行股票。

② 非公开增发。非公开增发新股融资相对来说操作较简便，不需要进行刊登招股说明书、公开询价等程序，从而在操作时间上要比公开增发少很多，发生的筹资费用也较低。

3. 增发新股的定价

① 公开增发。上市公司公开增发新股的定价通常按照“发行价格应不低于公告招股意向书前 20 个交易日公司股票均价或前 1 个交易日的均价”的原则确定增发价格。

② 非公开增发。非公开发行股票的发行价格应不低于定价基准日前 20 个交易日公司股票均价的 80%。

4. 增发新股的认购方式

① 公开增发。公开增发新股的认购方式通常为现金认购。

② 非公开增发。非公开增发新股的认购方式不限于现金，还包括权益、债权、无形资产、固定资产等非现金资产。通过非现金资产认购的非公开增发往往以重大资产重组或者引进长期战略投资为目的。因此非公开增发除了能为上市公司带来资金外，往往还能带来具有盈利能力的资产、提升公司治理水平、优化上下游业务等。但需要注意的是，使用非现金资产认购股份有可能滋生通过不公平资产定价等手段侵害中小股东利益的现象。

（四）股权再融资对公司的影响

1. 对公司资本结构的影响

一般来说，权益资本成本高于债务资本成本，采用股权再融资会降低资产负债率，可能会使资本成本增大；但如果股权再融资有助于公司目标资本结构的实现，增强公司财务稳健性，降低债务的违约风险，就会在一定程度上降低公司的加权平均资本成本，增加公司的整体价值。

2. 对公司财务状况的影响

在公司运营及盈利状况不变的情况下，采用股权再融资的形式筹集资金会降低公司的财务杠杆水平，并降低净资产收益率。但公司如果能将股权再融资筹集的资金投资于具有良好发展前景的项目，获得正的投资活动净现值，或者能够改善公司的资本结构，降低资本成本，就有利于增加公司的价值。

3. 对控制权的影响

就配股而言，由于全体股东具有相同的认购权利，控股股东只要不放弃认购的权利，就不会削弱控制权。公开增发会引入新的股东，股东的控制权受到增发认购数量的影响；非公开增发相对复杂，若多为财务投资者和战略投资者增发，则会降低控股股东的控股比例，但财务投资者和战略投资者大多与控股股东有良好的合作关系，一般不会对控股股东的控制权形成威胁；若面向控股股东的增发是为了收购其优质资产或实现集团集体上市，则会提高控股股东的控股比例，增强控股股东对上市公司的控制权。

**四、吸收直接投资与留存收益筹资**

吸收直接投资是指公司以协议等形式吸收国家、其他公司、个人和外商等主体直接投入资金。它不以股票为媒介，因此主要针对非股份制公司，是非股份制公司筹集权益资本最重要的方式。

（一）吸收直接投资的分类

吸收直接投资可以采用多种形式。从投资者的出资形式来看，主要分为以下两种类型。

1. 吸收现金投资

吸收现金投资是公司吸收直接投资最为主要的形式之一。这是因为，现金在使用上具有比其他出资方式更大的灵活性，它可以用于购置资产或支付费用。因此，公司在筹建时，吸收一定量的现金将十分有利。也正因为如此，各国法律法规对现金在资本总额中的比例均有一定要求。

2. 吸收非现金投资

吸收非现金投资又可分为两类：一是吸收实物资产投资，即投资者以房屋、建筑物、设备等固定资产和材料、产品等流动资产作价出资；二是吸收无形资产投资，即投资者以专利权、商标权、非专有技术、土地使用权等无形资产投资。

（二）吸收直接投资应注意的事项

1. 合理确定吸收投资的需要量

公司资本筹集规模与生产经营相适应，而吸收直接投资在大多数情况下能直接形成生产经营能力，因此，公司在创建时必须注意其投资规模与资本筹集规模的关系。

2. 选择合理的出资方式

由于吸收直接投资下各种不同出资方式形成的资产的周转能力与变现能力不同，对公司正常生产经营能力的影响也不相同，为保证各种出资方式下的资产间的合理搭配，提高资产的运营能力，对不同出资方式下的资产，应在吸收投资时确定较为合理的结构关系。这些结构关系包括：现金出资与非现金出资间的结构关系；实物资产与无形资产间的结构关系；流动资产与长期资产间的结构关系（包括流动资产与固定资产间的结构关系）等。

3. 明确投资过程中的产权关系

由于不同投资者的投资金额不同，从而享有的权益也不相同，因此，公司在吸收投资时必须明确各投资者间的产权关系。包括公司与投资者间的产权关系和各投资者间的产权关系。对于公司与投资者间的产权关系，它以各投资者所投资产办理产权转移手续为前提。只有在产权转移完成的前提下，才能真正证明投资者拥有的公司产权与公司法人财产权的分离，才能明确公司与投资者的权责利关系。对于各投资者间的产权关系，它涉及各投资主体间的"投资—收益"对等关系，涉及各投资者间对公司经营权的控制能力，因此，对于各投资主体间的投资比例必须以合同、协议的方式正式确定。

4. 认真确认投资者的投资能力

公司吸收直接投资，从投资者角度看属于对外投资，无论投资公司出于何种投资目的（如取得收益、降低经营风险或稳定与被投资者的购销关系），也不论投资公司采用何种出资方式，作为接受投资的公司，都必须审核其投资能力。因为，如果投资者并不具备对其他公司的投资能力，则可能对接受投资的公司造成正常生产经营能力方面的不利影响。另外，对于投资者而言，如果不注重自身的资金实力，盲目投资也会影响其自身的生产经营。

（三）吸收直接投资的评价

1. 吸收直接投资的优点

① 筹资方式简便、快捷。与股票等筹资方式相比，吸收直接投资履行的法律程序相对简单，不须经过审批等中间环节，投资双方协商一致即可完成。

② 吸收直接投资所筹资本属于权益资本，与债务资本相比，能提高公司资信程度和举债能力，减少财务风险，增强公司信誉。

③ 有利于尽快形成生产力。吸收直接投资不仅可以筹措资金，而且可以直接获取投资者的先进设备和技术，从而能尽快形成公司的生产能力。

2. 吸收直接投资的缺点

① 吸收直接投资所筹资金是权益资金，与债务资金相比，投资者的分红不能像债务利息那样在所得税前扣减，没有避税效应，因而资金成本相对较高。

② 如果吸收的是非现金投资，存在资产不易作价的问题。

③ 由于没有以证券为媒介，在产权关系不明确时容易产生纠纷，也不便于产权的转移。

④ 容易分散公司的控制权。如果有新的直接投资者参加，会造成公司原有投资者控制权的减弱和分散。

（四）留存收益筹资

留存收益也是权益资金的一种，它是由公司税后利润形成的收益，主要包括盈余公积、未分配利润等。留存收益是公司内部的资金来源，可视为股东对公司的追加投资。利用留存收益筹资属于公司内部筹资方式，它不需作筹资活动，也无筹资费用发生，主动简便，不仅能节约筹资成本，还可以提高公司的信誉；同发行新股或举借债务相比，还具有隐蔽性好的优点。

1. 留存收益的性质

从性质上看，公司通过合法有效地经营所实现的税后净利润，都属于公司的所有者。公司将本年度的利润部分甚至全部留存下来的原因很多，主要包括：第一，收益的确认和计量是建立在权责发生制基础上的，公司有利润，但公司不一定有相应的现金净流量增加，因而公司不一定有足够的现金将利润全部或部分派给所有者。第二,法律法规从保护债权人利益和要求公司可持续发展等角度出发,限制公司将利润全部分配出去。我国公司法规定,公司每年的税后利润,必须提取10%的法定公积金。第三,公司基于自身扩大再生产和筹资的需求,也会将一部分利润留存下来。

2. 留存收益的筹资途径

① 提取法定公积金。法定公积金是从当期公司净利润中提取的积累资金,其提取基数是本年度的净利润。公司的公积金用于弥补公司的亏损、扩大公司生产经营或者转为增加公司资本。

② 未分配利润。未分配利润,是指未限定用途的留存净利润。未分配利润有两层含义:第一,这部分净利润本年没有分配给公司的股东投资者;第二,这部分净利润未指定用途,可以用于公司未来的经营发展、转增资本(实收资本)、弥补以前年度的经营亏损及以后年度的利润分配。

3. 利用留存收益的筹资特点

① 不用发生筹资费用。公司从外界筹集长期资本,与普通股筹资相比较,留存收益筹资不需要发生筹资费用,资本成本较低。

② 维持公司的控制权分布。利用留存收益筹资,不用对外发行新股或吸收新投资者,由此增加的权益资本不会改变公司的股权结构,不会稀释原有股东的控制权。

③ 筹资数额有限。留存收益的最大数额是公司到期的净利润和以前年度未分配利润之和,不像外部筹资一次性可以筹集大量资金。如果公司发生亏损,那么当年就没有利润留存。另外,股东和投资者从自身期望出发,往往希望公司每年发放一定的利润,保持一定的利润分配比例。

## 第四节　长期借款筹资

### 一、长期借款

(一) 长期借款的概念及特征

长期借款是指公司向银行等金融机构以及向其他单位借入的、期限在一年以上的各种借款,主要用于购建固定资产和满足长期流动资金占用需要。

长期借款是一种负债契约。一般契约都规定借款人必须在指定日期支付利息和本金给贷款人。提供长期贷款的国内、国际金融机构一般多为商业银行、储蓄银行、保险公司等。长期借款的额度与条件是筹资者与贷款机构直接谈判的结果。

长期借款筹资作为公司一项有效的筹资手段,在使用时要掌握其基本特征,才能对资金的筹集和运用进行合理的调控。长期借款筹资主要有以下基本特征:

1. 定期偿还性

筹借款项虽属长期资金来源,但仍属负债性质,是公司的负债资本。贷款机构在放出贷款时,均规定其贷款的最终到期日。由于长期借款期限较长,会影响贷款机构资金的流动性,故期限越长的贷款,其回收风险也就越大。贷款的定期偿还性,实际是贷款机构的一种保护性措施,使贷款机构更具有主动性。对筹资者来讲,在资金调度时,要考虑能否按投资项目的预期效果取得还款付息的资金,公司承担多大的风险,能否保证履行到期还本付息的义务等问题。

2. 规定借款利率

按规定利率支付利息，这也是长期借款的重要特征。规定的借款利率通常有固定利率与变动利率两大类，随着资金市场的日趋复杂与不稳定，国际上采用变动利率的借款业务日益增加。另外，必须明确是单利计算还是复利计算，这对公司筹资成本有很大影响。

3. 需要编制还款计划

长期借款一般可采用分期还本付息的方法，这有利于公司资金的调度。在贷款时，借贷双方可经过协商编制借款还本付息的时间表，称为还款计划。还款计划是公司财务预算的重要内容，在此计划中，公司要说明各期还本付息款，资金的来源及做出必要现金流量的安排。计划的编制必须实事求是，以免公司到时陷入财务困境或被诉诸法律。

4. 约束性条款

公司进行长期借款筹资时，由于风险较高，往往要与贷款机构签署借款契约，契约中规定有许多条款，以保障债权人的权益，使借款筹资带有相应的约束性。契约中的条款除包括基本条款像借款利率、期限等外，还有限制性条款。限制性条款大致有三类：

(1) 一般性保护条款

该类条款应用于大多数借款合同，主要包括：

① 对借款公司流动资金持有量的规定，其目的在于保持借款公司资金的流动性和偿债能力；

② 对支付现金股利和再购入股票的限制，其目的在于限制资金外流；

③ 对资本支出规模的限制，其目的在于减少公司日后不得不变卖固定资产以偿还贷款的可能性，仍着眼于保持借款公司资金的流动性；

④ 限制其他长期债务，其目的在于防止其他贷款人取得对公司资产的优先求偿权。

(2) 例行性保护条款

作为例行常规，在大多数借款合同中都会出现，主要包括：

① 定期向债权人报送财务报表，其目的在于及时掌握公司的财务情况；

② 不准在正常情况下出售较多资产，以保持公司正常的生产经营能力；

③ 如期清偿到期债务，以防被罚款而造成现金流失；

④ 不准以任何资产作为其他承诺的担保或抵押，以避免公司过重的负担；

⑤ 禁止应收账款的出售或贴现，以避免或有负债；

⑥ 限制租赁固定资产的规模，其目的在于防止公司负担巨额租金以致削弱其偿债能力，另外，还可以防止公司以租赁固定资产的办法摆脱对其资本支出和负债的约束。

(3) 特殊性保护条款

特殊性保护条款是针对某些特殊情况而出现在部分借款合同中，这类条款只在特殊的情况下才生效。主要包括：

① 贷款专款专用；

② 不准公司投资于短期内不能收回资金的项目；

③ 限制公司高级职员的薪金和奖金总额；

④ 要求公司主要领导人在合同有效期间担任领导职务；

⑤ 要求公司主要领导人购买人身保险等。

（二）长期借款的种类

长期借款的种类很多，公司可根据自身的情况和各种借款条件选用。

1. 按贷款有无担保分

按贷款有无担保，分为抵押贷款和信用贷款。

信用贷款是指无抵押品作担保的贷款，仅凭借款公司的信用或其担保人的信誉而发放的贷款。信用贷款通常仅由借款公司出具签字的文书，一般是贷给那些资信良好的公司。对这种贷款，由于风险较高，银行通常要收取较高的利息，并往往附加一定的条件。

抵押贷款是指要求公司以抵押品作为担保的贷款。作为长期借款担保的抵押品可以是不动产，如房屋、土地；也可以是动产，如机器设备；还可以是股票、债券等有价证券。

抵押在法律上是债务担保的一种形式，目的是当债务人不能履行债务时，赋予债权人变卖抵押财产，并在变卖中优先得到受偿的权利。

抵押贷款的优点来自债务人和债权人两个方面。对债务人来说，如征得银行同意，债务人保留对财产的占有，因而仍能继续使用它；对债权人来说，由于在偿清债务以前拥有财产的所有权，因而不会因债务人不还债而遭受损失。也就是说，抵押贷款形式最大限度地满足了借贷双方的利益要求。

2. 按提供贷款的机构分

按提供贷款的机构，分为政策性银行贷款、商业银行贷款、保险公司贷款等。

政策性银行贷款一般指执行国家政策性贷款业务的银行向公司发放的贷款。如：国家开发银行主要为满足公司承建国家重点建设项目的资金需要提供贷款；进出口银行则为大型设备的进出口提供买方或卖方信贷。政策性银行的经营具有政策倾向，其贷款面较窄。

商业银行贷款指由各商业银行向公司提供的贷款。这类贷款主要为满足公司建设竞争性项目的资金需要，公司对贷款自主决策，自担风险，自负盈亏。

其他金融机构贷款，如保险公司贷款、公司从信托投资公司取得实物或货币形式的信托投资贷款，从财务公司取得各种中长期贷款等。保险公司贷款是由保险公司向公司提供的贷款，由于保险公司的资金来源较稳定，因此，其期限一般比银行贷款长，但利率较高，对贷款对象的选择也比较严格。

3. 按贷款的用途分

按贷款的用途，分为固定资产投资借款、更新改造借款、科技开发和新产品试制借款等。

4. 按借款利率是否固定分

按借款利率是否固定，分为固定利率借款和变动利率借款。

固定利率借款是指在订立借款契约时，就约定不管未来金融市场利率是否波动和通货膨胀指数是否上升，借款公司均按照固定不变的利率定期还本付息。这种计息方式一般只是在资本市场利率波动不大，资金供应也较为平稳情况下适用。但如果资本市场日趋复杂与不稳定，贷款机构便不愿贷出固定利率的长期贷款，因为这会使贷款机构因借入短期借款而放出长期固定利率贷款蒙受损失。

变动利率借款是指在借款业务签约时，首先规定一个基本的借款利率，在实际支付利息时，再根据资本市场实际利率的变动情况，加以相应的调整。一般来说，借款期限越长，借款利率越高，借款机构也越要求采用变动利率计息。通常变动利率借款主要有三种：一是分期调整利率借款，即借贷双方根据协商，在借款协议中规定可分期调整利率的借款。它一般在基准利率的基础上，根据资本市场的情况，每年或半年调整一次利率，尚未归还的借款利息应按调整后的利率计息。二是浮动利率借款，即借贷双方根据协商，在借款协议中规定其利率可根据资金市场的变动情况而随时调整利率的借款。三是期货利率借款，即借贷双方在借款协议中规定到期的借款利率按期货业务的利率来计算的借款。借款到期或借款期内规定付息日时，应按当时期货市场利率计算付息款，到期按面值还本。

（三）长期借款的原因

一般来说，公司采用长期借款方式进行筹资，主要出于以下几个原因：

① 公司为了扩大生产能力，急需购置一定数量的设备和其他设施，或要对原设备进行更新改造等，通常可采用长期借款筹资。因为长期借款速度快，效益高，资金到位及时。

② 公司为了扩大经营能力，需要增加适量的持续使用的资金，但公司又不想盲目扩大其注册资本。

③ 有时公司虽有能力发行证券进行筹资（如发行债券），但当时证券市场的利率水平过高，其状况对公司不利。

④ 公司有时对未来资金需求情况还不能十分准确地预测，但根据资金市场情况看，未来资金供应将日趋紧张，目前资本市场上的借款利率还十分有利。这时公司可先取得长期借款，以备未来需要。

总之，长期借款筹资作为公司占用时间较长、需求量较大的长期资金来源调度使用时是比较适合的。

（四）长期借款的原则及条件

我国金融部门对贷款发放规定的原则是：按计划发放，择优扶植，有物资保证，按期归还。公司申请借款，一般应具备以下几个条件：

① 借款公司实行独立核算，自负盈亏，具有法人资格；

② 借款公司经营方向和业务范围符合国家政策，借款用途属于银行贷款办法规定的范围；

③ 借款公司具有一定的物资和财产保证，担保单位具有相应的经济实力；

④ 借款公司具有偿还贷款本金的能力；

⑤ 借款公司财务管理和经济核算制度健全，资金使用效益及公司经济效益良好；

⑥ 借款公司在银行开立有账户，办理结算。

（五）长期借款的程序

1. 公司提出申请

公司向贷款单位提出借款申请，陈述借款的原因、借款的金额、用款时间与计划、还款期限与方式等。

2. 贷款单位进行审批

针对公司的申请，按照有关政策和贷款条件，对借款公司进行审查，核定公司申请的贷款金额和用款计划。审查的内容包括：① 公司的财务状况；② 公司的资信状况；③ 公司盈利的稳定性；④ 借款投资项目的可行性；⑤ 借款的担保品；⑥ 公司的发展前景等。

3. 签订借款合同

审核批准借款申请后，再与借款公司进一步协商贷款的具体条件，签订正式合同，明确贷款的时限、数额、利率及其他限制性条款。

4. 公司取得借款

借款合同签订后，公司可在核定的贷款指标范围内，根据用款计划和实际需要，一次或分次将贷款转入公司的存款结算户，以便专用。

5. 公司偿还长期借款

公司应按借款合同，按期还本付息或续签合同。归还贷款的方式主要有三种：① 到期日一次归还。在这种方式下，还贷集中，借款公司需要在贷款到期日前做好准备，以保证全部清偿到期贷款。② 定期偿还相等份额的本金。即在到期日之前定期（例如每一年或两年）偿还相同的金额，至贷款到期日还清全部本金。③ 分批偿还，每次金额不一定相等。

贷款到期经银行催收，借款公司如不归还贷款，银行可根据合同规定，从借款公司的存款户中扣还贷款本息和罚息。借款公司如因暂时财务困难需要延期归还，应向银行交延期还贷计划，经审查核定，续签合同，按计划归还贷款。逾期期间银行一般按逾期贷款计收利息。

（六）长期借款的分析

长期借款的利率一般要比短期借款的利率高，这是由于长期借款期限长，资金需用量大、风险大的缘故。至于具体的长期借款利率水平则取决于当时的资本供求关系、公司的贷款金额、有无担保以及公司的资信状况等。一般认为，借款期限越长，银行承担的风险也越大，从而要求借款利率也越高；反之则相反。在期限一定的条件下，信用好或抵押品流动性强的公司，其借款利率相对较低，反之借款利率高。长期借款的利率有固定与变动两类，不同的利率政策，对公司的筹资成本有很大影响。

公司财务人员在进行长期借款筹资时，应根据具体情况合理地应用不同的利率政策，同时还应对还款和单复利计算等各种借款条件进行仔细研究，因为这对公司未来的偿债压力、实际利率水平均有影响，所以应选择对公司最有利的借款和还款方式。现举例说明在借款利率确定的情况下，按单利还是按复利计算以及按何种方式还款，对利息偿付额的影响。

**例 7-4** 某公司借入长期借款 100 000 元，期限为 5 年，借款利率为固定利率，年利率 6%。在下列情形下，请分别计算还款额及各年还本付息额：① 按单利计算，5 年还清本息，每年末还本付息；② 按复利计算，5 年后一次还本付息；③ 按复利计算，5 年还清本息，每年末还本付息额相等。

计算过程如下：

① 第一种情形。

第 1 年末还本付息额＝20 000＋100 000×6%＝26 000（元）

第 2 年末还本付息额＝20 000＋ 80 000×6%＝24 800（元）

第 3 年末还本付息额＝20 000＋ 60 000×6%＝23 600（元）

第 4 年末还本付息额＝20 000＋ 40 000×6%＝22 400（元）

第 5 年末还本付息额＝20 000＋ 20 000×6%＝21 200（元）

合　计　118 000（元）

② 第二种情形。

5 年后一次还本付息额＝本金×复利终值系数（5 年，6%）

＝100 000×1.3382＝133 820（元）。

③ 第三种情形。

因每年末等额还本付息，则还本付息为：

$$每年末还本付息额=\frac{借款本金}{年金现值系数(5,6\%)}=\frac{100\ 000}{4.212\ 4}=23\ 739.44(元)$$

5 年还本付息额可列表如表 7-3 所示。

**表 7-3　还本付息情况表**　　单位：元

| 年份 | 还款额<br>① | 利息额<br>②＝上年④×6％ | 还本额<br>③＝①－② | 本金额<br>④＝上年④－③ |
|---|---|---|---|---|
| 0 | | | | 100 000 |
| 1 | 23 739.44 | 6 000 | 17 739.44 | 82 260.56 |
| 2 | 23 739.44 | 4 935.63 | 18 803.81 | 63 456.75 |
| 3 | 23 739.44 | 3 807.41 | 19 932.03 | 43 524.72 |
| 4 | 23 739.44 | 2 611.48 | 21 127.96 | 22 396.76 |
| 5 | 23 739.44 | 1 342.68* | 22 396.76 | |
| 合计 | 118 697.2 | 18 697.2 | 100 000 | |

注：① * 处的 1 342.68＝23 739.44－22 396.76。

② 由于前 4 年的还本付息留有尾差，第 5 年末必须还清，所以在第 5 年中，③＝上年④。

由上面计算结果可以看出，按单利计算，还款总额最少；按复利计算，分期还款比一次偿还本金还款总额要少。这是因为公司付息前大后小，现金流出量提前，故可以少支付利息费用。故在选择还款方式时，对于借款期限较短的或未来效益较好的借款项目，可采用到期一次还本付息方式，以节约成本提高效益；而对于借款期较长或未来效益一般的项目，可采用分期偿还办法，以避免过高的偿债压力和风险。

长期借款除根据契约规定按期支付利息外，一般还有其他费用负担.它包括：附加利率、管理费、代理费、杂费、承担费。附加利率的多少与借款期限有关；管理费的性质近似手续费，它在签订契约时一次性支付；代理费是向银团中的代理行支付，它是参与银行按时提供贷款时发生的电话电报、办公费等支出；杂费主要用于签订负债契约前所发生的律师费、车旅费等；承担费的性质为赔偿费，主要是因借款公司未按契约规定提用所贷的款项，致使贷款机构准备的资金被闲置，从而造成贷款机构损失。

（七）长期借款筹资的优缺点

1. 长期借款筹资的优点

① 筹资速度快。发行各种证券筹集长期资金，需做好发行前的各种工作，如宣传、印制证券等，且发行也需一定时间，因而需时较长，而长期借款通过借贷双方直接洽谈，公司即可与贷款方签署借款合同并取得长期的资金，资金到位迅速，并在短期内解决公司资金的需要。

② 筹资成本低。利用长期借款筹资，利息可在税前支付，使公司实际少负担利息费用，有明显的抵税作用，所以比股票筹资的成本低。此外，由于借款是借贷双方直接商定的，因而大大减少了交易成本。

③ 筹资弹性大。在借款之前，借贷双方直接商定贷款期限、数额、利率等。因为公司与银行进行一对一的协商，在借款期间，如公司财务状况发生某些变化，亦可与贷款方再协商，

变更借款数量及条件。因而，借款筹资对公司具有较大的灵活性，如果是发行有价证券筹资，公司想单方面修改某些条款，几乎是不可能的。

④ 具有财务杠杆作用。利用长期借款筹资，使公司资金总额中负债比例提高，从而改变了公司原有的资本结构。由于贷款人只能收取固定的利息，在公司投资报酬率大于其借款利率时，公司便可获得超过借款利率的差额利润，提高公司的每股收益。

⑤ 易于公司保守财务秘密。向银行办理借款，可以避免向公众提供公开的财务信息，因而易于减少财务信息的披露，对保守财务秘密有好处。

2. 长期借款筹资的缺点

① 筹资风险高。扩大公司长期借款筹资规模，增大了公司的财务风险。由于固定到期日及定期支付利息，在公司经营状况不佳时，有不能够及时还本付息风险。同时，由于通货膨胀的影响，贷款利率的变化，加大利息开支，削减预期收益，使公司的偿债能力下降，影响公司信誉。再者，加大了公司再从其他渠道筹资的风险。

② 限制条款多。为了保证债权人的权益，对借款公司有很多限制性条款，公司必须遵循，限制了公司自主调配与运用资金的功能，从而使公司在财务管理和生产经营上受到某种程度的制约，可能会影响公司以后的筹资和投资活动。

③ 筹资数量有限。筹资数量受贷款机构本身贷款能力的制约，不能像发行有价证券那样，一次筹集到大笔资金。

## 二、债券筹资

### （一）债券筹资的概念与特点

债券(bonds)是公司作为债务人为了筹集资金，向债权人承诺在未来一定时期还本付息而发行的一种有价证券筹资方式。发行债券是公司筹集借入资金的重要方式。按照我国公司法和国际惯例，股份有限公司和有限责任公司发行的债券为公司债券，这主要是相对于国家和地方政府及金融机构发行的政府债券和金融债券而言的。公司发行债券通常是为建设和发展筹措大笔长期资金，其实质是公司向债券投资者获取资金的使用权，并支付一定的利息代价。

与一般的借贷凭证不同，公司债券可以在市场上流通和交易，债券持有者可凭债券向银行或金融机构申请抵押或办理贴现，也可以直接转让给他人；借款是筹集政府、银行及其他金融机构资金的重要形式，而发行债券则是面对整个社会筹资的形式。

公司发行债券筹集资金主要有以下一些特点：

① 约束性和偿还性。债券发行时明确规定还本付息时间、期限，发行债券公司到期必须还本付息。

② 收益固定性。债券在发行时就已约定债券的收益率，无论公司经营如何，都要按时按固定的收益率向债权人支付利息。

③ 流动性。大多数债券都可以在证券市场上转让流通，或出售转化为货币，或将可转换债券为公司股票。

④ 安全性。相对于股票等有价证券而言，债券持有人具有优先取得债券清偿的权利，因而投资风险相对小于股票投资。

### （二）债券的基本要素

债券的基本要素是指发行的债券上必须载明的基本内容，这是明确债权人和债务人权利义务的主要约定。

1. 面值

债券的面值是指债券的票面价值，也是公司对债券持有人在债券到期后应偿还的本金数额，也是公司向债券持有人按期支付利息的计算依据。债券面值包括币种和票面金额两个基本内容，币种是指以何种货币作为债券价值的计量标准。票面金额是指票面所标明金额的大小。债券的面值与债券实际发行价格并不一致，公司可以在特定情况下溢价或折价发行债券。从吸引投资者和便于流通的角度看，公司债券的面值不宜过大，因为面值过大的债券会使一般大众投资者的能力所不及，从而影响了其销售和流通，使公司难以达到筹资目的。

2. 利率

债券的利率指债券利息与债券面值的比率，也是债券发行公司承诺以后一定时期支付给债券持有者资金使用报酬的计算标准。债券利率与发行当时的市场利率可能不一致，故称为“名义利率”。债券利率的确定受到许多因素影响。债券利率一经确定一般在发行期内是不变的，并大多用年利率表示。当公司债券的“名义利率”大于发行当时的市场利率时，这种债券可溢价发行，即按大于债券面值金额发行。相反，当债券“名义利率”小于发行当时市场利率时，这种债券可折价发行。这些都是为了吸引投资者，完成筹资目标而采用的手段。

3. 付息期

债券的付息期是指公司发行债券的利息是如何支付的，它可以是到期一次支付，或一年、半年或三个月支付一次。由于债券面值和利率是固定不变的，所以，不论每年付息次数多少，全年或整个债券期限内的付息额是不变的，付息次数越多，每次付息额越小。每次付息额的计算公式如下：

$$每次债券付息额=债券面值\times\frac{年名义利率}{全年付息次数}$$

$$全年付息额=债券面值\times年名义利率=每次债券付息额\times年付息次数$$

$$一次性付息额=债券面值\times年名义利率\times债券年限$$

债券不同的付息期，在考虑货币时间价值和通货膨胀因素下，对债券投资者的实际收益有很大影响。所以，公司在确定债券利息支付期时，必须作仔细地研究。

4. 偿还期

债券偿还期是指公司债券上载明的偿还债券本金的期限，即债券发行日至到期日之间的时期。筹资者在确定债券偿还期时，首先要考虑债券资金的周转期长短，如公司长期占用此项资金的，则偿还期要延长。同时要充分考虑市场利率的变动趋势，如果市场利率呈上升趋势，宜采用长期债券；如市场利率呈下降趋势，宜采用较短期的债券，这样才能使公司不受损失。另外，偿还期的确定还要考虑到债券流通市场的发达程度等因素。

（三）债券的分类

发行债券是一种增加公司负债额和经营风险的筹资方式，因此需要慎重选择发行债券的种类。公司债券有很多形式，大致有如下分类：

1. 按债券是否记名，分为记名债券和不记名债券

记名债券是指要在公司发行的债券上记录债券持有人姓名和住址等，并由发行公司或代理机构进行登记的债券，债券易手时必须要由债券持有人背书并向发行单位或代理机构

登记。记名债券较为安全，其售价一般也要高于不记名债券。

不记名债券是指在债券上不记录债券购买者姓名和地址等，债券持有者便为其所有者，发行或代理机构不作登记的债券。不记名债券可以随意转让，到期仅凭债券便可作为领取利息和本金的凭证。这种债券相对讲安全性较差。

2. 按能否转换为公司股票，分为可转换债券和不可转换债券

可转换债券是指债券持有人依据指定的价格将公司债券转换成公司普通股的债券。一般来说，可转换债券的票面利率较低，但是当普通股股份上涨到较高水平时，债券的持有者可用固定的价格将其转换成普通股，从而赚取资本利得，即可转换债券给投资者提供了一个以资本利得交换低票面利率的机会。反之为不可转换债券。一般来讲，前种债券的利率要低于后种债券。

3. 按有无担保，分为有担保债券与无担保债券

有担保债券是指有指定的财产作为担保品的债券，亦称抵押债券（mortgage bonds），无担保债券是指在债券发行时没有抵押品担保，完全凭公司的信誉而发行的债券，故又称信用债券。信用债券的发行，公司必须有良好的财务状况和卓越的信誉，但通常都附有限制性条款，以保障债券持有人的权益不受侵害。如限制公司在未来以资产作抵押而发行新债券等。抵押债券又分为：一般抵押债券，即以公司产业的全部作为抵押品而发行的债券；不动产抵押债券，即以公司的不动产为抵押而发行的债券；设备抵押债券，即以公司的机器设备为抵押而发行的债券；证券信托债券，即以公司持有的股票证券以及其他担保证书交付给信托公司作为抵押而发行的债券等。抵押债券又可按其偿债的先后顺序分为第一顺位、第二顺位等抵押债券，当公司无法按期清偿债券本息时，则第一顺位抵押债券对于抵押品具有优先受偿权，第二顺位抵押债券次之，顺位越向后，受偿的机会越小，风险越大，因此，其利率的要求也相对要高。

4. 按债券是否参加公司盈余分配，分为参加公司债券和不参加公司债券

参加公司债券的持有人除享有到期向公司请求还本付息的权利外，还有权按规定参加公司盈余分配，其参与分配的方式与比例必须事先规定。实际中这种债券很少。反之为不参加公司债券。公司债券大多为不参加公司债券。

5. 按利率的不同，分为固定利率债券和浮动利率债券

固定利率债券是指在发行时即已确定了利率并载于债券票面。固定利率不会随着今后市场利率的变化而变化。

浮动利率债券是指在发行之初，债券利率并不固定，而是根据有关利率如银行存贷利率水平加以确定的债券。这种债券对投资者来说，有以下好处：首先，其利率会随市场利率的上升而上升；其次，债券的价值很稳定；再次，投资者可以得到更多的利息收入来应付其债务。对债券发行公司来说，一方面可以获取长期资金，另一方面又不必在整个贷款期间都负担较高的利率。

国家规定，公司债券的利率不得高于银行相同期限居民储蓄定期存款利率的40%。

6. 按能否上市，分为上市债券和非上市债券

按照国际惯例，债券与股票一样，也有上市与非上市区别。上市债券是经过有关机构审批，可在证券交易所挂牌交易的债券；反之为非上市债券。

债券上市对发行公司和投资者都有一定的好处，主要有：

① 上市债券因其符合一定的标准，信用度较高，能够筹措更多的资金；

② 债券上市有利于提高发行公司的知名度；

③ 上市债券成交速度快，变现能力强，更易吸引投资者；

④ 上市债券交易便利，成交价格比较合理，有利于公平筹资和投资。

7. 按照偿还方式，分为到期一次债券和分期债券

发行公司于债券到期日一次集中清偿本金的，为到期一次债券；一次发行而分期、分批偿还的债券为分期债券。分期债券可以分散其集中还本的财务负担。

8. 按照其他特征，分为收益公司债券、附认股权债券、附属信用债券等

收益公司债券是只有当公司获得盈利时才向持券人支付利息的债券。这种债券不会给发行公司带来固定的利息费用，对投资者而言收益较高，但风险也较大。

附认股权债券是附带允许债券持有人按特定价格认购公司股票权利的债券。这种认购股权通常随债券发放，具有与可转换债券类似的属性，票面利率通常低于一般公司债券。

附属信用债券是当公司清偿时，受偿权排列顺序低于其他债券的债券。这种债券的利率高于一般债券；但如其可转换为普通股，出售价格又会低于一般信用债券。

债券分类的标志还有许多，不同的角度，分类是不同的。以上只是取其比较有代表性和特殊性的加以说明。债券的不同类别，对公司财务管理的影响不同。因此，在筹资时，要根据每类债券的特点进行择优。

（四）债券与股票的区别

公司债券与股票虽同属有价证券，都是公司筹集长期资本的重要来源，但两者具有明显的区别：

① 代表的权力不同。股票持有者对公司拥有所有权，也具有相应的控制权；债券持有者对公司拥有债权，只能定期收取本息，无权参与公司的管理。

② 筹集资本的性质不同。股票筹集的资本是公司的股本，即自有资金或叫权益资本；债券吸收的资金是公司的债务，即借入资金。

③ 本金处理的原则不同。股票筹资无须还本；债券到期则必须偿还本金。

④ 资金成本与风险不同。股利依公司经济效益高低及税后利润大小确定，不固定，财务风险小；债券利息固定，按时支付，到期还本，财务风险较大。

⑤ 发行主体不同。股票筹资仅适用股份有限公司；债券筹资则不局限于股份有限公司，还包括有限责任公司和其他公司等。

⑥ 税收受益不同。债券利息大都低于股票股利，且债券利息计入财务费用可减少所得税；股利则必须在税后支付，不能抵扣所得税。

（五）债券的发行

1. 债券发行的条件

根据证券法的相关规定，公开发行公司债券，应当符合下列条件：

① 具备健全且运行良好的组织机构；

② 最近三年平均可分配利润足以支付公司债券一年的利息；

③ 国务院规定的其他条件。

公开发行公司债券筹集的资金，必须按照公司债券募集办法所列资金用途使用；改变资金用途，必须经债券持有人会议做出决议。公开发行公司债券筹集的资金，不得用于弥补亏

损和非生产性支出。

有下列情形之一的，不得再次公开发行公司债券：

① 对已公开发行的公司债券或者其他债务有违约或者延迟支付本息的事实，仍处于继续状态；

② 违反证券法规定，改变公开发行公司债券所募资金的用途。

2. 债券发行的方式

向社会公众发售债券，一般可采用自营发行和委托发行两种基本方式。

(1) 自营发行

自营发行也称为直接发行，是发行债券的公司自行直接向特定的债券购买者发售，而不依靠证券发行的中介机构来代为销售。采用这种方式发行债券的成本较低，因为无须向证券代销机构缴纳手续费，并且手续简便，便于控制，资金收取快。但这种方式的最大缺点是发行公司的工作量很大，要花费大量的人力、物力和财力，有时发行费用也不低，且公司并非专业证券发售机构，可能对证券发售的规程和业务不十分熟悉，造成发行周期过长等问题。另外，公司自营发行的风险也较大，发行的范围也不够广泛，很可能不能按时筹集到公司急需的资金。

所以，自营发行债券的方式一般只适用于公司内部筹资，以及向与本公司关系密切，并对本公司资信情况较为了解的机构投资者的筹资。

(2) 委托代理发行

委托代理发行也称为间接发行、公募发行，是指债券发行公司委托证券发行机构向社会公众发行债券的方式。受托的专业机构是介于筹资者与投资者之间的第三者，它往往要与债券发行公司签订委托债券发行的信托契约。契约的主要内容包括对债券发行公司的各种限制条款及保护投资者利益的规定等。

公募发行是世界各国通常采用的发行方式。美国甚至强制要求某些债券(电力、制造业公司债券)必须公募发行。我国有关法律、法规亦要求公开发行债券。

委托代理发行债券主要有代理发行、承销发行和包销发行三种具体形式。

① 代理发行。它是指公司委托有权代理发行债券的专门机构(如证券公司、银行等)代为发行债券的一种方式。公司与发行机构签订契约，规定发行日期，到期未发售完的债券，代理机构可将剩余部分退回给公司。代理机构已发售的债券，按事先商定的比率收取一定的手续费。经济责任和发行风险全部由发行公司自行承担。这种发行方式，若公司事先准备不充分，没有良好的促销手段，则可能造成发行失败或筹资不足等问题。因此，只有那些社会信誉良好、知名度较高，而且发行前准备和宣传工作都做得较好的公司，才能采用这种发行方式。

② 包销发行。它是指公司发行债券前，首先与专门的发行机构签订契约，并由其全部收购，然后再由其向社会公众发售的方式。从公司角度看，这种方法的优点是能够确保公司筹集到足够的资金，并且由发行机构承担债券发行过程中各项经济责任和可能销售不完的风险。这种方式发行，由于发行机构可能要先垫付部分资金，按契约规定在债券发行的某日，将款项全部划给债券发行公司，故包销机构的风险较大。所以，包销机构往往要收取相当高的包销手续费，这就大大增加了债券的筹资成本。尽管如此，该方式对筹资金额大，而且急需资金，又无债券发行经验的公司来说仍很适用。

③ 承销发行。它是指介于代理发行和包销发行之间的一种发行方式，即在预定债券发行期内属代理发行，如发行期满后仍有未发售的债券，则由代理发行的机构全部收购，并将资金全部划给公司，然后再由代理机构逐步向社会发售，或直接作为代理机构的投资。从公司角度看，这种方法是比较适宜的，因为它同样能确保公司资金的筹集，发行的风险主要由发行机构承担。虽然发行手续费要高于代理发行方式，但又比包销方式要低得多。当公司知名度尚不很高、财务状况不甚理想时，宜采用这种方式。

上述几种债券发行方式，并非固定不变，有时也可相应变通，公司财务人员应根据具体情况做出合理的抉择，既要保证筹足资金，又要努力降低筹资成本。

3. 债券发行的程序

发行公司债券要经过一定的程序，办理规定的手续。现简述如下：

① 做出发行债券的决议或决定。不同发行公司债券的主体做出发行债券决议的机构不同，股份有限公司和有限责任公司发行公司债券，由董事会制订方案，股东大会做出决议；国有独资公司发行债券，由国家授权投资的机构或者国家授权的机构做出决定。总之，发行公司债券的决议或决定，是由公司最高机构做出的。

决议具体决定公司债券发行总额、票面金额、发行价格、募集办法、债券利率、偿还日期及其方式等内容。

② 提出发行债券的申请予以批准。按照国际惯例，公司发行债券必须向主管部门提交申请，未经批准，公司不得发行债券。我国规定，凡欲发行债券的公司，先要向国务院证券管理部门提出申请，并提交公司登记证明、公司章程、公司债券募集办法、资产评估报告和验资报告等文件。国务院证券管理部门根据公司法、证券法的规定和国务院确定的公司债券发行规模等，对公司的申请予以审批。

③ 制作募集办法并予公告。发行公司债券的申请被批准后，应由发行公司制定公司债券募集办法。办法中应载明的主要事项有：公司名称、债券总额和票面金额、债券利率、还本付息的期限与方式、债券发行的起止日期、公司净资产额、已发行的尚未到期的债券总额、公司债券的承销机构等。

公司若发行可转换债券，还应在债券募集办法中规定具体的转换办法。

公司制定好募集办法后，应按当时当地通常合理的方法向社会公告。

④ 委托证券机构募集借款。公司发出债券募集公告后，就可以在公告所定的期限内采用前面所述的发行方式募集借款。根据我国规定，公司发行的债券上，必须载明公司名称、债券票面金额、利率、偿还期限等事项，并由董事长签名、公司盖章。

⑤ 交付债券，收缴债券款，登记债券存根簿。发行公司公开发行债券，由证券承销机构发售时，投资者直接向承销机构付款购买，承销机构代理收取债券款，交付债券；然后，发行公司向承销机构收缴债券款并结算预付的债券款。

公司对发行的债券还应置备公司债券存根簿予以登记。其意义一方面在于起公示作用，使股东、债权人可以查阅了解，并便于有关机关监督；另一方面便于公司随时掌握债券的发行情况。公司发行记名债券的，应在公司债券存根簿上记明债券持有人的姓名或名称及住址，持有人取得债券的日期和债券编号，债券的总额、票面金额、利率、还本付息的期限和方式，债券的发行日期。公司发行无记名债券的，应在公司债券存根簿上记明债券的总额、利率、偿还期限和方式、发行日期及债券的编号。

4. 债券发行的价格

债券发行价格是指债券从发行公司转移到初始投资者手中的价格,即债券原始投资者购入债券时应支付的市场价格,并非债券的面值。

债券发行价格的形成受诸多因素的影响,如债券面额、票面利率,即债券的名义利率、债券期限、市场利率。一般而言,面额越大,票面利率越高,期限越长,发行价格越高;而市场利率越大,发行价格越低。债券的票面金额与利率在债券发行前虽已参照市场利率和发行公司的具体情况确定下来,并载明于债券之上,但在债券发行时,从印刷期到实际发行期之间总会有一段时间差,已确定的票面利率不一定与当时的市场利率相一致。为了协调债券购销双方在债券利息上的利益,就要调整发行价格。

债券的发行价格通常有三种:平价发行、溢价发行和折价发行。平价发行(等价发行)是指以债券的面值作为发行价格;溢价发行是指按高于债券面值的价格发行;折价发行是指按低于债券面值的价格发行。当债券票面利率低于发行当时市场利率,公司仍以面值发售则不能吸引投资者,故一般要折价发行,折价部分可理解为债券发行公司预先支付给债券投资者的一笔利息,该笔补偿性预支利息,将在以后各付息期,通过债券折价摊销,陆续增加债券发行公司的利息费用。反之则溢价发行,即当债券的票面利率高于发行当时市场利率,潜在的投资者必然乐于购买。在这种情况下,由于债券发行公司每个会计期末的付息日都要按高于市场利率的票面利率来支付债券利息,因此债券发行公司就溢价发行,以便用高于债券面值的部分收入,来分期冲减要支付的高于市场利率的债券利息费用。调整发行价格的目的是使投资者实际得到的利息率与市场利息率相等。

债券发行价格由两部分构成:一是债券到期还本面额按发行当时的市场利率折成的现值;二是债券票面利率规定的各期利息按发行当时的市场利率折成的现值。

5. 债券的付息方式

债券的付息方式是指发行者在债券规定的期间,一次或分次向债券持有人支付约定利息的方式,一般分一次性付息和分期付息两类。

① 一次性付息。一次性付息有两种形式:一是利随本清,即在债券到期时利息连同本金一次付给投资者;二是利息预扣方式,即投资者在购买债券时就获得利息,以后只获得本金,此种情况下,投资者购买债券时,只需交付发行价格与利息之间的差额。

② 分期付息。分期付息分按年、半年和季度付息三种具体方式。分期付息对筹资者和投资者双方都有好处,对筹资者可以减轻集中付息的压力,各期平均分担利息支付;对投资者而言,每期都可获得一定的现金利息收入,便于安排现金收支。分期付息可用期利率来表示:

$$期利率=\frac{年利率}{每年支付利息次数}$$

另外,还有一种辅助性的利息支付方式——实物利息,是指以购买某种特定的紧俏商品、物资的优先权、优价权作为利息的支付方式。这种方式只适用于某个特殊时期、某些特定商品。

6. 债券发行的利率

确定债券发行利率的总体原则是:一要符合国家有关规定;二要适应发行公司的支付能力;三要对投资者有吸引力,以利于债券的推销。根据我国目前的实际情况,确定债券利率应主要考虑以下因素：

① 现行银行同期储蓄存款的利率水平。一般而言，债券利率应略高于同期储蓄存款利率水平。现行银行同期储蓄存款利率是公司债券利率的下限。

② 国家有关债券利率的规定。我国现行公司债券管理办法规定，公司债券的利率不得高于银行同期储蓄存款利率的40%，这是公司债券利率的上限。

③ 发行公司的承受能力。为保证债券到期还本付息和债券发行公司的资信，需要测算投资项目的经济效益，量入为出，投资项目的预计投资报酬率是债券利率决策的重要依据。

④ 发行公司的信用级别。如果发行公司的社会知名度高，信用较好，则可以相应降低利率，反之则相应提高利率。

⑤ 债券发行的其他条件。如果发行的债券附有抵押、担保等保证条款，利率可适当降低；反之，利率应适当提高。

7. 债券偿还期

偿还期的长短，影响债券发行的利率及公司资金周转循环，故确定债券偿还期，应综合考虑以下因素。

① 投资项目性质。投资项目的期限是决定偿债期的主要依据，若为生产性建设项目筹措资本而发行债券时，期限应长一些。因为只有该项目投产获利之后，才有偿债能力；若是设备更新改造筹资，则期限相对可以短些。总之，债券期限要与筹资用途或者投资项目的性质相适应，目的是付出最小的代价，最大限度地利用发行债券筹资。

② 债券交易的方便程度。即指证券市场是否完善发达。如果证券市场十分完善，债券易于流通，变现能力强，交易方便，则债券购买者便有勇气购买长期债券，因为必要时，他能很方便地将其所持有的债券变换成现金；反之，如证券市场不发达，债券难以流通、转让和推销，债券发行者就只能发行短期债券。

③ 证券市场利率变化趋势的预测。以利率变化为例，如预计一两年后，利率将要降低，就适合发行短期债券，因为一两年以后发行者便可以较低的债券利率发行新的债券，以降低全部资金的筹措成本；反之，则发行较长期限的债券。

当然，债券的期限并不是固定不变的。在下述情况下，发行公司可提前偿还债务：

① 在发行公司债券时就规定，举债公司有提前偿还权，可以通知债权人提前偿还。

② 公司债券是上市交易的证券，当公司有足够的资本可供调度，可在债券到期日前选择适当的有利时机，在证券市场陆续购回发行在外的公司债券。当市场利率下降时，提前偿还旧债券，再发行利率较低的公司债券，以减轻利息负担。

除此之外，公司债券的清偿还有两种特殊方式。

① 公司债券转换成股票。如债券系可转换债券，如前所述，债券持有人可将到期债券按规定的比例向债券发行公司换成普通股股票。

② 偿债基金。为了保证投资者的利益，确保到期日举债公司有足够的偿还能力，某些公司债券信托合同中有专门的条款，规定债券发行公司须在债券到期之前，按期由公司从资产设备折旧或营业利润中提存一定数额的专门款项，交由银行或信托公司等公司债券的信托人保存和运用。这种为公司债券偿还而提存的专款，一般称为偿债基金。

8. 债券发行数量

不论发行何种债券，发行单位应对发行的数量做出科学的判断，即确定发行规模。债券的发行数量过少，筹集资本不足，就达不到最初的发行目的，甚至会影响公司正常经营；而发行数量过多，使资本闲置与浪费，则加重公司债务负担，势必会影响资金的使用效果。

确定合理的债券发行规模应主要从以下几方面着手：

① 确定公司扩大再生产规模。以公司合理的资金占用量和投资项目的资金需要量为前提，对公司的扩大再生产进行规划，对投资项目进行可行性研究。

② 分析公司的财务状况，尤其是偿债能力和获利能力的大小。偿债能力、获利能力强的公司，债券筹资的数量就可以多一些；反之，筹资数量就相对少些。

③ 比较各种筹资方式的资金成本和方便程度。筹集长期资金方式的不同，资金成本就不同，取得资金的难易程度也不同。公司应选择最经济、最方便的筹资方式。如果通过比较分析，认为债券发行是唯一可取的方案，那么，债券发行的数量界限就是公司资本的合理需要量或某个投资项目的资本需要量；如其他更优的方案能够提供和筹集的资本不足以满足公司资本的合理需要量或某投资项目的资本需要量，那么，债券筹资的数量就是资本需要量减去其他更优方案所能筹集的资本数额之差。

公司发行债券的规模不能超过负债界点。负债界点是财务上表明公司偿债能力的指数，反映公司偿还债务、支付本息的盈利状况。如筹资规模超过负债界点，不仅偿还债务有问题，而且由于支付利息过大，还会发生亏损。负债界点的计算公式如下：

$$负债界点=销售收入\times负债界点比率=销售收入\times\frac{销售息税前利润率}{负债年利率}$$

**例 7-5** 某公司销售收入 2 800 万元，销售息税前利润率 6%，债券发行年利率为 7%，则负债界点为：

$$负债界点=2\ 800\times\frac{6\%}{7\%}=2\ 400(万元)$$

这表明公司负债不能超过 2 400 万元，否则就要发生亏损。

（六）债券筹资的优缺点

1. 优点

① 债券筹资具有抵税作用。因为债券利息费用可在公司税前经营费用中列支，而不是公司净利润的分配，使公司能相应少交所得税，从而在一定程度上降低了公司实际的筹资成本。这一点与长期借款相同，而发行股票的股利则来源于税后利润，故发行债券有助于提高股东权益。

② 债券筹资能保障股东对公司的控制权。因为债券只是一种长期债务，不是股本，债券持有人只能定期从公司获取固定的利息收益，而无权参与发行公司的管理决策。这样，公司所有者既筹集到资金，又不失去原来拥有对公司的控制权。

③ 能充分利用财务杠杆的作用。无论公司的盈利多少，债券持有人只能获取固定的有限收入，在公司投资报酬率大于其债券利率时，剩余收益可用于分配给所有者或用作留存扩大公司经营，增加公司权益资本的实际盈利能力，增加每股净收益。

④ 筹资方式相对灵活。债券筹资灵活性与长期借款筹资灵活性表现不同，如公司对于发行债券的面值、价格、利率、偿还期和偿还方式等均可以根据公司和当时市场的实际情况自行研究决定，这可能对公司十分有利。当市场利率较高时，公司可发行短期债券，等利率下跌后便按期回收，再发行一种较低利率的长期债券。

⑤ 有利于调整资本结构。由于债券的可流通性,公司在发行债券种类决策时,如果适时选择了可转换债券或可提前收兑债券,则对公司主动调整其资本结构十分有利。

2. 缺点

① 财务风险高。这与长期借款筹资相同,当公司经营不善时,亦需向债券持有者付息还本,特别是当公司资金利润率大大低于其债券利率水平时,沉重的利息包袱会使公司不胜负担,增加破产风险。

② 限制条件严格。发行债券的限制条件比借款、股票都要多而且严格,这就可能会影响公司的资金使用和以后的筹资能力。

③ 筹资数量有限。公司利用债券筹资要受额度限制,具体包括两方面:一是国家规定的公司债券年度发行规模的限制,所有公司发行债券的总额不得突破国家总规模;二是对公司债券发行总量的限制。

④ 对财务管理的要求高。因为债券筹资不像权益筹资那样是一种可供永久性使用的权益资本,债券必须按期还本付息,这就要求公司财务人员定期在资金的调度上准备充足的现金流出,对公司资金平衡的要求高,因而对公司财务管理提出了更高要求。

**三、租赁筹资**

租赁活动在历史上由来已久。融资租赁又称财务租赁、金融租赁。融资租赁是由出租人按照承租人的要求出资购买设备,在较长的契约或合同期内,提供给承租人使用的一种信用业务。它是以融资为目的,从而最终获取所租赁资产的所有权的租赁。这种租赁是融资与融物相结合、带有商品销售性质的租赁,是公司筹集长期资金的重要方式。

(一) 融资租赁的特点

融资租赁一般具有以下几个特点:

① 租赁期限较长。一般超过租赁资产的经济寿命期 75%。

② 承租人对设备和供应商具有选择的权利和责任。出租方只是根据承租方的要求融通资金购入设备,然后再租给承租方。因此,对于租赁设备的质量、数量、技术上的检验都由承租方负责。

③ 租赁合同比较稳定。租赁合同一经签订,租赁双方就必须严格履行。在融资租赁期内,承租人必须连续支付租金,非经双方同意,中途不得退租。这样既能保证承租人长期使用资产,又能保证出租人在基本租期内收回投资并获得一定利润。

④ 租约期满后,按照协议或合同规定,承租人可以将租赁资产退回给出租人,或将设备作价转让给承租人或延长租期续租。一般采取转让给承租人的形式,使租赁公司省去处理设备的麻烦。

⑤ 在租赁期内,出租方一般不提供维修和保养方面的服务,有关设备的保养、维修等费用全由承租人承担。同时,使用设备所产生的效益也全部由承租人独享。

⑥ 租金较高。融资租赁的租金总额一般要高出其设备价款的 30%～40%。

(二) 融资租赁的种类

融资租赁按其租赁的不同方式,可分为直接租赁、转租、售后回租及杠杆租赁四种。

1. 直接租赁

直接租赁是指承租人直接向出租人承租取得资产使用权的方式。一般来说,直接租赁的出租人主要是产品制造商、金融公司、租赁公司等。除产品制造商外,其他金融公司、租赁公司都是向产品制造公司或流通公司购置资产后，再出租给承租人。

2. 转租

转租就是由一家租赁公司从另一家租赁公司或设备制造厂租进一项设备，然后再租给用户。即出租人根据用户要求，先作为承租人（第一承租人）向其他租赁机构（第一出租人）租入机器设备，然后再将该机器设备以出租人（第二出租人）的身份租赁给使用单位（第二承租人）的一种融资租赁方式。和直接租赁相比，做转租业务的租赁公司在租赁设备上并不需要投入很多资金，因此，承担的风险较低。转租方式适用于引进外国的先进技术设备。公司先与国内租赁机构洽谈并签订合同，再由国内租赁机构和国外租赁公司洽谈并签订合同，设备的所有者与设备的使用者之间没有任何的直接的经济或法律关系。承租人支付的租金通常比直接租赁方式要高。

3. 售后回租

售后回租亦称"返租赁"，它是指物主将拥有的设备卖给租赁公司，然后再将出售的设备租回的租赁形式。这种租赁方式的实质是公司通过暂时出让设备的所有权而获得一笔急需的流动资金，同时，通过保留设备的使用权，而不至影响公司的正常生产。当租赁结束后，一般可低价购回原设备。售后回租有些类似于抵押贷款，其优点是可以使公司的固定资产变为现金，增强了公司的流动性，有利于公司转移投资，灵活调整产品结构，从而提高资金的使用效益。

4. 杠杆租赁

亦称"平衡租赁"或"借贷式租赁"，它指出租人对较大的资本项目只提供一部分投资（相当于租赁资产价款20%～40%的资金），其余部分的资金通过以出租的设备为抵押，向银行、保险公司或投资公司等金融机构借款支付，然后出租人将设备使用权出租给承租公司使用的一种租赁形式。出租人依靠租金收入收回全部设备投资，包括长期债权人提供的部分。长期债权人对其提供的债权无追索权，该项设备的所有权归出租人，这样出租人以少量资金带动巨额的租赁业务，就如杠杆原理一样，故称之为杠杆租赁。

这种形式的租赁业务往往有几方当事人参与，有若干个协议规定各参与者的权利和义务，各项主要交易都涉及物主、贷款人、承租人和受托人之间的谈判。因此，杠杆租赁通常是为大型资本密集型设备、资产等提供资金融通的一种融资形式，如飞机、输油管道、集装箱、海上钻井设备、船舶等。

杠杆租赁能使出租人在利息、加速折旧和投资减税等方面享有更多的优惠，尽管出资一部分，但可以以资产的全部价值享受多种减税、免税优惠，故获得比一般租赁形式更高的投资效益，从而能够降低租金，与承租人共同受益；另外，租赁期基本上相当于设备的使用年限，使承租人从租用的设备中得到设备的全部使用价值；再者，承租人还可获得其原应享有的一切正常利益。对于长期贷款者来讲，贷款风险较小，而且还可按资金市场当时的行情获得固定而长期的收益。

（三）融资租赁的程序

1. 选择租赁公司

公司决定采用租赁方式获取某项设备时，首先应了解各租赁公司的经营范围、业务能力以及与其他金融机构的关系和资信情况，取得租赁公司的融资条件和租赁费率等资料，并加以比较，从而择优选定一家租赁公司作为租赁对象。我国有关制度规定，公司通过融资方式租入设备，应向国家批准的租赁公司办理。

2. 办理租赁委托

选定租赁公司后，承租公司即可向租赁公司提出租赁申请，办理委托。申请书中须详细说明拟租设备的类型、品种、规格、性能等，同时向租赁公司提供本公司的有关财务状况方面的文件，包括资产负债表、利润表和现金流量表等。

3. 签订购货协议

由承租公司与租赁公司的一方或双方合作组织选定设备制造厂商，并与其进行技术与商务谈判，签署购货协议。具体方法有：合同转让，即承租公司先同设备制造商或供应商谈判，商定价格，签订购货合同，再把该合同转让给租赁公司，由租赁公司付款；合同洽购，由租赁公司和承租公司共同协商，合作洽购设备；委托购买，承租公司把设备的采购工作完全委托给租赁公司去做；代理人付款，承租公司经与租赁公司商定，代其采购设备，代其付款，并要求偿还。

4. 签订租赁合同

在租赁各方对货物认可、租赁费认可和其他有关事项已协商一致的基础上，承租公司与租赁公司签订合同，这是租赁业务的重要法律文件。融资租赁合同的内容可分为一般条款和特殊条款两部分。

(1) 一般条款

一般条款主要包括：① 合同说明，主要明确合同的性质、当事人身份、合同签订的日期等。② 名词解释，释义合同中重要名词以避免歧义。③ 租赁设备条款，详细列明租赁设备的名称、规格型号、数量、技术性能、交货地点及使用地点等。这些内容亦可另具附表详列。④ 租赁设备交货、验收和税款、费用条款。⑤ 租期和起租日规定。⑥ 租金支付条款，规定租金的构成、支付方式和货币名称，这些内容通常以附表形式列作合同附件。

(2) 特殊条款

特殊条款主要包括：① 购货合同与租赁合同的关系；② 租赁设备的所有权；③ 租期中不得退租；④ 对出租人负责和对承租人保障；⑤ 对承租人违约和对出租人补救；⑥ 设备的使用和保管、维修和保养；⑦ 保险条款；⑧ 租赁保证金和担保条款。

5. 办理验收与投保

承租公司收到租赁设备，要进行验收。验收合格签发交货及验收证书并提交给租赁公司，租赁公司据以向厂商支付设备价款。同时，承租公司向保险公司办理投保事宜。

6. 支付租金

租赁期开始，承租公司按合同规定的租金数额和支付方式，向租赁公司定期支付租赁费。

7. 租赁期满后的设备处理

租赁合同期满后，承租公司可根据设备是否对公司有利，以及合同的规定，决定是否退还、续租或留购等事项。

**(四) 融资租赁的决策**

租赁是作为购买的对应事物而产生和存在的。从财务角度看，租赁决策实际是关于租赁和购买之间的选择。

当公司需用资产而又财力不足时，既可采用租赁方式，也可以采用借款购买方式，两种方式各有千秋。不管公司是租赁资产或举债购买资产，它总会由于获得该项资产的服务而产生一笔固定的“还债义务”，这笔义务必须在未来某个时期内清偿。因此，租赁决策问题就成为衡量租赁与举债购买这两种筹资方式的相对得失问题。

租赁或借款购买的决策问题不能用一些简单的公式来解决，因为租赁的方式多种多样，且它们适用的税率也不相同，决策中还要受许多不可见因素的影响，如一些非数量化的、难以用货币体现的因素，有时在决策中可能起到重要作用，所以决策前，必须进行定性分析，考虑非量化因素在决策中的作用，再结合定量分析，合理决策。因定量分析是达到正确决策的关键一步，故下面内容主要集中在量化分析上。

1. 融资决策中应考虑的主要因素

(1) 租金

租金是承租公司的筹资成本，它直接影响到公司的财务状况和经营成果，是进行租赁筹资决策的主要依据之一。融资租赁的租金包括设备价款、残值、利息、手续费。设备价款包括设备买价、运杂费、途中保险费等。残值是指租赁期满后设备的可变现净值。利息是出租人为承租人购置设备融资而应计的利息，利率是影响租金的重要因素，高利率意味着高租金。租赁期限也是影响租金的主要因素，租赁期限越长，承租人占用出租人资金的时间也越长，因而租金总额越大；反之租金总额相对就少。租金的支付有期初付租(也叫先付后用)与期末付租(也叫先用后付)方式，不同方式对租金影响较大，期初付租，租金总额较小；期末付租，租金总额则相对增加。除此之外，租金还受付款间隔期、各期租金的数额、保证金的支付数量与结算方式、租金的计算方法等因素的影响。

(2) 税收因素

折旧、营业费用与租金等可得到税收扣除，使公司享有相应的经济利益。因而，税收成为租赁与购买决策需考虑的重要因素之一。

(3) 风险因素

在租赁决策中，有许多因素需予以考虑。这些因素随着时间、地点、条件的变化而变化，变化着的诸多因素都是不确定的，因而构成租赁决策中的风险因素。在这些因素中有些是能够量化的风险因素，有些是难以数量化的因素，如宏观经济形势的变化等。数量化因素与非数量化因素交织在一起，对决策产生影响。

通常，分析数量化因素对决策的影响主要有敏感性分析、概率分析和风险调整贴现率法。敏感性分析是通过分析、预测项目主要因素发生变化时，对各种评价指标的影响，从中找出敏感因素，并确定其影响程度。影响租赁决策的可变因素主要有利息率、手续费率、残值、汇率等。另外，产品的产量、价格、主要原材料的价格、工资标准、税率等的变化，同样会对决策产生影响。

概率分析是对各种可变因素导致的可能事件出现的概率做出估计，并由此确定决策的可能结果，降低决策的风险。某一事件的概率大小，可以采用主观与客观两种方式确定。在进行租赁决策时，最好是主客观相结合判断可变因素的概率。

风险调整贴现率是根据风险大小调整计算现值的贴现率，即先确定一个基础贴现率，然后根据风险大小调整原来的基础贴现率。调整贴现率的依据除了公司性质、投资项目性质、现金流量特点等诸因素之外，在很大程度上依赖于决策分析者的专业知识、经验和判断能力。

融资租赁决策中考虑的其他因素，不在这里一一阐述。

2. 融资租赁决策的方法

租赁与借款购买的决策分析是在现金流量基础上进行的，其决策方法都是建立在现值概念基础之上的。

在租赁与购买决策中，使用的基本决策标准是将租赁成本与购买成本的全部现值减少到最小值，即先确定租赁资产时的目前成本，再测定购买同一资产时的目前成本，最后比较二者的现值成本总额，选择现值成本总额较低的方案，为最优方案。

通常情况下，融资租赁决策评价中，只考虑有关的经营性现金流出量和财务性现金流出量，以及同各种融通资金方案相联系的有关税金影响，而投资所产生的收益不在考虑范围之内。因为各融资方案都是就同一项目设计出来的，它们的投资效益是相同的。

（五）租赁筹资的优缺点

对承租公司而言，租赁是一种特殊的筹资方式。通过租赁，筹资公司可不必预先筹措一笔相当于设备买价的资金即可获取需用的设备。因此，与其他筹资方式相比较，租赁筹资颇具特点。

1. 租赁筹资的优点

① 迅速获得所需资产。在其他筹资方式中，一般是先筹资，后购物；而租赁集“融资”与“融物”于一体，比其他筹资方式更易形成生产能力。

② 租赁筹资限制较少。公司运用股票、债券、长期借款等筹资方式，会受到相当多的资格条件的限制，虽然在租赁中也有类似限制，但这些限制的性质以及程度和其他形式的债务有所不同，债务人相对容易接受。例如，禁止承租人在未征得出租人同意的情况下，任意改造设备。

③ 保存公司的举债能力。租赁筹资虽具借贷性质，但由于融资租赁的偿债期相对较长，在相当长的时间内对公司流动比率、速动比率等偿债指标不会产生不利的影响，不会明显影响公司的借款举债能力。因此，相对于贷款购买方式，在保存公司的借款能力方面，融资租赁还是有利的。

④ 免遭设备陈旧过时的风险。随着科学技术的不断进步，设备陈旧过时风险很大，而多数租赁协议规定由出租人承担这种风险。

⑤ 取得所有权不能转让的资产。由于进出口管制、专利权以及其他形式垄断的限制，公司往往不能直接获得所需资产，租赁可能是公司取得该资产使用权的唯一办法。如国家拥有的土地、矿产等自然资源，一些限制出口的尖端技术等，公司通过租赁方式取得其使用权。

⑥ 有利于利用外资，获得国际上的优惠贷款。由于租赁既不是进口，也不是借款，而是租用，在法律上不属于借款形式。国际货币基金组织等国际金融机构一般不把租赁作为一国的对外债务。这样就可以避免一国负债过多，而难以从国际上得到优惠贷款的情况。

⑦ 有利于提高外汇的利用效果。租赁实际上是采用分期付款的方式获得所需资产，避免了一次性支付或偿还的情况，因此可以把有限的外汇分作几次使用，解决外汇短缺的困难，从而提高外汇的利用效果。

⑧ 取得全额资金融通。租赁实际上好像从出租方获得一笔全额信贷，筹得100％的资金。这样可以解决自有资金不足以购买设备而举债又受限制等问题；或者将由于租赁而节

约下来的资金，用于其他更为迫切和有利的生产经营方面。

另外，租金可在所得税前扣除，承租公司可享受税收利益。同时，租金在整个租赁期内分摊，可适当降低不能偿付的风险。

2. 租赁筹资的缺点

① 成本较高。租金总额往往要超出设备买价很多，其占设备价值的比例一般要高于同期银行贷款的利率。因为出租者为了补偿风险，要求较高租赁费；而承租方为了避免举债的限制，要承担较高的租赁费支出。

② 租赁对公司的偿付能力形成类似债务的风险。租金支付是承租方的一种固定性支出，当公司在经济不景气时，固定的租金支付成为一项沉重的负担，增加了风险，不利于公司资金调度。

③ 对租赁的资产没有所有权，这可能使公司失去对所有权的满足。

④ 采用租赁方式，如不能享有设备残值，也可视为承租公司的一种机会损失。

⑤ 在租赁期间，承租公司如要对设备进行改造，往往不易同出租人取得一致意见；而且租赁契约期间，承租公司不得中途解约，在此期间，即便察觉到设备陈旧速度过快也无济于事。

**四、其他长期负债筹资**

负债筹资除了如前所述的几种方式之外，还涉及境外交易中发生的国外筹资，即进出口融资与补偿贸易融资。

（一）进出口融资

1. 出口融资

出口融资是指国家为了支持和扩大本国商品的出口，提高本国商品的竞争能力，对本国出口商的贷款利息实行利息贴补或提供贷款的担保；或鼓励本国银行对出口商或外国进口商提供利息较低的贷款。这是与国家间进出口贸易相关的一种信贷方式。这种信贷的利率一般要低于市场利率，其差额由国家财政补贴。各国政府竞相采用以财政补贴支持本国银行发放低利息的出口信贷资金，是为了在竞争日益激烈的国际市场争夺市场，击败竞争对手，以改善本国的国际收支平衡状况。

（1）出口融资的类型

当前最为盛行的出口融资形式为卖方信贷和买方信贷。

① 卖方信贷。在大型机器装备与成套设备贸易中，为便于出口商以延期付款方式出售设备，出口商所在地银行对出口商提供的信贷就是卖方信贷。发放卖方信贷的程序与做法是：

首先，出口商以延期付款或赊销方式向进口商出售大型机械装备或成套设备。出口商与进口商签订合同后，进口商先支付 10%～15%的定金；在分批交货验收和保证期满时，再分期付给 10%～15%的货款；其余 70%～80%的货款在全部交货后若干年内分期偿还（一般每半年还款一次），并支付延期付款的利息。

其次，出口商向其所在地的银行筹借贷款，签订借款协议，融通所需资金。

最后，进口商分期偿还出口商货款及利息；出口商再用以偿还从银行取得的贷款。

出口商向银行借取的卖方信贷，除要按出口信贷利率支付利息外，并需支付信贷保险费、管理费等。这些费用均附加于出口设备的价款之中。所以，延期付款的货价一般高于以现汇支付的货价，有时高出3%～4%，甚至更高。

② 买方信贷。在大型机械设备或成套设备贸易中，由出口商所在地银行贷款给外国进口商或进口商银行，以使进口商有足够的资金进口设备，从而达到扩大本国出口的目的，这种贷款叫作买方信贷。

直接贷款给进口商的程序和做法：首先，进口商与出口商洽谈贸易，签订贸易合同后，进口商先交相当于货价15%的现汇定金。现汇定金在合同生效日支付，也可在合同签订后的60天或90天支付。其次，进口商根据与出口商签订的贸易合同，向出口商所在地银行申请并签订借款协议。出口商所在地银行限制进口商，只能购买出口商所在国的设备。再次，进口商用其借得的款项，以现汇付款条件向出口商支付货款。最后，进口商对出口商所在地银行的欠款，按借款协议规定的条件分期偿付。

间接贷款给进口商银行的程序和做法：首先，进口商与出口商洽谈贸易，签订贸易合同，进口商先交15%的现汇定金。第二，进口商的银行与出口商的银行签订贷款协议；该协议虽然以进口商与出口商的贸易合同为基础，但也具有独立性。第三，进口商银行以其借得的款项转贷给进口商，进口商以现汇条件向出口商支付货款。第四，进口商银行根据贷款协议，分期向出口商所在地银行偿还贷款。第五，进口商与进口商银行间的债务，按双方商订的办法，在国内清偿结算。

在上述两种形式的买方信贷协议中，都要明确规定进口商或进口商银行需要支付的信贷保险费、管理费等具体金额，这样就比卖方信贷方式更有利于进口商了解真实货价，增强透明度。

(2) 出口信贷协议条款

出口方银行提供出口信贷时，无论是买方信贷还是卖方信贷，必须与借款人签订一项贷款协议。协议须载明贷款数额、期限、利率、偿还贷款的方式和货币币种、信贷中发生的各种费用的承付条款以及有关借款人拖欠贷款处理方式的违约条款等，且须明确借贷双方各自的法律权利和义务。协议条款随信贷的具体情形而定，但基本上是大同小异。以下是关于协议中主要条款的介绍：

① 货币。由于出口信贷是国与国之间的信贷行为，必然涉及以何种货币支付和偿还的问题，因此，币种的确定在出口信贷中占有很重要的位置。关于货币的选择，在信贷协议中没有严格的规定，可以由双方确定．所以，有的贷款使用出口国货币，有的使用进口国货币，有的经借贷双方商议可以使用第三国的货币。不过通常贷款使用的货币主要依贷款方的需求而定。如果使用的货币相对于进口方或出口方或两者的货币是外币，那么就存在汇率变动而带来的风险。为了避免汇率风险，借贷双方须在协议中谈妥汇率。

② 利率。目前出口信贷的利率是由经济合作与发展组织(OECD)统一规定的，因而其年利率一般是固定的。OECD标准利率是美国、德国、日本、英国、法国五国利率的平均数的调整数，且其最低利率随五国政府债券利率情况每半年调整一次。OECD统一的出口信贷利率按国民收入尺度划分为不同的档次，一般向发达国家提供的出口信贷，其年利率较向欠发达国家提供的出口信贷利率要高。使用出口信贷的利息按规定每半年支付一次。

由于各国国内利率相差悬殊，势必使得OECD利率标准难以统一执行。事实上，出口国银行提供买方信贷时，参照OECD利率标准根据国内的商业利率确定其出口信贷利率。在世界上，有些国家实行高于OECD标准的利率，如日本、加拿大、美国等。但各国政府为了扩大出口，往往采取财政补贴等手段鼓励本国银行提供买方信贷，因而使得出口信贷利率低于市场利率。

③ 费用。使用买方信贷时除需支付利息外，还需支付承担费、管理费、转贷费、保险费等各种费用。

——承担费。它是指贷款方为借款方准备了资金而借款人尚未提取，造成贷款资金闲置不能生息而向借款方收取的一种补偿性费用。在整个贷款期间规定一个承担期和提款期。借款人应在承担期内提完贷款，否则就须对未用部分支付承担费；如果提款期满，那么未用部分的额度自动注销。承担费可以一次支付，也可以分期支付，依提款情况而定。其计算公式如下：

$$承担费=\frac{未支用贷款金额\times承担费年率\times未用款天数}{360}$$

——管理费。它又称手续费，按贷款总额的一定比例收取，一般在1‰～5‰左右。通常在贷款协议生效后两个月后一次支付。

——转贷费。出口方银行提供出口信贷在许多场合下都是贷款给进口商的往来银行，然后由往来银行(转贷银行)再放款给进口商，因此，转贷银行需要向借款人收取一定的费用即转贷费。转贷费的货币应与贷款货币相同(至少应是外币)。转贷费额根据尚未偿还的贷款数额按年利率计算，计算方法类似利息计算方法。

——保险费。它是指提供信贷的银行向本国专门的保险机构申请保险而发生的费用。因出口信贷金额大、期限长，为避免风险，提供信贷的银行往往向保险机构投保，保险费有时由进口商支付有时由出口商支付，总之要视贷款协议的规定而定。一般前者较为常见，即使是由出口商承担，出口商也会将它加入出口商品的成本，转嫁给进口商承担。保险费通常以年率计算，费率一般为贷款总额的0.5%～2.5%。

④ 违约条款。违约条款是指借贷双方因违背贷款协议中某些条款而必须承担的责任。违约条款主要是贷款人约束借款人某些行为的手段。当然，在协议中也会规定贷方如违约须承担的责任。

违约条款可分为一般违约条款和交叉违约条款。一般违约是指借款方违背了协议某些条款如未能及时支付本息，未向贷款人及时提交某些资料、通报某些情况等而须受到的处罚。而交叉违约是由债务人存在多个债权人的事实引起的。按照这一条款的规定，如果债务人对本协议以外的任何协议违约，就构成对本协议的违约。这样把债务人的所有债务连在一起，只要其中任何一笔债务契约中出现违约事件，便会发生连锁反应。因此，交叉违约条款扩大了违约的范围。一般来说，债务人对一笔债务违约时(技术性违约除外)，往往表明其财务状况趋坏。因此，债权人可理解为这是一系列违约行为的前奏。所以债权人可根据交叉违约条款，立即终止提供贷款并要求债务人立即偿还债务。如果债权人与债务人之间没有交叉违约条款，就只能等到还款日才能要求清偿。所以交叉违约条款是保护债权人利益的条款。在实际运作中，债权人总希望将交叉违约范围扩大得越大越好；而对债务人来说，则力求缩小范围，以免使自己陷于不利的地位。

(3) 使用出口融资需注意的问题

出口信贷是我国利用外资的主要渠道之一。为了更好地使用出口信贷，作为公司的高层财务人员在进行是否使用出口信贷决策时，有必要注意以下几方面的问题：

① 申请买方信贷的起贷点。银行提供买方信贷时,一般会规定最低交易额的起点,即提供信贷的银行要求进口商至少用一定数量的贷款购买该国的物资,这样可以一方面确保本国产品出口,另一方面确保该项贷款不被挪作他用。

② 成本因素。如前所述,出口信贷的成本包括:利息、管理费、承担费、转贷费、信贷保险费等。公司在作财务决策时,不仅需要考虑利率的高低,而且需要考虑其他费用如管理费、承担费等对贷款的实际利率的影响。在出口信贷中,有时出口方会将某些费用加入产品成本,使得产品价格并不真实且缺乏透明度。因此,进口商使用出口信贷必须弄清楚所购商品的真实价格和另外需要负担的各种费用,从而准确地了解其使用贷款的实际融资成本,以便于做出判断和决策。

③ 汇率变动风险。若进口商取得出口信贷的贷款是用非本国货币支付,那么,作为进口商必须考虑汇率风险(贷款机构也应考虑)。由于各国的货币坚挺程度不一,其汇率在一定时期内变动的幅度差异可能很大,从而使得在统一的名义利率下的出口信贷的实际利率差异很大。

对于硬通货来说,因其货币坚挺、汇率不断上升,因而进口方今后偿还贷款的成本不断增加,有时甚至这种汇率变化引起的融资成本增大远远超过汇率上升引起的影响。对于软通货来说,其利率虽高,但其汇率不断下跌,高利率中有相当部分无非是对货币因通货膨胀所损失的购买力的一种补偿,但是有时利率虽高还抵消不了汇率下跌带来的影响。因此,对于不同坚挺程度货币的出口信贷率,应选择合适的标准予以考察。不仅要考虑其利率水准,而且要预测其汇率变动趋势,有时后者尤为重要。

2. 进口融资

进口融资是指国家对生产出口商品,并能直接或间接创汇的公司,对其一定时期内所需要的进口设备和原料等,给予的利息优惠贷款,从而扶持这些公司尽快为国家出口创汇。在我国的银行信贷种类中,出口专项借款、进口设备短期外汇借款等都属于进口优惠贷款。

(1) 出口专项贷款

出口专项贷款是生产出口工业产品的公司,为了增加出口产品的产量,提高质量,增加花色品种,改进包装装潢,而向银行取得的一种贷款。这种贷款只能用于现有公司的技术改造,革新工艺,增添关键性的设备,进行填平补齐和必要的改建扩建。

符合贷款条件的公司需要款项时,应提出借款申请书,按规定程序办理审批和借款手续。建设银行省、市、自治区分行,应将批准的贷额项目和贷款金额通知经办行,作为发放贷款的依据,借款公司根据上级批准的贷款项目和额度,向当地建设银行提交批准的借款申请书和批准文件,办理借款手续。

借款期限从开始支用借款的当日起,最长不超过两年。借款公司必须在规定的借款期限内按期或提前归还借款。借款利息每季由建设银行计收一次。借款如到期不还,从到期之日起,加倍计收利息。

(2) 进口设备短期外汇贷款

这是中国银行利用吸收的外汇资金,为发展出口商品生产和其他经济建设事业,增加外汇收入而向公司发放的一种贷款。贷款的对象是生产商品和能给我国直接或间接创造外汇收入并具备贷款条件的单位。重点是支持生产出口商品的公司进行挖潜、革新、改造。贷款的用途限定为:引进先进技术,进口国内短缺设备和材料,扩大出口商品的生产能力,提高产品质量，增加花色品种，改进包装装潢等。

利用该项贷款应具备的条件是：借款项目经济效果显著，还款确有保证，国内配套落实，项目经过批准。

公司需要贷款时，应向中国银行办理申请贷款手续。贷款批准后，公司应到中国银行订立借款契约，开立贷款账户，并办理进口订货。金额比较大的贷款项目，借款单位提出按年分季的用款计划。银行按用款计划组织资金，借款公司要按照用款计划用款。

借款期限从开始用汇日算起，到还清本息止，用于进口设备（包括制造设备的材料）的项目不超过三年；用于进口原材料、辅料加工出口的项目，一般为一年。

外汇贷款利率，由中国银行总行根据国际市场上组织资金的成本加银行管理费确定。

公司应按照借款契约，在规定期限内向银行还清借款并按时支付利息。有外汇收入的公司，用自有外汇归还；不直接收入外汇的公司，用提供外贸出口商品应收的外汇归还，即凭外贸部门开给的"归还外汇贷款额度凭证"用相应的人民币到中国银行购买外汇归还贷款本息。

（二）补偿贸易融资

1. 补偿贸易融资的类型

补偿贸易融资是一种不使用现汇而在信用基础上进行的贸易融资方式，是公司在境外筹资的一种方式。所谓补偿贸易，简单地说，是指交易的一方向另一方出口商品，同时承诺向对方购买一定数量的商品。即由一方出售技术、设备等商品，同时承担购买对方一定数额商品的义务；而另一方则不需用现汇，只是在信贷基础上购进有关机器、设备、生产技术及其他制成品等，并在公司建成投产后，用其产品或者双方事先商定的其他商品分期清偿贷款。

补偿贸易融资是国际商务活动中，特别是发展中国家采用较多的一种信贷贸易方式。在我国，比较常见的补偿贸易形式是，国内公司从境外公司输入技术、机器设备和劳务，然后在一定时期内用产品或双方商定的商品清偿价款。通过补偿贸易，国内公司可以在外汇不足情况下，取得所需的技术、设备和劳务亦即获得了信贷资金；同时可利用外商的销售渠道和网点，扩大自己的产品出口，增加外汇收入。补偿贸易不仅是进口贸易与出口贸易的结合，而且是融资与贸易的结合，其实质依然是一种商品信用融资。

从公司筹资的角度看，补偿贸易是一种信贷方式，按借方对贷方的产品补偿方式，可以将这种贷款分为直接补偿、间接补偿和综合补偿三种主要方式。

① 直接补偿。直接补偿也称产品直接返销，是借款公司利用引进的技术、设备直接生产的产品，去偿还引进出口方技术、设备的货款。这是最基本的补偿贸易方式，也符合我国关于补偿贸易原则上要用引进技术、设备所生产的产品返销对方，进行直接补偿的规定。直接补偿易算易懂，并且将借贷双方的利益紧密地联系起来，因为只有引进技术和设备正常发挥作用，才有可能偿还引进款。现在我国的中小型补偿贸易大都采用这种方式。

② 间接补偿。是指经借贷双方商定，用借款公司的其他产品提供给放款方，去偿还引进技术、设备的货款。

③ 综合补偿。这是直接补偿和间接补偿的综合形式。即借款公司偿还引进的技术、设备货款，一部分用直接生产的产品，另一部分用其他产品。

补偿贸易的基本形式是直接补偿和间接补偿，其他补偿贸易的形式，则是在这两种形式基础上结合某些具体要求衍生的。

2. 补偿贸易的程序

补偿贸易涉及生产、信贷、销售等多方面因素，技术性、法律性都比较复杂，需要多方考虑和慎重处理。其一般做法是，由设备、技术的提供方与引进方之间直接进行谈判，签订合同，据以执行。但有时由于各种原因，供应设备、技术的一方把承担返销或回购产品的义务委托给第三者办理。因此，在签订补偿贸易协议时，应将双方的责任、权利、义务做出明确的规定。

补偿贸易区别于一般贸易，办理一笔补偿贸易一般分为四阶段：

① 准备阶段。包括可行性研究、国际市场调查、选择引进的技术设备和补偿产品、做好建设项目的规划、落实规划的各项先决条件、办理申请报批手段等。

② 对外磋商阶段。双方就补偿贸易契约的主要条款进行具体磋商，明确双方的权利和义务。主要条款包括：技术设备的性能、价格和交货条件、补偿产品的规格、数量、交货期及补偿的方法、交付的条件以及解决争议的办法等。

③ 签订书面文件阶段。根据谈判双方达成的一致意见，签订必要的法律性文件，以便有关双方据以执行。签订的书面文件一般有三种：补偿贸易协定、设备（技术）进口合同、补偿产品的出口合同。其中，补偿贸易协定是签订技术设备合同和补偿产品合同的依据和基础。有关的基本原则、贸易品种和规模、双方的权利和一般交易条件，如索赔与理赔、仲裁、不可抗力等均应在协定中订明。技术设备合同和补偿产品合同必须订明商品的具体品种、品名、品质、规格、数量、包装、价格、支付交货地点和日期、保险、检验等条款以及其他特约的事项等。

④ 履行合同阶段。其主要工作包括备货、装运和交货，对货物的检查和验收，对异议索赔的处理，货款结算等等。

3. 补偿贸易的财务决策

(1) 可行性研究

国内公司如要以补偿贸易形式引进设备、技术和劳务，首先要做好可行性研究，其中最主要的是：① 引进项目的建设条件必须具备。例如，与引进项目相配套所需的土地、劳动力、资金、技术必须能够落实。② 对引进项目的投资效益进行估算，应保证有相当好的经济效益。③ 产品的销售必须能够得到保证。

引进项目可行性研究的核心问题是项目的投资效果估算，这是决定项目取舍的关键所在。进行可行性研究要特别评价引进项目的经济效益，其中包括抵偿设备货款的时间与项目投资报酬率。对于那些偿还期长、换汇少、盈利欠佳的项目，必须坚决舍弃。要尽量引进那些偿还期短、收汇多、盈利大的项目。

估算补偿贸易的经济效益有多种指标可供选择，例如，外资可偿期、外资可偿率、外资总收益率、人民币资金换汇率、人民币资金利润率和公司利润率等。通过这些财务评价指标，可以直接或间接地反映项目的经济效益。

① 外资可偿期。它用来反映以利润偿还为基础的项目的补偿能力。它间接地反映了项目的经济效益。可偿期愈短，表明补偿能力愈强，经济效益愈好。反之，可偿期愈长，表明补偿能力愈弱，经济效益愈差。如果外资可偿期超过引进设备的服务年限，那么这项补偿贸易根本就没有经济效益，是不可取的。外资可偿期的计算公式为：

$$外资可偿期=\frac{外资总成本}{年平均外汇净收入}=\frac{外资总成本}{年外汇收入-年生产成本及费用折合外汇数}$$

式中的外资总成本包括设备货款和延期付款的利息以及其他各种财务费用。

② 外资可偿率。它是指在使用外资期间所创的全部外汇净收入中，用于偿还外资部分所占的比重，它也间接地反映了项目的经济效益。外资可偿率愈高，用于偿付外资的收入愈多，经济效益愈差；反之，经济效益愈好；其计算公式为：

$$\begin{aligned}外资可偿率&=\frac{外资总成本}{外资使用期内的外汇总净收入}\times 100\%\\&=\frac{外资总成本}{年平均外汇净收入\times 外资使用期(服务年限)}\times 100\%\end{aligned}$$

外资可偿期和外资可偿率是从不同的侧面反映同一事物，只是表达方式不同而已。它们的关系可用下式表示：

$$外资可偿率=\frac{外资可偿期}{外资服务年限}$$

$$外资可偿期=外资服务年限\times 外资可偿率$$

③ 外资总收益率。它是指公司在使用外资的期间内的外汇净收入，偿付外资本息后，归公司所得部分在净收入中所占的比重。其计算公式为：

$$\begin{aligned}外资总收益率&=\frac{年平均外汇净收入\times 外资服务年限-外资总成本}{年平均外汇净收入\times 外资服务年限}\times 100\%\\&=\left(1-\frac{外资可偿期}{外资服务年限}\right)\times 100\%=1-外资可偿率\end{aligned}$$

④ 人民币资金换汇率。它是指一定量的外汇收入与需要投入国内资金量的比例。其计算公式为：

$$人民币资金换汇率=\frac{年平均外汇净收入\times 外资服务年限}{年投入人民币资金\times 服务期限}\times 100\%$$

⑤ 人民币资金利润率和公司利润率。这类指标是按国内各类公司统一的经济核算方法计算的利润率。人民币资金利润率只计算人民币资金部分。人民币资金利润率的计算公式为：

$$人民币资金利润率=\frac{\left(\begin{matrix}年平均\\外资净收入\end{matrix}\times\begin{matrix}外资服务\\期限\end{matrix}-\begin{matrix}外资\\总成本\end{matrix}\right)\times 外汇汇率}{年均人民币资金投入量\times 服务期限}$$

(2) 补偿贸易决策中的其他问题

补偿贸易在国民经济发展中起着积极的作用，有利于发挥国内资源和劳动力等有利条件，有利于增加外汇收入。但由于其业务复杂，牵涉面广，因此，开展补偿贸易业务必须精心策划，审慎处理。要选择引进那些属于世界先进水平或对我国适宜的技术项目，防止仅从本公司、本地区利益出发，引进一些不属国家鼓励发展的项目，尤其要防止不必要的重复引进。

此外，公司在开展补偿贸易业务时还应注意以下问题：

① 外资补偿期。从理论上讲，外资补偿期越短越好。但考虑到要充分利用外商的资金和销售渠道，所以，一般情况下宜争取适当延长还款期限。尽管会导致融资成本增加即利息负担的加重，但只要补偿产品在国际市场上畅销，价格看涨，只要该项目所产生的增长利润达到或超过预测的盈利水平，那么适当延长补偿期对公司利用外资来说还是可取的。

② 补偿贸易的结算方式。按照补偿贸易的定义，设备等货款是由引进方提供产品（直接或间接产品）的方式来偿付。但在实际中，按照国际惯例，一般是采用对开信用证、银行担保和托收方式，货款的清算必须贯彻先收后付的原则。当然，有时也可使用贷款，以现金支付设备货款。

开展补偿贸易业务，有时外资方要求引进方以原料补偿，在这种情况下，引进方要视该种原料是否在国内资源丰富与自用有余后才能做出确定。但原料相对于制成品而言，其出口价格是低廉的，因此，作为引进方应力争以制成品来偿付货款。当然，利用产品补偿也要考虑该产品在世界市场可能的销售情况和出口前景，以估计偿还外资的可能性。要防止补偿产品与我国同类产品的正常出口相竞争。

③ 设备和补偿产品的作价。引进设备的作价，一般应参照国际市场同类产品的价格水平确定，但需考虑到延期付款中的汇率风险和利息因素对价格的影响。而作为偿付外资的产品作价则不同，由于补偿时间较长，国际市场行情波动很大，为了照顾双方的利益，一般采用分期作价的方法。因此，在签约时要妥善规定返销产品作价原则，明确返销时间。

④ 银行担保问题。外资方在引入设备时常要求引进方向银行申请出具履约保证即保函，以担保引进方如期归还补偿贸易设备款。这种保函不仅要求设备引进方银行承担偿付设备款的保证责任，而且要求载明设备出口方已向引进方开出履行收购返销产品承诺的保函。只有设备出口方开具收购返销产品的保函，引进方银行才会承担偿付设备款的保证责任。

⑤ 补偿贸易客户的选择。补偿贸易的客户对象，必须选择信用好、经营能力强，特别是具有推销补偿产品能力的客户。

总之，开展补偿贸易是一项复杂的业务，必须对所有上述提及的因素作综合分析，全面权衡各种因素可能造成的利弊关系，要以科学的态度去研究考察，切忌主观臆断。要在符合国家利益和社会效益的原则基础上选择项目，力求做到所引进的项目既能有利于国民经济的发展，又有利于本公司经济效益的增长。

## 第五节 其他长期筹资

其他长期筹资方式主要包括兼具股权与债务特性的混合融资和其他衍生工具融资。我国上市公司目前最常见的主要有认股权证和可转换债券。

### 一、认股权证筹资

#### （一）认股权证的概念、特点及种类

认股权证是由股份公司发行的可认购其股票的买入期权。它赋予持有者在一定期间以事先约定的价格购买发行公司一定股份的权利。对发行公司而言，发行认股权证是一种特殊的筹资手段。认股权证本身含有期权条款，其持有人在认股之前，对发行公司既不拥有债权也不拥有股权，而只是拥有股票认购权。其特征具体表现为：

① 可以根据认股权证规定的价格在适当的时间内购买普通股票；

② 认购股数固定；

③ 认购价格可变；

④ 认购期限限制；

⑤ 自身具有价值。

在国内外公司筹资实务中，认股权证形式灵活多样，可区分为不同种类。

① 长期与短期认股权证。认股权证按允许购股的期限分为长期和短期。长期认股权证的购股期限通常持续几年，有时是永久性的。短期认股权证的认股期限比较短，一般在90天以内。

② 单独发行与附带发行认股权证。按发行方式，认股权证可分为单独发行和附带发行。单独发行容易理解，附带发行是指依附于债券、优先股、普通股或短期票据发行的认股权证。

③ 备兑认股权证与配股权证。备兑权证是由独立于其指定证券的发行人及其附属公司的个体（通常是投资银行）所发行。指定资产可以是股本证券以外的资产，例如指数、货币、商品、债券又或一篮子证券。备兑权证所赋予的权利可以是购买的权利（认购权证）或出售的权利（认沽权证）。备兑的含义指其发行人将权证的指定证券或资产存放在独立的受托人、托管人或存管处，作为其履行责任的抵押，而受托人、托管人或存管处则代表权证持有人的利益。配股权证是确认老股东配股权的证书，它按照股东持股比例定向派发，赋予其以优惠价格认购公司一定份数新股的权利。

（二）认股权证的作用

认股权证在筹资中的运用十分灵活，对发行公司具有一定的作用。

① 为公司筹集额外现金。认股权证不论是单独发行还是附带发行，大多都为公司额外筹集一笔现金，从而增强公司的资本实力。

② 促进其他筹资方式的运用。单独发行认股权证有利将来发售股票。附带发行认股权证可促进相关证券筹资的效率。例如，认股权证依附债券发行，以促进债券的发售。

（三）认股权证的价值衡量

由于认股权证实质上是一种股票购买权，因此，它的价值由确定股票购买权的方法确定。影响它的因素主要有：标的物价格波动率、履约价格、剩余期限、无风险利率、股息因素等。

1. 认股权证的理论价值

在认股权证可以公开时，它们就有自己的市场，有的在交易所上市，有的通过场外交易。股票市场价格与认股权证的预购股票价格之间的差额就是认股权证的理论价值，公式如下：

$$\text{当 } P>E \text{ 时}, V=(P-E)\times N$$

其中，$P$ 为股票市场价格；$E$ 为股票认购价格；$N$ 为转换比率。

**例 7-6** 某普通股票现行市价每股 55 元，认股权证规定认购价 40 元，每张认股权证可认购 1 张普通股票，则认股权证的理论价值为：

$$V=(55-40)\times 1=15(\text{元})$$

当普通股市价高于认购价格时，认股权证理论价值为正；当股票市价等于认购价格时，认股权证的理论价值为 0；当股票市价低于认购价格时，认股权证的理论价值为负，毫无意义，因此，其理论价值也为 0。也就是说，认股权证的最低理论价值为 0。

2. 认股权证溢价

需要注意，在进行交易时，认股权证的市场价格很少与其理论价值相同。事实上，在许多情况下，认股权证的市场价格要大于其理论价值。即使其理论价值为0，它的需求量也可能会很大。认股权证的市场价格超过其理论价值的部分被称之为认股权证的溢价，其公式为：

溢价＝认股权证的市场价格－理论价值

由于认股权证价格是随着股票市场价格的变动而变动的，因此，当股票市价随着时间的延长而上涨时，套利机制也将促使认股权证的价格随之上涨。在认股权证市场价格上涨的过程中，由于经历了 $P \leqslant E$ 和 $P > E$ 两个阶段，认股权证溢价也随之经历了由低到高和由高向低乃至为0的过程。

形成溢价的主要原因是：一般情况下，认股权证的收益率高于普通股的回报率，而且投资损失要小于普通股。

**例7-7** 华夏公司认股权证载明认购价格为30元，其销售价等于其理论价值，每权认购1股，当股票市价为40元时，甲投资者投资120元于普通股，乙投资者用120元投资于认股权证，当股票市场价格上升到60元时，两者的收益比较如下：

甲投资者的投资总收益＝(60－40)×120/40＝60(元)。

甲投资者的获利率＝60/120＝50%。

乙投资者认股权证的理论价值＝(40－30)×1＝10(元)。

120元可认购认股权证的份数＝120/10＝12(张)。

乙投资者的投资总收益＝(60－30)×12－120＝240(元)。

乙投资者的获利率＝240/120＝200%。

显然，同样的资金，投资收益却不同。

从损失的角度看，如果股票价格下跌，两人同样会受到损失，但受损程度不一样。

如股票市价持续下跌，假设跌至5元，此时，乙已用120元购买了12张认股权证，甲用120元购买了3股普通股，则：

甲的总损失＝(5－40)×3＝－105(元)。

乙的可能损失＝－10×12＝－120(元)，即购买认股权证的费用。

结论：

第一，当股价接近认购价格时，认股权证超理论价值的溢价也越大。

第二，随着股票市价的上升，认股权证理论价值与股票市价成正比例变化。

第三，认股权证的溢价逐渐减少。

以上结论可以验证：

前例：若甲、乙投资者在股票市价为60元时投资，在股价上升到120元时出售，则：

甲投资者的投资总收益＝(120－60)×120/60＝120(元)。

甲投资者的获利率＝120/120＝100%。

乙投资者认股权证的理论价值＝(60－30)×1＝30(元)。

120元可认购认股权证的份数＝120/30＝4(张)。

乙投资者的投资总收益＝(120－30)×4－120＝240(元)。

乙投资者的获利率＝240/120＝200%。

可见，甲投资者的收益率有所上升，而乙投资者的收益率保持不变，说明这种投资获利杠杆作用递减和损失风险递增的趋势，使认股证的溢价逐渐减少。

认股权证溢价与相关股票市场的变动具有直接的因果关系。相关股票的涨幅与认股权证市价成正比例变动;若相关股票市价下跌,认股权证持有人可以选择不执行买权,其损失只限定在最初购买认股权证的费用。认股权证投资所体现的上方收益无上限、下方损失锁定的特征,为市场投资者提供了利用杠杆效应的机遇与挑战,而投资者对相关股票市价的走势的预期,将决定认股权证投资的成败。

(四)认股权证筹资的优缺点

1. 优点

① 认股权证是一种融资促进工具,它能促使公司在规定的期限内完成股票发行计划,顺利实现融资。

② 有助于改善上市公司的治理结构。采用认股权证进行融资,融资的实现是缓期分批实现的,上市公司及其大股东的利益和投资者是否在到期之前执行认股权证密切相关,因此,在认股权证有效期间,上市公司管理层及其大股东任何有损公司价值的行为,都可能降低上市公司的股价,从而降低投资者执行认股权证的可能性,这将损害上市公司管理层及其大股东的利益。因此,认股权证将有效约束上市公司的败德行为,并激励他们更加努力地提升上市公司的市场价值。

③ 作为激励机制的认股权证有利于推进上市公司的股权激励机制。认股权证是常用的员工激励工具,通过给予管理者和重要员工一定的认股权证,可以把管理者和员工的利益与公司价值成长紧密联系在一起,建立一个管理者与员工通过提升公司价值再实现自身财富增值的利益驱动机制。

2. 缺点

① 不能确定投资者将在何时行使认股权,使公司陷入被动。不管是短期认股权证还是长期认股权证,往往都是在未来公司的某个经营期间行权,假若某个时段内出现集中大量行权的情况,公司可能被迫回购大量股票,要满足行权要求,这势必需要动用很大的一笔现金,往往会造成短时间内公司陷入困境。

② 潜在的高资本成本的风险。未来的行权期内,若股价大幅提高,行权价会远低于市价,从而使这部分股票的发行价远低于其他股票的发行价,使公司承受比其他股票高得多的资本成本。

③ 可能稀释每股普通股收益。附发在优先股和公司债上的认股权证,会增加公司优先股和公司债券的筹资额。当投资者行权时,则会额外增加普通股的对外发行量(如公司再融资增发股票时),造成发行在外的普通股股数增加,因此对每股普通股收益具有稀释性。

## 二、可转换债券筹资

(一)可转换债券的概念及特征

可转换债券是一种可以在特定时间,按照特定条件转换为普通股股票的特殊公司债券。可转换债券一般具有固定的利率和期限,其发行者按规定只能是上市公司或即将取得上市资格的公司。可转换债券的特征主要包括:

① 证券期权性。可转换债券给予了债券持有者未来的选择权,在事先约定的期限内,投资者可以选择将债券转换为普通股票,也可以放弃转换权利,持有至债券到期还本付息。由于可转换债券持有人具有在未来按一定的价格购买股票的权利,因此可转换债券实质上是一种未来的买入期权。

② 资本转换性。可转换债券在正常持有期，属于债权性质；转换成股票后，属于股权性质。在债券的转换期间中，持有人没有将其转换为股票，发行公司到期必须无条件地支付本金和利息。转换成股票后，债券持有人成为公司的股权投资者。资本双重性的转换，取决于投资者是否行权。

③ 赎回与回售。可转换债券一般都会有赎回条款，发债公司在可转换债券转换前，可以按一定条件赎回债券。通常，公司股票价格在一段时期内连续高于转股价格达到某一幅度时，公司会按事先约定的价格买回未转股的可转换公司债券。同样，可转换债券一般也会有回售条款，公司股票价格在一段时期内连续低于转股价格达到某一幅度时，债券持有人可按事先约定的价格将所持债券回卖给发行公司。

（二）可转换债券的基本要素

可转换债券的基本要素是指构成可转换债券基本特征的必要因素，它们代表了可转换债券与一般债券的区别。

1. 标的股票

可转换债券转换期权的标的物，就是可转换成的公司股票。标的股票一般是发行公司自己的普通股票，不过也可以是其他公司的股票，如该公司的上市子公司的股票。

2. 票面利率

可转换债券的票面利率一般会低于普通债券的票面利率，有时甚至还低于同期银行存款利率。因为可转换债券的投资收益中，除了债券的利息收益外，还附加了股票买入期权的收益部分。一个设计合理的可转换债券在大多数情况下，其股票买入期权的收益足以弥补债券利息收益的差额。

3. 转换期

可转换债券的转换期长短与可转换债券的期限相关。我国规定，可转换公司债券的期限最短为一年，最长为六年。

4. 转换比率

转换比率是指每一份可转换债券在既定的转换价格下能转换为普通股股票的数量。在债券面值和转换价格确定的前提下，转换比率为债券面值除以转换价格：

$$\text{转换比率}=\text{债券面值}/\text{转换价格}$$

5. 转换价格

可转换债券通过转换价格和转换比率来转换成股票。可转换债券的转换价格是用可转换债券交换股票的每股价格。转换价格通常由发行公司在发行可转换债券时约定。转换价格的计算公式为：

$$\text{转换价格}=\frac{\text{债券面值}}{\text{转换比率}}$$

6. 赎回条款

赎回条款是指发债公司按事先约定的价格买回未转股债券的条件规定，赎回一般发生在公司股票价格在一段时期内连续高于转股价格达到某一幅度时。赎回条款通常包括：不可赎回期间与赎回期；赎回价格（一般高于可转换债券的面值）；赎回条件（分为无条件赎回和有条件赎回）等。

发债公司在赎回债券之前，要向债券持有人发出赎回通知，要求他们在将债券转股与卖回给发债公司之间做出选择。一般情况下，投资者大多会将债券转换为普通股。设置赎回条款最主要的功能是强制债券持有者积极行使转股权，因此又被称为加速条款。同时也能使发债公司避免在市场利率下降后，继续向债券持有人支付较高的债券利率所蒙受的损失。

7. 回售条款

回售条款是指债券持有人有权按照事前约定的价格将债券卖回给发债公司的条件规定。回售一般发生在公司股票价格在一段时期内连续低于转股价格达到某一幅度时。回售对于投资者而言实际上是一种卖权，有利于降低投资者的持券风险。与赎回一样，回售条款也有回售时间、回售价格和回收条件等规定。

8. 强制性转换调整条款

强制性转换调整条款是指在某些条件具备之后，债券持有人必须将可转换债券转换为股票，无权要求偿还债权本金的规定。可转换债券发行之后，其股票价格可能出现巨大波动。如果股价长期表现不佳，又未设计回售条款，投资者就不会转股。公司可设置强制性转换调整条款，保证可转换债券顺利地转换成股票，预防投资者到期集中挤兑引发公司破产的悲剧。

（三）可转换债券的发行条件

根据《上市公司证券发行管理办法》，公开发行可转换债券的公司，除应当符合一般规定外，还应当符合下列规定：

① 最近三个会计年度加权平均净资产收益率平均不低于6%；

② 本次发行后累计公司债券余额不超过期末净资产额的40%；

③ 最近三个会计年度实现的年均可分配利润不少于公司债券一年的利息。

（四）可转换债券的发行价格

可转换债券是一种特殊债券，它相当于普通债券与买入期权的组合。因此，其发行价格取决于普通债券和期权的价值。

由于期权的作用，在实务中可转换债券通常溢价发行并且利率较低。

（五）可转换债券筹资的优缺点

1. 优点

① 筹资成本较低。可转换债券给予了债券持有人以优惠的价格转换公司股票的好处，故而其利率低于同一条件下的不可转换债券（或普通债券）的利率，降低了公司的筹资成本。此外，在可转换债券转换为普通股时，公司无须另外支付筹资费用，节约了股票的筹资成本。

② 便于筹集资金。可转换债券一方面可以使投资者获得固定利息，另一方面又向其提供了进行债权投资或股权投资的选择权，对投资者具有一定的吸引力，有利于债券的发行，便于资金的筹集。

③ 有利于稳定股票价格和减少对每股收益的稀释。由于可转换债券规定的转换价格一般要高于其发行时的公司股票价格，因此在发行新股票或配股时机不佳时，可以先发行转换债券，然后通过转换实现较高价位的股权筹资。事实上，一些公司正是认为当前其股票价格太低，为避免直接发行新股而遭受损失，才通过发行可转换债券变相发行普通股的。这样，一来不至于因为直接发行新股而进一步降低公司股票市价，二来因为

可转换债券的转换期较长，即使在将来转换股票时，对公司股价的影响也较温和，从而有利于稳定公司股票。

可转换债券的转换价格高于其发行时的股票价格，转换成的股票股数会较少，相对而言就降低了因为增发股票对公司每股收益的稀释度。

④ 减少筹资中的利益冲突。由于会有相当一部分投资者将其持有的可转换债券转换成普通股，发行可转换债券不会太多地增加公司偿债压力，所以其他债权人对此的反对较少，受其他债务的限制性约束较少。同时，可转换债券持有人是公司的潜在股东，与公司有着较大的利益趋同性，而冲突较少。

2. 缺点

① 股价上扬风险。虽然可转换债券的转换价格高于其发行时的股票价格，但如果转换时股票价格大幅度上扬，公司只能以较低的固定转换价格换出股票，便会降低公司的股权筹资额。

② 财务风险。发行可转换债券后，如果公司业绩不佳，股价长期低迷，或虽然公司业绩尚可，但股价随大盘下跌，持券者没有如期转换普通股，则会增加公司偿还债务的压力，加大公司的财务风险。特别是在回售条款的情况下，公司短期内集中偿还债务的压力更明显。

③ 丧失低息优势。可转换债券转换成普通股后，其原有的低利息优势不复存在，公司将要承担较高的普通股成本，从而导致公司的综合资本成本上升。

## 案例

### 寒武纪 IPO

2020 年上半年，寒武纪发布科创板 IPO 招股意向书：本次拟发行股份 4 010 万股，占发行后总股本的 10.02%。招股书显示，此次 IPO 拟融资金额为 28.01 亿元，分别投资于新一代云端训练芯片及系统项目、新一代云端推理芯片及系统项目、新一代边缘端人工智能芯片及系统项目和用于补充流动资金。

中科院背景、资本宠儿，明星光环加持下的寒武纪即将 IPO 的消息格外引人注目。寒武纪成立于 2016 年，由陈天石、中科算源共同出资。自成立至今，一直专注于人工智能芯片设计领域，积累了较强的技术和研发优势。公司是目前国际上少数几家全面系统掌握了智能芯片及其基础系统软件研发和产品化核心技术的企业之一，能提供云边端一体、软硬件协同、训练推理融合、具备统一生态的系列化智能芯片产品和平台化基础系统软件。公司掌握的智能处理器指令集、智能处理器微架构、智能芯片编程语言、智能芯片高性能数学库等核心技术，具有壁垒高、研发难、应用广等特点，对集成电路行业与人工智能产业具有重要的技术价值、经济价值和生态价值。

2020 年 7 月，寒武纪(688256)公告首次公开发行股票并在科创板上市发行，公司此次发行价格敲定为 64.39 元/股。而且，截至公告刊登日，公司尚未盈利，上市后一段时间内未盈利状态可能持续存在。

公司 IPO 前的财务状况如表 7-4 所示。

**表 7-4　寒武纪 IPO 前财务状况**

| 项目 | 2019 年度/2019-12-31 | 2018 年度/2018-12-31 | 2017 年度/2017-12-31 |
| --- | --- | --- | --- |
| 资产总额/万元 | 466 847.23 | 304 145.16 | 59 018.46 |
| 归属于母公司所有者权益/万元 | 435 647.95 | 51 064.24 | 3 317.66 |
| 资产负债率(母公司) | 2.73% | 79.4% | 92.53% |
| 营业收入/万元 | 33 393.85 | 11 702.52 | 784.33 |
| 净利润/万元 | −117 912.53 | −4 104.65 | −38 070.04 |
| 归属于母公司所有者的净利润/万元 | −117 912.53 | −4 104.65 | −38 070.04 |
| 扣除非经常性损益后归属于母公司所有者的净利润/万元 | −37 673.31 | −17 191.50 | −2 886.07 |
| 基本每股收益/元 | −3.27 | — | — |
| 稀释每股收益/元 | −3.27 | — | — |
| 加权平均净资产收益率 | −39.28% | −12.50% | — |
| 经营活动产生的现金流量净额/万元 | −20 179.60 | −5 549.05 | −2 352.43 |
| 现金分红/万元 | — | — | — |
| 研发投入占营业收入比例 | 122.32% | 205.18% | 380.73% |

**问题：**

寒武纪上市之前连续三年亏损，经营活动产生的现金流量连续三年为负，其 IPO 定价的依据是什么？

# 第八章　长期筹资决策

## 引言

经过近两个月的忙碌，龙山集团2020年的中期业绩公告终于完成了。看着即将发布的公告，集团CEO赵晓明先生露出了笑容。作为一家房地产企业，龙山集团2020年上半年实现合约销售额1 111亿元，同比增长5.2%。在行业销售下滑、众多房地产企业销售不及预期的情况下，龙山集团的销售数据显示了其强大的抗风险能力。

赵晓明先生具有一定的财务知识背景，非常重视资金安全问题。2010年以来，龙山集团经营活动现金流净额一直为正，账面现金持续增加，总有息负债保持稳健，这在房地产企业中是不多见的。截至2020年6月30日，龙山集团净负债率仅为51.4%，在手现金784亿元；综合借贷为1 685.6亿元，一年内到期债务为172.1亿元，占比为10.2%；现金短期负债比为4.55倍，不仅在房地产行业，在大型房地产企业中也是比较高的。

目前龙山集团的融资成本低至4.5%，且已连续四年保持在这个水平。上半年在境内发行的公司债及住房租赁专项债，利率介于3.55%至4.2%之间。在境外发行的6.5亿美元优先票据，利率介于3.375%至3.85%之间。

审慎的发展模式是龙山集团连续多年融资成本保持低位的原因，也获得了评级机构的认可：标准普尔对公司信用评级为BBB、穆迪为Baa3、惠誉为BBB，穆迪展望为正面，其他展望均为稳定。

相较于行业，龙山集团成绩出色，但赵晓明先生觉得“达摩克利斯之剑”始终悬在每一个房地产企业头上，他对于近期的房地产企业融资政策走向充满忧虑。2019年5月，银保监会发布“23号文”，明确商业银行、信托、租赁等金融机构不得违规进行房地产融资，房地产融资调控持续收紧；2019年7月，发改委对房地产企业海外发债也有了限制，明确要求房企发行外债只能用于置换未来一年内到期的中长期境外债务，还要披露资金用途等；2020年8月，住房城乡建设部、人民银行在北京召开重点房地产企业座谈会，进一步落实房地产长效机制，形成了重点房地产企业资金监测和融资管理规则。

看了看窗外的金融CBD大厦，赵晓明先生认为还是需要与负责融资事项的高管提前谋划一下，未雨绸缪。他敲开了集团CFO的办公室……

## 第一节　资本成本

### 一、资本成本的概念

资本成本是指公司为筹集和使用资金而付出的代价。从广义上讲，公司筹集和使用任何资金都要付出代价。然而，由于公司资金中长期资金所占的比重较大，且成本较高，因而，狭义的资本成本仅指筹集和使用长期资金的成本。由于长期资金也被称为资本，所以，长期资金的成本也称为资本成本。

资本成本包括资本的筹集费用和使用费用两部分。资本筹集费用是指公司在资本筹集过程中支付的各项费用,如发行股票和债券等支付的印刷费、发行手续费、律师费、资信评估费、公证费、担保费和广告费等。资本使用费用是指公司在生产经营过程中因使用资本而支付的费用,如向银行等金融机构支付的借款利息、向股东支付的股利、向债券持有者支付的债券利息等。

资本成本可以用绝对数表示,也可以用相对数表示。但是,为了便于分析和比较,一般用资本成本率这一相对数表示。资本成本率是公司资本使用费用与实际筹集资本的比率,用公式表示如下:

$$K=\frac{D}{P-F}\times 100\%$$

或

$$K=\frac{D}{P(1-f)}\times 100\%$$

式中 $K$——资本成本率;

$D$——资本使用费;

$P$——筹资金额;

$F$——筹资费用;

$f$——筹资费用率,即筹资费用与筹资金额的比率。

在实际工作中,由于运用的场合不同,资本成本可有多种计量形式。在比较各种筹资方式时,使用个别资本成本;在进行资本结构决策时,使用加权平均资本成本;在进行追加筹资决策时,使用边际资本成本。

**二、资本成本的计算**

(一)个别资本成本

个别资本成本是指使用各种长期资金的成本。这又分为长期借款成本、债券成本、优先股成本、普通股成本和留存收益成本。

1. 长期借款成本

长期借款成本是指借款利息和筹资费用。由于借款利息一般允许在所得税前支付,因此,公司实际负担的利息为:利息×(1-所得税税率)。所以,一次还本、分期付息借款的成本为:

$$K_L=\frac{I_L(1-T)}{L(1-f)}$$

式中 $K_L$——长期借款成本;

$I_L$——长期借款年利息;

$T$——所得税税率;

$L$——长期借款总额;

$f$——长期借款筹资费用率。

当长期借款的筹资费用(主要是借款手续费)很小时,可以忽略不计。

在长期借款附加补偿性余额的情况下,长期借款筹资总额应扣除补偿性余额,从而长期借款成本将会升高。

**例 8-1** 某公司从银行取得长期借款 100 万元,年利率 9%,期限为 2 年,每年付息一次,到期还本付息,筹资费用率 3‰,公司所得税税率 25%。该项长期借款的资本成本率为:

$$K_L=\frac{100\times 9\%(1-25\%)}{100\times(1-3‰)}=6.77\%$$

或

$$K_L=\frac{9\%(1-25\%)}{1-3‰}=6.77\%$$

2. 债券成本

债券成本是指债券利息和筹资费用。债券利息的处理与长期借款利息的处理相同，应以税后的债务利息为计算依据。债券的筹资费用一般比较高，不可在计算资本成本时省略。按照一次还本、分期付息的方式，债券资本成本的计算公式为：

$$K_b=\frac{P\times i\times(1-T)}{B(1-f)}\times 100\%=\frac{I_b(1-T)}{B(1-f)}\times 100\%$$

式中　$K_b$——债券成本；

$P$——债券面值总额；

$i$——债券票面利率；

$T$——所得税税率；

$B$——债券筹资总额；

$f$——筹资费用率；

$I_b$——债券年利息。

**例 8-2**　某公司发行总面额为 1 000 万元的 3 年期债券，票面利率为 11%，发行费用率为 5%，公司所得税税率为 25%。该债券成本为：

$$K_b=\frac{1\,000\times 11\%(1-25\%)}{1\,000\times(1-5\%)}=8.68\%$$

或

$$K_b=\frac{11\%(1-25\%)}{1-5\%}=8.68\%$$

若债券溢价或折价发行，为更精确地计算资本成本，应以实际发行价格作为债券筹资额。

**例 8-3**　假定上述公司发行总面额为 1 000 万元的 3 年期债券，票面利率为 11%，发行费用率为 5%，发行价格为 1 100 万元，公司所得税税率为 25%。该债券成本为：

$$K_b=\frac{1\,000\times 11\%(1-25\%)}{1\,100\times(1-5\%)}=7.90\%$$

**例 8-4**　假定上述公司发行总面额为 1 000 万元的 3 年期债券，票面利率为 11%，发行费用率为 5%，发行价格为 900 万元，公司所得税税率为 25%。该债券成本为：

$$K_b=\frac{1\,000\times 11\%(1-25\%)}{900\times(1-5\%)}=9.65\%$$

上述计算债券成本的方法，比较简单易行。如果需要将债券资本成本计算得更为准确，则应当先依据现金流量确定税前的债券成本，再进而计算其税后成本。这样，债券成本的计算公式则为：

$$B(1-f)=\sum_{t=1}^{n}\frac{I_b}{(1+K)^t}+\frac{P}{(1+K)^n}$$

$$K_b=K(1-T)$$

其中，$K$ 为扣除所得税前债券成本率；$K_b$为扣除所得税后债券成本率；其他变量意义同前。

3. 优先股成本

公司发行优先股需要支付筹资费用，且优先股的股息通常是固定的。但它与债券不同，股利在税后支付，因此优先股成本计算公式为：

$$K_P=\frac{D_P}{P_P(1-f)}$$

$$K_P=\frac{R_P}{(1-f)}$$

式中 $K_P$——优先股成本；

$D_P$——优先股年股息；

$P_P$——优先股筹资总额；

$R_P$——优先股的年股息率。

**例 8-5** 某公司发行优先股 100 万元，筹资费用率 4%，每年支付 12%的股利，则优先股成本为：

$$K_P=\frac{100\times 12\%}{100\times(1-4\%)}=12.5\%$$

若该公司股票溢价发行，其筹资总额为 120 万元，则该优先股成本为：

$$K_P=\frac{100\times 12\%}{120\times(1-4\%)}=10.42\%$$

由于优先股的股息在税后支付，而债券利息在税前支付，且当公司破产清算时，优先股的求偿权位于债券持有人之后。因此，其风险要大，其成本也高于债券成本。

4. 普通股成本

普通股成本同优先股的成本计算方法基本相同，但普通股的股利是不固定的，其股利率将随着公司经营状况的变动而变化，正常情况下是呈逐年增长的趋势。当公司资不抵债时，普通股持有人参与剩余财产的分配在优先股持有人之后，因而其投资风险最大，资本成本也最高。

普通股成本的计算方法有以下三种：

(1) 股利增长模型法

股利增长模型法是依照股票投资收益率不断提高的思路计算普通股成本。一般假定股利以固定的年增长率递增，则普通股成本的计算公式为：

$$K_S=\frac{D_1}{P_0(1-f)}+g$$

式中 $K_S$——普通股成本；

$D_1$——第一年的预计股利额；

$g$——普通股股利的预计年增长率；

$P_0$——普通股筹资总额，按发行价格计算；

$f$——筹资费用率。

**例 8-6** 某公司发行面值为 1 元的普通股 1 000 万股，每股发行价格为 5 元，筹资费用率为全部发行所得资金的 5%，第 1 年的股利率为 10%，以后每年增长 12%，则该普通股成本为：

$$K_S=\frac{1\ 000\times 10\%}{1\ 000\times 5\times(1-5\%)}+12\%=14.1\%$$

这里的普通股是指公司新发行的普通股。

(2) 资本资产定价模型法

本书在第二章已经指出，资本资产定价模型是西方财务管理理论的一个新发展。尽管这一模式以众多的假设为前提条件，但由于其在逻辑上的高度严谨，一直被广泛地应用。按照“资本资产定价模型”，普通股成本的计算公式为：

$$K_S=K_F+\beta(K_M-K_F)$$

式中　$K_S$——普通股成本；

$K_F$——无风险报酬率；

$K_M$——市场上所有证券的平均报酬率(平均风险股票报酬率)；

$\beta$——某种普通股股票的 $\beta$ 系数。

**例 8-7**　某公司普通股的 $\beta$ 系数为 1.2，并且它将政府的长期债券利率视为无风险报酬率，假定政府长期债券利率为 8%，证券市场上平均风险股票的必要报酬率为 13%，则该普通股成本为：

$$K_S=8\%+1.2\times(13\%-8\%)=14\%$$

(3) 风险溢价法

根据风险与报酬平衡原理，普通股股东对公司的投资风险大于债券投资者，因而会在债券投资者要求的收益率基础上再要求一定的风险溢价。依照这一理论，普通股的成本公式为：

$$K_S=K_b+RPc$$

式中　$K_b$——债务成本；

$RPc$——股东比债权人承担更大风险所要求的风险溢价。

债务成本(长期借款成本、债券成本等)比较容易计算，难点在于确定 $RPc$ 即风险溢价。风险溢价可以凭借经验估计。一般认为，某公司普通股的风险溢价对其自己发行的债券来讲，大约在 3%～5%之间，当市场利率达到历史性高点时，风险溢价通常较低，在 3%左右；当市场利率处于历史性低点时，风险溢价通常较高，在 5%左右；而通常情况下，采用 4%的平均风险溢价。这样，普通股成本为：

$$K_S=K_b+4\%$$

例如，对于债券成本为 9%的公司来讲，其普通股成本为：

$$K_S=9\%+4\%=13\%$$

而对于债券成本为 11%的另一家公司，其普通股成本为：

$$K_S=11\%+4\%=15\%$$

5. 留存收益成本

留存收益是股东大会同意不作为股利分配，留存在公司使用的那部分税后利润。它是股东对公司的追加投资。股东放弃一定的普通股股利，意味着以期将来获取更多的股利，自然要求与普通股股票一样的收益。因此，留存收益的成本应视为与普通股成本相同，计算方法与普通股成本相似，差别在于它不必考虑发行费用。

以上我们分析了股份公司权益资本成本的确定。关于非股份公司，其权益资本主要由吸收直接投资和留存收益构成。它们的成本确定一般是按吸收投资协议或合同约定的固定分配比率计算，类似于优先股成本的计算。

### (二) 加权平均资本成本

一般来说,一个公司几乎不可能采用单一的筹资方式,往往采用多种筹资方式进行筹资。因此,要全面衡量一个公司的筹资成本,必须计算全部资本的综合成本。所谓综合资本成本是指公司全部长期资本成本的总成本,通常以各种资本占全部资本的比重为权数,对个别资本成本进行加权平均确定,故称为加权平均资本成本。其计算公式为:

$$K_W = \sum_{i=1}^{n} W_i K_i$$

式中 $K_W$——加权平均资本成本;

$W_i$——第 $i$ 种个别资本占全部资本的比重;

$K_i$——第 $i$ 种个别资本成本。

**例 8-8** 某公司长期资金总额为 5 000 万元(账面价值)。其中:长期借款 700 万元,公司债券 1 000 万元,优先股 500 万元,普通股 1 500 万元,留存收益为 1 300 万元,它们各自的资本成本分别为 5.5%、6.3%、10.25%、15%、14.5%。该公司的综合资本成本可计算如下:

首先,计算各个别资本在资本总额中所占的比重。

$$长期借款:W_1=\frac{700}{5\ 000}=14\%$$

$$公司债券:W_2=\frac{1\ 000}{5\ 000}=20\%$$

$$优先股:W_3=\frac{500}{5\ 000}=10\%$$

$$普通股:W_4=\frac{1\ 500}{5\ 000}=30\%$$

$$留存收益:W_5=\frac{1\ 300}{5\ 000}=26\%$$

然后,计算加权平均资本成本。

$$\begin{aligned}K_W &= \sum_{i=1}^{5} W_i K_i \\ &= 14\% \times 5.5\% + 20\% \times 6.3\% + 10\% \times 10.25\% + 30\% \times 15\% + 26\% \times 14.5\% \\ &= 0.77\% + 1.26\% + 1.025\% + 4.5\% + 3.77\% \\ &= 11.325\%。\end{aligned}$$

以上计算过程也可通过表 8-1 来完成。

**表 8-1 加权平均资本成本计算表**

| 筹资方式 | 账面价值/万元 | 所占比重 | 资本成本 | 加权平均资本成本 |
|---|---|---|---|---|
| 长期借款 | 700 | 14% | 5.5% | 0.77% |
| 公司债券 | 1 000 | 20% | 6.3% | 1.26% |
| 优先股 | 500 | 10% | 10.25% | 1.025% |
| 普通股 | 1 500 | 30% | 15% | 4.5% |
| 留存收益 | 1 300 | 26% | 14.5% | 3.77% |
| 合计 | 5 000 | 100% | — | 11.325% |

上述计算中的个别资本占全部资本的比重是按账面价值确定的。使用账面价值权数易于从资产负债表上取得资料，数据真实；但若债券和股票的市场价值已脱离账面价值很多，就会使计算结果与实际有较大差距，从而不利于筹资决策。为了克服这一缺陷，个别资本成本占全部资本比重的确定还可以按市场价值或目标价值确定，分别称为市场价值权数和目标价值权数。

市场价值权数指债券、股票以市场价格确定权数。这样计算的综合资本成本能反映公司目前的实际情况。同时，为弥补证券市场价格变动频繁的不便，也可选用平均价格。

目标价值权数是指债券、股票以未来预计的目标市场价值确定权数。这种权数能体现期望的资本结构，而不是像账面价值权数和市场价值权数那样只反映过去和现在的资本结构，所以，按目标价值权数计算的综合资本成本更适用于公司筹措新资金。然而，公司很难客观合理地确定证券的目标价值，又使这种计算方法不易推广。

（三）边际资本成本

边际资本成本是指公司新增 1 元资金所需负担的成本。由于公司无法以某一固定的资本成本来筹措无限的资金，当其筹集的资金超过一定限度时，原来的资本成本就会增加。在公司追加筹资时，需要知道筹资额在什么数额以上便会引起资本成本的变化，这就要用到边际资本成本的概念。

现举例说明边际资本成本的计算。

**例 8-9**　某公司目前拥有资本 1 000 万元，其中：长期负债 300 万元，优先股 100 万元，普通股（含留存收益）600 万元。为了满足投资需要，公司拟筹措新资。筹措新资的资本成本可按下列步骤计算。

1. 确定目标资本结构

该公司的财务人员经过认真分析，认为目前的资本结构即为最优资本结构。因此，在今后筹资时，继续保持长期负债占 30%、优先股占 10%、普通股占 60%的资本结构。

2. 确定各种筹资方式的资本成本

该公司的财务人员认真分析了目前金融市场状况和公司筹资能力，认为随着公司筹资规模的不断增加，各种筹资成本也会增加，测算资料如表 8-2 所示。

**表 8-2　某公司筹资资料**

| 筹资方式 | 目标资本结构 | 新筹资的数量范围/元 | 资本成本 |
|---|---|---|---|
| 长期负债 | 30% | 0～120 000 | 6% |
| | | 120 000～450 000 | 7% |
| | | 450 000 以上 | 8% |
| 优先股 | 10% | 0～25 000 | 10% |
| | | 25 000 以上 | 12% |
| 普通股 | 60% | 0～300 000 | 14% |
| | | 300 000～900 000 | 15% |
| | | 900 000 以上 | 16% |

3. 计算筹资突破点

筹资突破点是指在保持某资本成本率的条件下可以筹集到的资本总限度。在筹资突破点范围内筹资，原来的资本成本率不会改变；一旦筹资额超过突破点，即使维持现有的资本结构，其资本成本率也会增加。筹资突破点的计算公式为：

$$筹资突破点=\frac{可用某一特定成本筹措到的某种资金限额}{该种资金在资本结构中所占的比重}$$

该公司的筹资突破点如表 8-3 所示。

**表 8-3　筹资突破点计算表**

| 筹资方式 | 资本结构 | 资本成本 | 新筹资额/元 | 筹资突破点/元 |
|---|---|---|---|---|
| 长期负债 | 30% | 6% | 0～120 000 | $\frac{120\ 000}{0.3}=400\ 000$ |
| | | 7% | 120 000～450 000 | $\frac{450\ 000}{0.3}=1\ 500\ 000$ |
| | | 8% | 450 000 以上 | — |
| 优先股 | 10% | 10% | 0～25 000 | $\frac{25\ 000}{0.1}=250\ 000$ |
| | | 12% | 25 000 以上 | — |
| 普通股 | 60% | 14% | 0～300 000 | $\frac{300\ 000}{0.6}=500\ 000$ |
| | | 15% | 300 000～900 000 | $\frac{900\ 000}{0.6}=1\ 500\ 000$ |
| | | 16% | 900 000 以上 | — |

4. 计算资本的边际成本

根据上一步计算出的筹资突破点，可以得到 5 组筹资范围：① 250 000 元以内；② 250 000～400 000 元；③ 400 000～500 000 元；④ 500 000～1 500 000 元；⑤ 1 500 000 元以上。对以上 5 组筹资范围分别计算加权平均资本成本，即可得到各种筹资范围的边际资本成本。这一计算可通过表 8-4 进行。

**表 8-4　资本边际成本计算表**

| 序号 | 筹资总额范围 | 筹资方式 | 资本结构 | 资本成本 | 资本的边际成本 |
|---|---|---|---|---|---|
| 1 | 250 000 元内 | 长期负债 | 30% | 6% | 1.8% |
| | | 优先股 | 10% | 10% | 1.0% |
| | | 普通股 | 60% | 14% | 8.4% |
| | | 小计 | | | 11.2% |
| 2 | 250 000～400 000 元 | 长期负债 | 30% | 6% | 1.8% |
| | | 优先股 | 10% | 12% | 1.2% |
| | | 普通股 | 60% | 14% | 8.4% |
| | | 小计 | | | 11.4% |

表 8-4(续)

| 序号 | 筹资总额范围 | 筹资方式 | 资本结构 | 资本成本 | 资本的边际成本 |
| --- | --- | --- | --- | --- | --- |
| 3 | 400 000～500 000 元 | 长期负债 | 30% | 7% | 2.1% |
| | | 优先股 | 10% | 12% | 1.2% |
| | | 普通股 | 60% | 14% | 8.4% |
| | | 小计 | | | 11.7% |
| 4 | 500 000～1 500 000 元 | 长期负债 | 30% | 7% | 2.1% |
| | | 优先股 | 10% | 12% | 1.2% |
| | | 普通股 | 60% | 15% | 9.0% |
| | | 小计 | | | 12.3% |
| 5 | 1 500 000 元以上 | 长期负债 | 30% | 8% | 2.4% |
| | | 优先股 | 10% | 12% | 1.2% |
| | | 普通股 | 60% | 16% | 9.6% |
| | | 小计 | | | 13.2% |

表 8-4 右侧计算得出的各综合资本成本，就是随着筹资量增加而增加的边际资本成本。

上述计算结果用图形表达，可以更形象地看出各筹资总额综合资本成本的变化(图 8-1)，公司可依此做出是否追加筹资的规划。

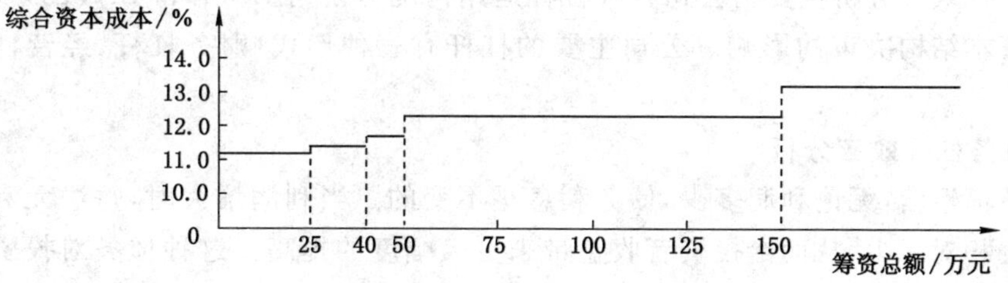


图 8-1　综合资本成本变化图

### 三、资本成本的意义

资本成本对于公司筹资及投资管理具有重要的意义。

1. 资本成本是比较筹资方式、选择追加筹资方案的依据

① 个别资本成本是比较各种筹资方式的重要标准。公司筹集长期资金有多种方式可供选择，它们的筹资费用与使用费用各不相同，通过资本成本的计算与比较，能按成本高低进行排列，并从中选出成本较低的筹资方式。

② 综合资本成本是公司进行资本结构决策的基本依据。公司全部长期资金通常是采用多种方式筹资组合构成的，这种筹资组合有多个方案可供选择，综合资本成本的高低将是比较各筹资组合方案、做出资本结构决策的依据。

③ 边际资本成本是公司追加筹资时的成本。通过边际资本成本的计算，能对追加筹资量就单一筹资或组合筹资方式的资本成本进行比较，从而确定追加筹资的方案。

2. 资本成本是评价投资项目、比较投资方案和追加投资决策的主要经济标准

一般来说，项目的投资收益率只有大于其资本成本率，才是经济合理的；否则投资项目不可行。这就表明，资本成本率是公司项目投资的“最低收益率”，或者是判断项目可行性的“取舍率”。

3. 资本成本还可作为评价公司经营成果的依据

从资本的投资者角度看，资本成本是投资者的收益，这种收益是对资本使用者所获利润的一种分割，如果资本使用者不能使公司的经营产生收益，从而不能满足投资者的收益需要，那么，投资者将不会把资本再投资于公司，从而公司的生产经营活动也就无法正常展开。因此，资本成本在一定程度上成为判断公司经营业绩的重要依据，只有在公司资本利润率大于资本成本率时，投资者的收益期望才能得到满足，才能表明公司经营有方；否则被认为是经营不利。

## 第二节　杠杆收益与风险

物理学中的杠杆效应是指用较小的力量移动较重物体的现象。财务管理中也存在类似的杠杆效应，表现为：由于特定费用（如固定成本费用或固定利息）的存在而导致的，当某一财务变量以较小幅度变动时，另一相关财务变量以较大幅度变动。了解这些杠杆原理，有助于公司合理规避风险，提高财务管理水平。

公司杠杆效应分析主要指公司各种杠杆运用情况对公司 EBIT 和 EPS 的影响，以及最终对公司资本结构决策的影响。公司主要的杠杆有三种形式：财务杠杆、经营杠杆和复合杠杆。

### 一、财务杠杆效应分析

公司负债经营，无论利润多少，债务利息是不变的。当利润增大时，每一元利润所负担的利息就会相对减少，从而给投资者收益带来更大幅度的提高。这种债务对投资者收益的影响称作财务杠杆。

财务杠杆作用的大小通常用财务杠杆系数表示。它是公司的每股盈余变动率与息税前利润变动率之间的比率。财务杠杆系数越大，表明财务杠杆作用越大，财务风险也就越大；反之，财务杠杆系数越小，表明财务杠杆作用越小，财务风险也就越小。财务杠杆系数的计算公式为：

$$DFL=\frac{\Delta EPS/EPS}{\Delta EBIT/EBIT} \tag{1}$$

式中　$DFL$——财务杠杆系数；

$\Delta EBIT$——息税前利润变动额；

$EPS$——变动前的普通股每股盈余；

$\Delta EPS$——普通股每股盈余变动额；

$EBIT$——变动前的息税前利润。

上述公式还可以推导为：

$$DFL=\frac{EBIT}{EBIT-I} \tag{2}$$

在有优先股的条件下，由于优先股股利也是固定的，但应以税后利润支付。此时财务杠杆系数的计算公式变成下列形式：

$$DFL=\frac{EBIT}{EBIT-I-PD/(1-T)} \tag{3}$$

式中　$PD$——优先股年股利；

$T$——所得税税率；

$I$——年利息。

**例 8-10**　A 公司一定时期的息税前利润为 40 000 元，长期负债总额为 100 000 元，负债利息率为 12%，则财务杠杆系数计算如下：

$$DFL=\frac{EBIT}{EBIT-I}=\frac{40\ 000}{40\ 000-(100\ 000\times 12\%)}=1.43$$

如果公司没有使用任何负债，公司的财务杠杆系数为：

$$DFL=\frac{EBIT}{EBIT-0}=1$$

也就是说，无负债经营公司的息税前利润如上升或下降一定幅度，则该公司的每股盈余也将随之上升或下降同样的幅度。

关于财务杠杆问题需注意以下三大问题：

第一，财务杠杆系数表明的是息税前利润增长所引起每股收益的增长幅度。比如，A 公司的息税前利润增长 1 倍时，其每股收益也增长 1.43 倍。

第二，在资本总额、息税前利润相同的情况下，负债比率越高，财务杠杆系数越高，财务风险越大，但预期每股收益也越高。

第三，负债比率是可以控制的，即财务风险是可以控制的。公司可以通过合理安排资本结构，适度负债，使财务杠杆风险处于合适水平，以消除财务杠杆效应所带来的不利影响。

**二、经营杠杆效应分析**

经营杠杆的实质是指公司固定成本比重对利润的影响作用。因为固定成本在公司一定的产销范围内，并不随着产销量的变动而变动。因此，在相关的产销范围内，如果产销量增长，单位产销量所承担的固定成本就会相对减少，从而增加公司的利润。固定成本的这种效果，被称为经营杠杆作用。

在某一固定成本比重下，销售量变动对利润产生的作用，被称为经营杠杆。经营杠杆的利用程度通常用经营杠杆系数反映，它是公司息税前利润的变动率与销售额变动率之间的比率，计算公式为：

$$DOL=\frac{\Delta EBIT/EBIT}{\Delta S/S}$$

式中　$DOL$——经营杠杆系数；

$\Delta S$——销售变动量；

$S$——变动前销售量。

为了便于应用，经营杠杆系数可通过销售额和成本来表示。有计算公式：

$$DOL=\frac{Q(P-V)}{Q(P-V)-F} \tag{1}$$

式中　$Q$——销售量；

$P$——单位产品销售价格；

$V$——单位产品变动成本；

$F$——总固定成本。

如上式用销售金额表示，则有计算公式：

$$DOL=\frac{S-V_C}{S-V_C-F} \tag{2}$$

式中　$V_C$——变动成本总额。

在实际工作中，公式(1)可用于计算单一产品的经营杠杆系数；公式(2)除了用于单一产品外，还可用于计算多种产品的经营杠杆系数。

**例 8-11**　某公司生产 A 产品，固定成本 12 万元，单位变动成本 6 元，单位售价 9 元，当公司的销售额分别为 180 万元、90 万元、36 万元(盈亏临界点)时，经营杠杆系数分别为：

$$DOL(1)=\frac{180-180\times\frac{6}{9}}{180-180\times\frac{6}{9}-12}=1.25$$

$$DOL(2)=\frac{90-90\times\frac{6}{9}}{90-90\times\frac{6}{9}-12}=1.67$$

$$DOL(3)=\frac{36-36\times\frac{6}{9}}{36-36\times\frac{6}{9}-12}=\infty$$

上述计算结果表明：

① 在固定成本不变的情况下，经营杠杆系数说明了销售额增长(减少)所引起的息税前利润增长(减少)幅度。

② 在固定成本不变的情况下，销售额越大，经营杠杆系数越小，经营风险也就越小；反之，则经营杠杆系数越大，经营风险也就越大。

③ 当销售额达到盈亏临界点时，经营杠杆系数趋于无穷大。此时公司经营只能保本，若销售额稍有增加便可出现盈利，若销售额稍有减少便会发生亏损。

公司一般可以通过增加销售额、降低产品单位变动成本、降低固定成本比重等措施使经营杠杆系数下降，降低经营风险。

### 三、复合杠杆系数

经营杠杆是通过扩大销售影响息税前利润的；财务杠杆是通过扩大息税前利润影响每股收益的。如果两种杠杆共同作用，那么销售额稍有变动就会使每股收益产生更大的变动。通常把这两种杠杆的复合作用称为总杠杆作用。因此，复合杠杆系数又称总杠杆系数。

总杠杆的作用程度，可用总杠杆系数($DTL$)表示，它是经营杠杆系数和财务杠杆系数的乘积，计算公式为：

$$DTL=DOL\times DFL=\frac{\Delta EBIT/EBIT}{\Delta S/S}\times\frac{\Delta EPS/EPS}{\Delta EBIT/EBIT}=\frac{\Delta EPS/EPS}{\Delta S/S}$$

总杠杆系数还可以根据实际数据来源，作如下推导，以方便计算：

$$DTL=DOL\times DFL=\frac{Q(P-V)}{Q(P-V)-F}\times\frac{EBIT}{EBIT-I}$$

由于
$$Q(P-V)-F=EBIT$$

$$DTL=\frac{Q(P-V)}{Q(P-V)-F-I}$$

总杠杆系数的意义在于：

① 为经营者预计销售额变动对每股收益的影响提供依据。

② 为达到符合财务管理目标要求的总杠杆系数和总风险水平，经营杠杆和财务杠杆可以有很多不同的组合。通过复合杠杆系数的测定，财务人员对于较大的经营风险则能用较小的财务风险来抵消，反之亦然。这样能使公司管理当局运用适当的杠杆系数，对公司负担的风险与预期收益进行权衡，使公司总风险降低到一个适当的期望水平。

## 第三节　资本结构决策

资本结构是公司筹资决策的核心内容。公司应综合考虑有关影响因素，运用适当的方法确定最佳的资本结构，并在以后追加筹资中继续保持。公司现有资本结构不合理的，应通过筹资活动主动调整，使其趋于合理，以达到最优。

### 一、资本结构概述

#### （一）资本结构的含义

资本结构是指公司各种资本的构成及其比例关系。它有广义与狭义之分。广义的资本结构是指全部资金的来源构成，不但包括长期资本，还包括短期负债。狭义的资本结构仅指长期资本（长期债务资本与权益资本）的构成及其比例关系。

公司的资本结构是由公司采用各种筹资方式进行筹资而形成的。各种筹资方式的不同组合决定着公司的资本结构及其变化。通常情况下，公司都采用负债筹资和权益筹资的组合，由此形成的资本结构又称“搭配资本结构”或“杠杆资本结构”，其搭配比率或杠杆比率（即债务资本比率）表示资本结构中债务资本和权益资本的比例关系。因此，资本结构问题总的来说是债务资本比率问题，即债务资本在资本结构中安排多大的比例。

#### （二）资本结构中债务资本的作用

在资本结构中，合理地利用负债筹资、安排债务资本的比率，对公司具有重要的意义。

1. 一定程度的负债有利于降低公司资本成本

由于债务利息率通常低于股票股利率，而且债务利息可以从税前支付，因此可减少公司缴纳所得税的数额，从而使债务资本的成本明显低于权益资本的成本。因此，在一定限度内合理提高债务资本的比率，可以降低公司的综合资本成本；反之，降低债务资本的比率，则综合资本成本就会上升（表 8-5）。

**表 8-5　负债比率对股本成本率和税后借款资本成本率的影响**

| 负债比率 | 股本资本成本率 | 税后借款资本成本率（税率 25%） | 平均资本成本率 |
|---|---|---|---|
| 0 | 10% | 4.52% | 10% |
| 10% | 10.2% | 4.52% | 9.63% |

表 8-5(续)

| 负债比率 | 股本资本成本率 | 税后借款资本成本率(税率 25%) | 平均资本成本率 |
|---|---|---|---|
| 20% | 10.5% | 4.52% | 9.30% |
| 30% | 11% | 5.28% | 9.28% |
| 40% | 12% | 6.78% | 9.91% |
| 50% | 14% | 9.05% | 11.53% |

2. 负债筹资具有财务杠杆作用

无论公司利润多少,债务利息通常都是固定不变的,当息税前利润增大时,每一元利润所负担的固定利息就会相应减少,从而可分配给公司所有者的税后利润就会相应增加。因此,利用负债筹资可以发挥财务杠杆的作用,给公司所有者带来财务杠杆利益。

现在用各种财务杠杆情况来说明它对股东收益的影响,用 L 表示公司资金总额中长期负债额,用 E 表示公司资本总额中股东权益额,为了简化起见,股东权益仅指普通股股本,每股 5 元,详情如表 8-6 所示。

表 8-6 财务杠杆作用效果

| 方　　案 | 方案① | 方案② | 方案③ | 方案④ |
|---|---|---|---|---|
| 财务杠杆(L/E) | 0 | 4∶6 | 6∶4 | 4∶6 |
| 负债利息率 | — | 8% | 8% | 14% |
| 长期负债/元 | — | 80 000 | 120 000 | 80 000 |
| 普通股股本/元 | 200 000 | 120 000 | 80 000 | 120 000 |
| 普通股股数/股 | 40 000 | 24 000 | 16 000 | 24 000 |
| 资本总额/元 | 200 000 | 200 000 | 200 000 | 200 000 |
| 投资利润率 | 12.5% | 12.5% | 12.5% | 12.5% |
| 税前利润/元 | 25 000 | 25 000 | 25 000 | 25 000 |
| 减:负债利息/元 | — | 6 400 | 9 600 | 11 200 |
| 股东收益额/元 | 25 000 | 18 600 | 15 400 | 13 800 |
| 普通股股本收益率 | 12.5% | 15.5% | 19.25% | 11.5% |
| 普通股每股收益额/(元/股) | 0.625 | 0.775 | 0.9625 | 0.575 |

上述四种财务杠杆方案未考虑所得税因素,如将所得税因素包含在内,上述各方案对股东收益的影响结果仍然存在。

方案①没有负债,公司未利用财务杠杆,故其股东只能获取基本的投资利润率 12.5%。在债务利息率小于公司投资利润率情况下,方案②和方案③均运用了财务杠杆,使公司普通股股本收益率从原来的 12.5%上升到 15.5%和 19.25%。由于方案③负债比例大于方案②,因此其股本收益率也高。

3. 负债筹资会加大公司的财务风险

运用负债筹资,虽然可以发挥财务杠杆的作用,同时也给公司带来一定的财务风险,包括按期还本付息的风险和导致所有者收益下降的风险。举例如表 8-7 所示。

**表 8-7　A、B 公司的资本结构与财务风险**　　单位：元

| 项　目 | A 公司 | B 公司 |
|---|---|---|
| 普通股股本 | 200 000 | 100 000 |
| 利息率为 8%的债务 | 0 | 100 000 |
| 资本总额 | 200 000 | 200 000 |
| 计划营业利润 | 20 000 | 20 000 |
| 实际营业利润 | 6 000 | 6 000 |
| 借款利息 | 0 | 8 000 |
| 税前利润 | 6 000 | −2 000 |

从表 8-7 可以看出，A 公司没有借债，就没有财务风险；B 公司有债务，就有较大的财务风险。如果不能及时转亏为盈，可能会引起破产。

另外，从表 8-6 中可以看出，虽然方案②与方案④的负债比率相同，但由于方案④的负债利息率高达 14%，大于公司投资利润率 12.5%，故产生了财务杠杆的负作用，不但不能提高公司股本收益率，反而使股本收益率从原来的 12.5%下降到 11.5%。

由于利用财务杠杆进行举债经营，可能会增加公司的财务风险，因而也会影响到公司的筹资成本和股票的市场价格。

从表 8-5 中可以发现，随着负债比率的提高，股本资本成本率和税后借款资本成本率都在提高。

我们知道股利持续固定增长的股票价格可表示为：

$$P_0 = \frac{D_1}{K_S - g}$$

当 $K_S$ 增大时，股票价格就会下降，所以，负债筹资过多，超过一定限度，就会使股票价格下降。

综上所述，适当利用负债筹资可以降低公司的资本成本，同时，由于财务杠杆的作用，会使每股盈余增加，进而提高股票的市场价格。但另一方面，负债的增加又伴随着风险的增加，这又会使资本成本上升和股票价格下降。因此，在进行资本结构决策时，必然面临风险与报酬的权衡问题。

**二、资本结构的理论观点**

资本结构理论是关于公司资本结构、公司综合资本成本率与公司价值三者之间关系的理论。从资本结构理论与实践的发展考察，大体可以分为三个阶段：

第一阶段是以杜兰德(Durand，1952)为代表的早期资本结构理论学派，形成“净收益理论”、“净经营收益理论”和“传统理论”三种早期资本结构理论。

第二阶段是以 MM 理论为中心的现代资本结构理论学派。此学派前面承接了杜兰德等人的观点，往后主要形成两个分支：一支是以法拉(Farrar，1967)、塞尔文(Shavell，1966)、贝南(Brennan，1978)等为代表的税差学派，主要研究公司所得税、个人所得税和资本利得税之间的税差与公司资本结构的关系；另一支是以巴克特(Bekter，1978)、阿尔特曼(Altman，1968)等人为主的破产成本学派，主要研究公司破产成本对公司资本结构的影响问题。这两个分支最后归结形成以罗比切克(Robichek，1967)、梅耶斯(Myers，1984)、斯科

特(Scott,1976)等人为代表的权衡理论,主要研究公司最优资本结构取决于各种税收收益与破产成本之间的平衡。

第三个阶段是进入20世纪70年代以来,随着非对称信息理论研究的发展,诸多学者开始从不对称信息的角度对公司融资问题进行研究,形成包括新优序融资理论(又叫啄食顺序理论)、代理成本理论、控制权理论、信号传递理论等后现代资本结构理论。下面对上述三个阶段中的代表理论进行详细介绍和述评。

(一)早期资本结构理论

1. 净收益理论

净收益理论认为,负债可以降低公司的资本成本,负债程度越高,公司的价值就越大。其理论基础是:负债的利息及权益资本的成本均不受财务杠杆的影响,亦即无论负债程度多高,公司原有的负债资本成本和权益资本成本均固定不变。在此前提下,如果负债成本低于权益成本,则负债越多,公司的加权平均资本成本就越低,因而公司的价值就越大。当负债程度为100%时,公司的加权平均资本成本将降至最低,此时公司的价值将达到最大值。这种理论可用图8-2来描述。

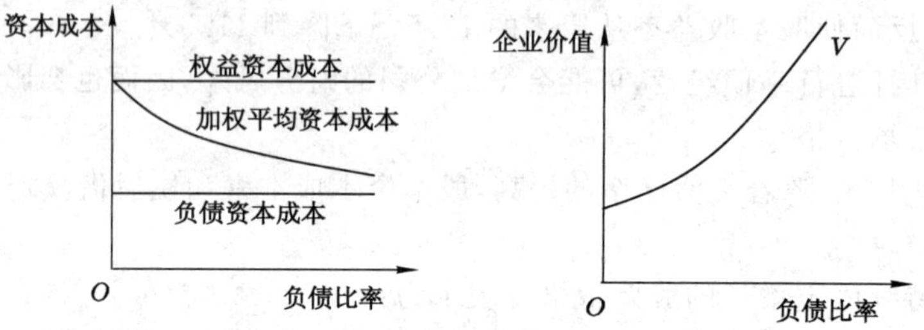


图8-2 净收益理论

2. 净经营收益理论

净经营收益理论认为,公司无法利用财务杠杆提高其价值。其理论基础是:公司利用负债筹资,财务杠杆作用扩大,便会增加公司权益资本的风险,因而权益资本成本会随之提高。这样,公司的加权平均资本成本并不会因为负债比率的提高而降低,而是维持不变。因此,公司价值也会固定不变。这种理论可用图8-3来描述。

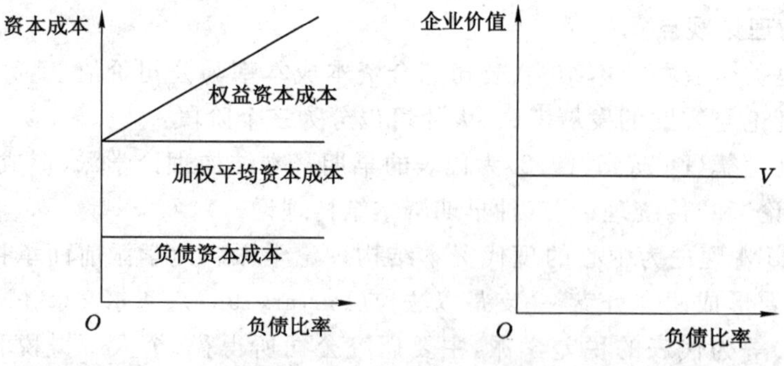


图8-3 净经营收益理论

按照这种理论推论,公司不存在最佳的资本结构,筹资决策也就无关紧要。可见,净经营收益理论和净收益理论是完全相反的两种理论。

3. 传统理论

传统理论实际上是介于净收益理论和净经营收益理论两种极端理论之间的一种折衷理论。这种理论认为,公司在一定的负债限度内利用财务杠杆作用时,权益资本和负债资本的风险都不会明显增加,故其资本成本基本保持不变,而此时,公司的价值却开始上升,并且可能在此限度内达到最高点。但是,当公司的负债筹资超出这个限度,由于风险明显增加,因而会使公司的负债成本和权益成本增加,从而使加权平均资本成本提高。负债比率超出此限度越大,其加权平均资本成本上升得越快。而在负债超出此限度后,公司的价值则随着加权平均资本成本的上升而开始下降。加权平均资本成本从下降变为上升的转折点,是加权平均资本成本的最低点,这时的负债比率就是公司的最佳资本结构。这种理论可用图 8-4 来描述。

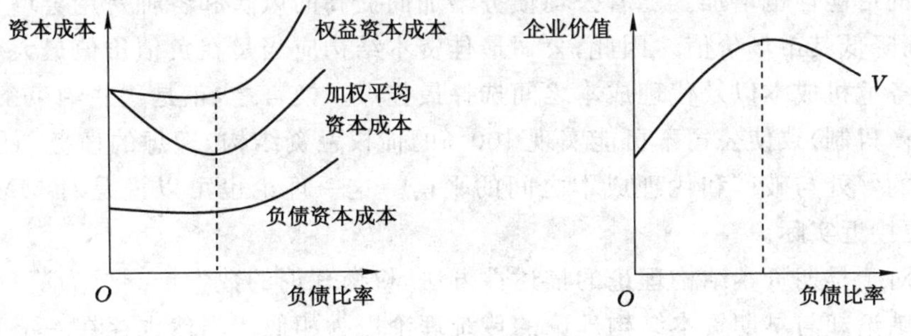


图 8-4　传统理论

（二）现代资本结构理论

1. MM 理论

1958 年,美国学者莫迪格莱尼(Modigliani)和米勒(Miller)在《美国经济评论》上发表的著名论文《资本成本、公司财务与投资理论》中得出 MM 理论,创建了现代公司资本结构理论的开端。MM 理论是在对早期净营业收益理论做了进一步发展的基础上提出的,通过严格的数学推导,证明了在一定条件下,公司的价值与所采取的融资方式——发行债券或发行股票无关的理论。该文提出在完善的市场中,公司资本结构与公司的市场价值无关,或者说,公司选择怎样的融资方式均不会影响公司市场价值。这一论断简洁、深刻,在理论界引起很大反响,并因两位学者各自姓氏的第一字母均为 M 而称之为 MM 理论。MM 理论是一个非常令人意外的结论,它与传统的观点相悖并且引起了人们的不安和不理解,也接受了来自实践的挑战。这是因为这一理论有着严格的假设前提:① 公司筹资时没有交易成本或佣金;② 投资者无须缴纳个人所得税;③ 投资者的个人借款成本与公司的借款成本相同;④ 所有负债没有任何风险存在;⑤ 息税前利润处于"零增长状态",即 EBIT 是常量。尽管这个模型不完全符合实际,但它为分析研究资本结构问题提供了一个有用的起点和框架。MM 理论在受到实践的挑战后,作了修正,在考虑缴纳公司所得税的情况下,MM 理论得出的修正结论是:负债杠杆对公司价值和融资成本确有影响,如果公司负债率达到 100%时,则公司价值就会最大,而融资成本最小。也就是说,最佳资本结构应该全部是债务,不应发行股票。然而,这一结论仍与现实不相符。MM 修正理论虽考虑了负债带来的纳税利益,但忽略了负债导致的风险和额外费用。

2. 权衡理论

从广义概念上讲，整个公司融资理论体系就是一个完整的“平衡”体系，即都在研究资本结构的成本与收益的平衡问题，这里所指的权衡理论是 20 世纪 70 年代中期形成的“在负债的税收利益与破产成本现值之间进行平衡”而得到一个最优资本结构的理论，权衡理论又可分为权衡理论和后权衡理论。权衡理论的代表人物包括罗比切克(Robichek，1967)、梅耶斯(Myers，1984)、考斯(Kraus，1973)、鲁宾斯坦(Rubinmstein，1973)、斯科特(Scott，1976)等人。他们的模型基本引自于 MM 理论的修正模型，把 MM 定理看成只是在完全和完美市场条件下才成立的理论，而现实市场是不完全的和不完美的，税收制度和破产惩罚制度就是市场不完全与不完美的重要体现。权衡理论认为，制约公司无限追求免税优惠或负债的最大值的关键因素是由债务上升而形成的公司风险和费用，公司债务增加使公司陷入财务危机甚至破产的可能性也增加。随着公司债务增加而提高的风险和各种费用会增加公司的额外成本，从而降低其市场价值。因此，公司最佳资本结构应当是在负债价值最大化和债务上升带来的财务危机成本以及代理成本之间选择最佳点。换言之，正是这些约束条件(其中最重要的是破产机制)致使公司不可能实现 100%的债权融资结构，理想的债务与股权比率就是税前付息的好处与破产和代理成本之间的平衡。这一理论也可以说是对 MM 理论的再修正，从而更接近实际。

尽管相对于早期资本结构理论的描述性方法，权衡理论的数学推导更为清楚和严谨，但权衡理论的结论却与早期资本结构理论的传统理论极为相似。当然也存在一定的差别。即早期传统理论认为市场的不完美(如税收和破产制度)会妨碍 MM 理论所说的套利过程的进行，而权衡理论认为，即使 MM 所说的套利过程可以完美地运作，市场的不完美性也是客观存在的。后平衡理论的代表人物是迪安吉罗(Diamond，1984)、梅耶斯(Myers，1984)等人，他们将负债的成本从破产成本进一步扩展到代理成本、财务困境成本和非负债税收利益损失等方面，同时，又将税收利益从原来所单纯讨论的负债税收利益引申到非负债税收利益方面，实际上是扩大了成本和利益所包含的内容，把公司资本结构看成在税收利益与各类负债成本之间的平衡。

图 8-5 反映权衡理论的主要观点，可以看出：

① 负债可以为公司带来利息免税利益。

② 最初的 MM 假设在现实中不存在。事实是：各种负债成本随负债比率的增大而上升，当负债比率达到某一程度时，息前税前利润会下降；同时公司负担破产成本的概率会增加。

③ 当负债比率未超过 $D_1$点时，破产成本不明显；当负债比率达到 $D_1$点时，破产成本开始变得重要，债务利息免税利益开始被破产成本所抵消；当负债比率达到 $D_2$点时，边际债务利息免税利益恰好与边际破产成本相等，公司价值最大，达到最佳资本结构；负债比率超过 $D_2$点后，破产成本大于债务利息免税利益，导致公司价值下降。

(三) 后现代资本结构理论

1. 新优序融资理论

20 世纪 70 年代以后，对信息不对称现象的研究逐渐渗透到各个经济学研究分支领域，信息经济学、博弈论、委托代理理论等不对称信息研究理论得到重大发展和突破。众多学者也开始从不对称信息的角度来研究公司资本结构问题，并发表了一系列有代表性的论文，把公司资本结构理论推向一个新的阶段。总体而言，这些理论研究并不是继续延续以前公司

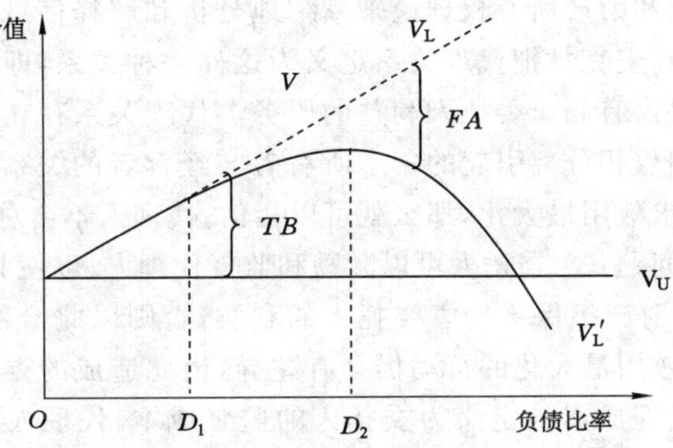


$V_L$—只有债务利息免税而没有破产成本的公司价值；$V_U$—无负债时的公司价值；
$V'_L$—同时存在债务利息免税和破产成本的公司价值；$TB$—债务利息免税利益；
$FA$—破产成本；$D_1$—破产成本变得重要时的负债水平；$D_2$—最佳资本结构。

图 8-5　权衡理论

资本结构理论中只注重税收、破产等“外部因素”对公司最优资本结构的影响，而是试图通过信息不对称理论中的“信号”“动机”“激励”等概念，从公司“内部因素”来展开对公司融资问题的分析，将早期和现代公司资本结构理论中的权衡问题转化为结构或制度设计问题，为公司资本结构理论研究开辟了新的研究方向。梅耶斯(Mayers)的新优序融资理论最早系统地将不对称信息引入公司融资理论研究，他采用了另一位经济学者唐纳森(Donaldson，1978)早期提出的“优序融资”的概念(又叫啄食顺序理论)。其理论基本点是，在信息不对称情况下：① 公司将以各种借口避免发行普通股或其他风险证券来取得对投资项目的融资；② 为使内部融资能满足达到正常权益投资收益率的投资需要，公司必须要确定一个目标股利比率；③ 在确保安全的前提下，公司才会计划通过向外部融资以解决其部分融资需要，而且会从发行风险较低的证券开始。在考察不对称信息对融资成本的影响时，发现这种信息会促使公司尽可能少用股票融资，因为公司通过发行股票融资时，会被市场误解，认为其前景不佳，由此新股发行总会使股价下跌。因此，优序融资理论的中心思想是：偏好内部融资，如果需要外部融资，则偏好债券融资。之后，在与迈基里夫共同合作的《公司知道投资者所不知道信息的融资和投资决策》一文中律立的梅耶斯-迈基里夫模型，系统地论证了这一观点。这一“先后顺序”论在美国1965—1982年公司融资结构中得到证实，这段时期美国公司内部积累资金占资金来源总额的61%，发行债券占23%，发行股票仅占2.7%。

另一位优序融资学派学者纳拉亚南(Narayanan，1978)用一种略为不同的方法得出了与梅耶斯-迈基里夫模型相类似的结论，所不同的是，梅耶斯等人认为信息不对称不仅存在于需要融资的项目，而且存在于公司现有的资产中，所以梅耶斯等更为关心公司在资本市场为新项目融资时对公司现有资产的影响，而纳拉亚南则只考虑新投资机会的信息不对称现象。梅耶斯等人的优序融资理论另外一个非常重要的贡献，就是将公司融资问题通过信号的传递与证券市场的反应充分地直接联系起来，而回避了以前理论中必须通过资本资产定价模型才能间接联系的效果，使得公司融资问题通过证券市场得到大量的实证分析。

2. 代理成本理论

代理成本学说的创始人詹森和麦克林(Jensen and Meckling，1976)认为，代理成本理论是以代理理论、公司理论和财产所有权理论来系统地分析和解释信息不对称下的公司资本结构问题的学说。詹森和麦克林把代理关系定义为这样一种关系，即委托人授予代理人某些决策权，要求代理人提供有利于委托人利益的服务。代理关系存在于所有的组织和合作中，公司中所有权与控制权相分离引起的资本所有者与经营者的关系也属于代理关系。假定委托人和代理人都追求效用最大化，那么就可以相信，代理人不会总是根据委托人的利益采取行动。为解决这个问题：① 委托人可以激励和监督代理人，以使其为自己的利益尽力；② 代理人可以用一定的财产担保不侵害委托人的利益，否则以此给予补偿。即使如此，代理人的行动与使委托人效用最大化的行动仍会有差异，由此造成的委托人利益的损失被称为“剩余损失”。这样，代理成本被定义为委托人的监督成本、代理人的担保成本和剩余损失。他们认为，代理成本是公司所有权结构的决定因素，代理成本的存在源于经营者不是公司的完全所有者(即存在外部股权)这样一个事实。在这种情况下，经营者的工作努力可能使他承担全部成本而仅获得部分收益；同理，当他在职消费时，他得到全部好处却只承担部分成本。其结果是经营者的工作积极性不高，却热衷于追求在职消费。因此，公司的市场价值也就低于经营者是完全所有者时的市场价值。这两者之间的差额就是外部股权的代理成本，它是外部所有者理性预期之内必须要由经营者自己承担的成本。让经营者成为完全所有者可以解决代理成本问题，但是这又受到经营者自身财富的限制。债权融资可以突破这一限制，但是债权融资可能导致另一种代理成本，即经营者作为剩余索取者有更大的积极性去从事有较大风险的项目。因为他能够获得成功的收益，并借助有限责任制度把失败的损失推给债权人。当然，这种债权的代理成本也得由经营者来承担，因为债权人也有其理性预期，从而债权融资比例上升导致举债成本上升。詹森和麦克林在对股权和债权的代理成本进行分析的基础上得出的基本结论是：均衡的公司所有权结构是由股权代理成本和债权代理成本之间的平衡关系来决定的，公司的最优资本结构是使两种融资方式的边际代理成本相等从而总代理成本最小。

通常情况下，代理成本理论把股东、债权人与经营者之间的代理成本问题称为“一类代理”问题，把大股东与中小股东之间的代理成本问题称为“二类代理”问题，这反映了公司不同利益群体之间的利益冲突是广泛存在的。

3. 控制权理论

控制权理论研究学派基本上延续了詹森和麦克林的研究思路。其代表成就主要包括哈里斯-雷斯夫(Harris-Raviv，1990)模型以及阿洪-伯尔顿(Aghion-Bolton，1992)模型等，理论主要是基于公司资本结构在决定公司现金流分配的同时，也决定了公司控制权的分配。哈里斯-雷斯夫模型主要探讨了詹森和麦克林所提出的股东与管理者之间利益冲突所引发的代理成本问题，他们分别用静态和动态两个模型说明了管理者在通常情况下是不会从股东的最大利益出发的，因此，他们必须要被监督和戒律，而债务正是一种惩戒工具。债务不仅使股东具有法律上的权利强制管理者提供有关公司各方面的信息，让股东能够通过对信息的分析决定是继续经营，还是进行清偿，所以“最优的负债数量取决于在信息和惩戒管理者机会的价值与发生调查成本的概率之间的平衡”。阿洪与伯尔顿在交易成本和合约不完全的基础上提出一种与财产控制权非常相关的公司融资理论。他们假定市场上有这样两个人，一个是有资本无技术的投资者，另一个是无资本有技术的管理者，两者在市场上相遇后签订了长期合约。由于管理者既追求货币报酬又追求非货币报酬(如个人声誉和在职消费)，而投资者只追求货币报酬，所以双方的利益目标包含潜在的冲突。如果合约是完全的，那么合约可以化解双方的利益冲突。但是由于未来是不确定的，合约也就不可能完全，剩余控制权的分配由此就变得很重要。在阿洪和伯尔顿的模型中有三种情况：① 如果融资方式是发行普通股(有投票权的股票)，那么投资者掌握剩余控制权；② 如果融资方式是发行优先股(无投票权的股票)，那么公司拥有剩余控制权；③ 如果融资方式是发行债券，那么在管理者能按期偿还债务的前提下，他拥有剩余控制权。阿洪和伯尔顿的理论认为不完全合约是剩余控制权的前提，资本结构决策必须考虑控制权问题。

4. 信号传递理论

西方财务学家的研究表明，在信息不对称下，公司向外界传递公司内部信息的常见信号有三种：① 利润宣告；② 股利宣告；③ 融资宣告。与利润的会计处理可操纵性相比，股利宣告是一种比较可信的信号模式。信号传递理论在财务领域的应用始于罗斯的研究，他发现拥有大量高质量投资机会信息的经理，可以通过调整公司资本结构来传递有关获利能力和风险方面的信息，以及公司如何看待股票市价的信息。

按照资本结构的信号传递理论，公司价值被低估时会增加债权资本；反之，公司价值被高估时会增加股权资本。当然，公司的筹资选择并非完全如此。公司有时可能并不希望通过筹资行为告知公众公司的价值被高估的信息，而是模仿被低估价值的公司去增加债权资本。

**三、资本结构的影响因素**

资本结构理论为公司筹资决策提供了有价值的参考，可以指导决策行为。根据上述理论分析，公司最佳资本结构是存在的。在现实中，由于筹资活动本身和外部环境的复杂性，影响资本结构决策的因素是多方面的。在公司资本结构决策中，除了重点考虑上述资本结构理论提到的资金成本、财务风险和税收等因素以外，还要考虑以下一些重要因素。

(一) 公司的成长与销售的稳定性

如果一家公司属于高速成长并且销售又相当稳定的公司，那么它对外界的资金融通能力也很强。因为这种公司一般有较好的销售前景，因而能承受较多负债引起的利息费用。因此，这种公司比一般成长慢销售不稳定的公司能使用更多的负债筹资，充分利用财务杠杆作用，使公司每股净收益有更大提高。如公用事业单位的销售较为稳定，故可采用较高的财务杠杆。但是，财务杠杆的运用必须限制在不危及公司长期稳定经营的范围内，否则会对公司长远发展造成危害。

(二) 公司的经营风险

公司的经营风险对筹资方式有很大影响。如果公司的经营风险较大，为使公司的整体风险不超过某一限度，公司必须降低财务风险，减少负债筹资；反之，若经营风险较低，就可以承担较高的财务风险，因而需较多的负债筹资。

(三) 管理人员的态度

如果管理人员不愿使公司的控制权旁落，则可能不愿增发新股票，而尽量采用负债筹资。如果管理人员厌恶风险，那么，可能较少利用财务杠杆，尽量减少债务资本的比例。

(四) 贷款人与信用评价机构的态度

贷款人的态度和信用等级评估机构的态度始终在公司筹资决策中占有举足轻重的地位。如果公司运用过高的财务杠杆，或对公司的前景过于乐观，而贷款人则持不同观点，或者评估公司认为公司潜在风险增大，信用等级应有所下降。在这种情况下，社会公众对公司风险的评价会倾向于贷款人或资信评估机构的意见。这样便会使更多的贷款人不愿意向公司贷款，甚至已经贷款的债权人要求收回贷款等。

（五）公司的现金流量状况

债务的利息和本金通常必须以现金支付，这就要涉及公司现金流量问题。公司现金流入量越大，举债筹资能力就越强。因此，公司产生现金的能力，对提高全部资本结构中债务资本比率有着重要的作用。

（六）行业差别

实际工作中，不同行业以及同一行业的不同公司，在运用债务筹资的策略和方法上大不相同，从而也会使资本结构产生差别。在资本结构决策中，应掌握本公司所处行业资本结构的一般水准，作为确定本公司资本结构的参照，分析本公司与同行业其他公司的差别，以便决定本公司的资本结构。同时还必须认识到，资本结构不会停留在一个固定的水准上，随着时间的推移和情况的发展变化，资本结构也会发生一定的变动。这就需要根据具体情况进行合理的调整。

（七）其他

① 资产结构。有些公司的固定资产比重较大，而另一些公司的流动资产比重较大。对于前者而言，权益资本可多一些；对于后者而言，债务资本可多一些。

② 公司的增长率。在其他因素相同的条件下，公司的发展速度低，则可能只通过留存收益来补充资本；而发展较快的公司会在很大程度上依赖于外部筹资。由此相比而言，增长率高的公司会倾向于使用更多的债务资本。

③ 获利能力。通常情况下，具有较高获利水平的公司往往并不使用大量的债务资本，因其可以利用较多的留存收益来满足增资需要。

## 四、资本结构管理工具

（一）最佳资本结构衡量的标准

从上述资本结构理论分析可知，最佳资本结构是指公司在一定期间内，使加权平均资本成本最低、公司价值最大时的资本结构。其主要衡量标准可以归纳为以下三个方面：

① 加权平均资本成本最低，公司为筹集资金所花费的代价最少；

② 股票市价上升，股东财富最大，公司总体价值最大；

③ 资本结构具有弹性，使公司筹集的资金能确保公司长短期经营和发展的需要。

（二）资本结构管理工具

1. 比较资金成本法

比较资本成本法是计算不同资本结构（或筹资方案）的加权平均资本成本，并以此为标准相互比较进行资本结构决策。

公司的资本结构决策，可分为初次利用债务筹资和追加筹资两种情况。前者可称为初始资本结构决策，后者可称为追加资本结构决策。

① 初始资本结构决策。在实际中，公司对拟定的筹资总额，可以采用多种筹资方式来筹集，同时每种筹资方式的筹资数额亦可有不同安排，由此形成若干个资本结构（或筹资方案）可供选择。最佳资本结构是综合资金成本最低的筹资方案。

② 追加资本结构决策。公司在持续的生产经营过程中，由于扩大业务或对外投资的需要，有时会增加筹集新资，即所谓追加筹资。因追加筹资以及筹资环境的变化，公司原有的

资本结构就会发生变化，从而原定的最佳资本结构也未必仍是最优的。因此，公司应在资本结构不断变化中寻求最佳结构，保持资本结构的最优化。

一般而言，按照最佳资本结构的要求，选择追加筹资方案可有两种方法：一种方法是直接测算比较各备选追加筹资方案的边际资本成本，从中选择边际资本成本最低筹资方案即为最优方案；另一种方法是将备选追加筹资方案与原有最优资本结构汇总，测算各追加筹资条件下汇总资本结构的综合资本成本，比较确定最优追加筹资方案。

2. 每股盈余分析法

资本结构是否最优，还可通过每股盈余的变化来分析。一般来说，凡能提高每股盈余的资本结构即是合理的；反之，则认为不够合理。然而，每股盈余的变化，不仅受资本结构的影响，还受到销售收入的影响，要处理这三者的关系，必须运用筹资“每股盈余无差别点”的方法来分析。所谓每股盈余无差别点，是指每股盈余不受筹资方式影响的息税前利润水平。根据每股盈余无差别点，可以分析判断在什么情况下运用负债筹资来安排和调整资本结构。

每股盈余无差别点可以通过下述方法计算得出。

每股盈余 $EPS$ 的计算公式为：

$$EPS=\frac{(EBIT-I)(1-T)-PD}{N}$$

式中　$EBIT$——息税前利润；

$I$——负债利息；

$T$——所得税率；

$PD$——优先股股息；

$N$——流通在外的普通股股数。

在每股盈余无差别点上，无论是采用负债筹资，还是采用权益资本筹资，每股盈余都是相等的。若以 $EPS_1$ 代表负债筹资，以 $EPS_2$ 代表权益资本筹资，有 $EPS_1=EPS_2$。

$$\frac{(EBIT_1-I_1)(1-T)-PD_1}{N_1}=\frac{(EBIT_2-I_2)(1-T)-PD_2}{N_2}$$

能使上式成立的 $EBIT$ 为每股盈余无差别点的息税前利润。

**例 8-12**　某公司原有资本 1 000 万元，其中债务资本 400 万元（每年负担利息 48 万元），普通股股本 600 万元，（发行普通股 10 万股，每股面值 60 元）。由于扩大业务，需追加筹资 600 万元，其筹资方式有二：

① 全部发行普通股：增发 10 万股，每股面值 60 元；

② 全部筹借长期债务：债务利率仍为 12%，年利息 72 万元。

将上述资料中的有关数据代入公式有：

$$\frac{(EBIT-48)(1-25\%)}{10+10}=\frac{(EBIT-48-72)(1-25\%)}{10}$$

$$EBIT=192(\text{万元})$$

此时的每股盈余为：

$$\frac{(192-48)(1-25\%)}{20}=5.4(\text{元/股})$$

上述每股盈余无差别分析，可描绘如图 8-6 所示。

从图 8-6 可以看出，当息税前利润高于 192 万元时，运用负债筹资可获得较高的每股盈

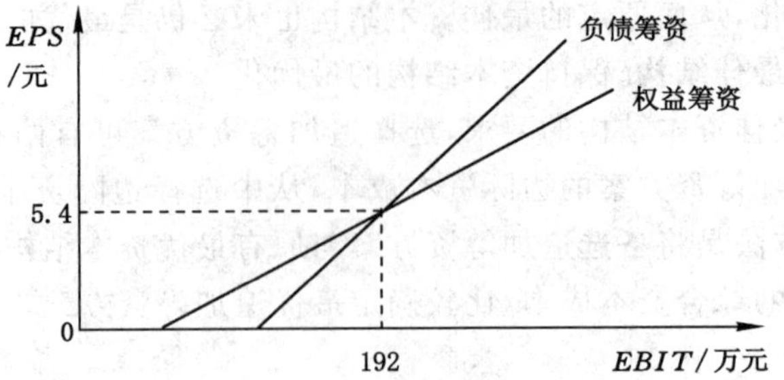


图 8-6　每股盈余无差别点分析图

余；当息税前利润低于 192 万元时，运用权益筹资可获得较高的每股盈余。

3. 比较公司价值法

每股盈余无差别分析的缺陷在于没有考虑风险因素。从根本上讲，财务管理的目标在于追求公司价值的最大化或股价最大化。然而只有在风险不变的情况下，每股盈余的增长才会直接导致股价的上升，实际上经常是随着每股盈余的增长，风险也加大。如果每股盈余的增长不足以补偿风险增加所需的报酬，尽管每股盈余增加，股价仍然会下降。所以，公司的最佳资本结构应当是可使公司的总价值最高，而不一定是每股收益最大的资本结构。同时，在公司总价值最大的资本结构下，公司的资本成本也是最低的。

比较公司价值法是在反映财务风险的条件下，以公司价值的大小为标准，测算判断公司最佳的资本结构。具体步骤如下：

(1) 公司价值的测算

对于一个公司的价值，目前尚有不同的认识及测算方法，主要有：① 公司价值等于未来净收益的贴现价值；② 公司价值是其股票的现行市场价值；③ 公司价值等于其债务和股票的现值。这里采用第三种观点。按照这种观点，公司的总价值 $V$ 等于债务的现值 $B$ 加上股票的现值 $S$，即：

$$V=B+S$$

其中，为简化起见，设债务（含长期债券和长期借款）现值等于其面值（或本金）；$S$ 按股票未来净收益贴现测算：

$$S=\frac{(EBIT-I)(1-T)}{K_S}$$

式中　$EBIT$——息税前利润；

$I$——债务年利息额；

$T$——公司所得税率；

$K_S$——股票资本成本率。

(2) 公司资本成本的测算

按照上述情况，公司的全部资本由债务和股票组成，公司的综合资本成本 $K_W$ 按下列公式测算：

$$K_W=K_D\left(\frac{B}{V}\right)(1-T)+K_S\left(\frac{S}{V}\right)$$

式中　$K_D$——税前的债务资本成本（按债务年利率计）；

$B/V$——债务资本价值占全部资本价值的比重；

$S/V$——股票资本价值占全部资本价值的比重。

考虑财务风险的影响，股票资本成本采用资本资产定价模型测算，即：

$$K_S = R_F + \beta(R_M - R_F)$$

式中　$K_S$——本公司股票必要报酬率，即股票资本成本；

$R_F$——无风险报酬率；

$R_M$——所有股票市场报酬率；

$\beta$——本公司股票$\beta$系数。

(3) 公司最佳资本结构的测算及判断

根据上述公式，计算不同资本结构的公司价值和资金成本。公司价值最大，综合资金成本最低的资本结构即为最佳资本结构。

## 案例

### 中南整体橱柜公司筹资决策

中南整体橱柜公司是一家上市公司，专业生产、销售整体橱柜。近年来，我国经济快速发展，居民掀起购房和装修热，对公司生产的不同类型的整体橱柜需求旺盛，其销售收入增长迅速。公司预计在北京及其周边地区的市场潜力较为广阔，销售收入预计每年将增长50%～100%。为此，公司决定在2020年底前在北京郊区建成一座新厂。公司为此需要筹措资金5亿元，其中2 000万元可以通过公司自有资金解决，剩余的4.8亿元需要从外部筹措。2020年1月31日，公司总经理周建召开总经理办公会议研究筹资方案，并要求财务经理陆华提出具体计划，以提交董事会会议讨论。

公司在2020年1月31日的有关财务数据如下：

1. 资产总额为27亿元，资产负债率为50%。

2. 公司有长期借款2.4亿元，年利率为5%，每年年末支付一次利息。其中6 000万元将在2年内到期，其他借款的期限尚余5年。借款合同规定公司资产负债率不得超过60%。

3. 公司发行在外普通股3亿股。

另外，公司2019年完成净利润2亿元。2020年预计全年可完成净利润2.3亿元。公司适用的所得税税率为25%。假定公司一直采用固定股利分配政策，年股利为每股0.6元。

随后，公司财务经理陆华根据总经理办公会议的意见设计了两套筹资方案，具体如下：

方案一：以增发股票的方式筹资4.8亿元。

公司目前的普通股每股市价为10元。拟增发股票每股定价为8.3元，扣除发行费用后，预计净价为8元。为此，公司需要增发6 000万股股票以筹集4.8亿元资金。为了给公司股东以稳定的回报，维护其良好的市场形象，公司仍将维持其设定的每股0.6元的固定股利分配政策。

方案二：以发行公司债券的方式筹资4.8亿元。

鉴于目前银行存款利率较低，公司拟发行公司债券。设定债券年利率为4%，期限为10年，每年付息一次，到期一次还本，发行总额为4.9亿元，其中预计发行费用为1 000万元。

**问题：**

分析上述两种筹资方案的优缺点，并从中选出较佳的筹资方案。

## 案例

### “低负债”之谜

负债经营有好处，也有弊端。正常的负债是企业为股东利益最大化的措施之一。但我国部分上市公司负债水平却显著偏低。

华北高速(000916)于1999年上市。公司主要业务为投资经营收费公路和光伏电站。公司收费公路主营资产为京津塘高速公路，通行费为主营业务收入；公司光伏发电业务为在江苏、内蒙古、新疆、宁夏等地投资运营的293.8兆瓦并网型光伏电站。

自上市以来，华北高速的债务一直维持在较低水平。如表8-8所示，2002—2013年，该公司的资产负债率均低于10%，远小于行业40%左右的平均水平。而且，有息债务率在此期间均为0。

2017年12月，由于被吸收合并，华北高速终止上市并摘牌。

**表8-8　华北高速负债情况**

| 年份 | 资产负债率 | | 有息债务率 | | 短期有息债务率 | | 长期有息债务率 | |
|---|---|---|---|---|---|---|---|---|
| | 企业 | 行业 | 企业 | 行业 | 企业 | 行业 | 企业 | 行业 |
| 1999 | 0.188 9 | 0.339 7 | 0.152 1 | 0.243 6 | 0.152 1 | 0.110 4 | 0.000 0 | 0.133 2 |
| 2000 | 0.187 7 | 0.363 2 | 0.151 7 | 0.241 5 | 0.151 7 | 0.116 4 | 0.000 0 | 0.125 1 |
| 2001 | 0.190 6 | 0.350 4 | 0.147 3 | 0.252 4 | 0.147 3 | 0.114 2 | 0.000 0 | 0.138 2 |
| 2002 | 0.065 7 | 0.355 1 | 0.000 0 | 0.256 8 | 0.000 0 | 0.125 4 | 0.000 0 | 0.131 5 |
| 2003 | 0.036 4 | 0.356 3 | 0.000 0 | 0.265 8 | 0.000 0 | 0.145 5 | 0.000 0 | 0.120 3 |
| 2004 | 0.034 2 | 0.386 1 | 0.000 0 | 0.268 6 | 0.000 0 | 0.145 0 | 0.000 0 | 0.123 6 |
| 2005 | 0.034 8 | 0.400 9 | 0.000 0 | 0.265 5 | 0.000 0 | 0.146 6 | 0.000 0 | 0.118 9 |
| 2006 | 0.045 6 | 0.418 3 | 0.000 0 | 0.280 2 | 0.000 0 | 0.146 3 | 0.000 0 | 0.135 6 |
| 2007 | 0.072 4 | 0.431 0 | 0.000 0 | 0.284 5 | 0.000 0 | 0.144 4 | 0.000 0 | 0.141 1 |
| 2008 | 0.038 7 | 0.435 9 | 0.000 0 | 0.306 2 | 0.000 0 | 0.161 6 | 0.000 0 | 0.150 3 |
| 2009 | 0.070 7 | 0.423 0 | 0.000 0 | 0.278 5 | 0.000 0 | 0.118 3 | 0.000 0 | 0.170 4 |
| 2010 | 0.062 0 | 0.435 8 | 0.000 0 | 0.302 7 | 0.000 0 | 0.121 9 | 0.000 0 | 0.181 4 |
| 2011 | 0.048 1 | 0.442 0 | 0.000 0 | 0.319 2 | 0.000 0 | 0.123 0 | 0.000 0 | 0.193 1 |
| 2012 | 0.064 7 | 0.455 2 | 0.000 0 | 0.297 0 | 0.000 0 | 0.109 4 | 0.000 0 | 0.187 6 |
| 2013 | 0.058 7 | 0.459 5 | 0.000 0 | 0.304 6 | 0.000 0 | 0.121 1 | 0.000 0 | 0.183 5 |
| 2014 | 0.257 3 | 0.448 7 | 0.055 0 | 0.300 6 | 0.015 7 | 0.111 0 | 0.039 4 | 0.189 6 |
| 2015 | 0.229 0 | 0.440 9 | 0.109 0 | 1.283 2 | 0.093 1 | 0.104 7 | 0.015 9 | 0.178 6 |

**问题：**

华北高速选择低负债的原因是什么？低负债会对企业生产经营产生怎样的影响？

# 第九章　利润分配决策

## 引言

宏股集团是一家上市公司，自2010年以来公司的经营状况和业绩始终处于相对稳定状态，且在收益分配上，每年均发放了一定比例的现金股利(0.2元/股，0.5元/股)。2019年公司受到了市场环境等因素的不利影响，收益水平大幅度下降，公司总资产报酬率从2018年的12%下降到4%，而且现金流量也明显趋于恶化。为此，公司于2020年初专门召开董事会，对2019年公司的股利分配方案进行研究。会上王强董事长和刘平、陈莉、张林三位董事分别作了重点发言。

董事长王强：公司前几年的经营状况和经营业绩始终比较好，因此每年均支付给投资者一定的现金股利，树立了公司在广大投资者面前良好的市场形象，增强了投资者投资本公司股票的信心，促进了企业不断发展壮大。但是去年公司由于受到外部环境等多种因素的影响，经营状况不佳，企业的获利水平下降，而且据推测这种不利局面将可能持续一段时期。另外，虽然2019年公司未分配利润达5 000万元，但计划全年将拿出其中的60%进行投资。因此，2019年公司的股利分配方案需要各位董事根据目前公司实际进行认真研究讨论，尽快形成预案，交股东大会表决。

刘平：我认为2019年公司仍然要分配一定比例的现金股利，其理由有：第一，公司长期以来一直分配现金股利，且逐年递增，若2019年突然停止发放现金股利，难免会引起投资者不满，从而影响公司长期形成的良好的市场形象，而且很有可能进一步恶化公司的理财环境。第二，根据测算，公司若按上年0.5元/股的分配水平支付现金股利，约需现金3 000万元左右。从公司目前的资产负债率来看，仅有40%，而本行业平均资产负债率在60%左右，因此公司尚有一定的举债空间，而且公司历来举债能力较强，可以通过适当举借来弥补现金流量的不足，所以公司的现金流量不会存在问题。

陈莉：我认为公司2019年应暂停支付现金股利而改为分配股票股利，其理由有三：

第一，公司2019年的经营状况和经营业绩不佳，资产报酬率下降，这本身已使公司的留存收益减少，影响到公司下年度的投资和发展，此时如果再支付相当数量的现金股利，则必然进一步增加公司现金的支付压力，对公司无疑是雪上加霜。

第二，尽管公司目前有一定的举债空间和能力，可以通过举债使现金流量问题得到一定程度的缓解，但由于公司在短期内经营状况和收益水平的问题得不到很好的改善，因此，举债只能是权宜之计，不能从根本上减缓公司现金支付压力，同时在公司经营状况不理想的情况下，举债会加大财务杠杆作用，使财务风险增大。

第三，暂停支付现金股利而改为分配股票股利不仅能继续维持投资者的投资信心，有利于保持公司的市场形象，而且可以节约现金支出，不增加现金支付的压力。

张林：我同意陈莉提出的暂停支付现金股利的观点及理由，但我不赞成她提出的分配股票股利的观点，因为分配股票股利后，公司股本总额增加，而在近期公司获利状况不能改观的情况下，每股收益必然下降，从而会导致公司股票市价下跌，影响公司市场形象，因此我建议 2019 年公司暂不发放股利。

公司股利政策和股利支付有几种形式？股利分配理论和影响因素又有哪些？

## 第一节　利润分配概述

在企业持续经营期间，实现的利润要在国家、投资者和企业之间进行分配，形成国家所得税收入、投资者的投资收益和企业留存利润。利润分配政策的合理与否，影响着国家与企业及投资者之间的利益，同时也会影响企业的内部筹资和投资活动。企业利润分配管理的目的是正确地组织企业的利润分配，兼顾各方利益处理好投资者的近期利益与企业长远发展之间的关系，保持分配政策与筹资、投资决策相互协调，建立起利润分配的激励机制与约束机制，为企业实现价值最大化奠定基础。

利润分配是公司就与盈利分配有关的各种事项所采取的基本态度和方针政策。公司利润分配既关系到股东的经济利益，又关系到公司的未来发展。兼顾公司未来发展的需要和股东对本期收益的要求，并实现公司价值最大化，是公司利润分配的目标。

### 一、利润分配的原则

#### （一）依法分配原则

公司利润分配的对象是公司缴纳所得税后的净利润，这些利润是公司的权益，公司有权自主分配。国家有关法律、法规对公司利润分配的基本原则、一般次序和重大比例也作了较为明确的规定，其目的是保障公司利润分配的有序进行，维护公司和所有者、债权人以及职工的合法权益，促使公司增加积累，增强风险防范能力。利润分配在公司内部属于重大事项，公司的章程必须在不违背国家有关规定的前提下，对本公司利润分配的原则、方法、决策程序等内容做出具体而又明确的规定，公司在利润分配中也必须按规定办事。

#### （二）资本保全原则

资本保全是责任有限的现代公司制度的基础性原则之一，公司在分配中不能侵蚀资本。利润的分配是对经营中资本增值额的分配，不是对资本金的返还。按照这一原则，一般情况下，公司如果存在尚未弥补的亏损，应首先弥补亏损，再进行其他分配。

#### （三）充分保护债权人利益原则

债权人的利益按照风险承担的顺序及其合同契约的规定，公司必须在利润分配之前偿清所有债权人到期的债务，否则不能进行利润分配。同时，在利润分配之后，公司还应保持一定的偿债能力，以免产生财务危机，危及公司生存。此外，公司在与债权人签订某些长期债务契约的情况下，其利润分配政策还应征得债权人的同意或审核方能执行。

#### （四）多方及长短期利益兼顾原则

公司的利润分配必须兼顾各方面的利益。公司是经济社会的基本单元，公司的收益分配涉及国家、公司股东、债权人、职工等多方面的利益。正确处理它们之间的关系，协调其矛盾，对公司的生存、发展是至关重要的。公司在进行利润分配时，应当统筹兼顾，维护各利益相关者的合法权益。同时，由于发展及优化资本结构的需要，除依法必须留用的利润外，公司仍可以出于长远发展的考虑，合理留用利润。在积累与消费关系的处理上，公司应贯彻积累优先的原则，合理确定提取盈余公积金和分配给投资者利润的比例，使利润分配真正成为促进公司发展的有效手段。

**二、利润分配的顺序**

公司向股东(投资者)分派股利(分配利润),应按一定的顺序进行。按照我国公司法的有关规定,利润分配应按下列顺序进行:

(一) 弥补以前年度亏损

按照我国税法相关规定,企业经营发生的亏损,可以在以后连续5年内由税前利润弥补,如果5年内的税前利润仍不足以弥补亏损的,自第6年起,以税后利润弥补亏损。企业本年净利润加上年初未分配利润为企业的可供分配的利润,只有可供分配的利润(即本年累计盈利)大于零,企业才能进行后续的分配,如果可供分配的利润为负数(即亏损),则不能进行后续分配。

(二) 计提法定盈余公积金

按抵减年初累计亏损后的本年净利润计提法定盈余公积金。提取盈余公积金的基数,不是可供分配的利润,也不一定是本年的税后利润。只有不存在年初累计亏损时,才能按本年税后利润计算应提取数。这种“补亏”是按账面数字进行的,与所得税法的亏损后转无关,即使年初累计的亏损已经超过5年,在确定盈余公积的提取基数时,仍要扣除。关键在于不能用资本发放股利,也不能在没有累计盈余的情况下提取盈余公积金。

法定盈余公积金按照税后利润扣除弥补企业以前年度亏损后的10%提取。盈余公积金已达注册资金50%时可不再提取。法定盈余公积金可用于弥补企业亏损,扩大企业生产经营或转增企业资本金。但转增资本金后,企业的法定盈余公积金一般不得低于注册资金的25%。

(三) 分配优先股股利

优先股一般按照事先约定的股息率支付股息。由于优先股股东拥有股息分配的优先权,因此,普通股股东分派股利时,要以付清当年或积欠的优先股股利为条件,优先股股利的分配必须在普通股股利之前。

(四) 计提任意盈余公积金

企业提取法定盈余公积金后,经股东会或股东大会决议,可以从税后利润中提取任意盈余公积金。任意盈余公积金的计提比例没有法定要求,一般与公司政策有关,其目的在于满足公司未来经营管理的需要,控制向投资者分配利润的水平,调节各年度利润分配的波动。

(五) 向股东(投资者)支付股利(分配利润)

如公司股东会、股东大会或者董事会违反上述利润分配顺序,在抵补亏损和提取法定盈余公积金之前向股东分配利润的,必须将违反规定发放的利润退还公司。企业弥补亏损和提取法定盈余公积金后所余利润才是可供分配给投资者的利润。企业利润按照股东的出资比例或按照股东持有的股份比例分配。企业向投资者分配多少利润,取决于企业的利润分配政策,企业应根据法律规定、股东要求以及企业经营需要等因素加以确定。公司持有的本公司股份不得分配利润。

对于股份有限公司,提取法定盈余公积后,应按照支付优先股股利、提取任意盈余公积、支付普通股股利的顺序进行分配。

对于有限责任公司,提取法定盈余公积后,应按照提取任意盈余公积、支付股东股利的顺序进行分配。

**三、利润分配的内容**

在实际工作中，企业应考虑法律因素、股东因素、公司因素、行业因素及契约因素等，在股利分析框架之内，以企业价值最大化为目标，选择合适的股利分配政策，具体包括：① 股利支付率的高低；② 股利支付的具体形式，是否采用股票回购、股票分割等形式；③ 股利支付率的稳定增长政策；④ 股利发放策略；⑤ 股利发放程序等。

## 第二节　股利分配理论

公司的财务目标是实现企业价值最大化，其股利分配必然也要服从于这个基本目标。那么，公司的股利分配是否会影响其股票价格和公司价值？公司如何确定最优的股利支付比例，以实现股票价格和公司价值的最大化？这些都是股利分配理论要研究的问题。围绕公司的股利支付是否会影响公司价值，股利分配理论主要有两类观点：股利无关理论和股利相关理论。还有一类行为股利政策理论，是近年来行为公司财务学向传统财务学渗透的一个新兴的研究领域，下面一并进行介绍。

**一、股利无关论**

股利无关论认为，股利决策对其公司的市场价值（或股票价格）或资本成本不会产生任何影响，公司对留存收益的运用以及由此产生的股利政策，仅是公司筹资决策的一个重要组成部分。这一理论建立在这样一些假设之上：

① 不存在个人或公司所得税；

② 不存在股票的发行和交易费；

③ 公司的投资决策不受股利决策的影响；

④ 市场具有强式效率性，公司所有股东均能准确掌握公司的情况，而不是仅从股利发放上判断公司的经营情况。

上述假设描述的是一种完全竞争的市场，因而股利无关论又被称为完全市场理论。股利无关论主要包括下述基本观点：

① 公司的股票价格或资本成本不取决于公司的盈利在股利和留存收益之间的分配比例；

② 公司的股票价格由公司投资方案和获利能力决定；

③ 在上述假设基础上，如果公司发放较高的股利，投资者会寻求新的投资机会；如果公司将较多的留存利润用于投资会使公司股票价值上升，投资者可以出售部分股票换取现金。假若公司有理想的投资机会，即使公司支付了较高的股利，公司仍可以招募同等金额的新股。

股利无关理论的关键是存在一种套利机制，通过这一机制使支付股利与外部筹资这两项经济业务所产生的效益与成本正好相互抵消。当公司做出投资决策后，就必须决定是将盈利留存下来，还是以股利的形式分给股东，同时发行新股筹措等额的资金，以满足投资项目的资金需要。如果公司采用股利支付股东这一方案，股利支付给股东正好使股票市场价格上升，但发行新股将使股票价值下降，股东的股利所得正好被股票价值的下降所抵消。由此，股利无关理论认为，投资者并不关心公司的股利的分配，投资者对股利和资本利得并无偏好。公司的价值就完全由其投资的获利能力所决定，公司的盈余的分配并不影响公司的价值。

## 二、股利相关论

总的来说，该类理论认为：股利支付不是可有可无的，而是非常必要的，并且具有策略性，股利政策与公司价值是密切相关的。由于视角不同，又形成了不同的理论分支。

### （一）“一鸟在手”理论

股利相关论认为，公司的股利决策与公司的价值有较大的相关性。在现实生活中，不存在无关论提出的假设前提，公司的股利分配是在种种制约因素下进行的，在各种因素不确定的情况下，投资者最为关心的是用什么形式取得自己的投资回报。一般来说，投资者更喜欢现金股利，而不大喜欢将利润留给公司。这是因为：对投资者来说，现金股利是“抓在手中的鸟”，是实在的，而公司留利则是“躲在林中的鸟”，随时都可能飞走。既然现在的留利并不一定转化为未来的股利，那么，在投资者看来，公司分配的股利越多，公司的市场价值也就越大。所以，对于股利收益与资本收益的选择是以可靠性为前提的。从投资者的角度看，股利收益要比留存收益带来的资本收益更为可靠，换言之，1 元的股利收入价值实际上超过了 1 元资本收益的价值。因此，这种理论的观点是：由于投资者对投资风险有天生的抵触情绪，因而喜欢近期有确定收入的股利，而不喜欢远期并不确定的资本收益。在这种理论指导下，需要公司定期向股东支付较高的股利。

### （二）税收效应理论

在不存在税收因素的情况下，公司选择何种股利支付方式并不重要。但是，如果对现金红利和来自股票买卖的资本利得课以不同的税赋（如现金股利的税赋高于资本利得的税赋），那么，在公司及投资者看来，支付现金股利就不再是最优的股利分配政策。由此可见，在存在差别税赋的前提下，公司选择不同的股利支付方式，不仅会对公司的市场价值产生不同的影响而且也会使公司及个人的税收负担出现差异。即使在税率相同的情况下，由于资本利得只有在实现之时才缴纳资本增值税，因此，相对于现金股利保税而言，其仍然具有延迟纳税的好处。诚然如此，从逻辑上讲，一个好的股利政策除了应使融资成本和代理成本最小化之外，还应使税收成本最小化。

### （三）信号传递理论

当信息对称时，所有的市场参与者（包括公司自身在内）都具有相同的信息。然而，现实中常见的情况却是信息不对称。信号传递理论认为，在信息不对称的情况下，公司可以通过股利政策向市场传递有关公司未来盈利能力的信息。一般说来，高质量的公司往往愿意通过相对较高的股利支付率把自己同低质量的公司区别开来，以吸引更多的投资者。对市场上的投资者来说，股利政策的差异或许是反映公司质量差异的极有价值的信号。如果公司连续保持较为稳定的股利支付率，那么，投资者就可能对公司未来的盈利能力与现金流量抱有较为乐观的预期。不过，公司以支付现金股利的方式向市场传递信息，通常也要付出较为高昂的代价。这些代价包括：① 较高的所得税负担；② 一旦公司因分派现金股利造成现金流量短缺，就有可能被迫重返资本市场发行新股，而这一方面会随之产生必不可少的交易成本，另一方面又会扩大股本，摊薄每股的税后盈利，对公司的市场价值产生不利影响；③ 如果公司因分派现金股利造成投资不足，并丧失有利的投资机会，还会产生一定的机会成本。尽管以派现方式向市场传递利好信号需要付出很高的成本，但为什么公司仍要选择派现作为公司股利支付的主要方式呢？这个难以破解的理论问题被布莱克（Black，1976）称为“股利分配之谜”。

围绕“股利分配之谜”，经济学家们做出了各种各样的解释，其中较有说服力的观点有四种：一是声誉激励理论。该理论认为，由于公司未来的现金流量具有很大的不确定性，因此，为了在将来能够以较为有利的条件在资本市场上融资，公司必须在事先建立起不剥夺股东利益的良好声誉。建立“善待股东”这一良好声誉的有效方式之一就是派现。二是逆向选择理论。该理论认为，相对于现金股利而言，股票回购的主要缺陷在于，如果某些股东拥有关于公司实际价值的信息，那么，他们就可能在股票回购过程中，充分利用这一信息优势。当股票的实际价值超过公司的回购价格时，他们就会大量竞买价值被低估的股票；反之，当股票的实际价值低于公司的回购价格时，他们就会极力回避价值被高估的股票。于是，便产生了逆向选择问题，而派发现金股利则不存在这类问题。三是交易成本理论。该理论认为，市场上有相当一部分投资者出于消费等原因，希望从投资中定期获得稳定的现金流量。对于这类投资者来说，选择稳定派现的股票也许是达到上述目的最廉价的方式。这是因为：倘若投资者以出售所持股票的方式来套现，就可能因时机选择不当而蒙受损失。况且，选择在何时以何种价位出售股票还需要投入许多时间和精力，这些交易成本的存在使得投资者更加偏好现金股利。四是制度约束理论。该理论认为，公司之所以选择支付现金股利，是由于“谨慎人”所起的作用。所谓“谨慎人”，是指信托基金、保险基金、养老基金等机构投资者出于降低风险的考虑，法律通常要求这些机构投资者只能持有支付现金股利的股票，并获得股利收入。如果公司不派现，那么，这种股票就会被排除在机构投资者的投资对象之外。

虽然股利分配的信号传递理论已为人们广泛接受，但也有一些学者对此持不同看法。他们的主要观点是：第一，公司目前的股利分配并不能帮助投资者预测公司未来的盈利能力；第二，高派现的公司向市场传递的并不是公司具有较好前景的利好消息，相反则是公司当前没有正现值的投资项目，或公司缺乏较好投资机会的利空消息。不过，由于上述反对意见缺乏实证考察的支持，因此未能引起人们过多的关注。

（四）代理理论

在完全的合同情况下，公司经理们与股东之间并不存在代理问题。即使双方产生了利益冲突，股东也可以通过强制履约的方式来迫使经理们遵循股东利益最大化的原则。但是，在不完全合同的情况下，公司经理们与股东之间的代理问题便应运而生了。股利分配的代理理论认为，股利政策实际上体现的是公司内部人与外部股东之间的代理问题。在存在代理问题的前提下，适当的股利政策有助于保证经理们按照股东的利益行事。而所谓适当的股利政策，是指公司的利润应当更多地支付给股东。否则，这些利润就有可能被公司的内部人所滥用。较多地派发现金股利至少具有以下几点好处：一是公司管理者要将公司的很大一部分盈利返还给投资者，于是他自身可以支配的“闲余现金流量”就相应减少了，而这又可在一定程度上抑制公司管理者为满足个人成为“帝国营造者”的野心，过度地扩大投资或进行特权消费，进而保护了外部股东的利益；二是较多地派发现金股利，可能迫使公司重返资本市场进行新的融资，如再次发行股票。这一方面使得公司更容易受到市场参与者的广泛监督，另一方面，再次发行股票不仅为外部投资者借股份结构的变化对“内部人”进行控制提供了可能，而且再次发行股票后，公司的每股税后盈利被摊薄，公司要维持较高的盈利水平，则需要付出更大的努力。这些均有助于缓解代理问题，并降低代理成本。

需要特别提及的是，最近有关股利分配代理理论的研究，又取得了新的进展。其中，最重要的突破便是从法律角度来研究股利分配的代理问题。这类研究的主要结论有三条：一是股利分配是法律对股东实施有效保护的结果。即法律使得小股东能够从公司“内部人”那里获得股利；二是在法律不健全的情况下，股利分配可以在一定程度上替代法律保护。即在缺乏法律约束的环境下，公司可以通过股利分配这一方式，来建立起善待投资者的良好声誉；三是受到较好法律保护的股东，愿意耐心等待当前良好投资机会的未来回报，而受到较差法律保护的股东则没有这种耐心。他们为了获得当前的股利，宁愿丢掉好的投资机会。

（五）追随者理论

追随者理论也译为顾客效应理论，该理论最先也是由米勒和莫迪格利安尼提出来的，是税收效应理论的扩展。从股东的边际所得税税率出发，认为每个投资者所处的税收等级不同：有的边际税率高，如富有的投资者；而有的边际税率低，如养老基金等。由此会引起他们对待股利的态度不一样，前者偏好低股利支付率或不支付股利的股票，后者喜欢高股利支付率的股票。因此，公司会相应调整其股利政策，使股利政策符合股东的愿望。达到均衡时，高股利支付率的股票将吸引一类追随者，由处于低边际税率等级的投资者持有；低股利支付率的股票将吸引另一类追随者，由处于高边际税率等级的投资者持有。这种股东聚集在满足各自偏好的股利政策的公司的现象，就叫作“追随者效应”。

按照该理论的观点，公司的任何股利政策都不可能满足所有股东对股利的要求，公司股利政策的变化，只是吸引了喜爱这一股利政策变化的投资者前来购买公司的股票，而另一些不喜爱新的股利政策的投资者则会卖出股票。因此，当市场上喜爱高股利的投资者的比例大于发放高股利的公司的比例时，则支付高股利公司的股票处于短缺状况，按照供求理论，它们的价格会上扬，直到二者的比例相等，市场会达到一个动态平衡。一旦市场处于均衡状态，则没有公司能够通过改变股利政策来影响股票价格。因此，这一理论强调，公司应当根据本公司股东的具体目的和偏好以及公司的投资方案进行股利决策，而不应强求一致。

## 三、行为股利政策理论

（一）早期行为学派

早期行为学派或行为模型从心理和行为的角度提出了一些观点。行为学派早期成果虽然为数不多，但是他们所研究的问题恰好是传统股利政策始终解决不好的两个问题。

第一个问题是关于管理者观点和股利平滑问题。管理者考虑的是每一期股利的变化，而不是股利的绝对数量；影响股利支付的最重要因素是股利支付率相对目标股利支付率的偏离。公司的管理者倾向于把实际的股利支付率朝目标股利支付率进行调整，把股利变化平滑化，这是因为管理者相信，股东总是偏好稳定的现金股利支付而不是波动的股利。

第二个问题是投资者为什么偏好现金股利，行为学派的观点认为正是由于投资者的现金偏好驱动了公司的股利政策。根据自我控制理论，现金股利能够帮助投资者减少自我控制带来的痛苦，增加投资者的主观效用。投资者限制自己只能利用股利来满足日常消费，而不是动用资本（出售股票），对投资者而言，股利政策成为一种外在的控制机制，所以他们更偏好支付现金股利的公司。根据前景理论，投资者对损失和收益抱有不同的风险态度，他们对确定性的股利、不确定的收入或损失有不同的判断。他们把股票增值的潜在的收入当作是一个额外增加的好处，而当股票价值跌破买价时，他们可以用现金股利安慰自己。这种观点后来被发展为心理账户理论。根据后悔厌恶理论，对投资者来说为了消费而出售股票后，万一股价上升，带来后悔的程度要比用股利进行消费要高得多。投资者偏好现金股利是因为对后悔的厌恶。

那么，行为股利政策今后可能的发展方向如何呢？行为公司财务关注公司价值最大化的过程中存在的两个主要行为障碍，它们分别来自公司的内部和外部。第一个障碍称为行为成本，它是与管理者认知不完全和情绪影响所带来的错误有关的成本或者价值损失。第二个障碍来自分析师和投资者的行为错误，这些错误造成了基础价值和市场价值之间的割裂。行为公司财务研究有两种基本研究方法，一种假设管理者理性而投资者（市场）是非理性的，另一种则假设管理者非理性而投资者（市场）是理性的。那么行为股利政策的发展之路应该何去何从？行为公司财务对股利政策现有的研究方法主要是假设管理者理性而投资者非理性。而且，如果沿袭管理者理性而投资者（市场）非理性的研究方法，今后股利领域还存在着大量有趣而重要的问题有待解答，例如，如果管理者是理性的，非理性的投资者是否会影响他们的股利支付行为？或者说，当股票市场价格明显偏离公司真实价值时，致力于实现公司真实价值最大化的理性管理者将如何制定股利政策？存在代理问题时，理性的管理者是否会利用投资者（市场）的非理性，选择自身私利最大化的资本配置行为？因此，假设管理者理性而投资者（市场）非理性的研究方向很可能仍然是行为股利政策的主要研究方向。

（二）迎合理论

股利政策研究发展了数十年来，财务学家们通过研究公司股利行为挖掘出很多有趣的股利现象，从20世纪50年代的股利平滑现象和特别股利现象，到80年代中期股票回购的盛行，等等。“不断消失的股利”现象是21世纪之初股利领域的最新异象。

针对“不断消失的股利”现象，财务学家着手从不同的理论出发提出了各种不同解释，其中最著名的解释之一就是股利迎合理论。

关于迎合理论的研究框架，是在非有效市场下研究投资者非理性而管理者理性。通过理论推导和实证分析发现，管理者支付股利的行为是由投资者对股利支付公司表现出来的需求所驱动的。这种需求导致支付股利和不支付股利的股票之间形成所谓的“股利溢价”。当投资者愿意为支付股利的公司股票付出股利溢价时，管理者开始支付股利，反之，当投资者为支付股利的公司股票付出的股利溢价为负数时，管理者就不支付股利了。管理者理性地迎合了投资者对现金股利的不断变化的需求，这就是著名的“股利迎合理论”。

为了从理论上进行推导，贝克（Baker）和伍格勒（Wurgler）首先指出，MM定理中目前唯一未经彻底检查的假设就是有效市场的假设，而有效市场理论是建立在有限理性和有限套利这两大基石之上的，因此股利迎合理论也是以此为基础，从三个基本假设出发进行考虑。

首先，为何假设投资者的需求是异质的？大量研究表明实际上投资者经常是对证券聚类后再分析决策，并且有充分的理由认为投资者常常以是否支付股利作为标志进行分类。同时，投资者是否支付的偏好也常常发生改变，造成其偏好改变的原因包括：投资者风险承受能力（或投资者情绪）的变化、投资者对未来公司投资机会预期的改变、税收等市场摩擦的变化、其他类别推断的影响以及投资者对现金股利的偏好。上述原因导致了投资者股利需求的有限理性，使他们按照是否支付股利来对股票先归类再决策。

其次，为何假设套利机会的缺乏会影响股价？如果存在套利机会，对于支付股利的公司对股票价格产生的影响，套利者总是能够寻找到“完美替代品”来消除这种影响，从而消除股利溢价，使是否支付股利都没有差别。但在实际市场上套利机会是有限的：一方面，无法找到“完美替代品”使得套利者暴露于基础风险之下；另一方面，即使存在“完美替代品”，套利者还面临噪声交易者风险。此外,市场还存在交易成本。套利机会的缺乏使投资者对股票的误定价无法及时得到纠正。

最后,为何假设管理者能够理性地迎合投资者的需求呢?对于管理者是否具有迎合的能力:第一,公司管理者掌握了公司的内部信息。第二,公司内部的管理者比外部的基金经理更自由,一旦发现股票被高估,就可以通过增发股票的方式扩大供给、降低股价,而外部基金经理却要受限于套利的有限性、卖空的限制以及意外风险。第三,即使管理者没有信息优势,也可能遵循经验法则来辨别错误定价,例如,当市场极具流动性且发行公告对股价的影响微乎其微时可以发行新股。对于管理者是否会理性地迎合投资者的需求,大量研究都表明这些假设下管理者倾向于追求短期股价胜于追求长期股价。所以,无论是从迎合能力还是从迎合意愿来看,都有理由假设管理者能够理性地迎合投资者的需求。

(三)管理者羊群行为

沙尔夫斯坦(Scharfstein)指出,在传统的经济学理论中决策一般反映了人们的理性预期,而且假设所有可得的信息都被用于决策,但现实中却存在相反现象——决策可能是由群体心理驱动的,有时人们会放弃自己的私人信息而模仿别人。这就是羊群行为。提到羊群行为,人们往往会将其与非理性行为相互联系。但实际上羊群行为也可能正是人的理性选择。那么管理者是否也会产生羊群行为?管理者为何会选择羊群行为?这对公司财务决策可能产生什么影响?这正是行为公司财务的一个新兴的研究领域。

关于管理者羊群行为的思想最初来自社会心理学对从众心理的研究,其发展的路径也受到从众行为研究结论的影响,二者紧密联系、相互呼应。因此对管理者羊群行为的文献研究也自从众心理谈起。

人们常常能发现,群体虽然由各种各样的个体组成,但是他们的行为却经常表现出惊人的一致。此类受他人影响、模仿他人的行为可以用社会心理学中的"从众心理"来解释。

经济学和金融学借鉴了社会心理学中对从众心理的研究成果,用以研究金融市场中和经济管理决策中的群体性行为收敛现象,称之为"羊群行为"。行为公司财务的大量研究表明,即使是作为社会精英阶层的公司的管理者也不可避免地存在追随他人的羊群行为。那么为什么管理决策比一般决策更容易产生羊群行为呢?社会心理学对从众产生原因的研究也有助于回答这个问题。一方面,管理者与普通人一样希望自己行事正确,这容易产生信息影响。而且社会心理学研究指出,当现实越模糊、任务的难度越大,他人就越可能成为有价值的信息来源。管理者的决策过程恰恰是一个庞大而复杂的系统工程,其模糊性和难度水平比起一般决策相对较高,信息获取的难度和获取成本使管理者在决策中更有可能相信和借鉴别人的行为中所含的"信息",从而更可能产生羊群行为。另一方面,管理者作为社会精英,通常对自己的社会形象和公司的声誉非常关注,这就容易产生规范性影响。凯恩斯(Keynes)有名句说:"败于习俗好过胜于脱俗",中国也有"枪打出头鸟""木秀于林、风必摧之"的古谚。迈尔斯指出,与群体保持一致可能会带来正的回报,并且使人们特别容易获得自己决策正确的证据,而偏离群体将产生高昂的代价,这些原因可能迫使人们压制自己的反对性意见。声誉上的考虑会导致管理者避免偏离羊群,管理者愿意选择次优但符合标准的行为,让市场可以找到一个评价他们的基准。

那么,在类似中国这样的发展中国家的新兴市场上,是否会产生羊群行为呢?Bikhchandani 和 Sharma (2001)指出,"羊群行为在新兴市场的研究需要更多的努力,可以找到更大的羊群行为倾向。在这些地方，由于对财务报告的要求较弱、较低会计标准、市场环境更加不透明，规则执行的力度较松，而且信息获得成本较高，由于信息层叠和考虑声誉而产生的羊群行为更可能发生。同时，因为信息更可能泄露以及吸收缓慢，可能带来的潜在收益将更大。”

针对管理者羊群行为的大量研究，为研究行为股利政策提出了可供参考和借鉴的方法及思路。

## 第三节 股利政策与决策

不同的股利分配理论，左右了公司管理当局对股利分配政策的选择。在实际工作中，公司应考虑相关因素，选择合适的股利分配政策。公司可采用的股利政策主要有：剩余股利政策、固定或稳定增长的股利政策、固定股利支付率政策和低正常股利加额外股利政策。股利政策不是一项孤立的决策，要与资本预算决策和资本结构决策结合起来，置于总体分析构架之中，同时还应保持股利的稳定性。

### 一、股利政策

#### （一）剩余股利政策

剩余股利政策就是在公司有着良好的投资机会时，根据一定的目标资本结构，测算出投资所需要的权益资本，先从盈余当中留用，然后将剩余的盈余作为股利予以分配。在采用这一政策时，应遵循以下四个步骤：

① 设定目标资本结构，即确定权益资本与债务资本的比率；

② 确定目标资本结构下投资所需的股东权益数额；

③ 最大限度地利用留存收益来满足投资方案所需权益资本数额；

④ 投资方案所需权益资本已经满足后若有剩余盈余，再将其作为股利发放给股东。

**例 9-1** 假设某公司某年提取公积金后的税后净利为 180 万元，第二年有三个投资方案可供选择。假定该公司的目标资本结构为权益资本占 60%，债务资本占 40%，那么，按照目标资本结构的要求，三个投资方案所需的权益资本数额的计算如表 9-1 所示。

**表 9-1 公司备选投资方案**

| 项目 | 投资方案 | | |
|---|---|---|---|
| | A 方案 | B 方案 | C 方案 |
| (1) 资本支出预算/万元 | 150 | 240 | 320 |
| (2) 现有留存盈利额/万元 | 180 | 180 | 180 |
| (3) 资本预算所需权益资金[(1)×60%]/万元 | 90 | 144 | 192 |
| (4) 股利发放额[(2)−(3)]/万元 | 90 | 36 | |
| (5) 股利支付率(4)/(2) | 50% | 20% | |

奉行剩余股利政策的根本理由在于保持理想的资本结构，使综合资本成本最低，从而使公司价值达到最大。

（二）固定或稳定增长的股利政策

这一股利政策是将每年发放的股利固定在一个固定水平上，并在较长时期内保持不变，只有当公司认为未来盈余将会显著地、不可逆转地增长时，才提高年度的股利发放额，这时便成为稳定增长的股利政策。这一股利政策的特征可用图 9-1 表示。

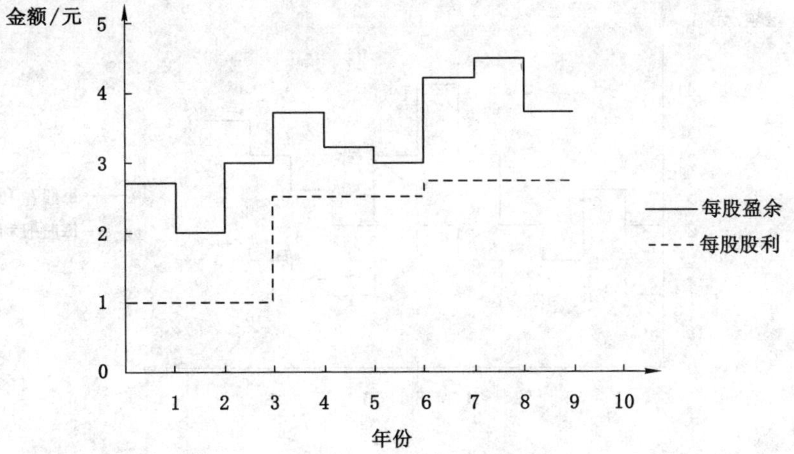


图 9-1　固定或稳定增长的股利政策特征

固定或稳定增长的股利政策的主要目的是避免出现由于经营不善而削减股利的情况。采用这一股利政策的理由在于：

① 稳定的股利向市场传递着公司正常发展的信息，有利于树立公司良好的形象，增强投资者对公司的信心，稳定股票的价格。

② 稳定的股利额有利于投资者安排股利收入和支出。尽管投资者在股利不足于满足当期现金需要时，可以出售部分股票以获得收入，但许多投资者往往因要支付交易成本而不愿意出售股票，更何况当公司削减股利时，盈利通常已下滑，股价也会随之下跌。因此，投资者将更喜欢稳定的股利。

③ 具有稳定股利的股票有利于机构投资者购买。一个有稳定股利发放记录，并且股利呈稳步增长的公司，必然受到银行、退休养老基金、保险公司等各类投资者的青睐。

④ 稳定和成长型股利政策，可以消除投资者关于未来股利的不安全感。管理当局相信，投资者将对稳定的公司股票支付更高的价格，由此可以降低公司权益资本成本。

当然，这种政策也有不足之处，主要是：稳定不变的股利可能会成为公司的一项财务负担，因为股利支付没有与公司当期的盈利挂钩，当公司经营处于不利状态时，依然按照既定的股利支付股利，长此下去就可能造成公司资金短缺，财务状况趋于恶化，从而影响公司的发展。

**例 9-2**　某公司采用的是稳定增长的股利政策，其 20×2 年税后利润为 2 000 万元，分配现金股利 500 万元，公司制订的股利增长率为 10%，则该公司 20×3 年应分配多少现金股利？

根据股利增长率可以计算 20×3 年应分配的现金股利额为：500×(1＋10%)＝550(万元)。

（三）固定股利支付率政策

固定股利支付率政策，是公司确定一个股利占盈余的比率，并长期按此比率支付股利的政策。在这一政策下，当公司盈余有波动时，每股股利便随之产生上下波动。假定某公司确定股利支付率为收益的50%并保持不变，那么，其每股收益与每股股利的关系可用图9-2表示。

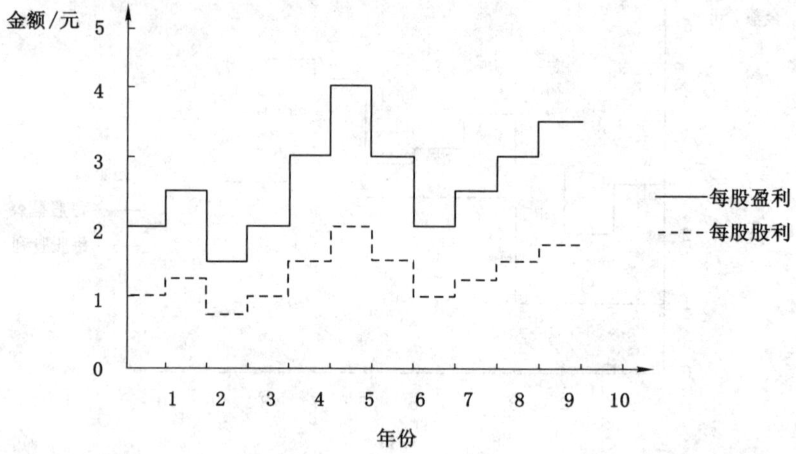


图9-2 固定股利支付率政策特征

主张实行固定股利支付率政策的公司认为，这样做能使股利与公司盈余紧密地配合，以体现多盈多分、少盈少分、不盈不分的原则。只有这样，才真正做到了公平对待每一位股东。但是，这种政策由于各年的股利变动较大，极易造成公司不稳定的印象，不利于稳定股票价格。因此，这种政策不可能使公司的价值达到最大。

**例9-3** 某公司长期以来用固定股利支付率政策进行股利分配，确定的股利支付率为20%。20×1年税后净利润为1 500万元，如果继续执行固定股利支付率政策，公司本年度将要支付的股利为：1 500×20%＝300（万元）。

（四）低正常股利加额外股利政策

这一政策是对前两种股利政策的一种折衷。采用这种股利政策，公司必须将每年支付的股利固定在一个较低的水平，这个较低水平的股利称为正常股利。然后，公司可根据盈利状况，确定在盈利较高的年份，向股东支付额外的股利。这种股利政策有以下优点：

① 给公司以较大的灵活性。当公司盈余较少或投资需要较多资金时，可维持设定的较低但正常的股利，股东不会有股利跌落感；而当盈余有较大幅度增加时，则可适度增发股利，把经济繁荣的部分利益分配给股东，使他们增强对公司的信心，这有利于稳定股票的价格。

② 这种股利政策可以使那些依靠股利度日的股东每年至少可以得到虽然较低但比较稳定的股利收入，从而吸引住这部分股东。

但是必须注意，额外股利的支付不能使股东将它视为正常股利的组成部分，否则，不仅会失去其原有的意义，而且还会产生负面影响。例如，一个连年支付额外股利的公司，如果其股东将它视为正常股利的组成部分，则某一年因盈利下降而取消额外股利时，其股东很有可能据此错误地认为公司财务发生了问题，公司的股价就有可能因之而下降，由此影响到公司的筹资能力。

上述各种股利政策各有所长，公司在分配股利时应借鉴其基本决策思想，考虑相关因素制定最适合具体实际情况的股利政策。

## 二、股利政策决策的影响因素

影响利润分配决策的因素主要有以下几个方面。

### （一）法律因素

为了保护债权人和股东的利益，公司法、税法和证券法中关于股利分配方面的规定都对公司股利分配起着限制作用。不少国家的法律规定，股利分配必须遵守三个规则。

1. 资本保全

资本保全条款要求公司不能因支付股利而引起资本减少，以保证公司产权完整，保护债权人的利益。各国对该条款中“资本”的界定不尽一致，有的仅指公司普通股面值，也有的指普通股面值与超过面值缴入资本之和。这一条款的目的，在于保证公司有完整的产权基础，由此保护债权人的利益，任何导致资本减少的股利发放都是违法的。

2. 股利出自盈利

该条款规定公司年度累计净利润必须为正数时才可发放股利，以前年度亏损必须足额补偿。要求公司只能用当期及过去的收益支付股利，即支付的股利不能超过累积的留存盈余，以保护债权人利益。这一条款要求公司确有盈利才能支付股利，但它并不限制公司股利的支付额大于当期利润，公司股利的支付不能超过当期与过去的留存盈余之和。

3. 无偿付能力规则

如果公司已经无力偿还债务或因发放股利将极大地影响公司的偿债能力，则不准发放股利。该条款要求公司已无力偿付到期债务或因支付股利将使其失去偿债能力，则不能支付现金股利。无偿债能力条款有两种情况：一是公司出现资不抵债，如果向股东支付股利，股东侵占本属于债权人的清算资产；二是公司尚未陷入资不抵债的境地，但由于资产流动性不足、财务困难，无力偿付到期的债务，向股东支付股利，也是对债权人利益的侵犯。

### （二）股东因素

股东从自身需要出发，对公司的股利分配往往产生以下影响。

1. 稳定的收入和避税

许多股东往往依靠定期的股利来维持生活，他们要求公司在一定时期内维持固定的股利，不希望把盈余全部保留。另外，由于股利所得税税率比资本收益所得税税率高，因而，较富有的股东出于避税的考虑，又限制股利的支付。

2. 控制权的稀释

公司支付较高的股利，留存收益就会相应减少，这就意味着将来发行新股的可能性增大，而发行新股，尤其是普通股，必然稀释公司的控制权；相反，降低股利发放率可避免这种所有权的稀释，但股利发放过少，可能引起不少股东不满。

3. 为逃避风险而要求支付股利

有些股东认为，目前所得股利是确定的，通过留存收益引起股价上涨而获得的资本收益是有风险的，因而比较偏好现在较多的股利，而对未来较多的资本利得不感兴趣。

4. 为寻求投资机会

如果公司将留存收益用于再投资，所得报酬低于股东个人单独将股利收入投资于其他投资机会所得的报酬，则该公司就不应多留存盈利，而应多支付现金股利给股东。尽管难以对每位股东的投资机会及其投资报酬率加以评估，至少公司应对风险相同的企业外部投资机会可获得的投资报酬率加以评估，如果评估结果显示企业外部股东有更好的投资机会，则公司应选择多支付现金股利，少留存盈利的股利政策。

（三）公司因素

1. 筹资需求

股利政策在很大程度上取决于公司的筹资需求，而公司的筹资需求往往与其投资需求直接相关。如果一个公司有较多的有利可图的投资机会，往往采用低股利、高留存收益的政策；反之，如果投资机会较少，就可能采用高股利政策。正是基于这种原因，许多成长中的公司，往往采取低股利政策，将较大比例的盈余留存下来用于公司再投资，这样不仅可以满足公司发展所需资金，而且其成本也低于发行新股筹资的成本。另外，将盈余留存下来还可以扩大公司的权益资本，有助于改善公司的资本结构，进一步提高公司潜在的筹资能力。相反，许多处于经营收缩期的公司，往往采取高股利政策。由此可见，公司对资金的需求程度是决定公司盈余分配的一个重要因素。

2. 盈利的稳定性

公司的股利政策在很大程度上受其盈利稳定性的影响。一般来说，盈利稳定的公司可能支付比盈利不稳定的公司更高的股利。这是因为，盈利稳定的公司其经营和财务风险较小，因而比其他收益不稳定的公司更能以较低的成本筹集负债资金。公用事业公司是具有相对稳定的盈利模式和较高股利支付率的典型例子。

3. 现金支付能力

公司盈利并不表明有相应的现金流量，作为留存收益持有的利润一般已投资于各种形式的资产和项目，而不是以现金形式反映在账上。公司若发放现金股利，就会受其现金支付能力的制约。一般来说，公司现金越多，资产流动性越大，支付股利的能力也就越强。反之，有些公司留存利润账户中的金额虽然较大，但仍然会因资金的流动性不足或有紧迫的资金需要而无法发放现金股利。

4. 筹资能力

公司的股利政策也受其筹资能力的限制，包括筹资成本和筹资所需时间的限制。一般来说，规模大、获利丰厚的成熟型大公司比一些正在快速发展的公司具有更多的外部筹资渠道。因此，它们都比较倾向于多支付股利，而较少地保留盈余。对于规模小、创办新、正在快速发展的公司，由于具有较大的经营和财务风险，总要经历一段困难时期，才能较顺畅地从外部筹集所需的长期发展资金，因而，它们往往限制现金股利的支付。

5. 投资机会

公司在制定股利政策时会考虑未来投资对资本的需求。在公司有良好的投资机会时，就应当考虑少发放现金股利，增加留存收益用于再投资，这样可以加速公司的发展，增加未来收益；反之，公司往往倾向于多发放现金股利。理论研究表明，成长快的公司经常采用低股利支付率的政策，而处于稳定或收缩中的公司多采用高股利支付率政策。

6. 资本成本

资金成本是公司选择筹资方式的基本依据。留存利润是公司内部筹资的一种重要方式，它同发行新股票相比，具有成本低的特点。因此，在制定股利政策时，应充分考虑资本的需求和资本成本等问题。

7. 公司所处的生命周期

公司的生命周期主要包括初创阶段、成长阶段、稳定期、成熟阶段和衰退阶段五个发展阶段。在不同的发展阶段，由于公司的经营状况和经营风险不同，对资本的需求状况也有很大的差异，这就必然影响到公司的股利政策的选择。表 9-2 列出了公司在不同发展阶段的经营活动和应选择的股利政策。

**表 9-2　不同发展阶段的公司股利政策**

| 项目 | 初创阶段 | 成长阶段 | 稳定阶段 | 成熟阶段 | 衰退阶段 |
|---|---|---|---|---|---|
| 资本需求 | 受公司规模等因素限制 | 因为扩张的需要，资本需求量很大 | 公司规模基本稳定，资本需求量适中 | 市场趋于饱和，投资机会减少，资本需求量减少 | 资本需求量明显降低 |
| 盈利能力 | 不盈利或盈利很少 | 盈利逐步增加 | 稳定地获得较高盈利 | 盈利较好 | 盈利下降 |
| 现金流量 | 因为进行投资，现金流量是负的 | 有少量现金流量产生 | 现金流量增加 | 现金流量较高 | 相对于公司价值来说，现金流量较高 |
| 股利政策 | 不发放现金股利 | 采用股票股利政策或者低股利支付率政策 | 采取增长的现金股利政策 | 采用稳定的股利支付率政策 | 采用特殊的股利政策，回购股票 |

（四）行业因素

不同行业的股利支付率存在系统性差异。其原因在于：投资机会在行业内是相似的，而在不同行业之间则存在差异。调查研究显示，成熟行业的股利支付率通常比新兴行业的高，公用事业的公司大多实行高股利支付率政策，而高科技行业的公司股利支付率通常较低。这说明了股利政策具有明显的行业特征。

（五）其他因素

1. 债务合同限制

公司负债，尤其是长期负债通常在取得时都要签订债务合同，为保护债权人的利益，合同中常常限制公司支付现金股利的能力。通常规定：① 未来股利只能用签订贷款合同以后的盈利支付，而不能用以前的留存收益支付；② 公司应保持一定的净营运资本，当净营运资本低于某一规定数量时不能支付股利。

2. 通货膨胀

由于通货膨胀使公司的资金购买力下降，导致公司没有足够的资金来源重置固定资产，这时，公司往往不得不考虑留用更多的留存收益以应付物价的持续上涨。因而，在通货膨胀时期，公司倾向于采用偏紧的股利政策。

## 三、股利政策的合理性评价

（一）股利的稳定性

合理的股利政策需要股利的稳定性，企业股利政策的稳定性是非常重要的。投资机会、利润、现金流量会有变化，似乎应该是企业股利分派也随着发生变化，当现金流量多、企业对资金的需求量又少时应增加股利；相对于投资机会而言，现金少时应减少股利。然而，许多股东是依靠股利来支付费用的,如果股利不稳定,他们就会受到影响。而且,减少股利来提供投资资金会给传递出负面信号,引起股价的下降。为了使股价最大化,这就需要企业对其内部资金的需求和股东的需求进行平衡。

怎样维持一个稳定的股利呢?

① 每个公众持股的公司都会做5年至10年的收益和股利的财务预测。尽管这个预测只是为内部计划,并不向外公布,但证券分析家们可做类似的预测并提供给投资者。

② 股利的稳定性有两方面:增长率是否可靠;将来收到多少股利。从投资者的角度来看,最稳定的股利政策是:股利增长率是可以预测的,长期来看,公司总的收益率(股利收益率+资本收益率)是稳定的。其次,股东可合理地认为当前的股利不会减少。

③ 公司需要有一个稳定的股利政策。投资者更倾向于稳定股利的股票。由于股利分派的信号作用,所以各个公司都制定多年一贯制的稳定的股利政策。

(二) 股利政策的评价指标

偏好股利的投资者在购买股票进行投资时,通常也会对公司的股利政策的合理性做出评价。用来评价公司股利政策的指标主要有两个:股利支付率和股利收益率。

1. 股利支付率

股利支付率是公司年度现金股利总额与净利润总额的比率,或者是公司年度每股股利与每股收益的比率。其计算公式为:

$$P=D/E\times 100\%$$

$$P=DPS/EPS\times 100\%$$

式中 $P$——股利支付率;

$D$——年度现金股利总额;

$E$——年度净利润总额;

$DPS$——年度每股股利;

$EPS$——年度每股净利。

股利支付率用来评价公司实现的净利润中有多少用于股东分配红利。股利支付率反映了公司所采取的股利政策是高股利政策还是低股利政策。根据前面的股利理论可知,股利支付率的高低并不是区分股利政策优劣的标准。基于各种不同的原因,不同的公司会选择不同的股利支付率。

2. 股利收益率

股利收益率是公司年度每股股利与每股价格的比率。其计算公式为:

$$K=DPS/P\times 100\%$$

式中 $K$——股利收益率;

$DPS$——年度每股股利;

$P$——每股股价。

股利收益率是投资者评价公司股利政策的一个重要指标,它反映了投资者进行股票投资所取得的红利收益,是投资者判断投资风险、衡量投资收益的重要标准之一。较高的股利收益率说明公司股票具有较好的投资回报,投资者通常倾向于购买高股利收益率的股票。

### 四、股利政策的综合分析

股利政策不是一个孤立的决策，应与资本预算决策和资本结构决策结合起来，还应该考虑企业的自由现金量和资金使用成本，同时要考虑不对称信息带给投资者的正向或负向的信号作用。通过进行综合分析，才能得出适合于企业的股利政策。图 9-3 为我们提供了确定股利政策的分析框架。

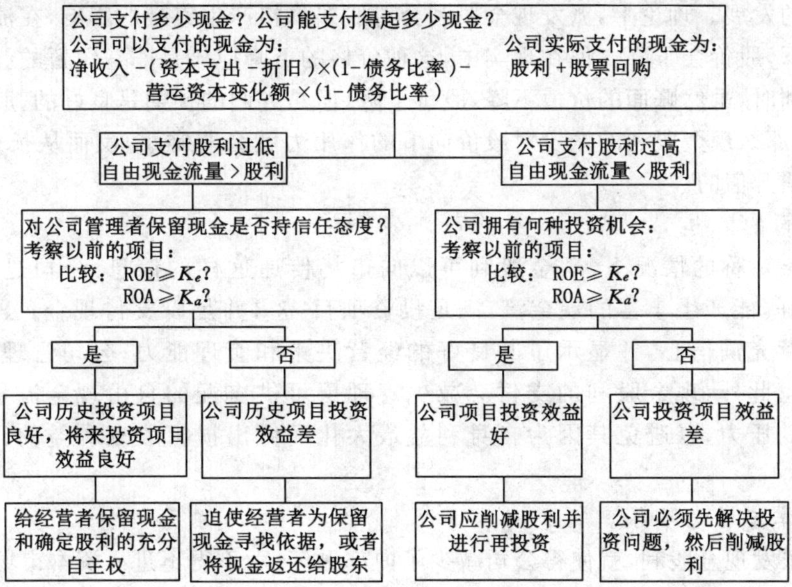


ROE—净资产权益率；$K_e$—权益资本成长率；ROA—总资产报酬率；$K_a$—加权资本成长率。

图 9-3　股利政策分析框架

## 第四节　股利支付形式与程序

### 一、股利支付形式

在正常情况下，公司支付股利的形式主要有以下四种。

#### （一）现金股利

现金股利是以现金支付的股利，它是股利支付的最常见、最普通的股利形式。现金股利也称"红利"或"股息"。现金股利是股利支付的主要方式，为多数投资者所欢迎，在国际股票交易所上市的股票，有 80%以上是支付现金股利的。优先股通常有固定的股息率，在公司经营正常并有足够利润的情况下，优先股的年股利额是固定的。而普通股则没有固定的股息率。发放现金股利的次数和金额主要取决于公司股利政策和经营业绩等因素。西方国家的许多公司按季度发放现金股利，而我国一般半年或一年发放一次。由于现金股利是从公司的净利润中提取支付给股东的，所以支付现金股利会减少公司的留存收益，但并不会增加股东的财富总额。不同的股东对现金股利的偏好是不同的。现金股利的发放会对股票价格产生直接的影响，在除息日之后，一般来说股票价格会下跌。公司支付现金股利除了要有累计盈余外，还要有足够的现金，因此公司在支付现金股利前需要准备充足的现金。用这种方式支付股利，要求公司必须具有足够的现金支付能力。

现金股利主要由公司经营业绩和股利分配政策来决定。股份公司实施现金股利分配后产生的效应表现为：

1. 对股东的影响

现金股利最容易被投资者所接受。远期收到的股利对投资者来说具有更大的不确定性，现金股利的发放可以消除股东对未来收入不确定性的疑虑，增强他们对公司的信心，更加支持公司的发展。理论上，派发现金股利会对股票价格产生直接的影响，在流通股票数量不变的情况下，股价会下降。但在现实中，这种价格的下降应该是非常短暂的。所以当公司派发现金股利时，虽然账面的价值下降，股价下降，但是人们的预期是良好的，股票的内在价值是上升的，那么现金股利的派发对股价向下的作用力就会非常小，反而从长远来看，是有利于公司股票升值的。

2. 对公司的影响

在信息不对称的情况下，现金股利可以向市场传递这样的信息：公司过去一个经营周期经营良好，能产生丰富的现金流，满足投资项目需求并足以支付现金；公司管理层对公司未来经营充满信心，并显示了其良好的经营决策和管理能力；公司管理层对投资者的负责态度。此外，现金股利的支付会减少管理层可供支配的自由现金流量，对管理层造成经营上的压力，以避免其因为自身利益最大化而做出损害股东利益的行为，从而降低代理成本。

3. 对资本市场的影响

较多的派发现金股利，就使得公司减少了内部融资，而不得不进入资本市场寻求外部融资，从而便于接受资本市场的有效监督，达到减少代理成本的目的。经常通过金融市场筹集资金的公司更可能按照投资者利益进行决策。

（二）财产股利

财产股利是以现金以外的资产支付的股利。具体有：① 实物股利。以实物资产或实物产品作为股利发给股东，多用于额外股利的发放形式。但是，这种形式在实务中很少被采用。② 证券股利。以公司所拥有的其他企业的有价证券，如债券、股票等作为股利支付给股东。由于有价证券有较强的流动性，类似于现金，因此股东愿意接受。对公司而言，将为控制其他公司而购入的大量股票等证券作为股利发放给股东，可谓一举两得。

（三）负债股利

负债股利是公司通过建立一项负债来发放股利，是公司以一定的债权授予股东作为投资报酬，也称债权式股利。通常负债股利都是以应付公司债券、应付票据和临时借据来抵已宣告分派的股利。发放负债股利的主要原因是，宣告分派股利后，公司财务状况突然发生变化，面临现金不足以发放股利的窘境，为了顾全信誉，所采取的权宜之计。在实际生活中，负债股利并不多见。

（四）股票股利

股票股利是公司以增发的股票作为股利的支付形式，是仅次于现金股利的一种常用的股利支付方式。通常是按现有股东持有股份的比例来送股，并且采用增发普通股的形式分发给股东。如某公司发放股票股利为 4%，则现有股东每持 100 股普通股，就可以无偿地收到 4 股额外的普通股。用这种形式发放股利，既不影响公司的资产和负债，也不增加股东的权益总额，只是使所有者权益各项目的结构发生了变化。股票股利是公司将留存收益的一部分予以资本化的一个办法，它既不减少公司的现金流量，又可以使股东分享利润；股东如需现金可以出售多余股票。由于股票股利不涉及现金支付问题，因而最易被现金短缺的公司采用。具体来讲，股票股利的意义有：

1. 股票股利对股东的意义

① 如果公司在发放股票股利后同时发放现金股利，股东会因所持股数的增加而得到更多的现金。

② 事实上，有时公司发放股票股利后其股价并不成比例下降，一般在发放少量股票股利（如2%～3%）后，不会引起股价的立即变化。这可使股东得到股票价值相对上升的好处。

③ 发放股票股利通常由成长中的公司所为，因此投资者往往认为发放股票股利预示着公司将会有较大发展，利润将大幅度增长，足以抵消增发股票带来的消极影响。这种心理可能会稳定股价，甚至还会使股价略有上升。

④ 在股东需要现金时，还可以将分得的股票股利出售，有些国家税法规定出售股票所需交纳的资本利得（价值增值部分）税率比收到现金股利所需交纳的所得税率低，这使得股东可以从中获得纳税上的好处。

2. 股票股利对公司的意义

① 发放股票股利可使股东分享公司的盈余而无须分配现金，这使公司留存了大量现金，便于进行再投资，有利于公司的长期发展。

② 在盈余和现金股利不变的情况下，发放股票股利可以降低每股价值，从而吸引更多的投资者。

③ 发放股票股利往往会向社会传递公司将会继续发展的信息，从而提高投资者对公司的信心，在一定程度上稳定股票价格。但在某些情况下，发放股票股利也会被认为是公司资金周转不灵的征兆，从而降低投资者对公司的信心，加剧股价的下跌。

④ 发放股票股利的费用比发放现金股利的费用大，会增加公司的负担。

（五）混合股利

混合股利是上述几种股利支付形式的结合，最常见的就是“部分现金、部分股票”的股利形式。许多公司乐于采用这种支付方式。

## 二、股利支付程序

股份有限公司向股东支付股利，需要一定的过程，主要经历股利公告日、股权登记日、除息日和股利支付日。

（一）股利公告日

即公司董事会将股利支付情况予以公告的日期。在公告中将宣布每股股利的支付金额、股权登记期限、除息日和股利支付日。假定某公司20×2年11月15日董事会开会并发布公告：“本公司董事会在20×2年11月15日的会议上决定，本年度发放每股为2元的股利；分配给12月15日的登记持有人，20×3年1月2日支付。”例中的2012年11月15日即为该公司的股利公告日。

（二）股权登记日

即有权领取本期股利的股东资格登记截止日期，通常在股利公告日以后的2周至1月内。在股权登记日那天收盘时，把那一天持有该股票的股东列一清单，凡在册的股东有资格领取股利，未登记的股东不能领取本次发放的股利。上例中的20×2年12月15日为其股权登记日。

（三）除息日

即除去股利的日期。凡在除息日当天或以后购买的该股票的股东，将不能获取公司本次发放的股利。这是因为股票买卖的交割日和办理过户手续可能有数天时间，只有在公司规定的股权登记日数天前进行的股票交易的新股东才可能列入股权登记日的股东名册。为此，一般规定股权登记日之前的前四天为除息日。在除息日之前，红利从属于股票，这种股票称为含权股；除息日（含此日）之后红利不再从属于股票，公司股票的交易称为无息交易，其股票称为无息股或除权股。因此，一个新股东要想取得本期股利，必须在股权登记日的四天前购入股票，否则即使持有股票也无权领取股利。上例中的20×2年12月11日即为除息日。

目前，先进的计算机交易系统为股票的交割过户提供了快捷的手段，在实行“T＋0”交易制度下，股票买卖交易的当天即可办理完交割过户手续。在这种交易制度下，股权登记日的下一个工作日，即可确定为除息日。

在除息日的当天，股票的市场价大都略有下降，下降的金额大致等于每股股利的金额。

（四）股利支付日

即将股利实际支付给股东的日期，也称付息日。在这一天，公司既可以将股利寄给有资格获得股利的股东，也可以通过中央清算登记系统直接将股利打入股东账户，由股东向其证券代理商领取。上例中的20×3年1月2日即为股利支付日。

## 第五节　股票分割与股票回购

### 一、股票分割

股票分割是指将一张面额较高的股票交换成数股面额较小的股票行为。例如，将原来的一股股票交换成两股股票。

就会计而言，股票分割对公司的资本结构并不产生影响，一般只会使发行在外的股数增加、每股面值降低，并由此使每股市价下跌，而资产负债表中的股东权益总额及其内部结构都维持不变。

**例9-4**　某公司在股票分割之前的资本结构如表9-3所示。

**表9-3　股票分割前的权益结构**　　单位：元

| | |
|---|---|
| 普通股（500 000股流通在外，每股面值2元） | 1 000 000 |
| 资本公积 | 4 000 000 |
| 未分配利润 | 4 000 000 |
| 股东权益合计 | 9 000 000 |

假定该公司管理当局决定实施两股换一股的股票分割计划，股票分割之后的股东权益结构如表9-4所示。

**表 9-4　股票分割后的权益结构**　　单位:元

| | |
|---|---|
| 普通股(1 000 000 股流通在外,每股面值 1 元) | 1 000 000 |
| 资本公积 | 4 000 000 |
| 未分配利润 | 4 000 000 |
| 股东权益合计 | 9 000 000 |

如仍沿用例 9-4 资料,不采用股票分割,而采用股票股利方式,假定该公司宣布发放10%的股票股利,即发放 50 000 股普通股股票,并规定现有股东每持 10 股可得 1 股新发放股票,当时股票市价为 4 元/股。需从“未分配利润”项目划出的资金为 200 000 元(4 元/股×500 000 股×10%),其中进入“普通股”金额为 100 0000 元(2 元/股×500 000 股×10%),进入“资本公积”的金额为 100 000 元(4 元/股×500 000 股×10%－2 元/股×500 000 股×10%)。

发放股票股利后,公司股东权益各项目如表 9-5 所示。

**表 9-5　发放股票股利的权益结构**　　单位:元

| | |
|---|---|
| 普通股(550 000 股流通在外,每股面值 2 元) | 1 100 000 |
| 资本公积 | 4 100 000 |
| 未分配利润 | 3 800 000 |
| 股东权益合计 | 9 000 000 |

由此可见,除了会计处理不同外,股票股利与股票分割可以说基本相同。从实务上讲,两者之间的差别较小,一般根据有关证券管理部门的规定来加以区别。例如,美国纽约证券交易所规定,发行 25%以上的股票股利都被认为是股票分割。

就公司管理当局而言,实行股票分割的主要目的和动机在于:

① 降低股票市价。股票分割的主要目的在于降低股票的市场价格。因为股票价格过高,不利于股票的交易活动;而具有较低市场价格的股票有助于股票的交易。因此,许多公司通过股票分割降低股价,使公司股票更为广泛地分散在投资者手中,促进股票交易的活跃。例如,某种股票市价为 100 元,购买 1 000 股即需 100 000 元,这对于小额投资者而言,无疑将抑制其投资热情。为刺激小额投资者的入市欲望,如上例市价为 100 元的股票其面值为 40 元,若公司为了降低每股市价,将每股分割成 4 股,面值降低为每股 10 元。则该公司普通股股数将因此会变成原来的 4 倍,而其所代表的总价值并不变,故每股市价也将下降至原来的四分之一,即 25 元,这时小额投资者便有能力购买,从而吸引更多的投资者。

② 为新股发行做准备。股票价格太高,会使许多潜在投资者力不从心而不敢轻易对公司股票进行投资。在新股发行之前,利用股票分割降低股票价格,有利于提高股票的可转让性和促进市场交易活动,由此增加投资者对股票的兴趣,促进新发行股票的畅销。

③ 有助于公司兼并、合并政策的实施。当一个公司兼并或合并另一个公司时,首先将自己的股票加以分割,有助于增强被兼并方股东的吸引力。例如,假定甲公司准备通过股票交换实施对乙公司的兼并。假设甲、乙两公司目前的股票市场价格分别为 40 元和 4 元,根据对双方公司价值的分析,甲公司管理当局认为以 1∶10 的交换比率(即 1 股甲公司股票换

10 股乙公司的股票）对于双方股东似乎是公平合理的。但 1∶10 的比率可能会使乙公司股东在心理上难于接受。为此，甲公司决定先按 5 股换 1 股对本公司的股票进行股票分割，然后再按 1∶2 的交换比率实施对乙公司的兼并。尽管实质并未改变，但 1∶2 的交换比率易于为乙公司的股东所接受，有助于兼并的顺利完成。这一过程如表 9-6 所示。

**表 9-6　兼并、合并过程中的股票分割**

| | 股票分割前 | | 股票分割后 | |
|---|---|---|---|---|
| | 股票市价/元 | 交换比率 | 股票市价/元 | 交换比率 |
| 甲公司 | 40 | 1 | 8 | 1 |
| 乙公司 | 4 | 10 | 4 | 2 |

股票分割虽然使股票股数增加，面值变小，但股本的面值总额及股东权益结构并不因之而发生增减变化。如果将股票分割与股票股利进行比较，二者的共同之处是股东权益总额均不变动，而不同之处则是股票股利使股本总额扩大，公司留存收益减少，但每股面值不变；而股票分割则不影响公司的留存收益和股本总额，仅使每股面值变小。从两者对股票的市价影响来看，股票分割必定促使股票的市价下降，而股票股利则不然。只有当股票股利数额较多时，才可能使股票市价大幅下降。

股票分割行为一般都是成长中的股价不断上涨的公司所采取的行动，因而股票分割向社会传播有利的信息。这一信息等于告诉投资者本公司的盈余还会继续上涨，从而促使投资者争相购买股票，引起股价上涨，这对于股东和公司均有好处。

与股票分割相反，如果公司认为自己股票的价格过低，为了提高股价，会采取反分割（也称股票合并）的措施。反分割是股票分割的相反行为，即将数股面额较低的股票合并为一股面值较高的股票。例如，某股票原面值 20 元，发行 200 000 股，市价 30 元，按 2 股换 1 股的比例进行反分割，该公司的股票将成为面额 40 元，股数 100 000 股，市价也将上升。

## 二、股票回购

### （一）股票回购的动机

股票回购是指公司出资购回其本身所发行的流通在外的股票。股票回购的实施，使其流通在外股票收回作为“库藏股”，其动机主要有以下几种：

1. 用于公司兼并或收购

在收购或兼并的场合，产权交换的支付方式一般分现金购买或以股票换股票两种方式。如果公司有库藏股票，即可以使用公司本身的库藏股票来交换被购并公司的股票。由此可以减少公司的现金支出。

2. 满足可转换条款和有助于认股权的行使

在公司发行可转换证券或附认股权证证券的情况下，公司通过购回股票，即可使用库藏股票来满足认股权证持有人以特定的价格认购股票，以及可转换证券持有人将可转换成普通股的要求，而不必另行发行新股票。

3. 分配公司超额现金

如果一个公司的现金超过其投资机会的需要量，但又没有足够的盈利性投资机会可以使用这笔资金，则公司为股东利益着想，就有可能通过股票回购的方式，而不使用现金股利的方式，将资金分配给股东。这是因为，在盈利保持不变的情况下，股票回购可使流通在外股数减少，由此使每股盈余(EPS)和每股市价提高。假定市盈率保持不变，则股东持有股份的总价值将由此而达到最大化。

**例 9-5**　假定某公司有盈利 5 000 000 元，流通在外普通股 1 000 000 股。公司管理当局计划将其中 2 000 000 元盈利分配给股东，其分配形式有两种：现金股利或股票回购。目前的股票市价为每股 30 元(已考虑预期每股 2 元股利的影响)。

现假定公司决定以每股 32 元的价格回购 62 500 股(2 000 000/32)流通在外股票。如果股票回购前后市盈率保持不变、公司盈利保持不变，则股票回购对剩余股东产生的影响如表 9-7 所示。

**表 9-7　股票回购**

| 指标 | 股票回购前 | 股票回购后 |
| --- | --- | --- |
| (1) 盈余总额/元 | 5 000 000 | 5 000 000 |
| (2) 流通在外股数/股 | 1 000 000 | 937 500 |
| (3) 每股盈余/元 | 5 | 5.33 |
| (4) 市盈率 | 6 倍 | 6 倍 |
| (5) 股利前的每股市价[(3)×(4)]/元 | 30 | 32 |
| (6) 预期每股股利/元 | 2 | 0 |

从表 9-7 可以看出，如果公司选择发放现金股利，则股东每股可得 32 元(30 元市价＋2 元股利)的价值，而在股票回购的情况下，股东每股市价也是 32 元，所差别的是，前者所得 2 元股利，而后者是资本利得。如果资本利得税率低于股利收入所得税率，则股票购回可使股东得到更多的实惠。当然，市盈率将有可能随股票回购而发生变动，在此情况下，剩余的股东是盈是亏，将取决于市盈率的高低走向。另外，股东对于现金股利和资本利得的偏好也不一致，公司在做股利决策时应该考虑这一因素。

4. 改善公司的资本结构

当负债对权益的比率失衡时，就有可能对外举债，并用举债所得资金去购回自身股票，由此实现合理的资本结构，并发挥财务杠杆的作用。由于公司回购股票有违法定资本完整性原则，并直接影响公司债权人权益的保障；另外，经常性的股票回购还会使公司负有操纵股价和帮助股东逃避纳税之嫌，会遭受有关部门的调查或处罚。因此，回购股票在各国都有一定的法律限制。我国公司法规定，除非为减少公司资本而注销股份或者与持有本公司股票的其他公司合并，公司不得收购本公司的股票；按前项规定收购的本公司股票必须在 10 日内注销。可见，我国公司法不允许公司拥有库藏股。

(二) 股票回购的方式

在西方，股票回购的方式主要有公开市场购买、投标出价购买和议价购买三种。公开市场购买是指上市公司通过经纪人在公开市场上购回其自身的股票。当公司向公开市场购回股票时，应注意披露购回股票的意图、数量等信息。投标出价购买是指公司按某一特定价格向股东提出购回若干股份的正式出价。投标出价通常高于当时市价，以吸引股东出售其持有的股票。投标出价的时间一般为 2～3 个星期。如果股东愿意出售的总股数，多于公司原定想要购买的股数，则公司可自行决定购买部分或全部超过股数。相反，如果投标出价未能购买满足公司原定想要购回的股数，则公司可以通过公开市场购回余下的不足数。由于公司披露了购回股票的意图，同时股东有选择依据投标出价出售其股票或继续持有其股票的机会，因此，当公司想购回大量股票时，投标出价购买方式比较适用。议价购买方式以议价为基础、直接向一个或一个以上的大股东购回股票。在此购买方式下，公司同样必须披露其购回股票的目的、数量等信息，并使其他股东相信：公司的购买价格是公平的，以及他们的利益和机会并未受到损害。

（三）股票回购的利弊分析

1. 从股东角度看回购之利与弊

（1）利

股票回购的宣告可以被看作是一个好兆头，因为回购的决定往往是在管理层认为公司股票价格过低的情况下做出的。例如，拥有 30 亿美元资产，每年达 4 亿美元的联合电讯器材公司在过去的 20 年里从未支付过 1 分现金股利。它的利润用于股票回购以刺激其股价上涨。公司的股票价格从 1975 年的 4 美元涨至 1986 年的 355 美元。又如，IBM 公司在 1987 年 10 月股市低迷、股价下跌的情况下，大规模回购股票，使 IBM 公司股票首先反弹。企业进行股票回购时，股东可选择是否出售股票。而在企业支付股利时，股东必须接受，同时缴纳相应的所得税。因此，如果企业选择通过回购股票将多余的现金分派给股东，急需现金的股东就可以卖掉一些股份，而那些不急需现金的股东可仍然持有股票，从而推迟纳税。

（2）弊

现金股利对股利的影响可能大于回购。因为，人们通常认为现金股利比较可靠。此外，公司如果实行有保障定期回购计划，那么就很有可能课以非正当积累税。但联合电讯器材公司显然无须顾虑这一点，因为它的回购是不定期的，可以区别对待。

出售股票的股东或许是因为并没有掌握公司现在及将来活动的准确信息，因此，公司在施行股票回购之前，要将回购计划公之于众，以免出售股票的股东诉诸法律。公司在回购股票时也许出价甚高，这将不利于剩下的股东。若某公司的股票交易并不活跃，而却急于回购相当数量的股票，则其股票价格将有可能被哄抬以至于超过均衡价格。而在公司股票回购行动停止后，股价便又会下跌。

2. 从管理者角度看回购的利与弊

（1）利

正如前所论及，股利水平在短期内是“黏性”的。管理者不会轻易提高股利，除非新的股利水平有望长期维持。由于信号影响的存在，管理层也不愿削减股利。他们把现金流量的过剩看成是一种暂时现象，宁愿以回购的方式将它分配给股东，也不愿降低股利水平。

公司可用剩余模型来建立目标现金分配水平，而后将其分为股利部分和回购部分。股利支付率通常较低，而股利本身比较有保证，当流通股减少时会有所提高。相对于全部以现金股利分派而言，公司对全部分派有更多的灵活性，因为每年的股票回购会有所变化而不会给出不好的信号。

回购可使资本结构产生重大的变化。回购的股票可用来兼并企业或在股票选择权行使、可更换债券兑换以及股权证认股时发放出去。为避免每股收益下跌，多数公司愿意采用股票回购这种方式。若管理者决定对其公司进行大规模调整，如出售大宗资产、大幅度提高负债水平，或两者同时进行，那么股票回购是唯一可行的选择。如公司一直没有债务，该公司后来决定大量举债以使其资本结构最优化。但是如果只是通过负债来筹资，使其负债达到新的目标需要几年的时间。因此，公司决定发行长期债券并将所得的资金用于回购普通股，此举迅速改变了公司的资本结构。公司如果需要额外的资金，可在公开市场出售库藏股票。

(2) 弊

一些人认为那些施行回购的公司的增长率通常要低于那些不施行回购的公司，好的投资机会也较少。因此，如果说回购是公司经济增长情况不好的标志的话，那么就有可能对股票价格造成不利影响。如果公司确实没有较好的投资机会，那就不如将资金分配给投资者，由他们自己随意将资金投资于别的地方，但还未发现有证据表明股东不喜欢股票回购政策。

从法律的角度看，回购也许会带来一些风险。例如，在美国，如果国内税务署认为某公司股票回购的目的主要是为了逃避对股利征税，那么根据《税法》中有关非正当收益积累的条款规定，该公司就会被课以重罚。当然这种惩罚主要针对私有公司进行，几乎没有一个公众持股公司会遇到这种情况，尽管有的公有公司甚至回购了在外股票数的一半。如果某公司被认为在操纵其股票价格，证券交易管理委员会(SEC)就可能提出质询。当公司计划在近期出售其股票或进行兼并谈判并将其股票兑换成被兼并公司的股票时，政府管制将防止公司进行太多的回购。

(四) 股票回购的结论

① 由于资本利得税较低和其推迟纳税的作用，作为给股东分派收益，回购股票比支付股利有很大的税收上的优势。

② 由于信号作用，公司对于股利的支付不应有很大变化，将降低投资者对公司的信心，对权益成本和股价都有不利的影响但在不同时间的现金流量、投资机会都是有变化的公司可有一较低的股利分派率而将额外的现金回购股票。

③ 对于那些正在整顿并期望在短期内大幅度提高其负债比率以及那些想要处置其拍卖资产所得现金的公司来说，回购之举尤为有效。

## 第六节　股利政策国际比较与启示

### 一、股利政策的国际比较

(一) 美国股利政策

美国绝大多数公司实行的是高支付率的稳定股利政策，股利支付率一般在50%左右。美国股利政策形成的主要原因是：

① 分散化的股权结构。美国的法律对金融混业经营和机构集中持股做出了限制，使得美国公司的股权结构分散，其机构投资者的投资行为与个人投资者比较相似，对红利和股价十分敏感。因此美国公司为了保持股价稳定，不得不实行高股利的稳定股利政策。

② 较高的国际化程度。20世纪80年代后期以来，美国公司利润中来源于国外的比例逐步上升，由于海外公司的代理问题较国内更加严重，为此股东自然会要求更高的股利支付率，以降低代理成本。这样，利润构成中，国外利润比例的加大相应就提高了股利支付率。

(二) 日本股利政策

日本一直执行低支付率的稳定股利政策，股利支付率一般在35% 以下，明显低于美国。

主要原因是：

① 法人交叉持股的股权结构。日本公司法人持股比例很大，并且法人往往交叉持股，股权结构往往非常稳定。在这种股权结构下，法人的投资目的主要是在生产经营上与被持股企业建立长期稳定的业务关系，对股利的要求不高；而且，在法人交叉持股情况下，如果提高分红，其实是互相支付，股利相互抵消，只有个人股东得利，因此日本公司具有压低分红的动机。

② 追求长期发展的经营目标。日本公司一般把追求公司长期发展放在第一位，股东投资回报则放在次要地位。这样，在利润分配上就表现为公司普遍重积累、轻分配。

③ 税收方面的影响。日本税法对资本利得的课税较低，因此投资者对资本利得的偏好高于现金分红。

④ 融资偏好。日本的银行贷款利率较高，外部融资的资金成本较大，这样公司往往就倾向于从留存收益中获取资金，从而减少了现金股利分派。

（三）德国股利政策

德国大多数公司实行稳定的股利政策，股利支付率介于美国和日本之间。主要原因是：

① 以银行为中心的公司治理结构。德国法律对银行持股没有严格限制，德国银行通过自行持股和接受小股东委托的方式获得了德国大部分公司的控制权。因为具有债权人和大股东的双重角色，所以银行希望减少股息支付，使公司有能力偿还贷款。

② 员工参与型的共同治理模式。德国公司中，监事会是权力核心，由 3 至 21 人组成，其中股东代表和员工代表分别占 50%，此外一般还包括一名独立监事。股东大会只能选举监事会中的股东代表，而公司员工通过选举员工代表可以实现公司的共同治理。这种模式导致了公司行为既不是美国式的股东支配型，也不是日本式的法人主导型，是德国式的平衡型。在股利政策上能平衡内部积累与股东的股利要求，综合考虑股东利益和公司的长远发展。因此，股利支付率也介于美国和日本之间。

通过上述国外股利政策比较与分析，可以看出一个国家的公司治理、资金成本、证券市场成熟程度等的不同影响该国企业的股利政策的选择。

## 二、我国股利政策的选择

据统计，2009—2018 年我国 A 股上市公司股利分配情况如表 9-8 所示。采用纯现金股利形式比例有所上升，目前分配现金股利成为主要股利分配方式；采用股票股利形式热度下降，采用混合股利形式下降。不分配的公司比例逐年下降但仍占到近三成。且总体来讲，我国上市公司多采用低支付率的稳定股利政策。目前我国上市公司股利政策中存在不少问题，诸如不分配股利的公司 2009 年以来虽逐年下降但比例仍偏高过高地送股股利政策没有长远性变化频繁等，而这些问题也可以从公司治理等方面来探寻原因。

**表 9-8　中国 2009—2018 年上市公司股利分配情况**

| 年份 | 2009 年 | 2010 年 | 2011 年 | 2012 年 | 2013 年 | 2014 年 | 2015 年 | 2016 年 | 2017 年 | 2018 年 |
|---|---|---|---|---|---|---|---|---|---|---|
| 纯现金股利/个 | 675 | 753 | 954 | 1 205 | 1 203 | 1 162 | 1 556 | 1 752 | 1 716 | |
| 所占比例 | 39.5% | 39.1% | 46.2% | 57.0% | 59.5% | 53.8% | 49.8% | 61.2% | 63.0% | 60.1% |
| 纯股票股利/个 | 61 | 68 | 45 | 27 | 33 | 48 | 63 | 34 | 28 | 22 |
| 所占比例 | 3.6% | 3.5% | 2.2% | 1.3% | 1.5% | 2.1% | 2.7% | 1.3% | 1.0% | 0.8% |

表 9-8(续)

| 年份 | 2009 年 | 2010 年 | 2011 年 | 2012 年 | 2013 年 | 2014 年 | 2015 年 | 2016 年 | 2017 年 | 2018 年 |
|---|---|---|---|---|---|---|---|---|---|---|
| 混合股利/个 | 265 | 402 | 381 | 283 | 261 | 351 | 413 | 303 | 390 | 311 |
| 所占比例 | 15.5% | 20.9% | 18.5% | 13.4% | 12.2% | 15.7% | 17.7% | 11.9% | 14.0% | 10.9% |
| 不分配公司/个 | 707 | 701 | 684 | 600 | 570 | 635 | 693 | 651 | 613 | 804 |
| 所占比例 | 41.4% | 36.4% | 33.1% | 28.4% | 26.7% | 28.4% | 29.7% | 25.6% | 22.0% | 28.2% |
| 总公司数/个 | 1 708 | 1 924 | 2 064 | 2 115 | 2 135 | 2 237 | 2 331 | 2 544 | 2 783 | 2 853 |

(一) 公司治理结构

由于我国大多数上市公司是原国有企业改制过来的,国家是上市公司的大股东,且持股比例非常高,所以形成了上市公司常有的“一股独大”现象,造成了公司往往只考虑大股东的利益,其他股东则根本不能影响公司的最终决策。表现在股利政策上,就是大股东过度“圈钱”,而经常不发放股利。即使分配股利,也是采用股票股利形式而不是发放现金股利。

(二) 资金成本

虽然我国采用了积极的财政政策,央行也降低利率鼓励投资,但公司的经营业绩不尽如人意,为此银行“惜贷”现象严重、债务融资的资金成本较高,这就导致了公司的债权资本融资困难,转而热衷于发放股票股利来留住资金。

(三) 证券市场

我国证券市场还处于成长期,长期以来,投资者缺乏价值投资的意识,他们最关心的不是来自上市公司的现金红利,而是股票股利的发放以及由此在二级市场形成的填权效应,上市公司自然也就经常进行送红股来迎合投资者的需求。

## 案例

### 五粮液的股利之争

一、背景介绍

五粮液股份有限公司在 1998 年 3 月 27 日,由四川省宜宾五粮液酒厂独家发起,向社会公开发行人民币普通股募集设立的(深 000858),主要从事“五粮液”及其系列白酒的生产和销售,注册资本为 379 596.672 万元。1998 年,原四川省宜宾五粮液酒厂改制为四川省宜宾五粮液集团有限公司,五粮液与五粮液集团剥离。其第一大股东是宜宾市国有资产经营有限公司,持股比例为 67.04%。

二、五粮液的股利分配方案引起中小股东的强烈不满

(一) 五粮液 1998—2008 年股利分配情况(表 9-9)。

表 9-9　五粮液 1998—2008 年股利分配情况

| 年份 | 派现比例(每 10 股) | 送股比例(每 10 股) | 转增比例(每 10 股) | 配股 |
|---|---|---|---|---|
| 2008 年 | 0.5 | — | — | |
| 2007 年 | — | — | — | |
| 2006 年 | 0.6 | 4 | — | |

表 9-9(续)

| 年份 | 派现比例(每10股) | 送股比例(每10股) | 转增比例(每10股) | 配股 |
|---|---|---|---|---|
| 2005年 | 1 | — | — | |
| 2004年 | — | — | — | |
| 2003年 | 2 | 8 | 2 | |
| 2002年 | — | — | 2 | |
| 2001年 | 0.25 | 1 | 2 | |
| 2001年中期 | 1 | 4 | 3 | |
| 2000年 | — | — | — | 10∶2配股,配股价25元 |
| 1999年中期 | — | — | 5 | |
| 1998年 | 12.5 | — | — | |

从表9-9可以了解五粮液公司上市以来1998年至2008年的分配方案,该公司的股利分配方式总体上是以送股为主,现金股利相对偏少。1998年至2008年十年间,1998年的每10股派现金12.5元;1999—2007年股利形式交替出现,送股、转增和派现行为交叉出现,期间还有3年未分红,总体分红水平偏低;2008年现金股利开始出现。

(二) 2000年股利之争

1. 风波始末

2000年,五粮液公司准备推出资产置换计划,该公司的有关管理人员认为公司从长远发展的角度出发,想把自己的主业即白酒这块做大。但目前公司的白酒业这块很不完整,股份公司五粮液系列基础酒都是委托五粮液酒厂生产、加工,股份公司与集团公司之间每年的关联交易量非常大,证监会反复强调上市公司要尽可能减少和大股东之间的关联交易,在这种情况下,为了彻底解决股份公司与四川省宜宾五粮液酒厂之间基础酒环节的大额关联交易等问题,股份公司决定将所属宜宾塑胶瓶盖厂全部资产共计约3.87亿元(账面值)与四川省宜宾五粮液酒厂所属507、513、515、517和607酿酒生产车间资产共计约9.02亿元(账面值)经评估确认后进行资产置换。差价部分由股份公司以现金补足。为完成本次资产置换工作,股份公司将支付5亿~6亿元的现金。因此,2000年度将"不进行分配,也不实施公积金转增股本"。

宜宾五粮液股份有限公司2000年度"不进行分配,也不实施公积金转增股本"的分配方案一出,立即惹来中小股东的一片反对之声,他们认为既然五粮液当年经营业绩良好(在沪深两市中每股收益排名第一),并积累了如此多的未分配利润,是完全有能力进行利润分配的,也没有道理连续两年不给股东以现金回报。公司一方面不分配利润,另一方面又推出10配2的配股方案,配股价为25元,社会公众股股东不仅不能分到利润,还得给公司送上6亿元的现金,而作为大股东的国家股股东,只以实物资产认购10%的配股,一分钱不出,还可以通过资产置换拿回5亿~6亿元的现金。中小股东认为该集团是把上市公司和投资者当成了"提款机",大小股东同股不同权,小投资者利益受侵害。其时以宋毅代表的一些投资者更是委托北京君之创证券投资有限公司代为出席即将于2月20日举行的五粮液股东大会,代理行使股东权利。2月14日君之创公司通过媒体发表倡议书,号召广大五粮液的中小股东希望五粮液公司股东积极参加股东大会,行使股东权利,对股东大会的讨论、表决事项提出自己的看法,并建议修改五粮液公司2000年度分配预案。2月15日,并不拥有五粮液股票的君之创公司在北京、上海、深圳、成都等地设立办事点，接受各地股东的委托。此举犹如一枚重磅炸弹，立即在中国证券市场引起震动。业内人士称，这标志着中国中小股东终于觉醒，并开始为自己的权益而战。

一些中小股东以及君之创公司认为，虽然五粮液公司可能有充分的理由做出决定，但此举无疑忽视了中小股东的利益，未能真正把给股东回报放在首位。眼看2月20日五粮液股东大会召开的日期临近，不愿受大股东宰割的小股东宋毅等人在向北京君之创证券投资有限公司咨询时产生了委托君之创代为出席五粮液股东大会表达自己反对分配预案的想法。君之创起先并未考虑接受委托，但是它感到作为证券从业机构，有责任和义务呼唤重视和保护中小投资者的利益，于是在接到宋毅等人的请求后便向五粮液中小股东发出保护其权益的倡议。在中国证券市场相继爆出基金黑幕、庄家操纵股价以及一些企业违规上市丑闻之后，要求注重保护中小股东利益的呼声四起之际，此倡议立即点燃广大中小股东对上市公司不分配现象和中小股东权益难以保障的怒火，一时间，五粮液不分配成了市场的焦点。

但上市公司管理层却持不同观点。

(1)"五粮液0858"于1998年3月在深圳证券交易所发行上市以来，公司管理层和经营层一直是把股东利益放在首位的，致力于搞好经营，以优良的业绩回报股东，追求股东利益的最大化。1998年度，五粮液上市首年，公司根据当年的生产经营实际情况向全体股东每10股派12.50元(含税)现金红利，五粮液在1998年的大比例派现，创下了中国证券市场上市公司单股派现之最，1999年中期，五粮液实施公积金转增股本，每10股转增5股。证明公司在搞好生产经营的同时，公司管理层将股东的利益同样是放在了重要的地位，并不是漠然置之。

(2) 2000年度，公司根据生产经营的实际情况做出不分配的方案是基于以下几点考虑：

① 理顺产业关系，实施资产置换需较大额度的资金。公司为减少关联交易，进一步完善公司的生产经营体系，近期将实施资产置换(前期已作公告)，为完成本次置换工作公司将支付较大额度资金。

② 目前公司正处于高速发展期，市场竞争异常激烈，五粮液正在进行第二次创业。四川省委、省政府要求五粮液到2005年要在目前的产值、收入基础上翻一番，为四川的经济发展做出应有的贡献，因此，为了调整产业结构，进一步解决公司"三废"处理，为公司所生产的五粮液系列酒走向国际市场打下基础，公司在2000年度进行了增资扩股，投资于环保和果酒等9个工程项目，该批项目除使用配股募集资金外，为完成项目的正常生产还需投入一部分自有资金。鉴于此，为了生产经营的正常开展，公司董事会做出了2000年度不分配的预案。

(3) 对任何一家公司来说，首先应该是生产经营，如果生产经营没有搞好，没有持续的生产经营业绩的稳步增长，股东的回报又从何谈起呢？稳定发展是回报投资者的基础。

2. 五粮液不进行股利分配，保留大量现金盈余的目的是什么？对中小投资者有利吗？

(1) 把握投资机会

采用以送股为主的分配方式，保留了盈余，方便把握好的投资机会。五粮液在被质疑不分红时，公司给出的理由是"基于股东的长远利益"。

长久以来，五粮液一直谋求多元化的经营，从1998年上市以来几乎年年有"进步"，在多元化经营的道理上也走得越来越远，从金融到日化、高分子材料、集成电路产业，甚至是柴油发动机、医药产品、纺织服装，可谓涉猎广泛。五粮液公司认为白酒行业，特别是高档白酒，日益饱和，要想企业有更大的发展，就应该坚持多元化发展道理，寻求新的利润增长点。保留盈余是没有筹资费用的，将保留的现金用于扩大投资、扩展规模无疑是最低成本的筹资渠道。所以说，一个公司在认为其有良好的发展前景和更多有利可图的投资机会的时候，倾向于保留盈余，用于扩大投资，公司期望在未来获得更高的回报。

相应的，投资者也可能在将来获得比股利高得多的资本利得，代价是放弃眼前的现金股利收益，也就是像五粮液股份公司给出的理由一样——"基于股东的长远利益"考虑。

保留大量的盈余，维持较好的财务状况，避免因分红而导致的现金流出影响了企业未来的发展战略的投资需求。

(2) 维护控股股东利益

五粮液跟国内其他多数上市公司一样，上市时是由国企改制而来，也同样存在着"一股独大"的情况，在大股东具有绝对控制权的局面下，他们的意志对公司的各项政策是有很大影响力的。

控股股东可能出于避税方面的考虑，不希望过多的分配现金股利。作为公司的控股股东，手里握着公司的股份数额较高，股利分配方式采用现金股利的结果就是获得一笔可观的收入，一般来说，股息税税率(股利分配中涉及的所得税)比资本收益税税率要高，经过税收政策的影响，股东的既得利益减少，因此由于税收而给股东财富造成的影响在制定股利分配政策时应当给予考虑。而像五粮液公司这种多保留盈余少派现的股利政策可以给大股东带来更多的资本利得收益，延迟纳税。

控股股东出于控制权方面的考虑也不希望派发多的现金股利。公司发放多的现金股利，也就意味着保留盈余的减少，公司内部可用资金减少，这样一来，在公司需要发展资金时最直接也是可能性最大的方法就是发行新股进行融资，发行新股必然会稀释原有股权，控制权也就相应分散，这种情况是原来的持股股东所不愿意见到的局面。

(3) 关联交易，输送利益

五粮液近几年虽然利润不断增加，但是存在着大笔的现金流出，大量关联交易的存在严重分割其利润和现金。

五粮液的第一大股东是宜宾市国有资产经营有限公司，持股比例为67.04%，但是国有资产经营有限公司的并不参与上市公司的生产和经营，五粮液的经营主体仍是五粮液集团，而经营方五粮液集团没法作为股东获得收益，所以五粮液集团一直通过和五粮液公司之间的畸形关联交易输送利润。下面我们来看关联方与五粮液股份公司2000年以后的一些交易数据：

2001年，五粮液股份公司将下属的宜宾塑胶瓶盖厂与宜宾五粮液酒厂的酿酒生产车间进行置换，置换资产差额由账面价值5亿元上升为评估后的16.57亿元，由五粮液股份公司支付给宜宾五粮液酒厂。在这项资产置换的交易中，五粮液资产被低估，而集团资产被高估，仅就这一项交易五粮液股份公司差不多付出16个亿的现金补给了集团公司。

2006年，与环球集团和丽彩集团的关联交易(环球集团和丽彩集团都是五粮液集团公司子公司)，导致净利润流出0.48亿。总的来说，2006年五粮液因与五粮液集团公司的关联交易导致公司净利润流出高达91%。

2007年，五粮液有关关联交易的情况也没有什么实质改善，五粮液集团进出口公司代理销售的成品酒收入为41.3亿元。此外，五粮液还向五粮液集团支付高达1.12亿元的综合服务费。

关联方通过高价向公司供应原材料、低价购买公司产品以及提供综合服务等方式从关联交易中获得超额利润，直接侵占了上市公司五粮液的利益，关联交易的利益输出已经成为五粮液公司发展道路上的一大障碍，严重蚕食五粮液的利润和现金，直接危害了广大股东的利益。

(4) 中小投资者因素

我国股市投资者中，中小散户所占的比重较大，而他们在投资理念方面是存在问题的。

从投资者预期来看，中国的资本市场上中小投资者投机需求大于投资需求，在这种投机心理下，投资股票的主要目的是从股票价格上涨中获利，所以投资者选择某种股票其是否派现并不是他们所关注的首要因素，而把关注重点放在了该股票价格是否会上涨上。更简单地说就是注重"炒"，因此投资者把更多的注意力放在了可用于炒作的利好消息上，如投资项目的扩展、合并收购等，即使这些再投资的项目是有很大风险的，反而对股利分配缺乏关注，而高送转恰好提供了这么个炒作题材，所以在我国资本市场中会出现送转股比现金分红更受欢迎的特点。

有学者研究也表明，大股东通过发放高额现金股利合法取得现金，同时避免了股权的稀释，控制权依然牢牢地被掌握，在未来能创造更大的分红收益。这也就解释了为什么流通股股东对公司的高股利政策并不领情。中小投资者为了避免大股东这种通过现金股利掏空公司的行为，有时候也并不期望公司的高额派现。

由于投资者专业知识方面的不足，也影响着他们的投资倾向，有些公司即使是采取现金分红的方式，但是投资者并不领情。可能被误认为是发展前景不太乐观，没有合适的投资机会，结果可能使他们放弃对该公司投资。公司管理者制定股利分配政策时也不得不考虑这样的投资者的需求。

3. 五粮液为什么会进行与宜宾塑料瓶盖厂的资产置换？对公司股东是否有利？

2001年，因为消费税取消外购抵扣政策，五粮液股份将所属宜宾塑胶瓶盖厂整体资产与五粮液酒厂的"507、513、515、517和607酿酒生产车间"资产进行资产置换，资产置换方案经公司2001年4月28日召开的临时股东大会审议。五粮液补置换差额款16.49亿元。

值得注意的是，对宜宾塑胶瓶盖厂的资产评估采用重置成本法，而对酿酒生产车间评估采用收益折现法，收益折现法评估导致的增值率，要远高于重置成本法，账面价值9.02亿元的酿酒生产车间，最后的评估价值高达20.18亿元。

这样的利益无偿输送显然对股东是不利的。

三、五粮液股利分配政策的特点

1. 现金股利分配少，股利支付水平低，以股票股利为主

除1998年的每10股派现金12.5元外，1999—2007年股利形式交替出现，送股、转增和派现行为交叉出现，其间还有3年未分红，总体分红水平偏低，2008年现金股利开始出现。

2. 股利分配不稳定，连续性差

五粮液分配股利不稳定且连续性差，有时连续两年不分配股利，股利分配波动较大。缺乏稳定性和连续性的股利政策会影响股票的价格，也使股东无法正确判断公司未来的经营

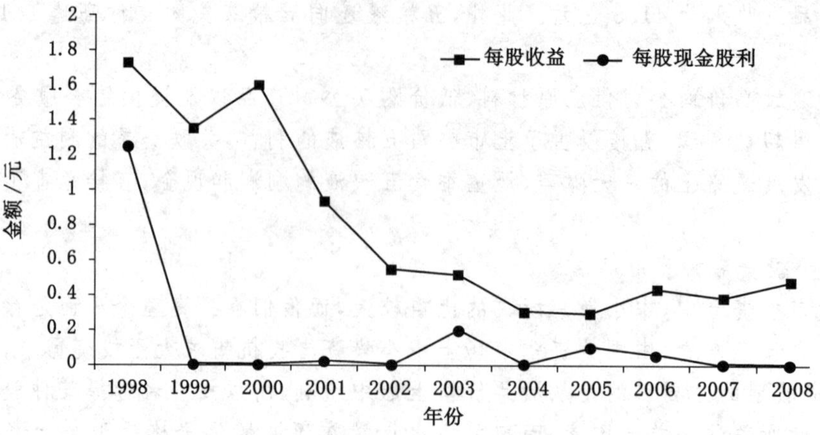


图 9-4　每股收益及每股股利情况

业绩，难以正确做出投资决策。

四、五粮液历年公布分配方案期间市场反应

1. 1998 年的股利宣告日(1999 年 5 月 29 日)前后的成交量和收盘价变化情况

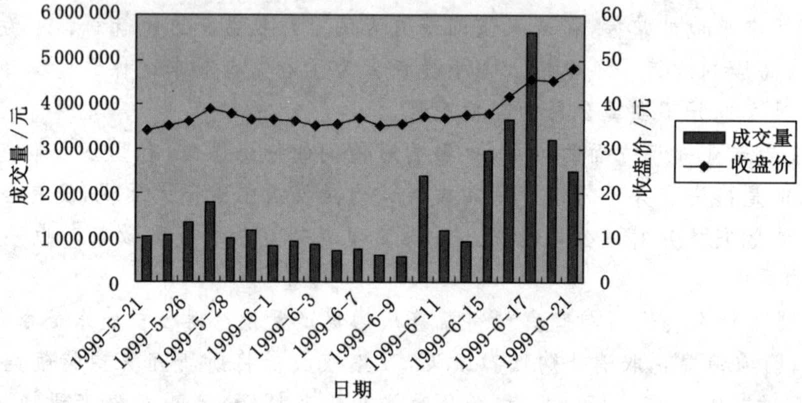


图 9-5　1998 年分配方案实施日期间股价变化及成交量

1998 年五粮液高派现分配。在方案公告实行期间，可以看到股价和成交量均处于平稳状态。但在几天后，其股价进入持续上升状态，成交量也大幅增加，说明市场对五粮液的分配方案是持认可态度的。

2. 1999 年的股利宣告日(1999 年 9 月 22 日)前后的成交量和收盘价变化情况

可以明显看到，1999 年送股方案除权日(9 月 28 日)，股价下跌，交易量大幅上升，但此后，股价维持在低位，交易量也萎缩为除权前的状态。说明原股东选择抛售了五粮液所送的红股，而不是继续持有。

3. 2000 年的不分配股利宣告日(2001 年 1 月 19 日)前后的成交量和收盘价变化情况

2000 年度利润高达 7.68 亿元、公司账面现金高达 17.08 亿元，但仍然不分配、不转增，反而准备实行配股方案(最终为实施)。资本市场一片哗然。在五粮液配股过程中以及 2000 年度利润分配预案公布后，股价一路下跌。

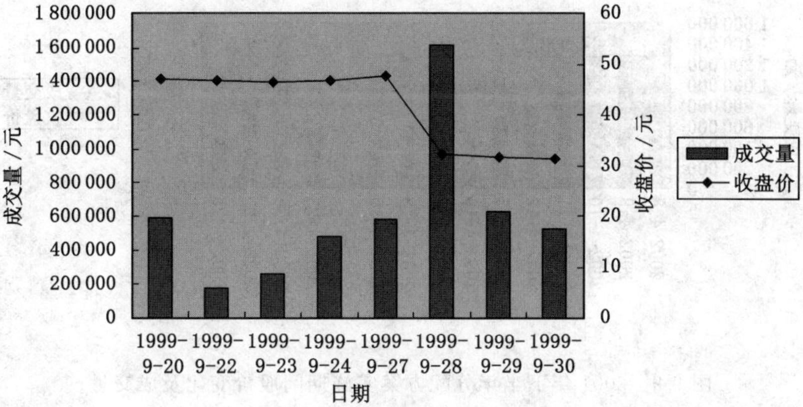


图 9-6　1999 年分配方案实施期间股价变化及成交量

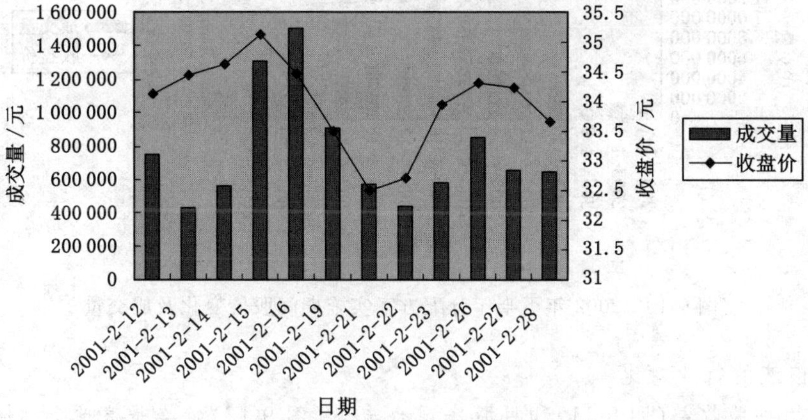


图 9-7　2000 年分配方案实施期间股价变化及成交量

4. 2000 年以后股利宣告日前后的成交量和收盘价变化情况

2000 年之后的几年，主要采用送红股及转增股的股利形式，市场交易量仅在除权日有较大幅度上升，但很快就原先的水平。这说明中小股东选择“用脚投票”，通过出售股票来表达自己对分配方案的态度。(图 9-8、图 9-9、图 9-10)

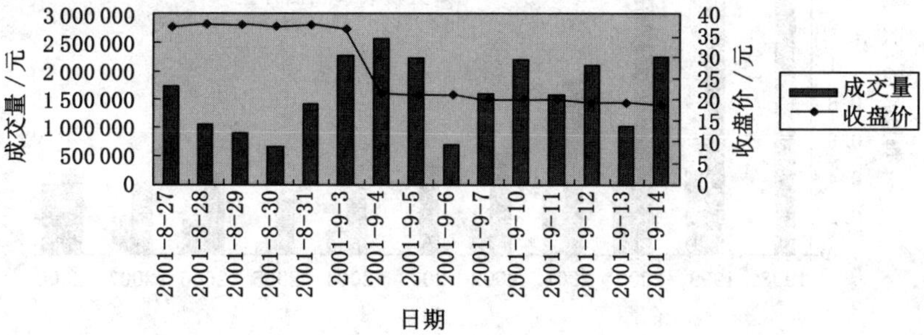


图 9-8　2001 年上半年分配方案实施期间股价变化及成交量

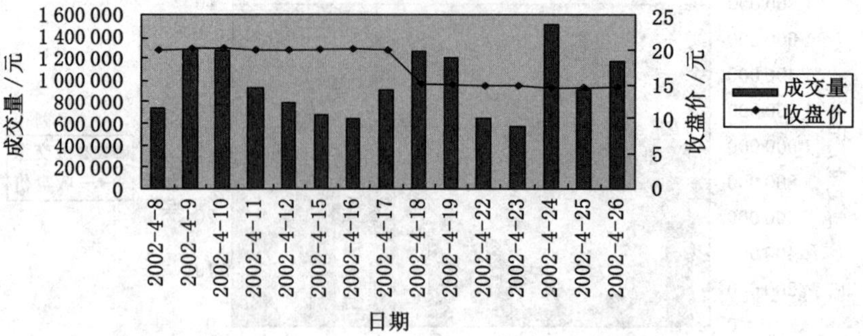


图 9-9　2001 年下半年分配方案实施期间股价变化及成交量

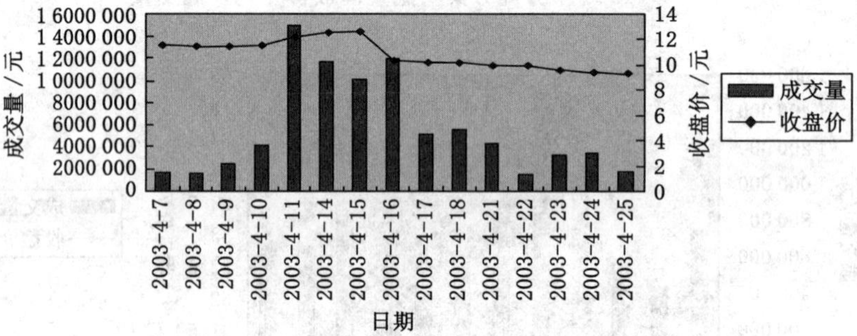


图 9-10　2002 年下半年分配方案实施期间股价变化及成交量

五、五粮液的行业对比

五粮液的每股收益(图 9-11)和每股净现金流量(图 9-12)始终是高于行业平均水平的，表明五粮液公司在这些年的发展中盈利状况较好，在白酒行业是处于前端的，但是其现金股利支付率(图 9-13)却一直低于行业的平均水平，许多年份都出现零支付率，上市以来平均股利支付率约为 11%，这个比例大大低于行业平均水平。

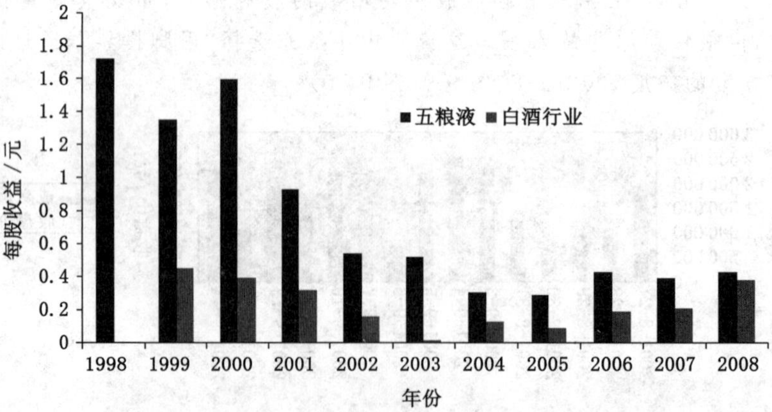


图 9-11　每股收益对比

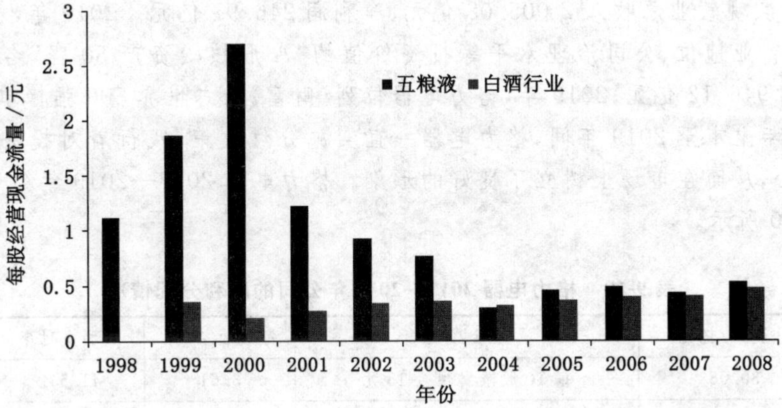


图 9-12　每股经营现金流量对比

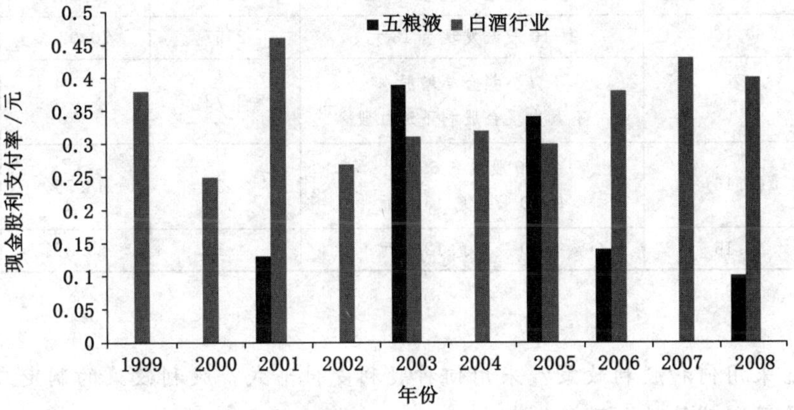


图 9-13　现金股利支付率对比

**问题：**

1. 什么样的股利政策更适合五粮液？预测一下五粮液 2008 年以后的股利政策应有何改变？上网查阅资料对照是否一致，请解释一致与否的原因。

2. 从五粮液的股利分配政策中，你觉得可以采取哪些措施改善对中小投资者的保护？

3. 长期来讲，五粮液是否应采用稳定的股利政策？为什么？

## 案例

### 格力电器的股利政策

珠海格力电器股份有限公司成立于 1991 年，1996 年 11 月在深交所挂牌上市（公司股票简称“格力电器”），注册资本为 60.16 亿元，公司产业覆盖家用消费品和工业装备两大领域。2011 年以来，格力顾客满意度、忠诚度连续 8 年保持行业第一。人均产值从 2012 年的 91.2 万元跃升至 2018 年的 149.6 万元。2019 年，根据《暖通空调资讯》发布的数据，格力中央空调以 14.7% 的市场占有率稳坐行业龙头地位，实现国内市场“八连冠”，根据日本经济新闻社 2019 年发布的数据，格力电器以 20.6% 的全球市场占有率位列家用空调领域榜首。

2019 年，公司实现营业总收入 2 005.08 亿元、净利润 246.97 亿元。2019 年，在衡量上市公司业绩规模、行业地位、公司治理水平等投资价值的“A 股核心资产 50 强”名单中，位居第 7，市值达到 3 946.12 亿元；2019 年，格力电器位列《财富》杂志世界 500 强榜单中第 414 位。

自 1996 年上市至 2019 年间，格力电器一直实施分红政策，践行着对投资者的承诺，给投资者以信心，从而在市场上树立了良好的形象。格力电器 2013—2019 年公司的股利分配情况如表 9-10 所示。

**表 9-10　格力电器 2013—2019 年公司的股利分配情况**

| 年份 | 总股本/亿元 | 现金股利 | 每股收益/元 | 股利支付率 | 每股股利/元 |
| --- | --- | --- | --- | --- | --- |
| 2013 年 | 30.08 | 每 10 股派发现金 15 元 | 3.61 | 41.5% | 1.52 |
| 2014 年 | 30.08 | 每 10 股派发现金 30 元<br>每 10 股转增 10 股 | 2.35 | 63.75% | 1.5 |
| 2015 年 | 60.16 | 每 10 股派发现金 15 元 | 2.07 | 73.32% | 1.5 |
| 2016 年 | 60.16 | 每 10 股派发现金 18 元 | 2.57 | 70.02% | 1.8 |
| 2017 年 | 60.16 | 不以公积金转增股本<br>不派发现金股利不送红股 | 3.72 | 0 | 0 |
| 2018 年 | 60.16 | 每 10 股派息 6.0 元<br>每 10 股派息 15.0 元 | 4.33 | 48.5% | 2.1 |
| 2019 年 | 60.16 | 每 10 股派息 12.0 元 | 4.11 | 29.2% | 1.2 |

**问题：**

格力电器采用何种股利政策？采用何种股利支付形式？股利政策的制定应考虑哪些因素？如何评价股利政策的合理性？

# 第十章　公司并购

并购作为公司一项特殊的对外投资决策，是公司实现快速扩张最主要的途径之一，将对公司未来的风险和收益产生重大影响。本章主要讨论兼并与收购概述、并购的财务分析方法、剥离与分立、反收购手段等内容。

## 第一节　兼并与收购概述

### 引言

“饿了么”起源于张旭浩、康嘉两位“85后”大学生创业者在2008年成立的上海校园线上订餐平台，旨在解决大学生订餐体验差、餐饮外卖服务水平低的痛点。2009年4月公司正式成立，主营在线外卖、新零售、即时配送和餐饮供应链等业务，通过整合线下餐饮品牌和线上网络资源，为用户提供在线外卖送餐服务。经过多年餐饮外卖市场深耕发展，逐渐成为中国专业餐饮O2O领军者和餐饮业数字化领跑者。

2018年4月2日，阿里巴巴集团、蚂蚁金服集团与饿了么联合宣布，阿里巴巴已经签订收购协议，将联合蚂蚁金服以95亿美元的价格对饿了么进行全资收购，成为截至当年中国互联网历史上规模最大的并购。饿了么借此融入阿里巴巴庞大的商业版图，同时将继续保持独立品牌、独立运营。这也意味着，饿了么的外卖服务将与阿里巴巴原有的口碑到店服务相结合，为阿里巴巴拓展全新的本地生活服务领域，实现从新零售走向新消费的重要转型。

美国著名经济学家乔治·斯蒂格勒在考察美国企业成长路径时指出：“没有一家美国大公司不是通过某种程度、某种方式的兼并而成长起来的。”并购作为企业迅速实现规模扩张最主要的途径，其动因何在？并购包括哪些类型，程序如何？并购过程中企业会面临哪些成本和风险？主并企业取得控制权后如何进行整合以确保并购目标的实现呢？

### 一、兼并与收购的概念

（一）兼并与收购的定义

从狭义角度考察，兼并和收购这两个概念是有区别的。

兼并通常是指一家公司以现金、证券或其他形式购买取得其他公司的产权，使其他公司丧失法人资格或改变法人实体，并取得对这些公司决策控制权的经济行为。从这个意义上讲，兼并等同于我国公司法中的吸收合并，指一个公司吸收其他公司而存续，被吸收公司解散。我国公司法规定的另一种合并形式为新设合并，指两个或两个以上公司合并设立一个新的公司，合并各方的法人实体地位都消失。所以合并是个大概念，兼并是合并的形式之一。无论是兼并（吸收合并）还是新设合并，合并各方的债权债务都应由合并后存续的公司或者新设的公司承担。

收购是指公司用现金、债券或股票购买另一家公司的部分或全部资产或股权，以获得该公司的控制权。收购作为公司资本经营的一种形式，既具有经济意义，又具有法律意义。收购的经济意义是指一家公司的经营控制权易手，原来的投资者丧失了对该公司的经营控制权。所以，收购的实质是取得控制权。“收购”，按我国《证券法》的规定是：持有一家上市公司发行在外的股份的30%时发出要约收购该公司股票的行为。收购在法律意义上是指购买被收购公司的股权和资产。所以收购的对象一般有两种：股权和资产。收购股权与收购资产的主要差别在于：收购股权是购买一家公司的股份，收购方将成为被收购方的股东，因此要承担该公司的债权和债务；而收购资产则仅仅是一般资产的买卖行为，由于在收购目标公司资产时并未收购其股份，收购方无须承担其债务。

（二）兼并与收购的相同点

收购与兼并、合并有许多相似之处，主要表现在：① 基本动因相似。要么为扩大公司市场占有率；要么为扩大经营规模，实现规模经营；要么为拓宽公司经营范围，实现分散经营或综合化经营。总之，都是增强公司实力的外部扩张策略或途径。② 都以公司产权为交易对象，都是公司资本经营的基本方式。

（三）兼并与收购的区别

兼并与收购的区别在于：

① 在兼并中，被合并公司作为法人实体不复存在；而在收购中，被收购公司可仍以法人实体存在，其产权可以是部分转让。

② 兼并后，兼并公司成为被兼并公司新的所有者和债权债务的承担者，是资产、债权、债务的一同转换；而在收购中，收购公司是被收购公司的新股东，以收购出资的股本为限承担被收购公司的风险。

③ 兼并多发生在被兼并公司财务状况不佳、生产经营停滞或半停滞之时，兼并后一般需调整其生产经营、重新组合其资产；而收购一般发生在公司正常生产经营状态，产权流动比较平和。

由于在运作中它们的联系远远超过其区别，换一个角度考察，收购也可以看作是广义兼并行为的一种，所以学术界和实业界习惯于将兼并、合并与收购常作为同义词一起使用，统称为“购并”或“并购”，英文缩写为M&A，泛指在市场机制作用下公司为了获得其他公司的控制权而进行的产权交易活动。我们在以后的讨论中就不再强调三者的区别，并把并购一方称为“买方”或并购公司，被并购一方称为“卖方”或目标公司。

## 二、并购的类型

公司并购的形式多种多样，按照不同的分类标准可划分为许多不同的类型。

在市场经济体制下，公司的所有权与控制权是分离的。在两者的关系上，所有权是根本，控制权受制于所有权。

（一）按照所有权与控制权侧重点的不同划分

按照所有权与控制权侧重点的不同划分，公司并购区分为所有权交易与对所有权交易的防御两个方面。

所有权交易及其防御是广义兼并收购的两个不同侧面。对所有权交易的防御，强调的是公司现有管理层对公司所有权交易的防御和抵制，所以，可以将其看成是一种控制权交易。所有权交易又可区分为扩张收缩与结构重组两类，而对所有权交易的防御，则包括溢价回购与停顿协议、反接管修正案和代理权争夺案。

市场经济体制下并购的类型如图10-1所示。

- 类型
  - 所有权交易
    - 扩张收缩
      - 扩张
        - 兼并
        - 收购股权
      - 收缩(分离)
        - 子公司独立
        - 公司离析
  - 结构重组
    - 证券转换
      - 债券转换成股票
      - 股票转换成债券
    - 股份再购回
    - 公众公司非上市化
      - 杠杆收购
      - 管理收购
  - 对所有权交易的防御
    - 溢价回购与停顿协议
    - 反接管条款
    - 代理权争夺

图 10-1　市场经济体制下并购的类型

所有权交易中的扩张收缩将在以后部分章节中详细论述。结构重组分证券转换、股票再购回和公众公司非上市化。证券转换是指以债券或优先股等优先证券换取普通股的交易,或者正好相反,指以普通股换取债券或优先股等优先证券的交易。股票再购回则是指公司再购回一部分流通在外的普通股的行为。股票再购回比例有时较大有时则较小,较大时,有可能会引起公司管理层的结构变动。在公众公司非上市化的交易过程中,原先公开上市的公众公司的股票,由一小部分投资者全部购得。如果这个公众公司非上市化的交易是由公司现管理层发动的,则称之为“管理收购”(MBO);如果这个交易过程是由第三方通过大量举债而完成的,则称之为“杠杆收购”(LBO)。

对公司所有权交易的防御也可看作是公司控制权交易,主要包括溢价回购与停顿协议、反接管条款以及代理权争夺等内容。溢价回购是指按照高于市价的价格,从某个大量持有公司股票的股东手中将股票购买回来的行为,这种行为也称作“接管讹诈”。经常与这种回购一起使用的,是一种签署“停顿协议”的行为。停顿协议指的是旨在使大量收购该公司股票的袭击者(即讹诈者),在未来的时间里不再作进一步收购的契约。反接管条款是指对公司章程做出的规定,使得对该公司的收购变得更加困难,代价更大。这主要包括:① 绝大多数投票权规则,在该规则下,兼并该公司需征得绝大多数(比如80%)股东的同意;② 董事会轮回制,在该制度下,在按投票程序控制公司董事会之前,还需要经历一个较长的时期;③ “金降落伞”制,在该制度下,如果因为公司控制权的变更而导致管理层的更迭,那么,将需要支付给现管理人员大笔解职费。在代理权争夺中,局外股东希望能在公司董事会中安插代表他们利益的代理人,由于公司管理层通常已经代表了董事会对公司的有效控制,所以,代理权争夺通常是针对公司现有管理层的。

### (二) 按并购双方产品与产业的联系划分

按双方产品与产业的联系划分,并购可分为横向并购、纵向并购、混合并购。

#### 1. 横向并购

当并购方与被并购方处于同一行业、生产或经营同一产品,并购使资本在同一市场领域或部门集中时,则称之为横向并购。如奶粉罐头食品厂合并咖啡罐头食品厂,两厂的生产工艺相近,并购后可按购受公司的要求进行生产或加工。这种并购投资的目的主要是确立或巩固公司在行业内的优势地位,扩大公司规模。

2. 纵向并购

纵向并购是对生产工艺或经营方式上有前后关联的公司进行的并购，是生产、销售的连续性过程中互为购买者和销售者(即生产经营上互为上下游关系)的公司之间的并购。如加工制造公司并购与其有原材料、运输、贸易联系的公司。其主要目的是组织专业化生产和实现产销一体化。纵向并购较少受到各国有关反垄断法律或政策的限制。

3. 混合并购

混合并购是对处于不同产业领域、产品属于不同市场，且与其产业部门之间不存在特别的生产技术联系的公司进行并购，如钢铁公司并购石油公司，因而产生多种经营公司。采取这种方式可通过分散投资、多样化经营降低公司风险，达到资源互补、优化组合、扩大市场活动范围的目的。

(三) 按并购的实现方式划分

按并购的实现方式划分，并购可分为承担债务式、现金购买式和股份交易式并购。

1. 承担债务式并购

在被并购公司资不抵债或资产债务相等的情况下，并购方以承担被并购方全部或部分债务为条件，取得被并购方的资产所有权和经营权。

2. 现金购买式并购

现金购买式并购有两种情况：① 并购方筹集足额的现金购买被并购方全部资产，使被并购方除现金外没有持续经营的物质基础，成为有资本结构而无生产资源的空壳，不得不从法律意义上消失。② 并购方以现金通过市场、柜台或协商购买目标公司的股票或股权，一旦拥有其大部分或全部股本，目标公司就被并购了。

3. 股份交易式并购

股份交易式并购也有两种情况：① 以股权换股权。这是指并购公司向目标公司的股东发行自己公司的股票，以换取目标公司的大部分或全部股票，达到控制目标公司的目的。通过并购，目标公司或者成为并购公司的分公司或子公司，或者解散并入并购公司。② 以股权换资产。并购公司向目标公司发行并购公司自己的股票，以换取目标公司的资产，并购公司在有选择的情况下承担目标公司的全部或部分责任。目标公司也要把拥有的并购公司的股票分配给自己的股东。

(四) 按涉及被并购公司的范围划分

按并购涉及被并购公司的范围划分，并购分为整体并购和部分并购。

1. 整体并购

整体并购指资产和产权的整体转让，是产权的权益体系或资产不可分割的并购方式。其目的是通过资本迅速集中，增强公司实力，扩大生产规模，提高市场竞争能力。整体并购有利于加快资金、资源集中的速度，迅速提高规模水平与规模效益。实施整体并购也在一定程度上限制了资金紧缺者的潜在购买行为。

2. 部分并购

部分并购指将公司的资产和产权分割为若干部分进行交易而实现公司并购的行为。具体包括三种形式：① 对公司部分实物资产进行并购。② 将产权划分为若干份等额价值进行产权交易。③ 将经营权分成几个部分(如营销权、商标权、专利权等)进行产权转让。部分并购的优点在于可扩大公司并购的范围；弥补大规模整体并购的巨额资金“缺口”；有利于公司设备更新换代，使公司将不需要的厂房、设备转让给其他并购者，更容易调整存量结构。

（五）按公司并购双方是否友好协商划分

按并购双方是否友好协商划分，并购分为善意并购和敌意并购。

1. 善意并购

善意并购指并购公司事先与目标公司协商，征得其同意并通过谈判达成收购条件的一致意见而完成收购活动的并购方式。善意收购有利于降低并购行动的风险与成本，使并购双方能够充分交流、沟通信息，目标公司主动向并购公司提供必要的资料。同时善意行为还可避免因目标公司抗拒而带来额外的支出。但是，善意并购使并购公司不得不牺牲自身的部分利益，以换取目标公司的合作，而且漫长的协商、谈判过程也可能使并购行动丧失其部分价值。

2. 敌意并购

敌意并购指并购公司在收购目标公司股权时虽然遭到目标公司的抗拒，仍然强行收购，或者并购公司事先并不与目标公司进行协商，而突然直接向目标公司股东开出价格或收购要约的并购行为。敌意并购的优点在于并购公司完全处于主动地位，不用被动权衡各方利益，而且并购行动节奏快、时间短，可有效控制并购成本。但敌意并购通常无法从目标公司获取其内部实际运营、财务状况等重要资料，给公司估价带来困难，同时还会招致目标公司抵抗甚至设置各种障碍。所以，敌意并购的风险较大，要求并购公司制定严密的收购行动计划并严格保密、快速实施。另外，由于敌意并购易导致股市的不良波动，甚至影响公司发展的正常秩序易带来不良影响，政府应该有一定的限制。

（六）按并购交易是否通过证券交易所划分

按并购交易是否通过证券交易所划分，并购分为要约收购与协议收购。

1. 要约收购

要约收购指并购公司通过证券交易所的证券交易，持有一个上市公司（目标公司）已发行的股份的30%时，依法向该公司所有股东发出公开收购要约，按符合法律的价格以货币付款方式购买股票，获取目标公司股权的收购方式。要约收购直接在股票市场中进行，受到市场规则的严格限制，风险较大，但自主性强，速战速决。敌意并购多采取要约收购的方式。

2. 协议收购

协议收购指并购公司不通过证券交易所，直接与目标公司取得联系，通过谈判、协商达成共同协议，据以实现目标公司股权转移的收购方式。协议收购易取得目标公司的理解与合作，有利于降低收购行动的风险与成本，但谈判过程中的契约成本较高。协议收购一般都属于善意并购。

（七）按并购交易是否利用被并购企业本身资产来支付划分

1. 杠杆并购

并购企业利用被并购企业的经营收入来支付并购价款，或作为此种支付的担保。在这种并购中，并购企业不需要拥有巨额资金，只需要准备少量现金（用以支付并购过程中必需的律师、会计师等费用），加以被并购企业资产及运营所得作为融资担保和还贷资金，便可并购任何规模的企业。

2. 非杠杆并购

并购企业不用被并购企业自有资金及营运所得来支付或担保支付并购价格的并购方

式。早期并购浪潮中的并购形式多属于此类。但是，采用此种并购方式并不意味着并购企业不需要举债便可承担并购价格，实践中，几乎所有的并购都是利用贷款来完成的，只是贷款数额的多少、贷款抵押的对象不同而已。

**三、并购的动因分析**

市场经济环境下，公司作为独立的经济主体，其一切经济行为都受到利益动机驱使，并购行为的目的也是为实现其财务目标——公司价值最大化。同时，公司并购的另一动力来源于市场竞争的巨大压力。这两大原始动力在现实经济生活中以不同的具体形态表现出来，即在多数情况下公司并非仅仅出于某一个目的进行并购，而是将多种因素综合平衡。

1. 谋求管理协同效应

如果某公司有一支高效率的管理队伍，其管理能力超出管理该公司的需要，但这批人才只能集体实现其效率，公司不能通过解聘释放能量，那么该公司就可并购那些由于缺乏管理人而效率低下的公司，利用这支管理队伍通过提高整体效率水平而获利。

2. 谋求经营协同效应

主要是指兼并给公司生产经营活动在效率方面带来的变化及效率的提高所产生的效益。即如果A公司兼并B公司，兼并后两公司的总体效益超过A、B两公司效益的简单相加，那么就可以说兼并产生了协同效应。

经营协同效应产生于经营规模经济。即由生产、流通和管理的规模经济产生的效益。公司通过兼并，对公司的资产进行补充和调整，达到最佳规模经济的要求，使公司保持尽可能低的生产成本；而且能够使公司在保持整体产品结构情况下，实现产品的单一化生产，避免由于产品品种的转换带来的生产时间的浪费；再者，特别是纵向兼并，可以有效地解决由于专业化引起的各生产流程的分离，减少生产过程中的环节间隔，降低操作成本、运输成本和充分利用生产能力。

产生规模经济的经济性在于：

① 兼并后大型公司可以降低公司风险，提高安全程度，使公司有更大能力控制其成本、价格、生产技术、资金来源及顾客的购买行为，改进与政府的关系，从而提高公司生存和发展能力。

② 大公司的筹资和借贷都比较容易，它有充足的财力采用各种新发明、新设备、新技术，当经济发生波动时，不致因资金不足陷入困境，使公司具有较强的偿债能力和较低的贷款费用。

③ 可以集中足够的经费用于研究、发展、设计和生产工艺改进等方面，迅速推出新产品，采用新技术。

3. 谋求财务协同效应

主要是指兼并给公司在财务方面带来的各种效益，这种效益的取得不是由于效率的提高而引起的，而是由于税法、会计处理惯例以及证券交易等内在规律的作用而产生的一种纯金钱上的效益。表现为：

① 通过兼并公司实现合理避税的目的。纳税对个人和公司的财务决策有着重大影响。不同类型的资产所征收的税率是不同的，如股息收入和利息收入、营业收益和资本收益的税率也有很大区别，故公司能够采取某些财务处理方法达到合理避税的目的。

首先，在现有税法下，公司利用税法中亏损递延条款来达到合理避税目的。所谓亏损递延指的是,如果某公司在某一年度出现了亏损,该公司不但可以免交当年的所得税,它的亏损还可以向后递延,以抵消以后几年的盈余,公司根据抵消后的盈余交纳所得税。

所以,一家获利高并归于最高课税等级的公司可以兼并一家有累积纳税亏损的公司,这些纳税亏损在兼并后可立即变为减税节留。

其次,能给公司提供一条获得额外现金的途径。如果公司的现金流量有盈余但又缺少内部投资机会,通过收购其他公司,对公司和股东都没有纳税后果,这一点促成了为数众多的公司兼并。在兼并中,如果A公司不是用现金购买B公司的股票,而是把B的股票按一定比率换为A公司的股票,这一过程是免税的;或买方公司不是将被兼并公司的股票直接转换为新的股票,而是先将它们转换为债券,后再将其转化为普通股票,这样做公司可以少纳所得税和少支付资本收益税。

通过这些兼并方式,在不纳或少纳税的情况下,公司实现资产的流动和转移,实现追加投资和资产多样化的目的。

② 预期效应。预期效应是财务协同效应的另一重要方面,是指由于兼并使股票市场对公司股票评价发生改变而对股票价格的影响。这是股票投机的一大基础。

在西方市场经济中,公司进行一切活动的根本目的是增加股东的权益,而股东权益的大小很大程度上取决于股票价格的高低。由于预期效应的作用,公司兼并往往伴随着强烈的股价波动,造成了极好的投机机会,而对这种投机利益的追求反过来又极大地刺激了兼并的开展。

③ 财务能力提高。一般情况下,合并后公司整体的偿债能力比合并前各单个公司的偿债能力强,而且还可降低资本成本,并实现资本在并购公司与被并购公司之间低成本的有效再配置。

4. 谋求公司新的发展

在竞争性经济条件下,公司只有不断发展才能保持和增强其在市场中相对地位,才能够生存,所以公司有很强的发展欲望,且通过兼并获得行业内原有生产能力,较之通过内部投资新建生产能力,效率要高。

① 兼并有效地降低了进入新行业的障碍,不影响行业的供求平衡,没有给行业增添新的生产能力,短期内行业内部的竞争结构保持不变,引起价格战或报复的可能性大大减少了。

② 兼并大幅度降低了公司发展的风险和成本。在兼并情况下,公司可以利用原有公司的资金市场、原料来源、销售渠道和已占有的市场,并对原有公司也有一定了解,这样可以大幅度减少发展过程中的不确定性,降低风险和成本。

③ 兼并充分利用了经验曲线效应。在很多行业中,当公司在生产经营中经验积累越多时,可以观察到一种单位成本下降的趋势,如图10-2所示。

公司通过兼并发展时,不但获得了原有公司的生产能力和各种资产,还获得了原有公司的经验。这就使拥有经验的公司具有了成本上的竞争优势。

以上几方面是公司兼并动因的主要方面。在我国公司兼并的实践中,动因还表现在政府为减轻财政负担,解决长期亏损问题,支持优势公司的发展;提高存量资产运行效率,从宏观上优化经济结构;从公司自身来看,低价购入资产,实现生产要素互补的动机,这点主要体现在土地使用权等方面。

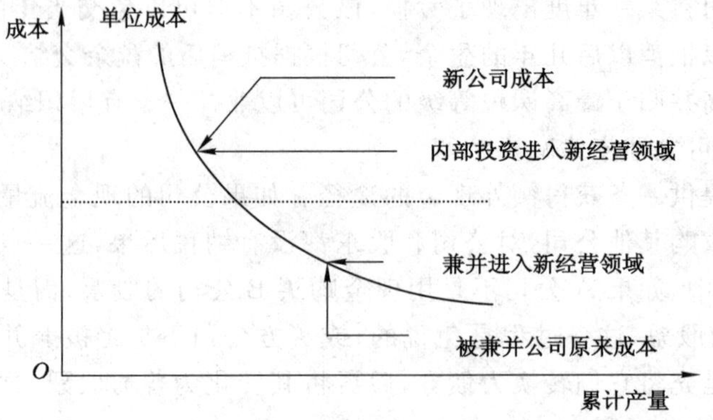


图 10-2 兼并经验曲线图

另外，跨国并购还可能具有其他多种特殊的动因。如公司增长、技术、产品优势与产品差异、政府政策、汇率、政治和经济稳定性、劳动力成本和生产率差异、多样化、确保原材料来源、追随顾客等等。

在现实的经济生活中，这些动因并不是孤立的，促成公司兼并的因素是多方面的，实际的兼并过程是多因素综合平衡的过程。随着时间的变化，动因的强度也发生变化，造成了兼并的阶段性，各阶段的兼并在形式、规模和手段方面都有很大不同。

**四、公司兼并的程序**

公司兼并一般按以下程序进行：

① 通过产权交易市场或直接洽谈，初步确定被兼并公司。公司兼并的意向可以由政府有关部门或银行提出并牵头联络，还可以由兼并公司或被兼并公司主动选择对象提出要求，还可以在产权交易市场上相互选择。

② 对被兼并公司进行现有资产评估，清理债权、债务，确定资产或产权转让底价。在兼并双方取得兼并意向后，就应立即对被兼并公司进行资产评估与核定，为以后的兼并论证和双方的谈判提供依据。

③ 以底价为基础，通过招标、投标确定成交价，自找对象的可以协商议价。在谈判过程中，对兼并双方提出的条件，应进行充分的商讨，最终达成协议。

④ 兼并双方的所有者签署协议。兼并双方将有关文件报相应部门监督、审查、备案，依据一定的法律程序进行批复，手续完备后双方可签署协议。

⑤ 办理产权转让的清算及法律手续。办理产权转让，核资验收，进行财务手续移接，变更工商登记，撤销被兼并公司法人资格，收回其营业执照，增加兼并公司营业执照的有关内容，签署产权移接备忘录，对其进行法律公证。经过公证，兼并协议生效，具有法律效力，任何一方不得随意违背或撕毁。

**五、并购后的整合**

一项企业并购活动是否成功，不仅取决于企业是否按照计划取得了对目标公司的控制权，而且还在于企业是否成功地完成了对目标公司的整合。企业取得对目标公司的控制权，仅仅是并购成功的第一步，而并购后的整合则是企业是否能完全实现并购目标的关键一环。并购后的整合能够通过加强优势和弥补不足来增加企业资源的价值，通过减少冗赘增加运营效率，通过履行对利益相关者的义务来保证职责的实现。更为重要的是，整合能够使并购后的新企业中的每个人有一个共同的目标。这种共同的目标有助于企业员工拥护而不是抵制并购后的组织变革。因此，并购后的整合对企并购成功至关重要。

（一）并购整合面临的管理挑战

企业并购不同于新建企业，目标公司既有的人员及价值观念、企业文化、资源和制度结构等都可能与并购企业具有非常大的差距，而且并购引发的目标公司内部信任度降低、自我保护意识强、经营管理效率下降，以及优秀管理人员离职的增加，这些都给企业管理层整合并购双方带来了巨大的挑战。而且所有者协调战斗必须在一个条件复杂、高度紧张的环境中加以解决。

普里切特(Pritchett)、鲁滨逊(Robinson)和克拉克森(Clarkson)在其合著的《并购之后如何整合被收购公司》一书中归纳了企业整合期间必须面对的七项管理挑战，以及使之异常棘手的那些特殊条件，如表10-1所示。

**表10-1　并购整合面临的管理挑战和复杂的环境因素**

| 并购整合面临的管理挑战 | 使之复杂的环境因素 |
|---|---|
| 满足过于勉强的最后期限 | 士气低落 |
| 实现艰巨的财务目标 | 信任度降低 |
| 以有限信息快速重组 | 生产效率下降 |
| 各种不同制度和结构的合并 | 广泛弥漫的不确定性 |
| 留住重要员工 | 极度竞争 |
| 保持足够的沟通 | 文化冲击 |
| 机构的搬迁与合并 | 流言 |
| | 政治策略与职位安排 |
| | 热衷的新闻媒体 |

由于这些管理挑战不是企业在一般情况下所能遇到的，因此，对企业管理层来说，需要认真研究和慎重处理。正如普里切特等在其著作中所说，“要想成为一个成功的并购管理者，第一步就是要懂得，并购活动在一个组织的生命周期里是一个多么独特的事件。作为一种公司发展方式，并购活动代表的是革命，而不是一般的进化。重要的是应该认识到，非常规的发展需要用非常规的手段实现。这就意味着，管理这个过渡阶段不能靠直观的，或者已有的常规方式来处理。”

（二）并购整合管理组织

企业应当及时建立并购项目小组，负责并购后过渡时期的管理，以确保整合管理实现专业化、有重点和资源保证。项目小组应作为一个平行的机构去履行职责，专门负责整合工作。这个项目小组需要配备足够的人员，并明确每个成员的作用和职责。

1. 整合项目管理与一般作业管理的区别

管理并购整合项目所需的技能和技术，完全不同于那些可能使人成为管理专家的作业技术。专业性和结构化的项目管理方法，对于保证整合成功十分重要。表10-2列出了整合项目管理与一般作业管理之间的主要区别。

**表 10-2　整合项目管理与一般作业管理的对比**

| | 整合项目管理 | 一般作业管理 |
|---|---|---|
| 时间范围 | 清楚的起止日期 | 持续不间断 |
| 资源条件 | 不断变化 | 充分利用/可预测的 |
| 风险管理 | 风险合并 | 风险分散 |
| 总结报告 | 一次 | 定期进行 |
| 业绩评价 | 基于最后结果 | 基于不断的检查 |

2. 整合项目管理组织的结构

一种有效且实用的整合项目管理组织结构通常包括三个不同的层次：一个指导委员会、一个并购管理小组、各种类型的特别工作小组。组织成员应该是由与并购的长期成功有利害关系的人员组成，如企业董事长、总经理和其他高层管理人员及重要雇员。

指导委员会全部由企业高层管理人员组成，一般包括 2～4 人。指导委员会的工作重点是，给整合工作提供战略和政策方面的指导，通过定期开会，以批准整合计划、检查进展情况。

并购管理小组可由大约 3～5 名专职人员组成，应包括并购双方企业的成员。他们是真正负责推动整合工作向前发展的人，并保证以专业化的方式进行有效的项目管理。并购管理小组的职责是为使整合工作按照既定的日程向前发展，提供指导和日常决策。项目管理组织的第三个层次，包括若干个特别工作小组，每个工作小组通常由 3～5 人组成其职责是解决并购活动中一些需要注意的具体问题，如解决财务、人力、信息技术等资源问题，以及解决某一经营单位、生产线或者地区业务等生产经营的作业方面的问题。

并购整合计划是一系列纲领性文件，用来确切规划何时和怎样整合并购双方的主要资源、资产、业务流程和义务，以达到公司并购的战略目标。

根据企业所处行业和各企业实际情况的不同，并购整合计划的内容会有很大的差异。然而在并购后的整合计划中，都应该包括以下三个基本要素：并购后公司的目标；对资源、系统和职责的整合将如何支持这些目标；整合的优先次序和时间表。

（三）资源整合

1. 整合人力资源

人才是一个组织中最重要的资源，高素质、经验丰富的人力资源，包括高级管理人员和一般员工，可以为任何公司创造价值，因此保留和整合并购后的人力资源，留住并购双方关键人员，从董事会到销售人员的各个层次对他们加以整合，对保证企业并购整合的成功是至关重要的，在企业并购整合中也是第一位的。没有人力资源的整合，企业并购后的整合及并购目标不可能最终实现。

人力资源整合的完整计划包括专业人员、技术人员、行政人员、生产人员及其他人员。在并购整合所涉及的所有人力资源中，对并购成功具有最重要责任的是新成立的公司董事会成员和总经理以及其他高级管理人员。这些负有职责的高级管理人员对并购后公司的中层管理人员决策具有决定性影响。

2. 整合有形资源

在完成并购后，企业的所有有形资产，包括现金、有价证券、应收账款等金融资产和厂房、设备、存货及土地的价值均包括在合并资产负债表中。如果交易是以购买法进行，收购方可能会以当前的市价调整厂房、设备和存货的价值；当两个企业将它们的经营活动进行合并时，厂房设施、设备、存货可以进行全部或部分合并，而土地和房地产不能实现实物上的合并，但是土地所有权和租赁权则可以进行合并。

3. 整合无形资产

在所有并购过程中用于交换的资产里，企业的无形资产是最易受到损害的。对于并购企业而言，在其整合无形资产时，企业将至少面临以下三项基本挑战：

① 如何命名新企业；

② 如何整合企业的使命、政策和前景目标；

③ 如何评估与合并无形资产。

(1) 整合新企业的名称

当一个企业收购另一企业后，新企业的名称一般有四种选择，即保留收购企业的名称，这种情况占所有收购企业的85%以上；使用目标企业的名称；将两个企业的名称合并使用；创建一个全新的企业名称。

并购企业整合新企业名称主要考虑原企业名称的声誉及对未来企业价值的影响。

(2) 整合企业使命、政策和前景目标

如果并购企业与目标企业的经营业务范围处于完全不同的领域，应分开制定各自的使命、政策和前景目标，以保证业务的连续性；如果并购企业与目标企业的经营业务相关，则需要对企业使命、政策和前景目标进行完全整合。

(3) 评估与合并无形资产

企业中的无形资产大致可以分为三类，即经营性无形资产、生产性无形资产和市场性无形资产。

经营性无形资产是指在企业持续经营中，由于不同资产，包括无形和有形资产，共同存在而产生的价值，包括拥有素质高和组织性强的劳动力、持续经营管理系统以及企业文化。

生产性无形资产则是建立在并购企业在生产中积累的智力资本与产品设计经营方面的价值，包括专利、专有技术、生产标准、版权、软件以及对企业有利的合约。

市场性无形资产是指有助于企业出售产品与服务的因素，包括顾客名单和客户关系、报价单和定价策略、市场战略、研究、理念、广告与促销方案、商标、服务标识及企业名称。

并购企业应分别对上述三类无形资产进行评估，并从有利于企业价值最大化的角度考虑是否及如何将这些无形资产进行合并。

(四) 流程整合

企业并购之前，并购双方都有各自不同的业务流程。但是当并购双方完成并购之后，它们也就融合为一个新的系统。因而原有的业务流程很难满足新系统的要求，这就要求企业在并购之后进行流程整合，以确保企业正常业务活动的开展，减少或去除不适合的业务流程。

1. 整合组织结构

整合并购企业的组织结构一般需要经过两个步骤：一是对原有企业过去组织结构及其运作方式的了解，二是构建适应并购企业未来发展需要的组织结构。

为获得对过去组织结构的了解，管理者要努力了解和掌握并购双方原有的组织结构，并形成对原有组织结构正确认识。任何一个公司原有的组织结构及其运作有其适应性的一面,企业并购后可以借鉴原有组织结构及运作中的成功经验。

在获得对原有组织结构正确认识的基础上,组织结构整合的下一步就是超越过去,为适应并购企业的未来发展创建一个新的组织结构。新的组织结构应该建立在企业业务经营的需要之上。正确的组织结构,不仅使员工满意,而且能够为企业创造一个良好的经济环境。但应该注意的是,组织结构并不能保证企业中的行为,结构仅能使行为变得更容易或更困难。

2. 整合业务流程

所有权发生变化,通常意味着企业管理控制权的改变,继而是经营方式的改变。一旦企业经营方式发生变化,就会直接影响到企业的正常运作。

首先,由于重新设计或对业务流程和标准的整合所引起的暂时改变,或者由于标准和激励机制失效或士气低落所导致的永久性改变,并购后企业的产品生产与服务的质量可能会受到影响。其次,对于生产制造的零售商来说,在存货、仓储、运输和配送与经销等方面可能会发生中断而影响企业的正常运作。

并购后的企业业务流程整合可以从以下几个方面进行:

第一,企业管理层可以采用共有的系统和标准对各种活动进行日常管理。

第二,管理层可以构建或增强原并购双方之间的密切联系,包括共享信息系统、存货控制、供应链关系等。

第三,管理层可以进行垂直整合,将不同的生产运作环节集中于不同的生产阶段。

第四,通过关闭或出售生产能力过剩或多余的生产单位或生产设施等来整合业务流程。

第五,企业可以在各部门间改变和调整生产分配模式,使各部门集中于产品某一部分的生产,或者向更加细化的地理区域或消费者群体提供产品或服务。

3. 整合内部财务控制

企业在完成并购后,需要对目标公司的内部财务控制进行整合,这是确保并购方控制目标公司的根本保证。

在内部财务控制整合过程中,并购方需要给予最紧迫、最直接关注的是资金管理的程序。当并购工作完成时,还可利用预算程序和授权审批程序整合来实现内部财务控制的整合。

(五) 责任整合

并购方完成对目标公司的并购后,除了可以按照法定的要求享有对目标公司的控制权和其他权利外,还必须同时承担目标公司既有的责任。

1. 履行对顾客、供应商的责任

(1) 对顾客的责任

企业并购后必须重视对现有顾客责任的履行,这不仅是因为企业要受到道德与法律责任的约束,还在于这对并购后的企业保持现有顾客至关重要。对现有顾客的“保持成本”要大大低于获取新顾客的费用,而且企业对原有顾客承诺的履行情况会直接影响企业的声誉,进而影响企业未来对顾客的吸引力。

(2) 对供应商的责任

企业并购后也应该重视对既有供应商的责任。但与此同时,大多数企业在并购后面临着精简供应商的任务。并购企业精简供应商通常应遵循的四项原则:

① 周密性:如果供应商也是顾客的话,要三思而行。如果不想失去与供应商的交易,就

不要把它从清单上删去。

② 中庸性:公司不应把供应商数目删减到最少。保留部分重复供应商有助于避免在任何时期只依赖于一位供应商。

③ 方便性:公司应避免为了合并而合并。如果从两个不同的供应商购买同一种服务,且可以得到相同的价值,那就没有必要费神做出选择。

④ 选择性:在精简供应商时,公司应确保选择质量最高、价格最低的供应商。

2. 履行对股东、债权人的责任

(1) 对股东的责任

企业并购会影响企业现有股东构成和他们在公司治理结构中的地位,进而影响到企业股东的利益。企业并购必须确保现有股东的满意程度。这除了明显的道德和法律方面的要求外,在经济方面,至少还有三个原因:其一,与吸引新股东相比,挽留老股东的花费更低;其二,享有"信守对股东的承诺"的声誉,更能吸引合乎公司意愿的长期股东;其三,稳定的所有者可以降低股价的多变性,从而有助于形成更高的股东价值。

要履行对股东的责任,并购企业至少可以有三种基本策略:一是追求持续的盈利性增长,而不仅仅是降低成本或缩小规模;二是实现外部与内部的交替增长,即企业不要只追求通过并购谋求发展,还应该注重企业的内部自我发展;三是发展并披露良好的公司治理实践。

(2) 对债权人的责任

并购企业对债权人的基本责任相对简单和明确,即必须遵守并购后企业所承担的所有债务责任,按照原有债务合约规定履行还本付息的义务。

## 案例

### 宝钢吸收合并武钢

一、合并双方介绍

宝钢集团和武钢集团都属于国资委直接管理的央企。

宝山钢铁股份有限公司(简称宝钢股份)1978 年启动建设,1985 年正式投产,是全球领先的特大型钢铁联合企业,在《财富》500 强中,宝钢集团属于核心企业。公司在新一轮规划中提出以"做未来钢铁的引领者,做钢铁高质量发展的示范者"为使命,努力为客户提供超值的产品和服务,为股东和社会创造价值,实现与利益相关主体的共同发展。公司专注于钢铁业,同时从事与钢铁主业相关加工配送等业务。公司拥有上海宝山、湛江东山、南京梅山等生产基地,是全球碳钢产品最齐全的企业之一。

武汉钢铁集团股份有限公司(简称武钢股份),1955 年开始建设,1958 年建成投产,是新中国成立后兴建的第一个特大型钢铁企业,国内排名第三大钢铁上市公司。企业拥有世界先进水平的炼铁、炼钢、轧钢等完整的钢铁生产工艺流程,钢铁产品有七大类、五百多种。企业遵循"踏实、拼搏、创新"企业精神,并以诚信、共赢开创经营理念,创造良好的企业环境。

图 10-3 显示:2015 年的粗钢产量,宝钢排第五位,武钢排第十一位。两家企业合并后,涉及产能将超过 8 000 万吨,直逼世界排名第一的安塞乐米塔尔,排名第二。同时,两家企业合并后,在全国 8.04 亿吨粗钢产量中的占比,将达到 7.5%,一跃成为行业第一,被外界称为"中国神钢"。

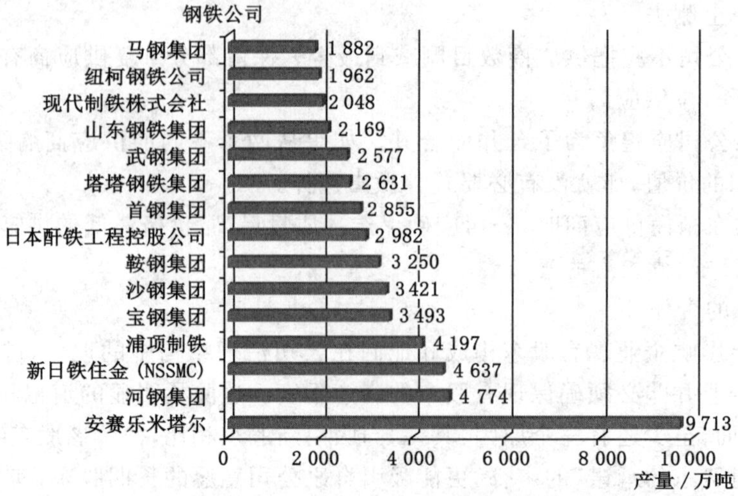


图 10-3　2015 年世界主要钢铁公司粗钢产量排名

（数据来源：世界钢铁协会）

二、合并动因

1. 企业层面动因

(1) 业绩压力。长期以来，宝钢集团和武钢集团的业绩表现在我国钢铁行业处于领先地位，但近几年受国际市场供需关系和我国钢铁行业产能过剩的影响，财务状况并不理想。2015 年武钢亏损高达 75 亿元，成为业内上市公司“亏损之王”，已无法通过正常经营活动来获取利润；现金流入小于现金流出，现金流净值达－27 亿元，现金持有方面存在很大风险；同时武钢的资产负债率一度上升至 70%，负债近 700 亿元，说明财务风险也较高。而宝钢股份虽然没有出现亏损，但是经营状况也不容乐观，2015 年利润总额为 17.91 亿元，同比下降 78.36%，且库存持续走高，高额存货跌价准备影响企业业绩。可以说，业绩压力是双方同意重组的重要原因。

(2) 减少同业竞争和分享技术优势。宝钢和武钢的主营业务存在重合，在汽车板、无取向硅钢等领域同质化竞争严重，又分别拥有技术优势，宝钢的优势在于汽车板和家电板，武钢的优势在于硅钢和重轨，通过并购，双方可分享技术优势，提高综合竞争力。据测算，二者合并之后在国内板材市场的份额将普遍达到 40%～90%。

(3) 增强议价能力

合并之前，宝钢产量约 3 500 万吨，武钢约 2 500 万吨，合并后，两家加起来约 6 000 万吨粗钢产能，折合的铁矿原料约占中国铁矿总进口量的 1/10。而据澳大利亚工业部公布的预期数据显示，2015 年全球粗钢消费量达到 16.72 亿吨，宝钢、武钢合并之后占全球贸易量的 3.6%，上游议价能力将明显增强，焦煤、废钢、铁合金等原材料同样将享受合并的红利。

2. 国家战略层面动因

(1) 化解钢铁行业产能过剩

自 2008 年以来，钢铁企业处于全行业低谷，存在产能过剩、行业盈利能力下降等问题。钢铁是 2016 年中央政府化解过剩产能的重点行业。2016 年 2 月国务院发布的《关于钢铁行业化解过剩产能实现脱困发展的意见》，明确表示在五年时间内缩减 1 亿～1.5 亿吨钢铁产能，其中一种压减产能、调整钢铁行业产业结构的有效路径就是兼并重组。

(2) 提高行业集中度

我国钢铁行业集中度一直不高，2005年出台的《钢铁产业发展政策》曾提出产业集中的目标是到2010年，国内排名前十位的钢铁企业集团钢产量占全国总产量的比例达到50%以上，2020年达到70%以上。这一目标不仅没有实现，中国钢铁业的产业集中度近些年还出现了一定程度的下降。2015年中国粗钢产量排名前十家企业合计产量占全国比重为34.2%，同比下降0.8%个百分点。因此工信部2015年3月公布的《钢铁产业调整政策(2015年修订)(征求意见稿)》中明确提出，到2025年要形成3到5家在全球范围内具有较强竞争力的超大型钢铁企业集团。

(3) 提高国际竞争力

随着国内市场的日益饱和，企业将发展战略和投资方向伸向国际市场是大势所趋，也是发展的必然结果。在并购前，两家企业为了获得国外的市场，压价竞争，丧失了不少利润空间。合并势必能够提升中国钢铁行业的国际影响力和竞争力，同时提高了国际社会对中国钢铁企业技术水平和产品的认可度和接受感，支持了中国企业"走出去"战略和"一带一路"倡议。

三、合并过程

在合并正式实施之前，宝钢和武钢均减少了拥有控制权股东所持有的股份比例，即将宝钢集团和武钢集团拥有的股份重新分配给新的股东成员。就宝钢方面而言，2016年8月15日，宝钢股份对外发布公告，宣布将占宝钢总股份4.86%的8亿多股A股股份无条件送给中国石油天然气集团公司；2016年9月18日，宝钢再次向社会公众发布公告，宣布把将占总股份2.45%的4亿多股A股股份无条件送给诚通金控和国新投资。

就武钢而言，2016年6月21日，武钢对外发布公告，武钢集团将其所拥有的5亿股武钢股份无条件送给中国远洋运输集团，此举改变了武钢的股权结构，武钢集团将拥有57.66%的武钢股份，中国远洋运输集团将拥有4.95%的武钢股份。

宝钢集团和武钢集团是此次合并的利益相关方，因此对宝钢和武钢合并事宜的股东大会无投票权，一个关键股东对此次合并投反对票，就能够改变重组局势。新股东的加入改变了合并的形势，新股东中石油、诚通金控和国新投资作为非关联方对此次合并拥有投票表决权，三者的股权占拥有投票表决权的股权比值高达三分之一左右，非常有助于保证宝钢武钢的合并方案在股东大会上表决的顺利通过。

2016年6月27日，宝钢和武钢双方均以"规划战略合并事项，合并方案尚未确定"作为理由将股票停牌，同时承认了将要合并的事实。随后二者又连续接连公布了多个《重大资产重组继续停牌公告》和《重大资产重组进展公告》，明确地向社会公众公布双方合并的进展状况。

2016年9月21日，宝钢和武钢双方再次发布《重大资产重组进展公告》，明确了此次重大资产合并的初步合并方案：宝钢股份向武钢股份全体愿意换股的股东发行宝钢股份的A股股票，以交换股票的形式吸收合并武钢股份，宝钢股份作为合并方在合并之后依然存在，而武钢股份为被合并方，在合并之后武钢变成宝钢股份下属的子公司。

2016年10月1日，宝钢股份和武钢股份共同向社会公众发布关联交易报告书称；宝钢股份将以交换股票的方式合并武钢，股票的交换价格最终确定为：宝钢股份的价格是4.60

元/股,武钢股份的价格是2.58元/股,因此武钢和宝钢的换股比例为1∶0.56,每1股武钢股份的股票只能换取0.56股宝钢股份的股票,同时给宝钢和武钢不愿意进行交换股票的股东提供现金交易权。二者合并后的新公司名字初步定为:"中国宝武钢铁集团有限公司",武钢的股权将无偿划转给中国宝武集团。

2016年9月22日,国务院发布公告,表示同意并批准武钢和宝钢的合并。

2016年10月10日,宝钢股份和武钢股份分别对外发布复牌公告,这是两个公司自6月份停牌近三个月以来的第一次复牌。在复牌的当天,宝钢股份和武钢股份的股票就双双涨停。

2016年11月28日,此次合并计划得到了宝钢和武钢股东大会的全体成员的同意。

2016年12月1日,因为宝钢和武钢的合并要接受中国证券监督管理委员会的审查与批准,所以宝钢股份和武钢股份双方都再次停牌,12月7日,宝钢股份换股吸收武钢股份通过中国证券监督管理委员会的审查,审核通过的次日,宝钢股份和武钢股份双双宣布复牌。

2017年1月16日,宝钢股份和武钢股份分别发布不愿实行换股股东的现金交易权的实施公告,同时双双宣布将于1月24日起连续停牌,直到本次合并事项全部完成。

2017年1月26日,武钢股份在上海证券交易所提出终止上市的申请,2月8日,武钢股份对外发布终止上市的公告,表明武钢股份的股票将于2017年2月14日正式摘牌。2017年2月14日,武钢股份在上海证券交易所正式终止上市;同日,武钢股份股东所拥有的武钢股份股票按照1∶0.56的比例换为宝钢股份的股票。在换股交易完成之后,武钢股份正式退出上海证券交易所。2017年2月27日,宝钢股份在上海证券交易所再度复牌进行交易。至此,宝钢和武钢的合并顺利完成。

二者的合并过程时间表见表10-3。

**表10-3 宝钢、武钢合并过程**

| 日期 | 合并过程 |
|---|---|
| 2016年6月27日 | 宝钢股份和武钢股份双双停牌,承认双方合并的事实 |
| 2016年9月21日 | 双方再次发布《重大资产重组进展公告》,确定初步交易方案 |
| 2016年9月22日 | 国务院批准同意武钢、宝钢两大钢铁集团进行合并 |
| 2016年10月10日 | 宝钢股份和武钢股份分别发布复牌公告 |
| 2016年11月28日 | 宝钢股份、武钢股份股东大会通过该换股合并方案 |
| 2016年12月1日 | 接受中国证券监督管理委员会的审核,宝钢和武钢双双停牌 |
| 2016年12月7日 | 中国证券监督管理委员会审核通过此次合并 |
| 2016年12月8日 | 宝钢股份和武钢股份双双再度复牌 |
| 2017年1月16日 | 发布异议股东现金选择权实施公告 |
| 2017年1月26日 | 武钢股份提出终止上市的申请 |
| 2017年2月14日 | 武钢股份在上海证券交易所正式退市 |
| 2017年2月27日 | 宝钢股份再度复牌恢复交易 |

四、合并后整合

虽然宝钢、武钢均是大型国有钢铁企业,但是两个公司在组织结构、管理机制等方面存在很大的差距,怎样使得合并后的宝武集团能够在短期内达到真正意义上的融合,是宝钢和武钢在合并之后要解决的第一道难题。经过历时半年的前期准备工作和两家企业高层领导无数次的会议商讨后，中国宝武集团的最高管理层最终给出了以下的整合方案：并购整合方式确定为“集团整体联合，上市公司进行吸收合并”。虽然武钢的市盈率比宝钢的市盈率要高出很多，但考量到钢铁行业是以“品牌”和“价值”作为市场导向的，所以最终采用的是用宝钢股份去吸收合并武钢股份，保留宝钢股份作为上市公司，创办历史长达半个世纪的武钢从此退出中国钢铁行业的舞台，这是此次合并国家在战略上的重大决策。

1. 生产整合

宝钢股份推行“集中一贯制，多制造基地管控”的生产整合方针策略：与以往企业兼并中经常出现母子公司虽然重组在一起，但是始终无法相互融合的合并模式不同，宝钢股份最近几年来一直在大力推行“多个制造基地共同生产”的生产模式，也就是公司旗下的各个分钢厂分别作为当地主要的钢铁生产制造基地，负责当地及其辐射的周边地区的钢铁供应。宝钢吸收合并武钢股份之后，宝武集团将在上海宝山、武汉青山、南京梅山和湛江东山拥有四大钢铁生产制造基地，在我国长江以南地区形成地理上的战略优势。由宝钢的总部对产品的产量和种类进行统一的筹划和具体的生产安排，迅速将宝钢生产模式复刻到武钢身上，优化生产资源的配置以更有助于二者的生产力形成合力，使二者合并能够产生更大的协同效应。

首先通过将上海宝山制造基地连续不断的产品订单分流一些到武汉青山基地去。武汉青山的电镀锌机，之前仅仅只有20%～30%的投入使用率，有超过一半的机器处于停工的空闲状态，而且目前生产出来产品的技术水平达不到生产市场短缺的电镀锌汽车板的要求。不仅将上海宝山基地先进的电镀锌汽车板技术传授给武汉青山基地，而且从宝钢总部派专家到武钢电镀锌机组的加工中心进行技术指导，并供给武钢预付款项和电镀锌的各种生产原料。因为总部的大力协助与支持使得武汉青山基地能够在如此短的时间内提高了生产能力和质量。青山彩涂机组原本的开工率竟然为0，所有的机器设备都被荒废了，通过产销研3个团队的精诚合作与不懈努力，仅仅花了1年时间就实现月产量达到生产能力极限的目标，所生产的钢材质量也受到市场和广大用户的赞赏，从而对企业产生很好的协同作用。

虽然宝钢和武钢两家公司有着非常相似的产品生产线，但是双方在不同的领域拥有着全国领先的生产技术，许多的生产技术仍然存在着巨大的差异。为了生产出具有国际竞争力的钢铁产品，宝钢和武钢两家企业联合创办了“技术管理推进委员会”，由宝钢和武钢各自派出的核心生产线的研发专家组成，两者可以利用这个技术创新平台进行生产技术上的讨论和相互学习，特别是针对双方有着类似产品生产线的取向硅钢和冷轧钢板，要吸收对方的长处来弥补自身的短处、促进先进生产技术的融合，提高我国企业的创新能力。

2. 财务整合

为实现双方合并财务方面的协同效应，宝钢现任财务总监吴琨宗认为整合的关键在于改善资产的质量，优化各项资产的配置，让资产发挥其最大的作用，而伴随着资产的有效利用，财务报告披露的风险也会逐渐降低，也就是所谓“顺周期而为”的概念。

财务方面的协同效应是宝武合并后实现最快的协同效应，双方合理利用税法优惠，分别和当地政府部门进行深入探讨，最后在2017年当年实现财务协同效益6.7亿元人民币，并且预期未来4年可以实现财务总收益20.3亿元，为并购整合的顺利进行提供雄厚的资金支撑。武钢股份有限公司迅速被纳入宝钢股份资金平台进行统一管理，充分利用资金集中调度使用与分配的优势，并且充分使用宝钢股份的优质债务评级来替换掉武钢原有的高利息债务，大幅度减少了武钢现在的资金使用成本。当前武钢的平均资金成本只有3.8%，比钢铁行业的平均资金成本7.22%要低将近一半。资金使用成本的降低使得宝钢股份有更多的流动资金替武钢偿还在二者合并之前欠下的巨额债务，利用宝钢优秀的资金管理制度，资产负债率成功地由合并初期的55%降低到了49%。负债总额也从2017年初的440亿元降低到了年底的240亿元，减少了整整200个亿元。通过财务共享平台对费用进行统一的把控，把宝钢原有的先进的现金管理模式直接推进武钢内部，为了避免武钢财务资源重复使用的浪费，且为了便于统一管理，直接利用宝钢现有的各项财务资源(如保险/航空公司差旅/银行)。吸取过往并购后的整合采用子公司模式而导致整合失败的经验教训，宝钢使用统一的财务系统和管理制度，避免目标企业的管理者利用信息不对称盲目负债进行规模扩大，最后引发子公司的债务由母公司承担的巨大风险。

3. 人力资源整合

合并后整合的关键在于人才的整合，人才是一个企业的“灵魂”。为了化解过剩产能问题，武钢在与宝钢合并之前就通过内退等方式共计分流了6千多名职工，但是根据武钢的钢铁产量和一线员工的数量算出的人均产钢量来看，处于钢铁生产一线的员工依然太多，分流的6千人仅仅是杯水车薪。而且宝钢武钢合并之后拥有的员工高达20多万，因此宝武集团必须要建立新的管理制度和组织架构。

宝钢集团总部的人力资源部门按照任务战略化、价值绩效化、培养实战化、管理信息化的人才选拔“四项”要求，在各个生产区域选拔有资质，有热情、生产技术强和综合素质高的人才员工作为未来储备干部的发展对象。人力资源部门以“学习与行动”的方式来对武钢的员工进行培训；通过一些重点项目例如：“加强机械功能精度化管理、无人化仓管能力提高”等重点问题，举行了一系列专门的培训活动。在学习过程中邀请企业内部和外部专家开设专项课程，同时还邀请厂部级领导担任各个重点项目的实践导师，确保项目的顺利推进、帮助下级员工快速成长。更重要的是人力资源部门积极组织员工去四大生产基地的生产一线进行现场学习及轮岗交流。通过这些实践型和研究型的人才培养项目，学员们在学习中的互动交流，实现了宝贵实战经验的分享，促进了生产技术进步及企业文化的相互融合，也促进了重点整合计划的有效落实。

4. 管理能力整合

中国许多钢铁企业是在国家政府的引导下采取联合式并购重组，由于并购整合关系到各方的利益，因此在管理能力整合过程中存在着很多的问题。在管理制度的整合过程中需要并购双方的共同参与，处于强势地位的一方千万不能让处于弱势地位的一方强行改变，这样做很容易导致并购的失败。在管理机制的构建要有明确责、权和利，设置目标责任制的考核制度。

(1) 高层管理者变动

企业的高层管理者掌握着企业数以亿计的资产和几千员工的人事变动，管理者处于金字塔的顶端，牵一发而动全身。因而在并购后企业管理能力的整合中，对高层管理者的变动往往是需要非常谨慎的。2016年10月31日，宝钢股份与武钢股份双方共同发布公告，宣布原武钢集团董事长、党委书记马国强，被任命为现任宝武集团董事长、党委书记，与以前大多数公司并购后高层管理者的任命变动对比，此次任命被合并方武钢集团董事长来担任宝武集团董事长，确实不太寻常。原因是，马国强之前就是从宝钢集团调去武钢集团任职的，在这两家企业中都担任过重要职位，对于两家钢铁企业的实际情况都非常熟悉。宝钢与武钢在我国上一轮钢铁行业的并购浪潮中，都在企业文化融合方面均出现了不同程度上的问题。此次合并选择由马国强来担任宝武集团的董事长、党委书记，也是考虑到了两家企业合并后的文化融合问题。

(2) 建立激励机制

在国家对国企设置薪酬限制的大环境下，国企高管的薪酬本身的市场竞争力就很低，激励考核机制也并不完善。完善的激励机制能够使管理层在应对并购重组的巨大责任与压力的挑战时更加富有激情与干劲。2017 年 4 月 27 日宝武集团的董事会通过了《关于宝武整合协同专项激励计划的议案》，该议案主要是针对百日计划和年度计划的整合效果而专门设置的，明确了在发放正常的年薪之外专门设立并购整合效果的现金奖，来奖励在整合战略实施过程中有贡献巨大的员工，其激励对象包括：① 宝钢股份的高层管理者和核心技术团队；② 原本武钢股份负责整合的领导团队；③ 整合执行方面的重点骨干：包括整合推进办公室、五个专项工作组，以及七个职能线条的主要工作人员。要想获得此项激励，集团必须完成实现整体协同效益达到 10 亿～20 亿元的目标，主要的考核指标：协同效益、管理机制的优化、一线生产人员整合、风险把控等等，依据激励对象在整合过程中发挥作用不同的设置不同的考核办法。专项激励的总奖金池是按照已经实现协同效益金额 1%～2% 的比例进行设置，其中针对百日计划的实施情况分配专项激励奖金的 40%，剩余的奖金根据年度计划的完成情况和个人表现进行考核分配。

**问题：**

1. 从宝钢和武钢两个方面分析并购的动因和效应。
2. 对于这起国内钢铁行业最大的并购来说，如何才能合并后实现正效应？

## 第二节 并购的财务分析方法

### 引言

近年来，我国资本市场高溢价收购事件频频发生。2018 年 4 月 27 日，主营农药、兽药、游戏的瀚叶股份(600226)发布的收购方案震动资本市场。根据公告，公司拟通过发行股份及支付现金的方式，作价 38 亿元收购量子云 100%股权。量子云是一家依托“微信生态圈”，专注于移动互联网流量聚集、运营及变现的新媒体公司，核心资产为其运营的 981 个微信公众号。引起市场关注的，除了其近千个公号背后仅 50 名编辑队外，还有量子云的较高资产估值。预案披露，交易采用收益法对量子云进行评估，预估值为 38 亿元，增值率高达 2 818.96%。

除瀚叶股份外，多家上市公司也在并购中给予目标公司超高估值。科达股份(600986)拟以 6.14 亿元购买鲸旗天下 67.5%股权。鲸旗天下净资产为 4 405.24 万元，估值增值率为 2 015.14%。中珠医疗以支付现金的方式购买成立仅两年、业绩尚不稳定的浙江爱德 100%股权，预估值为 11.7 亿元，增值率高达 816.48%。完美环球(002624)收购完美世界时更以 41 200%的增值率，创造了国内资本市场收购溢价率之最。

并购中收购方要怎样对目标公司进行合理估价呢？除了交易成本外，并购还会涉及哪些成本，以及并购后对公司财务会产生哪些影响？

## 一、并购目标公司估价方法

并购过程中，对目标公司的估价是并购要约的重要组成部分。由于并购的支付方式不同，需要进行价值评估的内容也有差别。并购的支付方式主要有资产置换、股权交换和支付现金三种。前两种方式下，除对目标公司的价值进行评估外，还需对作为支付手段的自身资产或股权进行价值评估。

目标公司估价取决于并购公司对其未来收益的大小和时间的预期。对目标公司的估价可能因预测不当而不准确。这暴露了并购公司的估价风险，其大小取决于并购公司所用信息的质量，而信息质量又取决于目标公司是上市公司还是非上市公司，并购公司是敌意的还是友好的，以及准备并购和目标公司并购前审计的时间。并购价值评估本质上是一种主观判断，但并不是可以随意定价，而是有一定的科学方法和长期经验验证的原则可依据的。公司一般可以使用以下方法对目标公司估价：

### （一）资产价值基础法

资产价值基础法指通过对目标公司的资产进行估价来评估其价值的方法。确定目标公司资产的价值，关键是选择合适的资产评估价值标准。目前国际上通行的资产评估价值标准主要有以下四种：

1. 账面价值

账面价值是指会计核算中账面记载的资产价值。例如，对于股票来说，资产负债所揭示的公司某时点所拥有的资产总额减去负债总额即为公司股票的账面价值（账面净资产），再减去优先股价值，即为普通股价值。这种估价方法不考虑现时资产市场价格的波动，也不考虑资产的收益状况，因而是一种静态的估价标准。我国公司并购活动中有不少收购方以账面价值作为收购价格的实例。账面价值取数方便，但是其缺点是只考虑了各种资产在入账时的价值而脱离现实的市场价值。

2. 市场价值

市场价值与账面价值不同，是指把该资产视为一种商品在市场上公开竞争，在供求关系平衡状态下确定的价值。当公司的各种证券在证券市场上进行交易时，它们的交易价格就是这种证券的市场价值。它可以高于或低于账面价值。

3. 清算价值

清算价值是指在公司出现财务危机而破产或歇业清算时，把公司中的实物资产逐个分离而单独出售的资产价值。清算价值是在公司作为一个整体已经丧失增值能力情况下的资产估价方法。对于股东来说，公司的清算价值是清算资产偿还债务以后的剩余价值。

4. 公允价值

公允价值是指将目标公司在未来持续经营情况下所产生的预期收益，按照设定的折现率（市场资金利润率或平均收益率）折算成现值，并以此确定其价值。它把市场环境和公司未来的经营状况与目标公司价值联系起来，最适宜于评估目标公司的价值。

以上四种资产评估价值标准各有其侧重点，因而其适用范围也不尽相同。就公司并购而言，如果并购的目的在于其未来收益的潜能，那么公允价值就是重要的标准；如果并购的目的在于获得某项特殊的资产，那么清算价值或市场价值可能更为恰当。

（二）现金流量法

并购价格的制定往往是兼并双方各自按自己的估价模型所得出的两个有差距的兼并价格，兼并方会竭力以最低价格收购，而被兼并方则要争取以最高价格出售。最后的成交价格将由谈判来决定。一般来说，协同效应越大，谈判余地越大，兼并圆满成功的概率也越高。兼并价格($P$)一般是兼并底价($P_0$)、公司的自然地理环境($G$)、购买者的经营预期($E$)、竞争者竞争强弱($C$)、支付能力及认购方式($B$)以及其他各种自变量($O$)的函数，即：

$$P=f(P_0、G、E、C、B、O)$$

对于被兼并方，决定兼并价格时，假定公司能继续经营，采用未来收益贴现值法。

未来收益贴现值法是根据公司实际的创利能力来确定公司的现金流量。其原则是预测公司今后一段时期的税后净收益，计算出未来收益的总现值，加上公司资产残值的现值，减去公司的债务，由此得出期望收入中现金流量的现值。具体步骤及计算公式如下：

① 设公司在有效年限内($n$)继续经营；

② 预算出公司在有效年限内每年的税后净收益 $j_t$；

③ 预算出有效年限后公司的残值 $r$；

④ 选择合适的贴现率 $i$；

⑤ 计算未来税后收益的总现值与残值的现值之和 $PV$；

$$PV=\sum_{t=1}^{n}\frac{j_t}{(1+i)^t}+\frac{r}{(1+i)^n}$$

式中：$t$ 代表年度，取值为从 $1\to n$。

⑥ 设公司债务为 $D$，公司资产价值 $V$ 的计算公式如下：

$$V=\sum_{t=1}^{n}\frac{j_t}{(1+i)^t}+\frac{r}{(1+r)^n}-D$$

以此得出的卖方公司资产价值，可作为卖方转让产权的最低价格的标准。在选择贴现率时，要考虑市场的通货膨胀率。

对于兼并方来说，更注重兼并后卖方公司能给买方带来多大的创利能力。同样采用未来收益贴现值法。具体步骤及计算公式如下：

① 预测兼并后买方每年收入的净增量 $\Delta E_t$（已扣除追加的固定资本和流动资金）；

② 选择适当的贴现率 $i$，选择时可综合考虑市场长期利息率、通货膨胀率、投资风险等因素，$i$ 可适当高于利息率 3～4 个百分点；

③ 计算净收入增量的总现值 $PV$，其公式如下：

$$PV=\sum_{t=1}^{n}\frac{\Delta E_t}{(1+i)^t}$$

式中：$t$ 代表年度，取值为从 $1\to n$。

④ 设公司债务为 $D$（在买方承担卖方债务情况下），计算净现值 $NPV$ 的公式如下：

$$NPV=PV-D$$

由此得出的卖方公司价值是买方协商转让价格的最高标准。

兼并分析中，影响现金流量诸因素的分析应相当详尽，且应进行敏感性分析。由于计算分析指标时所依据的各种参数——各年的现金流量、有效经营期和残值等都是一种估计数，主观估计上的误差和客观情况的变化，以原来各有关参数的估计数为基础计算出的指标的预期值将难以实现。为了尽量避免兼并决策上的失误，便于事先采取灵活的对策和措施，要掌握各项预期参数值变动的幅度对指标分析评价的影响程度，对方案的可行性进行模拟分析。

需要说明的是，这种分析方法存在以下难点：

① 兼并方必须能估计出从兼并中获得利润或现金流量；

② 要估计兼并对公司股东资本收益率的影响；

③ 如果不是以交换股票形式，兼并方还需决定采用何种支付方式支付被兼并公司；

④ 在预计兼并获利的基础上，兼并公司、被兼并公司的经营者还要就如何瓜分这些利益讨价还价；

⑤ 必须选择适中的贴现率。

（三）收益法（市盈率模型）

收益法就是根据目标公司的收益和市盈率确定其价值的方法，也可称为市盈率模型。因为市盈率的含义非常丰富，它可能暗示着公司股票收益的未来水平、投资者投资于公司希望从股票中得到的收益、公司投资的预期回报、公司在其投资上获得的收益超过投资者要求收益的时间长短。

应用收益法（市盈率模型）对目标公司估值的步骤如下：

1. 检查、调整目标公司近期的利润业绩

在检查目标公司最近的损益账目时，并购公司必须仔细考虑这些账目所遵循的会计政策。若有必要，则需调整目标公司已公布的利润，以便使其与并购公司的政策一致。例如，当目标公司已经投资于开发费用时，并购公司就可以注销所有的研究与开发费用，从而将夸张的报告利润降下来。

2. 选择、计算目标公司估价收益指标

一般来说，最简单的估价收益指标可采用目标公司最近一年的税后利润，因为其最贴近目标公司的当前状况。但是，考虑到公司经营中的波动性，尤其是经营活动具有明显周期性的目标公司，采用其最近三年税后利润的平均值作为估价收益指标将更为适当。实际上，对目标公司的估价还应当更多地注重其被并购后的收益状况。比如，当并购公司在管理方面具有很强的优势时，假设目标公司被并购后在有效的管理下，也能获得与并购公司同样的资本收益率，那么以据此计算出目标公司被并购后的税后利润作为估价收益指标，可能对公司并购决策更具有指导意义。

3. 选择标准市盈率

通常可选择的标准市盈率有如下几种：在并购时点目标公司的市盈率、与目标公司具有可比性的公司的市盈率或目标公司所处行业的平均市盈率。选择标准时必须确保在风险和成长性方面的可比性，该标准应当是目标公司并购后的风险——成长性结构，而不应仅仅是历史数据。同时，实际运用中通常需要依据预期的结构对上述标准加以调整，因为难以完全准确地把握市盈率与风险、成长性之间的关系。

4. 计算目标公司的价值

利用选定的估价收益指标和标准市盈率，就可以比较方便地计算出目标公司的价值，公式如下：

目标公司的价值＝估价收益指标×标准市盈率

**例 10-1**　A 公司拟横向兼并同行业的 B 公司，假设双方公司的长期负债利率均为 10%，所得税税率均为 50%。按照 A 公司现行会计政策对 B 公司的财务数据进行调整后，双方的基本情况如下：A 公司资产总额 3 亿元，市盈率为 20；B 公司最近一年的税后利润为 3 000 万元，市盈率为 13。

由于并购双方处于同一行业，从并购公司角度出发，预期目标公司未来可达到同样的市盈率是合理的，所以 A 公司可以选择其自身的市盈率为标准市盈率。

若选用目标公司最近一年的税后利润作为估价收益指标：

$$B\text{公司的价值}=3\ 000\times 20=60\ 000(\text{万元})$$

不过选用不同的估价收益指标，对目标公司的估价也将大不相同。并购公司应当根据并购双方的实际情况，选择最为合理的估价指标，使目标公司估价尽可能准确，为并购决策提供有效的决策依据，降低并购风险并提高并购活动的收益。

采用收益法估算目标公司的价值，以投资为出发点，着眼于未来经营收益，并在测算方面形成了一套较为完整有效的科学方法，因而为各种并购价值评估广泛使用，尤其适用于通过证券二级市场进行并购的情况。

但在该方法的使用中，不同估价收益指标的选择具有一定的主观性，而且我国股市建设尚不完善，投机性较强，股票市盈率普遍偏高，适当的市盈率标准难以取得，所以在我国当前的情况下，很难完全运用收益法对目标公司进行准确估价。

## 二、并购成本分析

公司并购是资本经营的基本方式和实现快速扩张的主要途径。公司并购包含一系列工作，其并购成本不只是一个普通的财务成本概念，而应该是由此发生的一系列代价的总和。这些成本既包括并购工作完成的成本，也包括并购以后的整合成本；既包括并购发生的有形成本，也包括并购发生的无形成本。为了真正实现低成本扩张，公司并购运作必须了解和把握并购的各项成本要素。具体来说，公司并购应该分析的成本项目有：

### （一）并购完成成本

所谓并购完成成本指并购行为本身所发生的直接成本和间接成本。直接成本是指并购直接支付的费用。间接成本是指并购过程中所发生的一切费用，它包括：① 债务成本。在承担债务式并购、杠杆收购等情况下，开始可能并不实际支付收购费用，但是必须为未来的债务逐期支付本息。借用银行的抵押贷款进行收购，也要背上未来偿还本息的包袱，租赁将来也是要付租金的。② 交易成本。即并购过程中所发生的搜寻、策划、谈判、文本制作、资产评估、法律鉴定、公证等中介费用，发行股票还需要支付申请费、承销费等。③ 更名成本。并购成功后，还会发生重新注册费、工商管理费、土地转让费、公告费等等支出。

### （二）整合与营运成本

并购公司不仅应关注并购当时短期的完成成本，还应测算并购后为使被并购公司健康发展而需支付的长期营运成本。这些成本包括：① 整合改制成本。取得对目标公司的控制权后，必然需要进行重组或整合，小则调整人事结构，改善经营方式；大则整合经营战略和产业结构，重建销售网络。为此要支付派遣人员进驻、建立新的董事会和经理班子、安置原有领导班子、安置富余人员、剥离非经营性资产、淘汰无效设备、进行人员培训等有关费用。② 注入资金的成本。并购公司要向目标公司注入优质资产，拨入启动资金或开办费，为新公司打开市场而需增加的市场调研费、广告费、网点设置费等，这些都需要费用。所以，公司进行并购决策时应切实分析目标公司的资源潜能与管理现状，明确并购双方公司管理资源的互补性，充分估计并购方在现在基础上能否对被并购公司实施有效的管理投入，是否有能力通过有效的整合措施使被并购公司实施制度创新、机制创新。如果并购双方管理资源缺乏有效的互补性，或被并购公司管理资源过分缺乏，并购方的管理成本将相当巨大。

整合与营运成本具有长期性、动态性和难以预见性，所以并购决策中应特别关注该项成本能否达到最低。

（三）并购退出成本

一个公司在通过并购实施向外扩张时，还必须考虑一旦扩张不成功如何低成本撤退的问题。

（四）并购机会成本

并购活动的机会成本是指并购实际支付或发生的各种成本费用相对于其他投资和未来收益而言的。成本一项并购活动所发生的机会成本包括实际成本费用支出以及因放弃其他项目投资而丧失的收益。

**三、公司并购的风险分析**

公司并购是高风险经营，财务分析应在关注其各种收益、成本的同时，更重视并购过程中的各种风险。

（一）营运风险

所谓营运风险，是指并购方在并购完成后，可能无法使整个公司集团产生经营协同效应、财务协同效应、市场份额效应，难以实现规模经济和经验共享互补。通过并购形成的新公司因规模过于庞大而产生规模不经济，甚至整个公司集团的经营业绩都为被并购进来的新公司所拖累。

（二）信息风险

在并购战中，信息是非常重要的，知己知彼，百战不殆。真实与及时的信息可以大大提高并购公司行动的成功率。但实际并购中因贸然行动而失败的案例不少，这就是经济学上所称的“信息不对称”的结果。

（三）融资风险

公司并购需要大量的资金，所以并购决策会同时对公司资金规模和资本结构产生重大影响。实践中，并购动机以及目标公司并购前资本结构的不同，还会造成并购所需的长期资金与短期资金、自有资本与债务资金投入比率的种种差异。与并购相关的融资风险具体包括资金是否可以保证需要（时间上与数量上）、融资方式是否适应并购动机（暂时持有或长期拥有）、现金支付是否会影响公司正常的生产经营、杠杆收购的偿债风险等。

（四）反收购风险

在通常情况下，被收购的公司对收购行为往往持不欢迎和不合作态度，尤其在面临敌意并购时，他们可能会“宁为玉碎，不为瓦全”，不惜一切代价布置反收购战役，其反收购措施可能是各种各样的。这些反收购行动无疑会对收购方构成相当大的风险。

（五）法律风险

各国关于并购、重组的法律法规的细则，一般都通过增加并购成本而提高并购难度。如我国目前的收购规则，要求收购方持有一家上市公司5%的股票后即必须公告并暂停买卖

(针对上市公司非发起人),以后每递增5%就要重复该过程,持有30%股份后即被要求发出全面收购要约。这套程序造成的收购成本之高,收购风险之大,收购程度之复杂,足以使收购者气馁,反收购则相对比较轻松。

(六) 体制风险

在我国,国有公司资本经营过程中相当一部分公司的收购兼并行为,都是由政府部门强行撮合而实现的。尽管大规模的并购活动需要政府的支持和引导,但是并购行为毕竟应是公司基于激烈市场竞争而自主选择的发展策略,是一种市场化行为。政府依靠行政手段对公司并购大包大揽不仅背离市场原则,难以达到预期效果,而且往往还会给并购公司带来风险。比如,以非经济目标代替经济目标,过分强调"优帮劣、强管弱、富扶贫"的解困行为,将使公司并购偏离资产最优化组合的目标,从而使并购在一开始就潜伏着体制风险。

总之,并购风险非常复杂和广泛,公司应谨慎对待,多谋善选,尽量避免风险,将风险消除在并购的各个环节中,最终实现并购的成功。

**四、并购后对公司财务影响分析**

并购活动会对并购双方的财务指标产生明显影响。由于公司并购投资决策以投资对股票价格的影响为依据,而股票价格的影响又取决于投资对公司每股收益的影响。所以公司评估并购方案的可行性时,应将其对并购后存续公司每股盈余的影响列入考虑范围。

(一) 每股收益

兼并方公司,特别是一些股份制公司的股东和管理人员较为注重兼并行为发生后每股收益的变化情况。因为随着证券市场的发展,每股收益将越来越受到人们的重视,每股收益不仅体现了公司的盈利水平,而且影响着股票的价格,其结果也会影响公司的形象和社会地位。因此,在考虑是否兼并一个公司时,决策者首先要考虑兼并后对公司每股收益的影响,从而得出初步的结论。

下面以一个简单的例子来说明兼并后的每股收益对兼并决策的影响。

**例 10-2** ① 假设有两家股票上市公司,其兼并前的资料如表 10-4 所示。

**表 10-4 A、B 公司并购前资料列表**

| 项 目 | A公司(兼并方) | B公司(被兼并方) |
|---|---|---|
| 股票发行份数/万股 | 10 | 5 |
| 税后利润/万元 | 50 | 20 |
| 每股税后利润/(元/股) | 5 | 4 |
| 每股市价/元 | 60 | 60 |
| 市盈率 | 12 | 15 |

假设 A、B 两公司同意兼并,A 是兼并方公司,按 1∶1 的交换比率,换取 B 公司的股份。交换比率是按两家公司的每股市价决定的。假定兼并后盈利没有增加,则兼并后对每股收益的影响如表 10-5 所示。

**表 10-5　A 公司并购 B 公司后的收益变化**

| 项　目 | 兼并后 |
|---|---|
| 股票发行份数/万股 | 15 |
| 税后利润/万元 | 70 |
| 每股税后利润/(元/股) | 4.67 |

兼并后公司每股收益即每股税后利润为 4.67 元，兼并行为的发生使得 A 公司原股东在公司盈利水平没有发生变化的情况下每股收益受到影响，每股税后利润从原来的 5 元下降到兼并后的 4.67 元，使得 A 公司原股东每股减少 0.33 元的收益。这种每股税后利润的减少是由 B 公司原来每股收益相对较低而形成的，对 A 公司原股东来说，其每股税后利润受到“稀释”。而对于 A 公司的新股东来说，由于受 A 公司原来每股盈利能力较强的影响，每股盈利能力随之增长，从原来的 4 元上升到 4.67 元，上升幅度为 16.75%。

② 假设其他数据不变，若 A 公司以 1∶2 的交换比率换取 B 公司的股票，则 A 公司只需用 2.5 万股的新股便可以换取 B 公司 5 万股的股票，兼并后公司的有关数据如表 10-6 所示。

**表 10-6　A、B 公司并购前后收益变动表(1∶2 换购比率)**

| 项　目 | A 公司 | B 公司 | 兼并后 |
|---|---|---|---|
| 股票发行总数/万股 | 10 | 5 | 12.5 |
| 税后利润/万元 | 50 | 20 | 70 |
| 每股税后利润/(元/股) | 5 | 4 | 5.6 |

由于 A 公司以较低的换股比率换取 B 公司的所有股票，B 公司股东要用 2 股 B 公司股票才能换来 1 股 A 公司股票，这种换股方式使得兼并后公司股份总数减少了 2.5 万股。假设 A、B 公司的盈利总额不发生变化，那么兼并后公司的每股税后利润为 5.6 元。但是，由于 B 公司的股东在兼并后只持有相当于老股数的 1/2 的股数(2.5 万股/5 万股)，所以其每股税后利润按老股数计算只有 2.8 元，而 A 公司老股东的每股税后利润为 5.6 元，兼并后 A 公司新老股东的每股税后利润均发生了变化，A 公司老股东获得了兼并行为所带来的收益。

③ 假设 A 公司以 4∶5 的换股比率换取 B 公司的股票，B 公司股东便以 5 万股股票换回 A 公司 4 万股股票从而成为 A 公司的新股东，则兼并后公司的有关数据如表 10-7 所示。

**表 10-7　A、B 公司并购前后收益变动表(4∶5 换购比率)**

| 项　目 | A 公司 | B 公司 | 兼并后 |
|---|---|---|---|
| 股票发行总数/万股 | 10 | 5 | 14 |
| 税后利润/万元 | 50 | 20 | 70 |
| 每股税后利润/(元/股) | 5 | 4 | 5 |

A 公司与 B 公司换股比率为 4∶5，是以 A、B 公司每股税后利润为依据的，B 公司股东

在兼并后只持有相对原有股份数的80%即4万股。假设兼并后A、B公司的盈利总额不发生变化，那么兼并后每股税后利润为5元。由于B公司的股东在兼并后只持有相当老股的80%，所以其每股税后利润按老股计算仍为4元(5元×80%)。因此，兼并后A公司的老股东每股收益与兼并前保持一致。

从上例可以看到，股东和管理者所关心的每股收益在兼并后的变化是视各种具体情况而定的，有时增加，有时减少。决策者对于兼并后每股收益增加的情况往往采取积极的态度；而对于每股收益下降的情况决策者往往会放弃兼并的方案，从而失去发展的机会。因为公司兼并行为的发生不只是影响公司的每股盈利能力，公司兼并往往会涉及多个方面。例如，兼并会给公司带来更广阔的发展前景，给公司带来多种经营的机会，并利用各种优势提高经济效益，增强获利能力从而提高公司发展速度。因此，每股盈利能力的变化虽是公司兼并后对公司影响的最终体现，但公司兼并后不是按原来的发展速度发展，而是以更快的速度发展，这一因素在决策时也必须予以考虑。

(二) 盈利的增长率

公司发展往往伴随着收益的增长。虽然有些公司在兼并一开始每股盈利能力比兼并前有所下降，但由于公司兼并后，兼并方参与被兼并方公司的管理和决策，使得被兼并公司能吸收兼并方先进的管理办法和技术，从而提高公司发展速度，被兼并公司的盈利能力可能呈现出兼并前无法达到的增长率。高的市盈率一般是同高增长率相联系的。

**例10-3**　仍沿用例10-2，第一种情况，上例B公司的市盈率高于A公司，那就有理由假设B公司的盈利也要比A公司增长得快。假设A、B两公司的预期增长率分别为5%和10%，而兼并后的新增长率为A、B两公司增长率的加权平均(以兼并前各自的盈利总额作为权数)，A公司拥有B公司100%的控制权，则兼并后的预期新增长率为：

$$\frac{500\ 000\times5\%+200\ 000\times10\%}{500\ 000+200\ 000}=6.43\%$$

这个预期增长率高于A公司5%的原增长率，低于B公司10%的增长率。

本例，兼并方公司(A公司)的每股盈利被冲淡(兼并前为5元，兼并后为4.67元)，但兼并后的新增长率则提高为6.43%(兼并前为5%)。这样，经过一定年数之后，A公司的EPS便可恢复到兼并前水平(假定其他条件不变)。冲淡的持续时期越长，兼并的吸引力越小。因此，A公司还要进一步进行分析。根据以上有关数据，分析计算如表10-8所示。

**表10-8　兼并收益对比分析表**　　单位：元

| 年　份 | 不兼并每股收益(增长率5%) | 兼并后每股收益(增长率6.43%) |
|---|---|---|
| 0 | 5.00 | 4.67 |
| 1 | 5.25 | 4.97 |
| 2 | 5.51 | 5.29 |
| 3 | 5.79 | 5.63 |
| 4 | 6.08 | 5.99 |
| 5 | 6.38 | 6.38 |
| 6 | 6.70 | 6.79 |

由上表中可以看出，即使在兼并一开始，公司每股收益有所下降，但由于被兼并方在兼并后所获得的益处，使得在兼并后几年内以较快的增长速度发展，最终使兼并后每股盈利能力强于不兼并情况下的获利能力。或者可以说此项兼并对兼并方公司（A公司）每股收益的冲淡效应，将在兼并后的第五年消失。根据上表数据绘图表示，如图 10-4 所示。

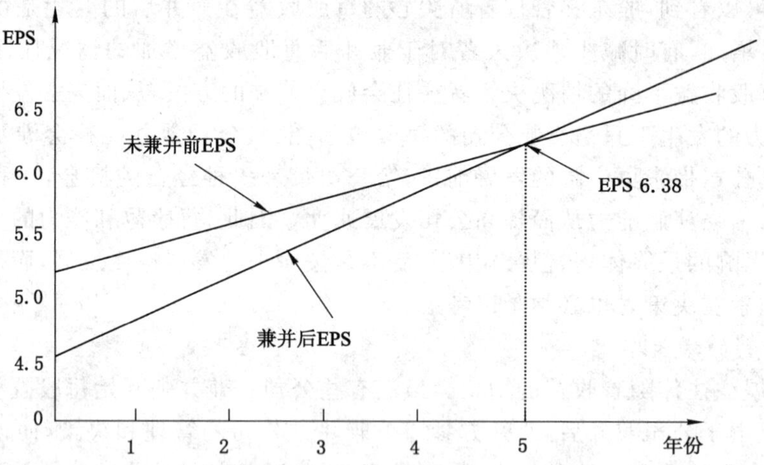


图 10-4　并购效益比较图

因此，如果决策者对于兼并后一段时间内每股盈利情况持消极的态度，则会失去很多的未来收益。

（三）市场价格

股票的市场价格也是影响公司兼并决策的因素。在完善的证券市场中，公司股票市场价格越高，反映公司内在的价值也越高。股票的市价是公司盈利能力、营运能力、发展前景的综合反映。

公司兼并时，如果兼并方公司通过投入现金的形式来购入被兼并方的资产从而获得控制权。在这种情况下，市价越大，投入的现金就越多，兼并方公司便会考虑支付那么多的现金是否值得。被兼并方如果不是股份公司，则兼并时双方还可以讨价还价，如果被兼并方是股份公司，那么在不存在敌意收购的情况下，兼并方需按被兼并公司股票市价提出收购。并且以此为基础与被兼并公司的股东展开收购谈判。

公司兼并时，如果兼并方公司通过换发股票形式获得对被兼并方的控制权，市场价值是兼并双方确定换股比率的依据，从而又影响到兼并后每股收益。

在实际业务中，由于以下原因，兼并的价值有可能超过现行市价：

① 如果被兼并公司对于兼并方公司的盈利和发展具有重大作用，则后者宁愿付出高于一般市场价值的代价。即被兼并公司除了有市场价格外还具有一定的潜在价值，这种潜在价值包括：公司尚处在发展中，尚未形成规模效益；新技术、新设备尚未发挥出很好的效益；被兼并公司拥有产品市场、产品品牌、技术专利等等。这时兼并方愿以较高的代价来购得被兼并公司，兼并后通过对被兼并公司的管理使得被兼并公司产生更大的效益，兼并方所支付的代价最终从效益的大幅度提高上得到补偿。

② 以收购股权而取得兼并的条件下，收购方公司对于被兼并方股东可提供高于现行市

场价格的买价，以利诱其出让股份。

③ 对于能够实现税款利益的兼并，兼并方公司所出的购买价格往往可超过现行市价水平。

由于这些原因，兼并方公司声明兼并之前提出的开价可高于市价的10%～20%，甚至还有高达50%的情况。

**五、并购的资金筹措**

目前适合我国国情的融资方式和途径有内部留存、增资扩股、金融机构信贷、公司发行债券、卖方融资、杠杆收购等方式。在具体的运作中，有些可单独运用，有些则可组合运用，应视并购双方具体情况而定。

（一）增资扩股

收购方选择增资扩股方式取得现金来收购目标公司时，最重要的是考虑股东对现金增资意愿的强弱。就上市公司而言，拥有经营权的大股东可能考虑其自身认购资金来源的资金成本、小股东认购愿望的因素等。对于非上市公司，若股东资金不足而需由外界特定人士认购时，大股东可能会出于保持控制权的考虑而宁可增加借款而不愿扩股。

（二）股权置换（换股）

股权置换实际上是公司合并的基本特色。在公司收购活动中，收购者若将其自身的股票作为现金支付给目标公司股东，可以通过两种方式实现：一是由买方出资收购卖方全部股权或部分股权，卖方股东取得资金后认购收购方的现金增资股，因此双方股东不需另筹资金即可实现资本集中；二是由买方收购卖方全部资产或部分资产，而由卖方股东认购买方的增资股，这样也可达到集中资本的目的。

（三）金融机构信贷

金融机构信贷是公司并购的一个重要资金来源，在国外比较流行。由于这种贷款不同于一般的商业贷款，要求收购方提前向可能提供贷款的金融机构提出申请，并就各种可能出现的情况进行坦诚的磋商。即使需要保密，也需在收购初期向金融机构提出融资要求，因为这种贷款与一般的商业贷款相比金额大、偿债期长、风险高，故需较长的商讨时间。

（四）卖方融资（推迟支付）

在许多时候，购并双方在谈判时会涉及购并方推迟支付部分或全部款项的情形。这是在国外因某公司或公司获利不佳，卖方急于脱手的情况下，新产生的有利于收购者的支付方式，与通常的“分期付款方式”相类似。不过这要求收购者有极佳的经营计划，才易取得“卖方融资”。这种方式对卖方的好处在于因为款项分期支付，税负自然也分段支付，使其享有税负延后的好处，而且还可要求收购方支付较高的利息。

（五）杠杆收购

杠杆收购是指收购方为筹集收购所需资金，大量向银行或金融机构借债，或发行高利率、高风险债券，这些债务的安全性以目标公司的资产或将来的现金流入作担保。实质上，杠杆收购是收购公司主要通过借债来获得目标公司的产权，且从后者的现金流量中偿还负债的收购方式。

与其他的公司并购融资方式相比较，杠杆收购有如下基本特征：第一，收购公司用以收购的自有资金远远少于收购总资金，两者之间的比例一般仅为10%～20%；第二，收购公司的绝大部分收购资金系借债而来，贷款方可能是金融机构、信托基金、个人，甚至可能是目标公司的股东;第三,收购公司用以偿付贷款的款项来自目标公司的资产或现金流量,即目标公司将支付其自身的售价;第四,收购公司除投资非常有限的资金外,不负担进一步投资的义务,即贷出收购资金的债权人只能向目标公司求偿。实际上,贷款方通常在目标公司资产上担保,以确保优先受偿地位。杠杆收购在提高财务效益的同时,也带来了高风险。这种收购的大部分资金依赖于债务,需要按期支付债息,沉重的债息偿还负担可能令收购公司不堪重负而被压垮。收购后公司只有经过重组,提高经营效益与偿债能力,并使资产收益率和股权回报率有所增长,并购活动才算真正成功。

## 案例

### 戴奔与莱克合并的价值评估

一、案例背景

德国的戴奔和美国莱克公司均为世界著名的家电制造企业,戴奔主打产品为优质高价的高档家电,主要市场在欧洲和北美洲,美国的莱克公司产品主要集中于中低档家电,主要市场在美洲大陆。

近年来,全球家电市场竞争日趋激烈,形成规模经济成为战胜竞争对手的可行方法。戴奔与莱克两家公司在产品和市场范围上正好互补,出于对长远竞争优势的战略性考虑,公司合并被提上议事日程。通过合并,双方可以实现规模经济,合并后公司的采购、制造以及产品的销售、研发等都会产生整合效应,从而提高设备利用率、管理效率,分销渠道的整合有利于扩大销售收入,此外,服务与管理等部门也可以获得不同程度的益处。

当时估计短期内合并带来的成本降低和收入增加会产生 25 亿欧元的合并收益,而长期来看,采购优化及研究整合将会带来超过 50 亿欧元的收益。

但两家公司的规模以及地理位置使合并的复杂程度和评估难度大大提高,为此双方各自聘请了两家投资银行作为财务顾问,希望能够合理地确定各自的价值以及换股比例。

二、价值评估

对于连续经营的公司而言,净资产账面价值不能决定持续经营公司的内在价值,所以财务顾问首先否定了账面价值法。虽然戴奔公司以美国存托凭证(ADR)方式在美国上市,但财务顾问认为,股票市场上的价格受股票数量、市场交易情况、投机性等众多因素影响,往往具有短期波动性,难以合理反映公司的内在价值,根据德国惯例和通行做法,在评估公司价值时不用股票市场价格作为换股比较基准。又由于两家公司的收益价值均高于清算价值,清算价值法也被否定。最终选择贴现现金流量法对公司进行价值评估。首先对两家公司进行单独估价,在各自独立经营的基础上进行价值评估,这主要是考虑到两家公司在对整合效果的贡献方面旗鼓相当,同时整合效果相对于两家公司的企业价值来说非常小。其次,构建二阶段估价模型,第一阶段是 2016—2018 年,第二阶段是从 2019 年到以后的年份,具体的工作可以分为以下三步。

第一步:确定贴现收益。

(1) 根据两家公司经审计的公开披露的财务报表,财务顾问对 2013—2015 年的收入和费用项目进行了详细分析,调整了预期未来不会重复发生的一次性费用和收入项目,分别计算出戴奔和莱克 2016 年、2017 年和 2018 年各自所属部门的息税前收益(EBIT)及其总和。

(2) 自2019年开始，假设两公司的息税前净收益保持不变，其数额等于最后一个预测年份(2018年)息税前净收益扣减不会重复发生的收入和费用项目。

(3) 在息税前净收益基础上，进一步扣除根据两公司2016年1月1日资本结构计算得出的净利息费用、其他财务收入和费用、公司所得税，得到两家公司未来各年份的净收益。在公司净收益的基础上，减去按35%的假设税率计算的股东所得税，得到最终用于贴现的税后净收益。

第二步：确定贴现率。

确定贴现率主要考虑三个因素：基础利率、风险溢价(报酬率)和增长率扣减(修正值)。

从基础利率来看，两家公司合并正值市场处于低利率时期，市场收益率水平较低，不足以代表未来长期的利率水平，综合考虑1998—2005年德国最高信用等级证券的平均收益率7.0%，最终确定评估的基础利率为6.5%。

风险溢价取决于公司自身及所处行业的风险，根据有关实证研究资料，平均风险报酬率在4%～6%之间，因为两家公司的效益较好，所以统一采用3.5%作为风险报酬率。因为不同评估机构提供的值差异甚大，所以没有采用CAPM模型。

修正值：理论上资本市场利率包括通货膨胀所造成的风险补偿，但由于企业可以通过提高销售收入部分补偿由于通货膨胀造成的成本上升，企业的名义收益将按通货膨胀的一定比例增长，所以名义贴现率包括数值上等于未来通货膨胀率一定比例的可扣减利率，即所谓增长率扣减。假定通过提高销售价格，两家公司的名义收益将以1%的速度增长，则2019年及以后年份恒定收益的贴现率应减去1%的修正值，而2016—2018年的各项收入和费用是按实际金额估算的，所以这3年的贴现率无须扣减修正值。

在扣除35%的股东所得税后，可以计算出两个阶段的贴现率：

第一阶段为：(6.5%＋3.5%)×(1－35%)＝6.5%。

第二阶段为：(65%＋3.5%)×(1－35%)－1%＝5.5%。

第三步：非经营资产的评估。

完整的企业价值包括经营性资产和非经营性资产的价值两部分。运用收益法折现的价值仅仅反映了企业经营性资产持续经营的价值，要得到企业完整的价值还需要考虑非经营性资产。这些可单独出售的非经营性资产并不影响企业的持续经营价值，应单独评估，评估的方法是计算资产在市场上出售后扣除费用的净收益。

通过以上步骤，计算出戴奔的收益现值为1 020.71亿欧元，莱克的收益现值为803.79亿欧元。再加上非经营性资产的价值，得出两个公司的实际价值分别为：戴奔公司1 100.10亿欧元，莱克公司804.39亿欧元(不出售库存股票)或822.72亿欧元(出售库存股票)

三、换股合并

1. 确定总股本数

在公司价值已确定的情况下，再进一步确定各公司的总股本数，才能计算每股价值并确定合并的换股比例。

戴奔公司在合并前发行了附认股权证的7年期债券、强制可转换债券并实施了股票期权计划。莱克公司在合并前也向各级管理人员提供了股票期权、业绩奖励股票和其他与股票相关的权利，另外还有3 000万股库存股票。公司的股本数量将受到这些认股权和转换权执行情况的影响。

从估价的角度出发，财务顾问假定股票期权、认股权证和可转换债券在合并日之前全部执行，并按照2016年6月30日的股票市价全部转换为各自的普通股股票。为了采用联营法处理合并，莱克可能还需要出售3 000万股库存股票。按照2016年6月30日莱克的股票市价，剔除2.5%的股票手续费以及股票价格潜在的下跌和股东所得税等因素，按照同日美元对欧元比价计算，莱克公司库存股票价值为18.33亿欧元。如果出售，莱克公司价值增加18.33亿欧元，同时股本数额增加3 000万股；如果不出售，其价值和发行在外的股票总数都不会发生变化。

经以上调整，戴奔公司总股本为5.834 65亿股，莱克公司总股本为6.595亿股(不出售库存股票)或6.895亿股(出售库存股票)。两个公司的每股现值为：

戴奔公司：1 100.10÷5.834 65=188.55(欧元)。

莱克：不出售库存股票时：804.39÷6.595=121.97(欧元)。

出售库存股票时：822.72÷6.895=119.32(欧元)。

2. 确定换股比例

合并时采用联营法可以避免合并后公司商誉摊销对净利润的影响，进而增强公司股票的吸引力。根据一般公认会计原则(GAAP)，此次合并要想采用联营法进行会计处理，以避免账面价值增加、确认商誉等，必须要求戴奔公司至少有90%的股东愿意接受换股。在戴姆勒奔驰公司愿意接受换股的股东比例无法确定的情况下，为鼓励更多的股东接受换股，提高换股比例的吸引力，经过双方讨价还价，确定了接受不同换股股东比例下相应的换股比例。

第一阶段：

如果戴奔换股股东不足90%，则每1股戴奔公司的股票换1股戴莱(合并后的新公司)的股票；每1股莱克公司的股票换0.623 5股戴莱的股票。

如果戴奔申请换股的股东达到90%，则每/股戴奔公司的股票换1.005股戴莱的股票；每1股莱克公司的股票换0.623 5股戴莱的股票。

第二阶段：

如果戴奔公司换股股东不足90%，则每1股戴奔公司的股票换1股戴莱公司的股票。

如果戴奔申请换股的股东达到90%，则每1股戴奔公司的股票换1.005股戴莱公司的股票。

结合每股价值来看，换股比例在一定程度上对戴奔公司更有利。如果能以此吸引至少90%的戴奔公司股东接受换股，合并后的企业就可以采用联营法进行会计处理，以避免合并后企业资产增值、合并商誉的摊销对净利润的影响，进而增强合并后企业股票的吸引力，也可使原莱克股东受益。

四、案例启示

虽然后来的事实证明两大巨头的合并没有产生预期的效果，但两家公司在合并时所采用的换股合并法仍然不失为一个经典财务案例。从中我们至少可以得到以下两点启示

1. 熟悉换股并购的操作流程

换股并购是国际上兼并收购时常用的一种支付方式，无论是新设合并还是吸收合并都可以采用这种方法。与现金支付方式相比，通过换股进行并购避开了筹集大量并购资金的难题，核心问题在于如何确定换股比例，通过该案例，我们可以较为清晰地看到换股并购的

操作流程。

换股并购的本质在于通过股票的交换来实现兼并的目的，而股票交换的基本条件就是股票价值相当，所以换股比例就转换为股票价值的确定。如果不打算采用股票市场价格法，确定目标公司的价值就成为换股并购要解决的第一个问题。明确了公司价值之后，第二步工作就是要确定目标公司的股份数，股份数的确定要充分考虑附认股权证的债券、股票期权等相关问题，判断它们在合并时是否转为股票。第三步工作是计算每股股票的价值，这个价值就是换股的基本依据之一。综合主并公司的每股价值或新设合并公司的预期每股价值就可以对换股比例做出初步判断，但在实践中换股比例的确定还要考虑其他因素，所以通常是以前述计算出的换股比例作为参照值加以调整，最终往往是通过谈判确定双方可接受的换股比例。

2. 了解并购中如何确定公司价值

由于股票市场价格具有短期波动性，受多种因素的影响，所以在评估公司价值时较少直接应用。此外，公司价值还有内在价值、账面价值和清算价值之分。账面价值不能反映连续经营公司的内在价值，而清算价值则是企业将各项资产单独出售所实现的净收益之和，所以这两种方法一般情况下不适合对公司进行估价。相比而言，内在价值是公司资产未来预期现金流量的现值，是一个动态变化的价值，能够客观地反映公司的真实价值。

贴现现金流量法是确定公司内在价值的核心方法，它首先估算出公司未来的收益，再考虑风险因素确定一个贴现率，然后按未来收益的增长态势将其划分为两阶段或三阶段，分别进行贴现、求和计算就可以获得公司的内在价值。

无论采取哪种支付方式，确定公司价值都是必不可少的重要环节，目标公司的内在价值往往是并购决策的关键。

**问题：**

1. 戴奔与莱克合并时，为何要选择贴现现金流量法进行公司价值评估？

2. 换股时，每股股票的价值如何确定？

## 第三节　剥离与分立

### 引言

2019 年 12 月 31 日晚间，长安汽车(000625)发布公告称与深圳前海锐致投资有限公司签署《股权转让协议》，将所持有的长安 PSA 股权全部转让，转让金额为 16.3 亿元。出售股权 2019 年 11 月 30 日的账面价值约为 2.78 亿元，本次出售将为长安汽车创造 13.52 亿元的税前利润。完成后，长安汽车不再持有长安 PSA 的股权，以 DS 品牌为核心的长安 PSA 也将退出中国市场。

2011 年，中国长安汽车集团股份有限公司与法国 PSA 集团共同成立了长安标致雪铁龙汽车，双方各占 50%股本。长安 PSA 主要生产豪华汽车品牌 DS 系列车型，按照深圳工厂规划，该工厂产能为年产 20 万辆。不过，DS 在华销售一直不太理想，当年长安与 PSA 签署合资协议时，双方预期在 2014 年中国市场完成 10 万辆的目标销量。但 2014 年，DS 在中国市场的销量仅为 2.3 万辆，远未达到预期。此后几年的表现也不尽如人意，2015 年至 2019 年销量分别是 2.46 万辆、1.61 万辆、0.61 万辆、0.39 万辆和 0.2 万辆。销量低迷，也使得长安 PSA 长期处于亏损状态。2016—2019 年长安 PSA 分别净亏损 16.3 亿元、11.1 亿元、10.6 亿元和 22.2 亿元。

长安汽车此举意在剥离不良资产，提高企业的资源利用效率，从而获得良好的财务指标，配合母公司的战略实施。对于 PSA 来说，此举也是无奈之举，对销量的不断下滑无能为力，与其混日子不如找到新的合作方。

剥离和分立并非总是公司经营失败的标志，它还是公司发展战略的合理选择，属于与扩张战略相对应的收缩战略。公司通过剥离或分立不适于公司长期战略、没有成长潜力或影响公司整体业务发展的子公司、部门或产品生产线，可使资源集中于经营重点，从而更具有竞争力。同时，剥离和分立还可使公司资产获得更有效的配置，提高公司资产的质量和资本的市场价值。

哪些情况下企业需要进行资产剥离或分立？剥离与分立的具体类型有哪些？它们又会通过何种方式影响企业价值呢？

## 一、剥离与分立的含义

### （一）剥离的含义

剥离是指公司将现有部分子公司、部门、产品生产线、固定资产等出售给其他公司，并取得现金或有价证券作为回报。

剥离与并购之间存在一定联系。如并购公司可在并购完成之后出售被收购公司的资产或业务，以获取现金回报；可通过剥离纠正以前草率的、甚至是错误的收购活动；在受到收购威胁时，还可能会剥离所谓“皇冠上的珍珠”以抵制收购方收购意图。尽管如此，剥离绝不仅仅是并购的相反过程，它具有自身的动因和目的，需要采用不同的分析手段与实施方法。

### （二）分立的含义

分立是指将母公司在子公司中所拥有的股份按比例分配给母公司的股东，形成与母公司股东相同的新公司，从而在法律上和组织上将子公司从母公司中分立出去。分立中一般不发生现金交易，子公司资产也不需重新评估，只涉及权益在两个独立实体之间的划分，不存在股权和控制权向第三者转移的问题，因为股东对母公司和分立出来的子公司仍然拥有其权利。

分立可以看作一种特殊形式的剥离，但纯粹的分立与剥离之间又存在着区别。分立后的新公司拥有独立的法人地位，而股东直接持有新公司（过去的子公司）的股票，可以直接参与管理人员的选用，从而取得了更大的控制权。另外，分立中一般不会发生各利益主体之间的现金或证券支付，而这种支付在剥离中通常会发生。

## 二、剥离与分立的类型

### （一）剥离的类型

根据不同的分类标准，剥离可以划分为不同的类型。

#### 1. 按照剥离是否符合公司的意愿划分

按是否符合公司的意愿，剥离可以划分为自愿剥离和非自愿或强迫剥离。自愿剥离，是指公司管理人员认为剥离有利于提高公司的竞争力和资本的市场价值而主动进行的剥离。非自愿或强迫剥离，则是指政府主管部门或司法机构依据反垄断法等法律法规，迫使公司剥离其部分资产或业务。

2. 按照剥离中所出售资产的形式划分

按照所出售资产的形式，剥离可以划分为出售资产、出售生产线、出售子公司、分立和清算等形式。出售资产，指仅出售公司的部分场地、设备等固定资产；出售生产线，指将与生产某种产品相关的全套机器设备等出售给其他公司；出售子公司，指将独立、持续经营的子公司整体出售给其他公司，其剥离方案中不仅包括产品生产线，而且还包括相关的职能部门与职能人员；分立可看做剥离的一种特殊形式，指在法律上和组织上将一个公司分为两个（或更多）独立的实体；清算是指将公司或其业务部门的全部资产零碎地而不是作为整体出售，并将所取得的现金分配给股东。若出售公司资产的所得超过其所发行证券的市场价值，清算可能是对证券持有人最为有利的资产处理方式。

3. 按照交易方身份不同划分

按出售的交易方身份不同，分为出售给非关联方、管理层收购和职工收购三种。

① 出售给非关联方，即原股东退出有关行业领域的经营，将剥离的资产出售给与本公司不存在关联的他方。

② 管理层收购，指公司管理人员自己买入被剥离资产并经营管理。这种方式有利于管理人员摆脱过去的盲目指挥和过多限制，全权、全力经营好属于自己的资产。对于出售公司来说，把资产出售给自己的经理层也比卖给同业竞争对手更为安全。

③ 职工收购，其典型方式是职工持股计划（ESOPs）。公司首先建立壳公司，由壳公司发起组织 ESOPs，在母公司担保下以实行 ESOPs 为由申请贷款，用以向母公司购买欲剥离的股份。壳公司运营剥离资产，并以经营利润支付 ESOPs，使之可偿还贷款。最后，贷款全部偿清后，由 ESOPs 将由其保管的股份转至公司员工的个人账户。

（二）分立的类型

1. 按照被分立公司是否存续划分

按被分立公司是否存续，分立可分为派生分立与新设分立。派生分立，即公司以其部分财产设立另一新公司的行为。这种方式下，新设的公司需注册登记，原公司存续，但需办理减少注册资本的变更登记。新设分立，是将公司全部财产分解为若干份，重新设立两个或两个以上的新公司，原公司解散。

2. 按照股东对公司的所有权结构变化形式划分

除上义提到的纯粹的分立外，分立往往还有多种形式的变化，包括并股和拆股。所谓并股是指母公司以其在子公司中占有的股份，向部分（而不是全部）股东交换其在母公司中的股份。并股会导致两个公司的所有权结构发生变化。并股不像纯粹的分立那样会经常发生，因为它需要部分母公司的股东愿意放弃其在母公司中的权益，转向投资于子公司。所谓拆股，与纯粹的分立比较相似，是指母公司将子公司的控制权移交给其股东；拆股后，母公司所有的子公司都分立出来，母公司自身则不复存在。拆股不仅带来管理队伍的变化，公司的所有权结构也可能发生变化，这取决于母公司选择何种方式向其股东提供子公司的股票。

## 三、剥离与分立的动因

（一）适应经营环境变化，调整经营战略

任何公司都是在动态的环境中经营。公司的经营环境变化包括技术进步、产业发展趋势、国家有关法规和税收条例的变化、经济周期的改变等。这些变化可能使母子公司之间目前的安排成为低效率的联合。比如虽然在过去通过并购搞联合经营是最佳选择，但当前情形下独立经营也许更为恰当。所以公司的经营方向与战略目标也应适应这些变化，做出相应调整和改变，如改变经营重点、退出竞争过于激烈的市场等，而剥离和分立正是实现这些改变的有效手段。从这个意义上讲，公司分立与并购活动一样，都是公司为努力适应其经济和政治环境中的持续变化所采取的战略的一部分。

（二）提高管理效率

当管理者所控制资产的规模和种类增加时，即使是最好的管理队伍也会达到收益递减的临界点，因为管理者难以注意到从事不同业务类型的子公司各自所面临的独特问题与投资机会。采用不同形式售出那些与母公司其他经营活动不适应的部分，母子公司通过重新定位，在确定各自比较优势的基础上，可以更加集中于各自的优势业务，提高公司的整体管理效率，为公司的股东创造更大的价值。此外，剥离与分立常常能够创造出简洁、有效率、分权化的公司组织，使公司能够更快地适应经营环境的变化。所以在许多子公司独立的声明中，都提到为突出公司的主营业务，需要使与母公司业务关系不大或管理效率较低的子公司独立。

（三）谋求管理激励

大公司中，管理机构的官僚化膨胀会抑制公司的创新精神，导致良好的表现得不到应有的回报，而不佳的表现未受到惩罚。当子公司的形象和目标与母公司不一致时，这个问题就会更加突出。此时，以母公司普通股期权为激励报偿的计划很可能变得毫无意义，甚至起反作用。而如果让子公司独立出来，市场对管理行为的反应就会直接反映在其独立的（而不是母公司的）股票价格上，这就使报酬计划与公司经营管理业绩更加紧密地联系在一起，从而降低代理成本，形成更为有效的激励机制。

（四）提高资源利用效率

公司售出资产（尤其是资产剥离）的基本原因有两个：第一，该部分资产作为购买方公司的一部分比作为售出方公司的一部分更有价值；第二，该部分资产强烈干扰了售出方公司其他的盈利活动。通过剥离或分立，一方面可以变现已经实现的收益，提高公司股票的市场价值。因为市场并不总是能够正确地认识和评价一个公司的市场价值，特别是一些实行多元化经营的集团公司，其业务范围涉及广泛的领域，市场投资者以及证券分析人员对其复杂业务难以正确理解和接受，导致低估其股票的市场价值。这时，适当地剥离或分立其部分产业可以改变公司的市场形象，纠正市场对其资产的低估，提高公司股票的市场价值。另一方面，通过剥离与分立可筹集营运资金，获得发展其他机会所需的财务和管理资源。公司可能需要大量现金来满足主营业务或减少债务负担的需要，而通过借贷和发行股票筹集资金会面临一系列的障碍，此时通过出售部分非核心或非相关业务筹集所需的资金则不失为一种有效的选择。在杠杆收购时，为了偿还收购过程中借入的巨额债务，通常需要出售部分被收购公司的资产或业务来满足对现金流量的需求，从而提高资源的利用效率，使公司获取更高的收益。

（五）弥补并购决策失误或成为并购决策的一部分

公司出于各种动机进行兼并收购，但不明智的并购决策会导致灾难性的后果。虽然被并购公司具有盈利机会，但并购公司可能由于管理或实力上的原因，无法有效地利用这些盈利机会。这时，将其剥离给其他有能力有效发掘该盈利潜力的公司，无论对卖方还是买方而言，可能都是最为明智的。

另外，剥离与分立往往还是公司并购一揽子计划的组成部分。许多资产出售等分拆计划，早在并购前就已经是收购方一揽子计划中的组成部分。因为从并购公司角度，被收购公司中总有部分资产是不适应公司总体发展战略的，甚至可能会带来不必要的亏损。在有的收购活动中，将被收购公司进行分拆出售资产往往又作为收购融资的部分来源。

（六）获取税收或管制方面的收益

不同国家出于调节经济的需要制定了不同的税收政策。例如，在美国，对于自然资源特权信托和不动产投资信托公司，如果它们把投资收益的90%分配给股东，公司就无须交纳所得税。因此，综合性公司若将其经营房地产的部门独立出来，就有可能享受税收方面的减免。所以母公司可以进行合法避税并且给分立出的子公司的股东带来利益，而他们最初也正是母公司的股东。

如果子公司从事受管制行业的经营，而母公司从事不受管制行业的经营，则一方面母公司常常会受到管制性检查的“连累”，另一方面如果管制当局在评级时以母公司的利润为依据，受管制子公司可能会因与盈利的母公司联系而处于不利地位。而如果让子公司独立出来，就既可使从事不受管制行业经营的母公司不再受到规章的约束与审查，又可使子公司得以有更多的机会提高评级水平。

以上介绍的公司剥离与分立的动因既有经济方面的，也有组织、经营方面的。实际上，公司的剥离决策很少是仅仅由单个原因引起的，而通常都会涉及相互关联的多个因素。所以公司管理人员在剥离与分立的决策时应该综合考虑这些因素。

**四、剥离与分立对公司价值的影响**

（一）剥离与分立的宣布期效应

国外有关实证研究显示：

① 如果以剥离或分立公告宣布日后两日的超常收益率计算，卖方公司股东的超额收益率一般在1%～2%，但买方公司的股东却不一定能取得超额收益。

② 如果卖方在最初的资产剥离公告中不宣布出售价格，则对卖方公司的股票价格没有重大影响。若卖方公司宣布出售价格，对其股价的影响则取决于公司的售出比例，该比例用宣布的出售价格与宣布期前一个月最后一天的股票价格之比来衡量。当售出比例低于10%时，不会对股价产生重大影响；以后随着出售比例的增加，卖方的平均超常收益也将增加。当公司采取分立的形式时，宣布影响的大小与分离出的子公司相对于母公司的规模大小正向相关。在金额上，公司的全部收益约等于被分离出的子公司的价值。因为母公司价值经过重组实际上并未改变，而子公司有了自身独立的市场价值。

③ 不同的剥离或分立形式会使卖方公司股票产生不同的超额收益率。一般来说，剥离出售的超额收益率在1%～2%之间，而分立产生的超额收益率为2%～3%。

（二）剥离与分立对公司持续经营价值影响的原因

西方财务理论研究提出了许多观点，用以说明公司剥离与分立导致持续经营下公司价值提高的原因。其主要包括：

1. 投资者“主业突出”偏好学说

20世纪60年代到90年代初，全球公司界盛行多元化发展思路，认为多元化经营可以有效地分散投资风险，发掘新的市场机会。实践表明，很多跨行业经营的公司在日后发展中遇到了很大困难，特别是高层管理人员对非本行业的业务领域缺乏经验，盲目扩张，拖累了集团公司整体盈利水平。作为认真反思的结果，许多公司开始有计划地放弃一些与本行业联系不甚紧密、不符合公司长远发展战略、缺乏一定成长潜力的业务和资产，收缩业务战线，培植主导产业和关联度强的产品群，加强公司的市场竞争力。而投资者也开始将被分拆公司的业务放在其母公司整体业务结构中进行考察，并偏好于“主业突出”的公司。所以，公司分拆一般会得到市场的普遍认同，带来公司股票价格的上涨。据美国证券资料公司的数据显示，在 AT&T 宣布“一分为三”的消息后，其股价迅速上涨 11%。1983 年美国学者黑特(Hiteowers)和罗杰斯(Rogers)的调查资料显示，有 6 家房地产公司宣布将其下属房地产公司的资产分拆掉，但市场对此几乎没有反应，而另有 20 家工业公司宣布分拆其房地产子公司时，在两天内股价平均上涨 9.1%。这反映出投资者已经知道把分拆公司的业务放在其母公司整体业务结构中进行考察。

2. 管理效率学说

由于公司管理层能力有限，不可能在所有业务方面都经营得十分出色。即使是最优秀的管理者在其公司经营范围扩展到一定程度时，也会遇到公司效益开始下滑的尴尬局面。因此，公司分拆时通常宣称是将不适应公司主营业务发展的部分加以分立，以使公司的经营重点集中于主营业务。对于综合性公司，由于财务上的统一核算与合并财务报表，个别部门的业绩往往无法体现，因此难以实现利益与责任的统一。当部门目标与公司总体目标发生冲突时问题将更为严重。这对发扬奋发向上的公司精神十分不利。若将个别部门分离出来成为独立的上市公司，使公司的股价与其经营管理直接相关，则有利于公司激励机制的建立。

3. 债权人的潜在损失学说

这种学说认为分立公司的股东财富的增加来源于公司债权人的隐性损失。公司分立减少了债权的担保，使债权的风险上升，相应减少了债权的价值，而股东却因此得到了潜在的好处。因此在实际经济生活中，许多债务契约附有股利限制(限制股票股利，包括公司分立)和资产处置的限制(限制资产出售)。

4. 选择权学说

该学说认为股票可以看做是投资者的一种选择权。公司分立后，股东拥有两种股票，相应就有了两个选择权，只对两个公司各自的债权承担有限责任，而在两个公司之间不存在连带责任关系，投资风险降低，投资价值就随之提高。公司分拆增加了证券市场上的投资品种，而且分立后的两公司拥有不同的投资机会与财务政策，可以吸引不同偏好的投资者。例如，两公司采用不同的分红比例、留存比例或提供不同的资本收益机会，投资者就有了更多的投资机会。

## 案例

### GIA 剥离金融资产

GIA 公司成立于 1878 年。在创立后的 130 多年中，GIA 以各种方式吞并国内外许多企业，目前已成为一家多元化经营的跨国企业集团，业务包括飞机引擎、国防工业、金融服务、医疗系统等。在全世界 100 多个国家开展经营，在全球拥有员工近 300 000 人，堪称“巨无霸”。

1981 年迈克·邦德接任 CEO(1981—2001 年),他以"全球化、服务、质量"的发展理念,逐步扩大金融与实业的结合,通过大胆运用多元化经营、跨国并购、金融杠杆等手段,使 GIA 的市值从他上任时的 130 亿美元上升到了 4 800 亿美元,并一度成为美国股票市值最高的公司,形成了由七大类业务的工业事业集团和金融事业集团组成的庞大帝国(图 10-5)。

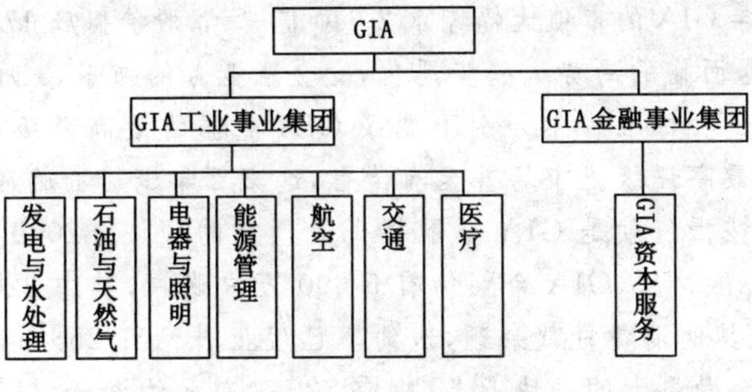


图 10-5 GIA 组织结构图

2019 年初,GIA 传出两大消息,一好一坏。坏消息是新近公布的业绩预告 8-K 表显示,受金融业务的拖累,公司 2018 年亏损额超过 61 亿美元,创下了近年来的记录;而好消息则是尽管出现巨额亏损,GIA 的股价一年来却逆势上涨了 23%,远超同期标普 500 的表现,显示了投资者对 GIA 未来前景的信心。而这与 GIA 电气目前进展顺利的资产剥离计划不无关系。这项于 2018 年 4 月推出的针对 GIA 旗下 GIA 金融的资产大甩卖计划,原打算在两年内剥离价值约合 2 000 亿美元的金融业务。但从具体实施来看,仅截至 2018 年 10 月底,就已经达成了价值 1 260 亿美元的交易,超过总计划的 60%。

一、盛极一时的 GIA 金融

GIA 的金融业务始于 1905 年,最初服务于零星的商业信贷。此后,涉足消费信贷、设备租赁、商业地产、工业贷款等领域,并逐步发展成为可承办除个人存款业务之外的所有其他金融业务的非银行金融机构。随着金融业务不断扩大,GIA 金融从最初推动集团产品销售服务转变为专业金融服务;服务对象也从集团内部扩展到集团外部,成为独立运作的 GIA 金融资本公司(GIACC)。在邦德时代,金融业务甚至被视为 GIA 的主营业务,通过 GIACC 进行并购是 GIA 国际化经营的重要手段。

而在业绩方面,GIACC 对 GIA 有着非同寻常的价值。2003 年 GIACC 销售收入占集团销售收入的比重超过 45%,2004 年金融业务净利润占集团净利润的比例高达 50.9%,而金融危机前的 2006 年、2007 年净利润占比也分别达到 51.2%和 46.4%。

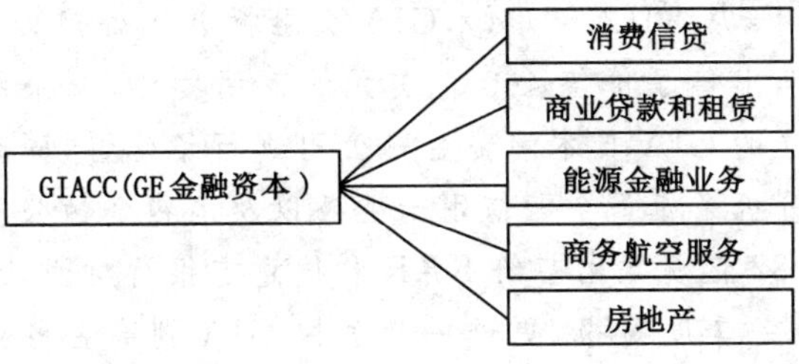


图 10-6 GIACC 业务布局图

二、突如其来的命运转折点

2008年那场突如其来的金融危机成为GIA金融重要的命运转折点。因为商业地产、消费信贷和英国按揭贷款等业务风险敞口过大，2008年GIA金融净资产锐减255.6亿美元，降幅达12.2%。2008年10月GIA因短期债务无法延展，以年股息10%的高代价，向巴菲特旗下伯克希尔·哈撒韦公司发行了30亿美元的优先股，以及获得美联储的商业票据购买计划，GIA才得以喘息。当年GIA的市值大幅缩水2 640亿美元，股价探底17年来最低位。

2009年GIA电器面临的局势进一步恶化，受金融业务的拖累，3月12日和3月23日，国际两大评级机构穆迪和标准普尔分别下调了GIA电器的最高评级，这是GIA电器四十年来首次丧失穆迪的最高评级。市场甚至有传言，这家百年老店面临破产的风险。

消费信贷和房屋按揭贷款是GIA金融损失最严重的领域。2009年1月，GIA发布业绩指引报告，在消费金融这块，GIA金融仍有5 600万户账户，其中320亿美元为信用卡贷款余额，220亿美元为其他消费贷款余额，违约率已经上升到8.25%；遍布全球的房屋按揭贷款方面，则是GIA金融最大的一块业务，拥有720亿美元的资产，但是违约率也在不断攀升，已经达到0.38个百分点。再加上GIA电气近年来不断调低业绩预期，未能兑现分红承诺，以及评级下调，都严重动摇了市场的信心。

这场信任危机甚至演变为市场对GIA信用违约的投机，根据专业市场数据公司ADVANTAGIADATA的统计，2009年3月5日，针对GIA金融一年期金融信用保险(CDS)的收益波幅已经大幅上升到700基点，五年期CDS也超过了1 600个基点。这意味着，市场对GIA金融可能会发生“违约风险”的认识正在大幅上升。而这种共识，则转换成对GIA金融信用保险的大规模购买需求。

但与此同时，受金融危机的影响，美国政府加强对“非银行系统重要性金融机构”的监管，解决“大而不倒”的问题。2010年7月21日奥巴马正式签署《多德弗兰克法案》(即《金融监管改革方案》)，使其正式成为法律。GIACC因拥有5 000亿美元资产，是全美排名第七位的非银行金融机构，作为“非银行系统重要性金融机构”被纳入美联储的监管之下，实施更为严格的资本充足率和其他审慎性监管标准。监管部门对短期贷款采取强硬措施并要求银行留存更多资金作为安全库存后，GIACC因此无法进行各种高杠杆的金融操作，盈利能力大大削弱。

三、疯狂兜售

2011年管理层宣布对GIA的战略定位进行重大调整，“从多元化的工业集团转型为基础设施领域的领导者”并对GIA金融的发展方向进行了重新定位，“金融服务业在投资者中已经失宠，未来GIA金融将专注于加强GIA的优势业务，包括中型市场的信贷和租赁、GIA业务领域的融资，以及一些其他特种金融业务。”

在上述战略的指引下，从2012年开始，GIA金融掀开了资产处置大幕：2012年大幅削减商业地产的风险敞口，出售了价值460亿美元的商用物业，剩余的资产只有高峰时期的50%；2013年对状况不佳的GIA日本消费金融公司进行了处置，同时宣布对零售金融业务进行分拆；2014年继续分拆了旗下金融信用卡业务以及消费金融公司；2015年初GIA又将部分消费者贷款业务以82亿澳元出售给KKR和德意志银行财团。

2018年4月发布的一季度财报，更进一步加快GIA剥离金融业务的速度。该财报显示，2018年第一季度GIA营收2 936亿美元，同比下降125%，其中金融业务营收下降39%，利润下降21%。这是继2014年营收下降3%，利润下降12%以来，GIA金融再次出现“双降”。

在长期战略和短期业绩的双重压力下，现任CEO杰夫·伊梅尔特祭出大招，于2018年4月10日宣布将在未来两年内剥离旗下价值3 630亿美元GIA金融的大部分金融业务(约合2 000亿美元)，“结束公司多元化发展的历史，以期更加专注于高端制造业”。他希望在重塑了公司的业务组合之后，可以为公司股票带来更高估值——新的计划是，GIA要变得“更简化”。消息公布当天，GIA的传奇CEO迈克邦德则公开评价称，“剥离金融业务的决定，是一项符合目前金融业格局的明智决定。

四、向供应链金融回归

根据GIA电气2018年4月的资产出售计划，到2019年底GIA金融的总资产将从出手前的3 630亿美元降至不到一半，其占公司净利润的比例在2019年也将降至25%，2021年更将进一步降至10%。那么未来GIA金融还有怎样的剩余价值?

在GIA电气2017年的年报中，伊梅尔特这样描绘他心中GIA未来的前景蓝图，“我们有信心引导下轮工业革命的进程，所以我们深刻地改变了我们的公司。我们已经在过去的几年中采取积极的措施，将GIA从一家涉足广泛的多元化工业集团转变为更聚焦的基础设施行业领导者。我们对GIA做了大量投资，使其能在不断变化的世界里获得长期制胜的能力，我们希望通过机器和算法的整合，引导生产力达到新的高度。我们将通过一种更简单、更快速、适应性更强的方法运营GIA。”在此大背景下，伊梅尔特也对GIA金融进行了全新定位，“世界上最好的基础设施公司的一个金融业务部门，主要提供有价值的特种金融服务。”这一定位与2011年相比，在范围上做了更进一步的收缩，去掉了中型市场的信贷和租赁业务。

GIACC未来的业务重点将集中在为GIA的能源、航空、健康提供金融服务上。其官方网站上提供了关于这些业务的详细介绍。以航空金融为例，GIA金融可以提供租赁、信贷、贸易、咨询和其他相关服务。其中在租赁服务方面，GIA金融可以为商务机、飞机发动机和直升机客户提供运营租赁和融资租赁两种服务；在信贷业务上，GIA金融为飞机、飞机发动机和零部件提供多种贷款选择；在贸易环节，GIA仓库里保持着100 000个的航空零部件的库存，以防不时之需；在航空咨询业务上，GIA金融为商务机和发动机提供各类管理解决方案，并提供机场的解决方案和航线的规划方案。

从上述业务介绍来看，GIA金融已经完全告别了以前“纯粹”的金融业务，转而向“供应链金融”靠拢，彻头彻尾变身为基础设施业务的辅助部门。(图10-7)

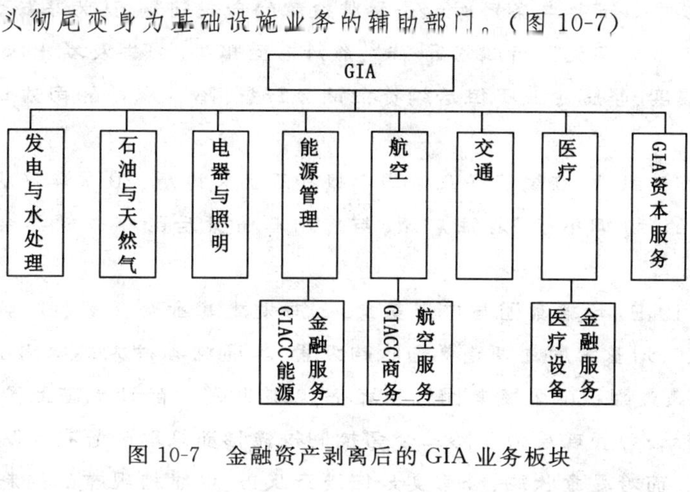


图10-7 金融资产剥离后的GIA业务板块

**问题：**

1. GIA进行金融资产剥离的原因是什么？

2. GIA的案例对我国企业当前正在进行的产融结合，有何启示？

## 第四节　反收购手段

### 引言

上海爱建股份有限公司(600643)是上海市致力于成为一家以金融业为主体、专注于资产管理综合服务的成长性上市公司。公司股权长期分散，且没有实际控制人，由上海市政府代为管理。在上海市金融国资改革中，上海市政府选择了均瑶集团作为爱建的接班人，使爱建集团通过改制回归了民营经济。均瑶集团计划分两步走，逐渐获得了爱建集团的话语权。第一步，均瑶集团与上海国际集团(原第二股东)签订协议，以18.32元/股的价格，购买其持有的占爱建集团总股本7.08%的股权，至此均瑶集团成为爱建的第二大股东。第二步，购买爱建集团非公开发行股票，此预案如果成功实行，均瑶集团将以总计22.83%的股权成为第一大股东，进而控制爱建集团。

谁料广州国有资本半路杀出，2017年4月14日，华豚企业及一致行动人广州基金国际突然宣布，合计持有的爱建集团股票首次达到举牌线5%，且计划继续增持。并拟以第一大股东的身份，改组董事会。2017年5月15日，广州基金又投下一颗重磅炸弹，发出要约收购，收购爱建集团不超过30%的股份。

对于强行入侵的"野蛮人"爱建股份给予了积极反击。在华豚企业宣告举牌后，爱建股份的大股东——爱建特种基金会立刻发表声明，对相关股东的增持行为提出了要求，并称考虑与均瑶集团形成一致行动关系。均瑶集团则发布了增持计划。爱建集团随之停牌，以时间争取空间。2017年6月28日，爱建集团公布了一封实名举报信，信中内容有两点：① 华豚企业挪用了华豚基金募集的资金，将资金通过壳公司转移并将该资金用于爱建集团收购。② 华豚旗下基金公司在3月18日前已经分多个账户购买了爱建集团股份，总的持仓股数已经超过12.3%。第一条举报意指华豚企业伪造交易背景，并将资金挪作他用，收购资金来源不符合监管要求。而第二条针对的是举牌披露的合规问题，认为华豚企业未按照《证券法》规定，在持有上市公司已发行股份5%时，履行书面报告、公告及发出收购要约等强制性义务。一旦举报属实，华豚企业不但后续资金链会断裂、陷入麻烦的司法诉讼，还将面临高额行政罚款。

就这样双方你来我往，在经历了几番口水战和正面交锋后，2017年7月初，由上海市国资委为代表组成的"协调小组"前往广州，与广州基金背后的相关领导会面，以解决股权之争。

2017年7月19日，均瑶集团与广州基金、上海爱建基金会签署《战略合作框架协议》，达成了一致意见，广州基金同意调整要约收购方案，其通过各种方式取得的股份，合计不高于10.9%。至此轰轰烈烈的爱建集团股权之争，以广州基金的让步画上了句号。

反收购是目标公司管理层为了防止公司控制权转移而采取的旨在预防或挫败收购者收购本公司的行为。面对恶意收购，公司要如何进行反击，以维持现有的控制权呢？

## 一、反收购的经济手段

反收购时可以运用的经济手段主要有四大类：提高收购者的收购成本、降低收购者的收购收益、收购收购者、适时修改公司章程等。

（一）提高收购者的收购成本

1. 资产重估

在现行的财务会计中，资产通常采用历史成本来估价。普通的通货膨胀，使历史成本往往低于资产的实际价值。多年来，许多公司定期对其资产进行重新评估，并把结果编入资产负债表，提高了净资产的账面价值。由于收购出价与账面价值有内在联系，提高账面价值会抬高收购出价，抑制收购动机。

2. 股份回购

公司在受到收购威胁时可回购股份，其基本形式有两种：一是公司将可用的现金分配给股东，这种分配不是支付红利，而是购回股票；二是换股，即发行公司债、特别股或其组合以回收股票，通过减少在外流通股数抬高股价，迫使收购者提高每股收购价。但此法对目标公司颇危险，因为负债比例提高，财务风险增加。

3. 寻找“白衣骑士”

“白衣骑士”是指目标公司为免遭敌意收购而自己寻找的善意收购者。公司在遭到收购威胁时，为不使本公司落入恶意收购者手中，可选择与其关系密切的有实力的公司，以更优惠的条件达成善意收购。一般地讲，如果收购者出价较低，目标公司被“白衣骑士”拯救的希望就大；若买方公司提供了很高的收购价格，则“白衣骑士”的成本提高，目标公司获救的机会相应减少。

4. “金色降落伞”

公司一旦被收购，目标公司的高层管理者将可能遭到撤换。“金色降落伞”则是一种补偿协议，它规定在目标公司被收购的情况下，高层管理人员无论是主动还是被迫离开公司，都可以领到一笔巨额的安置费。与之相似，还有针对低层雇员的“银色降落伞”。但金色降落伞策略的弊病也是显而易见的——支付给管理层的巨额补偿反而有可能诱导管理层低价将公司出售。

（二）降低收购者的收购收益或增加收购者风险

1. “皇冠上的珍珠”对策

从资产价值、盈利能力和发展前景诸方面衡量，在混合公司内经营最好的公司或子公司被喻为“皇冠上的珍珠”。这类公司通常会诱发其他公司的收购企图，成为兼并的目标。目标公司为保全其他子公司，可将“皇冠上的珍珠”这类经营好的子公司卖掉，从而达到反收购的目的。作为替代方法，也可把“皇冠上的珍珠”抵押出去。

2. “毒丸计划”

“毒丸计划”包括“负债毒丸计划”和“人员毒丸计划”两种。前者是指目标公司在收购威胁下大量增加自身负债，降低公司被收购的吸引力。例如，发行债券并约定在公司股权发生大规模转移时，债券持有人可要求立刻兑付，从而使收购公司在收购后立即面临巨额现金支出，降低其收购兴趣。“人员毒丸计划”的基本方法则是公司的绝大部分高级管理人员共同签署协议，在公司被以不公平价格收购，并且这些人中有一人在收购后被降职或革职时，则全部管理人员将集体辞职。这一策略不仅保护了目标公司股东的利益，而且会使收购方慎重考虑收购后更换管理层对公司带来的巨大影响。公司的管理层阵容越强大、越精干，实施这一策略的效果将越明显。当管理层的价值对收购方无足轻重时，“人员毒丸计划”也就收效甚微了。

3. “焦土战术”

这是公司在遇到收购袭击而无力反击时，所采取的一种两败俱伤的做法。例如，将公司中引起收购者兴趣的资产出售，使收购者的意图难以实现；或是增加大量与经营无关的资产，大大提高公司的负债，使收购者因考虑收购后严重的负债问题而放弃收购。

（三）收购收购者

其又称“帕克门”战略。这是作为收购对象的目标公司为挫败收购者的企图而采用的一种战略，即目标公司威胁进行反收购，并开始购买收购者的普通股，以达到保卫自己的目的。例如，甲公司不顾乙公司意愿而展开收购，则乙公司也开始购买甲公司的股份，以挫败甲公司的收购企图。

（四）适时修改公司章程

这是公司对潜在收购者或诈骗者所采取的预防措施。反收购条款的实施、直接或间接提高收购成本、董事会改选的规定都可使收购方望而却步。常用的反收购公司章程包括：董事会轮选制、超级多数条款、公平价格条款等。

1. 董事会轮选制

董事会轮选制使公司每年只能改选很小比例的董事。即使收购方已经取得了多数控股权，也难以在短时间内改组公司董事会或委任管理层，实现对公司董事会的控制，从而进一步阻止其操纵目标公司的行为。

2. 超级多数条款

公司章程都需规定修改章程或重大事项（如公司的清盘、并购、资产的租赁）所需投票权的比例。超级多数条款规定公司被收购必须取得2/3或80%的投票权，有时甚至会高达95%。这样，若公司管理层和员工持有公司相当数量的股票，那么即使收购方控制了剩余的全部股票，收购也难以完成。

3. 公平价格条款

公平价格条款规定收购方必须向少数股东支付目标公司股票的公平价格。所谓公平价格，通常以目标公司股票的市盈率作为衡量标准，而市盈率的确定是以公司的历史数据并结合行业数据为基础的。

**二、反收购的法律手段**

诉讼策略是目标公司在并购防御中经常使用的策略。诉讼的目的通常包括：逼迫收购方提高收购价以免被起诉；避免收购方先发制人，提起诉讼，延缓收购时间，以便另寻“白衣骑士”；在心理上重振目标公司管理层士气的诉讼策略的第一步往往是目标公司请求法院禁止收购继续进行。于是，收购方必须首先给出充足的理由证明目标公司的指控不成立，否则不能继续增加目标公司的股票。这就使目标公司有机会采取有效措施进一步抵御被收购。不论诉讼成功与否，都为目标公司争得了时间，这是该策略被广为采用的主要原因。

目标公司提起诉讼的理由主要有三条：

第一，反垄断。部分收购可能使收购方获得某一行业的垄断或接近垄断地位，目标公司可以此作为诉讼理由。

第二，披露不充分。目标公司认定收购方未按有关法律规定向公众及时、充分或准确地披露信息等。

第三，犯罪。除非有十分确凿的证据，否则目标公司难以以此为由提起诉讼。

反收购防御的手段层出不穷，除经济、法律手段以外，还可利用政治等手段，如迁移注册地，增加收购难度等等。以上种种反并购策略各具特色，各有千秋，很难断定哪种更为奏效。但有一点是可以肯定的，公司应该根据并购双方的力量对比和并购初衷选用一种策略或几种策略的组合。

## 案例

### 万宝之争

2015年中国A股市场上发生了一件备受瞩目的事——万宝之争。万科股权之争中涉及地产龙头企业万科、低调民营企业宝能系、央企华润集团、地方国企深圳地铁以及全球知名企业恒大集团等。这是中国A股市场历史上规模最大的一场公司并购与反并购攻防战。

一、并购双方介绍

万科企业股份有限公司，1984年5月由王石创立；1988年进行股份制改造，王石放弃股权成为"职业经理人"；1991年成为深圳交易所第二家上市公司，注册资本110.1亿元，是目前中国最大的专业住宅开发企业，也是中国A股市场中的代表性地产蓝筹股。在"宝能系"举牌万科前，万科股权分散，前十名股东累计持股约为38%，是绝对的公众持股上市公司。

宝能系是指以宝能集团为中心的资本集团。深圳市宝能投资集团有限公司是宝能系的核心，它成立于2000年，注册资本3亿元，作为民营资本的后起之秀，姚振华是其唯一的股东。宝能集团主营休闲旅游地产和金融保险等，旗下包括综合物业开发、金融、现代物流、文化旅游、民生产业等五大板块，下辖宝能地产、前海人寿、钜盛华、广东云信资信评估、粤商小额贷款、深业物流、创邦集团、深圳建业、深圳宝时惠电子商务、深圳民鲜农产品多家子公司。

二、宝能增持

"万宝之争"始于2015年股灾，万科在当时和中国绝大多数股票一样面临股价下跌，但实际上万科在股市牛市期间也涨幅不大，2014年股价大部分时间在10元以下运行，2015年6～11月股价在每股13～16元波动直到2015年2月才逐步超过每股20元。业绩与股价严重不符，俨然成为股市的价值洼地。万科市值管理的缺位，给了宝能可乘之机。对于宝能来说，万科不仅业绩优良，品牌效应好，土地储量丰富，更重要的是万科的章程里面并没有设置反并购条款。

"宝能系"对于万科的恶意收购采取狙击式公开购买方式，潜伏长达半年的时间，根据披露的信息，前海人寿(宝能系)于2015年1月、2月、3月、4月、6月和2015年7月都有通过证券交易所买入万科A股股票。因为持股比例一直低于举牌线，所以未引起各方关注。2015年7月10日，宝能系下子公司前海人寿通过A股二级市场耗资80亿元首次举牌万科，一次性在二级市场购入万科5%流通股。半个月不到的时间，7月24日，前海人寿及其一致行动人钜盛华对万科二度举牌，持有万科股份11.05亿股，占万科总股本的10%。2015年8月26日，前海人寿、钜盛华通知万科，截至当天，两家公司增持了万科5.04%的股份，加上此前的两次举牌，宝能系合计持有万科15.04%，以0.15%的优势，首次超越了万科原第一大股东华润集团。

此后，华润开始反击战，于2015年8月31日与2015年9月1日两次增持，以持有万科A股15.29%的微弱优势重夺第一大股东宝座。宝能系则紧随其后，在2015年12月4日和2015年12月17日进行增持，以持有万科A股23.52%稳坐万科第一大股东位置。

三、万科反击

（一）停牌争取时间

万科董事长王石于2015年12月17日公开表示“不欢迎宝能系成为第一大股东，因为其信用不够”，并怀疑宝能系资金来源杠杆化，用短债长投方式强行进入万科，风险极大，就是一场赌博。认为其是自由市场的投机者，称之为“门口的野蛮人”。这番隔空喊话，将股权争夺搬到了台前，“万宝之争”正式公开打响。就在王石表明“不欢迎”宝能的第二天，万科总裁郁亮也发声表明自己的立场，其表示和王石站同一战线，并称敌意收购都是不成功的。

一天之后，为阻止姚振华，万科宣布临时停牌，原因是“正在筹划股份发行，用于重大资产重组以及收购资产”。其意图在于，通过停牌赢取时间，狙击宝能。彼时，宝能系已经通过二级市场连续增持万科，合计持有后者22.45%股份。

（二）寻找“白衣骑士”

停牌后的6个月中，万科董事长王石四处寻找“白马骑士”共同抵御宝能系的大量增持。

2015年12月23日王石在香港拜访瑞士信贷，并与投资者交流。席间，王石表示不会用“毒丸计划”击退宝能，但也承认“按照宝能现有的股权，进万科董事会是迟早的事”。

2015年12月23日深夜，万科以及安邦同时发布公告，表达双方结盟意图。万科表态欢迎安邦成为万科重要股东，而安邦也发布声明称看好万科发展前景，会积极支持万科发展，希望万科管理层、经营风格保持稳定。

2015年12月24日平安夜，王石继续拜票，当日王石一行至少去了两家机构进行拜票，一家是香港的外资，另一家则是在深圳国泰君安。

2016年3月13日，万科发布公告称引入深圳地铁集团600亿元注资换股，方式为定向增发股份支付对价。6月17日，万科披露与深铁合作方案：万科集团以15.88元每股的价格向深圳地铁定向发行28.72亿股用于购买深圳地铁子公司前海国际的全部股份。该笔交易金额高达人民币456.13亿元。之所以出这一招，万科的计划是通过发行股份来稀释宝能系的股份。但是令万科意外的是，这一招同时也稀释了华润的股份，直接导致华润的激烈反对。在6月17日的董事会上，华润系的三位董事对重组预案直接投了反对票，表达了鲜明的态度。6月18日，华润集团公开在华润微信公众号上明确质疑万科董事长于前一日披露的重组方案的合法性，认为万科引入资产价格过高，在未通过股东大会的决议之前私自摊薄股东股份，其合法性上存疑。至此，华润和万科的合作正式决裂。

面对华润的翻脸，王石在微博上坦言，最后的遮羞布被撤掉了。万科与宝能系的战争，突然杀入了华润，使得这场管理权之争的前景更为复杂和难测。

（三）舆论战略

2015年12月19日，王石在微博上转发了一篇题为《万科被野蛮入侵真相：一场大规模洗钱的犯罪》的文章，文中指责“保险公司成了一个洗钱的重要通道，就是大量的黑钱通过定向买入万能险或者投连险，然后进入股市”。万科这样的企业遭遇野蛮人，“这不能不说是一场悲哀，如果中国最优秀的公司都得不到保护，那我们就有足够的理由怀疑我们生存的环境”。该文甚至指责:“监管层却没有采取任何态度,这是一种不作为的表现……证监会、保监会就看你们如何出手了,中国最优秀的上市公司,招行、万科、民生银行、金地等,都在或曾经被入侵,企业价值在被摧毁,你们的消极不作为是否称职?甚至渎职?”语气十分凌厉。这篇“讨逆檄文”在最后说:“万科被野蛮收购,并不是一场兼并与反兼并之战,而是一场反腐与腐败资金之战,是一场洗钱与反洗钱之战。而最终的结果,坚信野蛮的入侵将会失败,因为历史上还没有野蛮的兼并成功过,而正义一定会到来。同时相信,对于保险机构的洗钱将会成为监管层打击的重点,这是中国当前反腐的需要,也是必然!”

随后,王石再发微博称:“在现代社会的经济生活中,上市公司的生存,股东举足轻重,但是健康发展却离不开它的员工、客户、供应商和社区的支持。公司做出经营决定,就不仅要考虑股东利益,还要考虑相关利益人的利益……恶意收购在法律角度是个近乎中性的词,无关道德,但在伦理角度,其行动不顾社会相关利益至少是不善。”

2016年7月,宝能系要求罢免万科现有管理层,更是直接激起了万科的强烈反对。万科工会委员会起诉宝能损害股东利益的诉讼,深圳市罗湖区人民法院已经受理此案。根据民事起诉状,万科工会的诉讼请求主要有五个,包括请求判令5名被告持有万科A股股票达到5%时及其后续继续增持万科A股股票的行为属于无效民事行为;以及要求不得对其违法持有的万科A股股票行使表决权、提案权、提名权、提议召开股东大会的权利及其他股东权利。万科工会的诉讼理由主要有三个:钜盛华、前海人寿等涉及未履行向国务院证券监督管理机构书面报告的义务、未严格按照证券法、收购办法的要求履行信息披露义务、增持属于无效民事行为。

除此之外,越来越多第三方加入到该阵营。万科第一大自然人股东向证监会、银监会、保监会等七个监管部门实名举报华润、宝能,质疑二者之间的关联关系。包括质疑华润和宝能系之间到底有多少重大利益关联;华润和宝能系在关于万科第一大股东地位的问题上何时开始谈判交易;双方在深铁重组事件上联手反对的原因;双方达成第一大股东易主的秘密协议是否已涉嫌内幕信息交易和市场操纵以及质疑宝能用于收购资金的来源是否合法。另外,万科独董华生也曾在微博上公开质疑华润和宝能一致行动人的关系。

(四) 实名举报

2016年7月19日,万科突然抛出《关于提请查处钜盛华及其控制的相关资管计划违法违规行为的报告》,向证监会、基金业协会、深交所、深圳证监局举报宝能增持万科股份存在“违法违规行为”,恳请监管机构启动核查。举报信称,2015年下半年以来,特别是万科A股于2016年7月4日复牌以来,交易多次出现异常,存在被人为操纵的迹象;宝能旗下资管计划在信息披露上未按照一致行动人格式要求完整披露信息、合同条款存在重大遗漏;存在违法违规问题,应当予以清理,不具备上市公司收购主体资格;资管计划将持股表决权让渡给钜盛华缺乏合法依据。

四、各方态度

(一) 证监会

2015年12月18日,证监会首次发言,针对媒体对宝能系杠杆收购万科股权一事的关切,证监会新闻发言人张晓军表示,市场主体之间收购、被收购的行为属于市场化行为,只要符合相关法律法规的要求,监管部门不会干涉。

此后一周,对于宝能系资金来源的质疑不断出现,证监会开始不再保持旁观态度。

2015 年 12 月 25 日，张晓军表示，证监会一直高度关注宝能举牌万科一事，上市公司、收购人等信息披露义务人在上市公司收购中应当依法履行信息披露义务；上市公司董事会对收购所做出的决策及采取的措施，应当有利于维护公司及其股东的利益。张晓军称，证监会正会同银监会、保监会对此事进行核实研判，以更好地维护公开、公平、公正的市场秩序，更好地维护市场参与各方特别是广大中小投资者的合法权益。

2016 年 7 月 22 日，证监会新闻发言人邓舸表示："证监会一直在持续关注万科之争中各方当事人的言行，证监会将会同有关监管部门继续对有关事项予以核查，依法依规进行处理。"就博弈已久的万科相关股东与管理层之争，证监会斥责万科相关股东与管理层未成为建设市场、维护市场、尊重市场的积极力量，相反通过各种方式激化矛盾，置公司广大中小股东利益于不顾，严重影响了公司的市场形象及正常的生产经营，违背了公司治理的义务。对此证监会予以谴责。邓舸最后强调，希望各方在法律法规范围内，拿出切实行动，协商解决问题，促进公司健康发展。证监会也重申，对监管中发现的任何违法违规行为，都将依法严肃查处。

（二）深交所

2016 年 7 月 21 日，深交所分别向万科、钜盛华发出监管函。深交所称，万科于 7 月 19 日向非指定媒体透露了未公开重大信息。钜盛华经交易所多次督促，仍未按要求上交股份权益变动书。

同日万科公告，深圳证监局向万科下发监管关注函称，收到了万科提交的要求查处钜盛华及相关资管计划的报告，已展开核查；万科举报事项信息发布和决策程序不规范，需完善信披内部管理制度。

（三）保监会

2015 年 12 月 23 日晚间，保监会网站上突然发布《保险公司资金运用信息披露准则第 3 号：举牌上市公司股票》，对保险机构披露举牌信息进行了重点规范，并称此举是"为规范保险资金举牌上市公司股票的信息披露行为，增加市场信息透明度，推动保险公司加强资产负债管理，防范投资运作风险"。

五、尘埃落定

2017 年 6 月 9 日晚，中国恒大发布公告称，其持有 15.53 亿股万科股份，以 292 亿悉数转让予深圳地铁。本次转让后，恒大此前所持 14.07％万科股份全部出清，深圳地铁持股由 15.31％变为 29.38％，超宝能 25.4％持股成万科第一大股东。"万宝之争"僵局终被打破。

2017 年 2 月，保监会宣布：前海人寿因存在编制提供虚假材料、违规运用保险资金等问题，依据保险法等法律法规对相关责任人员分别做出了警告、罚款、撤销任职资格及行业禁入等处罚措施。其中，对时任前海人寿董事长姚振华给予撤销任职资格并禁入保险业 10 年的处罚。

**问题：**

1. 万科在面对恶意收购时，具体采用了哪些反收购策略？

2. 请谈谈你对宝万之争的看法，以及从中可得到哪些启示。

# 第十一章　国际财务管理

## 引言

随着经济全球化以及一体化进程的不断加快，为公司国际化发展提供了前所未有的机遇，但不可忽视的是，国际市场也隐藏着各种各样的风险。

许多国际化公司经过长期的运作已经深入到我们的生活中，如可口可乐、联想、宝洁等，无疑，他们是成功的。但失败的例子也不少。如全国连锁百强企业、商业零售业百强企业天客隆集团曾经在莫斯科开设了首家海外超市——莫斯科天客隆超市，在当时引起了不小的轰动。该超市的设立是有着政治和经济双重原因的，从它对外交关系的作用来看，效果是积极显著的。但是，由于天客隆集团未深刻认识到中俄双方国情的不同，在前期的准备也不充分，没有将精力集中在当地的投资环境、市场行情、风俗习惯、消费心理、政策法规等环节，对于俄方的海关、税收等了解的也不够，尽管开业时红红火火，几次经营调整后业绩日渐惨淡，最终在经历了 1 000 多天的起伏和挣扎后，仓皇收兵。天客隆集团进军海外遭受了沉重的打击，巨额的投入只产生了几十万元美金的现金回报，却欠下 5 000 多万元的债务。由于天客隆集团没有重视国际经营管理的特殊性，用惯性思维硬套国内的管理方法，忽视了国际化发展的财务风险，最终导致了失败。

可见，国际化公司的财务管理是与国内公司不同的，在外汇风险管理、国际投融资管理、国际税收管理等方面是一个全新的领域，必须全面的掌握国际财务管理内容和方法体系。

## 第一节　国际财务管理概述

### 一、国际财务管理的概念、内容和特点

国际财务管理是现代财务管理的一个重要分支。西方国家将国际财务管理作为一个专题加以研究大约始于 20 世纪 50 年代，至于国际财务管理广泛被人们所重视并得到快速发展，是最近 30 年左右的事情。

（一）国际财务管理的概念

作为一门新的学科，国际财务管理的目标、内容、方法体系尚不十分成熟，国内外学者关于国际财务管理定义的表述也存在不同。概括起来，主要有三种观点：① 视国际财务管理为世界财务管理；② 视国际财务管理为比较财务管理；③ 视国际财务管理为跨国公司财务管理。目前大部分论著在谈及国际财务管理概念时，都没有超出上述三种观点。我们认为这三种看法都有一定道理，但都没能全面反映国际财务管理的确切含义。第一种概念距现实太遥远，只能作为努力的方向；第二种概念仅仅是对各国财务管理的特点进行汇总和比较，缺乏实质性内容；第三种观点把国际财务管理仅仅限制在跨国公司的范围内，不够全面，跨国公司财务管理应该是国际财务管理研究的重点内容，但仅仅局限于此是不够的。

国际财务管理应研究国际化公司在组织财务活动、处理财务关系时所遇到的特殊问题。

国际化公司是相对国内公司而言的,它泛指一切超越国境从事生产经营活动的公司。可以概括地说,国际化公司是从事国际经营活动的经济实体的统称。因此,一个国际化公司可能不是跨国公司,但任何跨国公司都属于国际化公司,跨国公司是国际化公司发展的较高阶段,是公司国际化程度较高的组织形式。综上所述,我们将国际财务管理的定义表述为:

国际财务管理是财务管理的一个分支领域,它是按照国际惯例和国际经济法的有关条款,根据国际化公司资金运动的特点,组织国际财务活动,处理国际财务关系的一项经济管理工作。

(二) 国际财务管理的发展

国际财务管理是随着国际企业的出现而产生的,并随着国际企业和国际金融市场的发展而不断完善。总体上讲,促使国际财务管理的形成和发展主要有以下三个方面的原因:

① 国际企业尤其是跨国公司的迅猛发展,是国际财务管理形成和发展的基础。

第二次世界大战之后,特别是20世纪70年代以来,随着生产发展和科学技术的不断进步,国际企业得到了前所未有的发展。为了向国际市场扩展,些企业的经营活动跨越国界,甚至在国外设立分支机构或子公司,形成跨国公司。据统计,2000年全球跨国公司已达到6.3万家,其国外分公司和子公司达70万家。目前,发达国家的跨国公司,大都在20多个东道国设有几十家、几百家甚至上千家公司。以跨国公司为主的国际企业的全球经营战略必然要求企业财务管理工作与之相适应,如要求在全球范围内以更低的成本筹集资金,并把资金投放到对公司发展更有利的国家和地区;在全球范围内进行盈余分配等。这些都极大地促进了国际财务管理的形成与发展。

② 财务管理基本原理在全球的广泛传播,是国际财务管理形成和发展的根源。

财务管理产生于19世纪末的美国,并迅速传入西欧。英国把财务管理的原理传入印度和其他英联邦国家。第二次世界大战以后,亚洲的日本、韩国以及中国的台湾和香港由于吸收了欧美财务管理的方法,极大地促进了上述国家和地区公司财务管理的发展。与此同时,苏联在吸收欧美财务管理基本原理的基础上,结合社会主义国家财务活动的特点,建立了社会主义国家的财务管理体系,并将各国财务管理经验不断吸收和融合,使财务管理进一步走向国际化。

③ 金融市场的不断完善与全球化,是国际财务管理发展的动力。

自第二次世界大战以来,由于科技革命的影响,生产国际化发展到一个新的阶段,并推动了资本国际化。国际资金借贷日益频繁,国际资本流动达到空前规模,极大地促进了国际金融交易的发展。近二十年来,国际金融交易出现了一个重要的变化,这就是试图摆脱任何一国的管辖,出现了新兴的国际金融市场、境外金融市场。这种市场不受所在国金融、外汇政策的限制,可以自由筹措资金,进行外汇交易,实行自由利率,无须交纳存款准备金。这种金融市场最早出现在伦敦,此后在新加坡、中国香港等地相继出现。国际金融市场的发展,为国际企业迅速筹集资金和合理运用资金提供了便利条件,同时也对国际企业的财务管理活动提出了新的要求,特别是浮动汇率的实行,导致汇率变动迅速,对国际企业的财务收支和财务管理产生巨大的影响。国际企业无论在国际金融市场上筹资还是投资,都必须认真预测汇率的变动趋势,选用合理的避险方式以减少或消除外汇风险。总之,金融市场的国际化和汇率的不断波动,极大地促进了国际财务管理的形成和发展,使其在较短时间内成为一门新的科学。

（三）国际财务管理的内容

国际财务管理应包括哪些内容，到目前为止还没有形成完全统一的认识。我们认为，国际财务管理的基本内容可概括为国际财务管理环境、外汇风险管理、国际投资管理、国际融资管理、国际税收管理等五个方面。

1. 国际财务管理环境

从系统论的观点来看，所谓环境，是指被研究系统之外的、对被研究系统有影响作用的一切系统的总和。任何事物总是与一定的环境相联系而产生、存在和发展的，财务管理也不例外。之所以不同时期、不同国家乃至不同领域的财务管理有着不同的特征，归根结底都是因为影响财务管理的环境存在差异，这就要求国际财务管理人员必须运用系统论的观点，认真分析和合理预测国际财务管理的环境。

2. 外汇风险管理

外汇风险管理是国际财务管理的最基本内容之一，也是国际财务管理与国内财务管理的根本区别所在。国际财务管理的其他内容都是在此基础上展开论述的。所谓外汇风险，是指由于汇率的变动而给公司收益带来的不确定性。外汇风险可以分为三类，即交易风险、经济风险和折算风险。外汇汇率的大幅度变动可能会给公司带来收益，但也可能造成重大损失。国际化公司的财务管理人员必须熟知外汇风险管理的程序和方法。

3. 国际投资管理

国际投资是把筹集到的资金用于国际生产经营活动，以获取收益的行为。按投资方式不同，可以把国际投资分成直接投资和间接投资；按时间长短不同，可以把国际投资分成中长期投资和短期投资。公司进行国际投资，往往要面对比较复杂的环境因素和较大的投资风险。所以，应做好以下几方面的工作：① 必须认真分析国外投资环境；② 必须合理选择投资方式；③ 必须对国外的投资项目进行财务上的可行性分析。一般而言，在对国外投资项目进行财务分析时，与国内投资不同，要做两套分析：一是计算国外投资项目的现金流量和净现值；二是把国外现金流量，按统一的汇率，折算成本国的现金流量，计算出母公司获得的净现值。

4. 国际融资管理

融资管理是财务管理的最基本职能之一，以低成本、低风险大量筹集资金，是国际化公司具有竞争能力的主要表现。国际化公司的资金来源更加广泛，融资方式更加灵活。其中，资金来源主要有：① 公司内部的资金；② 母公司所在国资金；③ 子公司所在国资金；④ 国际金融机构的资金。融资方式主要有：① 国际股权融资；② 国际债券融资；③ 国际租赁；④ 国际银行信贷；⑤ 国际贸易信贷；⑥ 国际金融机构贷款。

5. 国际税收管理

随着世界各国经济交往的不断加深，特别是国际化公司规模与数量的日益发展，国际税收问题越来越受到重视，成为国际财务管理的一项重要内容。国际化公司通过对税收问题的合理调控可实现以下目标：① 根据有关国家的税法、税收协定来避免国际化公司出现双重征税的情况；② 利用有关国家为吸引外资而采取的优惠政策，实现最多的纳税减免；③ 利用各种“避税港”来减少所得税支出；④ 利用内部转移价格把利润转移至低税国家和地区，以使纳税总额最少。

（四）国际财务管理的特点

国际财务管理和国内财务管理的基本原理和方法是一致的，都要以最有利的条件筹集资金,有效地运用资金和合理地分配收益;都是以降低成本费用、增加利润、提高经济效益,实现公司价值最大化为目标;都要正确地进行财务预测、决策、计划、控制、分析和考核等工作。但在大多数情况下,财务管理的原理和方法在国际范围内应用比在国内更为复杂。国际财务管理具有某些特点,主要是由于它有着新的环境因素、新的风险来源和新的经济机遇。

1. 新的环境因素

国际财务管理所处的是国际环境,需与其他有关国家的公司、银行、证券市场、税务机关以及个人等发生财务关系。不同国家的政治、经济、法律、文化教育等环境是千差万别的。从政治环境来看,各国社会制度不同,思想政治观念不同,实行的政策和法律制度不同。从经济环境来看,各国经济发展情况不同,使用的货币不同,外汇管制、银行信贷、证券市场、税法和会计制度都有很多差别。此外,各国语言、文字不同,风俗习惯也不同。在国际财务管理中,要遵循国际惯例,执行有关国家的法律、政策、制度;使用外国货币,要了解有关国家的利率、汇率、通货膨胀率等的变化,要分析汇率等因素对财务收益的影响。

2. 新的风险来源

国内财务管理中的风险,按其来源可分为偿债风险、信用风险、投资风险和分配风险等。国际财务管理中除了上述风险以外,还存在几类新的风险:① 政治风险,是指由于政治方面的原因使公司资产发生损失的风险,主要是国有化风险、战争风险和转移风险等。② 外汇风险,是指由于汇率发生变动而对公司财务质量和现金流量产生影响的风险。③ 国外营运风险,对外国销售产品,在国外投资办公司,如果有关国家经济不景气,市场购买力下降,会影响公司的收入和效益。

3. 新的经济机遇

公司财务管理如果总是局限在本国范围之内,可能会丧失某些机遇,不利于公司发展。财务活动如果跨越本国国界,放眼世界,就会有许多新的经济机遇:① 国际金融市场的发展为公司财务管理提供了很好的机会。国际市场上充沛的资金能够使国际化公司在国内融资困难的情况下筹集到所需资金。② 各个国家的政治、经济情况存在差别带来新的机遇。公司财务管理在国际市场上有更多可选择的机会,有更多的获利机会和利润空间。③ 跨国经营的公司还可以从整个公司体系内部各单位的统筹调配中获得新的财务利益机遇。各单位之间合理的统筹可以迅速地执行和反馈,从而大幅提高工作效率。

由于国际财务管理有着新的环境因素、新的风险来源和新的经济机遇,因而它与国内财务管理相比,其内容和方法更为复杂。

## 二、国际财务管理环境

国际化公司的财务管理活动,需要有一个理财的土壤、空间或环境。从本质上说,理财环境就是作用于国际化公司理财活动的所有外界影响与力量的总和。对于国际化公司来说,其财务管理环境主要是指国际化公司所处的社会经济环境,包括一定的政治和文化环境,也涉及一些与国际化公司理财活动相关的自然环境问题。

### (一) 国际财务管理的经济环境

国际财务管理的经济环境是影响公司财务管理的各种经济因素,如经济周期、经济发展水平、经济体制、金融环境、税收环境等。

1. 经济周期

在市场经济条件下，经济通常不会出现较长时间的持续增长或较长时间的衰退，而是在波动中前进，这种循环叫作经济周期。资本主义经济周期是人们共知的现象，但它并非以同样方式和程度影响所有产业和公司。由于经济周期影响的严重性，西方财务学者探讨了公司在财务周期中的经营理财策略。

2. 经济发展水平

财务管理水平是和经济发展水平密切相关的。经济发展水平越高，财务管理水平也越高；经济发展水平较低，财务管理水平也低。发展中国家的经济发展水平不是很高，目前呈现出基础较薄弱、发展速度比较快、经济政策变更频繁、国际交往日益增多的特征。这些特征决定了发展中国家财务管理的总体水平在世界上处于中间位置，但发展较快的现象。

3. 经济体制

经济体制是指对有限资源进行配置而制定并执行决策的各种机制。现在世界上典型的经济体制有计划经济体制和市场经济体制。显然，在计划经济体制下，公司财务管理的权利比较小，筹资权、投资权都归高层决策机构，财务管理的内容比较单一，财务管理的方法比较简单。在市场经济体制下，公司筹资、投资的权利归公司所有，必须根据自身条件和外部环境做出相应的财务决策并组织实施，因此，财务管理的内容比较丰富，方法比较复杂，财务管理发展水平较高。

4. 金融环境

金融环境是指一个国家在一定的金融体制和制度下，影响经济主体活动的各种要素的集合。金融环境的变化对国际理财有着十分重要的影响，财务管理人员必须了解金融市场、金融机构及相关的各种制度。金融市场是指资金供应者和资金需求者双方通过某种形式融通资金达成交易的场所。金融机构是为资金供应者与资金需求者提供交易的途径，包括商业银行、投资银行等。金融体系则是由金融市场、金融机构和资金供应者、需求者所构成的资金集中与分配的系统。

5. 税收环境

国际税收是涉及两个或两个以上的国家财权利益的税收活动，它反映着业务发生国家之间的税收分配关系。国际税收的纳税人与国家税收的纳税人不同之处在于，不论其国籍如何，一般其收入来源于两个或两个以上的国家，并在这些国家负有双重纳税的义务。但有时收入来源于一个国家的自然人或法人，也可能成为国际税收的纳税人。如美国规定，凡美国公司，不论经营在哪个国家，都必须就其收入向美国政府纳税。

6. 具体的经济因素

除了上述几项因素外，一些具体的经济因素发生变化也会对公司财务管理产生重要影响。这些因素主要包括：通货膨胀率、利息率、外汇汇率、财税政策、产业政策、对外经贸政策等。

（二）国际财务管理的社会环境

财务是社会发展的产物。自 20 世纪 20 年代财务管理学从经济学中分离出来形成一门独立的学科以来，理财与社会环境的关系问题越来越受到人们的重视。影响国际财务管理的社会环境因素有很多，这里主要分析政治环境、法律环境和社会文化环境。

1. 政治环境

政治属于上层建筑,以经济为基础,是经济的集中体现。在开展国际财务管理业务之前,应以相当的精力来分析有关国家的政治环境,切实理解、把握关系国的政治环境。世界各国政府对于工商业活动的干预程度是不同的,作为国际化公司,必须努力使自己的活动在政治上能为东道国所接受,否则会因政治上的原因引起种种麻烦。此外,还有政府政策能否保持连续性的难题。

2. 法律环境

财务管理的法律环境是指影响财务管理的各种法律因素。法律是体现统治阶级意志,由国家制定或认可,并以国家强制力保证实施的行为规范的总和。按照法律对财务管理内容的影响情况,对公司财务管理具有普遍影响的法律主要有:公司法、证券交易法、税法、经济法、合同法等。

3. 社会文化环境

社会文化环境包括教育、科学、文学、艺术、新闻出版、广播电视、卫生体育、世界观、理想、信念、道德、习俗以及同社会制度相适应的权利义务观念、道德观念、组织纪律观念、价值观念等。作为人类的一种社会实践活动,财务管理必然受社会文化的影响,而且不同方面的影响程度不尽相同。

## 案例

### 华为的跨国经营战略

华为技术有限公司成立是1988年成立于中国深圳的民营科技公司,是全球领先的ICT(信息与通信)基础设施和智能终端提供商。主要营业范围是交换、传输、无线和数据通信类电子产品,在电信领域为世界各地的客户提供网络设备、服务和解决方案。目前华为约有19.4万员工,业务遍及170多个国家和地区,服务30多亿人口。

华为的产品研发以IBM为标杆,引入IBM的ISC(集成供应链)系统和ERP系统,使整个公司的运作流程更加顺畅。同时引入HAY(合益)做人力资源管理咨询,为华为设计职业化的人力资源体系,用一种全新的制度来树立明确的标尺,促进员工文化和观念的转型。华为力图建立与国际接轨的营销体系(包括公司级、区域、产品和大客户等子体系),以适应国际市场甚至本土市场上客户越来越明显的咨询式营销需求。1994年,华为首次在北京参加国际通信展。1995年10月,华为再次参加日内瓦国际电信博览会,同时明确把开拓国际市场作为公司发展战略的重点。1996年,华为勇接香港和记电信的订单,试水香江,初战告捷,就此开始了跌跌撞撞的国际化十年之旅。俄罗斯和拉美市场是华为进入国际市场的首选目标。从1994年起,华为利用三年的时间组织了数十个代表团访俄,并邀请俄代表团数次访问华为。1997年的俄罗斯陷入经济低谷,卢布贬值、一泻千里。NEC、西门子、阿尔卡特等国际巨头纷纷从俄撤资。这一市场的主角空缺无疑给了华为绝好机会。截至2002年年底,华为又取得了3 797千米的超长距离320G的从圣彼得堡到莫斯科国家光传输干线(DWDM系统)的订单。2003年在独联体国家的销售额一举超过3亿美元,位居独联体市场国际大型设备供应商的前列。2000年起,华为开始在其他地区全面拓展,包括泰国、新加坡、马来西亚等东南亚市场以及中东、非洲等区域市场。特别是在华人比较集中的泰国市场，华为连续拿下了几个较大的移动智能网订单。此外，在相对比较发达的地区，如沙特、南非等也取得了良好的销售业绩。华为已进入包括德国、法国、英国、西班牙等国家在内的欧洲市场。在英国，2005 年 4 月 28 日，英国电信宣布其 21 世纪网络供应商名单，华为作为唯一一家中国厂商，与业内几家顶级企业一起入围“八家企业短名单”，并且是同时在两个领域入选的两家供应商之一；在法国，华为与 LDCOM 公司合作建设 DWDM 国家干线传输网，覆盖了巴黎、里昂等所有法国重要城市；在德国，严谨的德国人选择了华为的设备建设骨干网络；在葡萄牙，专业无线运营商 INQUAM 公司选择华为作为其战略合作伙伴，为葡萄牙 CDMA 全国网提供基站子系统设备。对于美国市场，华为早在 1999 年就在美国的通信走廊达拉斯开设了一个研究所，专门开发针对美国市场的产品。2002 年 6 月，华为在得克萨斯州成立全资子公司 Future Wei，向当地企业销售宽带和数据产品。2004 年 12 月，美国 CDMA 运营商 NTCH 正式对外发布由华为承建 CDMA2000 移动网络，首期网络覆盖加利福尼亚州和亚利桑那州。在亚太地区，华为产品已经获得了广泛的应用，并成为该区域主流供应商之一。在阿联酋，华为独家承建的全国范围的 WCDMA3G 网络，令阿联酋电信成为中东阿拉伯国家中第一个推出 3G 商用服务的运营商；文莱电信选择华为 u-SYS 的解决方案进行文莱电信全网改造；华为还是亚太地区 GSM/CDMA 系统主要供应商之一。2000 年，华为海外销售额首次突破 1 亿美元。2005 年，华为海外销售额首次超过国内。2011 年，华为全球销售额达 324 亿美元，其中海外市场约占 2/3。即使 2019 年，美国官员对华为提出两项刑事指控，将其列入美国商务部的贸易管制黑名单，并对华为向美国小型运营商销售产品实施新限制措施，华为当年仍实现全球销售收入 8 588 亿元，同比增长 19.1%；净利润 627 亿元，同比增长 5.6%；经营活动现金流 914 亿元，同比增长 22.4%。海外营收约占全部营收的 50%。

**问题：**

1. 请说明华为国际化经营可能遇到的问题。
2. 中国企业如果按照华为模式进行跨国经营，是否同样会取得成功，为什么？
3. 中外文化差异方面，会给华为的跨国经营造成哪些方面的困扰？华为应如何应对？

## 第二节 外汇风险管理

### 一、外汇市场及外汇风险

(一) 外汇市场

外汇市场是国际金融市场重要的组成部分。国际贸易和国际投资的飞速发展，离不开外汇市场及外汇业务的不断完善。国际货币市场与资本市场的资金往来活动几乎都要通过外汇市场才得以完成，同时，现代外汇市场也是各国货币当局干预市场、稳定本币汇率的重要场所。

(二) 外汇风险

外汇风险是指一家公司受汇率变动影响的程度，主要包括交易风险、经济风险和折算风险。

交易风险是指以外币计价的各类交易活动自发生到结算过程中，因汇率变动而引起损失的可能性。公司的各种外币现金流入在转换成本币时要受汇率的影响，外币现金流出也一样。公司未来的现金流量受汇率波动影响的程度,就是交易风险。

经济风险是指由于汇率变动而引起的公司预期的现金流量净现值发生变动而造成损失的可能性。汇率变动对现金流量的影响是通过销售量的变动、销售价格的变动和成本的变动等所引起的。因为汇率变动对现金流量的影响是多方面的,国际化公司要准确衡量所承受的经济风险是十分困难的。

折算风险是指公司的合并会计报表受汇率波动影响的风险。当国际化公司的子公司的资产和负债不以历史汇率折算时,合并资产负债表就会受这一期间汇率波动的影响,合并利润表也一样。但是为编制合并报表目的进行折算不会对公司现金流量产生影响。

**二、外汇风险的衡量**

(一)交易风险的衡量

产生交易风险的具体情况有:

① 商品或劳务进出口交易中以外币计价,由成交日到结算日汇率变动带来的外汇风险。

以中国公司为例,如果出口以美元计价结算,当人民币贬值时,收回的美元货款折合成人民币的数额就会增加;当人民币升值时,收回的美元货款折合成人民币的数额就会减少。进口交易的外汇风险,原理与出口相同,只是方向相反。

② 以外币计价的债权债务带来的外汇风险。

这种情况与以外币计价的进出口赊买赊卖相类似。赊买实际上等于取得一笔短期借款,赊卖实际上等于提供一笔短期贷款。但是以外币计价的债权债务包含长期的债权债务,在长期内汇率波动幅度可能较大,因而带来较大的外汇风险。

③ 外汇买卖风险。

公司买入外汇,持有一段时间后将其卖出,由于买入到卖出这一期间汇率发生变动,从而产生使公司发生损失的风险。

④ 远期外汇交易风险。

远期外汇交易风险是指在期汇交易中,由于合约的远期汇率与合约到期日的即期汇率不一致,而使交易的一方按远期汇率换得(或付出)的货币数额多于或少于按即期汇率换得(或付出)的货币数额而发生的风险。如某公司1月1日与银行签订人民币购买美元的远期外汇交易合约,期限半年,远期美元兑人民币汇率为1∶6.65,购入10万美元。半年后到期,即期汇率为1∶6.48。如果该公司不签订远期外汇交易合约,按即期汇率用64.8万元人民币而不是66.5万元就可购买10万美元,风险损失为1.7万元人民币。

5. 对海外分支机构的投资、利润汇回和资本撤回的风险

公司对海外分支机构的投资,一部分要兑换成当地货币,以满足当地经营的需要。在经营结束后,又要兑换成母国货币汇回,在这一期间汇率的变动会使公司面临外汇风险。如某中国公司投入人民币170万元作为美国分公司的流动资本,投入时美元兑人民币的汇率为1∶8.50,兑换成20万美元。五年后撤资,汇率变为1∶8.45,则只能换回169万元人民币,损失1万元人民币。在海外分支机构产生的以当地货币形态而存在的利润,从利润产生到兑换成母国货币汇回为止,也存在外汇风险。

单从一项交易的角度来衡量交易风险是较容易的,但实际工作中,公司财务管理人员是站在整个公司的角度考虑全部交易风险的净影响结果,因此在操作中需要适当的考虑一些

综合因素。

（二）经济风险的衡量

衡量经济风险的常用方法有两种。

一种是根据一项预测汇率水平分别预计利润表项目（或现金流量）的水平，然后改变预测的汇率，再次进行预测。通过分析税前利润（或现金流量）随不同的预测汇率变化的值，就可以衡量汇率变动对公司税前利润（或现金流量）的影响。

另一种是对历史现金流量和汇率水平进行回归分析。假设它们之间存在下式中的关系：

$$PCF_t = a_0 + a_1 PER_t + u_t$$

其中，$PCF_t$ 为一段时间 $t$ 以公司本国货币衡量的贴现现金流量变化百分比；$PER_t$ 为一段时间 $t$ 汇率变动百分比；$u_t$ 为随机误差；$a_1$ 为斜相关系数。

这个模型修改一下可以用来处理更复杂的情况。通常公司现金流量会受多种汇率的影响，我们更关心现金流量对全部汇率波动的敏感程度而不是对单项汇率波动的敏感程度。用 $PERI_t$ 表示一段时间 $t$ 汇率混合指数的变动百分比，其中权重为各种外币现金流量占全部现金流量的百分比。上式可以修改为：

$$PCF_t = b_0 + b_1 PERI_t + u_t$$

汇率波动对现金流量的影响有时滞效应，这也可以通过回归分析模型来表示：

$$PCF_t = b_0 + b_1 PERI_t + b_2 PERI_{t-1} + u_t$$

（三）折算风险的衡量

影响折算风险的因素有：

1. 外国分支机构业务所占的比重

国际化公司的国外分支机构业务在公司总的业务中比重越大，一项给定的财务报表项目受折算风险影响越大。比如一家在全球广泛直接投资的公司和一家很少直接投资主要通过出口的公司相比，前者的折算风险将大于后者，尽管后者的交易风险可能较高。

2. 外国分支机构所在国

外国分支机构的财务报表一般使用当地货币。当地货币价值的变动剧烈程度决定着折算风险的大小。如对一家美国公司来说，在加拿大设公司会比在德国设公司的折算风险小，因为美元对加元的汇率波幅要小于对欧元的汇率波幅。

3. 使用的折算方法

国际上常用的方法主要有流动/非流动法、货币/非货币法、时态法和当期汇率法。

按照流动/非流动法，子公司的所有流动资产和流动负债都按照当前汇率折算，其他资产、负债和所有者权益则按历史汇率折算。这种方法遵循的依据是只有在国外发生的短期项目或流动性项目才会有风险，而长期项目或非流动性项目则被看作是按母公司的货币固定下来。

货币/非货币法是区分货币资产负债和非货币资产负债进行不同的折算。对货币资产负债以当前汇率折算，对非货币资产负债采用历史汇率折算。所有者权益也按历史汇率折算。如果所有物质资产均以历史成本表示，则此法较正确，但如果物质资产已按当前汇率重新估价，则此法不能显示其真实情况。

时态法跟货币/非货币法十分近似，唯一的不同在于存货的处理。如果存货以当前市价表示，则按当前汇率折算；如果以历史成本表示，则以历史汇率折算，此时与货币/非货币法一致。

当期汇率法是将外国子公司的所有资产和负债统统按当期汇率折算，因此，所有国外的资产和负债均面临折算风险，真正的风险暴露是国外子公司的净资产。有学者认为，由于当前汇率法对所有资产负债都按当前汇率折算，而不是一些项目采用当前汇率，另一些项目采用历史汇率，从而消除了对母公司合并报表的一些歪曲。从这个意义上讲，使用当前汇率法降低了折算风险。

## 三、外汇风险管理

### （一）外汇风险管理程序

设定运行良好的风险管理流程是外汇风险管理的重要环节，主要包括确定风险管理目标、进行风险识别、风险预测及风险计量、制定风险管理方案等几方面。

1. 确定风险管理目标

企业进行外汇风险管理时必须明确管理的对象，即确定对哪一类型的外汇风险进行管理，是交易风险、经济风险还是折算风险。因为如果企业要同时对几种外汇风险进行管理，就会遇到一定困难：针对不同外汇风险管理手段的实施效果可能会相互抵消。例如，一国货币贬值会使有折算风险的公司遭受折算风险损失，但货币贬值却可能使该公司在国内外市场的竞争力增强。这样，针对折算风险所采取的管理措施可能并不符合该公司的总体利益要求。

2. 进行风险识别

外汇风险识别，就是在财务公司周围纷繁复杂的宏观、微观环境和内部经营环境中识别出可能给财务公司带来意外损失或者额外收益的风险因素。风险识别需要管理者对财务公司的经营环境、经营业务的充分熟悉和了解，需要丰富的实践经验、完备快捷的信息处理和深刻敏锐的预见力。运用各种科学的方法对金融风险进行系统的分析与诊断，找出各种风险的根源及具体表现，揭示潜在的风险及其性质。

3. 风险预测

预测汇率的变动情况。预测有关汇率变动主要包括以下内容：一是预测汇率变动的方向，即确定某种货币是升值还是贬值；二是预测汇率变动的幅度；三是预测汇率变动的时间。其中，汇率变动的幅度和时间是确定外汇变动的关键。为管理外汇风险，企业必须建立定期预测汇率变动的程序，除了基本经济因素外，有时还须注意政府对外汇市场进行干预的时间和规模。当然，预测汇率变动非常困难，即便如此，许多国际企业仍花费大量人力物力对汇率的变动进行预测。外汇风险识别完成后，应按照风险敞口类型和不同货币，进行量化并确定存续期间，据此制定套期保值策略。所有风险敞口的预测都需要按照标准模板和方法进行，以便于合并分析和集中管理。为提高现金风险预测的可信度，还需要把实际数据与预测数据进行对比检验。

4. 风险评估和计量

风险管理的首要原则是不承担超过损失承受能力的风险。因此，风险评估和计量是公司风险管理的重要环节。因为通过风险评估，公司可以了解各种风险可能的损失级别或损失值从而确定是否承担该风险。风险计量和评估涉及对风险发生可能性评估、风险事项发生损失的可能性评估、对损失级别或损失值进行评估和计量，从而计算出各项风险事项本身的风险级别或风险值。对于外汇风险的评估计量方法，分定性评估和定量评估（计量）。

① 外汇风险的定性评估。外汇风险的定性评估就是对外汇风险进行“质”的方面的分析。对外汇风险进行定性评估主要依据的是大量历史事实和业务经验。具体到实际操作

中，首先，要确定财务公司各种外汇风险发生的可能性，按照可能性的大小对外汇风险进行横向维度的评级，再按照风险后果的严重程度对外汇风险进行纵向评级，最后确定风险所在的区间。

② 外汇风险的计量。对外汇风险的定量估计是现在最常被提起的方法。随着计算机技术和金融工程技术的迅速发展，对外汇风险的计量也越来越准确。风险计量的方法主要有：均值－方差模型、Beta 系数法、重新定价模型、持续期模型、风险值模型等。

5. 选择恰当的外汇风险管理方案并加以实施

抵消由汇率变动而造成的外汇损失的方法很多。在确定恰当的外汇管理对策时必须对多种方法的性质和成本仔细权衡，以尽可能地缩小汇率变动给企业带来的不利影响。一旦确定了外汇风险管理对策，公司必须要迅速有效地加以实施。为此，企业必须建立一定的组织结构来协调和执行风险管理对策，此外，企业还应设立适当的政策以便指导风险管理部门，并处理各部门之间可能发生的冲突。

(二) 交易风险的管理

交易风险是外汇风险管理的重点。越来越多的迹象表明，相对于经济风险和折算风险，公司更关注交易风险，这也表现为交易风险管理方法日趋多样和完善。

1. 在进行交易决策时采取避险方法

在交易决策时，财务管理人员就应考虑交易风险的防范，此时可以采用的方法有：

(1) 选择有利的计价货币

即对未来的现金流入项目选择硬货币，对未来现金流出的项目选择软货币。但上述仅仅是理论说法，实际上选择货币是个复杂的问题。而且，货币的选择往往是由双方共同协商决定，不是单方的意愿。所以财务管理人员需要权衡利弊，做出适当决策。

(2) 适当调整商品价格

有时公司不得不在计价货币上做出适当让步，接受不利的计价货币。为弥补风险，可采取加价保值和压价保值两种方法。加价保值法主要用于出口交易中，当出口商接受软币计价时，可将部分汇价损失摊入出口商品价格中，以转嫁汇价风险。压价保值法主要用于进口交易中，当进口商接受硬币计价时，要求将部分汇价损失从进口商品价格中剔除，以转嫁汇价风险。

(3) 在合同中订立汇率风险分摊条款或货币保值条款

当交易双方为使用何种计价货币发生争执时，多数情况下会在合同中加列一些条款以共同承担风险。汇率风险分摊是指如计价货币汇率发生变动，即以汇率变动幅度的一半，重新调整价格，由双方分摊汇率变动带来的损失或利益。使用货币保值实际上是用一种价值稳定的货币计价，这样交易双方均不吃亏。

(4) 提前或延期结汇

其基本原理是，通过预测货币汇率的变动趋势，当预计计价货币将贬值时，可以要求提前收取款项或延期支付款项；当预计计价货币将升值时，可要求提前支付款项或延期收取款项。

2. 在金融市场上利用金融工具进行避险

除了在交易决策时进行风险管理外，公司可利用金融市场，使用有关套期保值工具以达到防范风险的目的。管理短期交易风险可使用的方法有：

(1) 利用期货交易防范风险

外汇期货交易是在期货交易所内，交易双方通过公开竞价，买卖在未来某一日期根据协定价格交割标准数量外汇的合约交易。由于期货价格与现货价格有同样的趋势，期货到期价格基本与现货价格一致，财务管理人员可以利用期货交易来套期保值，即在期货市场上做一笔与现货市场上方向相反、金额和时期相同的交易。

(2) 利用远期外汇交易防范风险

进行远期外汇交易时，公司与银行签订远期合同，规定买入卖出货币的名称、金额、远期汇率、交割日期等。利用远期外汇交易，锁定了公司收支外币的汇率，排除了汇率变动风险。

(3) 在货币市场上套期保值防范风险

与远期外汇套期保值相类似，货币市场套期保值也涉及一项合同，只不过合同是一项借款协议而非远期外汇合同。货币市场套期保值也涉及成本，不过是由两种货币利差决定，而非由远期汇率的升水或贴水决定。当公司有一笔未来的外币现金流入时，可先在货币市场上按一定利率借入该种外币，随即换成本国货币存入本国银行按本国利率收取利息，在债权到期后将该笔外汇收入用来偿还外币借款本息，公司本身也收回本国货币存款的本息。同样，当公司有一笔外币现金流出，可先从本国银行借入本国货币，随即换成外币存入银行收取利息，使其本息与外币债务相等，到时从该外币的存款本息偿还外币债务。

(4) 利用期权交易防范风险

与期货和远期不同，期权不是一种"对等"的交易，而是一种"不对等"的交易，期权的买方在购买期权后只有权利，没有义务，期权的卖方在出售期权后只有义务，没有权利。这是因为买方购买时要支付一定费用给卖方，这笔费用就是期权的价格。

3. 长期外汇风险的管理方法

以上介绍的是短期外汇风险管理手段。在一个较长时期，如果汇率持续上升或下降，重复运用短期风险管理手段管理长期风险，也会给企业带来一定的损失。随着国际贸易和国际投资的发展和大量长期合同的出现，产生了许多长期外汇风险管理的方法。

(1) 长期远期外汇合同

许多大的国际银行定期对几种主要货币报价，期限可达五年。这种交易方式对那些签订了长期以固定价格进出口协议的公司特别有吸引力。但是这种交易方式的运用范围比较小，只有信用极高的客户才能同银行签订这种远期合同，因为银行必须确保它的顾客能履行长期义务。

(2) 货币互换交易。货币互换是指两家公司拥有相反的优势货币和货币需求，相互交换货币的交易。货币互换有多种形式。假使一家美国公司在英国投资，预计五年中有大量的英镑收入，同时一家英国咨询公司为美国银行提供长期服务，也会在五年内收到大量美元。这两家公司可以安排一项货币互换交易，在五年内以协定价格以美元换英镑。这样，美国公司可以锁定五年内英镑收入兑成美元的数量，英国公司也可以锁定其美元收入兑成英镑的数量。因为货币互换能使交易双方都避免外汇风险，其协议汇率可能对双方来说都比利用长期远期外汇交易有利。

(3) 平行贷款

平行贷款也是一种互换交易。比如一家美国跨国公司想为其设在英国的子公司提供长期融资，同时一家英国跨国公司也想为其设在美国的子公司长期融资，这样两家公司可以签订协议分别为对方的子公司提供长期贷款。平行贷款的借贷均使用居住国货币，从而对利用平行借贷的双方来说均避免了外汇风险。

（三）经济风险的管理

经济风险的管理决策多数超越了财务经理的职权，因为它涉及公司运营的各个重要方面，包括生产、销售、原料供应等。经济风险的重要管理思想就是走多元化路线，不仅有财务多元化，更重要的是经营多元化。

1. 财务多元化

对国际化公司来说，财务多元化十分重要。财务多元化包括筹资多元化和投资多元化。公司从多个国家的金融市场筹集资金，用多种货币结算，如果有的外币贬值，有的外币升值，就可以使外汇风险相互抵消。同样，公司可以在多个国家投资，创造多种外币收入，也可以避免外汇风险。

2. 经营多元化

经营多元化既指在不同业务领域经营，又指在不同国家分散经营。分散经营既能自然地抵消一部分经济风险，同时也便于管理人员对公司产品经营情况及时加以比较，迅速做出调整策略，如增加有利产品或有利地区分支机构的生产销售，适当减少某些不利产品或不利地区分支机构的生产销售。

因为多元化经营能抵消、避免部分经济风险，所以跨产业经营并在国外拥有广泛机构网络的大公司承受的经济风险，比产品单调或机构网络较小的公司承受的经济风险要小。

（四）折算风险的管理

防范折算风险的主要方法是资产负债表套期保值。资产负债表套期保值要求公司合并会计报表中受险外币资产和外币负债的数额相等。从理论上讲，如果公司的每种外币均能达到这一要求，那么净折算风险就会等于零。

资产与负债的受险部分，取决于公司采用的折算方法。如果公司采用货币与非货币法，便需把某种货币的债务总额增加到与该种货币的资产相等，或将该种货币的资产总额减少到与该种货币的负债总额相等。但如果公司采用当前汇率法，则不可能使资产与债务完全相等。所以这种管理方法有局限性。

近年来，越来越多的公司偏向重视交易风险管理，较为忽视折算风险管理。因为有些公司认为分支机构收益在出现货币贬值时，很多情况下不需要实际兑成母国货币，而被保留在当地，有合适机会时用作再投资。因此，较弱的当地货币不会影响其分支机构的经营。

## 案例

### 中广核外债风险管理之道

中国广东核电集团有限公司(003816，以下简称“中广核集团”)是在 1987 年开工建设的大亚湾核电站的基础上，于 1994 年 9 月经国务院批准正式成立的大型试点企业集团，依据“以核养核，滚动发展”的经营方针，负责组织实施核电站工程项目的设计、建设、运行、维修管理及相关业务。集团的战略定位是：以核电为主的清洁能源集团，为社会提供安全、环保和经济的电力。经过 20 多年的创业过程，截至 2019 年底，中广核集团拥有总资产约 3 380 亿元人民币，净资产约 898 亿元人民币，净资产是集团成立初期 32.4 亿元的 28 倍，有效实现了国有资产的保值增值。中广核集团成立多年来，经历了“合资经营、借贷建设、售电还钱”的大亚湾模式和从“单基地、单项目”到“多基地、多项目”的集团发展过程。

在这期间，集团积极主动开展外债风险管理、内控等方面的探索，形成相关外债风险管理的理念、方法和策略，并通过合理选择外债保值工具、动态管理和静态控制的管理方法等有关举措，构建了一套比较科学完整、行之有效的外债风险管理和内控体系，取得了一定的管理成果，有力地推动了中广核集团的健康发展。中广核集团在外债风险管理方面探索和积累的宝贵经验，对仍处于探索中的国有企业的风险管理工作将是一个有益的借鉴和帮助。

一、面对风险，探索管理之道

中广核集团外债的基本特点是：外债总量大，贷款形式多，币种多，其中以欧元、英镑为主要债务，贷款期限长，因而蕴含的债务风险很大，主要是汇率风险、利率风险、资金周转风险、会计风险等。风险的存在可能使企业经营业绩产生较大的波动，使企业战略的实施偏离既定的目标。因此，企业必须根据所面临的风险状况和内外部环境，积极主动地管理风险，把风险控制在可承受的范围内。

在20世纪80年代，国内尚无外债风险管理方面的成功经验可循，中广核集团从与信贷银行签订出口信贷协议开始着手研究长期外债管理问题。经过多方参与的研究与探讨，先从简单的外汇远期做起，在探索中起步。就企业的外债风险管理而言，管理方法总体可分为两类：一是非金融管理方法，即采用非金融方面的措施来防范外汇风险，主要包括组织集中化、再开票公司、选择生产地点、选择商务合同货币等；二是金融管理方法，主要包括选择借款货币、选择借款利率、提前或滞后外汇结算、债务重组、金融衍生工具等方法。由于中广核集团的外债总量大、利率高、期限长，对发展战略和经营目标的影响很大。为此，从集团发展战略对风险控制的要求出发，采用选择借款货币、选择借款利率、适时转换外币债务为人民币债务、开展远期的外汇交易、商务合同条件等金融工具和非金融工具，积极主动应对风险。

二、融合发展战略与管理目标，制定风险管理策略

中广核的总会计师岳林康谈到，从全面风险管理整体框架的四个目标，即战略目标、经营目标、报告目标和合规目标出发，结合企业的实践，制定长期外债风险管理目标和行之有效的应对策略和方法是至关重要的。

任何可以完全或部分消除外债风险的技术或手段都可称为外债风险保值措施。作为电力生产企业，中广核集团积极应对影响集团发展战略的外债风险，采用外债保值管理的措施，制定了长期外债风险管理的策略。

制定外债保值目标是长期外债风险管理的首要任务。目标的确定要考虑两方面的因素：一是公司的“可承受成本”，据此确定公司外债保值管理的控制目标值；二是科学的预测，据此判断保值措施的选择和实施时机。在此基础上，制定公司的外债保值管理策略：

(1) 债务货币的选择。债务货币的选择决定了举债之后外债风险管理的方向和重点。对于建设项目并负责持续经营的企业而言，主要有两种选择：第一，债务货币与公司基建进口贸易商务合同计价货币一致，可以避免基建期的外汇汇率风险；第二，债务货币与公司生产期收入货币或记账本位币相匹配，可以避免经营期的外汇汇率风险。

(2) 保值工具的选择策略。要先对适合的债务尽量安排简单的保值工具（如远期外汇交易合约），对实在达不到保值目标的债务才考虑安排结构性的保值工具。在选择上考虑以下因素：第一，保值工具的费用；第二，与集团外债货币相匹配；第三，保值工具在金融市场中的容量、安全性、流动性及收益性。市场上常用的汇率风险管理工具有即期外汇交易、远期外汇交易合约、外汇期权交易等。结合外债还款结构，集团选择了超远期外汇交易合约这一

保值工具。它的特点是易于操作,市场上报价透明,流动性、灵活性较好,保值期较长,市场上报价可长达10年以上。

(3) 分期分批,分散风险,长期与短期相结合。根据市场的现状和公司的成本预算目标,区分外债风险管理目标的主次,总目标与分目标,长远目标和近期目标,构成有层次结构的风险管理目标体系。具体的交易分期分批将本金和利息安排掉期,分批固定还款成本,分散还款风险;优先安排还款期内前几年内的债务,使还款高峰期的外债尽可能地固定在预算承受范围内。

(4) 慎重选择保值交易对象和中介银行,严格控制风险。中广核集团外债期限长、金额大,为避免多家询价可能对市场造成不利的影响,必须挑选资信好、效率优良且有能力进行超远期交易的银行,必要时请专业机构对方案进行比较评估,选定方案,并挑选国内外一流的银行组成外债风险管理的投标团。

(5) 静态控制,动态管理。通过测算、决策,确定各期的真实债务及其"可承受成本",作为控制的量化目标,报公司管理层批准后组织实施,体现静态控制;而针对市场的波动,如果因还款时间或金额的调整使已做的保值交易时间或金额与实际不吻合时,特别是当市场有"出险"前兆时,有关交易合约可以在授权规定下经公司领导批准后择机平盘,但必须以保证还本付息的风险被覆盖为前提,公司要设定适当的止损限额,制定止损处理业务流程,并制定应急处理预案,以及时应对合约执行过程中可能发生的重大突发事件。这种在保值目标、金额等要素总控制下的授权、审批、交易、风险处理过程,体现了"动态管理"保证实现既定的经营目标的思想。

(6) 加强内部控制,严格审批。首先,中广核集团先后制定了《长期外债汇率风险管理大纲》《外债风险管理审批、交易程序》等工作制度和程序。总经理部根据市场行情,在保值目标、金额的批准范围内实施。财务部资金管理人员通过金融资讯终端系统密切关注国际外汇市场的行情,编写交易分析和建议,集团公司领导做出决策后,发出交易指令,并追踪完成交易确认等手续。如有对保值目标和比例的调整,要按照授权上报公司管理层,取得批准。其次,严格执行交易程序。在交易、记录、交割、评估等环节上严格按照交易程序的要求来执行,将交易结果逐级上报,外债保值交易的交割及相关资金调拨必须严格遵守集团公司或成员公司的支付程序,对交易情况按年进行评估。最后,坚持定期监督审计。公司内审部门对交易过程的决策及执行各个环节是否遵循公司的有关制度或程序进行定期检查,建立全员、全过程管理的体系,并通过责任制考核、定期轮岗和审计,实施控制监督功能。

三、不断提升管理水平,为集团发展保驾护航

中广核集团多年来积极、主动地开展长期外债风险管理,历经一段时期的探索与实践,取得了良好的管理成效,节省了数十亿元人民币的财务费用支出。但是,面对未来,风险管理的任务依然艰巨,面临外债风险长期性管理的困难。目前,政治、经济、地缘危机等多元化影响使风险急剧增加,金融市场上缺乏对汇率的长期预测,超远期外汇交易的报价、交易量较少,保值工具缺乏,为长期外汇风险管理业务带来很大的困难。对于大量使用欧元、英镑等外币债务的中广核集团来说,近年来外部市场波动引起的汇兑损益也较大,使企业经营利润大起大落。尽管面临着诸多的困难,但中广核集团在原有管理成果的基础上将继续深化外债风险管理,不断迎接新的挑战,进一步深入开展风险管理的积极探索和实践,逐步解决公司发展过程中面临的新问题,为公司的科学、健康发展保驾护航,为实现国家核电发展战

略规划的目标做出不懈的努力!

**问题:**

1. 你认为中广核外债管理成功的最关键的经验是什么?
2. 你认为国际债务融资有哪些好处,又有哪些坏处?

# 第三节　国际投融资管理

## 一、国际投资管理

国际投资是指投资者跨国界投入一定数量的资金或其他生产要素,以期望获得比国内更高利润的一种投资,它是国际化公司财务管理的一项重要内容。

(一) 国际投资的方式

国际投资的方式是多种多样的,主要有国际直接投资、国际间接投资和灵活投资。

1. 国际直接投资

国际直接投资又称对外直接投资(FDI),是指投资者在其所投资的公司中拥有足够的所有权或控制权的投资。具体表现为投资者以控制公司经营管理权为核心,以营利为目的。也就是说,国际直接投资的投资者直接到国外设厂开办公司或从事经营活动,直接参与所投资的国外公司的经营和管理活动。它是以资金、技术、经营管理知识等国际资本由投资流入东道国为标志的。如果股票投资达到了对某公司足以控制的程度时,这时股票投资就可由间接投资转化为直接投资。

2. 国际间接投资

国际间接投资又称对外间接投资,是指投资者不直接掌握公司的动产或不动产的所有权,或在投资对象中没有足够的控制权的投资。具体表现为以购买外国公司的股票和其他有价证券以及中长期国际信贷为主要方式取得股息或债息、利息等形式的资本增值为目的的投资。一般不涉及对投资所形成资产的经营和管理活动,投资活动主要在国际资本市场进行,因此也称为金融投资,其中以国际证券投资为主要对象。

3. 国际灵活投资

国际灵活投资是指与国际贸易相结合的各种资金形态、实物形态、技术形态的国际技术经济合作。具体包括:信贷、国际租赁、信托投资、项目贷款、技术引进、补偿贸易、合作经营与开发、国际工程承包等。

(二) 国际投资环境分析

国际投资环境是指影响国际化公司对外投资活动和效果的各种外部情况和条件的综合体。具体来说,是指受资国吸收国际直接投资所具备的条件,它一般由硬环境和软环境两方面构成。国际企业进行国际投资时,必须对国际投资环境进行充分了解。

1. 硬环境

硬环境是那些具有物质形态且影响国际投资运行效果的各种外部条件和因素,主要指自然地理环境、基础设施等。

(1) 自然地理环境

自然地理环境包括地理位置、面积、地形、人口、城市的分布状况、自然资源气候以及自然风险等因素。其中地理位置关系到项目地点与市场的距离的远近,利用资源的便利程度,因而对经营成本有一定影响。气候条件的好坏将关系到企业生产能否顺利进行。人口的素质、规模、劳动生产率以及需求,也是评价东道国投资环境和市场规模的重要因素之一。

(2) 基础设施

基础设施主要包括能源、交通运输、邮电通讯、金融信息、生活设施、文化卫生以及其他服务设施条件等。基础设施的好坏对投资效果具有很大的作用,良好的基础设施有利于提高工作效率,降低成本,增加项目产出和盈利,不断地改善基础设施可以吸引更多的外资。

2. 软环境

软环境是指那些没有具体物质形态而影响国际直接投资运行效果的一些社会因素,主要指政治法律、经济、社会文化和教育等因素。

(1) 政治法律因素

政治法律因素是直接关系到国际投资"安全性"的问题,它包括政治观念、政治体制、法律体制、国防政策、外交政策、政治稳定性、政策连续性、对外国企业的法律规定、政府对外资的态度和法规、对出口贸易的限制情况、对国外投资的鼓励与限制、对盈利汇回本国的限制情况、外汇管理规定等。其中,政治体制、政治稳定性、政府对外资的态度和法规等因素对海外投资有着直接影响。

(2) 经济因素

经济因素是影响国际直接投资最基本、最直接的因素,主要内容有:① 经济政策。它主要包括产业政策、消费政策、财政金融政策和贸易政策。其中对国际投资有较大影响的是贸易政策。② 经济发展水平和市场规模。它包括反映市场总规模的国民生产总值、影响市场消费水平的人口和城市人口状况、反映东道国购买力水平的国民收入、综合反映经济发展水平和市场规模的制造业产值。它是投资者衡量投资机会和获利程度的重要指标。③ 市场消费水平。它只是衡量市场规模的细分指标,包括各种收入阶层的分布、个人收入及其分配、个人消费水平的构成等。收入水平决定着市场消费水平,而不同的市场消费水平又直接影响着投资者的投资策略和投资机会的选择。④ 市场的健全程度和开放程度。投资项目的运行需要一套完善的市场机制和开放的市场机构。完善的市场机制是指有健全的商品市场、资金市场、劳动力市场和信息交流市场。市场体系是否完善决定着投资者获得经营资源的难易程度和经济利益的多少。市场的开放程度是指一国允许国外资本进入当地市场经营的程度,它决定着当地市场对外资吸引力的强弱。⑤经济与物价稳定状况。它包括外债规模、通货膨胀、利率水平、商业信用等。外债规模过大,容易因债务危机而导致国内经济的混乱;通货膨胀过高,容易导致投资的固定资产价值发生贬值;商业信用程度过低,会引起经济秩序混乱,影响经济的稳定。

(3) 社会文化和教育因素

包括宗教制度、教育和劳动力的因素、社会心理因素、民族意识等。各国社会文化环境的不同会直接影响东道国消费者的生活方式、消费倾向、购买力动机和购买种类等,进而影响海外投资的国别与项目的选择。

3. 国际投资环境分析的方法

目前国际上对投资环境的评估方法有很多种,例如投资障碍分析法、冷热国对比分析法、道氏评估分析法、多因素等级评分法等,最常用的是多因素等级评分法。

多因素等级评分法是由美国学者罗伯特·斯托伯 1969 年提出来的。它的基本做法是把能够影响投资环境的重要因素列举出来，以表格的方式逐级确定分数，投资者只需将表中各项比较评分，即可确定不同投资环境优劣。具体如表 11-1 所示。

**表 11-1　多因素等级评分法**

| 考察因素 | 评分 | 考察因素 | 评分 |
|---|---|---|---|
| 一、币值稳定性 | 4～20 分 | 二、近五年通货膨胀率 | 2～14 分 |
| 1. 完全自由兑换 | 20 分 | 1. 低于 1% | 14 分 |
| 2. 官价与黑市价之差不超过 10% | 18 分 | 2.1%～3% | 12 分 |
| 3. 官价与黑市价之差在 10%～40%之间 | 14 分 | 3.3%～7% | 10 分 |
| 4. 官价与黑市价之差在 40%～100%之间 | 8 分 | 4.7%～10% | 8 分 |
| 5. 官价与黑市价之差超过 100% | 4 分 | 5.10%～15% | 6 分 |
| | | 6.15%～35% | 4 分 |
| | | 7.35%以上 | 2 分 |
| 三、资本抽回限制 | 0～12 分 | 四、外商股权比例 | 0～12 分 |
| 1. 无限制 | 12 分 | 1. 允许占 100%，并表示欢迎 | 12 分 |
| 2. 有时限制 | 8 分 | 2. 允许占 100%，但不表示欢迎 | 10 分 |
| 3. 对资本抽回有限制 | 6 分 | 3. 允许外资占大部分股权 | 8 分 |
| 4. 对资本及利润收入抽回有限制 | 4 分 | 4. 允许最多占 50% | 6 分 |
| 5. 严格限制 | 2 分 | 5. 只允许外资占小部分股权 | 4 分 |
| 6. 禁止资本抽回 | 0 分 | 6. 只允许占 30%以下 | 2 分 |
| | | 7. 完全不准外资控制任何股权 | 0 分 |
| 五、歧视和管制 | 0～12 分 | 六、政治稳定性 | 0～12 分 |
| 1. 外国公司与本国公司一视同仁 | 12 分 | 1. 长期稳定 | 12 分 |
| 2. 对外国公司略有限制但无管制 | 10 分 | 2. 稳定但因人而治 | 10 分 |
| 3. 对外国公司有少许管制 | 8 分 | 3. 稳定但要依赖邻国的政策 | 8 分 |
| 4. 对外国公司有限制并有管制 | 6 分 | 4. 内部分裂但政府掌权 | 6 分 |
| 5. 对外国公司有限制并严加管制 | 4 分 | 5. 国内外有强大反对力量 | 4 分 |
| 6. 对外国公司严格限制与管制 | 2 分 | 6. 有政变发生的可能 | 2 分 |
| 7. 禁止外商投资 | 0 分 | 7. 不稳定，极有可能发生政变 | 0 分 |
| 七、当地资金可供程度 | 0～10 分 | 八、给予关税保护的态度 | 2～8 分 |
| 1. 成熟的资本市场，有公开的证券交易所 | 10 分 | 1. 全力保护 | 8 分 |
| 2. 少许当地资本，有投资性的证券交易所 | 8 分 | 2. 给予相当保护，以新工业为主 | 6 分 |
| 3. 当地资本有限，外来资本不多 | 6 分 | 3. 给予少许保护，以新工业为主 | 4 分 |
| 4. 短期资本极其有限 | 4 分 | 4. 非常少或无保护 | 2 分 |
| 5. 资本管理很严 | 2 分 | | |
| 6. 高度的资本外流(逃避) | 0 分 | | |
| 总计 | | 8～100 分 | |

用总分来评价投资环境的优劣，其评判大致可分以下几种情况：

① 70～100 分为稳定的环境，外国投资中可能出现的问题可以由该国政策有效性、市场机会、金融机制和设施等相抵消。

② 55～69 分为有少量风险的国家，投资环境表现为一般，在日常的经营活动中可能有一些复杂的情况，但在一般情况下政治结构的稳定性完全可以使公司连续经营，不会遭受到严重的破坏。

③ 40～54 分则表现为公司经营面临高风险，投资环境较差，除非有特殊的原因才能考虑进行投资。

④ 8～39 分为外国投资者所不能接受的投资环境，表现为投资环境恶劣，投资风险很高。

（三）国际直接投资的动机

国际企业进行国际直接投资的不同动机和原因归纳起来有以下几种：

1. 获取国外的原材料

国际企业为了避免进口原材料而发生的一系列不必要的成本费用，最好的办法就是对原产地进行直接投资，这样可以实现原材料供应渠道的多元化，保证原材料的及时供应，从而确保企业的正常运转，获取更多的利益。

2. 利用国外廉价的劳动力等生产要素降低成本，增加利润

由于市场的不完善，各国的劳动力和土地等生产要素的价格是不同的，因此通过对外直接投资，利用异地比较廉价的生产要素，可以降低生产成本，提高企业的投资收益率。

3. 扩大市场份额，提高竞争力

随着某一行业的不断发展，行业内的企业不断增加，产品的竞争也越来越激烈，这时对行业内的企业而言，最好的办法就是向潜在的需求市场发展。同时随着跨国公司的迅猛发展和跨国公司之间争夺世界市场竞争的日益激烈，各跨国公司为避免市场被竞争对手抢占，纷纷将目光移向海外，进行海外投资，以试图迅速占领国际市场，稳固竞争地位。

4. 寻求先进技术和管理经验

跨国公司往往希望以某种方式学到其想得到的技能、信息及科学的管理经验，以期给企业带来丰厚的超额利润。具体做法是，与当地高科技企业合资经营或收购、兼并当地高科技企业等。

5. 追求规模经济效果

在一些竞争性市场中，产品价格有时被迫接近于产品的边际成本，因此，在一些固定成本比例较高行业中的企业，必须从事大批量销售才能保本。在有些行业，特别是资本密集型企业，由于其产品的研制需要投入大量的研究与开发费用，因此这些企业必须大批量生产并销售其产品，才能降低单位产品成本，以达到保本并盈利。严峻的形势要求企业寻求更多的产品市场，而国内市场毕竟有限并趋于饱和，因而就决定了这些企业要将视野移向海外，开辟新的海外市场，以此提高产品销量，降低成本，充分发挥有利的经营杠杆作用，提高企业的生产效率和盈利能力，从而实现规模经济。

6. 分散经营风险

由于国内的投资项目都会受到本国一般经济情况的影响，因此与国内投资项目的收益相关性很大；而不同国家之间的投资项目，由于各国经济发展的不一致性，其相关性较同属一国的相关性要小得多。因此，将资金在国际范围内进行多样化投资较国内多样化投资而

言，更能有效地减少相对预期收益的波动，分散企业的经营风险。

（四）国际直接投资的方式

国际直接投资的方式主要包括合资经营、合作经营、独资经营、新建企业和收购现有企业五种。

1. 合资企业

合资企业是指由两个或两个以上属于不同国家和地区的公司或其他经济组织，经东道国政府的批准，在东道国设立的以合资方式组成的经济实体。如果母公司拥有国外业务中的50%以上的股权份额，从而可以行使对其控制，该合资公司称为跨国公司母公司的国外子公司；如果母公司拥有国外业务，也就是合资公司不足50%的股权份额，该合资公司称为跨国公司母公司的国外成员公司。

2. 合作经营

合作经营是指国外企业依据东道国有关法律，与东道国企业共同签订合作经营合同而在东道国境内设立的合作经济组织。合作经营企业双方的责权利都是由双方签订的合同加以规定的。合作经营企业的管理可以由合作双方派出代表组成联合管理机构，也可以委托一方或聘请第三方进行管理。

3. 独资经营

独资经营是指由某一外国投资者依据东道国法律，在东道国境内设立的全部资本为外国投资者所有并独立经营的企业。许多国家都对外国投资者在该国投资，设立独资企业进行一些限制，比如：军事、通讯等行业一般不允许外国投资者独资经营。一般而言，发展中国家限制条件较多，发达国家限制条件较少。

4. 新建企业

新建企业的投资方式是由投资者独立自主经营、独立承担风险的一种国际直接投资方式，其投资过程包括选址、建设厂房、购买安装设备，一直到雇用工人进行生产。

5. 收购现有企业

收购是指跨国公司在东道国购买现有公司的产权。它是国际直接投资的主要进入方式。

（五）国际投资管理的政治风险及其防范

政治风险是指东道国发生的政治事件以及东道国与母国甚至第三国之间的政治关系变化对国际化公司利润和其他目标产生影响的可能性。这一定义包括四个方面的内容：① 政治事件，即政治的不稳定性；② 环境，即东道国投资环境变动；③ 不确定性，即政治事件的变化是不可预测的；④ 对国际化公司对外投资的影响，即对某一对外投资的现金流量或其他目标的潜在风险。

1. 政治风险的来源

政治风险的来源主要有：国际化公司与东道国之间的目标冲突；国际化公司与政府经济政策之间的目标冲突，包括货币政策、财政政策、国际收支与汇率政策、经济保护主义与经济发展政策等目标冲突；国际化公司与政府非经济政策目标之间的冲突，包括经济侵略主义、国家安全和对外政策、与东道国宗教或文化遗产不相容等，以及政府法规对外资投资经营的限制，包括非歧视性法规、歧视性法规、财富剥夺性法规等。

2. 政治风险的预测过程及办法

政治风险预测过程包括以下四个步骤：① 需要对政府目前的能力、政治行为的类型及稳定的程度作深刻的了解；② 必须分析国际化公司产品及经营特点，以确定在特定地区可能遇到的政治风险类型；③ 对这些风险的可能来源应做出确定的评价；④ 从概率与时间角度上表明将来政治风险的可能性。

3. 政治风险的管理对策

在投资前应对政治风险采取回避、保险、投资协定和策略调整的做法。其中策略调整包括：控制市场或原料供给；限制技术转移；缩小权益资本；多渠道融资；分享所有权等。

在投资后如果出现政治风险可以采取以下措施：有计划撤资、短期利润最大化、改变征用的成本效益比率、发展当地的利益相关者、适应性调整。

当资产被征用后，可以采取理性谈判、向东道国施压、寻求法律保护以及放弃持有产权从而力争获得高额补偿等做法。

总之，为了把政治风险减少到最小程度，国际化公司必须找到一个与东道国讨价还价的有利地位，往往在对外投资前签订一个投资协议，也可以将风险转移给一些政府机构和私人公司，一旦做出投资，国际化公司应建立和保持公司地位有关的政策，这些减少风险的政策涉及生产、供给、市场、金融和法律等方面。

由此我们可以发现，本章引言中所提到的天客隆超市在莫斯科的失利其实是可以将损失减小到一定程度的。天客隆进入莫斯科之前，应当充分做好市场调查工作，考察当地市场同类产品的价格，以及原材料的价格，这样不会引起由于前期价格变化差异过大而导致的商品脱销和滞销状况。此外，应当充分考虑俄罗斯的政治状况，以及政治保障，例如出现的由于车臣袭击导致公共交通阻断现象，天客隆超市应该考虑好应急预案。当情况超出控制后，应当积极地同俄罗斯当局进行交涉，在无法挽回损失的情况下，力争高额赔偿。这些措施都可以减少天客隆超市在莫斯科的损失。

## 二、国际融资管理

国际融资是指国际化公司通过不同的融资途径，采取各种融资方式在不同国家与地区之间进行融通资金的行为。同原来国内融资相比，国际融资具有渠道更广、方式更多、风险更大、规范制约更严、成本更低等几个特点。

### （一）国际融资的特点

国际企业为了实现理财目标，要在全球范围内筹措所需的资金。在融资活动及其管理方面，国际企业与国内企业既存在相似点也存在差异，与国内企业相比较，国际企业在融资方面有以下特点：

1. 资金需求量大

由于国际企业实施的是全球战略，从事的是跨国界的生产经营活动，因此其对资金的需求相对于国内企业较大。

2. 资金来源广泛

由于国际企业资金需求量大，除了从企业内部获得资金外，更多地需要跨越国界，在国际市场上筹措资金，因此国际企业具有较广泛的资金来源。

3. 融资机会与方式较多

由于国际企业不但可以通过集团内部融通资金，还可以在国际资本市场上融通资金，因此融资的机会比国内企业相对较多。同时,可选择的融资方式也相对较多,国际企业可采用国际债券、国际股票、国际贸易及国际租赁等多种方式筹集资金。

4. 融资风险较大

由于国际企业可以面向国际金融市场融资,融资中所受的影响因素也就较多,如各国的政治气候、法律环境、经济条件及文化背景等,且大部分因素都处于不断变化之中,不确定性较大,因此国际融资的风险也相对较大。

(二) 国际融资的战略

融资战略是国际企业跨国融资管理的重要部分。不同融资渠道与融资方式所决定的融资成本高低的不同,直接影响着国际企业的经营成本和理财成效。与融资机会俱增的融资风险影响着公司总体的风险水平和融资来源。融资结构的合理与否也会直接影响国际企业的后续融资能力,进而影响其成长与发展水平。因此国际企业应从全球战略的高度,权衡各种可利用的资金来源,从中择优并加以合理的组合,以达到总体融资成本最小、融资风险最低、融资结构最佳的三大融资战略目标。其具体内容为:

1. 融资成本最低

由于各种人为和非人为因素的影响,国际资本市场可细分为众多的差异市场,不同市场上的资金风险不同,同时受政府补贴或税收等因素影响,再加之国际资金借贷一般都采用浮动利率且汇率变动频繁,因此,其融资成本各异。国际企业应充分利用机会尽可能寻找资金成本最低的融资方式。

2. 融资风险最小

任何一种融资安排都有可能给企业带来一定的风险。这些风险包括国际风险和经济风险。因此,国际企业在进行融资安排时,无论由母公司还是子公司融资,都必须考虑到风险因素,并尽量规避或降低融资风险。

3. 资本结构最佳

在寻求低成本和低风险的筹资渠道和方式时,国际企业必须设定最佳资本结构,主要是确定最佳的债务资本比率。为此,国际企业必须关注与债务筹资有关的违约或破产风险、子公司或投资项目的资本结构以及母公司未担保或未合并子公司的债务对企业整体价值的可能性影响。

(三) 国际融资方式

融资方式是指公司融资所采取的具体形式,体现了融资性质。对于各种渠道的资本,公司可以采取不同的方式予以筹集。充分认识融资方式的种类以及每种融资方式的资本属性,有利于选择适宜的融资方式,以较低的成本、较快捷的时间和较优惠的条件,筹集到所需的资本。融资方式主要有:

1. 国际股权融资

国际股权融资是国际化公司通过投资银行等中介机构在国际上发行股票或吸收直接投资来筹集权益资本的一种方式,主要有吸收直接投资、发行股票等形式。

2. 国际债券融资

国际债券融资是国际化公司通过投资银行等中介机构在国际金融市场上发行债券筹集资本的一种方式。国际债券的特点是它的发行人和投资人分属于不同的国家,债券总是卖给借款人以外的国家。国际化公司可以发行不同种类和不同时期兑现的各种债券。

3. 国际信贷融资

国际信贷筹资是国际化公司利用贷款的形式来筹集资金的一种融资方式，包括国际商业银行贷款、国际金融机构贷款和政府贷款。

4. 国际租赁融资

国际租赁筹资是国际化公司通过国际租赁市场向国际租赁公司租赁所需设备，以租金形式取得设备使用权，以融物的形式达到融资目的的一种筹资方式。它是一种建立在所有权与使用权相分离基础上的，集融资与融物于一身的信用形式。

5. 国际贸易融资

国际贸易融资是国际化公司在进出口国际贸易业务过程中，通过银行提供资金融通的一种融资方式。它包括对外贸易信贷、国际保理业务和结算融资三大类。国际贸易融资是我国公司采用最多、历史最长的一种方式，其融资的形式随着国际贸易和金融业发展而不断推陈出新。

6. 国际项目融资

国际项目融资是为某一工程项目而发放的贷款。它是以项目所产生的现金流形式的收益直接用于偿还项目贷款并且以项目资产作为贷款抵押的一种融资方式。这种融资方式是国际银行界在总结 20 世纪 70 年代贷款过程中的经验教训而提出的一种新型的融资方式，一般用于大型建设项目，如能源矿藏开采和大型农业基础设施建设等。目前，项目融资已成为国际化公司筹建大型项目的一种特殊的融资方式。

（四）国际融资预测与决策

1. 融资规模预测

融资规模是一定时期国际化公司需要的融资总额。国际化公司国内和国际资金的筹措具有不同的性质，筹措资金的一般原则是优先考虑利用内部资金，其次再决定是否筹措外部资金。研究国际融资时将涉及融资总规模以及内部融资规模，一般是先确定总规模，再确定内部融资规模。每个国家和地区所能提供资金的政策、法律、数量和成本等都是不一样的，要加以选择。

确定国际化公司融资规模的方法一般有项目预算法、财务报表分析法和线性回归法。

(1) 项目预算法

它是在公司投资项目基本确定的情况下，根据项目概算的实际需要确定融资数额的方法。其优点是精确，但必须有详尽而可靠的资料，一般在公司设立时可采用。

(2) 财务报表分析法

这是根据销售与资产负债表和利润表项目之间的比例关系，预测各项目短期资金需要量的方法。具体使用时，可以通过编制预计利润表和预计资产负债表，来预测确定资金的需要量，也可以用公式直接计算外部筹资追加额。

(3) 线性回归法

线性回归法是假设公司产销量与资金需要量之间存在线性关系而建立的数学模型，根据历史资料，用回归直线方程确定参数，从而预测确定资金需要量的一种方法。

2. 资本成本

资本成本是为筹集和使用一定数量的资金所付出的代价。根据国际惯例，资本成本主要指长期资本的成本。公式如下：

资本成本率＝资金使用费/(筹资总额－筹资费)

由于在国际范围内融资，使得影响资本成本的因素大大增加。这些影响因素概括起来主要是两类：一类是直接因素，如利率、筹资费、筹资数额和红利等，这些因素可以直接计量；另一类是间接因素，如各国的市场差异、融资渠道的国际化和外汇风险的影响等，这些因素很多是无法直接计量的。

3. 资本结构

资本结构是指公司债务、权益以及其他融资工具相互组合的比例关系。资本结构与单项资本成本共同影响着公司的综合资本成本。寻求最优的资本结构是筹资决策所要考虑的核心问题。最优的资本结构是指能给公司带来最佳经济效益的资本结构，它取决于两个因素：筹资风险的大小和资金成本的高低。只有以恰当的融资风险与融资成本相配合，才能达到追求公司价值最大或股价最高的目标。

资本结构决策就是要确定资本的最佳结构，决策的主要步骤是：

① 确定需要增加的融资数量；

② 根据公司资金现状及外部融资环境，确定可选择的融资方式；

③ 对各种融资方式进行组合，形成融资方案；

④ 对各种筹资方案进行风险—收益的评价，确定最佳资本结构方案。

资本结构的决策方法主要有三种：一是比较资本成本法；二是无差别点法；三是比较公司价值法。

比较资本成本法，是通过计算不同资本结构的加权平均资本成本，并以此为标准，选择加权平均资本成本最低的资本结构。

无差别点法，是利用每股收益无差异点的分析来选择和确定资本结构。所谓每股收益无差异点，是指不同方式下每股收益相等时的息税前利润点。

比较公司价值法，是在反映财务风险的条件下，以公司价值的大小为标准，测算判断公司最佳的资本结构。

(五) 国际融资风险

由于国际经济、政治环境的复杂多变，各国汇率、利率的走势迷离，再加上各国贷款者及投资者的目的、意图各不相同，所以国际融资充满着各种各样的风险。这些风险会造成公司筹资成本变动、筹资效果变动和筹资信用丧失。因此，对融资风险管理是国际融资管理的重要内容之一。

1. 国际融资风险内容

国际融资风险主要是汇率风险、利率风险以及其他一些风险。

(1) 汇率风险

这种风险是指从借款到偿还期间由于借贷所用货币的汇率变化而给借款方造成的风险。在借贷合同中，双方都确认了借贷期限、借贷币种、偿还方式及时间等内容，可以用一种货币借入和偿还，也可以借入一种货币，用另一种货币偿还。它们一般是非债务货币，常常是西方主要货币，如美元、日元、欧元、英镑等。这样，如果本币与这些货币之间的汇率是浮动的，借款合同签订时与债务清偿时汇率水平的不同就会给债务人带来不同的损失。而且，借贷期限越长，汇率波动的不稳定性就越强，债务人承担的汇率风险也就越大。

(2) 利率风险

这种风险是指由于利率的上升或下降而造成的外币资产减少或负债增加的风险。利率变动引起的风险可以说是外汇风险的具体形式之一，在债务风险构成中，它与汇率变动引起的风险是两种最主要的风险形式。

2. 国际融资风险的规避

（1）汇率风险的防范

汇率风险在偿还前或保值前仅是一种未实现的风险，它是签署借款合同时的汇率与测算风险时的汇率相比较的差异部分。到债务清偿时，风险成为现实，它是借款时与偿还时汇率变化之差异。但是，实现了的风险程度大小还取决于债务方采取的汇率保值手段所达到的效果，汇率保值会抵消或部分抵消借款与还款时汇率变化带来的损失。

因此，汇率风险管理是十分关键的，它决定了债务成本的高低或投资收益的大小。有效的管理会缩小汇率变化的损失，甚至会化弊为利，而缺乏汇率风险管理或管理不当会使债务负担加重，甚至最后陷入无力偿还的困境。

在国际经济活动中，弥补与防范汇率风险的方法主要有以下几种：

① 准确预测货币汇率变化趋势；

② 选择有利的计价货币；

③ 货币保值措施；

④ 远期外汇交易法；

⑤ 提前或延期结汇法；

⑥ 货币调换交易；

⑦ 金融期货和外汇期权保值措施；

⑧ 货币风险保险法。

（2）利率风险的防范

在浮动汇率制度下，国际金融市场上利率与汇率之间存在着密切的关系，某种货币的利率水平变化会使得该货币汇率水平发生相应的变化。一般来说，利率提高，该货币存款收益增加，外汇市场上对其需求增加，汇率会短期上升；反之，利率降低则汇率也相应下跌。因此，利率变化风险对于债务来说也就不仅限于直接的外债利息负担风险。

利率风险的防范一般采用的是利率和货币调换方法，以及资金来源最佳结构方法。

① 利率调换法。利率调换法是指两个独立的筹资者分别借到币种、数量和期限相同，但计息方式不同的债务。根据各自的筹资优势，通过中间人对利率部分进行调换，以各自获得较合适的利率种类。若有甲乙两家公司，其信用等级不同，甲公司需要筹集一笔固定利率的长期资金，而乙公司计划筹集一笔浮动利率的短期资金，但与甲公司相比，乙公司在吸收固定利率长期资金方面有更大优势，同时相对而言，甲公司在短期资金筹集上有优势。于是由一家中介银行出面，甲乙两家公司分别与中介银行签订合约，双方各自按相对优势的方式筹集资金，然后进行利率互换。

② 货币调换法。货币调换法是指两个独立的筹资者，各自筹集到等值的、期限相同的，但以不同货币计息的债务，通过计息货币的调换满足各自调整债务货币结构的需要，达到避免货币汇率风险的目的。

③ 选择适当的资本结构法。这里的资本结构主要是借款结构和固定利率与浮动利率结构。利用债务资本，可以获得财务杠杆利益，但也将面临财务风险。因此，公司要在财务

杠杆利益和财务风险之间做出权衡，安排好主权资本和借入资本之间的比例。同时，各种借款的利率是不同的，需要借款的品种在期限、使用条件等方面做出合理的安排。再则，安排好固定利率与浮动利率之间的比例。

## 案例

### 天客隆败走俄罗斯

北京天客隆集团有限责任公司是首创集团旗下的企业。短短几年间，就已有跨北京十个区县的连锁店，并在石家庄、温州、唐山、秦皇岛等地也设有分店，初步形成了一个以商业零售、批发为主业的综合连锁商业网络，位列北京提市三甲。

一、进军俄罗斯

良好的发展势头激起了天客隆老总挥旗海外的念头，于是，1999 年 8 月 2 日，欧洲莫斯科的“王府井”——新阿尔巴特大街上，北京天客隆集团公司的第 24 家分店闪亮登场。天客隆选取俄罗斯作为走出国门的第一站，并不是拍脑袋脱口而出的，也有着出于经济、政治等多方面的考虑。

(1) 经济方面：俄罗斯是个轻工产品短缺的国家，它的弱项恰好是中国的一大强项。据专家估计，如果在俄罗斯开办超市日销售额可能达到 2 万美元，毛利可能达到 41%，纯利可能达到 23%，而在大陆的纯利仅为 0.7%，如此的利润空间非常诱人。

(2) 政治方面：天客隆集团由原国家计委、北京市、冶金部等所属实力较强的公司共同注册，作为一个由国有资产控股的公司，其决策的制定不可避免地要带有一定政治色彩。天客隆挥军俄罗斯恰恰具有配合“到本世纪末，两国贸易额达到 200 亿美元”政策的实施和树立国民形象两方面的考虑。

二、短暂的辉煌

1999 年 8 月 2 日，莫斯科天客隆店开业。开业第二天，天客隆销售额达到 42 万卢布，到 8 月 8 日已经攀升至 56 万卢布(按当时汇率，超过 2 万美元)，一些货架很快被买空。各种各样、琳琅满目的中国商品，让大量曾被中国假劣商品坑惨了的俄罗斯消费者真正长了见识。在这里，价格 10 倍于中国本土的国产酱油，俄罗斯老大妈一买就是 20 多瓶。热销热卖，真正的“开门大吉”。

三、出现的问题

但是接下来的路，天客隆却没有顺利地走下去，短暂“蜜月”一过，意想不到的各类麻烦接踵而至。

先是“竞争起跑线问题”。俄罗斯恰恰是高税率、高管制型国家，是中国关税的两三倍；有人计算，如果完全按当时俄罗斯税率规定交税，企业所得 94% 全得交税，根本没办法获利。

另外，俄罗斯商检采用欧洲标准，极为烦琐：一批货近 30 个集装箱 7 000 多种商品，按规定都必须分类检验，光商检就要 5 个月。18 种酱油就要配上 18 种商检证。多达几百上千种的食品、调味品等都必须报上其“成分组合”。第一年光商检费就花了 30 多万美元。此外，有关俄方人员还不断地以检查为名私拿商品，第一批被俄方人员无偿拿走的商品价值就达 11 万元之多。

在经营场地上也出了问题。不仅当地领导曾承诺的开超市内面包房、洗衣房的许可证到2000年3月仍未能兑现，而且在2月，商场外唯一可用的停车场又被停用。由土地税、财产税、街市管理费等费用归并合计起来，天客隆莫斯科店成本高达250万元/年的水平，相当于每天每平方米2.24元人民币，远高于国内的0.20元至1元的水平。

最可怕的打击之一来自车臣战争。战火一开，从北京至莫斯科上万公里的铁路线立刻被阻断，彻底地为军用物资让路。从1999年11月起至次年3月，第二批货停在半路一压就是4个多月，出现了超市经营中最可怕的严重断档现象。为了使商品不断档，天客隆临时改用芬兰航空空运，这样从北京到芬兰再到莫斯科，商品成本大幅增加。最典型的例子是酱油，到了莫斯科一瓶普通国产酱油要70元人民币。而更不幸的是，中国政府方面还不允许天客隆价格随成本涨，本来在战争中物价上涨是较平常的事，加之天客隆在莫斯科作为外国超市，物价大幅上升完全是市场行为，但是中国政府却强行进行干预，给本身已经陷入困境的天客隆进一步雪上加霜。

从1999年2月酝酿计划开办起，到次年3月发生商品断档事件止，俄罗斯光总理就换了3个，海关委员会主席换了4个，而海关关长竟然换了6个。政局不稳，海关政策变化无常，朝令夕改之下经营之难也可想而知。例如，俄罗斯于3月5日发布新的法令，所有进口酒的酒精度不得超过40度，从4月1日起，所有进口酒必须在进口前办理酒类专项批文，加封专用封条。这意味着天客隆当时已运到的酒需补贴封条，一瓶二锅头封条费即达8美元/瓶，其成本之高使该酒根本无法销售。

而且从1999年2月起，卢布对美元的比价从1美元兑8.9卢布，升至1美元兑16卢布，又升至超市开业时的1美元兑26卢布。

四、超市关闭

2003年6月11日起，天客隆莫斯科店的房产被3AO购得，莫斯科的天客隆超市关闭。根据某研究中心的调研，没有准确的定位、没有适合俄罗斯国情的国际化发展战略、没有得力的领导班子、没有有效的物流渠道等诸多问题被认为是莫斯科天客隆超市关闭的内在原因。而很多非商业性的政治风险也无疑是其失败的外在因素。

五、反思

为什么当初设想的宏伟蓝图在短短的1 000多天的时间内就破灭了呢？我们来反观一下当初天客隆的管理层制定出在莫斯科建立超市的计划的过程。天客隆当初决定建超市时主要考虑到了经济方面的因素。在政治方面虽然有中国当时与俄罗斯签订的协议，但是对天客隆来说，他们在莫斯科建超市仅靠着一个协议显然是不够的。心怀树立国民形象的理想当然是好事，但是单凭理想，面对政治风险却没有任何防范措施。如果天客隆的管理层在当初建立超市时能够考虑一下俄罗斯的政治风险，或者说充分认识到政治风险的严重性，采取必要的防范化解风险的措施，也许“莫天”也不会这么早就黯然离去。

对于跨国企业来讲，在其跨出国门之前，必须要做的一个工作就是衡量政治风险。政治风险是各种政治力量使一个国家的经营环境发生超过某种程度的变化的可能性，此种变化将影响某个具体企业的经营目标的实现。政治风险的衡量一般都要考虑以下一些因素：政治和政策法规的稳定性（包括政府的更替频率、国家的暴力水平、武装冲突次数、与其他国家之间的冲突等），经济因素（如通货膨胀、财政赤字或盈余、GDP的增长率等，通过这些指标力图评估国家经济形势的好坏，从而估计外国资产被国有化的可能性、外汇管制的可能性等)，资本转移的情况及一些其他主观因素(主要是根据已发生的事或其他信息推测)。根据这些因素，许多商业和学术的政治风险预测模型被建立起来，这些模型提供政治风险指数以量化各个国家的政治风险水平。Business Environment Risk Intelligence(一家美国私营风险评估机构，该机构定期公布一些国家的风险评估结果)在 1997 年公布的国家风险评估报告中，将各个国家按照刚刚提到的因素从 0 到 100 打分，称为“获利机会推荐(profit opportunity recommendation)”，即 ROP 综合指数。俄罗斯以 40 分被评为“高风险国家”；另外还有其他一些风险评估机构也分别将俄罗斯(1992 年前)评为高风险的国家，当时俄罗斯国内的情况也确实如此。

**问题：**

**1. 天客隆失败的原因是什么？除了未考虑政治风险以外，是否存在经营上的失误。**

**2. 如果即使存在政治风险也要进行投资，那么，你对这种投资有什么建议？**

## 案例

### 中信泰富西澳铁矿项目

中信泰富西澳铁矿项目是中国企业迄今为止在海外矿产资源领域最大的投资项目之一，同时也是澳大利亚资源领域为数不多的中资 100%控股项目，也是中国企业海外投资最典型的失败案例。

一、西澳铁矿项目投资过程

1. 投资方案及结果预测

西澳铁矿项目位于西澳洲皮尔巴拉地区卡拉沙镇西南 100 千米以外的普雷斯敦海角，该地区于 2006 年探测出来的矿产储量为 10 亿吨，投资时预估有 60 亿吨。中信泰富于 2006 年 3 月正式收购拥有此地采矿权的 Sino-Iron 和 Balmoral 两家公司，获得第一期 10 亿吨的开采权，并于同年 6 月顺利通过政府审核，获得了当地政府认可的开采权。中信泰富预计于 2009 年生产出精矿粉，2010 年能够实现全面生产。为支持该项项目的持续进行，采用向银行长期贷款的方式融资。该项项目在 2006 年的预计资本投资为 25 亿美元。(表 11-2)

**表 11-2 中信泰富对澳投资计划安排表**

| | 第一期 | 第二期 | 第三至六期 |
|---|---|---|---|
| 资产 | 10 亿吨铁矿开采权 | 10 亿吨铁矿开采权 | 40 亿吨铁矿开采权，取决于是否进行第二期 |
| 进展 | 已探明并获得澳洲政策批准 | 资源有待探明。钻探及评估将于 2007 年 6 月完成 | 资源有待探明 |
| 代价 | 已付 | 一旦探明资源即付 | 一旦探明资源并行使认购权后即付 |
| 收购价 | 21 500 万美元 | 2 亿美元(未付，将根据澳大利亚消费价格指数调整) | 8 亿美元(未付，将根据澳大利亚消费价格指数调整) |
| 计划产能 | 年产 1 200 万吨 | 年产 1 200 万吨 | 每 10 亿吨储量年产 1 200 万吨 |
| 生产目标 | 2009/2010 年 | 2010/2011 年 | — |

资料来源：中信泰富历年年度报告。

2. 开采矿区持续交易协议及其进展

2006年中信泰富与中冶签订承包协议，承包金为11亿美元，主要负责基础设施的设计、建设、安装等。初始签订协议价格低，中冶后续过程又加价，2011年中信泰富向中冶集团额外支付8.35亿美元工程款。

为对冲澳洲汇率风险，2008年中信泰富签订多份累计杠杆式外汇买卖合约，但因澳元大跌，造成公司损失147亿港元，随后在母公司中信集团的帮助下处理了该协议。2009年，作为此次项目负责人，67岁的荣智健因涉嫌利用铁矿项目炒外汇致企业巨额亏损，不得不从香港中信大厦黯然离去。

另外，中信泰富2006年从合伙人克莱夫·帕尔默(Clive Palmer)手中收购20亿吨磁铁矿的开采权，而帕尔默在澳大利亚矿业人眼中是一位"难缠的角色，爱打官司"。中信泰富并未对其进行充分了解，且合同内容并不明确，许多用语模棱两可，被帕尔默抓住漏洞，利用采矿权和矿场租赁协议中与专利费相关条款的争议起诉中信泰富，中信泰富赔付了1.13亿美元。

由于检测后发现该项目所采出的矿产比国内预计更加坚硬，供气合约与采矿实质进度存在时间错差，又导致成本增加约3.58亿港元。

……

这些都导致成本急剧上升，到2015年中信泰富已累计为西澳铁矿项目投入120亿美元，远远超过预期的25亿美元。(表11-3)

**表11-3 开采矿区重大交易预计与事实对比表**

| 事件 | 预计 | 事实 |
|---|---|---|
| 与承包商协议工程款 | 11亿美元 | 35亿美元 |
| 签订外汇远期合约 | 预防外汇风险 | 约损失147亿港元 |
| 供气与采矿实质进度 | 一致 | 不一致并增加3.58亿港元 |
| 与澳方发生专利费纠纷 | 不发生 | 1.13亿美元 |
| 员工住宿营地 | 可容纳2 300人 | 可容纳1 750人 |
| 总成本 | 25亿美元 | 截至2015年约120亿美元 |

资料来源：中信泰富历年年度报告。

二、西澳铁矿项目投资结果

中信泰富最初预计西澳项目2009年开始投产，2010年全面生产，2011年实现六条生产线的完工全面生产。但最终的结果是2013年底才将矿料正式出口运回国内，至2016年，才完成六条线的全部完工，时间上可以说是一拖再拖，推迟近5年时间。这不仅仅是时间的拉长，更是成本的增加，也错过了最佳销售时期。

资金上，最开始预计总投资25亿美元；2009年上半年总投资额调整后增至54亿美元；2012年6月底，第一、二条生产线投资总额已达78亿美元；截至2015年已经花费约120亿美元，其中包括设备、技术高要求的成本、外汇投资失误、人工成本等因素，这些都是使其成本大大增加的重要因素。并且在面对外汇风险时，中信泰富的母公司中信集团也为其承担了较大风险。

在承包商变更上，也可以发现，采矿生产线的主要负责组织由开始的中冶主要负责到最后的中信泰富矿业公司自己负责。各种设备的承包商也有所变动，其中存在违约情况，中信泰富对澳投资项目与澳洲方一直存在法律纠纷。这不仅仅是管理的不及时或是管理出现的失误，更是在对该项目进行投资决策时的考虑不充分。

**表 11-4 西澳投资项目历年计提减值准备情况** 单位：亿港元

| 年份 | 2014 年 | 2015 年 | 2016 年 | 2017 年 |
|---|---|---|---|---|
| 减值准备 | 137 | 125 | 72 | 72 |

资料来源：中信泰富历年年度报告。

通过比较账面价值和可收回金额进行减值测试，中信泰富于 2014 年至 2017 年为西澳铁矿项目共计提减值准备约 406 亿港币，折合约 55 亿美元，其计提的减值准备已经超过了最初计划的总投资额，约为最终投资额的一半。由此可见，该项目建设时成本超出约四倍，项目资产于短短四年间直接缩水一半。同年，中信泰富售出 1 700 万吨铁精粉，换算下来平均每吨亏损 100 多港元，再考虑近几年铁矿石的价格走势，该项目短期内不可能扭亏。这项投资存在的问题不仅是该项目自身存在的问题如含铁量低，更多的是企业在进行投资时考虑不充分如该矿业未来发展趋势等，才导致最后的决策失误。

综上所述，中信泰富的西澳投资项目在投资伊始至产品生产期间，进度控制、财务控制、变更控制都有所失误。这些失误不仅让企业的成本增加，还会使企业在铁矿石行业看好、行情尚好时不能把握住机会，同时还会造成影响企业的社会形象，使公众对其失去信心等诸多问题。相关法律诉讼不仅影响公司形象，其胜负也将直接决定该项目能否继续进行。

这些失败的经验都告诉我们，企业在做出投资决策时需要做好充足的准备，如当地地质调研、技术可行性分析、当地法律情况及环保、工人等情况，了解我国及当地政策等。只有做好充足的准备，才能适当地向我国政策寻求帮助，才能在遇到情况时理性、灵活地面对。企业的投资决策是决定该项目能否取得成功的最关键因素。

**问题：**

1. 中信泰富西澳铁矿项目投资失败的主要原因有哪些？
2. 结合我国其他企业海外矿业投资的经历，总结一下矿业投资有哪些注意事项。

## 第四节 国际税收管理

目前，我国存在着这样一个奇怪现象：外资公司的利润在下降，但越“亏损”越增大投资。外资公司在我国享受各种优惠政策，理应赢利，但事实却正好相反。若按照经营常规，发现亏损就应停止投资或改变经营方向，但许多外资公司投资热情却越来越高，似乎乐此不疲，专做“赔本买卖”。相关资料表明，近年来我国每年实际利用外商直接投资均超过 500 亿美元，已成为全球最大的外国直接投资流入国之一。这些外资公司不仅没有被亏损逼上绝路，很多甚至活得十分潇洒。对此，有国税局官员直言不讳：“这些亏损里面，大部分属于非正常亏损。”跨国公司正是通过“亏损”把利润转移出去，以达到避税的目的。

### 一、国际税收概述

国际税收是指涉及两个或两个以上的国家财权利益的税收活动，它反映着各自国家政府在对从事国际活动的纳税人行使征税权利而形成的税收征纳关系中所发生的国家之间的税收分配关系。税收管理是国际财务管理的重要组成部分。

（一）国际税收制度的种类

就公司所得税而言，世界上现行的税收制度可以概括为三种：传统制度、分割税率制和转嫁或抵减制。在传统制度下，公司所得税按单一的税率征收，分配给股东的股利，则作为股东个人收入按个人所得税率计征。采用传统税制的国家有意大利、荷兰、西班牙、瑞典、美国，以及多数英联邦国家或地区。分割税率支付，是根据收益的处理情况采用不同的税率计征，即对未分配收益和已分配收益采用两种不同的税率。采用这种制度的国家主要有日本、挪威和德国。税额转嫁或抵免制度，是指对公司收益按同一税率征税，但已纳税款中的部分可作为股东应纳个人所得税的减项，予以扣除。比利时、法国等都采用这种制度。三种税务制度并不是相互排斥的，同一国家可以将这些制度结合运用。

（二）国家税收管辖权

税收管辖权是国家主权在税收领域的体现。税收管辖权可分为两类：居民税收管辖权和收入来源税收管辖权。居民税收管辖权是指国家对其居民的所有收入都有权征收所得税。收入来源税收管辖权是指国家对来源于本国境内的所得征税，而对来自国外的所得免于征税。

除少数国家和地区放弃对所得税的税收管理权外，大多数国家与地区都同时采用居民管辖权和收入来源地管辖权，既对来源于本国境内的所得拥有征税权，又对本国居民的世界所得拥有征税权。

（三）国际税收协定

国际税收协定是指两个或两个以上的主权国家，为了协调相互之间的税收分配关系和处理税务方面的问题，通过谈判所签订的书面协议。

按照税收协定涉及的主体划分，国际税收协定可以分为双边税收协定和多边税收协定。所谓双边税收协定是指两个国家为了协调双方处理跨国纳税人征税事务和其他有关方面的税收关系，经过谈判而签订的一种书面协议。多边税收协定则是指两个以上的国家所缔结的税收协定。

按照税收协定涉及的内容范围划分，国际税收协定又可以分为一般税收协定和特定税收协定。一般税收协定广泛涉及相互间的各种税收关系，如全面避免国际间双重征税的协定；特定税收协定是缔约国之间就某一特定税种或税收问题所签订的协议，如对关税、增值税等的协定。

国际税收协定是出于避免国际重复征税、防止国际逃税、避免国际税收歧视等目的而产生的，现已成为调节国家间经济关系的重要工具。

（四）国际税收管理的目标

国际税收管理是国际财务管理中一个十分复杂和极其重要的问题。国际化公司在从事跨国经营时，把资本投向不同的国家，就会涉及多个国家的税法。就国际化公司而言，税法是最直接影响其利益的法律。为了合理地做出财务决策，国际化公司的财务人员应具备一些必要的国际税收方面的知识，科学地进行国际税收管理。总的来说，国际税收管理的目标是合理降低总税负，可以概括为：

① 根据有关国家的税法、税收协定来避免出现双重征税的情况；

② 利用有关国家为吸引外资而采取的优惠政策，实现最多的纳税减免；

③ 利用各种“避税港”来减少纳税支出；

④ 利用内部转移价格把利润转移至低税国家和地区，使总纳税额最少；

⑤ 利用其他方法来减少所得税的支付。

**二、国际双重征税的免除**

国际双重征税是指两个国家对同一纳税人的同一所得额，同时按本国税法课征所得税。国际双重征税现象的存在，对国际经济的发展和跨国经营的推行，都会产生不利的影响。首先，国际双重征税违背了税负公平的原则，它造成了地位同等的纳税人在税收及相关的范围内处于不同的竞争状态，不利于国际化公司在平等竞争的环境中发展。其次，国际双重征税大大加重了纳税人的负担，一笔收入两国同时征税，这会严重限制国际化公司的生产经营活动，阻碍国际经济和技术合作的发展。

国际双重征税的种种危害，已为各国所共识。各国政府都期望消除彼此间税收管辖权的冲突，并在许多国际条例中列入了消除国际双重征税的原则和规定，也建立了许多避免国际双重纳税的方法。

（一）免税法

免税法是对本国居民来源于国外的所得和放在国外的财产并已在国外纳了税的那部分跨国收益、所得或财产价值予以免税，以避免国际双重征税的一种方法。实行免税制的国家主要是欧洲大陆和拉丁美洲的一些国家，如法国、海地、多米尼加、巴拿马、委内瑞拉等。免税法有全额免税和累进免税两种。全额免税是征税国在确定纳税人总所得的适用税率时，完全不计入免税的国外所得。累进免税是征税国对境外所得虽给予免税，但在确定纳税人总所得的适用税率时，却要将免税所得并入计算。实行累进免税法，征税国往往会取得较多的税款，故目前大多数国家都采用累进免税法。

（二）抵免法

抵免法是指居住国允许本国居民纳税人在本国税法规定的限度内，用已在来源国缴纳的税款，抵免应就其世界范围内所得向居住国缴纳税款的一部分，以避免双重征税的一种方法。我国目前采用这种方法。抵免法有全额抵免和限额抵免两种。全额抵免是不管纳税人在收入来源国纳税多少，全部都予以抵免。限额抵免是抵免额不得超过纳税人在外国按居住国所得税税率所应缴纳的税款。当收入来源国的所得税税率低于或等于居住国的所得税率时，全额抵免和限额抵免并无区别。当收入来源国的所得税率高于居住国所得税率时，超过居住国应缴纳税款的部分则不能抵免。这对跨国纳税人是不利的，但对征税国有利，因此世界上大多数国家都采用限额抵免法。我国也实行这种方法。

（三）税收协定法

税收协定法是通过有关国家签订双边税收协定，以避免国际纳税人被重复征税的一种方法。所谓双边税收协定是指两个国家为了协调双方处理跨国纳税人征税事务和其他有关方面的税收关系，经过谈判而签订的一种书面协议。运用税收协定避免国际双重征税主要有两种方法：一是将征税权完全划归一方，从而完全排除了另一方对该纳税对象的征税权，使国际双重征税得以免除；二是通过税收协定，缔约国双方可以确定各自税收管辖权的范围，明确哪些所得应由来源国一方优先行使来源地税收管辖权，哪些所得应限制其税收管辖权的行使等，如此也能避免双重征税。

### 三、国际避税与反避税

国际避税是指国际化公司利用税法规定的差别，采用选择合适的地点和经营方式等种种合法手段，来减少或消除其纳税义务的一种行为。

#### （一）利用内部转移价格避税

内部转移价格是国际化公司内部母公司与子公司之间或子公司与子公司之间转移商品或劳务的价格。内部转移价格避税则是国际化公司利用各国间税率和税法的差异通过调节内部转移价格来达到避税目的的一种手段。国际化公司利用内部转移价格避税的主要做法是：对由低税国子公司向高税国子公司的出口业务采取高价，而对由高税国向低税国的出口业务则采取低价。这样就把实现利润的一部分由高税国子公司转入低税国子公司，使整个公司的纳税额减少。

某公司的A、B子公司分别设在两个国家，所得税率分别为60%、10%。A公司为B公司生产组装电视机的零部件，以200万元的成本生产，销售给B公司，B公司花50万元组装完毕，并以350万元的价格出售。在确定内部转移价格时可以选择210万元和250万元两种。若选择210万元的方案，则整体所得税为(210－200)×60%＋(350－260)×10%＝15(万元)，而若选择250万元的方案，则整体所得税为(250－200)×60%＋(350－300)×10%＝35(万元)。选择低的内部转移价格能为该公司节省20万元的所得税。

利用内部转移价格避税不仅适用于一般的商品供应，还适用于下列情况：

1. 内部贷款

国际化公司的总公司通常都以内部贷款的形式向其子公司提供资金。如果子公司所在国的税率较高，则贷款可采用高利息率政策；如果子公司所在国的税率较低，则贷款可采用低利息率政策。

2. 专利和专有技术等无形资产的转让费

专利和专有技术等无形资产具有独占的特性，其真实价值很难确定，各国的税务机关对此也很难设防。国际化公司为了减少总的税负，在把专利和专有技术进行内部转移时，几乎可以随心所欲的提高或降低其转让成本。

3. 管理成本费用

在国际化公司内部，母公司常常为其国外附属公司提供各种管理服务，而这种管理服务的收费标准很难找到可作参考的公平市价。因此，国际化公司可通过抬高或压低管理成本或管理费用的办法来实现其避税的目的。

4. 租赁

租赁是一种新兴的避税方式。国际化公司在内部进行租赁活动时，可以通过抬高或降低租金的办法来达到避税的目的。

#### （二）利用避税港避税

避税港又称低税乐园或避税地，是指以免征某些税收或压低税率的方法，为外国投资者提供不纳税或少纳税的国家或地区。避税港避税则是指国际化公司将其所得与资产转移至避税港，以减轻税负的一种方法。

1. 避税港的一般特征

被称为避税港的国家或地区，一般都有如下特征：① 与大多数国家相比，税率明显偏低，或是应税收益的范围明显偏小；② 有着严格的保守银行秘密和商业秘密的传统，即使在国际协定中也不愿打破这一传统;③ 银行和其他金融机构活动在其国民经济中占据较为重要的地位;④ 有着较好的现代化通讯设施;⑤ 对外国人存取外币不加控制;⑥ 努力成为国际金融中心。

2. 避税港的种类

避税港之所以能够在国际上存在,其主要原因是当地政府希望通过税收上的各种优惠措施,来吸引国际上的游资,从而推动当地经济的振兴和发展。第二次世界大战后,随着国际化公司规模的不断扩大,除了几个老牌避税港外,新兴的避税港不断涌现,它们大致可以分为如下几类:

① 无税型。这样的避税港完全免除个人所得税、公司所得税、资本所得税和财产税。

② 低税型。这样的避税港虽然征税,但是税率很低。

③ 半避税型。这类避税港只对在当地形成的收益征税,而对来自国外或地区外的收入不征税。

④ 有限避税型。这类避税港一般都具有一定的税收优惠,它们在有限程度上也有避税港的特征。

3. 避税港避税的基本方法

利用避税港避税的主要方法,是在避税港设置各种各样的挂牌公司或信箱公司。这些公司一般都是出于减少纳税支出的目的而在避税港注册的公司。它们的实际经营活动往往并不发生在避税港内,但却将收益在避税港申报,以避免征税。一般有三种做法:① 以挂牌公司作为虚设的中转销售公司;② 以挂牌公司作为收付代理公司;③ 以挂牌公司作为持股公司。

(三) 国际反避税

近几十年来,国际化公司避税规模有增无减,避税方式更是不断翻新,还往往与国际偷税漏税结合在一起,造成财富的不正当分配,歪曲了国际竞争条件,影响了一些国家的财政收入。为此,许多国家特别是发达国家纷纷采取对策,完善税收立法,加强征税管理,以防止和消除国际避税的泛滥。在长期实践中,一些国家逐渐形成了一些反避税的方法。虽然这些方法离真正消除避税行为的目标还有相当大的差距,但对抑制避税行为确实产生了良好效果。

1. 单边制定反避税法

反避税立法是反避税措施中主要的方面。各国反避税立法有以下几种形式:

① 针对一种或多种国际化公司避税做法而加入特殊税法条款,如美国《国内收入法典》、法国《税收总法典》、比利时《税法》等对国际化公司内部转移价格做出了具体限制规定。同时,比利时《所得税法》、法国《税收总法典》等对纳税收入的可扣项目也做了具体规定。

② 加入具有全面影响力的综合性条款。有些国家制定了在原则上适用于全部税收法规的综合性条款。如德国《1977年税收总法典》、荷兰《税收总法典》都属于此类规定。

③ 加入必须获得政府同意的有关条款。在税法中明文规定某些交易活动必须事先征得税务当局的同意,否则便以违法论处。这是国际反避税领域中最严厉的立法形式。

2. 双边或多边的反避税措施

双边反避税措施主要是通过签订双边税收协定来限制国际避税,并规定双方在纳税管理上要相互协助、互通信息。多边反避税措施是许多国家签订多边协定来防止国际避税的措施。例如，欧洲经济共同体于1975年做出的《关于共同体为反对国际避税和避税应采取的措施》的协定，便属于多边反避税措施。

3. 加强纳税管理

税法上规定的反避税措施，还必须在纳税管理实践中加以落实，否则再完善的法律也仅仅是一纸空文。为了有效地同国际避税行为作斗争，各国税务部门必须对国际化公司在国外的经济活动有全面的了解，这是相当复杂和困难的事。为此，各国税务部门一般采取如下三种方法：

① 向纳税人或第三方施加压力，要求他们提供详细的纳税资料；

② 在税收人员为反避税需要纳税资料时，要求银行给予配合；

③ 各国之间加强税收情报的交流。

## 案例

### 广东金亮价格游戏的背后——利用商品价格转移利润

广东省历来是我国吸引外资的"先头阵地"，从20世纪90年代开始，众多外资企业纷纷抢滩登陆。广东金亮有限公司是开曼金亮有限公司和两家境外企业于2007年成立的外商独资企业，也落户于广东，投资总额6 000万美元，注册资本300万美元，其中开曼金亮有限公司持有83%股份，两家境外公司股份很少，角色是战略投资者。而开曼金亮有限公司又是境外著名企业金亮集团的子公司，所以，广东金亮有限公司的真正母公司就是金亮集团。开办之初，广东金亮有限公司即成为当地的大型企业，生产设备均由国外进口，由于其产品是冶金工业中的尖端产品，从2009年建成投产即经税务机关批准享受"双高企业"适用15%优惠税率。公司从2009—2014年累计销售24亿元，其销售状况非常好，但正是这样一家公司，从开业至2014年末账面累计亏损1.9亿元，累计应纳税所得额－1.7亿元，除2009年外，其余年度均有亏损。通常一家企业开始经营的前三年由于期初开办费用较高，市场没有打开，在开办初期有一定亏损是正常的，但步入正轨后，这种情况通常有所好转，广东金亮有限公司却持续亏损，和表面的繁荣相比很不协调。

2015年，国家税务总局在进行避税嫌疑大户的筛选工作中，将广东金亮有限公司作为重点联查对象。首先从该企业的母公司查起。由于其境外母公司是上市公司，通过查阅其上市公司年报和证券公司历年的分析报告，分析其财务状况，母公司的主要产品毛利率高达20%，而广东金亮销售同样的产品毛利率只有5%，证明了该企业存在与母公司进行关联交易转移定价避税的嫌疑。

制造业企业转移定价避税的方式一般有两种——关联销售和关联采购，以广东金亮为例，即原材料的高进与产品的低出。经调查发现，广东金亮有限公司在2009—2014年销售产品23.55亿元，其中关联出口销售8 976万元，关联内销40 694万元，全部关联销售为40 670万元，占总销售额的21.09%。从价格上看，关联销售和非关联销售两者没有太大的差异。销售产品既有关联企业又有非关联企业，并且关联销售所占比例不大、价格差异不大，可以判断企业不是通过销售环节进行转移定价的。

调查人员将目光转移到了购进环节，对企业2009—2014年共115批次2 583条入库记录逐条与原始发票进行了核对，经统计分析后发现，全部材料均从金亮集团母公司购进，确认其均为关联采购。由于市场上没有其他采购材料的可比价格，原材料价格比较利于操纵。企业原材料100%从其母公司进口，所以无法从企业自身的采购交易中找到可比价格。如果找不到可比价格，就无法让企业承认避税事实。终于调查人员发现广东省一家企业，按照《关联企业间业务往来税务管理规程》中可比非受控价格法的要求进行了两个方面的比较：一是分别比较了加权平均单价、主要规格的单价和加权平均价格，三组价格的差异程度基本一致，确定可以采用加权平均价格作为价格基础；二是比较了影响交易价格的因素如交易条件、品质、质量、用途、质保条款和货款支付形式等。最后认定两个企业在各方面具有一定可比性。调查人员向该广东企业所属税务机关发出了查询要求，并提供了历年经营情况、采购原材料价格及产品销售价格。至此，对于转移价格的举证才尘埃落定。

在事实面前，广东金亮有限公司终于承认了通过转移定价并转移利润进行避税的事实，同意税务机关进行价格调整。税务机关对2009—2014年关联进口的原材料采用可比非受控价格法实施了转移定价调整，在企业自行纳税所得额1.8亿元的基础上再调整应纳税所得额为2亿元，补缴所得税178万元。自2015年转移定价调查后，该公司所得税共计缴纳5 247多万元，其中2016年451万元，2017年1 059万元，2018年1 037万元，2019年2 700万元，四年平均所得税税负由0.24%上升到2.5%，增长近10倍。

**问题：**

1. 案例中外商投资企业是通过哪种方式进行利润转移的，这种转移定价策略对我国的税收有什么影响？

2. 除对我国的税收产生影响外，中外投资企业进行转移定价对我国经济的其他方面会产生哪些负面影响？

3. 你认为在中外合资企业服务管理中，我国政府及税务机关应该如何防止跨国公司利用转移价格使中方蒙受经济损失？

# 第十二章　大数据与财务决策

## 引言

随着信息化和数字化的不断发展，大数据技术正不断地被引入到政治、经济和社会发展等各领域，通过大数据应用实现企业智能化管理已经成为优秀企业的重要标志。东方彩虹集团是一家具有全球竞争力的消费电子系统供应商和内容服务提供商，公司已经实现了从单纯的家电制造商向标准制定商、内容提供商的转变，形成了集数字电视、空调、冰箱、IT、通讯、数码、网络、电源、商用系统电子、小家电等产业研发、生产、销售为一体的多元化、综合型跨国企业集团，集团拥有220余家子公司和遍及全球的分支机构。

从2008年开始，东方彩虹开始建设财务共享服务中心，进行会计进行集中核算，着力提升财务工作的效率和数据质量；2020年，随着子公司数量和海外业务的不断拓展，东方彩虹开始打造财务云，将企业财务共享管理模式与云计算、移动互联网等计算机技术有效融合，通过建立集中、统一的企业财务云中心，实现财务服务、财务管理、资金管理三者合一，实现“核算、报账、资金、决策”在全集团内的协同应用。

无疑，财务共享中心乃至财务云等平台在客观上要求并催生出大量的实时和多样化的数据。在大数据时代，传统的企业财务管理理论与方法面临哪些挑战？大数据将会给财务管理理论与实践带来哪些冲击？

## 第一节　大数据概述

### 一、大数据的产生与发展

在当前互联网和信息化的时代，大数据(big data)无处不在，在社会生产和生活的许多方面都可以看到大数据的影子，如城市公共安全监控、线上购物自动推送商品信息等。早在2011年5月，麦肯锡公司就发表了题为“Big data: The next frontier for innovation, competition, and productivity”的研究报告，这被认为是标志着大数据时代的到来。

大数据一词越来越多地被提及，人们用它来描述和定义信息爆炸时代产生的海量数据，并命名与之相关的技术发展与创新。在麦肯锡公司看来，所谓大数据就是其大小超出了传统数据库软件的采集、存储、管理和分析等能力的数据集；研究机构Gartner认为，运用传统工具无法处理的信息，可以采用大数据完成，即大数据是需要新处理模式，才能具有更强的决策力、洞察发现力和流程优化能力来适应海量、高增长率和多样化的信息资产。一般而言，大数据是指数据庞大且结构复杂，增长速度快但价值密度低，短时间内难以用现有的软件进行数据处理的数据集。

大数据是一个较为宽泛的概念，并不存在一个较为严格的定义，不同的人在不同的时期对大数据的理解并不完全相同。一方面，随着人工智能和物联网的发展，数据信息在以几何指数的速度增长，符合大数据标准的数据集会随着时间推移和技术进步而不断增长；另一方面，对于不同行业和部门的主体，符合大数据标准的数据集也会存在差别，对于刚成立的小型企业认定的大数据标准，可能并不适用与资产规模超千亿元的大型企业。

大数据带来的海量、实时和多样的信息，有助于打破各利益主体之间的信息不对称，让各方的连接更有效率。2011 年的世界经济论坛报告就指出，“大数据就是新财富，价值堪比石油”。发达国家纷纷将开发利用大数据作为未来重要战略之一，我国在 2015 年 8 月 31 日也出台了《促进大数据发展行动纲要》，标志着我国开始着手进行大数据发展和应用的顶层设计。大数据将成为推动未来经济转型发展的新动力，将深刻影响社会分工的组织模式，促进生产方式的集约和创新，必将有效提升社会生产的效率。

## 二、大数据的特征

虽然目前大部分专家学者对大数据的定义尚未达成一致，但大多认为大数据应该满足一些基本的共性特征，代表性观点如 IBM 公司提出的大规模性、高速性、多样性、不确定真实性和低价值密度性，即大数据的 5V 特性。

### （一）大规模性

伴随着云计算、物联网、人工智能等信息技术的快速发展和传统产业数字化的转型，全球数据量呈现几何级增长，其容量已经从 TB(1 024 GB＝1 TB)级别上升到 PB(1 024 TB＝1 PB)、EB(1 024 PB＝1 EB)乃至 ZB(1 024 EB＝1 ZB)级别。根据 IDC 调查的研究报告，全球的数据资料存储量已经从 2012 年的 2.8 ZB 迅速增加到 2020 年将达到 40 ZB，约等于地球上沙滩上所有沙粒总和的 47 倍，如果把 40 ZB 全存到蓝光光碟中，光碟的重量将与 424 台尼米兹级航母相当，抑或是平均每人拥有 5 247 GB 的数据量。IDC 一项新的研究表明，到 2025 年，全球数据量将跃升至 163 ZB。

大规模的海量数据迫切需要智能的算法、强大的数据处理平台和新的数据处理技术来统计、分析、预测和实时处理超大规模的数据。从技术上看，大数据与云计算密不可分，大数据往往无法用单台的计算机进行处理，必须采用分布式架构，其特色在于对海量数据进行分布式数据挖掘，因此，大数据必须依托云计算的分布式处理、分布式数据库和云存储、虚拟化技术。

### （二）高速性

大数据的一个显著特征是数据生成和更新的速度非常迅速，这一特性直接影响到数据的大规模特性。大数据的高速性还体现在数据的处理和传输速度上，随着互联网和 5G 等科技的发展，对数据实时性的要求也越来越高，如司机利用百度地图查询行车路线、上市公司利用微信公众号、微博等自媒体进行信息披露，这种实时的信息交流互动可以极大地降低信息的延迟时间，将信息实时呈现给需求方。大数据对处理速度也有非常严格的要求，服务器中大量的资源都用于处理和计算数据，很多平台都需要做到实时分析。数据无时无刻不在产生，谁的速度更快，谁就拥有竞争的优势。

### （三）多样性

随着信息社会智能设备、传感器等新技术的应用，使得数据的来源更加广泛，数据的形式变得日益复杂。除了传统的关系型数据外，文本数据、位置数据、传感器数据、视频数据等半结构化或非结构化数据呈现爆发式增长，使得大数据的形式更加富有多样性。目前应用较为广泛的就是推荐系统，如淘宝、京东、今日头条等平台，都会通过对用户的日志这一非结构化数据进行分析，从而进一步推荐用户喜欢的商品。另外，许多超市、便利店设置了监控摄像机，其本意是为了防范盗窃，但现在很多企业利用监控摄像机的视频这一非结构化数据，分析顾客的购买行为，美国万宝龙公司就利用监控摄像机的数据调整商品排列布局，使得销售额提升了20%以上。

(四) 不确定真实性

为了能够实时获取海量数据信息，在采集数据过程中可能会掺杂很多无用的信息，尤其很多本文、图片或视频等非结构化数据，这些数据就包含了大量不确定和不准确的信息，将会带来很高的数据噪音，导致大数据往往具有不确定的真实性。基于虚假或者不准确的数据做处理不会产生任何有用价值，这就需要在数据采集和数据处理过程中保证数据的准确性和可信赖度，避免或减少基于不确定或不准确数据决策。

(五) 低价值密度性

除了传统的关系型数据，大量的非传统数据同样包含了很多有价值的信息。大数据最大的价值在于通过从大量不相关的各种类型的数据中，挖掘出对未来预测分析有价值的数据，并通过机器学习方法、人工智能方法或数据挖掘等方法进行深度分析，发现新规律和新知识，并运用于农业、金融、医疗等各个领域，从而最终达到改善社会治理、提高生产效率、推进科学研究的效果。

然而，现实世界所产生的海量数据中，有价值的数据所占比例却往往又很小。传统数据基本都是结构化数据，每个字段都是有用的，价值密度非常高。大数据时代，越来越多数据都是半结构化和非结构化数据，比如网站访问日志，里面大量内容都是没价值的，真正有价值的比较少，虽然数据量比以前大了很多倍，但价值密度却低了很多，这就是大数据的低价值密度性。大数据的低价值密度性就需要新的分析工具和方法，提供一系列新的视野和有用的预测，使人们了解很多以前不曾注意到的联系，掌握以前无法理解的复杂技术和社会动态。另外，大数据的低价值密度性又是相对而言的，一些数据在某个领域可能是没有价值的，但在另一领域可能极其重要。

相对于传统数据，大数据不仅表现在海量数据的大规模性上，还表现在数据的高速性、多样性、不确定真实性和低价值密度性等方面，这些特征在理解和分析大数据对企业财务管理理论与实务的影响时尤为重要。

## 三、大数据的分类

大数据不仅具有海量的规模，而且数据类型也十分丰富。根据不同的标准，大数据有不同的分类。

(一) 根据数据结构的分类

根据数据的结构类型，可以将数据分为结构化数据和非结构化数据。

1. 结构化数据

结构化数据又称定量数据，是能够用数据或统一的结构加以表示的信息，如数字、符号，其可以使用关系型数据库表示和存储，表现为二维形式的数据。结构化数据是高度组织和整齐格式化的数据，它是可以放入表格和电子表格中的数据类型。在项目中，当使用结构化查询语言或SQL时，计算机程序很容易搜索这些结构化术语。

典型的结构化数据包括姓名、性别、出生日期、银行卡号码、销售金额、电话号码、公司地址、产品名称等。结构化数据具有的明确关系，使得这些数据运用起来十分方便，不过在商业上的可挖掘价值方面比较差。

2. 非结构化数据

非结构化数据是指数据结构不规则或不完整，没有预定义的数据模型，不方便用数据库二维逻辑表呈现的数据，各种文档、图片、视频、音频等都属于非结构化数据。对于这类数据，我们一般直接整体进行存储，而且一般存储为二进制的数据格式。非结构化数据本质上是结构化数据之外的一切数据。它不符合任何预定义的模型，因此它存储在非关系数据库中，并使用 NoSQL 进行查询。它可能是文本的或非文本的数据，也可能是人为的或机器生成的数据。总之，非结构化数据是字段可变的数据。

典型的非结构化数据包括文本文件、电子邮件、社交媒体、卫星图像、传感器等人为或机器生成的数据。需要指出的是，非结构化数据要比结构化数据多得多，据 IDC 的预测，结构化数据仅占到全部数据量的 20%，其余 80%都是以文件形式存在的非结构化数据，并且每年以 60%以上的速度在增长。不过，非结构化数据也面临数据体量大、获取和流转困难、存储成本高、数据价值密度低等挑战。

(二) 根据数据产生方式的分类

根据数据产生方式，可以将数据分为交易数据、交互数据和传感数据。

1. 交易数据

交易数据是指通过股票、期权、期货、电子商务等交易平台，或企业间直接交易所产生的一系列数据。由于存在信息不对称等问题，股票等金融市场并非完全有效，因此历史的交易数据仍然具有价值，通过大数据平台和有效的算法分析和预测交易数据，能够有助于企业进行更加科学的决策。

2. 交互数据

交互数据是指博客、微博、微信等社交媒体互动所产生的数据。当前，随着信息技术的不断发展，通过社交媒体发布信息愈发便捷，产生数据量愈加丰富，且主要以非结构化数据为主，使得大数据分析的重点从交易数据向交互数据发展，如京东等电商平台网站追踪用户从进入到离开网站的浏览情况，建立起企业和用户之间的一种互动联系，并通过对交互数据的分析，了解用户的个人需求，向用户推荐合适的商品，以此提升企业的销售业绩。

3. 传感数据

传感数据是指利用 GPS、RFID、视频监控等感知设备或传感设备感受、测量及传输的数据，这些感知设备或传感设备实时和动态地收集大量的时序传感数据。这些传感数据又可以分为实时状态数据和累加数据，前者表示某个时刻运行状态，如速度、功率等，后者表示一定范围内的数据累加量，如里程、热消耗等。通常情况下，传感器以一定的频率采集数据，并将数据发送至相应的数据接收端，数据接收端将收到一组或多组在时间上存在严格先后顺序的一组或多组观测值序列，即"时间序列数据"。这些时序数据精准地记录着某个具体参数的实时变化情况，并在一定的时间范围内反映该参数的发展趋势和变化规律。

(三) 根据数据产生主体的分类

根据数据产生主体，可以将数据分为企业数据、机器数据和社会化数据。

1. 企业数据

企业数据主要指企业通过 ERP 等信息系统里有关企业生产、运营和管理等方面的数据。据希捷科技的一项研究预测，到 2025 年，企业存储的数据量将达到 13.6ZB，超过全球总数据量的 80%，每天都会有无数的数据被收集、交换、分析和整合。在经济领域，大数据扮演着非常重要的角色,大数据不仅能够帮助企业预测经济形势,还能更好地了解消费者的需求,控制产品成本,具有强大的商业价值。麦肯锡公司预计,数据将与企业的固定资产和人力资源一样,成为生产过程中的基本要素。

2. 机器数据

机器数据是由服务器、存储、互联网及物联网中的设备或程序生成的大量结构化、非结构化的数据,包括了日志文件、各种历史记录、Web 服务器日志、手机数据、传感器数据等。在大数据中,机器数据是增长较快的一种数据,通过机器自动记录的实时数据,可以实现商业智能的价值从后知后觉转向实时分析,帮助组织能更快地了解运营及顾客数据,从而实现组织的持续创新和竞争力提升。

3. 社会化数据

社会化数据是指利用终端设备收集、追踪与用户相关的数据信息,包括评论、视频、照片、地理位置、个人资料、社交关系等由用户在社会化媒体中产生或分享的各类信息。通过社会化数据可以更好地了解用户的需求,以此为用户提供更好的服务,增强用户体验。与传统的市场调研等静态数据相比,社会化数据具有实时性和流动性等特点,人们在社会化媒体上通过交流、购买、出售及其他日常生活活动以免费的方式提供着大量信息,这使得人们的行为和情绪的细节化测量成为可能,挖掘用户的行为习惯和喜好,从凌乱纷繁的数据背后找到更符合用户兴趣和习惯的产品和服务,并对产品和服务进行针对性地调整和优化,以此不断增加企业的价值。

## 第二节　大数据对企业财务决策的影响与挑战

### 一、大数据时代传统企业财务决策面临的突出问题

#### (一) 财务决策数据的时效性较差

传统的企业财务决策主要基于财务会计数据,由于信息技术及成本收益的限制,现有财务报表主要以年度、半年度、季度等定期报告的形式提供,即使是供企业管理使用的内部报表至少也是按月度汇总。随着业务量的增加,汇总的工作量越来越大,加之财务部门架构越来越复杂,财务数据生成的流程和周期都越来越长,导致财务决策数据时效性越来越差。较差的数据时效性无法及时发现企业日常经营活动存在问题,也无法及时反映出企业与供应商、客户等利益相关者之间关系的变化,从而影响了企业财务决策制定的有效性。

#### (二) 财务决策数据的共享性较低

企业内部存在许多部门,数据往往分散在不同的职能部门和业务部门,不同部门对于数据的定义、存储和处理存在很大的差异,加之企业财务会计部门与业务等部门之间信息往来较少,各部门基于自身利益的考虑往往也不愿进行及时沟通,从而导致企业数据碎片化,出现所谓的"数据孤岛"效应,数据尤其是财务数据在不同部门之间的共享性较差,不利于数据的正常流转,从而影响了企业财务决策制定的科学性。

#### (三) 财务决策对非财务信息关注不足

一方面,由于财务数据的时效性较差,其在反映企业财务状况、经营成果等方面存在一定的滞后性,导致企业财务数据生成时财务报告中存货、交易性交融资产、无形资产等资产的价值可能发生很大变化;另一方面,随着信息技术的发展和"业财融合"的深入推进,企业

日常经营业务等非财务信息更容易被及时追踪和反映出来，非财务数据在企业管理中的作用日益突出。Lev 和 Zarowin(1999)等相关研究就指出，财务会计数据在企业股票价值方面的解释力已经越来越弱，尤其是对于那些知识密集型的企业和高科技企业，财务数据的信息含量越来越低，过度依赖财务数据将会影响财务决策制定的质量。

(四) 财务决策风险意识不强

在现代企业的经营管理中，随着经济全球化的发展，外部环境的复杂多变，企业在市场竞争中将面对各种各样的风险，如何辨识、评估、监测、控制风险无疑是企业管理决策中应该考虑的重要内容。在我国，当前风险管理是企业管理中的一个相对薄弱环节，风险意识不强，风险管理工作薄弱，是企业发生重大风险事件的重要原因。财务管理作为企业管理的一项重要内容，在企业风险识别和防控方面发挥着重要的作用，在当前企业风险管理已经进入全面风险管理的新阶段，然而现有的财务理论与实践缺乏从整体角度考虑企业风险管理问题，大多强调如何降低企业的流动性风险，在风险防范策略方面也主要是对企业资本结构进行适当的动态调整，而对企业所面临的市场风险、运营风险等与企业财务风险密切相关的风险关注不足，导致企业风险管理效果不佳。

## 二、大数据对企业财务决策的积极影响

(一) 大数据有助于提升财务决策效率

传统的财务决策主要依赖财务数据，而财务数据生成往往工作量大、周期长，导致数据时效性差，影响了企业财务决策制定的有效性。在大数据时代，借助大数据和云端先进的数据存储、处理和分析技术，企业可以更加智能化地提取财务信息，充分挖掘潜在信息辅助决策，有助于为企业财务决策提供更加及时和准确的数据支持，提升企业财务决策效率。

(二) 大数据有助于打破财务“数据孤岛”

由于企业传统的组织结构分工使得数据在不同部门之间流转不畅，影响了企业决策制定的科学性。随着信息技术的发展，企业内部组织结构边界在不断扩展，通用电气原 CEO 杰克·韦尔奇提出无边界管理理念，强调组织各种边界的有机性和渗透性，从而谋求企业对外部环境的变化做出敏捷且具有创造力的反应，大数据为实施无边界管理理念提供了有力支撑。在大数据时代，企业业务流程、财务流程、管理流程将有机融合，使信息突破部门和专业的壁垒，打破企业内部“数据孤岛”，提高整个组织信息传递、扩散和渗透的能力。

对于企业财务管理而言，面对大数据的冲击和挑战，财务管理的边界也在不断扩大。在大数据时代，企业财务部门可以根据大量真实的最新业务数据进行计算、分析和预测，对业务数据进行深入的数据挖掘，此时财务数据和业务数据将融为一体，财务信息和业务信息的界限变得模糊，有助于实现财务决策信息去边界化，真正实现财务业务一体化。

(三) 大数据有助于为财务决策提供丰富的非财务数据支持

在非大数据和互联网时代，企业财务决策主要关注企业未来的盈利能力或现金流水平，而对市场份额、了解用户的体验和偏好等非财务数据信息没有给予足够的重视。在大数据时代，借助丰富的海量数据资源，基于企业不同的产品和市场，企业可以通过大数据提取丰富的有关企业自身、客户、供应商等主体的非财务数据，实现财务信息与非财务信息的融合，有助于避免单纯依靠财务信息决策的不可控风险，使得企业财务决策更加科学合理。

(四) 大数据有助于拓展财务风险管理的范畴

限于组织结构分工的不同和数据的可得性，现有的财务风险理论和实践主要关注企业

的偿债风险，缺乏对市场风险、运营风险等与企业财务紧密相关的一系列风险的研究。在大数据时代，先进的数据采集、存储和分析技术，能够给企业带来及时、准确的财务信息和非财务信息，在此基础上采用智能化的风险预警系统，帮助企业对偿债风险、市场风险、运营风险等进行科学的识别和判断，有助于从企业整体的角度对企业风险进行管理。

**三、大数据时代财务管理理论与实践的变革**

（一）企业价值内涵及驱动因素变化

现代企业财务管理的目标是实现企业价值最大化，在财务上企业价值的内涵多是由企业的利润、现金流和净资产等因素决定，由此现金流折现法、市盈率、市净率等成为企业价值评价的基本方法。然而，纵观当今资本市场上市公司，其股价表现越来越游离于现有财务理论的价值主张，用友网络2020年半年报显示净利润0.3亿元，其市值约为1 300亿元，而云南白药2020年半年报的净利润高达24.5亿元，其市值也仅有1 300亿元。

在大数据时代，投资者对公司价值的判断已经不再局限于企业现在的利润、现金流等财务信息，更多的是考虑企业商业模式和核心能力等资源，这些资源包括点击率、客户群、甚至是数据本身。然而，这些商业模式等内容大多被传统的财务理论所忽视。从近期的企业财务实践看，创新和“触网”是大数据环境对企业商业模式的基本要求，企业只有“触网”，才能充分利用大数据进行精细化管理，实时把握差异化的客户需求，基于客户的兴趣和需求提供相应的产品或服务，这种商业模式不是以财务资本投入为关键驱动因素，而是基于技术创新、信息系统、流程再造等关键无形资本。

（二）企业财务决策去边界化

限于组织结构和分工的限制，企业内部存在众多的“数据孤岛”，影响了信息在企业内部的流转，大数据技术为企业业务、财务和管理等流程的有机融合提供了技术支持，财务信息和业务信息的界限变得越来越模糊，客观上要求打破财务决策的边界，消除妨碍财务决策的壁垒，实施基于无边界的财务决策。

企业组织中主要存在外部边界、水平边界、垂直边界和地理边界，这四种边界在相当程度上阻碍了信息在企业内部的流通，是影响企业职能发挥的主要障碍。基于无边界的财务决策的主要目标就是打破以上四种边界，突破信息在企业间、上下级、部门和地理上的限制，打破企业内部的“信息孤岛”，提高财务决策的科学性和有效性。

1. 打破财务决策的外部边界

当前企业间的竞争已经逐渐从单一企业的竞争演变为供应链之间的竞争，合作伙伴、战略联盟和合资企业等供应链合作的形式的发展越来越广泛，企业的“边界”也越来越大，因此企业财务决策不能只局限于企业内部分析，还应该将财务决策的边界向供应商和客户等供应链利益相关者扩展。在大数据时代，及时获取供应商和客户等供应链利益相关者的供需信息成为可能，这将在原材料订购、客户需求变化、专用性资产投资等方面降低信息不对称程度，从而有助于提高财务决策质量。

2. 打破财务决策的水平边界

现代企业的组织结构一般按照部门分工划分，如研发部门、生产部门、销售部门、财务部门、人力资源部门等，每个部门在各自分工领域内行使相应的职能，但由于不同部门对于数据的定义、存储和处理存在很大的差异，加之各职能部门会更多考虑本部门的利益，致使数据无法在各部门之间正常流转。大数据时代，借助强大的数据采集、存储和分析技术，可以打破企业各职能部门之间的“数据孤岛”，使财务部门与其他部门共享数据，突破财务决策的水平边界。最近实践中强调的“业财融合”就是要求财务部门深入挖掘业务数据，通过结合企业业务的具体情况，分析企业的运营和财务状况，以此实现财务业务一体化。

3. 打破财务决策的垂直边界

传统的财务组织架构存在较为严格的内部等级制度，不同职位具有不同的职责和职权匹配，较长的财务组织结构层次有助于贯彻高层管理者的决策部署，但也容易造成信息传递失真和客户需求变化的响应时间过长。随着客户需求复杂多变，大数据为收集客户偏好等数据提供了可能，在财务等组织结构方面，减少财务部门的管理层次、实现扁平化管理、建立富有弹性的上下级关系等都将会减少企业财务等部门的市场响应时间，有助于打破财务决策的垂直边界，提高财务决策的效率。

4. 打破财务决策的地理边界

随着企业规模的扩张和全球化进程的推进，企业各个分部的地理位置越来越分散，财务部门也呈现出地理上的分散状态。如何加强对不同地区财务部门的管控及节约相关成本，成为有多个地区分部企业面临的重要问题。大数据技术为打破各个地区的财务边界提供了重要的技术支持，如财务共享中心、云财务等新型财务管理模式，将企业各地区分部分散进行的重复性业务整合到财务共享中心处理，将会在很大程度上节约财务核算方面的成本，并加强对地区分部的管控，提高财务决策的效率和效果。

（三）基于实时全面数据的企业财务分析决策

企业利益相关者借助财务报表等资料，通过对企业财务状况、经营成果和现金流量进行专门分析，以此评价企业的实力，揭示企业生产经营活动存在的问题。不过由于财务报表数据生成存在滞后性、汇总性等问题，致使传统的财务分析决策无法及时、完整地反映企业的财务状况，不利于充分发挥财务分析决策的功能。在大数据时代，随着数据采集、存储和处理技术的发展，财务分析的数据基础发生了巨大变化，客观上要求财务分析趋向实时化和全面化。

1. 财务分析实时化

当前企业的日常交易活动日益频繁和复杂，而财务分析主要依赖的财务报表编制过程又较为漫长，年度报表往往需要几个月时间才能编制完成，对于实时反映企业的财务显得过于迟缓，严重影响了财务信息的及时性和利用效率，大数据相关技术则使实时财务报告及财务分析成为可能，这对于业务数据和风险控制实时性要求较高的银行、证券等行业企业尤为重要。

构建实时财务报告系统，进行实时财务分析至少包含以下内容：① 将企业内部的会计信息系统与管理信息系统的数据进行整合，建立企业实时数据库，实时反映企业的生产经营活动状况；② 及时采集与企业生产经营活动相关的宏观经济、行业企业及主要竞争对手等外部数据，将企业实时数据库与外部数据进行对接，便于及时全面分析企业的生产经营和财务状况；③ 基于企业实时数据库，构建实时财务报告系统，便于不同层次、不同部门等使用者及时阅读、分析和利用，尤其是要注意可视化操作，从而为使用者提供实时的财务信息。

2. 财务分析全面化

众所周知，现有财务分析主要依赖财务数据，而财务数据往往是汇总后的统计数据，在某种程度上会带来信息的损失。大数据为突破传统财务分析提供技术支持，财务分析将不再限于传统的财务报表，而将会延伸到外部的宏观、行业及竞争环境和内部的生产经营过程，这些分析将会提供更加丰富的非财务数据，而这些非财务数据在很大程度上是财务数据的先行指标，通过对相关财务数据和非财务数据结合分析，将会使分析的结果更加准确和可靠。

（四）基于多维度和实时评价的企业投资决策

企业价值是不同投资项目价值的总和，因此投资决策是企业最重要的财务决策。经典的财务理论认为，评价一个投资项目是否可行的评估方法主要有净现值、内含报酬率、现值指数等，其基本原理都是基于对投资项目预计现金流折现的判断。然而，在大数据时代，企业投资决策评价方法的弊端日益显现：① 在估计投资项目未来现金流方面，如果对未来现金流的估计不准确或产生很大偏差，则可能会直接导致错误的投资决策；② 净现值、内含报酬率、现值指数等现有的投资评价方法主要适用于项目未来现金流比较确定的项目，但这些评价方法由于缺乏对企业长远战略和盈利模式的考虑，因此对于投资项目早期现金流较少或未来现金流不明确的项目很难做出科学的评价。

基于以上企业投资决策评价方法存在的问题，投资项目可行性并不完全是基于未来现金流水平，原因在于其并不是对投资项目是否可行驱动因素的深度和全方位挖掘。当然，这种挖掘在非大数据和互联网时代特别困难。而在大数据时代，企业可以获取海量、多样、实时的信息，如宏观经济预测、行业景气度、客户需求信息、相关交易数据等，这些信息是企业进行投资判断的重要依据。利用大数据可以有效解决投资项目评价方法的诸多弊端：① 大数据本身具有大规模性、高速性、多样性和真实性等特征，这有利于准确预测投资项目未来的现金流量；② 对于现金流较少或不确定的战略性投资项目，大数据能从企业获取的资源与前景等方面进行全面评价，如点击率、客户群、产业链、市场份额等；③ 大数据技术还可以对投资项目实施过程前后形成的新数据进行实时、准确和全面的收集并评价，并将项目实施后的实施数据与投资前项目的预期进行对比，动态监控投资项目的实施。

（五）企业融资决策调整

在大数据和互联网时代，大数据带来的海量、实时和多样的信息，使得企业经营透明度越来越高，有助于打破各利益主体之间的信息不对称，让各方的连接更有效率，企业的融资成本将会明显降低，企业的融资方式也将发生显著调整。

大数据与金融行业结合产生了互联网金融产业，逐渐扭转了传统金融行业赖以生存的信息不对称格局，对中小企业而言，其匹配资金供需的效率要远高于传统银行等金融机构。如阿里金融，将大数据充分利用在小微企业和创业者的金融服务上，依托淘宝、天猫等平台汇集的物流、资金流、信息流及买家投诉、评价等第一手资料展开征信，基于阿里云平台的大数据与云计算，可以对客户进行风险评级及违约概率计算，从而为优质的中小企业提供信贷服务，使得中小企业逐渐摆脱传统商业银行基于“重资产”的财务报表与抵押资产的信贷审核。

图 12-1 和图 12-2 分别列示了阿里淘宝（天猫）平台发放订单贷款和信用贷款的基本流程。从中可以看出，阿里信贷公司基于买家与卖家之间的实时交易数据，据此不断地更新着卖家的信用等级及其买卖评价，对卖家的信用贷款额度实时计算更新，并给卖家发放贷款。与传统金融机构依赖企业定期的财务报告及有形资产抵押不同，借助淘宝（天猫）平台积累的海量实时交易数据，阿里信贷公司能够实时了解卖家的财务状况和经营成果，从而极大地

缓解双方之间的信息不对称,从而也降低了卖家的融资成本。

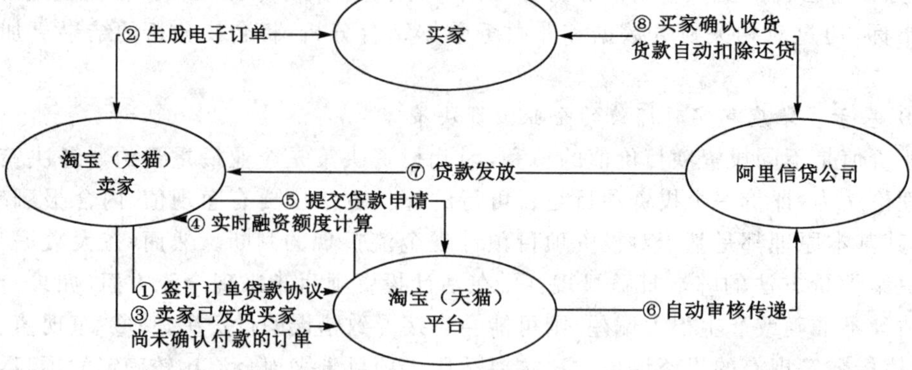


图 12-1　阿里淘宝(天猫)订单贷款融资流程图

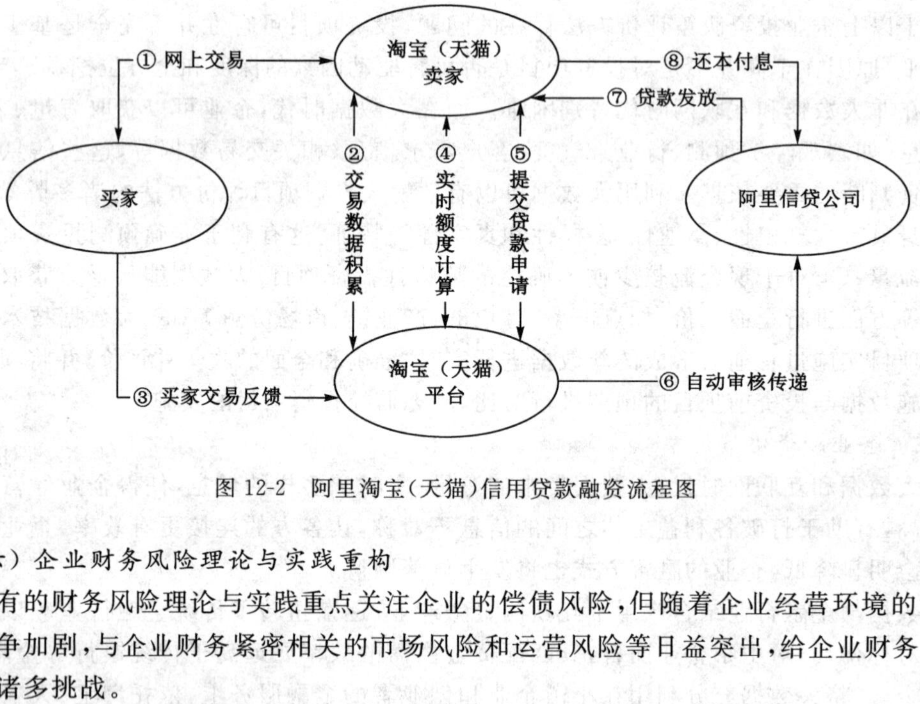


图 12-2　阿里淘宝(天猫)信用贷款融资流程图

(六) 企业财务风险理论与实践重构

现有的财务风险理论与实践重点关注企业的偿债风险,但随着企业经营环境的复杂多变和竞争加剧,与企业财务紧密相关的市场风险和运营风险等日益突出,给企业财务风险管理带来诸多挑战。

1. 财务风险概念框架重构

在全面风险管理的框架下,财务风险应该是一个多视角、多元化和多层次的综合性概念。在大数据时代,能够便捷地采集到与市场风险、运营风险相关的数据,一个较为现实的财务风险概念框架除了包括传统的偿债风险,还应该将那些与企业财务紧密相关的风险纳入分析的范畴,从而有助于从整体上把握企业财务风险的形成机理及其变化。

2. 财务风险策略优化

良好的风险预警能力是风险管理的基础。大数据时代,企业应该围绕如何建立有效的财务风险状况预警系统进行优化,同时降低对防范风险金融工具的依赖。基于海量、丰富和实时的大数据资源,能够有效增强企业对财务风险的预警能力,并推动企业内部控制各环节、各层次之间的信息共享和透明化，从而有效防范财务风险。

## 案例

### 中讯的财务共享之路

中讯股份有限公司是全球领先的综合性通信制造业公司和全球通信解决方案提供商之一，公司成立于1985年，1997年在深圳证券交易所上市，2004年作为中国内地首家A股上市公司成功在香港上市。凭借有线产品、无线产品、业务产品、终端产品等四大产品领域的卓越实力，中讯已成为中国电信市场最主要的设备提供商之一，并为全球120多个国家的500多家运营商提供优质的、高性价比的产品与服务。2019年公司营业收入达到910亿元，其中海外收入接近50%。

在中讯发展过程中，早期形成了基于集团外派的分散式财务管理模式，这种模式在中讯发展初期发挥了重要的作用，但随着规模的扩大以及业务模式的不断创新，该模式也面临了巨大的挑战：① 分散的独立财务组织效率低下、成本高昂，这些独立的财务组织按各自的意愿、标准行事，相互之间没有经常性的沟通；② 缺乏对业务的支持和战略推进能力。分散式的财务组织一方面必须面对低效和成本的压力，另一方面也严重的制约了其本应发挥的业务支持和战略推进能力；③ 集团缺乏对基层业务单位及子公司的监控能力。在分散式财务组织形式下，由于子公司本身是独立法人，具有自主经营、自负盈亏的法律地位，它甚至拥有对财务人员的考核和薪资发放的权力，这种情况下，要求财务人员坚定不移地落实集团政策显然存在极大的困难。

面临亟待解决的关键问题，中讯领导层研究设计了一个明确的路径图：第一步建立标准和规范，对各地财务核算实施标准化，为后续集中奠定基础；第二步通过财务集中和一体化实现从分散式管理模式到集中管理模式的转变；第三步借助流程再造的理念再造财务流程，实现财务共享服务中心的业务和数据整合；第四步，借助信息技术实现财务共享服务中心整体能力和效率的提升。中讯主要实施了以下四个方面的措施：

(1) 财务制度标准化。在集团层面制定标准业务规范，通过集中培训的方式使各地的财务组织全面的掌握新的标准，并持续地监督执行情；

(2) 财务人员的集中化。通过将服务端(共享服务中心)和客户端(企业集团成员单位)分离的方式，重新定位了集团和基层业务及了公司之间的业务界面和业务关系，并将从事标准化财务工作的财务人员从成员单位分离出来，并归属到财务共享服务中，实现财务人员的集中化，从而实现资源的有效共享；

(3) 财务管理流程化。通过流程再造实现了财务管理向流程化和业务化分工的转变。在操作过程中，中讯实施了包括费用报销流程、资金收付流程、应付流程在内的流程再造；

(4) 财务管理网络化。在对传统会计业务流程进行共享服务流程再造后，中讯建立起了基于共享服务系统平台的集成的网络财务系统，以网上报销模块、票据实物流、票据影像模块、过程绩效测评模块和综合管理模块为核心的共享服务系统平台为中讯战略的实施奠定了强大的信息系统基础。

财务共享服务的成功实施对中讯的整体财务核算和财务管理水平起到了巨大的推进作用。在经过两年时间的稳定和优化后，共享服务的价值日益凸显：

(1) 财务共享服务的实施使中讯财务基础业务的处理成本得到显著降低。经过对中讯主要共享服务流程的数据对比分析,财务流程处理成本比实施共享服务前下降了50%。

(2) 服务质量及运作效率提升。实施共享服务后,标准化的单据审核形成了一致的结果,财务呼叫中心的建立,以统一的接口和界面面对员工提出的各类问题,服务质量和员工满意度得到提升。财务处理效率由7天提高72小时,平均业务处理能力也提高了1倍。

(3) 财务业务一体化集团战略推进得到落实。在财务共享服务得到成功实施后,中讯形成了一套包括营销财务、产品财务、研发财务、海外财务、子公司财务在内的完整的业务财务体系。这些财务人员对自己所提供支持的业务领域有着深入的了解,并协助各业务单位进行经营决策。借助业务财务体系,集团的各项战略和财务管理需求直接的传递至业务单位的核心决策层,为集团一体化的战略推进做出了巨大的贡献。

(4) 实现集团范围的财务监控。实施共享服务后,财务人员和业务人员可能的联络被彻底切断。基于流程和业务分工的财务作业模式使单据随机分配到每个业务处理人员手中。业务人员面对的不再是固定的财务人员,而是经过封装的财务共享服务中心,串通舞弊的可能大大降低。此外,所有的业务处理对于集团彻底透明,任何一笔业务均可以通过财务共享服务中心进行查阅,这最终为及时发现问题提供了有力的支持。

**问题:**

**1. 大数据和移动互联网会对传统的财务管理理论与实践带来哪些冲击?**

**2. 在大数据和移动互联网时代,企业财务管理理论与实践将会发生哪些变化?**

# 附　录

## 附录一　复利终值系数表

| n \ i | 1% | 2% | 3% | 4% | 5% | 6% | 7% | 8% | 9% | 10% |
|---|---|---|---|---|---|---|---|---|---|---|
| 1 | 1.010 0 | 1.020 0 | 1.030 0 | 1.040 0 | 1.050 0 | 1.060 0 | 1.070 0 | 1.080 0 | 1.090 0 | 1.100 0 |
| 2 | 1.020 1 | 1.040 4 | 1.060 9 | 1.081 6 | 1.102 5 | 1.123 6 | 1.144 9 | 1.166 4 | 1.188 1 | 1.210 0 |
| 3 | 1.030 3 | 1.061 2 | 1.092 7 | 1.124 9 | 1.157 6 | 1.191 0 | 1.225 0 | 1.259 7 | 1.295 0 | 1.331 0 |
| 4 | 1.040 6 | 1.082 4 | 1.125 5 | 1.169 9 | 1.215 5 | 1.262 5 | 1.310 8 | 1.360 5 | 1.411 6 | 1.464 1 |
| 5 | 1.051 0 | 1.104 1 | 1.159 3 | 1.216 7 | 1.276 3 | 1.338 2 | 1.402 6 | 1.469 3 | 1.538 6 | 1.610 5 |
| 6 | 1.061 5 | 1.126 2 | 1.194 1 | 1.265 3 | 1.340 1 | 1.418 5 | 1.500 7 | 1.586 9 | 1.677 1 | 1.771 6 |
| 7 | 1.072 1 | 1.148 7 | 1.229 9 | 1.315 9 | 1.407 1 | 1.503 6 | 1.605 8 | 1.713 8 | 1.828 0 | 1.948 7 |
| 8 | 1.082 9 | 1.171 7 | 1.266 8 | 1.368 6 | 1.477 5 | 1.593 8 | 1.718 2 | 1.850 9 | 1.992 6 | 2.143 6 |
| 9 | 1.093 7 | 1.195 1 | 1.304 8 | 1.423 3 | 1.551 3 | 1.689 5 | 1.838 5 | 1.999 0 | 2.171 9 | 2.357 9 |
| 10 | 1.104 6 | 1.219 0 | 1.343 9 | 1.480 2 | 1.628 9 | 1.790 8 | 1.967 2 | 2.158 9 | 2.367 4 | 2.593 7 |
| 11 | 1.115 7 | 1.243 4 | 1.384 2 | 1.539 5 | 1.710 3 | 1.898 3 | 2.104 9 | 2.331 6 | 2.580 4 | 2.853 1 |
| 12 | 1.126 8 | 1.268 2 | 1.425 8 | 1.601 0 | 1.795 9 | 2.012 2 | 2.252 2 | 2.518 2 | 2.812 7 | 3.138 4 |
| 13 | 1.138 1 | 1.293 6 | 1.468 5 | 1.665 1 | 1.885 6 | 2.132 9 | 2.409 8 | 2.719 6 | 3.065 8 | 3.452 3 |
| 14 | 1.149 5 | 1.319 5 | 1.512 6 | 1.731 7 | 1.979 9 | 2.260 9 | 2.578 5 | 2.937 2 | 3.341 7 | 3.797 5 |
| 15 | 1.161 0 | 1.345 9 | 1.558 0 | 1.800 9 | 2.078 9 | 2.396 6 | 2.759 0 | 3.172 2 | 3.642 5 | 4.177 2 |
| 16 | 1.172 6 | 1.372 8 | 1.604 7 | 1.873 0 | 2.182 9 | 2.540 4 | 2.952 2 | 3.425 9 | 3.970 3 | 4.595 0 |
| 17 | 1.184 3 | 1.400 2 | 1.652 8 | 1.947 9 | 2.292 0 | 2.692 8 | 3.158 8 | 3.700 0 | 4.327 6 | 5.054 5 |
| 18 | 1.196 1 | 1.428 2 | 1.702 4 | 2.025 8 | 2.406 6 | 2.854 3 | 3.379 9 | 3.996 0 | 4.717 1 | 5.559 9 |
| 19 | 1.208 1 | 1.456 8 | 1.753 5 | 2.106 8 | 2.527 0 | 3.025 6 | 3.616 5 | 4.315 7 | 5.141 7 | 6.115 9 |
| 20 | 1.220 2 | 1.485 9 | 1.806 1 | 2.191 1 | 2.653 3 | 3.207 1 | 3.869 7 | 4.661 0 | 5.604 4 | 6.727 5 |
| 21 | 1.232 4 | 1.515 7 | 1.860 3 | 2.278 8 | 2.786 0 | 3.399 6 | 4.140 6 | 5.033 8 | 6.108 8 | 7.400 2 |
| 22 | 1.244 7 | 1.546 0 | 1.916 1 | 2.369 9 | 2.925 3 | 3.603 5 | 4.430 4 | 5.436 5 | 6.658 6 | 8.140 3 |
| 23 | 1.257 2 | 1.576 9 | 1.973 6 | 2.464 7 | 3.071 5 | 3.819 7 | 4.740 5 | 5.871 5 | 7.257 9 | 8.954 3 |
| 24 | 1.269 7 | 1.608 4 | 2.032 8 | 2.563 3 | 3.225 1 | 4.048 9 | 5.072 4 | 6.341 2 | 7.911 1 | 9.849 7 |
| 25 | 1.282 4 | 1.640 6 | 2.093 8 | 2.665 8 | 3.386 4 | 4.291 9 | 5.427 4 | 6.848 5 | 8.623 1 | 10.835 |
| 26 | 1.295 3 | 1.673 4 | 2.156 6 | 2.772 5 | 3.555 7 | 4.549 4 | 5.807 4 | 7.396 4 | 9.399 2 | 11.918 |
| 27 | 1.308 2 | 1.706 9 | 2.221 3 | 2.883 4 | 3.733 5 | 4.822 2 | 6.213 9 | 7.988 1 | 10.245 | 13.110 |
| 28 | 1.321 3 | 1.741 0 | 2.287 9 | 2.998 7 | 3.920 1 | 5.111 7 | 6.648 8 | 8.627 1 | 11.167 | 14.421 |
| 29 | 1.334 5 | 1.775 8 | 2.356 6 | 3.118 7 | 4.116 1 | 5.418 4 | 7.114 3 | 9.173 0 | 12.172 | 15.863 |
| 30 | 1.347 8 | 1.811 4 | 2.427 3 | 3.243 4 | 4.321 9 | 5.743 5 | 7.612 3 | 10.063 | 13.268 | 17.449 |
| 40 | 1.488 9 | 2.208 0 | 3.262 0 | 4.801 0 | 7.040 0 | 10.286 | 14.974 | 21.725 | 31.409 | 45.259 |
| 50 | 1.644 6 | 2.691 6 | 4.383 9 | 7.106 7 | 11.467 | 18.420 | 29.457 | 46.902 | 74.358 | 117.39 |
| 60 | 1.816 7 | 3.281 0 | 5.891 6 | 10.520 | 18.679 | 32.988 | 57.946 | 101.26 | 176.03 | 304.48 |

**续表**

| i / n | 12% | 14% | 15% | 16% | 18% | 20% | 24% | 28% | 32% | 36% |
|---|---|---|---|---|---|---|---|---|---|---|
| 1 | 1.120 0 | 1.140 0 | 1.150 0 | 1.160 0 | 1.180 0 | 1.200 0 | 1.240 0 | 1.280 0 | 1.320 0 | 1.3600 |
| 2 | 1.254 4 | 1.299 6 | 1.322 5 | 1.345 6 | 1.392 4 | 1.440 0 | 1.537 6 | 1.638 4 | 1.742 4 | 1.8496 |
| 3 | 1.404 9 | 1.481 5 | 1.520 9 | 1.560 9 | 1.643 0 | 1.728 0 | 1.906 6 | 2.097 2 | 2.300 0 | 2.515 5 |
| 4 | 1.573 5 | 1.689 0 | 1.749 0 | 1.810 6 | 1.938 8 | 2.073 6 | 2.364 2 | 2.684 4 | 3.036 0 | 3.421 0 |
| 5 | 1.762 3 | 1.925 4 | 2.011 4 | 2.100 3 | 2.287 8 | 2.488 3 | 2.931 6 | 3.436 0 | 4.007 5 | 4.652 6 |
| 6 | 1.973 8 | 2.195 0 | 2.313 1 | 2.436 4 | 2.699 6 | 2.986 0 | 3.635 2 | 4.398 0 | 5.289 9 | 6.327 5 |
| 7 | 2.210 7 | 2.502 3 | 2.660 0 | 2.826 2 | 3.185 5 | 3.583 2 | 4.507 7 | 5.629 5 | 6.982 6 | 8.605 4 |
| 8 | 2.476 0 | 2.852 6 | 3.059 0 | 3.278 4 | 3.758 9 | 4.299 8 | 5.589 5 | 7.205 8 | 9.217 0 | 11.703 |
| 9 | 2.773 1 | 3.251 9 | 3.517 9 | 3.803 0 | 4.435 5 | 5.159 8 | 6.931 0 | 9.223 4 | 12.166 | 15.917 |
| 10 | 3.105 8 | 3.707 2 | 4.045 6 | 4.411 4 | 5.233 8 | 6.191 7 | 8.594 4 | 11.806 | 16.060 | 21.647 |
| 11 | 3.478 5 | 4.226 2 | 4.652 4 | 5.117 3 | 6.175 9 | 7.430 1 | 10.657 | 15.112 | 21.199 | 29.439 |
| 12 | 3.896 0 | 4.817 9 | 5.350 3 | 5.936 0 | 7.287 6 | 8.916 1 | 13.215 | 19.343 | 27.983 | 40.037 |
| 13 | 4.363 5 | 5.492 4 | 6.152 8 | 6.885 8 | 8.599 4 | 10.699 | 16.386 | 24.759 | 36.937 | 54.451 |
| 14 | 4.887 1 | 6.261 3 | 7.075 7 | 7.987 5 | 10.147 | 12.839 | 20.319 | 31.691 | 48.757 | 74.053 |
| 15 | 5.473 6 | 7.137 9 | 8.137 1 | 9.265 5 | 11.974 | 15.407 | 25.196 | 40.565 | 64.359 | 100.71 |
| 16 | 6.130 4 | 8.137 2 | 9.357 6 | 10.748 | 14.129 | 18.488 | 31.243 | 51.923 | 84.954 | 136.97 |
| 17 | 6.866 0 | 9.276 5 | 10.761 | 12.468 | 16.672 | 22.186 | 38.741 | 66.461 | 112.14 | 186.28 |
| 18 | 7.690 0 | 10.575 | 12.375 | 14.463 | 19.673 | 26.623 | 48.039 | 85.071 | 148.02 | 253.34 |
| 19 | 8.612 8 | 12.056 | 14.232 | 16.777 | 23.214 | 31.948 | 59.568 | 108.89 | 195.39 | 344.54 |
| 20 | 9.646 3 | 13.743 | 16.367 | 19.461 | 27.393 | 38.338 | 73.864 | 139.33 | 257.92 | 468.57 |
| 21 | 10.804 | 15.668 | 18.822 | 22.574 | 32.324 | 46.005 | 91.592 | 178.41 | 340.45 | 637.26 |
| 22 | 12.100 | 17.861 | 21.645 | 26.186 | 38.142 | 55.206 | 113.57 | 228.36 | 449.39 | 866.67 |
| 23 | 13.552 | 20.362 | 24.891 | 30.376 | 45.008 | 66.247 | 140.83 | 292.30 | 593.20 | 1 178.7 |
| 24 | 15.179 | 23.212 | 28.625 | 35.236 | 53.109 | 79.497 | 174.63 | 374.14 | 783.02 | 1 603.0 |
| 25 | 17.000 | 26.462 | 32.919 | 40.874 | 62.669 | 95.396 | 216.54 | 478.90 | 1 033.6 | 2 180.1 |
| 26 | 19.040 | 30.167 | 37.857 | 47.414 | 73.949 | 114.48 | 268.51 | 613.00 | 1 364.3 | 2 964.9 |
| 27 | 21.325 | 34.390 | 43.535 | 55.000 | 87.260 | 137.37 | 332.95 | 784.64 | 1 800.9 | 4 032.3 |
| 28 | 23.884 | 39.204 | 50.066 | 63.800 | 102.97 | 164.84 | 412.86 | 1 004.3 | 2 377.2 | 5 483.9 |
| 29 | 26.750 | 44.693 | 57.575 | 74.009 | 121.50 | 197.81 | 511.95 | 1 285.6 | 3 137.9 | 7 458.1 |
| 30 | 29.960 | 50.950 | 66.212 | 85.850 | 143.37 | 237.38 | 634.82 | 1 645.5 | 4 142.1 | 10 143.0 |
| 40 | 93.051 | 188.88 | 267.86 | 378.72 | 750.38 | 1 469.8 | 5 455.9 | 19 427.0 | 66 521.0 | * |
| 50 | 289.00 | 700.23 | 1 083.7 | 1 670.7 | 3 927.4 | 9 100.4 | 46 890.0 | * | * | * |
| 60 | 897.60 | 2 595.9 | 4 384.0 | 7 370.2 | 20 555.0 | 56 348.0 | * | * | * | * |

# 附录二　复利现值系数表

| n \ i | 1% | 2% | 3% | 4% | 5% | 6% | 7% | 8% | 9% | 10% |
|---|---|---|---|---|---|---|---|---|---|---|
| 1 | 0.990 1 | 0.980 4 | 0.970 9 | 0.961 5 | 0.952 4 | 0.943 4 | 0.934 6 | 0.925 9 | 0.917 4 | 0.909 1 |
| 2 | 0.980 3 | 0.961 2 | 0.942 6 | 0.924 6 | 0.907 0 | 0.890 0 | 0.873 4 | 0.857 3 | 0.841 7 | 0.826 4 |
| 3 | 0.970 6 | 0.942 3 | 0.915 1 | 0.889 0 | 0.863 8 | 0.839 6 | 0.816 3 | 0.793 8 | 0.772 2 | 0.751 3 |
| 4 | 0.961 0 | 0.923 8 | 0.888 5 | 0.854 8 | 0.822 7 | 0.792 1 | 0.762 9 | 0.735 0 | 0.708 4 | 0.683 0 |
| 5 | 0.951 5 | 0.905 7 | 0.862 6 | 0.821 9 | 0.783 5 | 0.747 3 | 0.713 0 | 0.680 6 | 0.649 9 | 0.620 9 |
| 6 | 0.942 0 | 0.888 0 | 0.837 5 | 0.790 3 | 0.746 2 | 0.705 0 | 0.666 3 | 0.630 2 | 0.596 3 | 0.564 5 |
| 7 | 0.932 7 | 0.870 6 | 0.813 1 | 0.759 9 | 0.710 7 | 0.665 1 | 0.622 7 | 0.583 5 | 0.547 0 | 0.513 2 |
| 8 | 0.923 5 | 0.853 5 | 0.789 4 | 0.730 7 | 0.676 8 | 0.627 4 | 0.582 0 | 0.540 3 | 0.501 9 | 0.466 5 |
| 9 | 0.914 3 | 0.836 8 | 0.766 4 | 0.702 6 | 0.644 6 | 0.591 9 | 0.543 9 | 0.500 2 | 0.460 4 | 0.424 1 |
| 10 | 0.905 3 | 0.820 3 | 0.744 1 | 0.675 6 | 0.613 9 | 0.558 4 | 0.508 3 | 0.463 2 | 0.422 4 | 0.385 5 |
| 11 | 0.896 3 | 0.804 3 | 0.722 4 | 0.649 6 | 0.584 7 | 0.526 8 | 0.475 1 | 0.428 9 | 0.387 5 | 0.350 5 |
| 12 | 0.887 4 | 0.788 5 | 0.701 4 | 0.624 6 | 0.556 8 | 0.497 0 | 0.444 0 | 0.397 1 | 0.355 5 | 0.318 6 |
| 13 | 0.878 7 | 0.773 0 | 0.681 0 | 0.600 6 | 0.530 3 | 0.468 8 | 0.387 8 | 0.340 5 | 0.299 2 | 0.263 3 |
| 14 | 0.870 0 | 0.757 9 | 0.661 1 | 0.577 5 | 0.505 1 | 0.442 3 | 0.387 8 | 0.340 5 | 0.299 2 | 0.263 3 |
| 15 | 0.861 3 | 0.743 0 | 0.641 9 | 0.555 3 | 0.481 0 | 0.417 3 | 0.362 4 | 0.315 2 | 0.274 5 | 0.239 4 |
| 16 | 0.852 8 | 0.728 4 | 0.623 2 | 0.533 9 | 0.458 1 | 0.393 6 | 0.338 7 | 0.291 9 | 0.251 9 | 0.217 6 |
| 17 | 0.844 4 | 0.714 2 | 0.605 0 | 0.513 4 | 0.436 3 | 0.371 4 | 0.316 6 | 0.270 3 | 0.231 1 | 0.197 8 |
| 18 | 0.836 0 | 0.700 2 | 0.587 4 | 0.493 6 | 0.415 5 | 0.350 3 | 0.295 9 | 0.250 2 | 0.212 0 | 0.179 9 |
| 19 | 0.827 7 | 0.686 4 | 0.570 3 | 0.474 6 | 0.395 7 | 0.330 5 | 0.276 5 | 0.231 7 | 0.194 5 | 0.163 5 |
| 20 | 0.819 5 | 0.673 0 | 0.553 7 | 0.456 4 | 0.376 9 | 0.311 8 | 0.258 4 | 0.214 5 | 0.178 4 | 0.148 6 |
| 21 | 0.811 4 | 0.659 8 | 0.537 5 | 0.438 8 | 0.358 9 | 0.294 2 | 0.241 5 | 0.198 7 | 0.163 7 | 0.135 1 |
| 22 | 0.803 4 | 0.646 8 | 0.521 9 | 0.422 0 | 0.341 8 | 0.277 5 | 0.225 7 | 0.183 9 | 0.150 2 | 0.122 8 |
| 23 | 0.795 4 | 0.634 2 | 0.506 7 | 0.405 7 | 0.325 6 | 0.261 8 | 0.210 9 | 0.170 3 | 0.137 8 | 0.111 7 |
| 24 | 0.787 6 | 0.621 7 | 0.491 9 | 0.390 1 | 0.310 1 | 0.247 0 | 0.197 1 | 0.157 7 | 0.126 4 | 0.101 5 |
| 25 | 0.779 8 | 0.609 5 | 0.477 6 | 0.375 1 | 0.295 3 | 0.233 0 | 0.184 2 | 0.146 0 | 0.116 0 | 0.092 3 |
| 26 | 0.772 0 | 0.597 6 | 0.463 7 | 0.360 4 | 0.281 2 | 0.219 8 | 0.172 2 | 0.135 2 | 0.106 4 | 0.083 9 |
| 27 | 0.764 4 | 0.585 9 | 0.450 2 | 0.346 8 | 0.267 8 | 0.207 4 | 0.160 9 | 0.125 2 | 0.097 6 | 0.076 3 |
| 28 | 0.756 8 | 0.574 4 | 0.437 1 | 0.333 5 | 0.255 1 | 0.195 6 | 0.150 4 | 0.115 9 | 0.089 5 | 0.069 3 |
| 29 | 0.749 3 | 0.563 1 | 0.424 3 | 0.320 7 | 0.242 9 | 0.184 6 | 0.140 6 | 0.107 3 | 0.082 2 | 0.063 0 |
| 30 | 0.741 9 | 0.552 1 | 0.412 0 | 0.308 3 | 0.231 4 | 0.174 1 | 0.131 4 | 0.099 4 | 0.075 4 | 0.057 3 |
| 35 | 0.705 9 | 0.500 0 | 0.355 4 | 0.253 4 | 0.181 3 | 0.130 1 | 0.093 7 | 0.067 6 | 0.049 0 | 0.035 6 |
| 40 | 0.671 7 | 0.452 9 | 0.306 6 | 0.208 3 | 0.142 0 | 0.097 2 | 0.066 8 | 0.046 0 | 0.031 8 | 0.022 1 |
| 45 | 0.639 1 | 0.410 2 | 0.264 4 | 0.171 2 | 0.111 3 | 0.072 7 | 0.047 6 | 0.031 3 | 0.020 7 | 0.013 7 |
| 50 | 0.608 0 | 0.371 5 | 0.228 1 | 0.140 7 | 0.087 2 | 0.054 3 | 0.033 9 | 0.021 3 | 0.013 4 | 0.008 5 |
| 55 | 0.578 5 | 0.336 5 | 0.196 8 | 0.115 7 | 0.068 3 | 0.040 6 | 0.024 2 | 0.014 5 | 0.008 7 | 0.005 3 |

**续表**

| n \ i | 12% | 14% | 15% | 16% | 18% | 20% | 24% | 28% | 32% | 36% |
|---|---|---|---|---|---|---|---|---|---|---|
| 1 | 0.892 9 | 0.877 2 | 0.869 6 | 0.862 1 | 0.847 5 | 0.833 3 | 0.806 5 | 0.781 3 | 0.757 6 | 0.735 3 |
| 2 | 0.797 2 | 0.769 5 | 0.756 1 | 0.743 2 | 0.718 2 | 0.694 4 | 0.650 4 | 0.610 4 | 0.573 9 | 0.540 7 |
| 3 | 0.711 8 | 0.675 0 | 0.657 5 | 0.640 7 | 0.608 6 | 0.578 7 | 0.524 5 | 0.476 8 | 0.434 8 | 0.397 5 |
| 4 | 0.635 5 | 0.592 1 | 0.571 8 | 0.552 3 | 0.515 8 | 0.482 3 | 0.423 0 | 0.372 5 | 0.329 4 | 0.292 3 |
| 5 | 0.567 4 | 0.519 4 | 0.497 2 | 0.476 1 | 0.437 1 | 0.401 9 | 0.341 1 | 0.291 0 | 0.249 5 | 0.214 9 |
| 6 | 0.506 6 | 0.455 6 | 0.432 3 | 0.410 4 | 0.370 4 | 0.334 9 | 0.275 1 | 0.227 4 | 0.189 0 | 0.158 0 |
| 7 | 0.452 3 | 0.399 6 | 0.375 9 | 0.353 8 | 0.313 9 | 0.279 1 | 0.211 8 | 0.177 6 | 0.143 2 | 0.116 2 |
| 8 | 0.403 9 | 0.350 6 | 0.326 9 | 0.305 0 | 0.266 0 | 0.232 6 | 0.178 9 | 0.138 8 | 0.108 5 | 0.085 4 |
| 9 | 0.360 6 | 0.307 5 | 0.284 3 | 0.263 0 | 0.225 5 | 0.193 8 | 0.144 3 | 0.108 4 | 0.082 2 | 0.062 8 |
| 10 | 0.322 0 | 0.269 7 | 0.247 2 | 0.226 7 | 0.191 1 | 0.161 5 | 0.116 4 | 0.084 7 | 0.062 3 | 0.046 2 |
| 11 | 0.287 5 | 0.236 6 | 0.214 9 | 0.195 4 | 0.161 9 | 0.134 6 | 0.093 8 | 0.066 2 | 0.047 2 | 0.034 0 |
| 12 | 0.256 7 | 0.207 6 | 0.186 9 | 0.168 5 | 0.137 3 | 0.112 2 | 0.075 7 | 0.051 7 | 0.035 7 | 0.025 0 |
| 13 | 0.229 2 | 0.182 1 | 0.162 5 | 0.145 2 | 0.116 3 | 0.093 5 | 0.061 0 | 0.040 4 | 0.027 1 | 0.018 4 |
| 14 | 0.204 6 | 0.159 7 | 0.141 3 | 0.125 2 | 0.098 5 | 0.077 9 | 0.049 2 | 0.031 6 | 0.020 5 | 0.013 5 |
| 15 | 0.182 7 | 0.140 1 | 0.122 9 | 0.107 9 | 0.083 5 | 0.064 9 | 0.039 7 | 0.024 7 | 0.015 5 | 0.009 9 |
| 16 | 0.163 1 | 0.122 9 | 0.106 9 | 0.093 0 | 0.070 8 | 0.054 1 | 0.032 0 | 0.019 3 | 0.011 8 | 0.007 3 |
| 17 | 0.145 6 | 0.107 8 | 0.092 2 | 0.080 2 | 0.060 0 | 0.045 1 | 0.025 8 | 0.015 0 | 0.008 9 | 0.005 4 |
| 18 | 0.130 0 | 0.094 6 | 0.080 8 | 0.069 1 | 0.050 8 | 0.037 6 | 0.020 8 | 0.011 8 | 0.006 8 | 0.003 9 |
| 19 | 0.116 1 | 0.082 9 | 0.070 3 | 0.059 6 | 0.043 1 | 0.031 3 | 0.016 8 | 0.009 2 | 0.005 1 | 0.002 9 |
| 20 | 0.103 7 | 0.072 8 | 0.061 1 | 0.051 4 | 0.036 5 | 0.026 1 | 0.013 5 | 0.007 2 | 0.003 9 | 0.002 1 |
| 21 | 0.092 6 | 0.063 8 | 0.053 1 | 0.044 3 | 0.030 9 | 0.021 7 | 0.010 9 | 0.005 6 | 0.002 9 | 0.001 6 |
| 22 | 0.082 6 | 0.056 0 | 0.046 2 | 0.038 2 | 0.026 2 | 0.018 1 | 0.008 8 | 0.004 4 | 0.002 2 | 0.001 2 |
| 23 | 0.073 8 | 0.049 1 | 0.040 2 | 0.032 9 | 0.022 2 | 0.015 1 | 0.007 1 | 0.003 4 | 0.001 7 | 0.000 8 |
| 24 | 0.065 9 | 0.043 1 | 0.034 9 | 0.028 4 | 0.018 8 | 0.012 6 | 0.005 7 | 0.002 7 | 0.001 3 | 0.000 6 |
| 25 | 0.058 8 | 0.037 8 | 0.030 4 | 0.024 5 | 0.016 0 | 0.010 5 | 0.004 6 | 0.002 1 | 0.001 0 | 0.000 5 |
| 26 | 0.052 5 | 0.033 1 | 0.026 4 | 0.021 1 | 0.013 5 | 0.008 7 | 0.003 7 | 0.001 6 | 0.000 7 | 0.000 3 |
| 27 | 0.046 9 | 0.029 1 | 0.023 0 | 0.018 2 | 0.011 5 | 0.007 3 | 0.003 0 | 0.001 3 | 0.000 6 | 0.000 2 |
| 28 | 0.041 9 | 0.025 5 | 0.020 0 | 0.015 7 | 0.009 7 | 0.006 1 | 0.002 4 | 0.001 0 | 0.000 4 | 0.000 2 |
| 29 | 0.037 4 | 0.022 4 | 0.017 4 | 0.013 5 | 0.008 2 | 0.005 1 | 0.002 0 | 0.000 8 | 0.000 3 | 0.000 1 |
| 30 | 0.033 4 | 0.019 6 | 0.015 1 | 0.011 6 | 0.007 0 | 0.004 2 | 0.001 6 | 0.000 6 | 0.000 2 | 0.000 1 |
| 35 | 0.013 9 | 0.010 2 | 0.007 5 | 0.005 5 | 0.003 0 | 0.001 7 | 0.000 5 | 0.000 2 | 0.000 1 | * |
| 40 | 0.010 7 | 0.005 3 | 0.003 7 | 0.002 6 | 0.001 3 | 0.000 7 | 0.000 2 | 0.000 1 | * | * |
| 45 | 0.006 1 | 0.002 7 | 0.001 9 | 0.001 3 | 0.000 6 | 0.000 3 | 0.000 1 | * | * | * |
| 50 | 0.003 5 | 0.001 4 | 0.000 9 | 0.000 6 | 0.000 3 | 0.000 1 | * | * | * | * |
| 55 | 0.002 0 | 0.000 7 | 0.000 5 | 0.000 3 | 0.000 1 | * | * | * | * | * |

# 附录三 年金终值系数表

| n \ i | 1% | 2% | 3% | 4% | 5% | 6% | 7% | 8% | 9% | 10% |
|---|---|---|---|---|---|---|---|---|---|---|
| 1 | 1.000 0 | 1.000 0 | 1.000 0 | 1.000 0 | 1.000 0 | 1.000 0 | 1.000 0 | 1.000 0 | 1.000 0 | 1.000 0 |
| 2 | 2.010 0 | 2.020 0 | 2.030 0 | 2.040 0 | 2.050 0 | 2.060 0 | 2.070 0 | 2.080 0 | 2.090 0 | 2.100 0 |
| 3 | 3.030 1 | 3.060 4 | 3.090 9 | 3.121 6 | 3.152 5 | 3.183 6 | 3.214 9 | 3.246 4 | 3.278 1 | 3.310 0 |
| 4 | 4.060 4 | 4.121 6 | 4.183 6 | 4.246 5 | 4.310 1 | 4.374 6 | 4.439 9 | 4.506 1 | 4.573 1 | 4.641 0 |
| 5 | 5.101 0 | 5.204 0 | 5.309 1 | 5.416 3 | 5.525 6 | 5.637 1 | 5.750 7 | 5.866 6 | 5.984 7 | 6.105 1 |
| 6 | 6.152 0 | 6.308 1 | 6.468 4 | 6.633 0 | 6.801 9 | 6.975 3 | 7.153 3 | 7.335 9 | 7.523 3 | 7.715 6 |
| 7 | 7.213 5 | 7.434 3 | 7.662 5 | 7.898 3 | 8.142 0 | 8.393 8 | 8.654 0 | 8.922 8 | 9.200 4 | 9.487 2 |
| 8 | 8.285 7 | 8.583 0 | 8.892 3 | 9.214 2 | 9.549 1 | 9.897 5 | 10.260 | 10.637 | 11.028 | 11.436 |
| 9 | 9.368 5 | 9.754 6 | 10.159 | 10.583 | 11.027 | 11.491 | 11.978 | 12.488 | 13.021 | 13.579 |
| 10 | 10.462 | 10.950 | 11.464 | 12.006 | 12.578 | 13.181 | 13.816 | 14.487 | 15.193 | 15.937 |
| 11 | 11.567 | 12.169 | 12.808 | 13.486 | 14.207 | 14.972 | 15.784 | 16.645 | 17.560 | 18.531 |
| 12 | 12.683 | 13.412 | 14.192 | 15.026 | 15.917 | 16.870 | 17.888 | 18.977 | 20.141 | 21.384 |
| 13 | 13.809 | 14.680 | 15.618 | 16.627 | 17.713 | 18.882 | 20.141 | 21.495 | 22.953 | 24.523 |
| 14 | 14.947 | 15.974 | 17.086 | 18.292 | 19.599 | 21.015 | 22.550 | 24.215 | 26.019 | 27.975 |
| 15 | 16.097 | 17.293 | 18.599 | 20.024 | 21.579 | 23.276 | 25.129 | 27.152 | 29.361 | 31.772 |
| 16 | 17.258 | 18.639 | 20.157 | 21.825 | 23.657 | 25.673 | 27.888 | 30.324 | 33.003 | 35.950 |
| 17 | 18.430 | 20.012 | 21.762 | 23.698 | 25.840 | 28.213 | 30.810 | 33.750 | 36.974 | 40.545 |
| 18 | 19.615 | 21.412 | 23.414 | 25.645 | 28.132 | 30.906 | 33.999 | 37.450 | 41.301 | 45.599 |
| 19 | 20.811 | 22.841 | 25.117 | 27.671 | 30.539 | 33.760 | 37.379 | 41.446 | 46.018 | 51.159 |
| 20 | 22.019 | 24.297 | 26.870 | 29.778 | 33.066 | 36.786 | 40.995 | 45.762 | 51.160 | 57.275 |
| 21 | 23.239 | 25.783 | 28.676 | 31.969 | 35.719 | 39.993 | 44.865 | 50.423 | 56.765 | 64.002 |
| 22 | 24.472 | 27.299 | 30.537 | 34.248 | 38.505 | 43.392 | 49.006 | 55.457 | 62.873 | 71.403 |
| 23 | 25.716 | 28.845 | 32.453 | 36.618 | 41.430 | 46.996 | 53.436 | 60.893 | 69.532 | 79.543 |
| 24 | 26.973 | 30.422 | 34.426 | 39.083 | 44.502 | 50.816 | 58.177 | 66.765 | 76.790 | 88.497 |
| 25 | 28.243 | 32.030 | 36.459 | 41.646 | 47.727 | 54.865 | 63.249 | 73.106 | 84.701 | 98.347 |
| 26 | 29.526 | 33.671 | 38.553 | 44.312 | 51.113 | 59.156 | 68.676 | 79.954 | 93.324 | 109.18 |
| 27 | 30.821 | 35.344 | 40.710 | 47.081 | 54.669 | 63.706 | 74.484 | 87.351 | 102.72 | 121.10 |
| 28 | 32.129 | 37.051 | 42.931 | 49.968 | 58.403 | 68.528 | 80.698 | 95.339 | 112.97 | 134.21 |
| 29 | 33.450 | 38.792 | 45.219 | 52.966 | 62.323 | 73.640 | 87.347 | 103.97 | 124.14 | 148.63 |
| 30 | 34.785 | 40.568 | 47.575 | 56.085 | 66.439 | 79.058 | 94.461 | 113.28 | 136.31 | 164.49 |
| 40 | 48.886 | 60.402 | 75.401 | 95.026 | 120.80 | 154.76 | 199.64 | 259.06 | 337.88 | 442.59 |
| 50 | 64.463 | 84.579 | 112.80 | 152.67 | 209.35 | 290.34 | 406.53 | 573.77 | 815.08 | 1 163.9 |
| 60 | 81.670 | 114.05 | 163.05 | 237.99 | 353.58 | 533.13 | 813.52 | 1 253.2 | 1 944.8 | 3 034.8 |

续表

| n \ i | 12% | 14% | 15% | 16% | 18% | 20% | 24% | 28% | 32% | 36% |
|---|---|---|---|---|---|---|---|---|---|---|
| 1 | 1.000 0 | 1.000 0 | 1.000 0 | 1.000 0 | 1.000 0 | 1.000 0 | 1.000 0 | 1.000 0 | 1.000 0 | 1.000 0 |
| 2 | 2.120 0 | 2.140 0 | 2.150 0 | 2.160 0 | 2.180 0 | 2.200 0 | 2.240 0 | 2.280 0 | 2.320 0 | 2.360 0 |
| 3 | 3.374 4 | 3.439 6 | 3.472 5 | 3.505 6 | 3.572 4 | 3.640 0 | 3.777 6 | 3.918 4 | 3.062 4 | 3.209 6 |
| 4 | 4.779 3 | 4.921 1 | 4.993 4 | 5.066 5 | 5.215 4 | 5.368 0 | 5.684 2 | 6.015 6 | 6.362 4 | 6.725 1 |
| 5 | 6.352 8 | 6.610 1 | 6.742 4 | 6.877 1 | 7.154 2 | 7.441 6 | 8.048 4 | 8.699 9 | 9.398 3 | 10.146 |
| 6 | 8.115 2 | 8.535 5 | 8.753 7 | 8.977 5 | 9.442 0 | 9.929 9 | 10.980 | 12.136 | 13.406 | 14.799 |
| 7 | 10.089 | 10.730 | 11.067 | 11.414 | 12.142 | 12.916 | 14.615 | 16.534 | 18.696 | 21.126 |
| 8 | 12.300 | 13.233 | 13.727 | 14.240 | 15.327 | 16.499 | 19.123 | 22.163 | 25.678 | 29.732 |
| 9 | 14.776 | 16.085 | 16.786 | 17.519 | 19.086 | 20.799 | 24.712 | 29.369 | 34.895 | 41.435 |
| 10 | 17.549 | 19.337 | 20.304 | 21.321 | 23.521 | 25.959 | 31.643 | 38.593 | 47.062 | 57.352 |
| 11 | 20.655 | 23.045 | 24.349 | 25.733 | 28.755 | 32.150 | 40.238 | 50.398 | 63.122 | 78.998 |
| 12 | 24.133 | 27.271 | 29.002 | 30.850 | 34.931 | 39.581 | 50.895 | 65.510 | 84.320 | 108.44 |
| 13 | 28.029 | 32.089 | 34.352 | 36.786 | 42.219 | 48.497 | 64.110 | 84.853 | 112.30 | 148.47 |
| 14 | 32.393 | 37.581 | 40.505 | 43.672 | 50.818 | 59.196 | 80.496 | 109.61 | 149.24 | 202.93 |
| 15 | 37.280 | 43.842 | 47.530 | 51.660 | 60.965 | 72.035 | 100.82 | 141.30 | 198.00 | 276.98 |
| 16 | 42.753 | 50.980 | 55.717 | 60.925 | 72.939 | 87.442 | 126.01 | 181.87 | 262.36 | 377.69 |
| 17 | 48.884 | 59.118 | 65.075 | 71.673 | 87.068 | 105.93 | 157.25 | 233.79 | 347.31 | 514.66 |
| 18 | 55.750 | 68.394 | 75.836 | 84.141 | 103.74 | 128.12 | 195.99 | 300.25 | 459.45 | 700.94 |
| 19 | 63.440 | 78.969 | 88.212 | 98.603 | 123.41 | 154.74 | 244.03 | 385.32 | 607.47 | 954.28 |
| 20 | 72.052 | 91.025 | 102.44 | 115.38 | 146.63 | 186.69 | 303.60 | 494.21 | 802.86 | 1 298.8 |
| 21 | 81.699 | 104.77 | 118.81 | 134.84 | 174.02 | 225.03 | 377.46 | 633.59 | 1 060.8 | 1 767.4 |
| 22 | 92.503 | 120.44 | 137.63 | 157.41 | 206.34 | 271.03 | 469.06 | 812.00 | 1 401.2 | 2 404.7 |
| 23 | 104.60 | 138.30 | 159.28 | 183.60 | 244.49 | 326.24 | 582.63 | 1 040.4 | 1 850.6 | 3 271.3 |
| 24 | 118.16 | 158.66 | 184.17 | 213.98 | 289.49 | 392.48 | 723.46 | 1 332.7 | 2 443.8 | 4 450.0 |
| 25 | 133.33 | 181.87 | 212.79 | 249.21 | 342.60 | 471.98 | 898.09 | 1 706.8 | 3 226.8 | 6 053.0 |
| 26 | 150.33 | 208.33 | 245.71 | 290.09 | 405.27 | 567.38 | 1 114.6 | 2 185.7 | 4 260.4 | 8 233.1 |
| 27 | 169.37 | 238.50 | 283.57 | 337.50 | 479.22 | 681.85 | 1 383.1 | 2 798.7 | 5 624.8 | 11 198.0 |
| 28 | 190.70 | 272.89 | 327.10 | 392.50 | 566.48 | 819.22 | 1 716.1 | 3 583.3 | 7 425.7 | 15 230.3 |
| 29 | 214.58 | 312.09 | 377.17 | 456.30 | 669.45 | 984.07 | 2 129.0 | 4 587.7 | 9 802.9 | 20 714.2 |
| 30 | 241.33 | 356.79 | 434.75 | 530.31 | 790.95 | 1 181.9 | 2 640.9 | 5 873.2 | 12 941.0 | 28 172.3 |
| 40 | 767.09 | 1 342.0 | 1 779.1 | 2 360.8 | 4 163.2 | 7 343.9 | 22 729.0 | 69 377.0 | * | * |
| 50 | 2 400.0 | 4 994.5 | 7 217.7 | 10 436.0 | 21 813.0 | 45 497.0 | * | * | * | * |
| 60 | 7 471.6 | 18 535.0 | 29 220.0 | 46 058.0 | * | * | * | * | * | * |

# 附录四　年金现值系数表

| n \ i | 1% | 2% | 3% | 4% | 5% | 6% | 7% | 8% | 9% |
|---|---|---|---|---|---|---|---|---|---|
| 1 | 0.990 1 | 0.980 4 | 0.970 9 | 0.961 5 | 0.952 4 | 0.943 4 | 0.934 6 | 0.925 9 | 0.917 4 |
| 2 | 1.970 4 | 1.941 6 | 1.913 5 | 1.886 1 | 1.859 4 | 1.833 4 | 1.808 0 | 1.783 3 | 1.759 1 |
| 3 | 2.941 0 | 2.883 9 | 2.828 6 | 2.775 1 | 2.723 2 | 2.673 0 | 2.624 3 | 2.577 1 | 2.531 3 |
| 4 | 3.902 0 | 3.807 7 | 3.717 1 | 3.629 9 | 3.546 0 | 3.465 1 | 3.387 2 | 3.312 1 | 3.239 7 |
| 5 | 4.853 4 | 4.713 5 | 4.579 7 | 4.451 8 | 4.329 5 | 4.212 4 | 4.100 2 | 3.992 7 | 3.889 7 |
| 6 | 5.795 5 | 5.601 4 | 5.417 2 | 5.242 1 | 5.075 7 | 4.917 3 | 4.766 5 | 4.622 9 | 4.485 9 |
| 7 | 6.728 2 | 6.472 0 | 6.230 3 | 6.002 1 | 5.786 4 | 5.582 4 | 5.389 3 | 5.206 4 | 5.033 0 |
| 8 | 7.651 7 | 7.325 5 | 7.019 7 | 6.732 7 | 6.463 2 | 6.209 8 | 5.971 3 | 5.746 6 | 5.534 8 |
| 9 | 8.566 0 | 8.162 2 | 7.786 1 | 7.435 3 | 7.107 8 | 6.801 7 | 6.515 2 | 6.246 9 | 5.995 2 |
| 10 | 9.471 3 | 8.982 6 | 8.530 2 | 8.110 9 | 7.721 7 | 7.360 1 | 7.023 6 | 6.710 1 | 6.417 7 |
| 11 | 10.367 6 | 9.786 8 | 9.252 6 | 8.760 5 | 8.306 4 | 7.886 9 | 7.498 7 | 7.139 0 | 6.805 2 |
| 12 | 11.255 1 | 10.575 3 | 9.954 0 | 9.385 1 | 8.863 3 | 8.383 8 | 7.942 7 | 7.536 1 | 7.160 7 |
| 13 | 12.133 7 | 11.348 4 | 10.635 0 | 9.985 6 | 9.393 6 | 8.852 7 | 8.357 7 | 7.903 8 | 7.486 9 |
| 14 | 13.003 7 | 12.106 2 | 11.296 1 | 10.563 1 | 9.898 6 | 9.295 0 | 8.745 5 | 8.244 2 | 7.786 2 |
| 15 | 13.865 1 | 12.849 3 | 11.937 9 | 11.118 4 | 10.379 7 | 9.712 2 | 9.107 9 | 8.559 8 | 8.060 7 |
| 16 | 14.717 9 | 13.577 7 | 12.561 1 | 11.652 3 | 10.837 8 | 10.105 9 | 9.446 6 | 8.851 4 | 8.312 6 |
| 17 | 15.562 3 | 14.291 9 | 13.166 1 | 12.165 7 | 11.274 1 | 10.477 3 | 9.763 2 | 9.121 6 | 8.543 6 |
| 18 | 16.398 3 | 14.992 0 | 13.753 5 | 12.659 3 | 11.689 6 | 10.827 6 | 10.059 1 | 9.371 9 | 8.755 6 |
| 19 | 17.226 0 | 15.678 5 | 14.323 8 | 13.133 9 | 12.085 3 | 11.158 1 | 10.335 6 | 9.603 6 | 8.950 1 |
| 20 | 18.045 6 | 16.351 4 | 14.877 5 | 13.590 3 | 12.462 2 | 11.469 9 | 10.594 0 | 9.818 1 | 9.128 5 |
| 21 | 18.857 0 | 17.011 2 | 15.415 0 | 14.029 2 | 12.821 2 | 11.764 1 | 10.835 5 | 10.016 8 | 9.292 2 |
| 22 | 19.660 4 | 17.658 0 | 15.936 9 | 14.451 1 | 13.163 0 | 12.041 6 | 11.061 2 | 10.200 7 | 9.442 4 |
| 23 | 20.455 8 | 18.292 2 | 16.443 6 | 14.856 8 | 13.488 6 | 12.303 4 | 11.272 2 | 10.371 1 | 9.580 2 |
| 24 | 21.243 4 | 18.913 9 | 16.935 5 | 15.247 0 | 13.798 6 | 12.550 4 | 11.469 3 | 10.528 8 | 9.706 6 |
| 25 | 22.023 2 | 19.523 5 | 17.413 1 | 15.622 1 | 14.093 9 | 12.783 4 | 11.653 6 | 10.674 8 | 9.822 6 |
| 26 | 22.795 2 | 20.121 0 | 17.876 8 | 15.982 8 | 14.375 2 | 13.003 2 | 11.825 8 | 10.810 0 | 9.929 0 |
| 27 | 23.559 6 | 20.706 9 | 18.327 0 | 16.329 6 | 14.643 | 13.210 5 | 11.986 7 | 10.935 2 | 10.026 6 |
| 28 | 24.316 4 | 21.281 3 | 18.764 1 | 16.663 1 | 14.898 1 | 13.406 2 | 12.137 1 | 11.051 1 | 10.116 1 |
| 29 | 25.065 8 | 21.844 4 | 19.188 5 | 16.983 7 | 15.141 1 | 13.590 7 | 12.277 7 | 11.158 4 | 10.198 3 |
| 30 | 25.807 7 | 22.396 5 | 19.600 4 | 17.292 0 | 15.372 5 | 13.764 8 | 12.409 0 | 11.257 8 | 10.273 7 |
| 35 | 29.408 6 | 24.998 6 | 21.487 2 | 18.664 6 | 16.374 2 | 14.498 2 | 12.947 7 | 11.654 6 | 10.566 8 |
| 40 | 32.834 7 | 27.355 5 | 23.114 8 | 19.792 8 | 17.159 1 | 15.046 3 | 13.331 7 | 11.924 6 | 10.757 4 |
| 45 | 36.094 5 | 29.490 2 | 24.518 7 | 20.720 0 | 17.774 1 | 15.455 8 | 13.605 5 | 12.108 4 | 10.881 2 |
| 50 | 39.196 1 | 31.423 6 | 25.729 8 | 21.482 2 | 18.255 9 | 15.761 9 | 13.800 7 | 12.233 5 | 10.961 7 |

续表

| n \ i | 10% | 12% | 14% | 15% | 16% | 18% | 20% | 24% | 28% | 32% |
|---|---|---|---|---|---|---|---|---|---|---|
| 1 | 0.909 1 | 0.892 9 | 0.877 2 | 0.869 6 | 0.862 1 | 0.847 5 | 0.833 3 | 0.806 5 | 0.781 3 | 0.757 6 |
| 2 | 1.735 5 | 1.690 1 | 1.646 7 | 1.625 7 | 1.605 2 | 1.565 6 | 1.527 8 | 1.456 8 | 1.391 6 | 1.331 5 |
| 3 | 2.486 9 | 2.401 8 | 2.321 6 | 2.283 2 | 2.245 9 | 2.174 3 | 2.106 5 | 1.981 3 | 1.868 4 | 1.766 3 |
| 4 | 3.169 9 | 3.037 3 | 2.913 7 | 2.855 0 | 2.798 2 | 2.690 1 | 2.588 7 | 2.404 3 | 2.241 0 | 2.095 7 |
| 5 | 3.790 8 | 3.604 8 | 3.433 1 | 3.352 2 | 3.274 3 | 3.127 2 | 2.990 6 | 2.745 4 | 2.532 0 | 2.345 2 |
| 6 | 4.355 3 | 4.111 4 | 3.888 7 | 3.784 5 | 3.684 7 | 3.497 6 | 3.325 5 | 3.020 5 | 2.759 4 | 2.534 2 |
| 7 | 4.868 4 | 4.563 8 | 4.288 2 | 4.160 4 | 4.038 6 | 3.811 5 | 3.604 6 | 3.242 3 | 2.937 0 | 2.677 5 |
| 8 | 5.334 9 | 4.967 6 | 4.638 9 | 4.487 3 | 4.343 6 | 4.077 6 | 3.837 2 | 3.421 2 | 3.075 8 | 2.786 0 |
| 9 | 5.759 0 | 5.328 2 | 4.946 4 | 4.771 6 | 4.606 5 | 4.303 0 | 4.031 0 | 3.565 5 | 3.184 2 | 2.868 1 |
| 10 | 6.144 6 | 5.650 2 | 5.216 1 | 5.018 8 | 4.833 2 | 4.494 1 | 4.192 5 | 3.681 9 | 3.268 9 | 2.930 4 |
| 11 | 6.495 1 | 5.937 7 | 5.452 7 | 5.233 7 | 5.028 6 | 4.656 0 | 4.327 1 | 3.775 7 | 3.335 1 | 2.977 6 |
| 12 | 6.813 7 | 6.194 4 | 5.660 3 | 5.420 6 | 5.197 1 | 4.793 2 | 4.439 2 | 3.851 4 | 3.386 8 | 3.013 3 |
| 13 | 7.103 4 | 6.423 5 | 5.842 4 | 5.583 1 | 5.342 3 | 4.909 5 | 4.532 7 | 3.912 4 | 3.427 2 | 3.040 4 |
| 14 | 7.366 7 | 6.623 2 | 6.002 1 | 5.724 5 | 5.467 5 | 5.008 1 | 4.610 6 | 3.961 6 | 3.458 7 | 3.060 9 |
| 15 | 7.606 1 | 6.810 9 | 6.142 2 | 5.847 4 | 5.575 5 | 5.091 6 | 4.675 5 | 4.001 3 | 3.483 4 | 3.076 4 |
| 16 | 7.823 7 | 6.974 0 | 6.265 1 | 5.954 2 | 5.668 5 | 5.162 4 | 4.729 6 | 4.033 3 | 3.502 6 | 3.088 2 |
| 17 | 8.021 6 | 7.119 6 | 6.372 9 | 6.047 2 | 5.748 7 | 5.222 3 | 4.774 6 | 4.059 1 | 3.517 7 | 3.097 1 |
| 18 | 8.201 4 | 7.249 7 | 6.467 4 | 6.128 0 | 5.817 8 | 5.273 2 | 4.812 2 | 4.079 9 | 3.529 4 | 3.103 9 |
| 19 | 8.364 9 | 7.365 8 | 6.550 4 | 6.198 2 | 5.877 5 | 5.316 2 | 4.843 5 | 4.096 7 | 3.538 6 | 3.109 0 |
| 20 | 8.513 6 | 7.469 4 | 6.623 1 | 6.259 3 | 5.928 8 | 5.352 7 | 4.869 6 | 4.110 3 | 3.545 8 | 3.112 9 |
| 21 | 8.648 7 | 7.562 0 | 6.687 0 | 6.312 5 | 5.973 1 | 5.383 7 | 4.891 3 | 4.121 2 | 3.551 4 | 3.115 8 |
| 22 | 8.771 5 | 7.644 6 | 6.742 9 | 6.358 7 | 6.011 3 | 5.409 9 | 4.909 4 | 4.130 0 | 3.555 8 | 3.118 0 |
| 23 | 8.883 2 | 7.718 4 | 6.792 1 | 6.398 8 | 6.044 2 | 5.432 1 | 4.924 5 | 4.137 1 | 3.559 2 | 3.119 7 |
| 24 | 8.984 7 | 7.784 3 | 6.835 1 | 6.433 8 | 6.072 6 | 5.450 9 | 4.937 1 | 4.142 8 | 3.561 9 | 3.121 0 |
| 25 | 9.077 0 | 7.843 1 | 6.872 9 | 6.464 1 | 6.097 1 | 5.466 9 | 4.947 6 | 4.147 4 | 3.564 0 | 3.122 0 |
| 26 | 9.160 9 | 7.895 7 | 6.906 1 | 6.490 6 | 6.118 2 | 5.480 4 | 4.956 3 | 4.151 1 | 3.565 6 | 3.122 7 |
| 27 | 9.237 2 | 7.942 6 | 6.935 2 | 6.513 5 | 6.136 4 | 5.491 9 | 4.963 6 | 4.154 2 | 3.566 9 | 3.123 3 |
| 28 | 9.306 6 | 7.984 4 | 6.960 7 | 6.533 5 | 6.152 0 | 5.501 6 | 4.969 7 | 4.156 6 | 3.567 9 | 3.123 7 |
| 29 | 9.369 6 | 8.021 8 | 6.983 0 | 6.550 9 | 6.165 6 | 5.509 8 | 4.974 7 | 4.158 5 | 3.568 7 | 3.124 0 |
| 30 | 9.426 9 | 8.055 2 | 7.002 7 | 6.566 0 | 6.177 2 | 5.516 8 | 4.978 9 | 4.160 1 | 3.569 3 | 3.124 2 |
| 35 | 9.644 2 | 8.175 5 | 7.070 0 | 6.616 6 | 6.215 3 | 5.538 6 | 4.991 5 | 4.164 4 | 3.570 8 | 3.124 8 |
| 40 | 9.779 1 | 8.243 8 | 7.105 0 | 6.641 8 | 6.233 5 | 5.548 2 | 4.996 6 | 4.165 9 | 3.571 2 | 3.125 0 |
| 45 | 9.862 8 | 8.282 5 | 7.123 2 | 6.654 3 | 6.242 1 | 5.552 3 | 4.998 6 | 4.166 4 | 3.571 4 | 3.125 0 |
| 50 | 9.914 8 | 8.304 5 | 7.132 7 | 6.660 5 | 6.246 3 | 5.554 1 | 4.999 5 | 4.166 6 | 3.571 4 | 3.125 0 |

# 附录五　正态分布曲线的面积

| Z | 0.00 | 0.01 | 0.02 | 0.03 | 0.04 | 0.05 | 0.06 | 0.07 | 0.08 | 0.09 |
|---|---|---|---|---|---|---|---|---|---|---|
| 0.00 | 0.000 0 | 0.004 0 | 0.008 0 | 0.012 0 | 0.016 0 | 0.019 9 | 0.023 9 | 0.027 9 | 0.031 9 | 0.035 9 |
| 0.10 | 0.039 8 | 0.043 8 | 0.047 8 | 0.051 7 | 0.055 7 | 0.059 6 | 0.063 6 | 0.067 5 | 0.071 4 | 0.075 3 |
| 0.20 | 0.079 3 | 0.083 2 | 0.087 1 | 0.091 0 | 0.094 8 | 0.098 7 | 0.102 6 | 0.106 4 | 0.110 3 | 0.114 1 |
| 0.30 | 0.117 9 | 0.121 7 | 0.125 5 | 0.129 3 | 0.133 1 | 0.136 8 | 0.140 6 | 0.144 3 | 0.148 0 | 0.151 7 |
| 0.40 | 0.155 4 | 0.159 4 | 0.162 8 | 0.166 1 | 0.170 0 | 0.173 6 | 0.177 2 | 0.180 8 | 0.184 4 | 0.187 9 |
| 0.50 | 0.191 5 | 0.195 0 | 0.198 5 | 0.201 0 | 0.205 4 | 0.208 8 | 0.212 3 | 0.215 7 | 0.219 0 | 0.222 4 |
| 0.60 | 0.225 7 | 0.229 1 | 0.232 4 | 0.235 7 | 0.238 9 | 0.242 2 | 0.245 4 | 0.248 6 | 0.251 7 | 0.254 9 |
| 0.70 | 0.258 0 | 0.261 1 | 0.264 2 | 0.267 3 | 0.270 3 | 0.273 4 | 0.276 4 | 0.279 3 | 0.282 3 | 0.285 2 |
| 0.80 | 0.288 1 | 0.291 0 | 0.293 9 | 0.296 7 | 0.299 5 | 0.302 3 | 0.305 1 | 0.307 8 | 0.310 6 | 0.313 3 |
| 0.90 | 0.315 9 | 0.318 6 | 0.321 2 | 0.323 8 | 0.326 4 | 0.328 9 | 0.331 5 | 0.334 0 | 0.336 5 | 0.338 9 |
| 1.00 | 0.341 3 | 0.343 8 | 0.346 1 | 0.348 5 | 0.350 8 | 0.353 1 | 0.355 4 | 0.357 7 | 0.359 9 | 0.362 1 |
| 1.10 | 0.364 3 | 0.366 5 | 0.368 6 | 0.370 3 | 0.372 9 | 0.374 9 | 0.377 0 | 0.379 0 | 0.381 0 | 0.383 0 |
| 1.20 | 0.384 9 | 0.386 9 | 0.388 8 | 0.390 7 | 0.392 5 | 0.394 3 | 0.396 2 | 0.398 0 | 0.399 7 | 0.401 5 |
| 1.30 | 0.403 2 | 0.404 9 | 0.406 6 | 0.408 2 | 0.409 9 | 0.411 5 | 0.411 5 | 0.414 7 | 0.416 2 | 0.417 7 |
| 1.40 | 0.419 2 | 0.420 7 | 0.422 2 | 0.423 6 | 0.425 1 | 0.426 5 | 0.427 9 | 0.429 2 | 0.430 6 | 0.431 9 |
| 1.50 | 0.433 2 | 0.434 5 | 0.435 7 | 0.437 0 | 0.438 2 | 0.439 4 | 0.440 6 | 0.441 8 | 0.442 9 | 0.444 1 |
| 1.60 | 0.445 2 | 0.446 3 | 0.447 4 | 0.448 4 | 0.449 5 | 0.455 0 | 0.451 5 | 0.452 5 | 0.453 5 | 0.454 5 |
| 1.70 | 0.455 4 | 0.456 4 | 0.457 3 | 0.458 2 | 0.459 1 | 0.459 9 | 0.460 8 | 0.461 6 | 0.462 5 | 0.463 3 |
| 1.80 | 0.464 1 | 0.464 9 | 0.465 6 | 0.466 4 | 0.467 1 | 0.467 8 | 0.468 6 | 0.469 3 | 0.469 9 | 0.470 6 |
| 1.90 | 0.471 3 | 0.471 9 | 0.472 6 | 0.473 2 | 0.473 8 | 0.474 4 | 0.475 0 | 0.475 6 | 0.476 1 | 0.476 7 |
| 2.00 | 0.477 2 | 0.477 8 | 0.478 3 | 0.478 8 | 0.479 3 | 0.479 8 | 0.480 3 | 0.480 8 | 0.481 2 | 0.481 2 |
| 2.10 | 0.482 1 | 0.482 6 | 0.483 0 | 0.483 4 | 0.483 8 | 0.484 2 | 0.484 6 | 0.485 0 | 0.485 4 | 0.485 7 |
| 2.20 | 0.486 1 | 0.486 4 | 0.486 8 | 0.487 1 | 0.487 5 | 0.487 8 | 0.488 1 | 0.488 4 | 0.488 7 | 0.489 0 |
| 2.30 | 0.489 3 | 0.489 6 | 0.489 8 | 0.490 1 | 0.490 4 | 0.490 6 | 0.490 9 | 0.491 1 | 0.491 3 | 0.491 6 |
| 2.40 | 0.491 8 | 0.492 0 | 0.492 2 | 0.492 5 | 0.492 7 | 0.492 9 | 0.493 1 | 0.493 2 | 0.493 4 | 0.493 6 |
| 2.50 | 0.493 8 | 0.494 0 | 0.494 1 | 0.494 3 | 0.494 5 | 0.494 6 | 0.494 8 | 0.494 9 | 0.495 1 | 0.495 2 |
| 2.60 | 0.495 3 | 0.495 5 | 0.495 6 | 0.495 7 | 0.495 9 | 0.496 0 | 0.496 1 | 0.496 2 | 0.496 3 | 0.496 4 |
| 2.70 | 0.496 5 | 0.496 6 | 0.496 7 | 0.496 8 | 0.496 9 | 0.497 0 | 0.497 1 | 0.497 2 | 0.497 3 | 0.497 4 |
| 2.80 | 0.497 4 | 0.497 5 | 0.497 6 | 0.497 7 | 0.497 7 | 0.497 8 | 0.497 9 | 0.497 9 | 0.498 0 | 0.498 1 |
| 2.90 | 0.498 1 | 0.498 2 | 0.498 2 | 0.498 3 | 0.498 4 | 0.498 4 | 0.498 5 | 0.498 5 | 0.498 6 | 0.498 6 |
| 3.00 | 0.498 6 | 0.498 7 | 0.498 7 | 0.498 8 | 0.498 8 | 0.498 9 | 0.498 9 | 0.498 9 | 0.499 0 | 0.499 0 |
| 3.10 | 0.499 0 | 0.499 1 | 0.499 1 | 0.499 1 | 0.499 2 | 0.499 2 | 0.499 2 | 0.499 2 | 0.499 3 | 0.499 3 |
| 3.20 | 0.499 3 | 0.499 3 | 0.499 4 | 0.499 4 | 0.499 4 | 0.499 4 | 0.499 4 | 0.499 5 | 0.499 5 | 0.499 5 |
| 3.30 | 0.499 5 | 0.499 5 | 0.499 5 | 0.499 6 | 0.499 6 | 0.499 6 | 0.499 6 | 0.499 6 | 0.499 6 | 0.499 7 |
| 3.40 | 0.499 7 | 0.499 7 | 0.499 7 | 0.499 7 | 0.499 7 | 0.499 7 | 0.499 7 | 0.499 7 | 0.4997 | 0.499 8 |
| 3.50 | 0.499 8 | 0.499 8 | 0.499 8 | 0.499 8 | 0.499 8 | 0.499 8 | 0.499 8 | 0.499 8 | 0.499 8 | 0.499 8 |
| 3.60 | 0.499 8 | 0.499 8 | 0.499 9 | 0.499 9 | 0.499 9 | 0.499 9 | 0.499 9 | 0.499 9 | 0.499 9 | 0.499 9 |
| 3.70 | 0.499 9 | 0.499 9 | 0.499 9 | 0.499 9 | 0.499 9 | 0.499 9 | 0.499 9 | 0.499 9 | 0.499 9 | 0.499 9 |
| 3.80 | 0.499 9 | 0.499 9 | 0.499 9 | 0.499 9 | 0.499 9 | 0.499 9 | 0.499 9 | 0.499 9 | 0.499 9 | 0.499 9 |
| 3.90 | 0.500 0 | 0.500 0 | 0.500 0 | 0.500 0 | 0.500 0 | 0.500 0 | 0.500 0 | 0.500 0 | 0.500 0 | 0.500 0 |

注：$Z$ 为标准差的个数，表中数据是平均数和 $Z$ 个标准差之间的那部分正态曲线下的总面积。

# 参考文献

[1] 博迪,凯恩,马库斯.投资学(原书第9版)[M].王昌云,张永冀,等译.北京:机械工业出版社,2012.

[2] 布雷利,迈尔斯,艾伦.公司财务原理(原书第10版)[M].赵英军,译.北京:机械工业出版社,2012.

[3] 晨哨并购.从盛极一时到疯狂剥离:通用金融谢幕始末[EB/OL].(2020-7-20)[2016-2-23] http://www.360doc.com/content/16/0223/21/29835574_536786826.shtml.

[4] 洪艺珣,王志强.国外资本结构动态权衡理论实证研究脉络梳理与未来展望[J].外国经济与管理,2011,33(5):57-65.

[5] 胡玉明.公司理财[M].2版.大连:东北财经大学出版社,2009.

[6] 黄国良.财务管理学[M].徐州:中国矿业大学出版社,2013.

[7] 荆新,王化成,刘俊彦.财务管理学[M].8版.北京:中国人民大学出版社,2018.

[8] 刘力.公司财务[M].北京:北京大学出版社,2007.

[9] 刘淑莲.财务管理[M].3版.大连:东北财经大学出版社,2013.

[10] 刘威威.价格游戏的背后:江苏一充有限公司避税调查实录[J].中国税务,2005(12):16-18.

[11] 刘玉平.财务管理学[M].北京:中国人民大学出版社,2015.

[12] 陆正飞,王化成,宋献中.当代财务管理主流[M].大连:东北财经大学出版社,2004.

[13] 陆正飞,朱凯,童盼.高级财务管理[M].3版.北京:北京大学出版社,2018.

[14] 陆正飞.财务管理[M].3版.大连:东北财经大学出版社,2010.

[15] 罗斯,威斯特菲尔德,杰富.公司理财(原书第9版)[M].吴世农,等译.北京:机械工业出版社,2012.

[16] 吕高翔.强化外债风险管理 助推集团健康发展:访中国广东核电集团有限公司总经济师岳林康[J].中国总会计师,2011(5):68-69.

[17] 马元月.宝钢股份吸收合并武钢股份正式落定[N].北京商报,2016-12-07.

[18] 马忠智,吕益民.可转换公司债券发行与交易实务[M].北京:人民出版社,1996.

[19] 蒙蒂尔.价值投资:通往理性投资之路[M].刘寅龙,译.北京:机械工业出版社,2011.

[20] 莫斯科天客隆超市:从开门大吉到黯然谢幕[EB/OL].(2020-7-10)[2012-2-13]. http://www.chinaru.info/huarenhuashang/eluosihuashang/11585_2.shtml.

[21] 秦国楼,张娟.通用电气剥离金融资产启示[J].中国金融,2017(5):88-89.

[22] 汤谷良,张守文.大数据背景下企业财务管理的挑战与变革[J].财务研究,2015(1):59-64.

[23] 汤晓东,郑博宏,罗皓亮."宝万之争"的脉络、焦点与研究目的[J].清华金融评论,2016(S1):27-35.

[24] MBA智库:百科.万科股权之争[EB/OL].(2020-9-10)[2018-2-1]. https://wiki.mbalib.com/wiki/%E4%B8%87%E7%A7%91%E8%82%A1%E6%9D%83%E4%

B9%8B%E4%BA%89.
[25] 王化成. 高级财务管理学[M]. 北京：中国人民大学出版社，2017.
[26] 王佳. 宝钢吸收合并武钢的经济效果分析[D]. 徐州：中国矿业大学，2019.
[27] 王满. 国际财务管理[M]. 北京：清华大学出版社，2014.
[28] 温会利. 中信泰富对澳投资项目案例研究[D]. 北京：中国财政科学研究所，2019.
[29] 吴丛生，郭振游，田利辉. 国际财务管理：理论与中国实务[M]. 北京：北京大学出版社，2006.
[30] 姚远琨. 股权资本、社会资本与并购防御：基于万科管理层与并购方控制权争夺的案例研究[J]. 纳税，2019(16)：243.
[31] 俞佳颖. 敌意收购操作模式的国际经验与中国实践：从"宝万之争"说起[J]. 江苏商论，2016(6)：68-70.
[32] 张奇. 大数据财务管理[M]. 北京：人民邮电出版社，2016.
[33] 植万禄. 一毛不拔还要高价配股　五粮液激怒小股东[N]. 北京青年报，2001-2-19.
[34] 中国最大海外矿业投资失败案例分析[EB/OL].（2020-8-10）[2016-12-13]. 国际矿业网. http://explore.chinamining.org.cn/html/news/hot/2016/1213/5465.html.
[35] 朱武祥，邓海峰. 公司合并中的价值评估与换股比例估算：戴姆勒—奔驰/克莱斯勒合并换股计算方法与清华同方/山东鲁颖电子合并换股比例计算方法比较[J]. 管理世界，1999(4)：182-188.
[36] 竺素娥，曾爱民. 财务管理习题与案例[M]. 大连：东北财经大学出版社，2014.
[37] VASARHELYI M A, KOGAN A, TUTTLE B M. Big data in accounting: an overview[J]. Accounting Horizons, 2015, 29(2): 381-396.